미국 특허소송의 이해

진욱재

박영사

머리말

미국의 특허 소송은 미국의 일반 변호사들에게도 생소한 영역에 속하고, 실제로 이를 접해 볼 수 있는 기회를 갖는 변호사들이 드문 것으로 알려져 있습니다. 또, 특허를 전문으로 하고 있는 변호사라 하더라도, 실제로 대형 로펌에서 파트너가 되어 자신의 업무를 처리하게 되기까지는 보통 10여 년 이상의 세월을 필요로 합니다. 미국 로스쿨에서 3년간의 JD 과정이 아닌 LL.M. 단기 과정만을 마치고 뉴욕 변호사가 된 제가 미국 특허 소송을 접해 볼 수 있었다는 것은 어찌 보면 대단한 행운이 아닐 수 없습니다. 그렇지만, 5년의 짧은 경험밖에 갖고 있지 않으면서, 미국 특허 소송에 관한 책을 쓴다는 것이 무모해 보이기도 하면서, 한편으로는 주제넘다는 생각이 들기도 하였습니다. 그럼에도 어떻게든 지난 5년간의 생활을 활자로라도 묶어 두지 않으면 제 생의 소중한 기억들이 영영 불확실한 망각의 저편에 묻혀 버릴 것만 같다는 개인적인 조바심에 용기를 내어 책을 쓰게 되었습니다. 비록 저의 짧은 경험과 미흡한 책의 내용일지라도, 누군가 저와 같은 경험을 하려는 후배들이 있다면, 약간의 시행착오라도 줄여 줄 수 있지 않을까라는 자기 합리화도 저의 무모한 용기를 지탱하는 한 축이 되어 주었습니다.

처음 책을 쓰려고 하였을 때, 가장 먼저 그리고 장시간 고민하였던 것이 책의 구성이었습니다. 일반적인 미국의 Casebook들은 특허법의 실체적인 내용(특허 요건, 침해, 구제 등)만 다루기 때문에 이들 내용들이 실제 특허 소송 절차와 어떻게 관련되는지를 파악하기가 어렵습니다. 반면에, 특허 소송 실무에 관한 책들은 소송 절차에 따라 필요한 특허법의 실체적인 내용을 기술하였지만, 특허법을 처음 접하는 사람들에게는 쉽게 이해하기 어려운 문제점이 있습니다. 그래서 저는 첫 번째 파트에서 개략적이나마 미국 특허 소송을 일별할 수 있도록 특허 소송 절차에 관한 내용을 실었습니다. 두 번째 파트부터는 특허법의 실체적인 내용으로 특허 요건, 특허 침해, 특허 구제 등을 차례로 기술하였습니다. 이는 미국 특허 소송에서 답변서를 작성할 때의 순서이기도 합니다. 먼저 원고가 제기한 소장의 소송 요건 흠결을 주장하며 소 각하 판결을 구하고, 특허 부적격과 특허 무효의 항변을 하며, 특허 비침해를 주장한 뒤, 원고가 제기한 구제 방법에 대한 반론을 제기하는 순입니다.

이 책은 미국 특허 소송과 관련되어 제기될 수 있는 이슈들을 가능한 한 담아보려고 노력하였습니다. 관련 판례들은 가능한 한 직접 찾아서 사실관계를 자세히 기재하도록 하였고, 특허 발명의 이해를 위하여 필요한 도면 등은 최대한 많이 실으려고 하였습니다. 이 책을 처음 읽으시려는 분은 이 책의 첫 장부터 읽어 나가기보다는 책의 목차를 여러 차례 읽으셔서 미국 특허 소송 및 특허법에 관한 개략적인 그림을 가지시고, 본인의 관심사나 필요한 부분만 발췌해서 읽기를 추천해 드립니다. 영어가 모국어가 아닌 저는 미국에서 업무를 하면서, 검색한 판례들을 한국어로 정리해 놓지 않으면, 나중에 이를 활용하기가 쉽지 않았던 기억이 있습니다. 이 책이 영어가 모국어가 아니면서도 미국과의 특허 등 법률 문제에 종사하고 있는 분들께 조금이나마 힘이 되었으면 하는 바람입니다.

또한 이 책이 미국 특허 소송을 타깃으로 하여 쓰이기는 하였지만, 관련된 여러 분야에서 두루 활용될 수 있기를 희망합니다. 일례로, Part 1의 특허 소송 절차 부분은 미국의 일반 민사 소송 절차를 이해하는 데에 도움이 될 수 있으며, 미국 특허법의 실체적 내용을 기술한 나머지 부분은 우리 특허법의 이해와 연구에도 좋은 영감을 불러일으켜 줄 수 있다고 생각합니다.

6년간의 미국생활을 포함하여 이 책이 나오기까지 많은 분들의 도움을 입었습니다. 특히 S사의 김상균 사장님과 BakerBotts, New York의 Neil Sirota 파트너가 없었다면 제가 이 책을 쓸 수 없었을 것입니다. 다시 한번 지면을 빌어 두 분께 감사의 말씀을 드리며, 미국 생활 전에 저의 대부분의 사회생활을 함께 했던 삼성네트웍스, SDS, 삼성전자의 선후배님들의 도움에도 감사의 말씀을 전합니다. 또한, 힘들었던 기간 많은 벗들의 격려가 있었습니다. 서권식, 김용수, 윤지광, 안병태를 비롯한 많은 벗들에게도 고맙다는 말을 전하고 싶습니다. 마지막으로 낯선 미국 생활과 이어진 모국에서의 정착생활을 묵묵히 따라다니며, 저의 제일 가까운 곳에서 힘이 되어 준 가족들과 아내에게 사랑과 고마움을 전합니다.

2019년 12월

안성천을 내려보며 진욱재

주요목차

PART 01 특허 소송 절차

Ⅰ. 미국 특허 개요 및 특허 분쟁 전의 준비 사항 … 3
Ⅱ. 특허 소송의 시작 … 12
Ⅲ. 변론 준비 절차 … 18
Ⅳ. 변론 … 53
Ⅴ. 판결 선고 후 신청(Post-trial motion) … 58

PART 02 특허 무효

CHAPTER 01 특허의 대상(특허 적격) … 63
Ⅰ. 35 U.S.C. §101 … 63
Ⅱ. 특허 적격 판단에 관한 2단계 테스트(Alice/Mayo 테스트) … 67
Ⅲ. 특허 적격 스텝 1: 특허법상 특허 대상이 되는 4가지 범주 … 72
Ⅳ. 특허 적격 스텝 2A: 청구항이 사법적 예외에 해당하는지 여부 … 76
Ⅴ. 특허 적격 스텝 2B: 청구항이 유의미하게 많은 것에 해당하는지 여부(Whether a claim amounts to significantly more) … 123
Ⅵ. 간소화된 분석(Streamlined analysis) … 163

CHAPTER 02 신규성 … 166
Ⅰ. 신규성 … 166
Ⅱ. 특허받을 권리의 소멸(Statutory Bar) … 183
Ⅲ. 선출원주의 … 203

CHAPTER 03 진보성(비자명성) … 206
Ⅰ. 진보성(비자명성)의 도입 … 206
Ⅱ. 연방 대법원 판결의 발전 … 208
Ⅲ. *KSR* 이후 … 227
Ⅳ. USPTO의 가이드라인 … 236

CHAPTER 04 USPTO의 비자명성 판단 가이드라인 … 237

Ⅰ. §103의 진보성 결정을 위한 심사 가이드라인 … 237
Ⅱ. 일응 자명한 사례의 예시 … 242

CHPATER 05 상세한 설명 … 293

Ⅰ. 35 U.S.C. §112 … 293
Ⅱ. 상세한 설명(Written description)의 개요 … 295
Ⅲ. 청구된 주제에 대한 지원 … 313
Ⅳ. 상세한 설명 요건에 일치하는지를 결정하기 위한 기준 … 313
Ⅴ. 상세한 설명이 적절하게 이루어진 전통적 상황 … 314
Ⅵ. 청구항 범위의 변경 … 317
Ⅶ. 신규사항에 대한 상세한 설명 요건의 관계 … 321
Ⅷ. 최초 설명에 의하여 지원되는 출원의 보정 … 322

CHAPTER 06 실시가능성 … 326

Ⅰ. 실시가능성 테스트 … 327
Ⅱ. 작동 사례(Working example) … 331
Ⅲ. 기술의 예측성과의 관계 … 334
Ⅳ. 실시가능성 요건에 따른 심사관의 책임 … 335
Ⅴ. 전체로서의 증거에 근거한 실용 가능성 판단 … 336
Ⅵ. 실험의 양 … 340
Ⅶ. 35 U.S.C. §101 실용성(Utility) 요건과의 관계 … 355
Ⅷ. 범위에서 청구항들과 상응하는 실시가능성 … 358

CHAPTER 07 명확성 … 364

Ⅰ. 청구항의 해석 … 365
Ⅱ. 청구항 용어가 명확한지 결정 … 367
Ⅲ. 명세서와 청구항 간의 일치 … 378
Ⅳ. 광범위한 범위와 불명확성 … 379
Ⅴ. 35 U.S.C. §112(b)의 단락의 이슈에 관련된 구체적 논의 … 380

CHAPTER 08 기능적 청구항의 경우 … 407

Ⅰ. 기능적 청구항(Means-plus-Function claim)의 의의 … 407
Ⅱ. 35 U.S.C. §112(f)를 적용하는지 결정 … 408

Ⅲ. 35 U.S.C. §112(f)가 적용되는 청구항의 한정 요소를 지원하는 데 필요한 설명 … 418
Ⅳ. 35 U.S.C. §112(f)가 적용될 때, 35 U.S.C. §112(b)에 부합하는지 결정 … 426
Ⅴ. 35 U.S.C. §112(a)의 지원이 있는지 결정 … 430
Ⅵ. 단일 수단 청구항(Single means claim) … 432

PART 03 특허 침해 및 항변

CHAPTER 01 특허 침해 … 437
CHAPTER 02 특허 침해에 대한 기타 항변 … 483

PART 04 특허 침해에 대한 구제

CHAPTER 01 손해배상 … 517
CHAPTER 02 침해 금지 명령 … 581

세부목차

PART 01 특허 소송 절차

Ⅰ. 미국 특허 개요 및 특허 분쟁 전의 준비 사항 … 3
1. 특허 출원 및 등록 … 3
2. 특허 공보 … 5
3. 특허 침해 사실의 통지(Demand Letter) … 8
1) 특허 무효 등 확인 소송(Declaratory Judgment Action) / 9
4. 특허 협상시 유의 사항 … 10
Ⅱ. 특허 소송의 시작 … 12
1. 특허 쟁송 제도 … 12
2. 관할(Jurisdiction)과 재판지(Venue) … 14
Ⅲ. 변론 준비 절차 … 18
1. 소답(Pleading) 절차 … 18
1) 소송의 시작 / 19
(1) 소장(Complaint) / 19
(2) 송달 / 20
2) 피고의 대응 / 21
(1) 답변서 / 21
① 인정 또는 부인 _ 22 ② 적극적 항변 _ 23
(2) 반소 / 23
(3) 소 각하 신청 / 25
(4) 삭제 신청과 부정행위에 따른 특허실효(Unenforcement) 주장 / 25
2. 침해 금지 가처분 신청(Preliminary Injunction Motion) … 27
1) 개요 / 27
2) 기준 / 28
(1) 본안의 승소 가능성(Likelihood of success on the merits) / 28
(2) 회복될 수 없는 손해(Irreparable Harm) / 30
(3) 당사자 사이의 피해의 균형(Balance of Hardships) / 31
(4) 공공의 이익(Public Interest) / 31
3. 컨퍼런스(Conference) … 32

4. 증거 개시(Discovery) … 33
1) 개요 / 33
2) 범위 / 34
3) 절차 / 35
(1) 증거 공개(Disclosure) / 35
(2) 사실관계에 대한 증거개시 / 36
① 질문서 _ 36
② 자료제출 요구(Request for Production) _ 37
③ 증언 녹취(Deposition) _ 37
④ 자백요구서(Request for Admission) _ 37
(3) 전문가 증인에 대한 증거개시 / 38
① 필요성 _ 38
② 증거 공개(Disclosure of Expert Testimony) _ 38
③ 전문가 증인 배제신청(Daubert Motions) _ 39
4) 보호 명령(Protective Order) / 40
5) 증거 개시의 제한 / 41
(1) 변호사-의뢰인 비밀 유지권(Attorney-Client Privilege) / 41
(2) 소송 작업물 비밀 유지권(Work Product Privilege) / 41
(3) 비밀 유지권의 포기 / 42
6) 증거 개시 강제 신청(Motion to Compel) / 42
5. 청구항 해석 기일(Markman Hearing) … 43
1) 청구항 해석의 중요성 / 43
2) 청구항 해석의 주체 / 43
3) Markman Hearing의 개시 / 46
4) 청구항 해석의 기준 / 46
(1) 내적 증거(Intrinsic Evidence) / 47
(2) 외적 증거(Extrinsic Evidence) / 48
5) 청구항 해석에 대한 항소심의 검토 / 49
6. 써머리 저지먼트(Summary Judgment) … 51
Ⅳ. 변론 … 53
1. 배심 재판의 요구 … 53
2. 변론 준비 기일(Pretrial Conference) 및
준비 명령(Pretrial Order) … 53
3. 배심원 선정(Jury Selection) … 55
4. 모두 발언(Opening Statements) … 55
5. 증인 신문과 증거 제출 … 56
6. 법률 판결(Judgment as a Matter of Law) … 57

7. 배심원에 대한 설명(Jury Instruction) 및
최종 변론(Closing Argument) … 57
8. 배심 평결(Jury Verdict) 및 판결 선고 … 57
Ⅴ. 판결 선고 후 신청(Post-trial motion) … 58
1. 법률 판결 재개 신청(Renewed Motion for Judgment as
a Matter of Law) … 58
2. 신변론기일의 신청(Motion for a New Trial)과 … 59
판결 수정 신청(Motion to Amend Judgment)

PART 02 특허 무효

CHAPTER 01 특허의 대상(특허 적격) … 63
Ⅰ. 35 U.S.C. §101 … 63
1. 생물체에 대한 특허 여부 … 64
1) *Diamond v. Chakrabarty* / 65
2) *Ass'n for Molecular Pathology v. Myriad Genetics, Inc* / 66
Ⅱ. 특허 적격 판단에 관한 2단계 테스트(Alice/Mayo 테스트) … 67
1. *Mayo Collaborative Servs. v. Prometheus Labs., Inc* … 67
2. *Alice Corp. Pty. Ltd. v. CLS Bank Int'l* … 68
3. 정리: 플로우차트의 활용 … 70
Ⅲ. 특허 적격 스텝 1: 특허법상 특허 대상이 되는 4가지 범주 … 72
Ⅳ. 특허 적격 스텝 2A: 청구항이 사법적 예외에 해당하는지 여부 … 76
1. 사법적 예외 … 76
2. 특허 적격 스텝 2A: 청구항이 사법적 예외에 대한 것인지
여부(Alice/Mayo 2단계 테스트의 첫 번째 단계) … 78
1) 추상적 사고 / 80
(1) 추상적 사고에 관한 청구항이 아닌 사례 / 86
(2) 법원에 의하여 추상적 사고로 인식된 사례 / 92
2) 자연 법칙, 자연 현상 그리고 자연의 산물 / 111
(1) 자연 법칙과 자연 현상 일반 / 111
(2) 자연의 산물 / 113
(3) 현저히 다른 특성 분석(The markedly different
characteristics analysis) / 115
Ⅴ. 특허 적격 스텝 2B: 청구항이 유의미하게 많은 것에 해당하는지 … 123
여부(Whether a claim amounts to significantly more)

1. 창의적 개념에 관한 조사 … 123
(1) 추가 구성요소가 창의적 개념에 해당되는지를 판단하는 데 관련된 고려사항 / 125
(2) 법원이 창의적 개념을 조사하는 방법예 / 127
2. 특허 적격 스텝 2B: 추가 구성요소가 "창의적 개념"에 기여하는지 여부 … 129
1) 컴퓨터의 기능 또는 어떤 다른 기술 분야의 개선 / 130
(1) 컴퓨터의 기능 개선 / 132
(2) 다른 기술이나 기술 분야의 개선 / 134
2) 특별한 기계 / 136
(1) 기계 또는 장치의 구성요소의 특수성과 일반성 / 137
(2) 기계 또는 장치가 방법의 단계들을 구현하는지 여부 / 138
(3) 기계의 개입이 추가적인 솔루션 활동인지 사용 분야에 속하는지 여부 / 139
3) 특별한 변환 / 139
4) 잘 이해되고, 일상적이며 전통적인 행동 / 141
(1) 추가 구성요소가 잘 이해되고, 일상적이며 전통적인 활동인지에 관한 판단 / 142
(2) 특별한 분야에서 법원이 잘 이해되고, 일상적이며 전통적인 활동으로 인식해온 구성요소 /145
5) 다른 의미 있는 한정 요소 / 148
6) 사법적 예외를 적용하는 단순한 지침 / 150
(1) 청구항이 해결책이나 결과만을 언급하였는지 여부. 즉, 청구항이 문제에 대한 해결책이 성취된 방법에 대한 자세한 설명을 언급하지 않은 경우 / 151
(2) 청구항이 컴퓨터나 다른 기계를 기존 프로세스를 수행하기 위한 단순한 수단으로서 언급하였는지 여부 / 153
(3) 사법적 예외 적용의 특수성 또는 일반성 / 155
7) 사소한 여분의 솔루션 활동(Insignificant extra-solution activity) / 156
8) 사용 분야와 기술적 환경 / 159
Ⅵ. 간소화된 분석(Streamlined analysis) … 163
1. 특허 적격이 자명한 경우 … 163
2. 기술이나 컴퓨터 기능의 명백한 개선 … 164

CHAPTER 02 신규성 … 166
Ⅰ. 신규성 … 166
1. 발명자의 발명-직접 발명주의(Derivation): §102(f) … 167
2. 발명일-35 U.S.C. §102(g) … 168

3. 선행 기술 - §102(a) … 171
1) 다른 사람들이 알거나 사용한 기술 / 171
2) 특허로 등록되거나 간행물에 기재된 기술 / 174
4. 공개되지 않은 선행 기술 - §102(e) … 176
1) 비자명성과 비공개 선행 기술 - §103(c)(1) / 177
5. 예견가능성 … 178
1) 의의 / 178
2) 요건 / 179
(1) 동일성 / 179
(2) 실시 가능성(Enablement) / 182
Ⅱ. 특허받을 권리의 소멸(Statutory Bar) … 183
1. 의의 … 183
2. 기준일 … 184
3. 간행물 또는 특허 … 185
4. 공공의 이용 또는 판매 … 185
1) 발명 / 185
2) (미국 내) 공공의 이용(in Public Use) / 186
(1) 원칙 / 186
(2) 공공 / 186
(3) 공공의 접근 가능성 / 190
(4) 상업적 활용(Commercial exploitation) / 195
3) (미국 내) 판매: On-sale bar / 196
4) 실험 목적 이용의 예외 / 199
5. 포기 - §102(c) … 202
6. 외국에서의 선출원 - §102(d) … 202
Ⅲ. 선출원주의 … 203
1. 선행 기술 … 203
1) §102(a)(1) / 203
2) §102(a)(2) / 203
2. 예외 … 204
1) §102(b)(1) / 204
2) §102(b)(2) / 204
3. 저촉심사(Interference) v. 파생심사(Derivation) … 205
CHAPTER 03 진보성(비자명성) … 206
Ⅰ. 진보성(비자명성)의 도입 … 206
1. 미국 특허법의 변천 … 206

2. *Hotchkiss v. Greenwood*, 52 U.S. §248 (1851) … 207
Ⅱ. 연방 대법원 판결의 발전 … 208
1. *Graham v. John Deere*, 383 U.S. §1 (1966) … 208
2. *US v. Adams*, 383 U.S. 39 (1966) … 212
3. 연방 항소 법원의 경향 … 214
4. *KSR v. Teleflex* … 215
Ⅲ. *KSR* 이후 … 227
1. 예견가능성(Predictability) … 228
2. 상식 … 229
3. 창의적인 당업자 … 231
4. 이차적 고려사항(Secondary consideration) … 233
Ⅳ. USPTO의 가이드라인 … 236

CHAPTER 04 USPTO의 비자명성 판단 가이드라인 … 237

Ⅰ. §103의 진보성 결정을 위한 심사 가이드라인 … 237
1. *KSR* 결정과 진보성에 관한 법원칙 … 237
2. *Graham* 판결에 따른 기본적인 사실조사 방법 … 238
1) 선행 기술의 범위와 내용 결정 / 238
2) 청구된 발명과 선행 기술들의 차이점을 분석 / 240
3) 발명과 관련된 기술 분야의 통상적인 기술 수준 확정 / 240
3. §103 자명성 거절에 대한 근거 … 241
Ⅱ. 일응 자명한 사례의 예시 … 242
1. 이미 알려진 방법에 따라 선행 기술을 조합하여 예견 가능한 결과가 도출된 경우 … 242
2. 이미 알려진 요소를 다른 요소로 대체하여 예견 가능한 결과가 도출된 경우 … 255
3. 알려진 기술을 사용하여 동일한 방식으로 유사한 장치(방법, 제품 등)을 개량한 경우 … 270
4. 알려진 장치(방법, 제품 등)를 개량하기 위하여 알려진 기술을 적용하여 예견 가능한 결과가 도출된 경우 … 272
5. "시도할 것이 명백"-성공에 대한 합리적 기대감 아래서, 제한된 수의 증명되고, 예측 가능한 해결책 중에서 선택 … 274
6. 공지의 노력이나 작업이 사용 중에 디자인적 측면이나 시장 지배력의 측면에서 사용을 위한 변형을 촉진한 경우, 그 변형이 당업자에게 예견 가능한 경우 … 285

7. 당업자들이 선행 기술의 TSM에 의하여 인용된 선행 기술들을
변경하거나 조합함으로써 청구된 발명을 만들 수 있는 경우 … 285
1) 인용자료의 변형을 위한 TSM / 286
2) 성공에 대한 합리적 기대 / 290
3) 청구항의 모든 한정 요소 검토 / 291

CHPATER 05 상세한 설명 … 293
Ⅰ. 35 U.S.C. §112 … 293
1. 개시(Disclosure) … 293
2. 35 U.S.C. §112의 구조 … 294
Ⅱ. 상세한 설명(Written description)의 개요 … 295
1. 상세한 설명의 일반 원칙 … 295
1) 최초 청구항 / 297
2) 청구항의 추가 또는 정정 / 298
2. 상세한 설명이 적절한지를 결정하기 위한 방법론 … 300
1) 명세서가 35 U.S.C §112(a)의 첫 번째 단락에 부합하는지 읽고 분석 / 300
(1) 각 청구항에 관하여, 전체로서 청구항이 포섭하는 것을 결정 / 301
(2) 청구인이 청구된 발명의 각 요소를 어떻게 뒷받침하는지를
이해하기 위하여 특허 신청서 전체를 검토 / 302
(3) 특허 출원 당시 출원인이 전체로서의 발명을 보유한 것을 당업
자들에게 알려 주기 위한 상세한 설명이 충분하였는지를 판단 / 303
Ⅲ. 청구된 주제에 대한 지원 … 313
Ⅳ. 상세한 설명 요건에 일치하는지를 결정하기 위한 기준 … 313
Ⅴ. 상세한 설명이 적절하게 이루어진 전통적 상황 … 314
1. 청구항에 영향을 주는 보정 … 315
2. 35 U.S.C §120에 따른 모출원서의 출원일에 의존 … 315
3. 35 U.S.C §119에 따른 우선일에 의존 … 315
4. 저촉심사의 Count에 대응하는 청구항에 대한 지원 … 315
5. 충분히 서술되지 않은 원 청구항 … 316
6. 불명확성으로 인한 기능적 청구항에 대한 거절 … 316
Ⅵ. 청구항 범위의 변경 … 317
1. 청구항의 확장 … 317
1) 한정 요소의 누락 / 317
2) '속'에 대한 청구항의 추가 / 318
2. 청구항의 축소 또는 '아속'에 관한 청구항 … 319
3. 한정 요소의 범위 … 320

Ⅶ. 신규사항에 대한 상세한 설명 요건의 관계 … 321
1. 신규사항의 취급 … 321
2. 신규사항 반대/거절의 검토 … 322
3. 명세서에 개시되지 않은 청구된 주제 … 322
Ⅷ. 최초 설명에 의하여 지원되는 출원의 보정 … 322
1) 다른 표현(Rephrasing) / 323
2) 명백한 실수 / 323
1. 내재적인 기능, 이론 그리고 장점 … 324
2. 인용에 의한 편입 … 324

CHAPTER 06 실시가능성 … 326
Ⅰ. 실시가능성 테스트 … 327
1. 과도한 실험 요건 … 328
2. 청구된 발명의 제조 방법 … 330
3. 청구된 발명의 사용 방법 … 330
Ⅱ. 작동 사례(Working example) … 331
1. 작동 사례의 부존재 또는 하나의 작동 사례 … 332
2. 상관관계: in vitro(체외)/in vivo(체내) … 333
3. '속'에 대한 청구 … 333
Ⅲ. 기술의 예측성과의 관계 … 334
Ⅳ. 실시가능성 요건에 따른 심사관의 책임 … 335
Ⅴ. 전체로서의 증거에 근거한 실용 가능성 판단 … 336
1. 명세서가 출원일 당시 실시 가능하여야 한다 … 338
2. 명세서가 당업자에게 실시 가능하여야 한다 … 339
Ⅵ. 실험의 양 … 340
1) 합리적인 실험의 예 / 341
2) 비합리적인 실험의 예 / 341
1. 누락된 정보 … 341
1) 전기 또는 기계 장치와 프로세스 / 342
2) 미생물 / 343
2. 화학 사례 … 344
1) 실시 불가능 사례 / 344
2) 실시 가능 사례 / 346
3. 컴퓨터 프로그래밍 사례 … 347
1) 컴퓨터보다 포괄적인 블록 구성요소(Block elements) / 348

2) 컴퓨터 내의 블록 구성요소 / 350
3) 선서 진술서(Affidavit)의 실무(37 CFR 1.132) / 352
4) 참조한 선행 문서 / 354
5) 대리인의 의견(Arguments of counsel) / 355
Ⅶ. 35 U.S.C. §101 실용성(Utility) 요건과의 관계 … 355
1. 실용성 요건이 충족되지 않은 경우 … 356
1) 유용하지 않거나 작동하지 않는 경우 / 356
2) 심사관의 입증책임 / 357
3) 출원인의 반박 / 357
2. 실용성 요건이 충족된 경우 … 358
Ⅷ. 범위에서 청구항들과 상응하는 실시가능성 … 358
1. 단일 수단 청구항 … 362
2. 비작동 주제 … 362
3. 청구되지 않은 중요한 특성 … 363

CHAPTER 07 명확성 … 364
Ⅰ. 청구항의 해석 … 365
1. 가장 광범위하고 합리적인 해석(Broadest reasonable interpretation) … 365
2. 각 청구항의 한정 요소가 35 U.S.C. §112(f)를 적용하는지 결정 … 367
Ⅱ. 청구항 용어가 명확한지 결정 … 367
1. *Nautilus, Inc. v. Biosig Instruments, Inc*의 합리적 확실성(Reasonable certainty) … 368
2. 심사 중인 청구항들과 특허 등록된 청구항은 다르게 해석 … 370
3. 명확성과 정확성의 기준에 관한 요건 … 372
4. 불명확한 청구항 용어의 해결 … 373
1) 심사관에 의한 분명한 기록 확보 / 373
2) 특허 거절 통지에서 충분한 설명 제공 / 374
3) 기록이 불분명한 경우, 허용 이유에서 청구항의 해석 제공 / 376
4) 출원인과의 소통 / 377
Ⅲ. 명세서와 청구항 간의 일치 … 378
Ⅳ. 광범위한 범위와 불명확성 … 379
Ⅴ. 35 U.S.C. §112(b)의 이슈에 관련된 구체적 논의 … 380

1. 신규 용어 … 380
1) 모든 용어의 의미가 나타나야 한다 / 380
2) 명확성과 정확성에 관한 요건은 용어의 한정사항과 균형을 이루어야 한다 / 380
3) 일반적인 용어와 반대로 사용된 용어들은 상세한 설명에서 명확하게 정의되어야 한다 / 381
2. 상대적 용어 … 382
1) 정도에 관한 용어(Terms of degree) / 382
2) 가변적인 대상의 인용은 청구항을 불명확하게 한다 / 383
3) 근사치 / 384
4) 주관적인 용어들 / 386
3. 수적 범위와 양적 한정 … 387
1) 동일한 청구항에서 광범위하면서 협소한 범위들 / 387
2) 개방형(Open-ended) 수적 범위 / 388
3) 유효량(Effective amount) / 389
4. 예시적 용어("for example", "such as") … 390
5. 선행 근거의 결여 … 390
6. 다른 청구항에 있는 한정 요소의 인용 … 392
7. 선택적 한정 요소(Alternative limitations) … 393
1) Markush groups / 393
2) "Optionally" / 395
8. 부정적 한정 요소 … 395
9. 종래의 조합 … 396
10. 집합(Aggregation) … 397
11. 장황함(Prolix) … 397
12. 중복(Multiplicity) … 398
13. 이중 포함(Double inclusion) … 399
14. 제법한정물건발명(Product-by-Process; PbP) 청구항 또는 물건과 프로세스 청구항 … 400
15. 용도(Use) 청구항 … 401
16. 일괄 청구항(Omnibus claim) … 402
17. 도면이나 표의 인용 … 403
18. 화학식 … 403
19. 청구항에 있는 상표 또는 상호 … 404
20. 기계의 단순 기능 … 405
21. 간편한 특허 출원 절차(Compact prosecution)의 실행 … 405

CHAPTER 08 기능적 청구항의 경우 … 407

Ⅰ. 기능적 청구항(Means-plus-Function claim)의 의의 … 407

Ⅱ. 35 U.S.C. §112(f)를 적용하는지 결정 … 408

1. "Means"나 "Step" 또는 그 대체어를 사용하는 청구항의 한정 요소 … 409
2. 기능적 언어에 의하여 수식되는 "Means"나 "Step" 또는 그 대체어 … 413
3. 특정 기능을 달성하기 위하여 충분한 구조, 물질, 동작 등에 의하여 수식되지 않는 "Means"나 "Step" 또는 그 대체어 … 415

Ⅲ. 35 U.S.C. §112(f)이 적용되는 청구항의 한정 요소를 지원하는 데 필요한 설명 … 418

1. 당업자가 어떤 구조가 언급된 기능을 수행하는지를 이해할 수 있도록 명세서에 상응하는 구조를 개시하여야 한다 … 418
2. 컴퓨터에서 실행되는 기능적 한정 요소 … 421
3. 청구항을 뒷받침하는 개시는 청구된 기능과 개시된 구조, 물질 또는 동작을 명확하게 연결하여야 한다 … 426

Ⅳ. 35 U.S.C. §112(f)가 적용될 때, 35 U.S.C. §112(b)에 부합하는지 결정 … 426

Ⅴ. 35 U.S.C. §112(a)의 지원이 있는지 결정 … 430

Ⅵ. 단일 수단 청구항(Single means claim) … 432

PART 03 특허 침해 및 항변

CHAPTER 01 특허 침해 … 437

1. 청구항의 해석 … 437
2. 직접 침해 … 438
   1) 구성요소 완비의 원칙(All elements rule) / 438
      (1) 개요 / 438
      (2) 고의 등 주관적 요소 / 438
      (3) 분할 침해(Divided infringement) / 439
   2) 선행 기술 실행에 의한 방어 / 442
   3) 문언 침해(Literal infringement) / 443
   4) 균등론(The doctrine of equivalents) / 444
      (1) 목적 및 적용 / 444
      (2) 테스트 / 446

① 기능/방법/결과 테스트(Function/Way/Result Test; FWR) _ 446
② 비실질적인 차이 테스트(Insubstantial difference test) _ 447
(3) 균등론을 위한 구성요소 완비의 원칙(All elements rule) / 447
(4) 균등성의 확립 / 448
(5) 균등론의 한계 / 449
① 선행기술 _ 449
② 개시되었으나 청구되지 않은 주제 (Dedication rule) _ 452
(6) 출원 경과 금반언(Prosecution history estoppel) / 455
(7) 균등론과 기능성 청구항 / 459
3. 간접 침해 … 461
1) 유인 침해(Induced infringement) / 461
(1) 특허 침해의 인식(Knowledge) / 461
(2) 유인 행위 / 464
(3) 직접 침해의 발생 / 464
2) 기여 침해 / 465
3) 수선(Repair)과 복구(Reconstruction) / 469
4. 침해의 지역적 제한 … 471
1) *NTP v. Research in Motion* / 472
2) §271(f) / 474
(1) *Deepsouth Packing Co., Inc. v. Laitram Corp* / 474
(2) §271(f)의 제정 / 475
(3) *Microsoft Corp. v. AT&T Corp* / 475
5. 침해의 예외-실험 목적 이용 … 477
1) §271(e)에 따른 예외 / 478
2) 판례법상 실험 목적의 예외 / 481

CHAPTER 02 특허 침해에 대한 기타 항변 … 483
1. 부정행위(Inequitable conduct) … 483
1) '더러운 손' 이론(Unclean hands doctrine) / 483
2) 요건 / 485
3) 사업상 위법행위(Business misconduct) / 486
2. 특허권의 남용(Patent misuse) … 488
1) 의의 / 488
2) 분석 / 488
3) 결합 계약(Tying arrangements) / 489
4) 포괄 라이선싱(Package licensing) / 491
5) 특허 기간 연장 / 492

3. 독점금지법(Anti-trust Law) 위반 … 492
1) 의의 / 492
2) 법률 / 493
3) 구체적 유형 / 493
(1) *Walker Process* 기망 / 493
(2) 허위 소송(Sham litigation) / 494
4) 역지불 합의(Reverse payment settlement) / 494
(1) 의의 / 494
(2) Hatch Waxman Act / 495
(3) *Actavis* 사례 분석 / 496
4. 최초 판매 원칙 또는 특허권의 소멸 … 498
1) 의의 / 498
2) 특허 제품에 대한 사용, 재판매 권리 / 498
3) 범위 / 499
(1) 방법 특허에 적용 / 499
(2) 제품 재판매 조건 위반시 / 500
(3) 해외 판매 제품 / 501
5. 금반언(Estoppel) … 502
1) 쟁점효(Collateral Estoppel) / 503
2) 기판력(Res Judicata) / 504
6. (F)RAND 항변 … 505
1) 의의 / 505
2) 계약 위반 / 506
3) 금반언(Promissory estoppel) / 508
4) 공정거래법 위반 / 508
5) 특허권 남용(Misuse) / 510
6) 공정하고 합리적인 로열티의 산정 / 510
(1) 가상 협상 / 510
(2) SEP 비중에 따른 로열티의 배분 / 511
7) 특허권자의 침해 금지 명령(Injunction) 청구 가능 여부 / 512

PART 04 특허 침해에 대한 구제

CHAPTER 01 손해배상 … 517
1. 개요 … 517
2. 일실 이익(Lost profits) … 519
1) 직접적 인과 관계("But for" 테스트) / 520

(1) Panduit 테스트 / 520
① 특허받은 제품에 대한 구매 수요 _ 521
② 비침해 대체재 _ 522
③ 특허 제품의 제조 능력 _ 528
④ 일실 이익의 크기 _ 528
(2) 복수 공급자 시장 테스트 / 529
2) 예견가능성(Foreseeability) / 530
(1) *Rite-Hite v. Kelley* / 531
3) 전체 시장 가치 원칙(The entire market value rule) / 535
(1) 의의 / 535
(2) *Rite-Hite* 사례 / 537
(3) *Juicy Whip, Inc., v. Orange Bang, Inc* / 538
4) 가격 잠식 / 539
3. 합리적인 실시료(Reasonable royalty) … 541
1) 개요 / 541
2) Georgia Pacific 요건 / 543
(1) 특허권자가 소송 중인 특허에 대하여 받은 기존의 특허 실시료 / 544
(2) 사용자가 다른 유사한 특허에 대하여 지불한 특허 실시료 / 545
(3) 특허 사용 범위나 특허 계약의 특성. 예를 들면, 특허의 독점 사용 내지 비독점 사용, 또는 특허를 사용한 제품이 판매되는 지역이나 사용자에 따른 제한 / 546
(4) 특허권자의 특허 독점 유지 정책. 예를 들면, 특허 독점을 유지하기 위하여 고안된 특별한 조건하에서만 맺는 특허 사용 계약 / 546
(5) 특허권자와 침해자 간의 사업 관계. 예를 들면, 특허권자와 침해자가 동일한 지역 범위 내에서 동일한 사업의 연장선에서 경쟁 관계에 있었는지 또는 발명자와 사업 기획자의 관계인지 여부 / 547
(6) 특허받지 않은 물건의 판매에 대한 영향: 즉, 특허 부분의 판매가 특허권자의 다른 상품 판매에 미치는 영향, 특허권자 발명이 특허받지 않은 제품 판매를 촉진시킴으로써 얻게 되는 가치 그리고 이와 같은 파생적 또는 집단적 판매량 / 547
(7) 특허의 존속기간과 특허 사용 계약 기간 / 548
(8) 특허 제품의 그간의 수익성, 상업적 성공 그리고 현재의 제품 인기 / 549
(9) 특허 발명의 유용성과 이점 / 550
(10) 특허 발명의 특성, 특허권자가 상업화한 특허 제품의 특징 그리고 이를 이용하는 사람들에 대한 혜택 / 550
(11) 특허 침해자가 특허 발명을 이용한 정도와 그 이용 가치를 증명하는 증거 / 550
(12) 특정 사업 영역 등에서 관습적으로 인정되는 특허 발명이 차지하는 이익이나 판매가격의 몫 / 551

(13) 발명에 따른 현실적인 이익 / 552
(14) 전문가 증인의 증언 / 552
(15) 실제 협상에서 예상되는 금액 / 552
3) 특허 실시료의 기초 / 553
(1) 산정 방법 / 553
(2) *Lucent Tech. v. Gateway* / 557
(3) *LaserDynamics, Inc. v. Quanta Computer, Inc* / 562
(4) 디자인 특허의 경우 / 565
4. 징벌적 손해배상 … 568
1) 35 U.S.C. §284 / 568
2) 미국 특허법과 판례의 변경 / 569
(1) *Underwater Devices Inc. v. Morrison-Knudsen Co* / 569
(2) *In re Seagate Technology, LLC* / 569
(3) The America Invents Act of 2011 at 35 U.S.C. §298 / 570
(4) *Halo Electronics, Inc. v. Pulse Electronics, Inc* / 570
3) 변호인 의견서의 요건 / 571
5. 변호사 비용 … 572
1) *Brooks Funiture Mfg., Inc. v. Dutailier Int'l, Inc* / 573
2) *Octane Fitness, LLC v. Icon Health & Fitness Inc* / 574
3) *Highmark Inc. v. Allcare Health Management System, Inc* / 575
6. 특허 침해의 통지와 특허 표시(Marking) … 575
1) 개요 / 575
2) 실제 통지(Actual notice) / 576
3) 의제 통지(Constructive notice) / 576
(1) 실질적으로 모든 제품에 표시 / 576
(2) 입증 책임 / 577
(3) (실시권자를 위한) 합리성 원칙(Rule of Reason) / 577
(4) 표시 방법: 물리적 표시(Physical marking)와 사실상 표시(Virtual marking) / 579
(5) 적용 범위 / 579

CHAPTER 02 침해 금지 명령 … 581

판례색인 … 583

PART

01

특허 소송 절차

Understanding US Patent Litigation

본 장에서는 특허 소송의 절차에 대하여 개략적으로 설명한다. 특허 소송 절차는 일반 소송 절차와 다른 특허 소송만의 고유한 절차가 포함되어 있어, 미국 현지 변호사들도 특허 전문 변호사가 아니면, 쉽게 접하기 어려운 분야이다. 그렇지만, 특허 소송도 일반 민사 소송을 기본으로 하여 특허 소송만의 일부 고유한 절차가 포함되었기 때문에, 특허 소송 절차를 이해한다면 미국의 일반 민사 소송 절차는 오히려 쉽게 이해할 수 있는 장점이 있다.

Ⅰ 미국 특허 개요 및 특허 분쟁 전의 준비 사항

한국에서 미국 특허 소송을 접하게 되는 경우는, 미국에 특허 출원하는 경우를 제외하고는, 미국의 특허권자로부터 특허 침해 사실을 통지(Demand letter)받는 경우가 일반적이다. 미국 특허 출원 업무를 전적으로 다루지 않는 일반 기업에서 법무를 담당하는 분들은 미국으로부터 이러한 통지를 받은 경우, 불안감과 당황스러움으로 우왕좌왕하게 되고, 특허 협상이나 특허 소송에 필요한 전략을 마련하는 데 필요한 시간을 허비하게 된다. 여기서는, 이에 대비하여 본격적인 특허 분쟁에 들어가기 전에 기본적으로 알고 있어야 할 사항들을 정리하였다.

1. 특허 출원 및 등록

특허를 비롯한 지적재산권을 보호하기 위해서, 미국에서는 일반적으로 저작권법, 상표법, 특허법의 3가지 법이 거론된다. 저작권법은 특허와 달리, 발명이나 아이디어가 아닌 예술적인 표현을 보호하기 위한 법이며, 상표법은 기업의 상호나 상표를 다른 기업이 임의로 사용하지 못하게 함으로써, 상표권자인 기업이나 그 기업의 제품을 신뢰한 소비자들의 혼란을 방지하기 위한 목적을 갖고 있다. 이에 반하여 특허법은, 새롭고 유용한 발명을 한 발명권자에게 일정 기간 독점적 이익을 누릴 수 있게 함으로써, 새로운 발명을 장려하기 위한 목적이다.

17세기 영국에서 확립된 근대 특허 제도는 산업 혁명이 발생하게 된 법률적 바탕을 이루었고, 미국으로 건너와서는 특허법에 대한 근거 규정을 헌법에 마련하게 되었다. 헌법 규정에 근거하여 제정된 미국 특허법은 디자인 발명, 식물 발명 및 실용(Utility) 발명에 대하여 특허권을 인정하게 되었다.

이러한 특허권은 발명자가 새로운 발명 아이디어를 생각해 내는 데에서 출발한다. 그 후 발명자는 떠오른 아이디어를 종이나 컴퓨터 등에 옮겨 적거나, 다른 사람에게 설명을 함으로써 외부에 표현하게 된다. 이 단계를 착상(Conception)이라 부른다. 발명자가 착상 이후에도 계속적인 연구를 통하여 본인의 발명이 특허법에서 요구하는 요건을 충족하였다고 생각하면 출원서를 작성하여 미국 특허청(USPTO)에 출원하게 된다. 출원서가 특허청에 접수되면, 해당 특허는 출원일을 부여받게 된다. 2011년에 제정된 America Invents Act(AIA)는 특허 부여시 우선순위를 선발명주의에서 선출원주의로 전환하여, 2013. 3. 16.부터 적용하도록 하고 있다.

특허청의 심사관은 먼저 접수된 출원서의 형식적인 흠결을 살핀 뒤 문제가 없다고 판단하면, 발명에 대한 실질적인 심사에 들어가게 되는데, 주로 출원인이 출원서에 제출한 선행 기술과 심사관의 조사를 근거로 특허 요건을 심사한다. 때때로 심사관이 쉽게 특허 등록을 내주기도 하지만, 대부분의 경우는 요건 미비를 이유로 특허 등록을 거절하는 통지(Office action)를 보내기 마련이다. 이 통지를 받은 출원인은 심사관의 의견에 대하여 반박하거나 보충 설명 자료를 추가로 제출하게 되고, 이에 대하여 심사관은 심사 결과를 통지하게 된다. 이와 같은 Office Action과 출원인의 응답은 특허청의 최종 결정시까지 반복된다. 특허청이 출원된 특허를 다루는 절차를 “Prosecution”이라고 하며, 특허청의 최종 결정까지 일어난 일련의 행위들은 “Prosecution history”라 불리고, 그 과정에서 특허청과 발명인 사이에 주고받은 문서들은 “File wrapper”라 한다.

심사관이 출원서의 청구항 중 하나 이상을 특허로 인정하게 되면, 발명자는 정해진 수수료를 내고, 특허를 등록한 후 17년 정도 특허권자로서의 권리를 누리게 된다.[1] 일단 특허가 등록되면, 해당 특허는 일반에 공표되고, 일반인들은 누

1) 특허 기간은 출원일로부터 20년이나, 특허청 심사기간이 보통 3년 정도 소요되므로, 실질적인 특허권 행사기간은 일반적으로 17년에 지나지 않게 된다. (35 U.S.C. §154(a)(2))

구나 이를 읽고 해당 발명과 기술을 익힐 수 있으며, 특허 기간 경과 후에는 제한 없이 이를 이용할 수 있게 된다. 특허청의 역할도 특허 등록까지로 제한되며, 특허 등록 후의 특허 침해 판단은 특허청[2]이 아닌 법원의 관할에 속하게 된다.

2. 특허 공보

등록된 특허는 구글 특허 사이트(www.google.com/patents)나 오빗(www.orbit.com) 등에서 무료로 쉽게 확인할 수 있다. 구글은 미국 특허 검색에 편리하고, 오빗은 전 세계 특허를 검색할 수 있다는 장점이 있다. 미국 특허를 침해하였다는 통지를 받게 되면, 이들 특허 검색 사이트들을 활용하여 해당 발명을 자세하게 파악할 필요가 있다.

---

2) 특허를 침해하였다고 주장되는 자가 특허 소송 이외에 특허청에 IPR, PGR 등을 청구할 수 있으나, 이는 엄밀한 의미에서 특허 침해에 대한 판단이 아니라, 특허 요건 흠결을 이유로 해당 특허 등록을 취소하는 청구이다.

[특허 예]

(12) **United States Patent**
McMullin et al.

(10) **Patent No.:** **US 6,637,447 B2**
(45) **Date of Patent:** **Oct. 28, 2003**

(54) **BEERBRELLA**

(76) Inventors: **Mason Schott McMullin**, #7 Ridgetop St., St. Louis, MO (US) 63117; **Robert Platt Bell**, 8033 Washington Rd., Alexandria, VA (US) 22308; **Mark Andrew See**, 8033 Washington Rd., Alexandria, VA (US) 22308

(*) Notice: Subject to any disclaimer, the term of this patent is extended or adjusted under 35 U.S.C. 154(b) by 33 days.

(21) Appl. No.: **09/981,966**

(22) Filed: **Oct. 19, 2001**

(65) **Prior Publication Data**

US 2003/0075208 A1 Apr. 24, 2003

(51) **Int. Cl.**^{7} **A45B 11/00**; A45B 13/00; A45B 23/00

(52) **U.S. Cl.** **135/16**; 220/694; 206/217

(58) **Field of Search** 135/16; 220/694, 220/703; 215/386, 400; D3/5; 248/519, 534, 231.81, 230.7; 206/217

(56) **References Cited**

U.S. PATENT DOCUMENTS

973,731 A	* 10/1910	Watkins	
2,199,915 A	* 5/1940	Howard	
2,556,439 A	* 6/1951	Pearson	215/386
4,188,965 A	* 2/1980	Morman	135/16
4,638,645 A	1/1987	Simila	62/457
4,871,141 A	* 10/1989	Chen	248/534
5,058,757 A	* 10/1991	Proa	220/739
5,086,712 A	* 2/1992	Clark	108/50.12
5,115,939 A	* 5/1992	Porter	220/705
5,186,196 A	* 2/1993	Gorka et al.	135/16
5,365,966 A	* 11/1994	McLaren	135/16
5,396,915 A	* 3/1995	Bomar	135/16
D361,018 S	* 8/1995	Drape et al.	D7/619
5,544,783 A	* 8/1996	Conigliaro	220/735
D394,589 S	* 5/1998	King	D7/707
5,823,496 A	10/1998	Foley et al.	248/314

* cited by examiner

Primary Examiner—Robert Canfield
(74) *Attorney, Agent, or Firm*—Robert Platt Bell

(57) **ABSTRACT**

The present invention provides a small umbrella ("Beerbrella") which may be removably attached to a beverage container in order to shade the beverage container from the direct rays of the sun. The apparatus comprises a small umbrella approximately five to seven inches in diameter, although other appropriate sizes may be used within the spirit and scope of the present invention. Suitable advertising and/or logos may be applied to the umbrella surface for promotional purposes. The umbrella may be attached to the beverage container by any one of a number of means, including clip, strap, cup, foam insulator, or as a coaster or the like. The umbrella shaft may be provided with a pivot to allow the umbrella to be suitably angled to shield the sun or for aesthetic purposes. In one embodiment, a pivot joint and counterweight may be provided to allow the umbrella to pivot out of the way when the user drinks from the container.

10 Claims, 5 Drawing Sheets

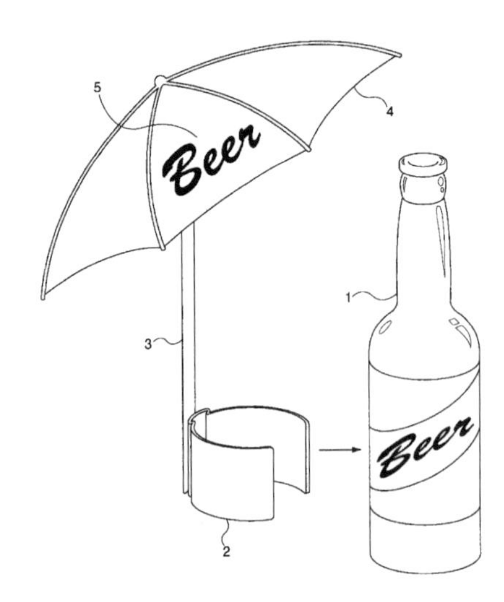

특허 공보는 여러 페이지로 구성되어 있지만, 위에서 보는 것과 같이 첫 페이지에 특허에 관한 기본적인 사항이 기재되어 있다. 미국 특허는 보통 발명자의 이름을 따서 불리거나, 특허 번호로 불리운다. 위 특허의 발명자는 Mason Scott McMullin 외 3인이므로, McMullin 특허로 불리운다. Patent No. 6,637,447은 미 특허청에 의하여 인정된 특허번호로, 보통은 줄여서 뒤의 3자리 숫자만 사용한다(예 '447 Patent). 특허 번호 뒤의 B2는 "Kind Codes"로 불리우며 특허 문서의 종류나 공지 수준을 알려 준다. 가령, 여기서 "B2"는 특허 출원 당시부터 계속해서 공지되었음을 나타낸다.[3] 본 특허의 타이틀은 (54)의 Beerbrella로 되어 있으며, 발명의 특징을 묘사한다. 본 특허에서 발명자(76)는 3명으로 이루어졌음을 알 수 있다. 별도로 Assignee(양수인)이 없으면, 발명자가 특허의 현재 소유자가 되지만, Assignee가 나와 있는 경우는 Assignee가 특허의 현재 소유자가 된다.

본 특허의 특허 출원일은 File된 날짜인 2001년 10월 19일이며, 2003년 10월 28일에 등록되었다. 특허 기간 20년의 산정은 특허 등록일부터 기산하는 것이 아니라, 출원일로부터 기산한다. 본 특허의 경우, 2001년 10월 19일부터 20년이 지난 2021년 10월 19일에 특허 기간이 종료하여야 하지만, (*)Notice 규정에 의하여 33일이 연장되어, 2021년 11월 21일에 특허 기간이 만료된다.[4]

Abstract 이하에서 발명을 구체적으로 기술한 부분은 명세서(Specification)이다. 명세서는 발명에 대한 간단한 요약인 Abstract, 발명이 해결하려고 하는 실생활의 문제를 기술한 Background, 도면(Figures), 발명에 대한 상세한 기술(Detailed description of the invention) 등으로 구성된다. 특허의 맨 마지막 부분에는 청구항(Claims)이 있다. 청구항은 발명에 대한 정의를 내린 부분이고, 이 청구항에 대하여 특허청이 특허를 부여하였다고 볼 수 있다. 따라서, 청구항이 특허 침해 여부를 판단하는 기준이 된다. 청구항 전의 명세서는 도면과 글을 통하여 청구항을 설명해 준다. 경우에 따라 명세서가 청구항의 용어들을 한정하는 경우도 있지만, 대부분의 경우에는 발명과 한두 개의 바람직한 실시예(preferred embodiments)를 설명하는 데 그친다. 바람직한 실시예는 청구항의 범위를 한정하

---

3) https://www.uspto.gov/learning-and-resources/support-centers/electronic-business-center/kind-codes-included-uspto-patent

4) 35 U.S.C. §154(b)(1)(B)

는 것이 아니라, 단순히 발명을 어떻게 실행하거나 사용하는지 한두 개의 예를 든 데에 불과하다.

3. 특허 침해 사실의 통지(Demand Letter)

자신의 발명에 대하여 특허를 획득한 특허권자는, 일정 기간 자신의 발명에 대하여 독점적 권리를 누리게 된다. 자신의 발명을 사용, 수익, 양도할 수 있을 뿐만 아니라, 허락 없이 자신의 발명을 사용하는 자에 대하여는 그 침해 배제를 청구하고, 침해로 입게 된 손해의 배상도 청구할 수 있다. 특허권자가 특허 침해가 의심되는 자에게 그 배제를 청구하기 위해서는 법원 등에 특허 침해 소송 등을 제기하여야 하나, 실무적으로는 소송 제기 전에 먼저 특허 침해 혐의자에 대하여 특허 침해 사실을 통지하고 그 시정을 요구하는 것이 일반적이다. 이와 같은 특허권자의 통지를 Demand Letter[5]라고 부른다.

특허권자로부터 이와 같이 특허 침해 통지를 수령한 자는, 해당 특허 기술에 대한 평가와 선행 기술 및 내부 사용 기술에 대한 평가를 조속히 하여야 한다. 가능하다면, 저명한 외부 특허 평가 기관이나 법률 사무소의 도움을 받는 것도 고려해 볼 수 있다. 이때, 기술에 대한 평가 결과가 수령자에게 유리하게 나온 경우에는 향후 특허 소송에서 고의에 의한 특허 침해를 반박할 때에 유용하게 쓰일 수 있다.[6]

한편, 특허권자의 경우, 이와 같이 Demand Letter를 보낼 때 유의하여야 할 사항이 있다. Demand Letter를 받은 사람은 Letter에 명시된 특허와 특허 침해되었다고 주장된 자신의 기술을 검토한 뒤, 특허권자와 협상 등의 절차를 거치지 않고, 바로 법원에 특허 비침해(non-infringement)나 특허 무효(Invalidity)의 확인 소송(Declaratory Judgment Action)을 구할 수도 있다. 소송 비용 등의 이유로 소송

---

5) Demand Letter는 특허법에서만 특유한 것이 아니라, 일반적으로 법률상 권원을 갖고 있는 자가 자신의 권원이 침해되었음을 이유로 상대방에 대하여 그 시정 조치(예를 들면, 배상금의 지급)를 구하거나 소송을 제기한다는 것을 미리 알리는 통지를 말한다. BLACK'S LAW Dictionary 7th Edition.

6) 징벌적 손해배상에서 후술.

을 통한 분쟁해결보다는, 협상을 통하여 라이선스 요금을 받게 되기를 기대하였던 대부분의 특허권자로서는 이와 같은 특허 침해자의 반격에 라이선스를 받기보다 오히려 자신의 특허 무효를 걱정하여야 할 처지에 몰리게 될 수도 있다. 이와 같이, 특허권자가 Demand Letter를 보낼 때에는, 받는 사람이 특허 무효 등 확인 소송을 제기할 수 없도록 유의하여야 한다.

1) 특허 무효 등 확인 소송(Declaratory Judgment Action)

특허 무효 등 확인 판결을 받기 위해서는 무효 등 확인 소송이 제기된 연방 지방 법원에 이 소송에 대한 관할이 존재하여야 한다. 확인판결법(Declaratory Judgment Act)은 "관할에서 실질적인 분쟁이 있는 사건의 경우(in a case of actual controversy), 미국 내 어느 법원이라도 이해 당사자 간의 법률 관계나 권리에 대한 확인 판결을 할 수 있다."고 규정하고 있다.[7] 그러나, 연방 대법원은 법원이 확인 판결을 할 수 있는지에 대하여 한때 의구심을 갖기도 하였다. 확인 판결은 사건(case)이나 분쟁(controversy)에 대하여만 법원이 판단할 수 있다는 미국 헌법 제3장 규정을 위배할 수 있다고 판단하였기 때문이다. 그러나, 확인 판결법의 제정 이후, 이 법의 "a case of actual controversy" 문구가 미국 헌법 제3장의 재판받을 수 있는 "cases"나 "controversies"를 언급한 것으로 보아, 법원에 의한 확인 판결이 헌법에 위배되지 않는다고 보았다.[8]

미국 헌법 제3장의 "사건 또는 분쟁" 요건을 만족시키는 무효 등 확인 소송을 결정하는 명백한 기준이 존재하지는 않지만, 연방 대법원은 모든 정황을 기준으로(all-the-circumstances test) 이를 판단한다. "기본적으로, 각 사건의 쟁점은 모든 정황상 주장된 사실들이 상반된 법적 이해 관계에 있는 당사자들 사이에서 확인 판결을 내릴 긴급하고 현실적인 충분한 분쟁이 있다는 것을 입증하는지 여부이다."[9]

이와 같은 *MedImmune*의 입장은 무효 등 확인 소송의 관할을 인정하는 기

7] 28 U.S.C. §2201(a)

8] *Aetna Life Ins. v. Haworth*, 300 U.S. 227, 239-40 (1937)

9] *MedImmune, Inc. v. Genentech, Inc.*, 549 U.S. 118, 127 (2007)

준을 낮추었다는 평가를 받는다. 그렇지만, 기준이 낮아졌다 하더라도 무효 등 확인 소송의 원고는 분쟁이 명확하고 구체적이며 상반된 법적 이해관계를 갖고 있는 당사자 간의 법률 관계를 다룬다는 것을 증명하여야 한다. 이러한 분쟁은 상반된 법적 이해관계에 있는 당사자들의 법률관계에 관한 명확하고 구체적인 것이며, 현실적이고 실질적이어야 한다. 또한, 사실관계를 가정하여 무엇이 법인지를 조언해 주는 법적 의견과는 달리, 법원의 명령을 통한 구체적 해결을 용인한다. 따라서, 특허권자가 상대방에게 단순히 자신의 특허와 상대방의 제품을 통지하는 것만으로는 구체적이고 명확한 분쟁은 말할 것도 없고, 당사자 간의 상반된 법률관계를 형성할 수도 없다.[10] 또한, 특허권자의 적극적인 행동이 없다면, 상대방이 특허권자의 특허 소유와 그 특허 침해의 위험성이 있다는 것을 인식한 것만으로는 무효 등 확인 소송의 관할이 인정되지는 않는다. 이에 반하여, 특허권자가 상대방이 불법적인 행동을 계속 추구하고 있다는 입장을 취하거나, 상대방이 라이선스 등에 관한 권리를 포기하여야 한다는 입장을 취하는 경우에는 무효 등 확인 소송의 관할이 인정될 수 있다.[11]

무효 등 확인 소송을 제기할 당시에, 위와 같은 관할이 존재하였다는 사실은 이 소송을 제기하는 원고가 부담하게 된다.[12]

4. 특허 협상시 유의 사항

Demand Letter를 받은 자는, 특허권자가 Demand Letter에 따른 법적 조치를 취하기 전에, 특허권자에게 연락하여 특허권자의 구체적 요구 사항을 들어보고, 협상을 시작하는 것이 일반적이다. 이때 특허 협상에 들어가려는 당사자가 명심하여야 할 것이 있다. 특허 협상 과정에서 상대방에게 자신이 갖고 있는 문서 등을 제시하면서 상대방을 설득하고, 협상 조건 등을 제시하는 것은 협상 과정에서 흔히 일어날 수 있는 일이다. 그러나, 협상이 결렬되어 양 당사자들 사이에서 특허 소송이 제기된 경우, 협상 과정 중에 상대방에게 제시된 문서나 조건

10] *Hewlett-Packard Co. v. Acceleron LLC*, 587 F.3d 1358, 1361-62 (Fed. Cir. 2009)

11] *SanDisk Corp. v. STMicroelectronics, Inc.*, 480 F.3d 1372, 1381 (Fed. Cir. 2007)

12] *Benitec Australia, Ltd. v. Nucleonics, Inc.*, 495 F.3d 1340, 1344 (Fed. Cir. 2007)

등이 재판 과정에서 상대방에게 유리한 증거로 사용될 수도 있다는 문제가 생겨난다. 가령, 특허 소송에서 100억원의 손해배상 청구를 하였으나, 협상 과정 중에 라이선스로 50억원이 적정하다는 내용의 문서를 제시한 경우 등을 생각해 볼 수 있다. 연방증거규칙은 이와 같은 불합리를 개선하고 협상을 장려하기 위하여 제408조를 마련하고 있기는 하다.[13] 즉, 분쟁 중에 타협을 위하여 제시된 제안이나 그 제안의 승락은 적절한 타협점에 대한 가치 평가를 입증하기 위한 증거로 인정될 수 없다고 규정하였다. 그렇지만, 텍사스 연방 동부 지방 법원은 소송에 들어가겠다는 위협이 없는 가운데 이루어진 협상에서 제시된 증거는 연방증거규칙 §408의 적용을 받지 않는다고 판단하였다.[14] 따라서, 협상에 들어가는 당사자는 상대방에 제시된 자료가 향후 특허 소송에서 증거로 인정될 가능성에 대비하여, 상대방에게 제시할 때 신중하게 고려하여야 한다. 또, 부득이하게 상대방에게 제출할 수밖에 없을 때에는 F.R.E. §408이 적용되는 자료라고 명시하여야 할 필요가 있다.[15]

미국에서 특허 소송의 진행 여부를 결정할 때, 무시할 수 없는 요소가 바로

13] Rule 408. Compromise and Offers to Compromise

(a) Prohibited Uses. Evidence of the following is not admissible-on behalf of any party-either to prove or disprove

(1) furnishing, promising, or offering-or accepting, promising to accept, or offering to accept-a valuable consideration in compromising or attempting to compromise the claim; and

(2) conduct or a statement made during compromise negotiations about the claim-except when offered in a criminal case and when the negotiations related to a claim by a public office in the exercise of its regulatory, investigative, or enforcement authority.

(b) Exceptions. The court may admit this evidence for another purpose, such as proving a witness's bias or prejudice, negating a contention of undue delay, or proving an effort to obstruct a criminal investigation or prosecution.

14] *Pioneer Corp. v. Samsung SDI Co., Ltd.*, 2008 WL 11344761, at 5. (E.D.Tex. Oct. 2, 2008) (*Spreadsheet Automation Corp. v. Microsoft Corp.*, 587 F.Supp.2d 794, 801 (E.D. Tex., 2007)을 인용)

15] F.R.E. 408조는 증거 능력이 배제된다는 의미이며, 증거 개시 절차(Discovery)에서 배제된다는 의미는 아니다. 즉, 다른 (증거능력 있는) 증거의 개시에 필요하다면 F.R.E. 408조에 해당하는 증거도 개시될 수는 있다. (*Computer Assocs. Int'l v. American Fundware*, 831 F. Supp. 1516 (D. Col. 1993))

변호사 비용 등을 포함한 소송 비용이다. 미국 특허 소송의 변호사들은 대부분 시간당 요금을 청구하기 때문에, 소송이 길어질수록 그 비용은 기하급수적으로 증가하게 되고, 소송 비용만 몇십억에서 몇백억에 이를 수도 있게 된다. 따라서, 대부분의 특허 소송은 특허 청구항 해석 이전 단계에서 합의로 종료(대략 90%)되며, 변론절차(trial)를 거쳐 판결까지 이르는 경우는 청구된 사건 중 2~5%에 지나지 않는다.[16] 다음 표는 특허 소송 절차별 소요되는 비용 및 시간을 나타낸 도표이다.[17]

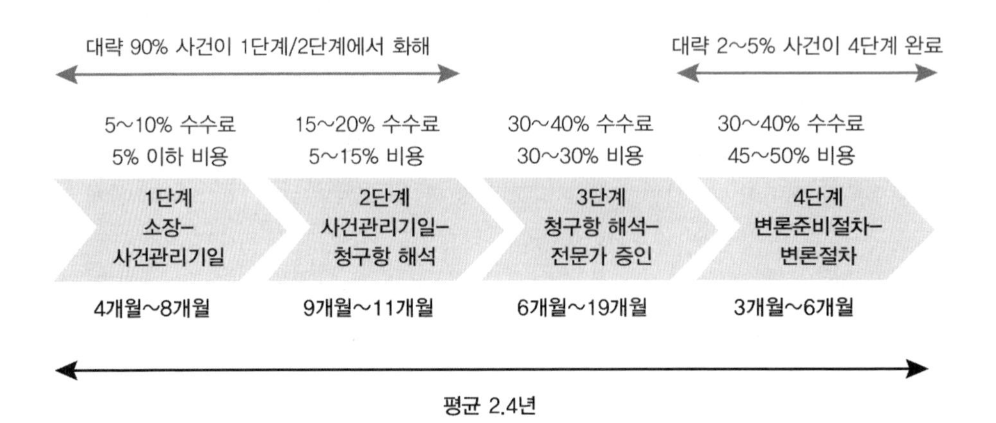

Ⅱ 특허 소송의 시작

1. 특허 쟁송 제도

앞에서 본 것과 같이, 특허권자와 특허권자에 의하여 특허를 침해하였다고 주장되는 자 사이에 협상이 이루어지지 않은 경우, 양 당사자는 해당 특허의 유효여부와 침해 여부를 두고, 법적 다툼을 벌이게 된다. 일반적으로는, 특허권자가 특허 침해 혐의자를 상대로 연방 지방 법원에 특허 침해 소송을 제기함으로써

16] 송현정, 미국 특허쟁송실무에 관한 연구, 대법원 사법정책연구원, 2016, p.60.
17] Id.(James C. Yoon(주 93), 26의 차트를 번역하여 인용)

특허 소송이 시작된다. 특허 침해 혐의자는 특허권자를 상대로 특허 침해 소송에서 특허의 유·무효와 침해 여부를 다투는 이외에, 특허청(United States Patent and Trademark Office; USPTO)이나 특허청 내의 특허 심판원(Patent Trial and Appeal Board; PTAB)에 특허 무효 심사나 심판 등을 청구할 수도 있다. 한편, 미국으로 수입되는 제품이 미국에 등록된 특허를 침해하였을 경우, 특허권자는 불공정무역행위를 조사하는 준사법기관인 국제 무역 위원회(International Trade Commision; ITC)에 특허 소송과 동시에 또는 개별적으로 특허 침해 조사를 신청할 수 있다.[18] 이들 연방 지방 법원, 특허 심판원, ITC의 판단에 불복하는 경우에는 연방 순회 항소 법원(CAFC)에 항소할 수 있으며,[19] 항소 법원의 판결에 대하여는 연방 대법원의 상고허가를 받아 상고할 수 있다. 이를 도표로 나타내면 다음과 같다.[20]

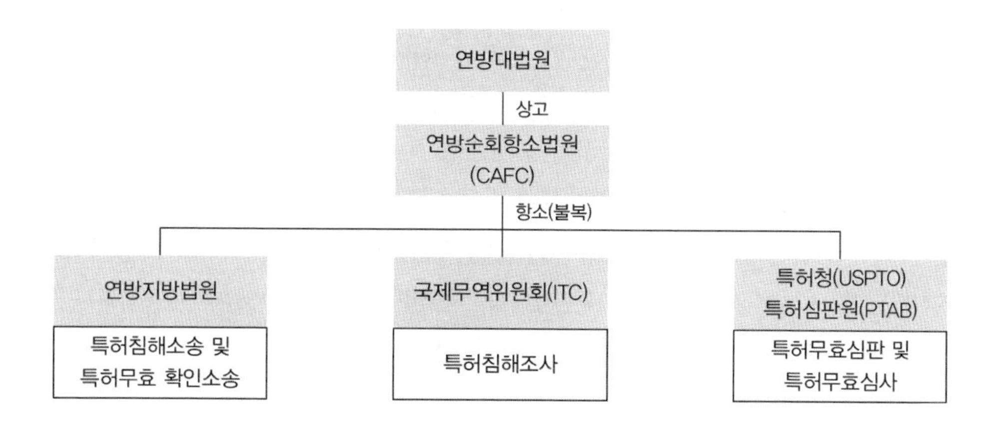

한편, 위와 같은 시스템하에서는 연방 지방 법원과 PTAB에서 동시에 특허에 관한 유·무효를 다툴 수 있으며, 실제로도 많이 발생하고 있다. 법률은 이 두 기관에 대하여 특허 무효를 판단할 수 있는 권한만 부여하였을 뿐, 이 두 기관이 특허 무효에 대하여 모순된 판단을 하였을 경우, 이를 해결하기 위한 방법은 제시하지 않았다. 이 문제와 관련된 연방 항소 법원의 판결을 살펴보기로 한다.

Fresenius와 Baxter는 둘 다 혈액 투석 장비제조업체이다. 터치스크린이 있는

---

18) Id., p.34.

19) 28 U.S.C. §1295(a)

20) 송현정, 미국 특허쟁송실무에 관한 연구, 대법원 사법정책연구원, 2016, p.35.

혈액 투석 장비에 관한 '434 특허는 Baxter가 소유하고 있었는데, Fresenius가 이에 대하여 특허 무효 확인 소송을 청구하였고, Baxter는 이에 대하여 특허 침해를 이유로 반소를 제기하였다. 연방 지방 법원은 Fresenius가 특허 무효에 대한 입증에 실패하였음을 이유로 패소 판결을 하였고, 연방 항소 법원은 이를 인용하였으나, 손해배상 부분에 대하여는 파기 환송하였다(*Fresenius I*).[21] 연방 지방 법원은 손해배상액을 재산정하였고, 이는 다시 연방 항소 법원에 항소되어 계류 중이었다(*Fresenius II*).[22] 연방 지방 법원에서 소송이 진행되는 동안, Fresenius는 PTO에 ex parte reexamination을 제기하였고, PTAB는 심사관이 자명성을 이유로 한 특허 거절을 정당하다고 판단하였으며, 연방 항소 법원은 이를 인용하였다.[23] 이에 따라, *Fresenius II*에서 연방 항소 법원은 '434 특허의 청구항이 취소되었으므로, 특허 침해 소송을 제기할 소인이 없다고 판단하였다. Baxter는 연방 지방 법원의 특허 유효성에 대한 판결(*Fresenius I*에 의하여 인용됨)에 기판력(*res judicata*)이 발생하여, Fresenius가 이를 다시 후소에서 다툴 수 없다고 주장하였으나, 다수 의견은 항소 법원이 실시료를 재산정하라고 환송하였으므로, 연방 지방 법원의 특허 유효에 대한 판단은 기판력이 발생하는 종국 판결로 볼 수 없다고 판단하였다. 이에 반하여, 소수 의견은 *Fresenius I*의 특허 유효성에 대한 판단은 이루어졌으므로, (비록 손해배상액 산정이 이루어지지 않았다 하더라도) 종국 판단으로서 PTO를 구속하여야 한다고 보았다.

2. 관할(Jurisdiction)과 재판지(Venue)

특허 소송은 28 U.S.C. §1338(a)에 의하여 주 지방 법원이 아닌, 연방 지방 법원에 관할이 부여되었다.[24] 관할권을 가진 법원이 여러 개인 경우, 특허권자

21) *Fresenius USA, Inc. v. Baxter International, Inc. (Fresenius I)*, 582 F.3d 1288 (Fed. Cir. 2009)

22) *Fresenius USA, Inc. v. Baxter International, Inc. (Fresenius II)*, 721 F.3d 1330 (Fed. Cir. 2013)

23) *In re Baxter Int'l, Inc.*, 678 F.3d 1357 (Fed. Cir. 2012)

24) 개별적인 관할과 관련하여서는 personal jurisdiction, in rem jurisdiction, 또는 quasi-in-rem jurisdiction 등이 있다.

는 그중 가장 적합한 재판지(Venue)에 있는 법원을 특정하여 소송을 제기하여야 한다.[25]

미 연방 의회는 특허 소송의 재판지에 관하여 28 U.S.C. §1400(b)를 규정하면서, "피고가 거주하고 있는(resides) 곳이거나 피고가 정기적이고 확립된 사업장(regular and established place of business)을 두고 있으면서 특허 침해 행위를 한 곳의 연방 지방 법원에 특허 침해와 관련된 민사 소송을 제기할 수 있다."고 규정하고 있다. 이와 동시에, 연방 의회는 일반 소송의 재판지와 관련하여, 회사 피고의 거주지(residence)에 관하여 규정하였다. 즉, "회사에 대한 소송은 설립된 곳이거나, 사업 허가를 받은 곳, 또는 실제로 사업을 하는 곳의 법원에 제기할 수 있으며, 이들 장소는 모두 재판지와 관련하여 기업의 거주지로 간주된다."라고 규정하였다.[26]

연방 대법원은 *Fourco Glass*[27] 사례에서, 재판지와 관련하여 미국 기업은 설립된 주(State of incorporation)에 거주하는 것으로 결론을 내리면서, 기업의 거주지에 관하여 폭넓게 인정한 28 U.S.C. §1391를 특허 소송에 적용하는 것을 배제하고 §1400(b)만 적용하였다.

그렇지만, 28 U.S.C. §1391는 *Fourco* 이후, 두 번의 개정을 거쳐서 현재는 "법에 의하여 달리 규정된 것을 제외하고는" "모든 재판지와 관련하여(all venue purpose)" "법인이 피고인 경우에는, 민사 소송에 관하여 대인 관할권(personal jurisdiction)을 갖고 있는 재판지에 법인이 거주하는 것으로 본다."고 규정하고 있다.[28] 이와 같은 §1391의 개정으로, 연방 항소 법원은 §1400(b)의 "resides" 해석에 §1391이 적용되는 것으로 판단하였다.[29]

이와 같은 연방 항소 법원의 결정 이후, 기업에 대한 특허 침해 소송은 그 기업의 대인 관할권이 있는 법정지에 폭넓게 인정되어 왔고, 특허권자들은 자신에게 유리한 판결을 받기 위하여 법정 쇼핑(Forum shopping)을 하는 일이 잦아지게 되었

25] 송현정, 미국 특허쟁송실무에 관한 연구, 대법원 사법정책연구원, 2016, p.55.

26] §1391(c)(1952 ed)

27] *Fourco Glass Co. v. Transmirra Products Corp.*, 353 U.S. 222, 226 (1957)

28] 28 U.S.C. §1391(a),(c)

29] *VE Holding Corp. v. Johnson Gas Appliance Co.*, 917 F.2d 1574 (1990)

다. 2013년 6,000개가 넘는 특허 사건 중 24.54%가 E.D.Texas에 제기되었다.[30] 이는 E.D.Texas 법원이 특허권자에게 우호적인 절차, 피고의 합의를 유도하는 신속한 소송 일정 등을 제공하였기 때문에, 특허권자들이 Forum shopping을 통하여 E.D.Texas로 몰렸기 때문이다.

그러나, 연방 대법원은 *TC Heartland*[31]에서 종래의 연방 항소 법원의 견해를 뒤집었다. Delaware에서 설립되어 Illinois에 본사를 둔 Kraft Foods는 Indiana에서 설립되어 Indiana에 본사를 두고 있는 TC Heartland사를 상대로 특허 침해를 이유로 Delaware에 소송을 제기하였다. TC Heartland사는 특허 침해로 주장된 제품들을 Delaware주로 선적한 것 이외에는 Delaware주와 어떠한 연결고리를 갖고 있지 않았다. 이에 TC Heartland사는 S.D.Indiana로의 이송 신청을 하였으나(move to transfer venue), 1심과 2심에서 패소하였다. 그러나, 연방 대법원은, *Fourco*에서, §1400(b)의 "reside[nce]"를 미국 내 기업에 적용되는 특별한 의미를 갖는 것으로 판단하였는데 *Fourco* 이래, 연방 의회가 이를 개정한 사실이 없으며, 연방 의회에서 §1391(c)를 개정하면서 "all"을 추가한 것만으로는 *Fourco*의 결론을 수정하겠다는 의도를 나타낸 것으로 볼 수 없다고 판단하였다. *T.C. Heartland* 이후 미국 내 기업에 대한 특허 소송은 §1400(b)만 적용되어, (1) 회사의 설립지나 (2) 정기적이고 확립된 사업장을 두고 있으면서 특허 침해가 일어난 곳에만 제한적으로 제기할 수 있다. 이 경우, 특허권자가 Forum shopping을 통하여 무분별하게 E.D.Texas에 특허 소송을 제기하는 것은 줄어드리라 보이지만, 대부분의 회사 설립이 이루어지는 Delaware나 N.D.California에 상대적으로 특허 소송이 증가될 것이 예상된다. 또한, *T.C. Heartland*는 미국 내 기업에 대하여만 적용되며, 외국 기업에 대하여는 그 적용이 없다.

한편, *T.C. Heartland* 이전에는 §1391의 적용으로 Residence의 범위가 폭넓게 인정되었으나, *T.C. Heartland* 이후에 Residence의 범위가 회사가 설립된 주로 제한됨에 따라, 그동안 관심을 받지 않던 재판지의 또 다른 요건인 정기적이고 확립된 사업장에 대한 해석이 관심사로 떠오르게 되었다.

---

30) https://www.eff.org/deeplinks/2014/07/why-do-patent-trolls-go-texas-its-not-bbq

31) *TC Heartland LLC v. Kraft Foods Grp. Brands LLC*, 137 S.Ct. 1514 (2017)

이에 관한 연방 항소 법원의 판결로 *In re Cray*[32]가 있다. 이 사례에서, Raytheon사는 Cray사의 특허 침해를 이유로 E.D. Texas에 특허 침해 소송을 제기하였다. Cray사는 워싱턴 주법에 의하여 설립되었으며, 워싱턴에 본사를 두고 있다. E.D.Texas 지역에는 별도의 물리적 영업장을 갖고 있지 않지만, 영업 담당 임원이 거주하면서, 원격으로 지시를 받아 활동하고 있었다. 즉, 영업 담당 임원이 자신의 집을 오피스로 표기하고, 집 전화를 영업용 전화로 활용하였다. 그러나, Cray 제품을 따로 집에 갖다 놓고 오프라인상에서 판매하지 않고, 온라인을 통한 판매만 하였다. Cray사가 워싱턴주로 이송신청을 청구한 사례에서, 연방 항소 법원은 "정기적이고 확립된 사업장으로 인정받기 위해서는 일반적인 재판지 규정인 §1391(c)의 실제 사업을 하는 곳이라는 조건을 만족시키는 데 필요한 또는 대인 관할권이 성립되는 데 필요한 최소한의 접촉(minimum contacts)을 초과하는 기준이 필요하다."라고 판단하였다. 먼저, 해당 법정지에 "물리적 장소"를 필요로 한다. "공식적인 사무실이나 점포 같은 의미의 고정된 물리적 장소"를 요구하지는 않지만, 피고의 비즈니스가 수행되는 물리적, 지리적 위치를 필요로 한다. 두 번째로는 "정기적인" 사업장이어야 한다. 일시적이고 특별한 일을 하는 장소로는 충분하지 않다. 또한, "확립된"이라는 의미는 "안정적"이며 "지속적"일 것을 필요로 한다. 해당 지역에서 6개월에 한 번씩 제품을 전시하여 판매하는 것으로는 "확립"되었다고 볼 수 없으며, 그 반대로 5년간 계속해서 영업한 것은 "확립"되었다고 판단할 수 있다. 마지막으로, 이들 장소는 피고의 장소여야 하며, 피고 종업원의 장소여서는 안 된다. 피고의 종업원은 언제든지 자신의 일을 바꿀 수 있으므로 피고 스스로가 사업장을 설립하여야 한다. 본 사례에서는 Cray가 직접 자신의 영업 임원의 영업 장소(여기서는 영업임원의 집)을 임대하거나 소유하였다는 증거가 없으므로, 재판지가 되기 위한 정기적이고 확립된 사업장의 세 번째 요건을 충족하지 못한 것으로 판단하였다.

32) *In re Cray Inc.*, 871 F.3d 1355 (Fed. Cir. 2017)

Ⅲ 변론 준비 절차

특허 소송을 제기하기 위한 재판지를 선택한 특허권자는, 소장을 제기하고 이를 특허 침해자에게 송달함으로써 특허 소송이 시작된다. 소장을 송달받은 피고는 답변서를 제출하기 전에 각종 신청을 하거나, 답변을 하거나, 또는 반소의 제기 등을 할 수 있다. 이후 증거 개시 절차를 거치고 변론 전 변론 요지서를 제출하고 나면 변론 절차(trial)로 들어간다. 이와 같은 소송 절차를 표로 요약하면 아래와 같으며,[33] 여기서는 먼저 변론 준비 절차부터 살펴보기로 한다.

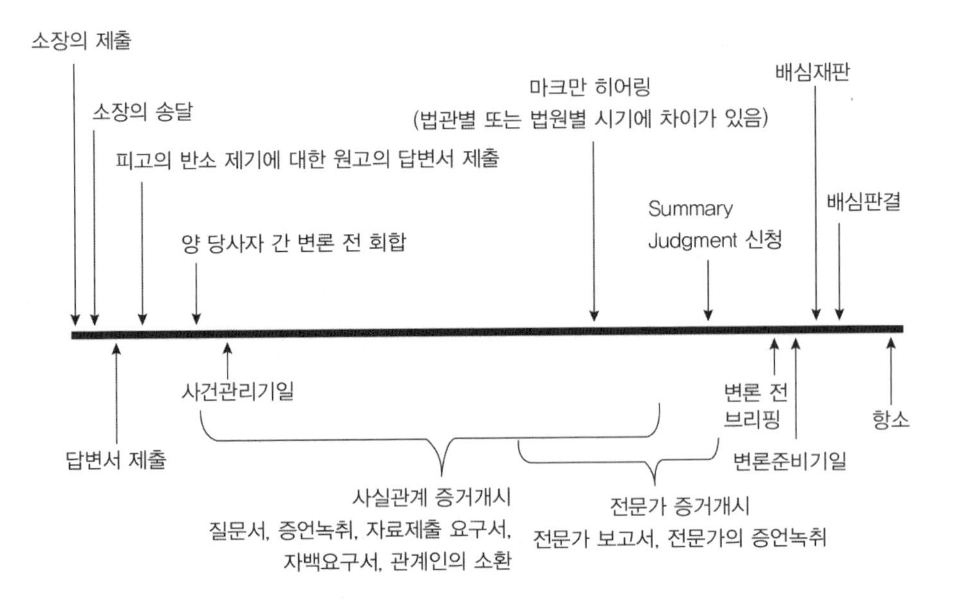

1. 소답(Pleading) 절차

Pleading은 소송(특허, 민사 소송) 당사자들이 법원에 제출하는 공식 문서로서, 이를 통하여 소송을 시작하거나 상대방의 주장에 대하여 답변을 한다. 연방 민사 소송 절차에서는 원고의 소장과 피고의 소장에 대한 답변서가 Pleading을 주로 구성

---

33) 송현정, 미국 특허쟁송실무에 관한 연구, 대법원 사법정책연구원, 2016, p.59.

하며, 이외에도 반소(Counterclaim)에 대한 답변, 교차 청구(Crossclaim)에 대한 답변, 제3자의 청구 및 이에 대한 답변 그리고 법원의 명령이 있는 경우 피고의 답변에 대한 원고의 반박 등이 있다.[34] Pleading 서류의 표지에는 이 7가지 문서 중 어느 것인지를 명기하고, 법원 이름, 제목, 소송 번호 등도 함께 기재하여야 한다.[35]

1) 소송의 시작

특허권자가 소장(Complaint)을 법원에 제출함으로써 특허 침해 소송이 본격적으로 시작된다.[36] 특허 소송은 연방 법원에 관할권이 부여되어 있으므로, 그 절차도 연방민사소송규칙(Federal Rule of Civil Procedure)의 규정을 따르게 된다.

(1) 소장(Complaint)

소장에는 짧고 간단하게 관할, 청구 내용, 구제 방법 등을 기재하도록 연방민사소송규칙(Rule §8(a))에서 규정하고 있다. 실무상으로는 당사자에 대한 내용, 관할과 재판지, 침해되었다고 주장하는 특허, 피고의 특허 침해 사항, 원고가 바라는 침해의 구제 방법과 배심 재판 청구 여부 등을 기재한다. 이와 같이 소장을 기재함에 있어 어느 정도로 자세하게 기재하여야 하는지에 관하여는 연방 대법원의 *Twombly*[37] 기준에 따른다. 이에 따르면, 소장 문면상 타당해 보이는 구제 방법에 대한 청구를 진술할 것을 필요로 한다. 이 문면상 타당한 기준은, 피고가 주장된 잘못으로 인하여 책임을 부담한다고 법원의 합리적인 추론을 이끌어 낼 수 있도록 원고가 사실관계를 기재한 경우에 충족된다. 그러나, 구체적인 사실관계의 기재를 필요로 하는 것은 아니며, 피고에게 청구 사항 및 그 근거에 대한 공정한 통지를 제공할 수 있으면 된다.[38] 연방 항소 법원은 침해 주장된 특허가

34) F.R.C.P. 7(a)

35) F.R.C.P. 10(a)

36) F.R.C.P. 3

37) *Bell Atlantic Corp. v. Twombly*, 550 U.S. 544 (2007)

38) 그러나, 연방민사소송규칙은 특허 침해 소송의 소장을 Form 18로 예시하였는데, 그 내용이 매우 단순하였다. Form 18과 *Twombly* 기준은 서로 부합하지 않는데, 연방 항소 법원은 Form 18의 형식에 따라 소장을 기재한 경우, 적절한 기재라고 판단하였다(*In re Bill of Lading*, 681 F.3d 1323 (Fed. Cir. 2012)). 이에 따르면, 원고는 침해되었다고 주장된 청구항

단순한 경우에, 원고가 소장에 특허를 침해하였다고 주장한 3가지 제품의 이름을 특정하고, 사진을 증거로 첨부하면서 특허 침해 혐의 제품들이 "특허의 적어도 한 청구항의 모든 구성요소를 문언적으로 또는 균등론에 의하여" 충족한다고 주장하였다. 법원은 이와 같은 증거 공개와 주장이 피고에게 특허 침해에 대한 정당한 통지를 충분히 제공하였다고 판단하였다.[39] 만약, 소장의 기재사항이 *Twombly* 기준에 미흡하다고 판단되면, 피고는 Rule 12(b)에 따른 소 각하 신청(Motion to dismiss)을 할 수 있다.

(2) 송달

원고는 소장을 법원에 제출함과 동시에 또는 그 후에, 소환장(Summons)을 법원 서기에게 제출하여야 한다. 소환장이 제대로 작성되었으면, 법원 서기는 여기에 서명하고 봉인하여 원고에게 발급한다(F.R.C.P. §4(b)). 원고는 소장 복사본과 소환장을 소장 제출일로부터 90일 이내에 원고의 책임으로 피고에게 송달하여야 한다(F.R.C.P. §4(c)(1)과 §4(m)).

법원의 책임하에 소장을 송달하는 우리나라와 달리, 원고의 책임으로 하는 미국에서는 적법한 송달 여부가 소송에서 큰 쟁점이 되고, 송달 요건을 갖추지 못한 경우에는 소 각하 사유가 된다(F.R.C.P. §12(b)(4)). 송달은 소송 당사자가 아닌 18세 이상이면 누구나 할 수 있으며(F.R.C.P. §12(c)(2)), 미국의 법정지에 거주하는 피고에게 직접 전달하거나, 거주지나 일상 장소에 함께 사는 사람에게 맡겨두거나, 법이나 위임에 의한 대리인에게 전달하면 된다(F.R.C.P. §4(e)). 미국 이외의 지역에 거주하는 개인이나 법인에게 송달하는 경우, 헤이그 송달 협약[40]의 가입국은 가입국이 지정한 중앙 당국[41]을 통하여 송달이 이루어지게 된다(F.R.C.P.

의 구성요소가 충족되었는지를 확립할 사실관계를 기재할 필요도 없으며, 특허의 어느 청구항이 침해되었는지를 밝힐 필요도 없었다. 그러나, 2015. 11. 1. 미국 사법 위원회(Judicial Conference)는 연방민사소송규칙을 대폭 수정하면서, Form 18을 삭제하였다. 따라서, 이후 소장의 기재에 관하여는 Form 18을 대신하여 *Twombly* 기준에 따르게 되었다. Elliot Harmon, "Form 18 is dead. What's next for patent trolls?", (Dec. 2, 2015)

39) *Disc Disease Sols. Inc. v. VGH Sols., Inc.*, 888 F.3d 1256, 1260 (Fed. Cir. 2018)

40) Hague Convention on the Service Abroad of Judicial and Extrajudicial Documents.

41) 우리나라의 경우 법원행정처가 중앙당국으로 지정되어 있음. 송현정, 미국 특허쟁송실무에 관한 연구, 대법원 사법정책연구원, 2016, p.61.

§4(f)). 한편, 회사가 소송을 제기하는 경우, 공개적으로 10% 이상 그 회사의 주식을 갖고 있는 회사에 대한 진술 또는 그런 회사가 없다는 진술(Disclosure statement)을 법원에 제출하여야 한다(F.R.C.P. §7.1).

2) 피고의 대응

적법하게 소장을 송달받은 피고는 다음과 같은 방법으로 대응할 수 있다. 먼저, 연방민사소송규칙 §7에서 §11 및 §12(a)에 따른 답변서를 제출하는 방법이다. 특허법 §282에 따른 특허 비침해와 특허 무효의 항변도 이 답변서에 기재되게 된다. 피고는 단순히 답변하는 데 그치는 것이 아니라, F.R.C.P. §13에 따라 적극적으로 반소를 제기할 수도 있다. 한편, 피고는 답변서에 갈음하거나 또는 답변서와 함께 소송 전 신청으로 원고의 소장에 대응할 수 있다. 여기에는 연방민사소송규칙 §12에 따른 신청들과 28 U.S.C. §1404에 따른 이송 신청 등이 있다. 연방규칙 §12에 따른 신청 중에는 후술하는 소 각하 신청(motion to dismiss; F.R.C.P. §12(b)), 삭제 신청(motion to strike; F.R.C.P. §12(f))과 특허 소송에서 때때로 특허 침해 이론에 관하여 상세한 설명을 얻기 위하여 사용되는 보다 정확한 기재의 신청(Motion for more definite statement; F.R.C.P. §12(e)) 등이 있다.

(1) 답변서

피고는 소장과 소환장이 송달된 날로부터 21일 이내에 답변서를 제출하여야 한다. 답변서 제출 기간은 당사자 간의 합의나, 법원의 명령, 피고의 신청 등에 의하여 연장될 수 있으며, 실무적으로 1달이나 2달 정도의 기간 연장은 일상적으로 주어지고 있다. 따라서, 피고는 답변서 제출 기간 연장의 대가로, 송달 이의를 제기할 수 있는 권리를 포기할 필요는 없다.

답변서에서 피고는 방어 방법으로 원고의 주장을 인정(Admit), 또는 부인(Deny)하거나 적극적으로 항변(Affirmative defense)할 수 있다. 연방규칙은 Form 30에서 답변서의 작성 방법을 예시하고 있다.

Form 30. Answer Presenting Defenses Under Rule 12(b).

(Caption – See Form 1.)

Responding to Allegations in the Complaint

1. Defendant admits the allegations in paragraphs _______.

2. Defendant lacks knowledge or information sufficient to form a belief about the truth of the allegations in paragraphs _______.

3. Defendant admits *identify part of the allegation* in paragraph _______ and denies or lacks knowledge or information sufficient to form a belief about the truth of the rest of the paragraph.

Failure to State a Claim

4. The complaint fails to state a claim upon which relief can be granted.

Failure to Join a Required Party

5. If there is a debt, it is owed jointly by the defendant and *name* who is a citizen of _______. This person can be made a party without depriving this court of jurisdiction over the existing parties.

Affirmative Defense – Statute of Limitations

6. The plaintiff's claim is barred by the statute of limitations because it arose more than ____ years before this action was commenced.

Counterclaim

7. (*Set forth any counterclaim in the same way a claim is pleaded in a complaint. Include a further statement of jurisdiction if needed.*)

Crossclaim

8. (*Set forth a crossclaim against a coparty in the same way a claim is pleaded in a complaint. Include a further statement of jurisdiction if needed.*)

(Date and sign — See Form 2.)

① 인정 또는 부인: 피고는 답변서에서 원고의 각 청구에 대하여 방어를 하여야 하며, 그 방법으로는 원고의 주장을 인정, 또는 부인할 수 있다(F.R.C.P. §8(b)). 피고는 답변을 하기 위해서 원고의 주장을 세밀히 검토한 뒤, 원고 주장 중 사실인 부분은 인정을 하여야 한다. 따라서, 원고 주장에 대한 부분 인정과

부분 부인도 가능하다(F.R.C.P. §8(4)). 부분 인정과 부인의 경우에는 "Denied, except admit that⋯."라고 답변하면 된다. 만약, 손해배상금을 제외한 원고의 주장에 대하여 피고가 부인하지 못한 경우에는 이를 인정한 것으로 간주된다(F.R.C.P. §8(b)(6)). 한편, 원고 주장이 사실인지를 판단할 충분한 지식이나 정보가 부족한 경우라면, 피고는 이를 부지(Lacking knowledge or information)할 수 있다. 피고가 한 부지는 부인으로 다루어진다(F.R.C.P. §8(5)).

② 적극적 항변: 피고가 답변서에서 원고의 주장을 인정, 부인하는 데에서 더 나아가 새로운 사실을 적극적으로 기재하여 특허 침해 행위를 면책받거나, 원고의 특허를 무력화할 수 있다. 이와 같은 피고의 적극적 방어 행위를 적극적 항변(Affirmative defense)이라고 한다(F.R.C.P. §8(c)). 특허법 §282(b)에서는 특허 소송 절차에서의 항변사유로 (i) 특허 비침해, 특허 침해에 대한 책임 부존재, 또는 특허 실효(Unenforcebility)와 (ii) 특허 무효 등을 들고 있다. 또한, 연방민사소송규칙에서는 대물 변제(Accord and satisfaction), 중재 판정(Arbitration and award), 위험의 인수(Assumption of risk), 기여 과실(Contributory negligence), 강박(Duress), 금반언(estoppel), 약인의 불이행(Failure of consideration), 사기(Fraud), 불법(Illegality), 동료 종업원에 의한 부상(Injury by fellow servant), 해태(Laches), 사용 허가(License), 변제(Payment), 면제(Release), 기판력(res judicata), 사기 방지법(Statute of frauds), 소멸시효(Statute of limitations), 포기(Waiver) 등을 적극적 항변 사유로 예시하고 있다(F.R.C.P. §8(c)(1)). 이 규정에 근거하여 특허 소송 절차에서 생각해 볼 수 있는 적극적 항변 사유로는 특허권의 소멸(Patent exhaustion), 특허권 남용(Misuse), 사용허가(License), 해태(Laches), 금반언(Estoppel), 표시 의무 불이행(Failure to mark; 35 U.S.C. §287(a)), 소멸 시효(Statute of limitation; 35 U.S.C. §286) 등이 있다.

(2) 반소

피고는 답변서 제출시 원고를 상대로 반소를 제기할 수 있다. 반소를 통하여 원고의 청구를 반드시 감소시키거나 기각시켜야 할 필요는 없고, 원고의 청구를 초과하거나 다른 종류의 구제회복을 청구할 수 있다(F.R.C.P. §13(c)). 만약, 피고가 실수로 반소를 적극적 항변으로 잘못 지정하거나, 또는 그 반대의 경우에도,

법원은 피고가 지정한 대로 취급하여야 하며, 그렇게 하기 위하여 필요한 조건들을 부과할 수 있다(F.R.C.P. §8(c)(2)).

반소의 종류는 강제 반소(Compulsory counterclaim)와 임의 반소(Permissive counterclaim)가 있다. 강제 반소는 원고의 청구 주제와 동일한 거래 관계 또는 사실 관계에 기인하는 청구로서, 다른 사람을 소송 상대방으로 추가할 필요가 없다(F.R.C.P. §13(a)(1)). 임의 반소는 강제 반소가 아닌 반소를 청구하는 경우이다(F.R.C.P. §13(b)). 특허 소송에서 강제 반소의 예로는 특허 비침해, 특허 무효, 특허 실효(Unenforceability) 등이 있고, 임의 반소의 예로는 피고의 특허권에 대한 원고의 침해, 독점금지법(Antitrust) 위반, 영업비밀 절도(Trade secret theft) 등이 있다.[42]

대표적인 특허 침해 소송의 반소로는 피고가 특허 무효 확인 판결(Declaratory Judgment)를 청구하는 경우이다. 특히 원고의 청구원인에 포함되지 않은 사실에 대한 특허 무효 사유가 주장되어야 한다면, 피고는 반드시 원고의 특허 무효 확인 판결을 위한 반소를 제기하여야 한다.[43] 특허 무효는 적극적 항변의 수단으로도 가능하기 때문에 필수적으로 반소를 제기하여야 하는 것은 아니지만 원고가 소송 계속 중에 자신이 제기한 소의 일부를 취하하여 피고가 더 이상 취하된 소에 대한 무효를 청구하지 못하게 될 수 있으므로 이러한 상황에 대비하여 특허 무효를 위한 반소를 제기하는 것이 바람직하다.[44] 특허 무효 확인 판결을 위한 반소는 해당 특허의 무효가 확인되면 특허권자인 원고는 더 이상 다른 특허 침해 혐의자를 상대로 소를 제기할 수 없게 되기 때문에 원고에게 부담으로 작용할 수 있다.[45]

피고의 반소장을 송달받은 원고는, 송달받은 날로부터 21일 이내에 답변서를 제출하여야 한다(F.R.C.P. §12(a)(1)(B)).

---

42) 송현정, 미국 특허쟁송실무에 관한 연구, 대법원 사법정책연구원, 2016, p.69.

43) Id., p.70. (Shawn T. Gordon, The Pocket Guide to Patent Defense: An Overview of Patent Disputes from the Accused Infringer's Perspective, CreateSpace Independent Publishing Platform(2015), 43에서 인용)

44) Id.

45) Id.

(3) 소 각하 신청

연방민사소송규칙 §12(b)의 사유에 대하여는 피고가 적극적 항변을 하는 대신에, 소 각하 신청을 구할 수도 있다. 그 사유로는 (i) 대물 관할의 흠결(lack of subject-matter jurisdiction), (ii) 대인 관할의 흠결(lack of personal jurisdiction), (iii) 부적절한 재판지(improper venue), (iv) 절차상 흠결(insufficient process), (v) 소장 송달 절차상 흠결(insufficient service of process), (vi) 청구원인 기재의 불충분(failure to state a claim upon which relief can be granted), (vii) 필수 당사자 참가의 흠결(failure to join a party under Rule 19) 등이 있다. 소 각하 신청을 하는 경우에는 답변서 제출 이전에 신청하여야 한다. 소 각하 신청을 하는 경우, 위 (ii)에서 (v)에 해당하는 사유 중 기재하지 않은 사유에 대하여는 이를 포기한 것으로 보아, 추후 답변서에서 적극적 항변으로 주장하는 것이 허용되지 않는다(F.R.C.P. 12(h)(1)). 만약, 이들 사유에 대하여 소 각하 신청을 하는 대신에 답변서에 적극적 항변으로 기재하여 제출하려는 경우에도, 답변서에 이들 항변 사유 중 기재하지 않은 사유에 대하여는 포기한 것으로 본다. 위 (vi)과 (vii) 사유는 언제든지 답변서에서 적극적 항변으로 제기하거나, 소답 절차 종결 후에는 소답에 기한 판결 신청(Motion for judgment on the pleadings)을 하면 된다(F.R.C.P. §12(h)(2)). 한편, 법원은 대물 관할이 흠결되었다고 결정하는 경우에는 언제든지 그 소송을 각하할 수 있지만(F.R.C.P. §12(h)(3)), 특허 소송은 28 U.S.C. §1338(a)에 따라 연방 지방 법원에 그 관할권이 인정되기 때문에 연방민사소송규칙 §12(b)(i)는 적용되지 않는다.

(4) 삭제 신청과 부정행위에 따른 특허실효(Unenforcement) 주장

연방민사소송규칙 §12(f)는, 소답에서 불충분한 방어 또는 중복되거나 중요하지 않거나 관련성이 없는 문제는 법원이 삭제할 수 있다고 규정하였다. 법원은 법원의 판단에 의하여 직접 삭제하거나 당사자의 삭제 신청에 의하여 삭제할 수 있다.

삭제 신청과 관련되어, 특허 소송에서 논의되는 것은 부정행위에 따른 특허실효 주장[46]에 대한 문제다. 연방민사소송규칙 §9(b)에서는 기망을 주장하는 경

---

46) 부정행위 이론(the doctrine of "inequitable conduct")은 특허 침해에 대하여 형평에 근거한

우, 기망을 구성하는 상황을 특별히 진술하도록 규정하였다. 따라서, 특허청을 기망하여 특허를 취득하였다는 부정행위를 주장하면서 방어하는 경우에, 연방규칙 §9(b)에 따라 기망을 구성하는 상황을 특별히 진술하지 않았다면 연방규칙 §12(f)에 따라 부정행위 주장은 삭제될 수 있다.[47]

연방 항소 법원은 단순히 부정행위의 실질적인 요건을 주장하면서 특별한 사실적 근거를 제시하지 않는다면 연방규칙 §9(b)를 충족하지 못한다고 보았다.[48] *Wal-Mart* 사례에서 특허 침해 혐의자는 특허권자가 "여러 가지 측정과 단위들을 조작함으로써" "청구된 발명과 선행 기술간의 관계에 관하여 특허청을 기망하려고 하였다."는 주장을 하였다. 이러한 주장은 "무슨 '측정과 단위'가 조작되고 어떻게 그런 조작이 특허청을 기망하였는지"를 밝히는 데 실패하였기 때문에 불충분하다고 보았다. 즉, 특허 소송에서 부정행위를 주장하면서 답하는 경우에는 연방규칙 §9(b)에 따라 특허청에 대하여 구체적으로 누가, 무엇을, 언제, 어디서, 어떻게 중요한 기망이나 누락이 행하여졌는지를 분명히 밝혀야 한다. 한편, 부정행위를 주장하기 위해서는 (i) 중요한 정보를 갖고 있다는 인식과 중요한 허위 진술을 한다는 인식, (ii) 특허청을 기망한다는 구체적인 의도 등이 필요하다. 비록 인식과 의도는 일반적으로 주장될 수 있다고 연방규칙 §9(b)에 규정되었지만, 법원은 부정행위를 주장할 때는 출원인이 부정행위에 요구되는 마음 상태를 갖고 행동하였다고 법원이 합리적으로 추론할 수 있도록 근거 사실을 충분히 설명하여야 한다고 판단하였다.

연방 항소 법원은, *Therasense*[49]에서 전원 합의체 판결을 통하여 부정행위를 입증하기 위한 요구사항을 더욱 강화하였다. 특허 침해 소송에서 부정행위 주장

방어 방법으로서, 만약 부정행위로 판명되면, 특허권이 실효된다. 부정행위 이론은 미 연방대법원의 판례들(*Keystone Driller Co. v. General Excavator Co.*, 290 U.S. 240 (1933), *Hazel-Atlas Glass Co. v. Hartford-Empire Co.*, 322 U.S. 238 (1944), *Precision Instruments Manufacturing Co. v. Automotive Maintenance Machinery Co.*, 324 U.S. 806 (1945))을 통하여 발전되면서, 특허청이나 법원을 고의적으로 기망하여 특허를 취득한 경우 뿐만 아니라, 단순히 특허청에 정보를 공개하지 않은 경우에도 특허 전체의 권리가 실효된다고 판단하였다.

47] *Chiron v. Abbot Lab.*, 156 F.R.D. 219, 220-21(N.D. Cal. 1994)

48] *Exergen Corp. v. Wal-Mart Stores, Inc.*, 575 F.3d 1312, 1327 (Fed. Cir. 2009)

49] *Therasense, Inc. v. Becton, Dickinson & Co.*, 649 F.3d 1276 (Fed. Cir. 2011)

이 받아들여지기 위해서는, 특허 침해 혐의자는 특허권자가 인용 자료와 그 인용 자료의 중요성을 알고 있었음에도 불구하고 의도적으로 이를 특허청에 공개하지 않았다는 것을 명백하고 확실한 증거에 의하여 입증하여야 한다. 중요성과 고의는 부정행위 이론에서 별개의 요건들이다. 따라서, Sliding scale을 이용하여, 중요성에 대한 강한 입증이 고의에 대한 약한 입증을 보완할 수 없고, 그 반대의 경우도 허용될 수 없다. 중요성에 관한 분석과 기망의 고의는 독립적으로 판단되어야 한다. 특허 출원인이 인용 자료의 중요성을 알았더라면, 그 인용자료를 특허청에 제출하지 않도록 결정하였을 것이라고 증명하는 것만으로는 기망의 구체적인 고의를 입증하지 못한다. 허위 진술이나 누락을 "알았더라면" 기준("should have known" standard)에 의하여 중과실이나 과실에 해당한다고 입증하는 것은 고의 요건을 충족시키지 못한다.[50] 따라서, 부정행위를 주장하는 당사자는 구체적인 기망의 고의 대신 중과실이나 과실을 주장해서는 안 된다.

연방민사소송규칙 §9(b)를 충족하지 못한 것을 원인으로 부정행위 주장의 삭제를 구하는 신청은 부정행위를 주장하는 답변서를 받은 뒤 20일 이내에 행해져야 한다. 그렇지만 법원은 자신의 판단으로 언제든지 삭제 신청을 허가할 수 있다.

2. 침해 금지 가처분 신청(Preliminary Injunction Motion)

1) 개요

특허법 §283은, 특허 소송에서 형평의 원칙에 의하여 법원이 특허권자의 구제 방법의 하나로 침해 금지 명령을 내릴 수 있도록 규정하고 있으며, 이에 따라 특허권자도 본안 전에 침해 금지 가처분 신청을 할 수 있다. 침해 금지 가처분은 우리나라처럼 별도의 신청 사건으로 접수하여 처리하는 것이 아니라 본안 소송에서 부수적으로 청구하는 것이므로, 본안소송이 반드시 제기되어야 한다는 점에서 우리나라와 차이가 있다.[51]

50) *Id.*, at 1290

51) 송현정, 미국 특허쟁송실무에 관한 연구, 대법원 사법정책연구원, 2016, p.95.

법원은 다음과 같은 4가지 기준에 따라 가처분의 인용 여부에 대한 판단을 하고 있다. ① 본안 소송의 승소 가능성, ② 침해 금지 가처분 명령이 내려지지 않는다면, 즉각적이고 회복될 수 없는 손해가 발생되는지 여부, ③ 당사자들이 입게 되는 고통의 균형이 가처분 신청자에게 기울어지는지, ④ 가처분 명령이 내려지는 것이 공공의 이익에 부합하는지 등이다.[52] 개별적으로 고려되는 이들 요소들은 결정적인 것은 아니다. 오히려, 법원은 각각의 요소들을 다른 요소들과 견주어 보면서 또는 신청된 구제 방법의 형태와 규모에 따라서 평가하고 측정하여야 한다.[53]

2) 기준

(1) 본안의 승소 가능성(Likelihood of success on the merits)

침해 금지 가처분을 구하는 원고는 첫 번째 요소-본안 사건 자체의 승소 가능성의 확립-와 관련하여 피고가 특허를 침해하였다는 것을 증명할 정도까지 이르러야 하며, 특허가 무효라는 주장에도 반박할 수 있는 정도여야 한다. 특허권자가 가처분을 받을 자격이 있는지를 판단하는 데에, 법원은 본안 소송에서 이용되는 입증 책임이나 추정 원칙의 관점에서 문제를 판단한다.[54] 그렇지만, 증명이나 설득의 정도와 관련하여서는 일정 부분 조정이 가해진다. 예를 들면, 피고가 특허의 비침해나 무효에 대한 실질적인 의문을 제기한다면, 즉 특허권자가 피고의 특허 비침해나 무효 주장이 실효성이 없다는 것을 입증할 수 없다면, 침해 금지 가처분이 인정될 수 없다.[55]

① 특허 침해의 가능성(Likely to prove infringement): 침해 금지 가처분 단계에서 특허 침해를 증명하기 위해서는, 본안 소송에서 특허 침해를 결정할 때 사용되는 2단계 절차를 동일하게 따른다. 먼저 청구항의 범위를 결정하고 난 뒤, 적정하게 해석된 청구항과 침해 혐의 장치를 비교하여, 청구항의 모든 한

52) *Amazon.com, Inc. v. Barnesandnoble.com, Inc.*, 239 F.3d 1343, 1350 (Fed. Cir. 2001)
53) *Id.*
54) *Titan Tire Corp. v. Case New Holland, Inc.*, 566 F.3d 1372, 1376 (Fed. Cir. 2009)
55) *Amazon.com*, at 1350-51

정 요소가 문언적으로 또는 균등론에 의하여 특허 침해 혐의 장치에 존재하는지를 판단한다.[56] 그렇지만, 침해 금지 가처분 단계에서 행해지는 청구항 해석이 최종 해석이 될 수는 없다. 가처분 단계에서는 불충분한 기록들과 신속한 절차에 근거하여 판단이 이루어지기 때문이다. 따라서, 법원은 가처분 이후 단계에서 적절하게 청구항 해석을 변경하거나 확장할 수 있다.[57]

② 특허 유효의 가능성(Likely to withstand invalidity claim): 침해 금지 가처분 단계에서 특허 무효에 대한 주장은 피고가 특허 무효에 대한 실질적인 의문을 제기할 수 있으면 성공할 수 있다. 본안 단계에서 특허 무효의 주장은 명확하고 설득력 있는 증거에 의하여 입증되어야 하지만, 가처분 단계에서는 이 보다 낮은 단계의 입증으로도 특허 무효에 대한 실질적인 의문을 증명할 수 있다.[58]

등록된 특허는 특허법 §283에 의하여 유효하다고 추정된다. 이에 따라, 본안 단계에서는 적극적 항변으로 특허 무효를 주장하는 특허 침해 혐의자가 특허 무효 주장을 뒷받침할 증거를 먼저 제출할 책임(Initial burden of going forward)과 함께, 명확하고 설득력 있는 증거에 의하여 특허 무효를 입증할 최종적인 설득 책임(Burden of persuasion)을 부담한다. 일단, 특허 침해 혐의자가 먼저 특허 무효에 관한 설득력 있는 증거를 제출하면, 증거 제출 책임이 특허권자에게 전환되어, 특허권자가 반대되는 증거와 주장을 제출할 책임을 부담한다. 결국, 본안의 최종 결론은 특허 침해 혐의자가 특허가 무효라는 명확하고 설득력있는 증거에 의하여 입증할 수 있는 설득 책임을 다하였는지에 따라 결정되게 된다.[59]

침해 금지 가처분 단계에서도 특허법 §283이 적용되기 때문에 입증책임의 기본적인 틀은 본안에서와 같지만, 법원이 해결하여야 할 최종적인 문제에서 차이가 발생한다. 즉, 침해 금지 가처분 단계에서 법원은 특허의 무효에 대한

56] *Amazon.com*, at 1351

57] Complete Litigation Committee of the American College of Trial Lawyers, "Anatomy of a Patent Case(2nd Ed.)", p.74.

58] *Amazon.com*, at 1358

59] *Titan Tire*, at 1376-77

판단을 하는 것이 아니라, 특허 침해 혐의자가 제출한 증거의 설득력을 판단하는 것이다. 침해 금지 가처분 단계에서는 특허 침해 혐의자가 특허가 무효라고 법원을 설득하는 대신에, 특허권자가 침해 혐의자의 특허 무효 주장에도 불구하고 본안에서 특허가 유효하다고 판단될 수 있다고 법원을 설득하여야 한다.[60] 만약, 법원이 침해 혐의자의 특허 무효에 관한 증거뿐만 아니라 특허권자가 이를 반박하는 증거까지 함께 검토하여 특허 무효에 대한 실질적인 의문(substantial question)이 있다는 결론을 내리게 되면 즉, 특허 무효의 주장이 실효성이 없다(lacks substantial merits)는 것을 특허권자가 입증하지 못하였다고 특허 침해 혐의자가 항변하면, 특허권자는 특허 무효 쟁점과 관련되어 본안에서 승소할 가능성을 입증하는 데 성공하지 못하게 된다.[61]

(2) 회복될 수 없는 손해(Irreparable Harm)

침해 금지 가처분을 청구한 원고는, 손해배상과 같은 법에서 인정된 구제 방법으로는 원고가 입은 손해를 보전하기에 충분하지 않다는 사실을 입증하여야 한다. 연방 항소 법원은 종래 특허가 유효하며 침해되었다는 것이 명백히 증명된 경우에는 회복될 수 없는 손해가 추정된다고 판단하였으나, 이와 같은 추정은 *eBay v. MercExchange*[62] 이후 더 이상 인정되지 않는다고 보는 것이 옳다.[63] 특허권자는 회복할 수 없는 손해를 입증하기 위하여, 매출 손실, 시장 점유율의 손실, 가격 잠식, 영업권의 손실 등을 주장할 수 있지만, 매출 손실 하나만으로는 침해 금지 가처분이 인정되지 않는다. 매출 손실은 손해배상금을 통하여 보전될 수 있다고 추정되기 때문이다.[64]

피고는 원고의 회복될 수 없는 손해 주장에 대하여 다음과 같이 항변할 수 있다. (i) 특허 침해 혐의자는 특허 침해 혐의를 중단하였거나 곧 중단할 예정이어서 가처분이 불필요하다거나, (ii) 특허권자가 지금까지 자신의 특허에 대하여 라

---

60) *Titan Tire*, at 1377
61) *Titan Tire*, at 1379
62) *eBay Inc. v. MercExchange, L.L.C.*, 547 U.S. 388, 392-94 (2006)
63) *Automated Merch. Sys. v. Crane Co.*, 357 Fed. Appx. 297, 301 (Fed. Cir. 2009)
64) *Automated Merch.*, at 300-01

이선스를 부여해 왔었기 때문에, 침해 금지 명령보다는 실시료에 의하여 특허권의 침해를 보상한다고 기대하는 것이 합리적이라거나, (iii) 특허권자의 과도한 특허 소송 지연 등이다. 특허권자는 특허 침해 혐의자의 과도한 소송 지연 주장에 대하여, 소송 지연이 화해 협상이나 다른 침해자에 대한 소송 제기 등에 기인하였다고 반박할 수 있다.[65]

(3) 당사자 사이의 피해의 균형(Balance of Hardships)

피해의 균형(Balance of hardship)은 침해 금지 가처분 명령 여부에 따라 당사자들이 입게 되는 상대적인 결과를 판단하는 것이다. 따라서, 법원은 이를 분석함에 있어서 여러 가지 요소를 다양하게 평가하여야 하며, 여기에는 당사자의 사업 규모, 제품군, 매출 원인 등이 포함될 수 있다.[66] 법원은 특허가 소송 당사자의 각 사업에서 차지하는 비중, 특허권자가 시장에서 독점적 지위를 누리고 있는지 여부 등도 고려할 수 있으나, 특허 침해 혐의 제품을 생산하는 데 발생된 비용이나, 이를 재설계하기 위하여 드는 비용 등은 고려사항이 아니라고 보았다. 상업적 성공 또는 매몰된 투자 비용 등도 특허 침해 혐의자를 침해 금지 명령으로부터 방어하는 데 고려사항이 될 수 없다.[67] 또한, 가처분에 관한 다른 기준들이 특허권자에 우호적으로 판단된 경우에, 특허 침해 혐의자가 침해 금지 가처분에 의하여 단순히 사업에서 밀려날 수 있다는 사실만으로는 가처분을 막지 못한다.[68]

(4) 공공의 이익(Public Interest)

일반적으로 법원은 특허권을 지지하는 것을 공공의 이익에 부합한다고 보며, 공공의 이익을 위하여 침해 금지 명령을 거절한 사례는 매우 드물게 인정되고 있다.[69] 특허권자의 마케팅 대상이 아닌 의료 테스트 키트의 공급 중단을 요구하거나,[70] 시청에서 운영하는 하수처리장의 운영 중단을 요구하는 경우[71] 등에 있

65] "Anatomy of a Patent Case(2nd Ed.)", p.76.

66] *i4i Ltd. P'ship v. Microsoft Corp.*, 598 F.3d 831, 862 (Fed. Cir. 2010)

67] *Id.*

68] "Anatomy of a Patent Case(2nd Ed.)", p.76.

69] *Rite-Hite Corp. v. Kelley Co.*, 56 F.3d 1538, 1547 (Fed. Cir. 1995)

70] *Hybritech, Inc. v. Abbott Lab.*, 4 USPQ 2d (BNA) 1001 (C.D. Cal. 1987)

71] *City of Milwaukee v. Activated Sludge, Inc.*, 21 USPQ (BNA) 69 (7th Cir. 1934)

어서 공공의 이익을 이유로 처분 금지 가처분이 받아들여지지 않았다.

3. 컨퍼런스(Conference)

미국 민사 소송 절차의 특징은 절차의 진행, 시기, 범위 등을 당사자 간의 합의를 통하여 정한다는 것이다. 소송이 시작되면 당사자들은 서로 전화 등을 이용하여 만나서 회의를 하는 것(Meeting and conferring)이 일반적이다. 이와 같은 당사자 간의 회의를 Rule 26(f) Conference라고 하며, 청구원인과 피고의 방어에 대한 성격 및 그 근거 등을 살펴보고, 화해 가능성 등에 관한 논의를 하며, 연방민사소송규칙 §26(a)에 따르는 증거 공개 서류를 작성하고, 증거 개시 제안서를 작성한다(F.R.C.P. §26(f)). 이 회의는 적어도 최초 사건 관리 기일(Initial case management conference)이 열리기 21일 전에는 개최되어야 한다. 각 당사자는 선의를 갖고 증거 개시 계획안에 합의하도록 노력하여야 하며, 회의 후 14일 이내에 합의한 계획안을 법원에 제출하여야 한다. 이와 같은 절차는 무분별한 증거 개시 절차의 남용을 막기 위하여 1980년에 도입되었다. 즉, 소송 당사자 간에 우선 합의할 수 있는 증거 개시 계획안을 작성하도록 요구하고, 이를 바탕으로 법원이 증거 개시 일정이나 그 범위를 제한할 수 있는 증거 개시 명령을 내리도록 한 것이다.[72]

Rule 26(f) Conference 이후에는 판사의 주재하에 최초 사건 관리 기일(Initial case management conference)이 열린다. 이 기일 중에 판사는 소송 당사자들과 소송 일정을 협의하여 일정 명령(Scheduling order)을 내린다(F.R.C.P. §16(a)). 일정 명령을 통하여 다른 당사자의 참가 기간, 소답의 수정 기간, 증거 개시의 완료 시점, 그리고 신청 기간 등을 정하여야 하고(F.R.C.P. §16(b)(3)(A)), 그 이외에 증거 개시, 변론 전 회의 및 변론 기간의 설정 및 기타 적합한 문제들이 포함될 수 있다(F.R.C.P. §16(b)(3)(B)). 이 일정 명령을 수정하기 위해서는 정당한 사유(good cause)를 입증하여 법원의 동의를 얻어야 한다(F.R.C.P. §16(b)(4)). 제9 연방 순회법원은 정당한 사유란 기간의 연장이나 변경을 신청하는 당사자가 성실하게 노

72) Notes of Advisory Committee on 1993 amendments.

력하였음에도(with the exercise of due diligence) 일정 명령의 시간표를 맞출 수 없었음을 입증할 필요가 있다고 판단하였다. 연방규칙 §16의 '정당한 사유' 기준은 일정의 수정을 요구하는 당사자의 성실성을 고려하기 때문이다.[73] 한편, 각 주별로 특허 사건 관리 규정(Patent Local Rule)이 있는 경우에는, 이에 따라 사건 관리 기일이 진행된다. 예를 들어 캘리포니아 북부 연방 지방 법원의 경우, 최초 사건 관리 기일 이후 14일 이내에 특허 청구항과 특허 침해 진술서(Disclosure of asserted claims and infringement contentions)를 제출하도록 요구하고 있다.[74] 이에 반하여, 텍사스 동부 연방 지방 법원의 경우에는 특허 청구항과 특허 침해 진술서를 최초 사건 관리 기일 10일 전에 법원에 제출하도록 하고 있으며,[75] 특허 무효 주장(Invalidity contentions)은 특허 침해 주장 후 45일 이내에 하도록 요구한다.[76]

4. 증거 개시(Discovery)

1) 개요

증거 개시(Discovery) 절차는 변론 준비 단계에서, 소송의 각 당사자들이 연방 규칙에 정해진 증거 개시 방법을 활용하여 상대방으로부터 증거를 획득할 수 있는 제도적 장치이다. 증거 개시 요구가 상대방에 의하여 거절된 경우, 이를 요청한 당사자는 법원에 증거 개시 강제 신청(Motion to compel discovery)을 하여 법원의 도움을 요청할 수 있다.

증거 개시 제도의 주된 목적은 논란이 되고 있는 쟁점과 관련된 정보나 사실 관계의 확인을 위한 것이지만, 이외에도 부수적인 기능을 제공한다. 먼저, 재판에서 중요하지만 양 당사자 간에 다툼이 없는 사항을 미리 확정함으로써 이를 입증하기 위한 불필요한 노력을 절감할 수 있다. 두 번째로, 상대방의 입장을 확실히

73) *Slip Track Sys. v. Metal-Lite, Inc.*, 304 F.3d 1256, 1270 (Fed. Cir. 2002)
74) N.D. Cal. Patent L.R. 3-3
75) E.D.Tex. P.R. 3-1
76) *Id.*, at P.R. 3-3

하여 둠으로써, 이를 기반으로 한 재판 준비를 가능하게 한다. 물론, 증언 녹취(Deposition) 중에 한 증언을 나중에 재판 과정 중에 변경하거나 부인하는 경우도 발생하지만, 이 경우는 그 증언의 신뢰도를 떨어뜨려 부정적인 영향을 미치게 된다. 또한, 질문서에 답변한 상대방이 나중에 그 답변이 정확하지 않았다고 주장하는 경우에는 이에 대한 무거운 입증책임을 부담하게 된다. 따라서, 쟁점들이 다양하고, 일반적이지 않으며, 복잡한 특허 소송에 있어서는 이처럼 상대방의 입장을 가능한 한 빨리 확정해 두는 것이 소송을 진행하는 데 있어서 당사자들에게 많은 도움을 줄 수 있다. 마지막으로, 재판 중에 확보하기 어려운 증거 자료들을 미리 재판에서 인정될 수 있는 형태의 증거로 만들어 확보해 둘 수 있게 된다. 예를 들어, 재판에 나오기 어려운 증인들을 Deposition을 통하여 증언을 확보해 둔 뒤에 이를 재판에서 활용하도록 하는 것이다.[77]

실무상으로는, 대부분의 사례들이 증거 개시 절차를 거친 직후에 포기되거나 협상으로 종료된다.[78] 증거 개시에 드는 비용은 전체 소송 비용의 80%를 차지하며, 증거 개시는 소송 상대방에게 위협적으로 다가올 수 있다. 예를 들면, 증거 개시 절차를 통하여 비밀 자료나 정보들이 공개될 수 있는 위험에 노출될 수 있으며, 관련 사실들의 제한 없는 조사가 가능하고, 증인들에 대한 인터뷰나 증언 녹취(Deposition)가 행하여질 수 있다.

2) 범위

법원의 특별한 명령이 없다면, 증거 개시 절차의 대상이 되는 범위는 연방규칙 §26(b)에 규정되어 있다. 당사자들은 청구취지나 청구원인, 방어 방법 등과 관련된(relevant) 비밀 유지권이 인정되지 않는 문제(nonprivileged matter)에 관한 증거 개시를 받을 수 있다. 증거 개시를 인정할 때 고려하여야 할 사항으로는 소송에서 진행 중인 쟁점의 중요성, 다툼의 범위, 관련 정보에 대한 당사자들의 상대적 접근성, 당사자들의 자료, 쟁점을 해결하는 데 증거 개시의 중요성 그리고 증거 개

---

77) Horwitz, “Patent Litigation”, §5.01, 5-9, 10

78) Committee for Economic Development, Breaking the Litigation Habit: Economic Incentives for Legal Reform 9-10 (2000), note 2, at 5.

시에 따르는 비용 또는 부담과 증거 개시로 인한 이익 등의 비교 등이 있다.

3) 절차

증거 개시는 사실관계에 대한 증거 조사와 전문가에 대한 증거조사로 나뉘어 지며, 사실관계에 관한 증거 조사 방법으로는 질문서에 대한 답변 요구(Requests for answers to interrogatories), 자료 제출 요구(Requests for production of documents), 자백 요구(Requests for admission), 그리고 증언 녹취(Deposition) 등이 있다. 이들 증거 개시가 행해지는 일반적인 절차는 아래 도표를 참조한다.[79]

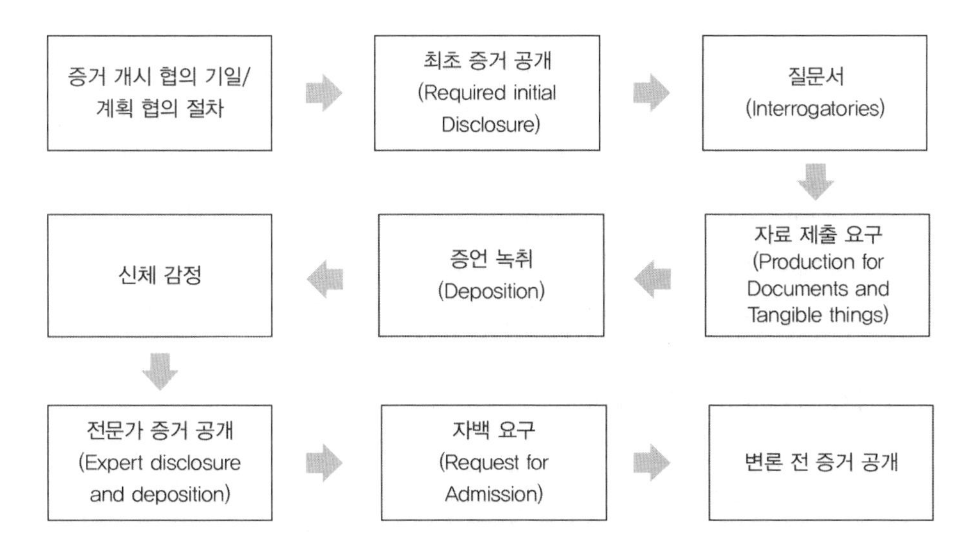

(1) 증거 공개(Disclosure)

연방민사소송규칙에 따르면, 피고에게 소장이 송달된 직후 그리고 연방규칙 §16(b)에서 규정된 최초 사건 관리 기일(Initial case management conference)이 시작되기 최소 21일 전에, 증거 개시 절차(Discovery plan)를 계획하기 위하여 소송 당사자 간의 회의가 시작되어야 한다(F.R.C.P. §26(f)). 회의에서 양 당사자는 Rule §26(a)(1)의 Disclosure과 증거 개시 일정에 대하여 합의하고, 이 회의 이후 14일

79) 송현정, 미국 특허쟁송실무에 관한 연구, 대법원 사법정책연구원, 2016, p.77.

이내에 합의된 증거 개시 계획안을 법원에 제출하여야 한다(F.R.C.P. §26(f)(2)). 증거 개시 계획에 포함될 내용은 Rule §26(f)(3)에 규정되어 있다.

법원의 다른 명령이 없으면 Rule §26(f)의 회의 이후 14일 이내에 최초 증거 공개(Initial disclosure)를 진행하여, 각 당사자는 상대방에게 개시되어야 할 증거를 보유하고 있으리라 예상되는 사람의 이름, 전화번호, 주소 등, 상대방이 보유한 문서 등의 위치와 범주에 의한 설명 그리고 각 범주의 손해배상액에 대한 계산 등을 제출하여야 한다(F.R.C.P. §26(a)(1)). 사실관계에 대한 증거 공개 이외에 전문가 증언에 대한 증거 공개(Disclosure of expert testimony)도 행하여지는데, 재판에서 증거로 제출될 증언을 할 전문가 증인의 신원을 상대방에게 제출하는 것이다(F.R.C.P. §26(a)(2)(A)). 이는 전문가 증인의 증거개시에서 후술하기로 한다.

최초 증거 공개 이외에도 변론 전 증거 공개(Pretrial disclosure)를 통하여, 소송 당사자들은 재판 30일 전까지 재판에 제출할 증거들의 정보를 상대방과 법원에 제출하여야 한다. 여기에는, 필요에 따라 재판에서 증언할 증인의 이름, 주소, 전화번호 등이 포함되고, Deposition으로 제공되는 증인의 증언을 지정하고 Deposition에서 관련 부분의 기록을 제출하며, 당사자가 제공하거나 필요에 따라 제공할 수 있는 문서라든가 증거를 확인하여 제출하여야 한다(F.R.C.P. §26(a)(3)).

(2) 사실관계에 대한 증거개시

① 질문서(Interrogatories): 소송 당사자는 상대방에 대하여 연방규칙 §26(b)의 범위 내에서 25개 이내의 질문을 서면으로 할 수 있다(F.R.C.P. 33(a)). 법원은 지정된 증거개시가 완료되거나 변론 전 회의(Pretrial conference) 이후에 답변하도록 명령할 수 있다.

질문서의 상대방은 질문서를 받은 날로부터 30일 이내에 답변을 하거나 거절할 수 있다. 질문서에서 사실에 관한 법 적용이나 사실에 관련된 의견이나 주장에 관한 답변을 요구하였다는 이유만으로 이를 거절할 수는 없고, 거절할 경우 그 사유를 구체적으로 적시하여야 한다. 적기에 거절되지 못한 사유는 법원이 정당한 사유가 있었다고 인정해 주지 않는 이상 이를 포기한 것으로 본다(F.R.C.P. §33(b)).

질문서에 대한 답변이 당사자의 비즈니스 기록을 조사하여 결정되는 경우,

답변자는 검토되어야 할 기록들을 특정하고, 질문자가 그 기록들의 위치와 명칭을 알 수 있도록 상세히 답변하여야 하며, 질문자가 그 기록들을 조사하거나 필요한 부분을 요약, 복사할 수 있는 충분한 시간을 제공하여야 한다(F.R.C.P. §33(d)).

② 자료제출 요구(Request for Production): 소송 당사자는 연방규칙 §26(b)의 범위 내에서 상대방 당사자가 보유하거나, 관리 범위 내에 있는 문서나 유형의 물건들을 조사, 복사, 테스트하거나, 샘플로 만들기 위하여 그 제출을 요구할 수 있다(F.R.C.P. §34(a)).

제출을 요청하는 각 자료는 합리적인 구체성을 갖고 설명하여야 하며, 질문서를 받은 상대방은 30일 이내에 답변하여야 한다. 답변 내용에는 요청된 대로 각 자료에 대한 조사나 관련된 행동이 허용되거나 그 요청에 대한 거절이 그 이유와 함께 적시되어야 한다. 상대방은 또한 자료에 대한 조사를 허용하는 대신에 문서나 저장된 정보의 사본을 생성할 수도 있다(F.R.C.P. §34(b)).

③ 증언 녹취(Deposition): 증언 녹취를 원하는 당사자는 상대방에게 증인의 이름과 주소, 증언 녹취가 열리는 시간과 장소 및 증언 녹취 방법을 통지하여야 한다. 증언 녹취 방법으로는 녹음, 녹화, 속기록의 방법 등이 있으며, 증언 녹취를 통지한 당사자가 비용을 부담한다(F.R.C.P. §30(b)). 증인에 대한 심문(Examination)과 반대심문(Cross examination)은 변론기일에서 증인에 대하여 행하여지는 방법과 동일하게 이루어지며, 심문에 대한 반대(Objection)는 반드시 녹음되어야 한다. 반대에도 불구하고 증인 심문 절차는 계속된다. 변호인은 증인에게 비밀 유지권(Privilege)이 인정되는 경우이거나, 법원의 명령에 의하여 증언이 제한되거나, 증인이나 당사자가 연방민사소송규칙 §30(d)(3)에 따른 증언 녹취 종료 또는 제한 신청을 한 경우에만 대답하지 말도록 지시할 수 있다(F.R.C.P. §30(c)(2)).

이와 같이 획득한 증언 녹취의 일부 또는 전부는 변론 기간 중에 증인이 녹취된 증언과 모순되는 증언을 한 경우 이를 탄핵하는 증거로 사용될 수 있으며, 증인이 사망, 질병, (100 마일 이상의) 원거리 거주 등의 사유로 변론기일에 출석할 수 없을 때에는 목적에 제한 없이 사용될 수 있다(F.R.C.P. §32(a)).

④ 자백 요구서(Requests for Admission): 소송 당사자는 상대방에 대하여 연

방규칙 §26(b)(1)의 범위 내에서 (i) 사실관계, 사실에 관한 법 적용 또는 이 둘에 대한 의견과 (ii) 서술된 서류의 진정성과 관련된 문제의 진실을 자백할 것을 요청할 수 있다(F.R.C.P. §36(a)(1)). 상대방이 자백하지 않는 경우에는, 구체적으로 이를 부인하거나 또는 인정도 부인도 할 수 없는 이유를 상세히 설명하여야 한다(F.R.C.P. §36(a)(4)). 자백 요구서를 송달받은 뒤 30일 내에 상대방이 답변하지 않는다면, 그 문제는 자백한 것으로 본다(F.R.C.P. §36(a)(3)).

(3) 전문가 증인에 대한 증거개시

① 필요성: 특허 소송은 일반 민사 소송과는 달리 기술적 문제에 대한 다툼이 소송의 승패를 좌우하는 경우가 많으므로, 소송의 각 단계별로 해당 분야의 전문가 증언을 필요로 하는 경우가 많다. 연방 항소 법원은 특허 침해와 관련하여, "특허 침해 혐의자가 전문가 증인의 증언을 들어 특허 침해를 다툰 경우에, 특허권자가 해당 분야의 전문가로 인정되지 않는 일반인의 증언에 의존한다면, 입증 책임을 다하였다고 볼 수 없다."고 판단하였다.[80] 또, 기술이 복잡하고 선행 기술이 쉽사리 이해할 수 없는 경우에, 전문가 증인의 증언은 선행 기술이 무엇을 개시하였는지를 설명하는 데 뿐만 아니라, 당업자들이 청구된 발명을 이루기 위하여 선행 기술들을 조합할 동기를 제공하였는지를 설명하는 데에도 필요하다고 보았다.[81]

② 증거 공개(Disclosure of Expert Testimony): 연방민사소송규칙 §26(a)(2)에서는 전문가 증인의 증언에 관한 증거 공개에 관하여 설명하고 있다. 전문가 증인의 증언을 재판에서 활용하려는 당사자는 그 전문가의 신분을 상대방에게 밝히고, 그 전문가가 서명한 보고서를 작성하여 제출하여야 한다. 이 보고서에는 다음과 같은 내용을 담아야 한다(F.R.C.P. §26(a)(2)(B)).

㉠ 증인이 자신의 의견을 말할 것이며 이를 뒷받침하는 근거와 이유를 설명할 것이라는 진술

80) *Centricut, LLC. v. Esab Group, Inc.*, 390 F.3d 1361, 1370 (Fed. Cir. 2004)
81) *Alexam, Inc. v. IDT Corp.*, 715 F.3d 1336, 1348 (Fed. Cir. 2013)

㉡ 전문가 증인의 의견 작성시 고려되었던 사실관계나 데이터
㉢ 전문가 증인의 의견을 요약하거나 지지하는 데 사용되는 참고 자료
㉣ 전문가로서의 자격을 입증해 줄 자료, 예를 들면 지난 10년간에 출간한 서명이나 논문명
㉤ 지난 4년간 전문가 증인으로서 재판이나 Deposition에서 증언했던 사건명
㉥ 사건의 증언이나 논문으로 지급받은 대가에 대한 진술

이상과 같은 전문가 증인의 공개사항은 법원의 명령에 따라 제출되어야 하지만, 법원의 명령이 따로 없는 경우에는 재판이 예정된 90일 전까지 제출하여야 하며, 전문가 증인의 증언이 상대 전문가 증인의 증언을 반박하기 위하여 제출되는 경우라면 상대방의 전문가 증인 증언 보고서 제출 후 30일 이내에 제출되어야 한다(F.R.C.P. §26(a)(2)(D)).

③ 전문가 증인 배제신청(Daubert Motions): 소송의 일방 당사자가 전문가 증인의 증언을 제출한 경우, 상대방은 이 증언이 전문가로서의 자격 요건을 갖추지 않은 증인으로부터 행하여졌다고 주장하면서, 이 증언이 배심원에게 증거로 제출되지 않도록 법원에 청구할 수 있다. 이를 증거 배제 신청(Motion in liminie)의 특별한 형태인 Daubert motion이라고 한다. 연방증거규칙 §702는 지식, 경험, 기술, 숙련도나 교육을 통한 전문가 증인으로서의 자격을 갖추기 위해서는 다음과 같은 요건을 요구하고 있다.[82]

㉠ 전문가의 과학적, 기술적 또는 다른 특별한 지식이 배심원(Trier of fact)들이 증거를 이해하거나 쟁점 중의 사실관계를 결정하는 데 도움을 줄 수 있어야 한다.
㉡ 전문가 증인의 증언은 충분한 사실과 데이터에 기반을 두어야 한다.
㉢ 전문가 증인의 증언은 신뢰할 수 있는 (과학적) 원칙이나 방법의 산물이어야 한다.

82) 원래 연방 대법원의 *Daubert v. Merrell Dow Pharmaceuticals, Inc.*, 509 U.S. 579, 113 S.Ct. 2786 (1993) 사례에서 그 기준이 확립되었으나, 2000년 연방증거규칙의 개정으로 명문화되면서, 연방법이 연방 대법원 판례의 기준을 대체하였다.

㉣ 전문가 증인은 그 원칙과 방법을 사건의 사실 관계에 신뢰할 수 있게 적용하여야 한다.

이에 따라, 법관은 전문가 증인의 증언이 사건과의 관련성이 있는지와 신뢰할 수 있는 근거에 기반을 두었는지에 대한 판단을 하여,[83] 전문가 증인으로서의 자격을 갖추었는지를 심사한다. 1심 법관은 이와 같은 전문가 증인의 자격을 판단하면서, 자격이 없는 전문가의 증언이 배심원들에게 제공되지 않도록 하는 수문장으로서의 역할을 하게 된다.

4) 보호 명령(Protective Order)

증거 개시의 대상이 된 사람이나 당사자 등은 소송이 진행되는 법원에 보호 명령을 신청할 수 있다(F.R.C.P. §26(c)). 신청서에는 신청자가 법원의 조치 없이 분쟁을 해결하기 위한 노력으로 다른 당사자와 성실하게 협의하였거나 협의하려고 시도하였다는 증명이 포함되어야 한다. 법원은 정당한 사유가 있는 경우에는 당사자 등이 괴롭힘, 억압, 과도한 부담이나 비용으로부터 보호되도록 명령을 내릴 수 있으며, 여기에는 다음과 같은 것들이 포함될 수 있다.

① 증거 개시나 증거 공개의 금지
② 증거 개시나 증거 공개를 위한 시간, 장소 또는 비용 부담과 같은 조건의 구체화
③ 증거 개시를 원하는 당사자에 의하여 선택된 증거 개시 방법 이외의 방법을 규정
④ 특정 문제에 대한 조사의 금지 또는 특정 문제에 대한 증거 개시나 증거 공개 범위의 제한
⑤ 증거 개시가 행하여지는 동안에 참석할 수 있는 사람의 지정
⑥ 법원 명령에 의하여 증언(Deposition)이 봉인되거나 개봉되도록 요구
⑦ 영업 비밀, 또는 비공개된 연구, 개발 또는 상업 정보 등의 비공개 요구 또는

83] *Daubert*, at 584-587

특별한 방법에 의한 공개 요구
⑧ 양 당사자에게 특정 문서나 정보를 봉인된 봉투에 넣어 동시에 제출하도록 요구하고 법원 명령에 따라 공개

5) 증거 개시의 제한

(1) 변호사-의뢰인 비밀 유지권(Attorney-Client Privilege)

증거 개시의 예외로 인정되는 것 중 대표적인 것이 변호사와 의뢰인 간의 비밀 유지권이다. 이는 Common Law상 인정되어 오던 것으로, 변호사와 의뢰인 간의 비밀 대화가 변호사의 업무와 관련되어 이루어졌다면 증거 개시의 예외로 인정되어, 의뢰인은 이를 증거로 공개하는 것을 거절할 수 있고, 제3자의 공개로부터 보호받을 수 있다.

① 변호사와 의뢰인 간의 관계: 변호사와 의뢰인 간의 비밀 유지권이 성립되기 위해서는, 변호사와 의뢰인 간의 대화 당시에 변호사와 의뢰인이라는 관계가 성립되어 있어야 하고, 의뢰인은 변호사로부터 법률 서비스를 제공받고 있어야 한다. 여기서 "변호사"라 함은 지역과 나라를 가리지 않고, 법률 서비스를 제공할 수 있다고 의뢰인으로부터 합리적으로 믿어진 사람을 말한다.
② 비밀 대화: 비밀 유지권이 인정되기 위한 대화는 변호사와 의뢰인 간의 비밀 대화여야 한다. 대화가 공공 장소에서 이루어지거나, 제3자에게 알려진 경우에는 비밀 유지권이 인정되지 않지만, 변호사와 의뢰인 간의 대화를 전달하는 데 필요한 제3자에게 알려진 경우에는 비밀 유지권이 성립된다. 예를 들면, 변호사의 비서나 메신저에게 전달된 대화나, 의뢰인의 회계사로부터 변호사에게 전달된 대화, 통역사를 통한 대화 등이다.

(2) 소송 작업물 비밀 유지권(Work Product Privilege)

일반적으로, 소송 당사자는 소송을 예상하면서 또는 소송에서 제3자나 대리인에 의하여 또는 위하여 준비된 문서 및 유형의 물건에 대한 증거 개시를 하지 않을 수 있다(F.R.C.P. §26(b)(3)). 소송을 예상하면서 만든 작업물도 포함되기 때

문에 소송이 곧 개시되어야 할 필요는 없으며, 문서나 유형의 물건을 만들게 된 주된 목적이 소송상 필요에 의한 것이면 족하다.[84]

(3) 비밀 유지권의 포기

비밀 유지권은 그 대상물이 소송 절차에서 공개되는 경우, 비밀 유지권의 보유자가 그 비밀 유지권을 포기하였다고 간주된다. 또한, ① 비밀 유지권의 포기를 그 보유자가 의도하였고, ② 공개된 정보나 대화와 동일한 주제를 다룬 공개되지 않은 정보나 대화가 존재하고, ③ 이 둘을 함께 다루는 것이 공정하다고 판단되는 경우에는 비밀 유지권의 포기는 공개되지 않은 다른 대화나 정보에까지 미친다(Federal Rule of Evidence §502(a)).

한편, 비밀 유지권의 보유자가 비밀유지의 대상물이 소송 절차에서 공개되었다고 하더라도, ① 그 공개가 의도적인 것이 아니며, ② 비밀 유지권의 보유자가 대상물의 공개를 막기 위하여 합리적인 조치를 취하였으며, ③ 비밀 유지권의 보유자가 연방민사소송규칙 §26(b)(5)(B)에서와 같이 잘못을 시정하기 위한 합리적인 조치를 취한 경우에는 비밀 유지권을 포기하지 않은 것으로 본다(F.R.E. §502(b)).

소송 작업물의 비밀 유지권은 그 작업물들이 제3자에게 공개되었다고 하여 포기되었다고 볼 것이 아니라, 소송 작업물이 소송 상대방에게 전해졌거나, 상대방이 이를 보유할 가능성이 실질적으로 증가하여야 한다. 따라서, 제3자와 비밀 유지 계약을 체결한 뒤 소송 작업물을 넘긴 경우에는 비밀 유지권을 포기하였다고 판단하기 어렵다.[85]

6) 증거 개시 강제 신청(Motion to Compel)

상대방이 증거 개시 절차에 제대로 응하지 않는다고 판단한 소송 당사자는 법원에 증거 개시의 강제를 신청할 수 있다. 신청서에는 신청자가 법원의 조치

84) *In re Kaiser Aluminum and Chem. Co.*, 214 F.3d 586, 593 (5th Cir. 2000)

85) *Ferko v. National Ass'n for Stock Car Auto Racing, Inc.*, 219 F.R.D. 396, 400-1 (E.D. Tex. 2003)

없이 증거 개시나 증거 공개를 얻기 위한 노력으로 상대방과 성실하게 협의하였거나 협의하려고 시도하였다는 증명이 포함되어야 한다. 구체적인 신청 내용으로는 상대방이 연방규칙 §26(a)의 증거 공개를 제대로 하지 않은 경우 증거 공개 강제 신청을 할 수 있으며(F.R.C.P. §37(a)(3)(A)), ① 증언 녹취를 할 증언자가 연방규칙 §30이나 §31에 따른 질문에 답변하지 않거나, ② 회사나 법인이 연방규칙 §30조(b)(6) 또는 §31(a)(4)에 따른 증언자를 지정하지 않은 경우, ③ 연방규칙 §33에 따른 질문서에 제대로 답하지 않은 경우, ④ 연방규칙 §34에 따른 문서 제출명령에 응하지 않거나, 조사를 허용하지 않은 경우 등에는 증거 개시 강제 신청을 할 수 있다(F.R.C.P. §37(a)(B)).

5. 청구항 해석 기일(Markman Hearing)

1) 청구항 해석의 중요성

다른 사람들이 발명을 실행하는 것을 배제할 수 있는 특허권자의 권리는 특허 청구항을 통하여 규정된다. 따라서, 특허 침해 여부나 특허의 유·무효를 판단하는 데 있어 특허 청구항의 해석은 필수적이다. 특허 침해 여부를 판단하려면, 먼저 청구항을 해석하고 나서, 모든 청구항의 한정 요소들 또는 그 균등물이 특허 침해 혐의 장치에서 발견되는지를 판단하여야 한다.[86] 특허의 유무효를 판단하기 위해서도 먼저 청구항을 해석하고, 그 청구항이 특허성의 기준(35 U.S.C. §112, §102, §103)을 충족하였는지를 검토하여야 한다. 이와 같이 특허 청구항을 해석하는 절차는 특허 소송에만 특유한 제도로서 이를 Markman hearing이라 한다. 연방 대법원의 *Markman* 판결 이후 제도화되었다.

2) 청구항 해석의 주체

청구항의 해석은 사실관계에 대한 판단도 아니고, 법률 해석에 관한 문제도 아

---

86) *In re Gabapentin Patent Litig.*, 503 F.3d 1254, 1259 (Fed. Cir. 2007)

니다. 따라서, 청구항 해석을 법관과 배심원 중 누가 맡는지에 관한 논의가 있었으며, 연방 대법원은 *Markman*[87] 사례에서 이에 대한 판단을 하였다. Markman은 광학 탐지기에 의하여 읽혀질 수 있는 바코드가 포함된 데이터 프로세서와 키보드를 사용하여 드라이클리닝 프로세스에 따라 세탁물의 상태, 위치, 이동 상황을 모니터하고 보고할 수 있는 시스템에 대한 특허를 보유하였다.

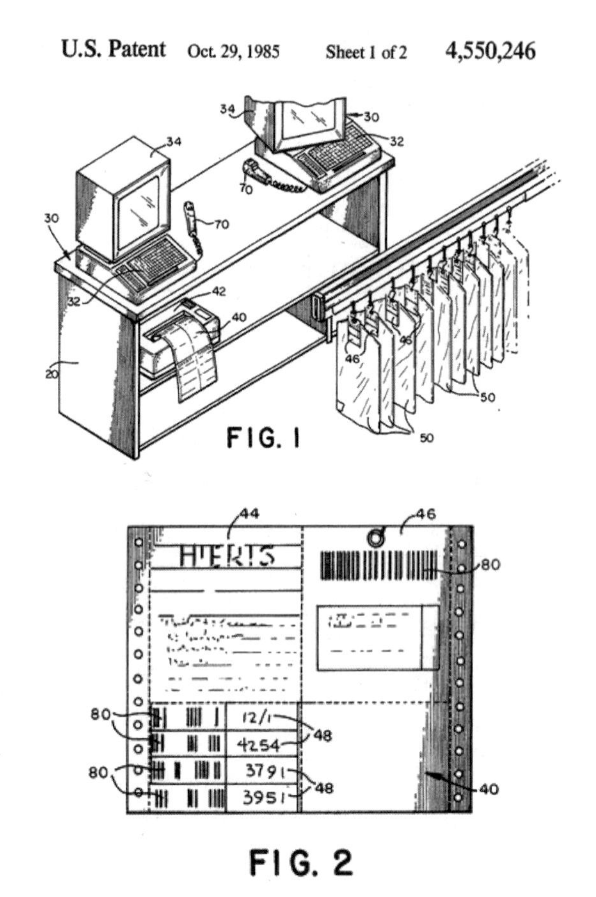

87] *Markman v. Westview Instruments* 517 U.S. 370 (1996)

Markman 특허의 청구항 1은 다음과 같다.

"1. The **inventory** control and reporting system, comprising;
a data input device for manual operation by an attendant,…
a data processor including memory operable to record said information and means to maintain an **inventory** total,…
a dot matrix printer operable under control of the data processor to generate a written record of the indicia associated with sequential transactions,…. and,
at least one optical scanner connected to the data processor and operable to detect said barcodes on all articles passing a predetermined station,
whereby said system can detect and localize spurious additions to **inventory** as well as spurious deletions therefrom."

이 청구항에 따르면, Markman의 제품은 "maintain an inventory total"과 "detect and localize spurious additions to inventory"를 할 수 있다. 한편, Markman에 의하여 특허를 침해하였다고 주장된 Westview의 제품 역시 키보드와 프로세스를 사용하고 있으며, 광학 탐지기에 의하여 읽혀질 수 있는 바코드 티켓 위에 드라이클리닝 요금 리스트를 갖고 있었다. 1심의 배심원들은 Westview의 제품이 Markman의 특허를 침해하였다고 평결하였으나, 1심 법원은 피고의 법률판단 신청(Motion for judgment as a matter of law)을 받아들인 뒤, 피고가 Makrman의 특허를 침해하지 않았다는 판단을 하였다. 즉, 청구항의 "Inventory"는 현금 Inventory와 세탁물 Inventory를 포함하는 개념임에 반하여, Westview의 제품에서는 세탁물 Inventory를 모니터링하여 보고하는 기능이 없기 때문이다. 이와 같이 청구항의 해석에 관하여 배심원과 법원의 판단이 다른 사안에서, 연방 대법원은 특허 청구항에 있는 기술 용어를 포함한 특허의 해석은 전적으로 법원의 몫이며, 본 사안에서 "Inventory"라는 용어의 해석은 배심원이 아닌 법관에게 있다고 보았다.

3) Markman Hearing의 개시

위와 같은 연방 대법원의 *Markman* 판결 이후, 일부 연방 지방 법원들은 변론 기일 전에 청구항의 해석을 위한 별도의 기일이 필요하다고 인식하게 되었다. 이 기일을 통하여 당사자들은 특허 청구항 해석에 필요한 증거를 제출하여 이를 설명하며 구두 변론을 할 수 있게 된다. 쟁점이 된 청구항의 범위를 변론기일 전에 Markman hearing을 통하여 결정하는 것은 소송 당사자들에게도 도움이 된다.[88]

Markman hearing을 언제 여느냐에 관한 확립된 규칙은 존재하지 않는다. 그러나, Markman hearing을 여는 시기에 따라 특허 소송에는 서로 다른 영향을 미치게 된다. 초기에 이를 열 경우, 증거 개시 절차에 초점을 맞추게 되고, 변론 기일의 쟁점을 간소화하며 화해를 촉진시킬 수 있다. 그러나, 증거 개시 절차가 끝나지 않는 경우에 이루어진 청구항의 해석은 불충분한 기록을 바탕으로 한 해석이 될 수 있고, 심한 경우에는 특허 침해 쟁점과는 아무 관련이 없는 해석이 될 수도 있다. 따라서, 특허에 관한 Local rule 중 많은 수가 청구항 해석을 최초 사건 관리 기일 후 서너 달 이내에 하도록 하고 있다.

4) 청구항 해석의 기준

연방 항소 법원은 청구항 해석의 기준에 관하여 *Phillips v. AWH Corp*[89] 전원합의체 판결을 통하여 밝히고 있다. 기본적으로는 청구항 해석에 있어서 내적 증거(Intrinsic evidence)의 중요성을 강조하면서, 필요할 경우에는 연방 지방 법원이 외적 증거(Extrinsic evidence)도 활용할 수 있도록 하고 있다.[90] 내적 증거로는 청구항, 명세서 및 심사 경과 기록(Prosecution history) 등이 있으며, 외적 증거로는 전문가 증언, 발명자 증언, 사전, 관련 논문 등이 있다.

---

88) *Ethicon Endo-Surgery, Inc. v. United States Surgical Corp.*, 93 F.3d 1572, 1577 (Fed. Cir. 1996)

89) *Phillips v. AWH Corp.*, 415 F.3d 1303 (Fec. Cir. 2005) (*en banc*)

90) *Id.*, at 1317

(1) 내적 증거(Intrinsic Evidence)

청구항 해석은 청구항 자체에 사용된 언어로부터 시작하여야 한다. 청구항의 단어들은 일반적으로 평범하고 관습적인 의미로 사용된다. 여기서, 청구항 단어들의 평범하고 관습적인 의미라는 것은 발명 당시(즉, 특허의 출원일)의 당업자들에게 평범하고 관습적인 의미라는 것이다.[91] 당업자들에게 평범하고 관습적인 의미를 찾아내기 위하여, 당업자들이 다투고 있는 용어가 사용된 특정 청구항의 문맥에 따라 청구항의 용어를 해석할 뿐만 아니라, 명세서를 포함한 특허 전체의 문맥을 따라 그 용어를 해석한다고 보아야 한다.[92]

청구항만으로 특허를 구성하는 것은 아니며, 청구항은 하나의 통합된 출원서의 일부분이다. 그 점에서, 청구항은 출원서의 다른 일부분인 명세서의 관점에서 해석되어야 하고, 명세서는 청구항 해석에 늘 중요하게 관련된다.[93] 연방 대법원도 청구항들은 명세서의 관점에서 읽혀지고 해석되어야 한다는 것을 명확히 하였다.[94] 이와 같은 법원칙과 궤를 같이 하면서, 연방 항소 법원은 특허권자가 명세서에 자신의 용어 사전(Lexicography)을 삽입한 경우에 대한 판단을 하였다. 만약, 특허권자의 용어 사전에 일반적으로 사용되는 용어의 정의와 다른 내용이 규정된 경우에는, 청구항 해석에 있어서 용어 사전에 규정된 내용에 따라 해석한다. 또, 명세서상에 청구항의 범위와 관련하여 특허권자가 의도적으로 면책 조항(Disclaimer)이나 부인(Disavowal)을 삽입한 경우, 특허권자는 정확한 청구 범위를 지정하였다고 보아 특허권자가 명세서상에 표시한 대로 처분적 효력을 부여한다.[95]

명세서와 더불어 심사 경과 기록 역시, 청구항 해석에 주요 고려사항이 된다. 심사 경과 기록은 특허청에서 진행된 절차의 기록으로 이루어지며, 특허 심사 과정 중 인용된 선행 기술을 포함한다. 명세서와 마찬가지로, 심사 경과 기록은 특허청과 발명자가 어떻게 특허를 이해하고 있는지를 증명할 수 있다. 한편, 심사 경과 기록은 발명을 설명하고 특허를 획득하려고 시도하면서 특허권자에 의하여

---

91) *Id.*, at 1312-13

92) *Id.*, at 1313

93) *Id.*, at 1315

94) *Schriber-Schroth Co. v. Cleveland Trust Co.*, 311 U.S. 211, 217 (1940)

95) *Phillips*, at 1316

만들어졌다. 그러나, 이것은 특허청과 출원인 간의 협상의 최종 산물이라기보다는 진행 중인 협상을 표현하고 있기 때문에, 명세서보다는 명확성이 부족하고 청구항 해석 목적에서는 덜 유용할 수 있다. 그럼에도 불구하고, 심사 경과 기록은 발명자가 발명을 이해한 방법과 발명자가 심사 도중에 발명의 범위를 제한하였는지를 보여 줌으로써 때때로 청구항 용어의 의미를 알려줄 수 있다.[96]

(2) 외적 증거(Extrinsic Evidence)

여러 외적 증거 중에서, (기술)사전이나 학술 논문 등은 법원이 당업자들에게 특별한 용어를 판단하는 데 많은 도움을 줄 수 있다. 또, 전문가 증언 형태로 이루어진 외적 증거도 여러 가지 목적에서 법원에 유용하게 쓰일 수 있다. 가령, 쟁점이 되고 있는 기술의 배경을 설명해 준다거나, 발명이 작용하는 방법을 설명하거나, 법원이 특허의 기술적인 면에 대한 이해가 당업자들의 이해와 일치한다는 것을 보장해 주거나, 특허나 선행 기술의 특정 용어가 관련 분야에서는 특별한 의미를 가지고 있다는 것을 보여 줄 수 있다.

그러나, 이와 같은 외적 증거들은 특허나 심사 경과 기록 등보다는 청구항 해석에 있어서 전체적으로 신뢰도가 떨어지는데 여기에는 다음과 같은 이유가 있다. 먼저, 외적 증거는 그 정의상 특허의 일부분이 아니며, 특허의 범위나 의미를 설명하기 위한 목적에서 본다면, 특허 출원 당시 작성된 명세서의 장점을 갖고 있지 않다. 두 번째로, 가상의 당업자들이 이해하는 바대로 청구항의 해석이 이루어져야 하는 반면에, 외적 증거는 숙련된 기술자에 의하여 또는 그들을 대상으로 작성된 것이 아니므로 특허가 속한 기술 분야의 당업자들의 이해를 반영할 수 없다. 세 번째로, 외적 증거를 구성하는 전문가 증언은 소송 중 또는 소송 목적으로 생성되었기 때문에 내적 증거에는 들어가 있지 않은 편견이 작용되었을 가능성이 크다. 네 번째로, 청구항 해석에 제공될 수 있는 조금이라도 관련성을 갖고 있는 외적 증거의 한계는 실질적으로 제한이 없다. 각 당사자는 소송이 진행되는 중에 자신에게 유리한 외적 증거의 일부를 선택하여 제출한다. 선택된 증거 중에서 유용한 증거를 걸러내는 일은 법원에게 맡겨진 책무가 된다. 마지막으

---

96) *Id.*, at 1317

로, 외적 증거에 과도하게 의존하면, 청구항, 명세서, 그리고 심사 경과 기록 등으로 구성된 다툼이 없는 공공의 기록물에 대한 신뢰를 떨어뜨려 청구항의 의미를 변경시킬 수 있는 위험이 있으며, 결과적으로 특허의 공지 기능을 해할 수 있다. 결론적으로, 외적 증거는 법원에 의하여 유용하게 사용될 수 있지만, 내적 증거의 문맥에서 고려되지 않는다면 신뢰할 수 있는 청구항 해석에 도달하기 어려울 것이다.[97]

5) 청구항 해석에 대한 항소심의 검토

청구항 해석에 대한 1심 법원의 판단은 중간 명령(Interlocutory order)의 형태로 내려진다. 법원의 청구항 해석에 불만이 있는 당사자라도, 중간의 청구항 해석만을 상대로 한 항소심은 연방 항소 법원에서 받아들여지기가 쉽지 않다. 연방 항소 법원은 28 U.S.C. §1292(c)(2)에 따라 1심 법원의 최종 결정에 대한 관할권만 갖는다고 판단하였기 때문이다.[98]

한편, 최종 판결과 함께 항소된 1심 법원의 청구항 해석에 대한 판단을 항소심이 심리할 때, 어느 기준에 맞추어 심리하여야 하는지가 논의되었다. 법률문제에 관한 항소라면 항소심이 1심 판결에 구애받지 않고 처음부터 새롭게 심리(de novo)하게 되고, 사실 관계에 관한 판단(factfinding)의 경우에 항소심은 F.R.C.P. §52(a)(6)에 따라 1심 법원의 판단이 명백히 잘못된 경우에만 심리하게 되어 있기 때문이다.

Teva v. Sandoz[99]에서, Sandoz는 Teva의 특허 청구항 중 "a molecular weight of 5 to 9 kilodaltons" 부분이 불명확하여 무효라고 주장하였다. 이 청구항에서는 분자량을 측정하는 3가지 방법 중 어느 방법에 의하여 측정하는지를 밝히지 않았기 때문이다. 1심 법원은 양 당사자의 상반된 전문가 증인의 증언을

97) *Id.*, at 1318-19

98) *Nystrom v. TREX Co.*, 339 F.3d 1347, 1350 (Fed. Cir. 2003);
한편, 처분금지 가처분이 부인되어 항소한 사건이 계류 중이기 때문에 동일한 쟁점을 갖고 있는 청구항 해석의 중간판결에 대한 항소를 인정한 사례도 있다. *Regents of the Univ. of Cal. v. DakoCytomation Cal., Inc.*, 517 F.3d 1364, 1371 (Fed. Cir. 2008)

99) *Teva Pharms. USA, Inc. v. Sandoz, Inc.*, 135 S.Ct. 831 (2015)

검토한 뒤, 청구항이 명확하여 무효가 아니라고 판단하였다. 즉, 1심 법원은 문맥상 당업자들은 '분자량'이라는 용어를 위 3가지 방법 중 1번째 방법에 의하여 측정된 분자량으로 이해한다고 판단하였다. 항소심에서 법원은 1심 법원의 청구항 해석의 모든 부분을 새롭게 심리(de novo)하였다. 그러나, 연방 대법원은 본 사례의 경우에, 항소심이 1심 법원의 청구항 해석을 심리함에 있어 de novo 기준이 아닌 F.R.C.P. §52(a)(6)에 따라 1심 법원의 사실 판단에 명백한 잘못이 있는 경우에만 심리하여야 한다고 판단하였다.

연방 대법원은 특허 청구항을 해석하는 판사의 임무는 다른 문서화된 도구, 예를 들면 계약서, 권리 증서(deed), 관세 등을 해석하는 임무와 동일하다고 판단하였다. 이들 문서들을 해석하는 것이 때때로 법률문제에 대한 판단이 될 수 있으며, 이 경우는 적어도 문서에 사용된 용어들이 일상적인 의미로 사용되었을 때이다. 그러나, 문서에서 일반적으로 이해되지 않는 기술적 용어나 문구를 사용하였을 때, 그들 용어의 해석은 사실관계에 관한 다툼을 불러온다. 이 경우에는 외적 증거의 도움을 받아 해당 거래나 관련 분야의 용례를 판단하여야 한다. 연방 대법원의 *Markman* 판결은 청구항의 최종적인 해석이 배심원이 아닌 법관에 있다는 것일 뿐, 사실 관계에 관한 1심 법원의 판단이 명백히 잘못된 경우에만 항소심의 심리 대상이 된다는 F.R.C.P. §52(a)(6)의 예외를 인정한 것은 아니라는 것이다.

청구항 해석시 이에 따르는 사실 관계를 검토할 때, 어느 경우에 항소심에서 "명백한 잘못" 기준을 적용하여야 하는지에 관한 문제가 남는다. 1심 법원이 특허의 내적 증거만 검토한다면, 법원의 결정은 법률 관계에 대한 결정이 될 것이고, 항소심은 이러한 1심 법원의 판단을 새롭게 심리(de novo)하여야 할 것이다. 그러나, 청구항 해석에 부수적으로 따르는 사실관계에 다툼이 있을 때 관련 기술 내에서의 의미 또는 배경 과학 지식을 이해하기 위해서 외적 증거의 도움이 필요한 경우도 있다. 이때, 1심 법원은 이들 외적 증거의 검토 후에 사실관계에 관한 다툼에 대한 판단을 내리고, 이에 근거하여 청구항을 해석할 것이다. 이때도, 청구항의 최종 해석은 법적인 결론이고 2심 법원이 이를 새롭게 심리할 수 있다. 그러나, 청구항 해석의 기초가 되는 사실 관계에 관한 다툼에 대한 1심 법원의 결론을 뒤집기 위해서는, 2심 법원은 1심 법관이 사실 관계에 관한 판단에서 명백한 잘못을 저질렀다는 것을 밝혀내야만 한다.

6. 써머리 저지먼트(Summary Judgment)

중요한 사실관계에 대하여 실질적인 다툼이 없는 경우에, 소송 당사자가 법원에 대하여 법률상 판단을 신청하는 것을 Motion to summary judgment(F.R.C.P. §56)라고 한다. 소송 당사자는 Local rule이나 법원의 명령이 없으면 증거 개시 절차 종료 후 30일 전까지 언제든지 SJ Motion을 신청할 수 있다.

중요한 사실관계는 재판 절차의 결과에 영향을 미칠 수 있는 사실관계이며, 합리적인 배심원들이 SJ Motion을 신청하지 않은 당사자를 위하여 평결로 돌아갈 충분한 증거가 있다면 중요한 사실관계에 관한 다툼이 '실질적'으로 존재한다고 말할 수 있다.[100] 중요한 사실관계에 관한 실질적인 다툼의 존부에 관하여 판단할 때, 법원은 신청자의 상대방에게 가장 유리한 관점에서 증거들을 검토하여야 하며, 상대방에게 유리한 합리적인 추론을 하여야 한다.[101] 만약, 합리적인 배심원들이 SJ Motion을 신청하지 않은 당사자를 위하여 평결로 돌아갈 수 없다면, SJ를 인정하는 판결은 적절하며, 변론 절차까지 진행할 필요가 없다.[102] SJ Motion의 신청자가 피고라면, 제출된 증거를 바탕으로 합리적인 배심원들이 개연성 있는 증거에 의하여 원고가 평결을 받을 수 있다는 것을 발견할 수 있는지를 판단하여야 한다.[103]

중요한 사실관계에 관한 실질적인 다툼의 존부에 관한 입증 책임은, SJ Motion의 신청자가 이 다툼이 존재하지 않는다는 사실을 입증할 책임을 먼저 부담한다. 이후 입증 책임이 전환되어 신청장의 상대방이 변론에 들어갈 실질적인 쟁점이 존재함을 입증하여야 한다.[104] 연방규칙 §56(c)(1)에 따르면, 사실관계에 관한 실질적인 다툼이 있다고 주장하는 당사자는, 녹취된 증언, 문서, 전자적으로 저장된 정보, 선서 진술서, 자백, 질문서에 나온 대답 및 기타 자료를 포함하는 기록 속에 있는 자료의 특정 부분을 인용함으로써 또는 인용된 자료가 실질

100) *In re Comiskey*, 554 F.3d 967, 975 (Fed. Cir. 2009)

101) *Scott v. Harris*, 550 U.S. 372, 380 (2007)

102) *Celotex Corp. v. Catrett*, 477 U.S. 317, 323 (1986)

103) *Anderson v. Liberty Lobby, Inc.*, 477 U.S. 242, 252 (1986)

104) *Matsushita Elec. Indus. Co. v. Zenith Radio Corp.*, 475 U.S. 574 (1986)

적인 다툼의 존부를 확립하지 못한다거나, 상대방이 사실관계를 입증할 증거를 제출하지 못하였다는 것을 입증함으로써 자신의 주장을 뒷받침하여야 한다.

실질적인 쟁점이 존재한다는 단순한 주장이나, 의심만으로는 SJ Motion을 반박하는데 충분하지 않다.[105]

신청자가 신청의 상대방에게 유리한 모든 사실관계에 관한 추론을 도출하였음에도 합리적인 배심원들은 특허 청구항이 침해되었다고 결론 내릴 수 없다는 것을 입증한다면, 특허 비침해의 써머리 저지먼트도 적절하다.[106] 특허 침해 분석은 두 단계로 이루어진다. 먼저, 청구항의 범위와 의미를 결정하기 위하여 청구항을 적절하게 해석하여야 하고, 그 적절하게 해석된 청구항을 특허 침해 혐의 장치나 프로세스와 비교하여야 한다.[107] 청구항 해석에 관한 문제는 법률문제에 대한 판단이며, 특허 침해에 대한 결정은 사실관계에 대한 판단이다. 따라서, 특허 비침해의 써머리 저지먼트는, 써머리 저지먼트 신청 상대방에게 유리한 관점에서 주장된 사실관계를 검토한 뒤에 침해 혐의 장치가 청구항에 포섭되는지 여부에 관한 실질적인 쟁점이 없는 경우에 주어진다.[108]

또한, 신청자가 신청의 상대방에게 유리한 모든 사실 관계에 관한 추론을 도출하였음에도 합리적인 배심원들은 특허 청구항이 유효라고 결론 내릴 수 없다는 것을 입증한다면, 특허 무효에 대한 써머리 저지먼트 역시 적절하다.[109]

---

105) *Matsushita*, at 586-87.

106) *Spectrum Int'l, Inc. v. Sterilite Corp.*, 164 F.3d 1372, 1380 (Fed. Cir. 1998)

107) *Gentry Gallery, Inc. v. Berkline Corp.*, 134 F.3d 1473, 1476, 45 USPQ2d 1498, 1500 (Fed. Cir. 1998)

108) *Pitney Bowes, Inc. v. Hewlett-Packard Co.*, 182 F.3d 1298, 1304 (Fed. Cir. 1999)

109) *Upsher-Smith Labs., Inc. v. Pamlab, L.L.C.*, 412 F.3d 1319, 1322 (Fed. Cir. 2005) (자명하며 예측 가능하다는 이유로 특허 무효의 써머리 저지먼트를 인용)

Ⅳ 변론

1. 배심 재판의 요구

배심원에 의하여 재판받을 권리는 미국 수정헌법 §7에 의하여 인정된 권리이다. 배심원에 의한 재판을 원하는 소송 당사자는 문서로 이를 청구한 뒤 상대방에게 이를 송달하여야 한다. 만약, 배심 재판을 요구하는 청구나 송달이 적정하게 이루어지지 않는 경우에는 당사자가 배심원에 의하여 재판 받을 권리를 포기한 것으로 본다(F.R.C.P. §38).

배심 재판의 경우, 일반적으로 법관에 의한 재판보다 승소율과 배상액이 높기[110] 때문에 특허 소송을 제기하는 원고 쪽에서는 배심 재판을 신청하는 경우가 많다.

2. 변론 준비 기일(Pretrial Conference) 및 준비 명령(Pretrial Order)

판사는 본안심리가 시작되기 전에 변론절차가 공정하고 신속하게 진행될 수 있도록 이와 관련된 사항을 당사자들과 논의하는 '변론준비기일(Pretrial conference)'을 가진다.[111] 연방민사소송규칙 §16(c)에서는 변론준비기일에서 논의될 수 있는 내용을 다음과 같이 열거하고 있다.

① 심리가 불필요한 청구 및 항변의 제외 및 쟁점의 정리와 구체화·단순화
② 필요시 소답(Pleading)의 수정
③ 불필요한 증명을 방지하기 위한 사실 및 문서에 관한 합의와 자백을 얻고, 증거능력에 관한 사전 결정
④ 불필요한 증거 및 중복되는 증거를 배제하고, 연방증거규칙 §702에 따른 전문가 증인의 증언에 대한 활용 제한

110) 송현정, 미국 특허쟁송실무에 관한 연구, 대법원 사법정책연구원, 2016, p.97.
111) Id., p.99.

⑤ 연방민사소송규칙 §56에 의한 판결(Summary adjudication)의 적절성과 시기 결정
⑥ 연방민사소송규칙 §26과 이 규칙 §29에서 §37에 의한 증거 공개(Disclosures)와 증거개시(Discovery)에 대한 명령을 포함하여 증거개시절차의 일정을 결정하고 관리
⑦ 증인과 서증을 특정하고, 변론요지서(Pretrial briefs)의 제출과 교환 일정 및 추후 회합(Conferences)과 변론기일 등의 지정
⑧ 부판사(Magistrate judge) 또는 전문심리위원(Master)에게 위임하는 사안
⑨ (법률이나 Local rule에 의하여 허가되는 경우) 분쟁 해결을 위하여 필요한 특별절차를 활용하거나, 화해(Settling the case)
⑩ 준비명령(Pretrial order)의 형식과 내용에 관한 결정
⑪ 신청의 처리
⑫ 복잡한 사안, 다수의 당사자, 어려운 법적 문제, 특이한 증명문제와 같은 난해하거나 시간의 지연이 예상되는 조치를 다루기 위한 특별 절차의 채택
⑬ 청구, 반소, 교차청구, 제3자 청구, 특정 쟁점에 대한 변론 분리 명령
⑭ 연방민사소송규칙 §50(a)에 따른 법률 판결(Judgment as a matter of law) 또는 이 규칙 §52(c)에 따른 일부 판결의 기초가 될 수 있는 쟁점에 관한 증거를 변론 초기 단계에 제시하도록 하는 명령
⑮ 증거를 제기할 수 있는 기한에 대한 합리적인 제한
⑯ 공정하고 신속하게 그리고 비용을 줄일 수 있는 기타의 사건처리방법 활용

연방민사소송규칙 §16(e)에 따르면, 법원은 증거 인정을 용이하게 하기 위한 계획 등이 포함된 변론 계획을 세우기 위한 최종 변론 준비 기일을 열수 있도록 하였다. 최종 변론 준비 기일은 가능한 한 변론 시작 바로 직전에 열려야 하며, 소송 대리인이 없는 경우에는 소송 당사자가 직접 참석하여야 하고, 소송 대리인이 있는 경우에는 소송을 수행할 대리인 중 적어도 한 명 이상이 참석하여야 한다.

법원은 변론준비기일에 합의된 사항 및 법관에 의해 결정된 사항을 근거로 '준비명령(Pretrial order)'을 내린다. 보통 변론준비기일 이후 양 당사자가 만나 함

께 준비명령안(Proposed joint pretrial order)을 작성하여 이를 법원에 제출해야 한다.[112]

3. 배심원 선정(Jury Selection)

배심원 선정의 가장 중요한 목적은 소송 당사자들에게 공정한 배심원을 선정하는 것이다. 이를 위하여 voir dire라고 불리우는 예비 심문 절차를 진행한다. 즉, 소송 대리인 또는 판사는 예비 배심원들을 향하여 일련의 질문을 하는데, 이 질문들은 배심원들이 가지고 있을지도 모르는 편견이나 선입견을 드러낼 수 있는 내용으로 구성된다. 이와 같은 심문을 통하여, 판사는 편파적일 것이라 생각되는 예비 배심원들을 배제할 수 있다. 또한, 질병 등과 같은 사유로 배심원으로서 의무를 수행할 수 없다고 판단되는 예비 배심원들도 배제할 수 있다. 양쪽의 소송 대리인들도 추가적으로 위와 같은 사유를 들어 법원에 배심원의 교체를 요구할 수 있다(Challenging for cause). 이후 양 당사자들은 위와 같은 사유가 없더라도 배심원의 교체를 3번까지 요구할 수 있는데 이를 Peremptory challenge라고 부른다(28 U.S.C. §1870).

연방민사소송의 배심원은 최소 6명에서 12명으로 구성된다. 배심원이 선정되고 나면, 판사는 배심원들에게 주의사항을 설명해 준다. 최초 설명(Initial instruction)에는 배심원으로서의 의무, 증거를 처리하는 방법, 소송에서 적용되는 법률에 관한 설명 등이 포함된다.

4. 모두 발언(Opening Statements)

배심원들이 선정되면, 소송 당사자들은 모두 발언을 하게 된다. 모두 발언의 목적은 각 당사자들이 사건의 쟁점을 설명하고 변론기일에서 입증할 것을 설명하는 것이다. 모두 발언은 증거나 법적 다툼이 아니라 단순히 재판 과정에서 나오게 될 증거들에 관한 로드맵에 불과하다. 모두 발언을 통해서, 배심원들은 소

112) Id., p.100.

송 당사자들이 무엇을 중요하게 생각하고, 무엇을 기대하는지를 이해할 수 있게 된다.

일반적으로 모두진술은 다음과 같은 내용을 중심으로 이루어진다.

① 소송당사자와 그의 대리인에 대한 소개
② 판사와 배심원의 이해를 돕기 위한 사건에 대한 개요
③ 증인 소개와 증인이 증언할 내용에 관한 설명
④ 앞으로 제시될 증거에 대한 유리한 해석
⑤ 불리한 사실을 언급하는 경우 그 사실이 결과에 영향을 주지 않아야 하는 근거
⑥ 사실발견자(Trier of fact)에게 신뢰감 구축
⑦ 소송당사자가 마땅히 받아야 할 구제(Relief)[113]

5. 증인 신문과 증거 제출

모두 발언이 끝나고 나면, 원고부터 자신에게 유리한 증인과 증거를 배심원단에 제출한다. 원고가 먼저 자신의 증인에 대하여 직접 신문(Direct examination)을 하고, 원고의 직접 신문이 끝나면, 직접 신문에서 다루어졌던 범위 내에서 피고가 반대 신문(Cross-examination)을 하게 된다. 피고의 반대 신문 후에는 원고에게 다시 재직접 신문(Re-direct examination)을 할 수 있는 기회가 주어지게 된다. 원고가 증인 및 증거 제출을 모두 끝내고 나면, 피고에게 증인 및 증거를 제출할 수 있는 기회가 주어지게 된다. 그렇지만, 원고의 증인 신문 절차나 증거 제출시에 피고는 반대(Objection)를 하거나, 반대 신문을 준비함으로써 그 절차에 참여하게 된다.

소송의 일방 당사자가 제출한 증거가 연방증거법에서 허용되지 않는 증거이거나, 증인에게 한 신문이 허용되지 않는다고 판단한 경우에, 상대방은 이에 대하여 즉시 반대하여야 한다. 만약에 상대방이 반대 사유가 명백히 드러난 순간에

---

113) Id., p.102

증거의 채택을 반대하지 않았다면, 판사는 제출된 증거나 증인 신문을 허용되는 것으로 인정하고 다루게 된다.[114]

6. 법률 판결(Judgment as a Matter of Law)

모든 증거가 다 제출되고 난 뒤에, 각 당사자는 연방민사소송규칙 §50(a)에 따라 법률 판결 신청(Motion for judgment as a matter of law)을 할 수 있다. 변론기일의 마지막에 행하여지는 법률 판결 신청에서는 상대방의 주장을 입증할 증거가 없기 때문에, 배심원들이 상대방에 유리한 결정을 할 수 없다고 주장하는 것이다. 만약, 법원이 이 신청을 받아들이면 사건은 이로써 종료된다.

법원이 법률 판결 신청을 받아들이지 않거나, 어느 당사자도 이 신청을 하지 않는 경우에, 법원은 최종 변론을 듣게 된다.

7. 배심원에 대한 설명(Jury Instruction) 및 최종 변론(Closing Argument)

모든 증인들이 진술을 마치면, 판사는 배심원에게 본 사안에 적용될 법에 관하여 설명하고, 각 당사자는 최종 변론(Closing argument)을 하게 된다. 최종 변론을 통하여 각 당사자는 제출된 증거를 요약·정리하고, 이들 증거를 바탕으로 배심원들이 어떻게 판단하여야 하는지를 밝힌다.

8. 배심 평결(Jury Verdict) 및 판결 선고

당사자들의 최종 변론 이후에, 배심원들은 배심원실로 들어가 사건에 대한 토론에 들어간다. 이를 "Deliberating"이라고 부른다. 배심원들은 제출된 증거와 증

---

114) *Terrel v. Poland*, 744 F.2d 637 (8th Cir. 1984) (나이트 클럽의 화재로 인한 보험금 청구소송에서, 건물 소유주는 변론기일 도중에 전문 증거의 채택을 반대하는 데 실패하였다. 증거 제출이 모두 종료되고, 전문 증거임을 이유로 해당 증거의 배제 신청(motion to strike)을 하였으나, 법원은 "반대 사유가 명백해지면 가능한 한 빨리 그 증거에 대한 반대를 하여야 하며, 그렇지 않은 경우 반대를 포기한 것으로 여겨진다. 따라서, 증거 제출이 모두 종료되고 나서 전문 증거의 배제를 신청하는 것은 적절하지 않다."고 판단하였다.

인 신문을 바탕으로 사실 및 법률에 관한 토론을 한 뒤, 사건에서 승소할 당사자를 위한 투표를 진행한다. 연방 법원의 경우에는 배심원 전원 일치의 평결을 요하기 때문에, 배심원단이 모두 동의할 때까지 심의와 토론을 반복한다.

배심원들이 결론에 도달(Verdict)하면, 평결표를 작성하여 판사에게 평결이 완료되었음을 알린다. 판사는 배심원들을 재판정으로 불러 모아 평결을 낭독하고, 구제 방법이 있는 경우에는 이에 대한 명령도 내려진다. 배심원들의 평결에 근거한 판결이 내려지면 일반적으로 사건이 종료된다.

V 판결 선고 후 신청(Post-trial motion)

1. 법률 판결 재개 신청(Renewed Motion for Judgment as a Matter of Law)

배심 재판에서 배심원의 평결에 중대한 잘못이 있고, 이미 법률 판결을 신청하였는데 법원이 이를 거부한 사실이 있는 경우에는, 그 당사자는 판결 선고 후에 연방민사소송규칙 §50(b)에 따른 법률 판결 재개 신청을 할 수 있다. 이는 당사자가 모든 증거 제출 후에 법률 판결 신청을 했었던 경우에만 할 수 있다.

법률 판결 재개 신청은 판결 선고 후 10일 이내에 하여야 한다. 신청자는 증거가 자신에게 명백히 유리하여 합리적인 배심원이라면 이에 반하는 결정을 내릴 수 없음에도 배심원들이 그와 같은 잘못된 결정에 도달하였다고 주장하게 된다.

법원은 당사자의 법률 판결 재개 신청에 대하여, (1) 평결을 뒤집는 것을 거절하거나, (2) 새로운 변론을 명하거나, 또는 (3) 직접 법률 판결을 할 수 있다.

2. 신변론기일의 신청(Motion for a New Trial)과 판결 수정 신청 (Motion to Amend Judgment)

판결 선고 후 10일 이내에, 각 당사자는 신변론기일의 지정을 신청하거나, 판결의 일부 수정을 신청할 수 있다. 새로 변론기일의 지정을 신청하는 것은 기존 변론기일에 하자가 있기 때문에, 모든 청구원인이나 일부 청구원인에 대한 변론기일 전체를 다시 새로이 지정할 것을 청구하는 것이다. 판결의 일부를 수정하는 것은 변론기일을 새로 정하여 재판을 다시 할 것을 청구하는 것이 아니라, 변론기일의 하자로 말미암아 판사에게 최종 판결문의 일부 수정을 구하는 데 지나지 않는다. 이 두 절차는 모두 연방민사소송규칙 §59에 규정되어 있다.

배심 재판에서, 배심원의 평결이 증거 판단에 명백히 위배되는 경우에 법원은 새로운 변론기일지정신청을 허용한다. 판사는 증거의 경중을 판단하고, 증인의 증명력에 대하여 평가할 수 있지만, 이들 증거를 평결에서 승리한 당사자에게 유리한 입장에서 판단할 필요는 없다. 판사는 모든 증거들을 검토한 후, 배심원이 실수하였다는 것을 분명히 확신하지 않는다면 배심원의 판결을 번복할 수 없다. 만약, 법원이 새로운 변론기일지정신청을 받아들이면, 새로 배심원단을 구성하여 새로운 변론기일을 열게 되고, 기존의 변론기일은 발생하지 않았던 것으로 간주된다.

판결 수정 신청은 일반적으로 법원에 새로이 발견된 증거가 제시되거나, 법원이 명백한 실수를 하였거나, 또는 관련 법령이 변경된 경우에 인용된다.

PART

02

특허 무효

Understanding US Patent Litigation

CHAPTER 01. 특허의 대상(특허 적격)
CHAPTER 02. 신규성
CHAPTER 03. 진보성(비자명성)
CHAPTER 04. USPTO의 비자명성 판단 가이드라인
CHAPTER 05. 상세한 설명
CHAPTER 06. 실시가능성
CHAPTER 07. 명확성
CHAPTER 08. 기능적 청구항의 경우

CHAPTER 1 특허의 대상(특허 적격)

I 35 U.S.C. §101

35 U.S.C. §101는 특허를 받을 수 있는 발명(Inventions patentable)에 대하여 다음과 같이 규정하고 있다.

“새롭고 유용한 프로세스, 기계, 제조물 또는 합성물 또는 이들을 새롭고 유용하게 개량한 것 등을 발명하거나 발견한 자는 본 법률의 조건과 요구에 따라 그에 관한 특허를 받을 수 있다.”[1]

위 법조항은 아래 4가지 요건을 부과하는 것으로 해석된다.

첫째, 특허받을 수 있는 발명을 발명하는 자는 그에 대하여 오직 하나의 특허를 획득한다. 따라서, 같은 발명에 대하여 둘 이상의 출원서가 청구된 경우 이중특허로 금지할 수 있는 법률적 근거를 이룬다. 둘째, 2012년 9월 16일 이전에 출원된 출원서에서는 (pre-AIA 37 CFR 1.41(b)에 다른 규정이 없다면) 발명자가 출원인이어야 하며, 2012년 9월 16일 및 그 이후에 출원된 출원서에서는 발명자나 공동발명자가 표시되어야 한다. 셋째, 청구된 발명은 특허를 받을 수 있어야 한다. 특허를 받을 수 있는 주제로는 다음과 같은 두 가지가 있다. (a) 청구된 발명은 법률에서 정해진 발명의 네 가지 부류 즉, 프로세스, 기계, 제조물과 합성물 등에 속해야만 하며, (b) 청구된 발명은 특허를 받을 수 있는 주제여야 하며(전체로서

1) Whoever invents or discovers any new and useful process, machine, manufacture, or composition of matter, or any new and useful improvement thereof may obtain a patent therefor, subject to the conditions and requirements of this title.

의 청구항이 사법적 예외를 현저하게 초과하는 추가적인 한정 요소를 포함하지 않는 한), 사법적 예외에 해당하지 않아야 한다. 마지막으로, 청구된 발명은 유용하거나, 구체적이며, 실질적이고 신뢰할 만한 유용성을 갖고 있어야 한다.[2]

35 U.S.C. §101의 특허 적격 심사가 특허 요건을 결정하는 유일한 도구는 아니며, 35 U.S.C. §112, 35 U.S.C. §102 그리고 35 U.S.C. §103 등도 특허 요건에 관한 추가적인 수단을 제공한다. "§101에 따른 특허 적격의 심사는 특허를 받기 위한 첫 관문에 불과하다. 청구된 발명이 특허법의 보호를 받기 위하여 프로세스, 기계, 제조물, 또는 합성물로서의 자격을 갖추었다 할지라도 "이 법에 따른 요건과 조건을 만족시켜야만 한다." 이들 요건은 발명이 새로우며(§102), 자명하지 않고(§103), 충분히 구체적으로 설명되어야(§112) 한다."[3]

1. 생물체에 대한 특허 여부[4]

1980년 전만 해도, 생물체에 대하여는 법률상 특허받을 수 있는 네 가지 부류에 속하지 않기 때문에 또는 특허 적격의 사법적 예외에 해당하기 때문에 특허를 받을 수 없다고 널리 믿어졌다. 그러나, 연방 대법원은 *Chakrabarty*[5] 사례에서, 발명이 생물체에 관한 것인지는 특허 적격과 무관하다는 입장을 분명히 하였다. 그러나, 한편으로는 의회가 입법으로 인체에 대하여 특허를 청구하는 것을 배제하였다는 것도 분명히 할 필요는 있다.[6]

---

2) MPEP 2104 Inventions Patentable-Requirements of 35 U.S.C. 101 [R-08.2017]

3) *Bilski v. Kappos*, 561 U.S. 593, 602 (2010)

4) MPEP 2105 Patent Eligible Subject Matter-Living Subject Matter [R-08.2017]

5) *Diamond v. Chakrabarty*, 447 U.S. 303 (1980)

6) The Leahy-Smith America Invents Act (AIA), Pub. L. 112-29, sec. 33(a), 125 Stat. 284 (September 16, 2011)

1) *Diamond v. Chakrabarty*[7]

Chakrabarty는 "에너지를 생산하는 두 가지 안정된 Plasmids(각 Plasmids는 탄화수소 분해 경로를 제공)를 포함한 Pseudomonas '속'의 박테리아"를 발명하여 특허를 출원하였다. 유전 공학적으로 만든 이 인공 박테리아는 원유의 여러 구성물질을 분해할 수 있었는데, 자연적으로 생성되지는 않는다. 이 발명은 기름 유출을 처리하는 데 중요한 가치가 있다고 판단되었다. Chakrabarty는 세 가지 형태의 특허를 청구하였는데, 첫 번째는 박테리아를 생산하는 방법에 관한 프로세스 청구항, 두 번째는 짚과 같이 물 위에 뜨는 운반체와 신규 박테리아로 구성된 접종물에 관한 청구항, 세 번째는 박테리아 그 자체였다. 특허청에서는 처음 두 개는 특허를 받을 수 있는 부류에 속한다고 하였으나, 박테리아에 관한 청구항에 대하여는 (1) 미생물은 "자연의 산물"이며, (2) 생물체는 35 U.S.C. §101에 따른 특허 받을 수 있는 대상에 속하지 않는다는 이유로 특허를 거절하였다.

연방 대법원은 §101를 폭넓게 해석하였다. "법률에 다른 규정이 없으면, 용어들은 그들의 일상적인, 동시대의, 공통의 의미를 갖는다고 해석될 것이며,"[8] "법원은 입법기관이 표현하지 않은 특허법의 조건이나 한정 요소로 해석해서는 안 된다."[9]

물론 자연 법칙, 물리적 현상, 추상적 사고 등은 특허 대상이 될 수 없다고 판단되어 왔다.[10] 따라서, 땅속에서 발견된 새로운 광물이나 야생에서 발견된 새로운 식물들은 특허를 받을 수가 없다. 마찬가지로, 아인슈타인은 자신의 상대성 이론 공식에 대한 특허를 받을 수 없으며, 뉴턴의 중력에 관한 법칙도 특허를 받을 수 없다. 이러한 발견은 "자연의…현시"이며, "모든 사람들이 자유롭게 이용할 수 있고, 아무도 독점적인 권리를 보유할 수 없다."[11]

---

7) *Diamond v. Chakrabarty*, 447 U.S. 303 (1980)

8) *Perrin v. United States*, 444 U.S. 37, 42 (1979)

9) *U.S. v. Dubilier Condenser Corp.*, 289 U.S. 178, 199 (1933)

10) *Parker v. Flook*, 437 U.S. 584 (1978); *Gottschalk v. Benson*, 409 U.S. 63, 67 (1972); *Funk Brothers Seed Co. v. Kalo Inoculant Co.*, 333 U.S. 127, 130 (1948); *O'Reilly v. Morse*, 15 How. 62, 112-121 (1853); *Le Roy v. Tatham*, 55 U.S. 156, 175 (1852)

11) *Funk*, at 130

이와 같은 점에서, 출원인의 미생물은 특허를 받을 수 있는 대상으로의 자격을 충분히 갖추었다. 그의 청구항은 이제까지 알려지지 않은 자연현상에 대한 것이 아니라, 비자연적으로 발생한 제조물 또는 합성물(고유의 이름, 특성 및 용도를 가진 인간의 독창성의 산물)이다.

2) *Ass'n for Molecular Pathology v. Myriad Genetics, Inc*[12]

Myriad는 BRCA1과 BRCA2라는 두개의 인간 유전자의 정확한 위치와 서열을 발견하였다. 이 유전자들의 변형은 유방암과 난소암의 발병 위험을 급격히 증가시키는 것으로 알려졌다. 세포로부터 DNA를 추출하여 그중 특정한 부분(예 특정 유전자나 그 유전자의 부분)을 분리하는 방법은 과학자들에게 이미 잘 알려졌으며, 또한 유전공학적 기술을 이용하여, 상보적 DNA(complementary DNA; cDNA)라고 불리는 DNA를 합성하여 만들어 내는 것도 가능하였다. Myriad는 위 공지의 기술을 이용하여, DNA로부터 분리된 BRCA1, BRCA2와 cDNA 등에 특허를 획득하였다. Myriad의 특허가 유효하다면, DNA로부터 BRCA1과 BRCA2 유전자를 분리하는 배타적인 권리를 부여하는 것이 되며, 또한 BRCA cDNA를 합성하여 만들 수 있는 배타적인 권리도 부여하게 된다.

본 사례에서, Myriad는 BRCA1과 BRCA2 유전자를 암호화하는 새로운 유전적 정보를 창조하거나 변경한 것이 아니고, DNA 구조를 바꾸거나 창조한 것도 아니며, 단지 BRCA1과 BRCA2유전자의 정확한 위치와 유전적 서열을 밝힌 데 불과하다. 결국, Myriad의 DNA 청구항은 특허 받을 수 있는 대상 중 자연 법칙의 예외에 해당한다. 이는 *Chakrabarty* 사례의, "자연에서 발견되는 것들과 다른 특성을 지닌" 새로운 박테리아에 대한 특허와는 구별된다.

반면에, cDNA는 자연적으로 발생하는 분리된 DNA 부분과는 달리, 자연의 산물이 아니기 때문에, §101의 특허 적격을 보유한다.

12) *Ass'n for Molecular Pathology v. Myriad Genetics, Inc*, 133 S.Ct. 2107 (2013)

Ⅱ 특허 적격 판단에 관한 2단계 테스트(*Alice/Mayo* 테스트)

특허 대상이 된 발명이 특허를 받을 수 있는 35 U.S.C. §101의 네 가지 부류즉, 프로세스, 기계, 제조물, 또는 합성물로서의 자격을 갖추고, 사법적 예외(자연법칙, 자연 현상 그리고 추상적 사고)에 해당하지 않는지를 판단하는 데 있어서, 연방 대법원에서 여러 차례 논의가 있어 왔다. 그러나, 연방 대법원은 최근에 *Alice*와 *Mayo* 판결을 통하여 2단계 테스트를 확립하였고, 이는 특허 적격에 관한 확고한 판례법을 형성하게 되었다.

1. *Mayo Collaborative Servs. v. Prometheus Labs., Inc*[13]

본 특허는 자기 면역 질환 치료제인 Thiopurine 약물의 사용법에 관한 특허이다. 이 약물이 환자에게 투여되었을 때, 환자에 따라 다른 신진 대사를 일으키기 때문에, 의사들은 투여량을 정하는 데 어려움을 겪는다. 동일한 투여량이라도, 특정 환자에게는 너무 높아 심각한 부작용의 위험이 있으며, 어느 환자들에게는 반대로 너무 낮아 그 약이 제대로 효과를 발휘할 수 없다. 본 사례에서, 특허 청구항은 신진대사 수준과 약물의 부작용 또는 효용 사이의 상관관계를 밝혀낸 연구 결과를 담아낸 프로세스를 제시하였다. 각 청구항은 (1) "투약" 단계-그 약을 환자에게 투약하도록 의사에게 지시하는 단계, (2) "결정" 단계-환자의 혈액 속에서 결과적으로 얻게 되는 대사 산물을 측정하도록 의사에게 지시하는 단계, (3) "Wherein" 단계-부작용이 일어나거나, 약효가 떨어지기 시작하는 대사 산물의 농도를 설명하면서, 이 구간 사이에 약물을 투입하도록 의사에게 알리는 단계 등을 언급하였다. 결국, 이 청구항들은 혈액 속의 특정 Thiopurine 대사 산물의 농도와 약물 투여량 사이의 상관관계를 설명하는 자연 법칙을 적용하려고 하였다. 따라서, 법원은 청구된 프로세스가 특허 대상이 아닌 자연 법칙을 특허 대상인 자연 법칙의 적용으로 변환시킬 수 있는 다른 요소 또는 그 요소들의 결

13) *Mayo Collaborative Servs. v. Prometheus Labs., Inc.*, 566 U.S. 66 (2012)

합, 종종 "창의적인 개념(Inventive concept)"이라고 언급되는 것들을 포함하고 있는지를 검토하여야 한다.

먼저, "투약" 단계는 특허를 듣게 되는 청자 즉, Thiopurine 약물을 특정 질병을 가진 환자에게 취급하는 의사를 단순히 언급한 것에 지나지 않는다. 이들 청자들은 이 특허 이전부터 존재하였었다. "추상적 사고를 특정 기술적 환경에 제한하여 적용하려고 시도한다고 해서 특허 대상이 될 수 있는 것은 아니다."

두 번째, "Wherein" 단락은, 의사들에게 관련된 자연 법칙을 단순히 설명하면서, 환자들을 다룰 때 이 법칙을 고려해야 한다는 것을 덧붙인 데 지나지 않는다. 세 번째, "결정" 단계는 의사들에게 혈액 속에 관련 대사 산물의 수준을 결정하도록 지시한다. 대사 산물의 수준을 결정하는 방법은, 당업자들 사이에서 잘 이해되고, 일상적이며, 전통적인 활동을 통하여 이루어졌다. 마지막으로, 위의 세 단계를 순서대로 조합하여 고려해 보아도, 각 단계를 개별적으로 검토하였을 때 존재하지 않았던 무엇인가를 자연 법칙에 새로이 추가하지 않는다. 따라서, 청구된 자연 법칙의 출원서에는 "창의적인 개념"이 존재하지 않는다.

2. *Alice Corp. Pty. Ltd. v. CLS Bank Int'l*[14]

쟁점이 된 청구항은 "결제 위험"-금융 거래의 당사자 중 일방만이 자신의 의무를 이행할 위험-을 완화하기 위하여 컴퓨터를 이용하는 것과 관련되어 있다. 즉, 금융 거래의 양 당사자 사이에 컴퓨터를 사용하여 가상의 중개인으로서의 역할을 하게 하는 것이다. 가상의 중개인 기능을 위하여 가상(shadow) 계좌를 만들고, 금융 거래 기관(예 은행)의 양 당사자 간의 실제 거래 현황을 실시간으로 반영하도록 한다. 거래의 마지막 날에, 가상의 중개인은 가상 계좌에 업데이트된 내용으로 금융기관에 거래를 수행하도록 지시함으로써, 한 당사자만이 거래 의무를 수행하는 위험을 감경시킬 수 있다. 요약하면, 본 특허는 (1) 거래 당사자들이 거래상 의무를 교환하는 방법에 관한 청구항, (2) 거래상 의무를 교환하는 방법을 수행할 수 있도록 컴퓨터 시스템을 구현한 시스템 청구항, (3) 거래상 의

---

14) *Alice Corp. Pty. Ltd. v. CLS Bank Int'l*, 134 S.Ct. 2347 (2014)

무 교환방법을 수행할 수 있는 프로그램 코드를 포함한 컴퓨터 판독 가능 매체에 관한 청구항 등으로 구성되어 있다. 이 모든 청구항은 컴퓨터가 언급되거나 그 사용과 관련되어 있다.

연방 대법원은 *Mayo* 사례를 통하여, 자연 법칙, 자연 현상 및 추상적 사고를 청구하는 특허와 특허 대상이 될 수 있는 위 개념들의 적용을 청구하는 특허를 구분하였다. 첫 번째 단계에서, 쟁점이 된 청구항들이 특허 대상이 될 수 없는 개념들에 대한 청구인지를 판단한다. 만약 그렇다면, 두 번째 단계로 넘어가 그 청구항에 다른 무엇이 있는지를 살펴야 한다. 법원은 각 청구항의 구성요소를 개별적으로 또는 정리된 조합으로서(as an ordered combination) 검토하여, 청구항의 본질을 특허 대상이 될 수 없는 개념들에서 특허 대상이 가능한 그 개념들의 적용으로 변환시킬 수 있는지를 판단하여야 한다. 이와 같은 두 번째 단계는 창의적 개념(Inventive concept)을 찾아가는 과정으로 설명할 수 있다. "창의적 개념"이란, 청구항의 구성요소 또는 그 요소들의 조합으로서 특허 부적격 개념 자체에 대한 특허를 훨씬 초과하는 것에 대한 것으로, 특허가 되기에 충분한 것이다.

먼저 청구항들이 특허 부적격 개념에 관한 것인지를 결정하여야 한다. 본 사례에서 청구항은 중개인에 의한 결제라는 추상적 개념 즉, 결제 위험을 감소시키기 위하여 제3자를 이용한다는 개념이다.

그렇다면, *Mayo*의 두 번째 단계에 따라서, 청구된 추상적 개념을 특허 적격으로 전환시킬 수 있는 창의적 개념이 청구항에 포함되어 있는지를 판단하여야 한다. 추상적 개념을 언급한 청구항에는 "추상적 개념을 독점하기 위하여 청구항이 작성되었다는 것 이상을" 설명할 수 있는 "추가적 특징"이 포함되어야 한다. *Mayo* 사례에서는 특허 적격으로 전환하기 위하여 단순히 "그것을 적용한다."는 문구를 추가하는 것 이외의 것이 필요하다는 것을 밝혔다. 따라서, 단순히 일반적인 컴퓨터를 적용하는 것을 언급하는 것은 특허 부적격인 발명을 특허 적격인 추상적 개념으로 전환시킬 수 없다. 또한, 추상적 개념을 "특별한 기술적 환경"에 사용하도록 제한하는 것만으로도 추상적 개념이 특허 적격으로 전환되지 않는다.[15] 달리 말하면, 추상적 개념이 컴퓨터에서 단순히 실행되는 것이 아니라,

---

15) *Bilski v. Kappos*, 561 U.S. 593 (2010)

기존 기술적 프로세스 등을 향상시켜야만 한다.

한편, 본 사례에서 청구항들이 중개인에 의한 결제라는 추상적 개념을 일반적인 컴퓨터에서 실행시키는 것 이상을 언급하였는지를 살펴본다. 먼저, 청구항의 각 요소들을 개별적으로 검토해 보면, 프로세스의 각 단계에서 컴퓨터에 의하여 실행되는 기능은 "지극히 평범(purely conventional)"하다고 말할 수 있다. 컴퓨터를 사용하여 비밀 계좌(shadow accounts)를 만들고 전자적으로 장부를 기입하는 것은 컴퓨터의 가장 기본적인 기능 중의 하나에 불과하며, 컴퓨터를 사용하여 데이터를 획득하고, 계좌의 잔액을 조정하고, 자동적으로 지침을 발급하는 것들도 해당 산업 분야에서 이미 잘 알려진, 일상적이고 평범한(well-understood, routine, conventional) 컴퓨터의 기능에 불과하다. 한편, 청구항의 요소들을 정리된 조합으로서(as an ordered combination) 검토해 보아도, 청구인의 방법에 관한 컴퓨터 구성요소는 각 단계를 개별적으로 검토하였을 때 존재하지 않았던 무엇인가를 추가하지 못한다. 전체적으로 청구인의 방법 특허는 중개인에 의한 결제라는 개념을 일반적인 컴퓨터에 의하여 실행되는 것으로 언급한 데 지나지 않는다.

3. 정리: 플로우차트의 활용[16]

MPEP에서는 위의 *Alice/Mayo* 판결에 근거하여 아래와 같은 플로우차트로 특허 적격에 대한 판단 기준을 정립하였다. 먼저, 스텝 1에서는 법률에 근거된 특허를 받을 수 있는 4가지 카테고리에 발명이 속하는지를 판단하여야 한다. 이어진 스텝 2는 *Alice/Mayo*의 2단계 테스트에 관한 것으로서, 청구항이 사법적 예외에 해당하는지를 판단하고(스텝 2A), 해당되는 경우, 이와 같은 사법적 예외에 창의적 개념이 청구항에 추가되었는지를 판단하도록 하였다(스텝 2B).

16) 이하는 MPEP 2106 Patent Subject Matter Eligibility [R-08.2017]

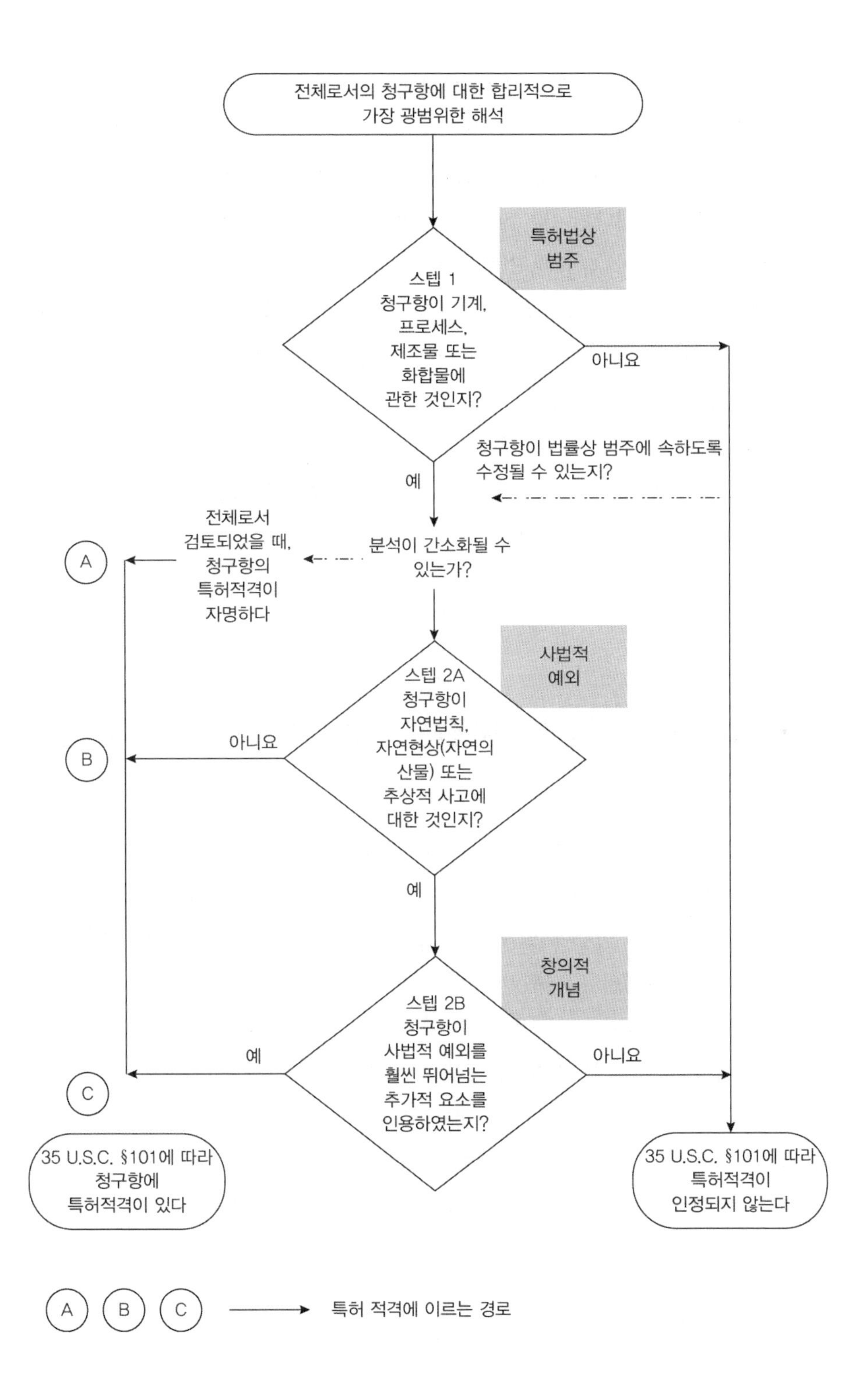

전체로서의 청구항에 대한 합리적으로
가장 광범위한 해석
특허법상
범주
스텝 1
청구항이 기계,
프로세스,
제조물 또는
화합물에
관한 것인지?
아니요
청구항이 법률상 범주에 속하도록
수정될 수 있는지?
예
전체로서
검토되었을 때,
청구항의
특허적격이
자명하다
분석이 간소화될 수
있는가?
A
사법적
예외
스텝 2A
청구항이
자연법칙,
자연현상(자연의
산물) 또는
추상적 사고에
대한 것인지?
아니요
B
예
창의적
개념
스텝 2B
청구항이
사법적 예외를
훨씬 뛰어넘는
추가적 요소를
인용하였는지?
예
아니요
C
35 U.S.C. §101에 따라
청구항에
특허적격이 있다
35 U.S.C. §101에 따라
특허적격이
인정되지 않는다
A B C
특허 적격에 이르는 경로

이와 같은 플로우차트에 따르면, 다음과 같은 세 가지 방법(A, B 그리고 C)에 의하여 특허 적격이 보여질 수 있다.

- A 방법: 청구항들이 전체로서 법률상 4가지 카테고리에 속하며(스텝 1: 예), 사법적 예외에 해당되거나 해당되지 않거나, 합리적 분석을 통하여 그 청구항의 특허 적격이 자명한 경우이다.
- B 방법: 청구항들이 전체로서 법률상 4가지 카테고리에 속하며(스텝 1: 예), 사법적 예외에 해당되지 않는 경우이다(스텝 2A: 아니오). 이 청구항들은 스텝 2B로 진행할 필요가 없다.
- C 방법: 청구항들이 전체로서 법률상 4가지 카테고리에 속하며(스텝 1: 예), 사법적 예외에 해당되지만(스텝 2A: 예), 그 사법적 예외를 훨씬 초과하는 추가적 요소가 개별적으로 또는 순서에 따른 조합에 의하여 제시되었다(스텝 2B: 예).

Ⅲ 특허 적격 스텝 1: 특허법상 특허 대상이 되는 4가지 범주

35 U.S.C. §101에서는 프로세스, 기계, 제조물과 합성물의 4가지 범주만이 특허를 받을 수 있다고 열거하였다. 법원은, "발명의 주제가 새롭고 유용할지라도, 청구항이 이들 4가지 범주에 있지 않은 것을 포함하려 한다면, 그 청구항은 명백히 35 U.S.C. §101에서 명시된 범위를 벗어난다."고 판단하였다.[17]

프로세스는 "Actions"로 정의될 수 있다. 즉, 발명이 행위나 단계 또는 그 연속물로서 청구된다. 연방 대법원은 "프로세스는 부여된 결과를 산출하기 위하여 특정 물질을 처리하는 방식"이라고 설명하였다.[18] 35 U.S.C. §100(b)의 정의에서와 같이, "프로세스"라는 용어는 "방법(Method)"과 동의어에 해당한다.

다른 세 가지 범주(기계, 제조물 그리고 화합물)은 의회가 특허에 적합하다고 생

17] *In re Nuijten*, 500 F.3d 1346, 1354 (Fed. Cir. 2007)

18] *Gottschalk v. Benson*, 409 U.S. 63, 70 (1972)

각한 물질적이고 유형적인 "사물(Things)"이나 "산출물(Products)" 유형을 규정한 것이다.[19] 따라서, 청구된 발명이 이들 세 가지 범주 중 하나에 속한다고 결정할 때는, 심사관은 그 발명이 이들 세 가지 범주 중 적어도 하나에 속한다는 것 이외에 물질적이고 유형적인 형태로 청구되었다는 것을 입증하여야 한다.

- 기계(a machine)는 "구체적인 사물이며, 여러 부품이나 특정한 장치 또는 그 장치들의 조합으로 구성"되었다.[20] 여기에는 "어떤 기능을 수행하고 특정 결과를 산출하기 위한 모든 기계적 장치 또는 기계적 힘과 장치의 조합을 포함"한다.[21]
- 제조물(a manufacture)은 "수작업 또는 인공적인 수단을 통하여 새로운 형태, 특징, 속성 또는 조합이 부여된 유형물"이다.[22] 법원에서 설명되었듯이 제조물들은 제조 프로세스를 통하여 얻어진 물건들이다. 즉, 제조물은 원재료나 준비된 재료로부터 생산되었는데, 이들 재료들에 수작업이나 기계작업에 의하여 새로운 형태, 특징, 속성 또는 조합을 부여함으로써 만들어진다.[23] 제조물은 또한 "그 기계 자체로부터 분리되었다고 여겨지는 기계의 부품"도 포함한다.[24]
- 화합물(a composition of matter)은 "두 개 이상 물질의 조합이며 모든 합성 물질"을 포함하며,[25] 그들이 화학적 결합의 산물이든, 기계적 혼합의 산물이든 또는 그들이 가스거나, 액체거나, 가루거나, 고체이거나를 불문한다.[26]

청구항이 이들 범주 중 적어도 어느 하나에 속하는 것이 분명하면, 청구항이 속하는 하나의 범주를 특정할 필요는 없다. 예를 들면, 마이크로프로세서는 일반적으로 제조물로 이해되고 있기 때문에, 마이크로프로세서에 관한 물건 청구항

---

19) *Digitech Image Techs. v. Electronics for Imaging*, 758 F.3d 1344, 1348 (Fed. Cir. 2014)
20) *Digitech*, 758 F.3d at 1348-49
21) *Nuijten*, 500 F.3d at 1355
22) *Digitech*, 758 F.3d at 1349
23) *Samsung Electronics Co. v. Apple Inc.*, 137 S.Ct. 429, 435 (2016)
24) *Samsung Electronics*, 137 S.Ct. at 435
25) *Digitech*, 758 F.3d at 1348-49
26) *Chakrabarty*, 447 U.S. at 308

이나 마이크로프로세서를 구성하는 시스템은 그 청구항이 다른 어떤 범주(예 기계)에 속하더라도 스텝 1을 충족시킨다. 또한, 청구된 발명이 속하는 "정확한" 범주를 특정할 필요는 없다. 왜냐하면, 많은 경우에 청구된 발명이 속하는 범주가 분명할지라도, 청구항이 하나 이상의 범주에 필요한 요건들을 충족시킬 수 있기 때문이다. 예를 들면, 자전거는 기계와 제조물의 범주에 충족된다. 자전거가 구체적이며, 프레임이나 휠 같은 부품으로 구성된 유형물이라는 점에서는 기계의 범주를 충족시키며, 원재료인 알루미늄이나 고무 등에 새로운 형태를 부여하여 산출된 물건이라는 점에서는 제조물의 범주에 포함된다. 또한, 유전적으로 변형된 박테리아들은 화합물과 제조물의 범주에 충족된다. 즉, 둘 이상의 물질(예 단백질, 탄수화물 또는 기타 화학물질)이 조합된 유형의 산물이라는 점에서 화합물의 범주를 충족시키고, 예를 들어, 여러 종류의 탄화수소를 소화할 수 있는 능력 등을 갖을 수 있도록 인간에 의하여 유전적으로 변형된 물질이라는 점에서 제조물의 범주에 포함된다.

법정 카테고리에 속하지 않는 발명에 대한 청구항으로서는 다음과 같은 것들이 있다.

- 물질이나 유형적 형태를 갖지 않는 산출물, 예를 들면 어떤 구조적 명시 없이 산출물로 청구되었을 때의 정보(Information) 또는 데이터 그 자체(Data per se) 또는 컴퓨터 프로그램(소프트웨어) 그 자체
- 신호 전송의 일시적인 형태(때때로 "신호 그 자체"), 예를 들면, 퍼져 나가는 전기 또는 전자기 신호 또는 반송파
- 법률에서 명확히 특허를 금지하는 주제, 예를 들면 Leahy-Smith America Invents Act(AIA)에 따라 배제된 인간 그 자체에 관한 특허

법원의 기계, 제조물, 화합물에 관한 정의처럼, 산출물(Product)이 특허법상 특허 대상 범주에 속하기 위해서는 물질적 또는 유형적 형태를 가져야 한다.[27] 따라서, 연방 항소 법원은 인간의 노력에 의하여 창조되었더라도, 무형의 정보 수집에 관한 물건 청구항은 법률의 규정에 따른 특허 대상에 속하지 않는다고

27) *Digitech*, 758 F.3d at 1348

판단하였다.[28] 따라서, 적어도 하나의 구조적 한정 요소(예 기능적 청구항의 한정 요소)를 포함하지 않은 소프트웨어 프로그램에 대한 물건 청구항 역시 물질적 또는 유형적 형태를 갖고 있지 않으므로, 특허법상 특허 대상 범주에 속하지 않는다. 특허법상의 특허 대상 범주에 속하지 않는 무형의 물건에 대한 또 다른 예는 마케팅 회사의 비즈니스 모델이나 패러다임이다.[29]

한편, 물건이 물질적 또는 유형적 형태를 띠더라도, 법률상 특허 대상 범주에 속하지 않을 수도 있다. 예를 들면, 일시적인 신호는 물질적이고 실제적이더라도 기계에 관한 정의 아래의 부품 또는 장치로서의 자격을 갖춘 구체적인 구조물을 소유하고 있지 않고, (비록 인간에 의하여 만들어져서 실생활에서 물질로서 존재하고, 유형적인 인과를 갖고 있다고 하더라도) 제조물에 관한 정의 아래의 유형적 장치가 아니며, 화합물로서의 자격을 갖춘 화합된 물질도 아니다. 따라서, 일시적이고 전파되는 신호는 법률상 특허 대상 범주에 속하지 않는다.[30]

---

28) *Digitech*, 758 F.3d at 1350 (청구된 발명은, 디지털 이미지 프로세싱 시스템 내에서 장치의 공간 및 색상 속성을 설명하는 "향상된 장치 Profile"의 생성 및 사용에 관한 것이다. 디지털 이미지 프로세싱은 디지털 카메라 같은 소스 장치에서 이미지를 수집하여 이를 보정한 뒤 그 보정된 이미지를 컬러 프린터 같은 출력 장치로 전송하는 것이다. 이 과정 중에 공간 및 색상 속성에 대한 왜곡이 발생하는데, 본 특허는 소스 장치와 출력 장치의 공간 및 색상 속성을 설명하는 "장치 Profile"에 관한 발명이다. 그러나, 법원은 본 특허가 공간 정보에 관한 데이터와 색상 정보에 관한 데이터 등 2가지 데이터로 구성되어 35 U.S.C. §101의 범주에 속하지 않는다고 판단하였다.)

29) *In re Ferguson*, 558 F.3d 1359, 1364 (Fed. Cir. 2009)

30) *Mentor Graphics Corp. v. EVE-USA, Inc.*, 851 F.3d 1275, 1294 (Fed. Cir. 2017) (청구항이 특허를 받을 수 있는 범주에 들지 않는 Electromagnetic carrier waves를 포함하고 있다고 판단하였다. 즉, 특허 출원자는 자신만의 색인을 만들 수 있는데, 청구항에 있는 용어 "Machine-readable medium"가 명세서에 다음과 같이 설명되었다: 컴퓨터 판독 가능 매체(Computer readable media)는 컴퓨터 시스템에 의하여 판독될 수 있는 어떠한 데이터 저장 장치도 망라한다. 예를 들면, Read-only memory, Random-access memory, CD-ROMs, Magnetic tape, Optical data storage devices, Carrier waves 등을 포함한다); *Nuijten*, 500 F.3d at 1355

Ⅳ 특허 적격 스텝 2A: 청구항이 사법적 예외에 해당하는지 여부

1. 사법적 예외

연방 대법원은 §101의 광범위한 특허 적격 원칙에 대한 3가지 구체적인 예외(자연 법칙, 자연 현상 그리고 추상적 사고)를 마련하였다.[31] 이들 사법적 예외에 대한 3가지 예외는 다른 용어로도 불리워지고 있다. 이를 테면, "물리적 현상", "자연의 산물", "과학 법칙", "인간의 지성에만 의존하는 시스템(systems that depend on human intelligence alone)", "구체화되지 않은 개념들(Disembodied concepts)", "정신적(mental) 프로세스" 그리고 "구체화되지 않은 수학적 알고리즘과 공식들"이다. 이들 예외들의 타입 사이에 명확한 구분선이 있는 것은 아니며, 법원에 의하여 예외로 확인된 많은 개념들은 서너 개의 예외에 속할 수 있다. 예를 들면, 수학 공식은 과학적 진실을 표현하였기 때문에 사법적 예외로 고려될 수 있으나, 법원은 추상적 사고와 자연 법칙으로 표현하였다. 마찬가지로, "자연의 산물"도 자연적으로 발생하는 것들과 연결되어 있기 때문에, 사법적 예외로 고려될 수 있지만, 법원은 역시 자연 법칙과 자연 현상으로 규정지었다. 따라서, 심사관이 본 분석을 하기 위해서 청구된 개념이 적어도 하나의 사법적 예외와 일치한다는 것을 확인하는 것으로 충분하다.

연방 대법원의 사법적 예외에 대한 견해는 추상적 사고, 자연 법칙, 자연 현상 등은 과학적 기술적 작업의 기본적인 수단이어서 특허 대상에서 제외되어야 한다는 것이다. 왜냐하면 특허를 통한 이들 도구들의 독점은 기술 혁명을 촉진시키기보다는 오히려 방해하기 쉽기 때문이다.[32] 이와 같은 "배제 원칙"을 이끌어 낸 연방 대법원의 우려는 선점이다.[33] 연방 대법원은 청구항이 추상적 사고, 자연 법칙 또는 자연 현상을 선점해서는 안 된다고 판단하였다. 즉(예 Arrhenius 식과 같은 특

---

31) *Bilski v. Kappos*, 561 U.S. 593, 601 (2010) (*Diamond v. Chakrabarty*, 447 U.S. 303, 309 (1980)을 인용)

32) *Alice Corp.*, 134 S.Ct. at 2354

33) *Id.*

정 수학 공식처럼), 사법적 예외에 해당되는 범위가 아무리 좁을지라도, 추상적 사고, 자연 법칙 또는 자연 현상의 "실질적인 적용(substantial practical application)"에 대하여는 특허를 부여할 수 없다.[34] 왜냐하면, 그런 특허는 실제 결과적으로는 추상적 사고, 자연법칙 또는 자연 현상 자체에 대한 특허가 될 것이기 때문이다.

한편, 선점이 사법적 예외의 기저를 이루는 고려사항이기는 하지만, 그것만이 특허 적격을 결정하는 유일한 기준은 아니다.[35] 대신, 선점의 문제는 *Alice/Mayo*의 2단계 테스트에 내재되어 그것에 의하여 해결된다.[36] 특허 적격을 판단하는 데는 *Alice/Mayo*의 2단계 테스트가 필요하다. 왜냐하면, 선점한 청구항이 특허 부적격이라 하더라도, 완전한 선점이 아니라는 것이 청구항의 특허 적격을 입증하지는 않기 때문이다.[37]

연방 대법원은 사법적 예외들이 오랜 세월 알려져 있을 필요는 없으며, 새로이 발견된 것들도 사법적 예외가 될 수 있다는 것을 분명히 하였다. 예를 들면, *Flook*[38]에서의 수학 공식, *Mayo*의 자연 법칙, *Myriad*의 isolated DNA는 모두 새로이 발견된 것들임에도 불구하고 연방 대법원에 의하여 모두 사법적 예외로 인정되었다. 왜냐하면, 그것들은 특허 보호 영역을 넘어서 존재하는 과학적 기술적 작업의 기본 도구들이기 때문이다.[39] 심지어 "이제 막 발견된" 사법적 예외

---

34) *Mayo*, 566 U.S. at 79-80

35) *Rapid Litig. Mgmt. v. CellzDirect, Inc.*, 827 F.3d 1042, 1052 (Fed. Cir. 2016)

36) *Synopsys, Inc. v. Mentor Graphics Corp.*, 839 F.3d 1138, 1150 (Fed. Cir. 2016); *Ariosa Diagnostics, Inc. v. Sequenom, Inc.*, 788 F.3d 1371, 1379 (Fed. Cir. 2015)

37) *Diamond v. Diehr*, 450 U.S. 175, 191-92 n.14 (1981) (수학적 공식의 모든 가능한 사용이 선점되지 않았기 때문에, 그 청구항은 특허로 보호받을 자격이 있다는 *Flook*에서의 주장은 연방 대법원이 받아들이지 않았다.)

38) *Parker v. Flook*, 437 U.S. 584 (1978) (탄화수소의 촉매 변환 공정에서, 온도, 압력, 유속 같은 작업 조건들은 계속적으로 모니터된다. 이들 "공정 변수"들 중에서 어느 하나라도 이미 세팅된 경보 한계값(Alarm limit)을 초과하는 경우에는, 경보가 발령되도록 되었다. 이와 같은 경보 한계값은 주기적으로 업데이트가 요구된다. 경보 한계값을 업데이트하는 방법에 관한 출원인의 특허는 먼저 온도와 같은 공정 변수의 현재값을 측정하는 단계, 알고리즘을 사용하여 업데이트된 경보 한계값을 계산하는 중간 단계 및 업데이트된 경보 한계값을 적용하는 마지막 단계 등으로 구성되었다. 이 중 선행 기술과 유일하게 다른 점은 업데이트된 경보 한계값을 측정하기 위하여 수학적 알고리즘 또는 공식을 사용한 것에 불과하며, 특허받을 수 있는 발명에 관한 청구항은 포함되지 않았다.)

39) *Myriad*, 133 S.Ct. at 2112

조차도 기존의 사법적 예외와 동일하게 다루는 데에는 "이러한 예외가 없다면, 특허의 수여가 그러한 수단들의 사용을 묶어 놓음으로써 그에 기반한 미래의 혁신을 방해할 수 있다."는 연방 대법원의 우려에서 비롯되었다.[40] 연방 항소 법원도 이와 같은 원칙을 받아들여, 특허권자의 "새로운" 개념이라는 주장에도 불구하고, 광고를 화폐나 통화로 사용하는 개념을 추상적 사고라고 판단하였다.[41]

2. 특허 적격 스텝 2A: 청구항이 사법적 예외에 대한 것인지 여부 (*Alice*/*Mayo* 2단계 테스트의 첫 번째 단계)

본 특허 적격 스텝 2A는 *Alice/Mayo* 2단계 테스트의 첫 번째 단계에 해당한다.[42] 특허 적격 분석의 다른 단계와 마찬가지로, 이 단계에서의 평가는 출원서의 개시를 전체적으로 검토하고 청구항을 가장 넓게 합리적으로 해석함으로써 출원인이 발명한 것을 결정한 이후에 이루어진다.

스텝 2A의 질문: 청구항이 자연 법칙, 자연 현상 (자연의 산물) 또는 추상적 사고에 대한 것인가?

청구항에서 자연 법칙, 자연 현상 또는 추상적 사고가 인용된(recited) (즉, 설명되거나(described) 기술된(set forth)) 경우에는, 그 청구항은 사법적 예외에 관한 것이다. "set forth"와 "describe"는 둘 다 "recite"와 동일하더라도, 이들 다른 언어들은 청구항에서 사법적 예외가 인용될 수 있는 다양한 방법이 있다는 것을 나타낸다. 예를 들면, *Diehr*의 청구항은 반복적으로 계산하는 단계에서 방정식을 기술(set forth)하였고, *Mayo*의 청구항은 wherein 절에서 자연 법칙을 기술(Set forth)하였으며, 이들 사례에서 청구항에 포함된 개별적인 청구항의 언어들은 사법적 예외로서 인식될 수 있다는 것을 의미한다. 그러나, *Alice*의 청구항들은 "중

---

40) *Myriad*, 133 S.Ct. at 2116

41) *Ultramercial, Inc. v. Hulu, LLC*, 772 F.3d 709, 714-15 (Fed. Cir. 2014)
Cf) *Synopsys, Inc. v. Mentor Graphics Corp.*, 839 F.3d 1138, 1151 (Fed. Cir. 2016) ("새로운 추상적 사고 역시 추상적 사고다.")

42) *Alice Corp. Pty. Ltd. v. CLS Bank Int'l*, 134 S.Ct. 2347, 2355 (2014) (*Mayo*, 566 U.S. at 77-78을 인용)

개인에 의한(intermediated)" 또는 "결제(settlement)"라는 단어를 명백히 사용하지 않고 중개인에 의한 결제라는 개념을 설명(describe)하였다.

위의 플로우차트에서, 스텝 2A에서는 아래와 같은 것들이 결정된다.

- 전체로서의 청구항이 사법적 예외에 대한 것이 아니고(스텝 2A: 아니오), 따라서 B 경로에 따라 특허 적격이 인정되어, 특허 적격에 관한 분석을 종결한다. 또는
- 전체로서의 청구항이 사법적 예외에 대한 것이어서(스텝 2A: 예), 전체로서의 청구항이 사법적 예외 그 이상을 의미하는지를 결정하기 위하여 스텝 2B의 분석을 더 필요로 한다.

사법적 예외에 대한 청구항이 특허 적격을 인정받기 위해서는, 보다 철저한 조사를 필요로 한다. 왜냐하면, 특허에서 배제된 주제를 묶어 놓고 다른 사람들이 이들 자연 법칙, 자연 현상 또는 추상적 사고를 사용하는 것을 막을 수 있는 위험성이 있기 때문이다. 그러나, 법원은 한편으로 이 배제의 원칙이 모든 특허법을 집어삼키지 않도록 주의하여 해석해 왔다. 왜냐하면, "모든 발명은 어느 면에서 자연 법칙, 자연 현상 또는 추상적 사고를 구현하거나, 사용하거나, 반영하거나, 의존하거나 또는 적용하기 때문이다."[43]

사법적 예외를 인용한 청구항의 예로는 "F＝ma에 따라 작동하는 요소들로 구성된 기계"를 들 수 있다. 이 청구항은 힘은 질량 곱하기 가속도와 같다는 원칙을 인용하였고, 사법적 예외 중 자연 법칙에 대한 것이다. F＝ma는 수학적 공식을 표현하였기 때문에 이 청구항은 다른 한편으로는 추상적 사고에 대한 것으로도 볼 수 있다. 이 청구항은 사법적 예외에 대한 것이기 때문에(스텝 2A: 예), 스텝 2B의 심층 분석이 필요한다. 사법적 예외가 단순히 포함되거나 이에 기초한 예로는 "양쪽 끝에 의자와 손잡이가 부착된 가늘고 긴 구성물이 기준점이 되는 구성물에 부착되어 좌우로 움직이도록 구성된 시소"가 될 수 있다. 이 청구항은 기준점을 중심으로 좌우로 움직이는 지렛대의 개념에 근거하고 있고, 여기에

---

43) *Enfish, LLC v. Microsoft Corp.*, 822 F.3d 1327, 1335 (Fed. Cir. 2016) (본 단계의 조사에서 청구항들이 특허받을 수 없는 개념을 포함하고 있는지는 단순히 질문할 수는 없다. 왜냐하면, 실질적으로 모든 일상의 특허를 받을 수 있는 물질적 물건과 행동을 포함한 청구항들도 자연 법칙/자연 현상을 포함하고 있기 때문이다.)

는 기계적으로 유용한 자연 원칙 또는 지렛대의 원리가 포함되어 있다. 그러나, 이 청구항은 이들 자연 원칙을 인용하지 않았고, 따라서 사법적 예외에 대한 것이 아니다(스텝 2A: 아니오). 따라서 이 청구항은 더 이상의 분석 없이도 특허 적격이 있다고 판단된다.

청구항이 자연 법칙이나 추상적 사고 등과 같은 뚜렷이 구별되는 사법적 예외를 인용하였는지 분명하지 않다면, 인용된 예외가 (특히 추상적 사고가 포함된 청구항에서) 복수의 예외로 분석되지 않도록 주의하여야 한다. 예를 들면, 일련의 정신적 단계를 통한 정보의 조작을 인용한 청구항의 단계들은, 개별적으로 분석되어질 별개의 추상적 사고들의 복수라기보다는, 분석 목적을 위한 하나의 추상적 사고로 다루어져야 한다. 그러나, 복수의 예외를 인용한 청구항은 그들이 서로 구별되는지에 관계없이 적어도 하나의 사법적 예외에 대한 것으로 보아, 스텝 2B의 심화 분석이 요구된다.[44]

1) 추상적 사고

추상적 사고의 예외는 연방 대법원에 아주 깊은 뿌리를 두고 있다.[45] 그러나, 오랜 역사에도 불구하고, 법원은 추상적 사고를 정의하려 하지 않고, 대신 선례를 언급함으로써 추상적 사고를 확인해 왔다. 이를 테면, 법원에 의하여 추상적 사고로 이미 확인된 개념을 청구된 개념과 비교해 왔다.[46] *Alice* 사례에서, 연방 대법원은 특허 청구된 시스템과 방법이 중개인에 의한 결제 개념을 설명한 것으로 인식하고, 이 개념을 *Bilski*에서 추상적 사고로 인식된 위험 회피(Risk hedging) 개념에 비교하였다. 이런 비교를 통하여 "*Bilski*의 위험 회피 개념과 *Alice*의 중개인에 의한 결제 개념 사이에 어떤 의미 있는 차이를 발견할 수 없었기" 때문에, 연방 대법원

---

44) *Recogni Corp, LLC v. Nintendo Co.*, 855 F.3d 1322, 1326-27 (Fed. Cir. 2017) (일련의 정신적 단계를 통한 정보의 조작과 수학적 계산 등 복수의 추상적 사고를 인용한 청구항은 추상적 사고에 대한 것이라고 판단되었다. 따라서, *Alice/Mayo* 두 번째 단계 테스트의 심화 분석 대상이 된다.)

45) *Bilski v. Kappos*, 561 U.S. 593, 601-602 (2010) (*Le Roy v. Tatham*, 55 U.S. (14 How.) 156, 174-175 (1853)을 인용)

46) *Amdocs (Israel), Ltd. v. Openet Telecom, Inc.*, 841 F.3d 1288, 1294 (Fed. Cir. 2016); *Enfish, LLC v. Microsoft Corp.*, 822 F.3d. 1327, 1334 (Fed. Cir. 2016)

은 중개인에 의한 결제 개념이 추상적 사고라고 결론지었다.[47] 이와 유사하게, *Amdocs*에서 연방 항소 법원은 특허 적격 분석의 하나로 쟁점이 된 청구항을 "과거 사례로부터 유사한 본질을 가진 특허 (부)적격 청구항들"과 비교하였다.[48]

한편, 연방 대법원이 추상적 사고의 예외에 대한 정확한 한계를 설명하지는 않았지만, 지금까지의 사례를 보면 소프트웨어나 비즈니스 방법 등의 주제 자체를 제외하지는 않았다. 예를 들면, 연방 대법원은 "비즈니스 방법은 어느 면에서 §101에 의하여 특허를 받을 수 있는 "방법" 중의 하나다."라고 말하면서, "§101의 범주를 벗어나지" 않는다고 결론지었다.[49] 마찬가지로, 소프트웨어 업무 수행이 기본적인 수학적 계산이나 관계를 포함한다고 할지라도, 소프트웨어가 자동적으로 추상적 사고가 되지는 않는다.[50]

심사관들은 청구항이 추상적 사고를 인용하였는지를 결정하기 위해서는 먼저

---

47) *Alice*, 134 S.Ct. 2356-57

48) *Amdocs*, 841 F.3d at 1295-1300

49) *Bilski*, 561 U.S. at 607; *Content Extraction and Transmission, LLC v. Wells Fargo Bank*, 776 F.3d 1343, 1347 (Fed. Cir. 2014) (특허 적격의 예외로 비즈니스 방법이라는 범주는 없다.)

50) *Thales Visionix, Inc. v. United States*, 850 F.3d 1343 (방정식이 청구된 방법과 시스템을 완성하는 데 필요하다는 것이 그 청구항을 추상적으로 만들지는 않는다. 본 특허는 이동 중인 기준 프레임에 대하여 목적물의 움직임을 추적하기 위한 관성 추적 시스템을 개시하고 있다. 특허 청구항은 추적하려는 목적물에 설치된 첫 번째 관성 센서와 이동 중인 기준 프레임에 설치된 두 번째 관성 센서 그리고 이동 중인 기준 프레임에 대하여 목적물의 방향을 결정하기 위하여 두 관성 센서로부터 신호를 받는 요소를 이용하여 이동 중인 기준 프레임에 대한 목적물의 움직임을 추적하는 시스템에 관한 것이다. 비록, 청구항에서 이동 중인 기준 프레임에 대한 목적물의 방향을 결정하기 위하여 방정식을 사용한다고 하더라도, 관성 센서의 배치와 물리 법칙의 적용에 의하여 결정된 그 방정식은 이 구성에서 오직 위치 및 방위 정보를 표로 만들어주는 역할만 하면서, 이동 중인 플랫폼에서 목적물을 추적하는 관성 시스템의 에러를 줄이는 결과를 가져온다. 따라서, 이들 청구항은 "이동 중인 기준 프레임에 대한 움직이는 목적물의 위치를 결정하는 방정식"을 사용하는 추상적 사고에 대한 것이 아니라, 이동 중인 기준 프레임에서 움직이는 목적물과 그 상대적인 위치를 측정하는 데 있어 발생하는 에러를 감소시키기 위하여 비전통적인 방법으로 관성 센서를 사용하는 방법과 시스템에 관한 것이다.)

McRO, Inc. v. Bandai Namco Games Am. Inc., 837 F.3d 1299, 1316 (Fed. Cir. 2016) (컴퓨터에 입력된 규칙을 활용하여 자동으로 립싱크와 얼굴 표현의 움직임을 맞추는 방법은 추상적 사고에 대한 것이 아니다.)

Enfish, 822 F.3d at 1336 (컴퓨터 데이터베이스에 관한 자기 참조형 테이블에 관한 청구는 추상적 사고에 대한 것이 아니다.)

(1) 청구된 개념을 확인하고, (2) 청구된 개념과 기존에 법원에 의하여 추상적 사고로 확인된 개념들을 비교하여 그것이 유사한지를 결정하여야 한다.

- 만약, 청구된 개념이 예전에 법원에 의하여 추상적 사고로 확인된 하나 이상의 개념들과 유사하다면, 그 개념이 추상적 사고이며 특허 적격의 예외에 해당한다고 결론 내리는 것이 합리적이다(스텝 2A: 예). 그 경우에 해당 청구항은 스텝 2B의 심화된 분석이 필요하며, 그 청구항에 사법적 예외 이상의 추가적 요소가 포함되었는지를 결정하여야 한다.
- 만약, 그 청구된 개념이 예전에 법원에 의하여 추상적 사고로 확인된 개념과 유사하지 않고, 그 개념이 추상적 사고라고 결론지을 근거가 없다면, 그 청구항은 추상적 사고 예외에 해당하지 않는다고 판단하는 것이 합리적이다. 그 청구항이 다른 예외적 사유(예 자연 법칙이나 현상)를 인용하지 않는다면, 그 청구항은 B 경로에 의하여 특허를 받을 수 있다(스텝 2A: 아니오).

① 컴퓨터의 기능이나 다른 기술 향상을 목적으로 하는 청구항들은 추상적이지 않다

청구항이 추상적 사고에 대한 것인지를 결정할 때, 심사관들은 컴퓨터의 기능 향상이나 다른 기능 향상에 관련된 청구항들은 적절히 청구되었다면 추상적이지 않고, 스텝 2A에서 특허를 받을 자격이 있다고 판단된다는 것을 명심하여야 한다. 이와 관련되어 다음과 같은 연방 항소 법원의 사례들이 있다.

- *Enfish*[51]에서, 본 소송의 선행 기술은 아래 그림에서 보는 것과 같은 데이터베이스의 논리적 모델이고, 엔피쉬의 특허는 이를 개량한 자기 참조형 데이터베이스 테이블이다. 기존 논리적 모델에 따르면, 여러 개의 데이터 테이블들이 생성되어야 하고, 실제 메모리 장치 내에서 별도로 테이블 구성요소들의 배치 구조에 대한 설명이 존재하지 않는다. 이에 반하여 특허를 받은 모델은 모든 데이터를, 테이블의 각 열이 행들에 의해 정해지는 하나의 테이블에 포함하고 있다. 엔피쉬의 특허는 선행 기술에 비하여 데이터베이스의 유연성이 향상되고, 검색 시간이나 저장 공간을 줄이는 장점이 있다. 법원은

51) *Enfish, LLC v. Microsoft Corp.*, 822 F.3d 1327 (Fed. Cir. 2016)

본 특허가 “추상적 사고”에 불과한 데이터의 테이블 형식에 대한 것이 아니라, 구체적으로 데이터베이스의 자기 참조 테이블에 대한 것이며, 기존의 데이터베이스를 개량하였다고 보았다.

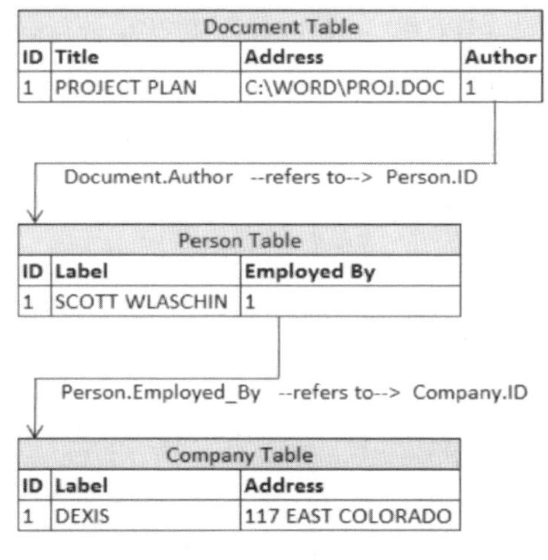

Document Table			
ID	Title	Address	Author
1	PROJECT PLAN	C:\WORD\PROJ.DOC	1

Person Table		
ID	Label	Employed By
1	SCOTT WLASCHIN	1

Company Table		
ID	Label	Address
1	DEXIS	117 EAST COLORADO

선행 기술

SELF-REFERENTIAL TABLE						
ID	Type	Title	Label	Address	Employed By (#4)	Author
#1	DOCUMENT	PROJECT PLAN		C:\WORD\PROJ.DOC		#2
#2	PERSON		SCOTT WLASCHIN		#3	
#3	COMPANY		DEXIS	117 EAST COLORADO		
#4	FIELD		EMPLOYED BY			

엔피쉬의 특허

- 데이터 베이스*McRO*[52]에서 소송이 제기된 특허는, 3-D 만화영화에서 만화 주인공들의 입모양과 목소리를 일치시키는 립싱크에 관한 특허이다. 기존에는 각 음소가 발음되는 시간을 고려하여 만화 제작자가 임의로 결정한 키프레임에 음소에 따른 입모양 변형 가중치를 손으로 직접 입력하면, 컴퓨터가 입력된 가중치에 따라 각 키프레임 사이의 입모양을 만들었다. 본 특허는 컴퓨터가 별개의 청구항에 기재된 특정한 규칙에 따라 키프레임을 결정하고, 여기에 가중치를 입력한다.

---

52) *McRO, Inc. v. Bandai Namco Games Am. Inc.*, 837 F.3d 1299 (Fed. Cir. 2016)

법원은 본 특허가 특정 규칙의 사용을 통한 자동화에 대한 것으로, 컴퓨터가 자동화를 위한 도구로 이용된 데 그친 것이 아니라, 특정 규칙과 함께 기존의 프로세스를 기술적으로 향상시켰다고 판단하였다. 또한, 별개 청구항인 키프레임 결정을 위한 특정 규칙도, 종이 아닌 속에 대한 특허로 볼 수 있지만, 립싱크에 관한 여러 방법 중 하나를 특정한 것으로 허용된다고 보았다.

- *Visual Memory*[53]에서 연방 항소 법원은 컴퓨터 메모리 시스템의 향상에 대한 청구항은 추상적 사고에 대한 것이 아니라고 결론 내렸다. 법원의 결정에 대한 근거는 청구항들이 특정한 컴퓨터의 역량(프로세서 유형에 따라 구성될 수 있도록 프로그래밍될 수 있는 작동 특성의 사용)을 향상시키는 데 초점이 맞춰졌으며, 따라서 데이터 저장 범주에 속하는 추상적 사고에 대한 것이 아니다. 법원은 또한 명세서상의 설명에 따라 청구된 메모리 시스템으로부터 복수의 장점이 발생한다는 점도 주목하였다. 즉, 기존 메모리 시스템보다 청구된 시스템이 월등한 성능을 보여 주었고, 별다른 문제 없이 다른 형태의 프로세서와 함께 청구된 시스템이 사용될 수 있었다.

청구항이 그와 같은 향상에 관한 것인지를 판단할 때, 심사관은 그 청구항을 합리적으로 가장 광범위한 범위로 해석(Broadest reasonable interpretation; BRI)하면서 명세서와 청구항을 평가하여야 한다. 명세서는 충분히 상세한 설명을 개시하여 당업자가 그 청구된 발명이 성능 향상에 제공되었다는 것으로 인식할 수 있어야 하고, 그 청구항 자체도 기술의 향상을 반영하여야 한다. 또 다른 중요한 고려사항은 청구항이, 해결책이나 결론에 관한 아이디어를 단순히 청구하는 것이 아니라, 원하는 결론을 얻기 위한 구체적인 방법이나 문제점에 대한 구체적인 해결책을 어느 정도 포함하였는지와 BRI가 컴퓨터의 실행에서 제한되는지 여부이다.

심사관들은 또한, 연방 항소 법원이 컴퓨터 기능이나 다른 기술의 향상을 반영하지 못한 청구항이라고 결정한 사례들도 참조하여야 한다. 예를 들어, 만약 청구된 프로세스가 컴퓨터 없이 수행될 수 있다면, 연방 항소 법원은 그 청구항이 컴퓨터 기술을 향상시킬 수 없다고 판단하였다.[54] 연방 항소 법원은 범용 컴

53] *Visual Memory LLC v. NVIDIA Corp.*, 867 F.3d 1253, 1259-60 (Fed. Cir. 2017)

54] *Synopsys, Inc. v. Mentor Graphics Corp.*, 839 F.3d 1138, 1139 (Fed. Cir. 2016) (당업자

퓨터의 기능으로부터 수작업 프로세스에 대한 단순한 자동화를 하거나 프로세스의 속도를 향상시키는 것만으로는 컴퓨터의 기능에서 발전이 있었다는 것을 보여주기에 충분하지 않다고 본다.[55] 이와 유사하게, 연방 항소 법원은 기존 기술을 발전시켰다고 하기 위해서는 범용 요소나 기계에 전통적으로 구현되었던 것 이상을 포함시켜야 한다는 것을 요구하였다.[56]

청구항이 컴퓨터의 기능 또는 다른 기술들을 개량하였는지에 관한 질문은 *Alice/Mayo* 테스트의 각 단계(스텝 2A 또는 2B)에서 고려될 수 있지만, 심사관들은 특허 적격의 심사에서 가능한 한 빨리 이 문제를 해결하여야 한다. 가령, 컴퓨터에 관련된 기술 개량이 분명한 *Enfish* 발명은 플로우차트상의 A 경로를 통하여 특허 적격이 있다고 판단되거나, B 경로를 통하여 추상적 사고에 관한 발명이 아니라고

는 모든 단계를 암산으로 수행할 수 있기 때문에 "컴퓨터의 향상으로 특징지어질 수 없다.")

55] *FairWarning IP, LLC v. Iatric Sys.*, 839 F.3d 1089, 1095 (Fed. Cir. 2016);
Credit Acceptance Corp. v. Westlake Services, 859 F.3d 1044 (Fed. Cir. 2017) (쟁점이 된 특허는 중개상이 보유한 제품 목록에서 제품을 구매하려는 고객에게 적절한 자금 조달에 관한 정보를 제공하는 시스템과 방법에 관한 것이다. 구체적인 실시예로서, 자동차 중개상이 판매하려는 제품을 들었다. 발명에 따르면, 중개상의 재고 목록에 관한 데이터베이스를 유지하고, 고객들의 재무 정보를 수집하여, 중개상의 제품 목록에 있는 개별 제품별로 중개상에게 파이낸싱 패키지를 제공한다. 이는 "구매 자금 조달을 위한 신청 절차"라는 추상적 사고에 관한 발명이다. 법원은 이와 같은 금융 산업 부문의 전통적인 업무 형태와 *Alice*사례에서의 "중개인에 의한 결제" 또는 *Bilski*에서의 "위험 회피의 기본적 개념" 간에는 추상적 사고에 관한 것이라는 점에서 차이점을 발견할 수 없다고 보았다.

56] *Affinity Labs of Tex. v. DirecTV, LLC*, 838 F.3d 1253, 1264-65 (Fed. Cir. 2016) (본 특허는 지역 방송국의 서비스 바깥 지역에 위치한 휴대폰 단말기에 지역 방송 신호를 스트리밍하는 발명에 관한 특허이다. 이를 위하여 휴대폰 단말기는 지역 방송국에 스트리밍 신호를 통하여 네트워크에 기반한 콘텐츠를 요청하여 이를 받을 수 있고, 이들 기능을 수행하기 위한 어플리케이션을 무선으로 다운로드할 수 있도록 구성되었으며, 사용자가 특정 콘텐츠를 선택할 수 있는 디스플레이를 포함하고 있다. 피고들은 휴대폰이 지역 방송국 신호가 도달할 수 있는 범위 밖에 위치하여도 지역 라디오 방송을 수신할 수 있는 시스템에 대하여 고객들에게 마케팅하였는데, 원고인 Affinity는 본 특허 침해를 이유로 제소하였다. 그러나 이 발명은 기본적이고 전통적인 비즈니스 발명이며, 잘 알려져 있으면서 오랜 기간 사용되어 왔다. 또한, 발명이 기술적 문제를 해결하기 위한 것이라고 볼 수도 없다.);
TLI Communications LLC v. AV Auto. LLC, 823 F.3d 607, 612-13 (Fed. Cir. 2016) (본 특허는 디지털 이미지를 녹화하고, 녹화된 이미지를 저장 장치에 전송하고, 그 저장 장치를 관리할 수 있는 장치에 관한 것이다. 비록 청구항에서 "전화기 단위"나 "서버" 등의 구체적이고 유형적인 구성요소를 요구하지만, 이들 물리적 구성요소들은 디지털 이미지를 조직화된 방법으로 구분하고 저장하는 추상적 개념을 수행하기 위한 일반적인 환경을 제공하는 데 불과하다.)

판단될 수 있다.

한편, 특허 적격의 전체적인 분석이 요구되는 청구항들도 있다. 예를 들면, 기술 개선이 아닌 추상적 사고에 관한 청구항들은 추상적 사고를 훨씬 넘어서는지에 관한 결정을 하기 위하여 스텝 2B에서 평가되어야 한다. 심사관들은 기술 개선이 스텝 2A에서 특허 적격을 입증하기에 충분할 만큼 분명하지 않을지라도, 스텝 2B에서 특허 적격을 검토하여야 한다. *Amdocs(Israel)*[57]에서는, 기존의 중앙 집중식 정보 처리 시스템이 거대한 데이터베이스를 필요로 하고, 정보 처리시 병목 현상이 발생하는 문제점이 있는 데 반하여, 분산 네트워크 시스템에 관한 본 특허는 정보 소스 근처의 네트워크 단말에서 정보를 수집하고 처리하면서도 중앙에서 데이터에 대한 접근이 가능하도록 하였다. 법원은 본 특허가 앨리스의 1단계 테스트를 통과하지 못하더라도, 기존 기술의 문제점인 정보 처리의 병목 현상을 처리하기 위하여, 분산된 방법으로 정보를 처리하며, 네트워크 구성요소들간의 구조뿐만 아니라, 협업 방법까지 제시함으로써 추가적인 발명의 개념을 갖추었다고 보았다. 한편, 법원은 본 사례에서 특허 적격을 명확히 구분 짓는 대신에, 기존의 선례를 비교하여 검토하였다. 즉, 본 특허는 특허 적격이 인정된 *BASCOM*이나 *DDR*과 유사하며, 특허 부적격으로 판단된 다른 사례들과 다르다고 보았다. 즉, 구성요소들이 일반적인 방법으로 단순히 조합된 것은 아니며, 청구항도 좁게 기술되어 유사한 시스템에서 정보 처리 향상을 위한 모든 방법들을 선점하지 않고 있다고 보았다.

(1) 추상적 사고에 관한 청구항이 아닌 사례

청구항이 추상적 사고를 인용하였는지에 관한 결정을 할 때, 심사관들은 "모든 발명들이 어느 정도 자연 법칙, 자연 현상 또는 추상적 사고를 구현하고, 사용하며, 반영하고, 의존하며 적용하고" 있지만, 그 모든 청구항들이 추상적 사고에 관한 것은 아니라는 점을 명심하여야 한다.[58] 스텝 2A에서는 추상적 사고를 가리키기 위해서 추상적 사고를 인용한 청구항들과 단순히 추상적 사고를 기본

57] *Amdocs (Israel), Ltd. v. Openet Telecom, Inc.*, 841 F.3d 1288 (Fed. Cir. 2016)
58] *Alice Corp.*, 134 S.Ct. at 2354-55

으로 하거나 포함한 청구항들을 구분하여야 한다.

① 청구항이 추상적 사고를 기본으로 하거나 포함하였지만, 그것을 인용하지 않았다면, 그 청구항은 추상적 사고에 대한 것이 아니다

일부 청구항들은 어느 정도 추상적 사고를 기본으로 하거나 포함하고 있는 것이 명백할지라도, 사법적으로 인정된 추상적 사고에 유사한 것을 인용하지 않고 있기 때문에, 추상적 사고를 가리키고 있다고 볼 수 없다.

이와 관련된 사례로는 앞에서 본 *Enfish*[59] 이외에도, *DDR Holdings*[60]를 들 수 있다. 기존에는 인터넷 사용자가 방문한 웹페이지 안에 있는 광고 사이트를 클릭하면, 기존에는 호스트 웹페이지에서 자동으로 광고 사이트로 이동되어 호스트 사이트가 방문자를 잃게 되는 문제점이 발생하였다. *DDR*에서 쟁점이 된 특허는 "하이브리드 웹페이지"를 생성하여 이 문제를 해결하였다. 즉, 제3자의 서버에 호스트 웹페이지와 광고 사이트가 결합된 하이브리드 웹페이지를 자동 생성시켜 놓고, 사용자가 호스트 웹페이지의 광고 사이트를 클릭하면 하이브리드 웹페이지로 이동시켜, 광고 사이트로 이동하지 않고도 광고 사이트의 물건을 구매할 수 있도록 한 것이다. 일반적인 컴퓨터 네트워킹에서는 사용자가 클릭한 사이트로 바로 이동하는 데 반하여, 특허 법원은 본 특허가 제3자로 하여금 호스트 사이트와 광고 사이트가 결합된 사이트를 생성하도록 하고, 사용자가 광고 사이트를 클릭하여도 광고 사이트가 아닌 하이브리드 사이트로 이동시킨다는 점에서, 기존의 전형적인 인터넷 사용과 구별되는 발명이 있다고 보았다.

Trading Techs. Int'l, Inc. v. CQG, Inc.,[61]에서, 쟁점이 된 특허는 기존의 주식, 채권, 선물, 옵션 등의 전자 거래 시스템에서, 거래자의 주문과 거래 체결 시점 사이에 시장 상황이 변동되어, 거래자가 원하는 가격에서 거래가 이루어지지 않거나, 거래자가 주문한 것과 다른 가격으로 거래가 이루어지는 문제점을 해결하려고 하였다. 위 특허에서는 사용자의 단말기에 "시장에서 거래되는 상품의 시장 상황(Market Depth; 201)을 보여 주며, 여기에는 시시각

---

59) *Enfish, LLC v. Microsoft Corp.*, 822 F.3d 1327, 1335 (Fed. Cir. 2016)

60) *DDR Holdings, LLC v. Hotels.com, L.P.*, 773 F.3d 1245 (Fed. Cir. 2014)

61) *Trading Techs. Int'l, Inc. v. CQG, Inc.*, 675 Fed. App'x 1001 (Fed. Cir. 2017)

각으로 변동하는 다수의 매수 주문량(202)과 가격(203), 매도 가격(204)과 주문량(205)이 포함"되어 있다. 다시 말하면, 시장 상황(Market depth)은 내부시장(Inside Market; 1020)을 포함하여 시장에 진입한 각각의 매도, 매수 주문 가격을 의미하며, 내부시장은 가장 높은 매수 주문 가격과 가장 낮은 매도 주문 가격을 의미한다. 본 특허 시스템에서는 고정된 도표 안에 변동되는 매도 주문 가격과 매수 주문 가격이 표시되고, 고정된 가격과 주문을 연결하며, 변경된 가격으로 주문이 입력되는 것을 방지한다. 본 청구항에서는 선행 기술의 특정 문제를 해결하기 위하여 사용자의 단말 화면의 도표와 관련된 기능과 그 도표의 특유한 구조를 필요로 하였다. 이런 것들은 *Alice/Mayo*를 통하여 특허를 받을 수 없는 개념인 추상적 사고의 단초가 되는 오래전부터 존재하였던 관행적 사고의 하나로 볼 수 없다.

FIG. 1

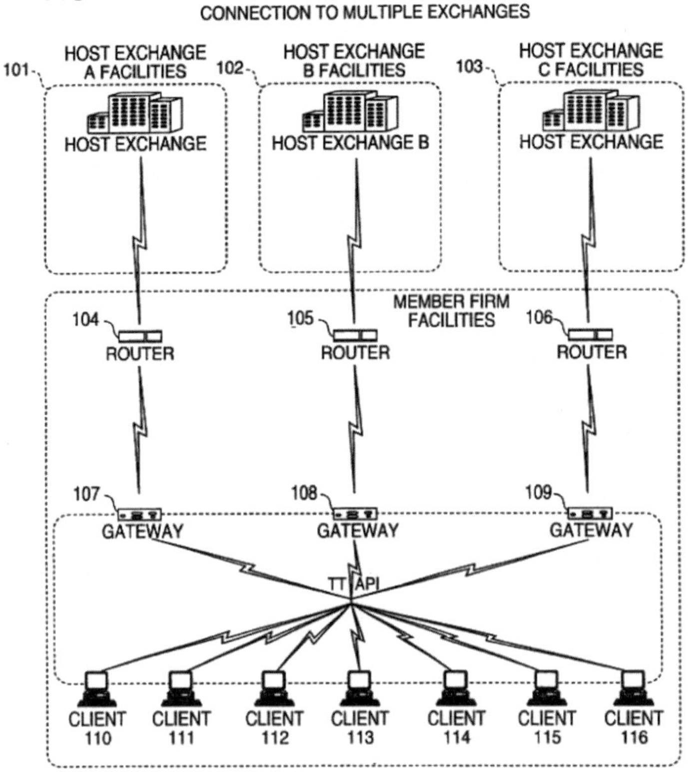

CONNECTION TO MULTIPLE EXCHANGES

101 HOST EXCHANGE A FACILITIES
HOST EXCHANGE
102 HOST EXCHANGE B FACILITIES
HOST EXCHANGE B
103 HOST EXCHANGE C FACILITIES
HOST EXCHANGE
MEMBER FIRM FACILITIES
104 ROUTER
105 ROUTER
106 ROUTER
107 GATEWAY
108 GATEWAY
109 GATEWAY
TT API
CLIENT 110
CLIENT 111
CLIENT 112
CLIENT 113
CLIENT 114
CLIENT 115
CLIENT 116

FIG. 3

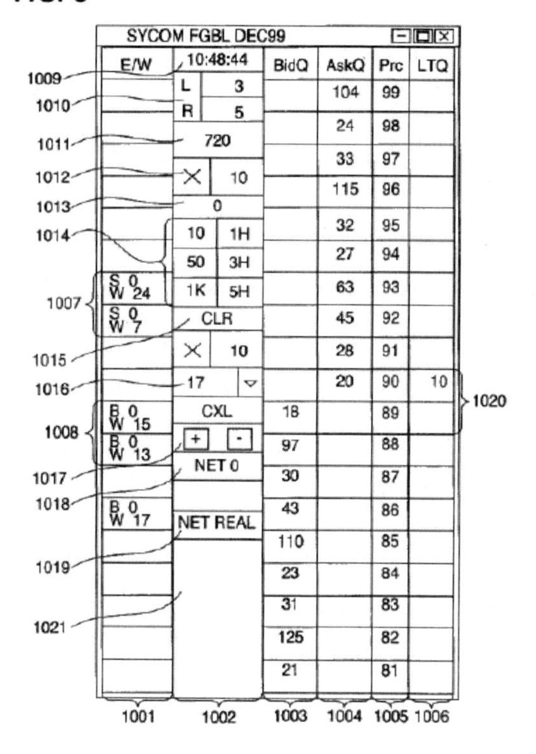

FIG. 2

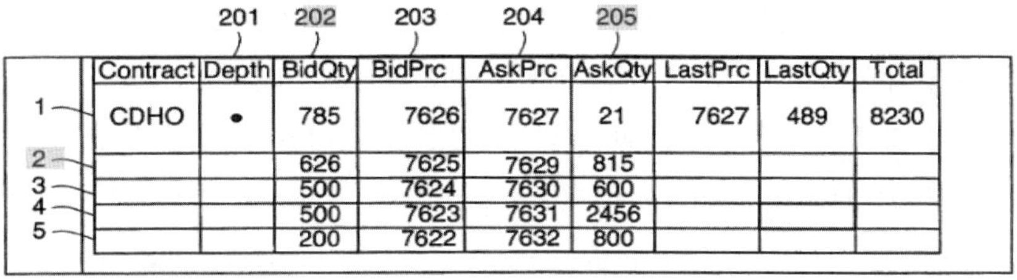

	Contract	Depth (201)	BidQty (202)	BidPrc (203)	AskPrc (204)	AskQty (205)	LastPrc	LastQty	Total
1	CDHO	•	785	7626	7627	21	7627	489	8230
2			626	7625	7629	815			
3			500	7624	7630	600			
4			500	7623	7631	2456			
5			200	7622	7632	800			

아래에서는 추상적 사고를 제시하였다고 볼 수 없는 가정적 사례들을 보여 준다.

- 벨트, 롤러, 프린트헤드와 적어도 하나의 잉크 카트리지로 구성된 프린터
- 튜브, 튜브에 연결되어 작동되는 드라이브 모터, 드라이브 모터를 조정하기 위한 조정기, 튜브와 드라이브 모터 그리고 조정기를 포함하는 본체로 구성된 세탁기

- 정기적으로 혈당을 측정하는 센서와 센서로부터 받은 측정 데이터를 저장하기 위한 메모리로 구성된 귀걸이
- 증폭된 핵산을 생산하기 위하여 Primers 세트를 사용하여 인간 조직세포의 일부 또는 전부의 BRCA1 유전자에 대한 중합 연쇄 반응 기술에 의한 증폭과 그 증폭된 핵산의 서열로 구성된 연속적인 BRCA1 유전자 서열
- 시스템 프로세서, 휘발성/비휘발성 메모리를 포함한 로컬 컴퓨터에 BIOS를 로딩하는 데 있어서 다음 단계들로 구성된 방법; 로컬 컴퓨터의 효과적인 사용을 위해 구성된 BIOS에 대해, 원격에 위치한 메모리로부터 로컬 컴퓨터의 휘발성 메모리로 전송 및 저장을 요청함으로써 로컬 컴퓨터의 전원공급에 응하는 단계, 위의 BIOS를 전송하고 저장하는 단계 그리고 로컬 컴퓨터 시스템의 제어를 위의 BIOS에 전송하는 단계 등

② 청구항이 추상적 사고를 인용하더라도, 전체로서의 청구항이 개선에 관한 것이거나 명백하게 추상적 사고에 묶이려 하지 않는 경우에는, 그 청구항은 추상적 사고에 대한 것이 아니다

일부 청구항들은 추상적 사고를 인용하였지만, 추가 구성요소(예 개선 사항 등)들을 인용하여 전체로서의 그 청구항이 추상적 사고에 묶이지 않으려는 것을 분명히 입증하였기 때문에 추상적 사고에 대한 청구항으로 볼 수 없다. 그와 같은 청구항에서는, 청구된 발명의 초점이 우연히 인용된 추상적 사고로부터 개선 사항(또는 다른 추가적인 구성요소)으로 이동된다.

이와 같은 청구항들에 대한 논의는 *McRO*[62]나 *Enfish*[63]에서 이루어졌으며, 또 다른 사례로는 *Research Corporation Technologies(RCT)*[64]를 들 수 있다. *RCT*에서의 청구항은 Blue noise mask를 사용하여 Gray scale 이미지를 만드는 중간 색조 기술에 관한 것이다. 비록, *RCT*에서 Blue noise mask를 생성(추상적 사고인 반복적 수학 연산)하는 단계를 인용하였지만, 한편으로는 청구된 컴퓨터의 기능을 향상시키는 추가적인 단계를 언급하였다. 따라서, *McRO*

62) *McRO, Inc.*, 837 F.3d at 1315 (Fed. Cir. 2016)
63) *Enfish*, 822 F.3d at 1336
64) *Research Corporation Technologies Inc. v. Microsoft Corp.*, 627 F.3d 859 (Fed. Cir. 2010)

나 *Enfish*에서 보는 바와 같이 청구항들이 추상적 사고가 아닌 개선에 관하여 언급한 것이라고 볼 수 있다.

다음의 가정적 사례들은 청구항의 특허 적격이 인정되는 개선이나 다른 구성요소를 포함하였기 때문에 추상적 사고에 대한 청구로 보지 않는다.

㉠ 수술용 칼날을 갖고 있는 수술용 가위와 절단 표면을 갖는 가위 다리 그리고 절단면에 적용되는 힘을 45psi 미만으로 제한하도록 설계된 압력 조절기를 사용하여 혈관을 자르는 방법은 다음과 같이 구성되어 있다. 수술용 칼날과 절단면 사이에 혈관을 놓고, 가위 다리에 압력을 가하여 가윗날이 닫히도록 하고, 이와 같이 함으로써 압력 조절기는 작용된 힘을 제한하여 혈관이 깨끗하게 절단되도록 한다.

㉡ 미리 지정된 운동 경로를 따라 움직일 수 있는 End effector를 가진 로봇 팔과, End effector에 관한 운동 정보를 획득할 수 있는 센서, 미리 지정된 운동 경로를 따라 부드럽게 움직일 수 있도록 End effector의 속도를 조절할 수 있도록 센서의 운동 정보를 사용하는 제어 시스템 등으로 구성된 로봇팔 조립

㉢ 이미지를 형성하는 렌즈와 형성된 이미지로부터 데이터를 얻는 이미지 센서, 렌즈의 이상적 위치를 결정하기 위하여 자동 초점 조절 알고리즘을 사용하여 획득한 데이터를 분석하는 프로세서 등으로 구성된 자동초점 조절 카메라

㉣ 공기 흡입 Manifold, 배기 Manifold, 공기 흡입 Manifold로부터 공기를 수용하고, 구동 샤프트를 회전시키기 위하여 수용된 공기와 연료의 조합을 연소시키고, 발생된 배기가스를 배기 Manifold에 출력하는 연소실, 엔진 조절판(Throttle)의 위치를 검출하기 위한 조절판 위치 센서, 배기 Manifold에서 공기 흡입 Manifold로 배기가스의 흐름을 통제하는 배기가스 재순환 밸브 및 엔진 조절판 센서로부터 엔진 조절판의 위치를 수신하고 엔진 조절판 변화율에 근거하여 배기가스 재순환 밸브의 위치를 계산하고 배기가스 재순환 밸브의 위치를 계산된 위치로 변경할 수 있는 프로세서와 메모리를 포함하는 제어 시스템 등으로 구성된 배기가스 재순환을 제공하는 내연 기관

(2) 법원에 의하여 추상적 사고로 인식된 사례

① 기본 경제 관행(Fundamental Economic Practices): 법원은 기본 경제 관행이나 기본 경제 개념이라는 문구를 사용하여, 계약 형태의 법적 합의, 법적 의무 및 비즈니스 관계 등과 같은 경제 또는 상업에 관련된 개념을 설명하였다. "기본(fundamental)"이라는 용어는 근본적이거나 기초적이라는 의미로 사용되었으며, 오래되었거나 잘 알려졌다는 의미로 필연적으로 사용된 것은 아니다.[65]

ⓐ 사람 간의 계약 또는 금융 거래 실적에 관련된 개념: 금융 거래의 실적에 관한 개념을 추상적이라고 인식한 사례의 예로는 *buySAFE*[66]를 들 수 있다. 본 사례의 특허는 안전한 온라인 상거래를 위한 방법과 시스템에 관한 것이다. 안전한 거래 서비스를 제공하는 업체에 의하여 운영되는 컴퓨터가 고객으로부터 거래 이행 보증 서비스에 관한 요청을 받고, 그 컴퓨터는 고객의 지위를 인수함으로써 그 요청에 따른 절차를 진행하고, 컴퓨터가 네트워크를 통하여 거래 종료시 그 거래에 결합되는 이행 보증을 제공한다. 연방 항소 법원은 본 특허의 청구항이 "거래 이행 보증이라는 계약 관계를 생성하는 것"에 관한 것이기 때문에 추상적 사고에 대한 것이라고 판단하였다.

또 다른 사례로는 *OIP Techs*[67]를 들 수 있다. 여기서 특허는 판매 물건의 가격을 정하는 방법에 관한 것인데, 복수의 가격을 테스트하고, 각 가격에 대하여 고객들이 어떻게 반응하였는지에 관하여 생성된 통계를 수집하고, 결과를 예측하기 위하여 데이터를 사용하며(즉, 주어진 제품에 대하여 시간에 따른 수요의 함수 곡선을 만들고), 그 예측된 결과를 바탕으로 새로운 가격을 자동적으로 선정하고 이를 제안하는 단계로 구성되어 있다. 연방 항소 법원은 이 청구항들이 "제안에 기반한 가격 최적화"라는 개념에

---

65) *In re Smith*, 815 F.3d 816, 818-19 (Fed. Cir. 2016) (도박 게임을 수행하기 위한 새로운 규칙 세트를 "기본 경제 관행"이라고 설명)

66) *buySAFE, Inc. v. Google, Inc.*, 765 F.3d. 1350 (Fed. Cir. 2014)

67) *OIP Techs., Inc. v. Amazon.com, Inc.*, 788 F.3d 1359 (Fed. Cir. 2015)

대한 것이고, 이는 연방 항소 법원이나 연방 대법원에 의하여 추상적 사고로 판단된 여타의 "기본 경제 개념"과 유사하다고 보았다.

이러한 형태의 개념에 포함되는 사례들은 다음과 같다.

㉠ 헤징[68]

㉡ 구매 자금 조달을 위한 신청 절차[69]

㉢ 도박 게임을 수행하기 위한 규칙[70]

ⓑ 위험 감소와 관련된 개념: 위험 감소와 관련된 개념을 추상적으로 인식한 사례로는 "결제 위험 경감"에 관한 *Alice*[71] 사례, "헤징"에 관한 *Bilski* 사례 그리고, "금융 수단의 투자 위험을 보호하기 위한 금융 수단"에 관한 *In re Chorna*[72] 등이 있다.

② 인간 행동을 조직화하는 특정 방법: 법원은 관계 관리 또는 사람 간의 거래, 사회적 행위 그리고 법적 의무를 충족하거나 회피 또는 광고, 마케팅, 판매 행위 또는 인간의 정신적 행위에 대한 관리 등의 인간 행위 등을 포함하는 개인간의 또는 개인 내의 행동에 관련된 개념을 설명하기 위하여 "인간 행동을 조직화하는 방법"이라는 문구를 사용하였다. 여기서 사용된 "특정"이라는 용어는 ① 인간의 행동을 조직화하는 모든 방법이 추상적 사고가 아니며, ② 이 범주가 인간의 기계 작동은 포함하지 않는다는 것을 상기시키는 역할을 한다.

ⓐ 관계 관리 또는 사람 간의 거래, 또는 법적 의무를 충족하거나 회피하는 것에 관련된 개념: 이와 관련된 사례로는 앞에서 살펴본 *buySAFE* 사례 이외에 다음과 같은 것들이 있다.

Dealertrack v. Huber[73] 사례에서 Dealertrack의 발명 전에는, 고객을 대표하여 자동차 대출을 받으려는 자동차 중개상들은 각 은행에 특정한

68) *Bilski v. Kappos*, 561 U.S. 593, 609 (2010)
69) *Credit Acceptance Corp. v. Westlake Services*, 859 F.3d 1044, 1054 (Fed. Cir. 2017)
70) *In re Smith*, 815 F.3d 816, 818-19 (Fed. Cir. 2016)
71) *Alice Corp. v. CLS Bank*, 134 S.Ct. 2347 (2014)
72) *In re Chorna*, 656 Fed. App'x 1016, 1021 (Fed. Cir. 2016)
73) *Dealertrack v. Huber*, 674 F.3d 1315 (Fed. Cir. 2012)

신청서 양식을 제출하고, 은행 직원이 내부 컴퓨터 시스템에 신청서 정보를 입력하는 것을 기다린 후에, 각 은행으로부터 결과를 통보받았다. Dealertrack은 "중앙 프로세서"를 사용하여 이 절차를 자동화하는 것을 제안하였다. 즉, 중앙 프로세서가 자동차 중개상으로부터 고객들의 신용 정보 신청서를 받고, 각 은행의 개별적 신청서에 일치하도록 데이터 프로세싱 작업을 하고, 중개상에 의하여 선정된 은행에 완성된 신청서를 전송한 후에, 은행으로부터 결과를 통보받으면 그 결과를 다시 중개상에게 재전송하는 단계로 구성되어 있다. 연방 항소 법원은 본 사례의 특허는, *Bilski*에서 헤징의 기본 개념을 설명한 것과 마찬가지로, 어음 교환소(Clearing-house)를 통하여 정보 처리하는 기본적 개념을 설명한다고 판단하였다.

또한, *Bancorp Services., L.L.C. v. Sun Life Assurance Co. of Canada (U.S.)*[74]에서 Bancorp의 특허 역시 생명 보험 소지자를 대표하여 생명 보험을 관리하는 시스템과 방법에 관하여 청구한 것으로 이와 같은 개념에 포함된다고 보았다.

이와 같은 개념의 또다른 사례들로는 다음과 같은 것을 들 수 있다.

㉠ 중재[75]

㉡ 컴퓨터에서 메뉴의 생성[76]

㉢ 보험금 청구에서 규칙에 근거한 과제 수행[77]

㉣ 헤징[78]

㉤ 결제 위험의 감소[79]

74] *Bancorp Services., L.L.C. v. Sun Life Assurance Co. of Canada (U.S.)*, 687 F.3d 1266 (Fed. Cir. 2012)

75] *In re Comiskey*, 554 F.3d 967, 981 (Fed. Cir. 2009)

76] *Apple, Inc. v. Ameranth, Inc.*, 842 F.3d 1229, 1234 (Fed. Cir. 2016)

77] *Accenture Global Services v. Guidewire Software, Inc.*, 728 F.3d 1336, 1338-39 (Fed. Cir. 2013) (본 특허의 청구항은 보험 조직에서 수행되는 과제를 생성하는 시스템과 방법에 관한 것이다. 먼저 보험 거래 관한 정보를 데이터베이스에 저장하고, 이벤트가 발생할 때마다 그 거래를 수행하기 위하여 어떤 과제가 필요한지를 결정하기 위하여 정해진 규칙을 적용하고, 그 과제를 수행할 수 있는 권한을 가진 개인들에게 과제를 분배한다.)

78] *Bilski v. Kappos*, 561 U.S. 593, 595 (2010)

ⓗ 세금 감면 투자[80]

ⓑ 광고, 마케팅, 판매 등의 행위에 관련된 개념: 광고, 마케팅, 판매 등의 행위와 관련된 개념을 추상적 사고의 하나로 인식한 사례로는 *Apple, Inc. v. Ameranth, Inc*[81]를 들 수 있다. 본 특허는 카테고리와 아이템으로 구성된 첫 번째 메뉴와 고객이 첫 번째 메뉴에서 선택한 카테고리와 아이템을 바탕으로 두 번째 메뉴를 생성하여 컴퓨터나 웹페이지에 전송하는 소프트웨어를 개시하였다. 명세서에서 개시된 실시예에서는 본 특허가 음식점에서 고객들의 메뉴 주문시에 사용될 수 있다고 설명하였다. 즉, appetizers나 entrees 등의 카테고리와 샐러드와 드레싱 등과 같은 Modifier와 블루치즈 등과 같은 Sub-modifier의 아이템으로 구성된 메뉴가 보인다. 컴퓨터에 의하여 설정된 이들 메뉴는 고객들의 단말기에 다운로드되어 보여지며, 고객들의 주문에 의하여 또 다른 메뉴 창이 생성되고 컴퓨터나 웹페이지에 전송된다.

79] *Alice Corp. Pty. Ltd. v. CLS Bank Int'l*, 134 S.Ct. 2347, 2352 (2014)

80] *Fort Props., Inc. v. Am. Master Lease, LLC*, 671 F.3d 1317, 1322 (Fed. Cir. 2012) (본 사례의 특허는 부동산 소유자가 부동산 거래에서 발생되는 세금을 면제받을 수 있도록 설계된 투자 도구를 개시하였다. 26 U.S.C. §1031는 토지 소유자가 비슷한 토지와 교환하는 경우를 세금 면제 사유 중 하나로 규정하였다. 이 법조문에 따른 세금 면제 혜택을 받기 위하여, 본 특허의 청구항은 여러 부동산을 결합하여 "부동산 포트폴리오"를 이룰 것을 요구한다. 이 포트폴리오에서 생성되는 이익은 "Deedshares"로 나뉘어지며, 각 Deedshares는 증권처럼 매매될 수 있게 되었다. 또, 본 특허에서는 "Master tenant"가 각 거래를 감독하며 관리하도록 하여, 보험료를 내거나, 임대료를 지급하는 업무 등을 감독할 수 있게 하였다. 연방 항소 법원은 본 사례의 특허는 *Bilski*와 마찬가지로 컴퓨터의 사용을 필요로 하지 않는, 투자 수단을 개시한데 지나지 않는다고 보았다.)

81] *Apple, Inc. v. Ameranth, Inc.*, 842 F.3d 1229 (Fed. Cir. 2016)

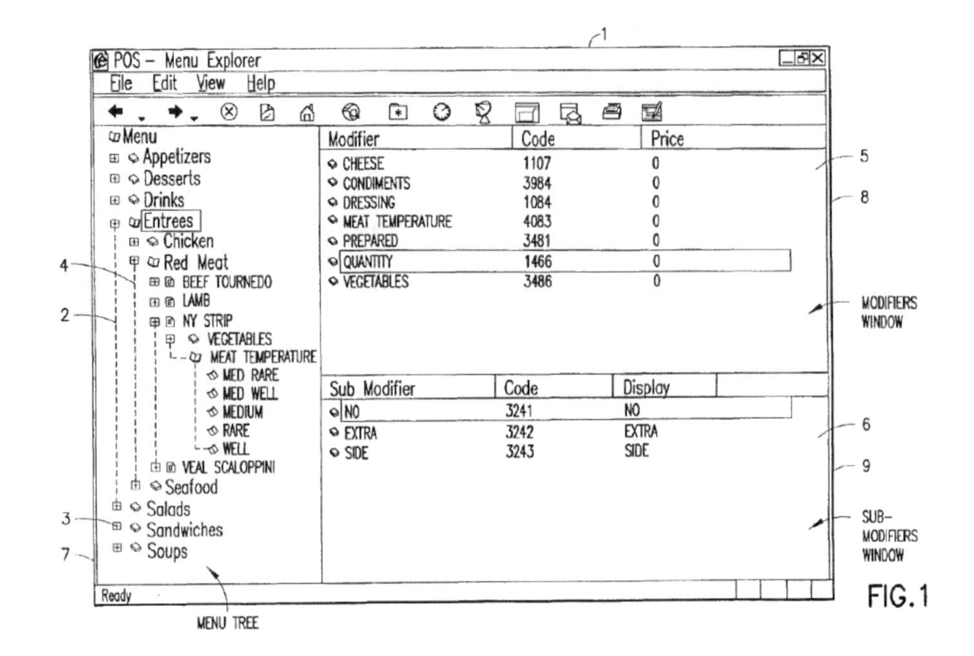
1
POS – Menu Explorer
File Edit View Help
Menu
Appetizers
Desserts
Drinks
Entrees
Chicken
Red Meat
BEEF TOURNEDO
LAMB
NY STRIP
VEGETABLES
MEAT TEMPERATURE
MED RARE
MED WELL
MEDIUM
RARE
WELL
VEAL SCALOPPINI
Seafood
Salads
Sandwiches
Soups
Ready
MENU TREE
Modifier Code Price
CHEESE 1107 0
CONDIMENTS 3984 0
DRESSING 1084 0
MEAT TEMPERATURE 4083 0
PREPARED 3481 0
QUANTITY 1466 0
VEGETABLES 3486 0
Sub Modifier Code Display
NO 3241 NO
EXTRA 3242 EXTRA
SIDE 3243 SIDE
MODIFIERS WINDOW
SUB-MODIFIERS WINDOW
2
3
4
5
6
7
8
9
FIG.1

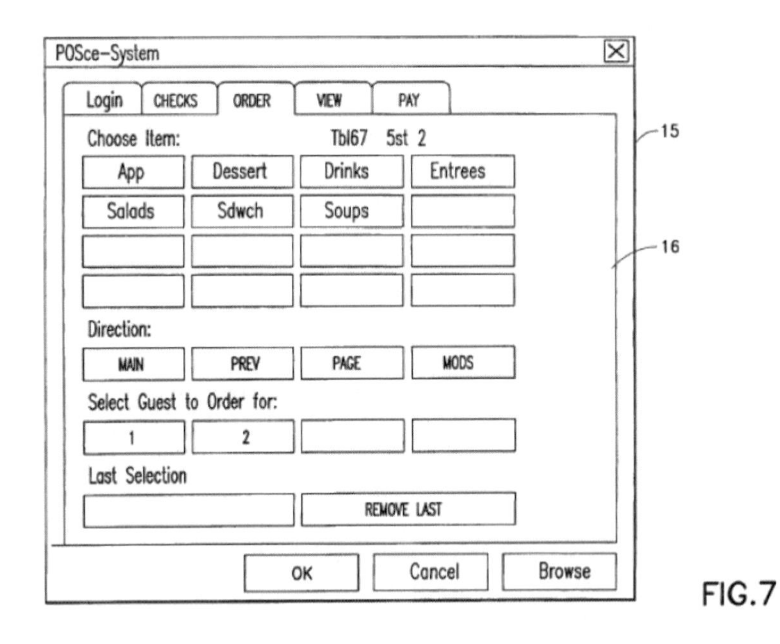
POSce-System
Login
CHECKS
ORDER
VIEW
PAY
Choose Item:
Tbl67 5st 2
App
Dessert
Drinks
Entrees
Salads
Sdwch
Soups
Direction:
MAIN
PREV
PAGE
MODS
Select Guest to Order for:
1
2
Last Selection
REMOVE LAST
OK
Cancel
Browse
15
16
FIG.7

연방 항소 법원은 본 발명에 대한 특허 적격에 관한 판단[82]에서, 청구항들이 "메뉴를 생성하고 … 첫 번째 메뉴로부터 두 번째 메뉴를 생성하고 이를 다른 곳으로 전송하거나 음식점의 손님들로부터 주문을 받는" 것으로 묘사될 수 있는 추상적 사고에 대한 것으로 보았다.

이와 같은 개념의 또다른 사례들로서는 다음과 같은 것을 들 수 있다.

㉠ 판매 인력 또는 마케팅 회사의 구조화(Structuring)[83]

㉡ 광고를 화폐 또는 교환 수단으로 사용[84]

㉢ 비즈니스 대표가 고객을 방문하는 최적의 숫자를 결정하기 위한 알고리즘의 사용[85]

ⓒ 인간 행동 관리에 관한 개념: 인간 행동 관리에 관한 개념을 추상적 사고로서 인식한 사례로는 *Intellectual Ventures I LLC v. Capital One Bank (USA)*[86]를 들 수 있다. 특허권자는 사용자가 데이터베이스에 지출 한도를

82] 특허 심판원에서는 특허 적격에 관한 판단에 앞서 본 특허를 Covered Business Method 특허로 보았다. CBM 특허는 금융상품이나 서비스의 실행, 관리, 통제에 사용되는 데이터 프로세싱이나 기타 작업을 수행하기 위한 방법이나 이에 상응하는 장치에 관한 특허이지만, 기술적인 발명에 관한 특허는 포함하지 않는다. 특허 심판원은 본 특허가 금융 상품이나 서비스에 관한 특허 요건을 충족하며, 예외 사유인 기술적 발명에도 해당되지 않는다고 보았다. 특허 심판원은 기술적 발명 여부를 결정하기 위해서는, 전체로서의 청구된 주제가 선행 기술에 비하여 신규성이 있으며 비자명한 기술적 특징을 인용하고 있는지와 기술적 방법을 사용하여 기술적 문제를 해결하고 있는지를 각 사안별로 판단하여야 한다고 보았다. 특허 심판원은 본 특허에서 청구하는 기술적 특징이 선행 기술에 비하여 신규성이 있거나 비자명하지 않다고 보았다. 청구된 시스템에 사용된 하드웨어는 "전통적"인 것이며 프로그래밍 단계도 "일반적으로 알려진" 것으로 보았다. 두 번째로, 심판원은 본 특허에서 해결하려는 문제나 그 해결책 둘 다 기술적이지 않다고 보았다. 예를 들어, 특허권자인 Ameranth는 본 특허가 컴퓨터에서 생성된 메뉴를 비규격화된 디바이스나 인터페이스에 동기화하고 디스플레이하는 방법에 관한 문제점을 해결하였다고 주장하지만, 심판원은 청구항들이 메뉴를 동기화하고 디스플레이하는 방법에 대한 설명을 포함하지 않고, 단순히 메뉴 생성에 관한 설명만 포함하고 있다고 보았다. 또한, Ameranth가 본 특허를 통하여 음식점에서 고객들이 통상적이지 않고 예측할 수 없는 메뉴를 주문할 때의 문제점을 해결할 수 있다고 주장하였으나, 심판원은 그것을 기술적 문제라기 보다는 비즈니스의 문제라고 판단하였다. 연방 항소 법원은 CBM 특허에 관한 심판원의 판단을 지지하였다. *Apple, Inc. v. Ameranth, Inc.*, 842 F.3d, at 1238-1240

83] *In re Ferguson*, 558 F.3d 1359, 1364 (Fed. Cir. 2009)

84] *Ultramercial, Inc. v. Hulu*, LLC, 772 F.3d 709, 715 (Fed. Cir. 2014)

85] *In re Maucorps*, 609 F.2d 481, 485 (CCPA 1979)

86] *Intellectual Ventures I LLC v. Capital One Bank (USA)*, 792 F.3d 1363, 115 USPQ2d

설정하여 저장해 놓고, 사용자의 지출내역을 추적하여 그 한도에 도달한 경우, 사용자의 디바이스를 통하여 이를 통지하는 방법에 관한 특허를 청구하였다. 연방 항소 법원은 청구항이 "미리 설정된 지출 한도(예산)을 초과하는지를 결정하기 위하여 금융 거래 내역을 추적하는" 추상적 사고에 대한 것이며, 이는 "인간 행동을 조직화하는 방법을 포함하는 다른 사례에서 연방 대법원이나 연방 항소 법원이 추상적이라고 판단한 아이디어들과 크게 다르지 않다."고 보았다.

이와 같은 개념의 또 다른 사례로는 다음과 같은 것을 들 수 있다.

㉠ 내용물의 검열[87]

㉡ 신경 이상인 환자를 검사할 때 신경과 전문의가 따라가는 Mental process[88]

ⓓ 정보를 조직하거나 추적하는 것에 관한 개념: 정보를 조직하거나 추적하는 것에 관한 개념을 추상적이라고 인식한 사례로는 앞에서 본 *BASCOM Global*[89] 사례가 있다. 또 앞에서 본 *Intellectual Ventures I LLC v. Capital One Bank(USA)*[90] 사례 역시 이에 해당할 수 있다. 본 사례에서 특허권자는 개별 사용자들에게 커스터마이징된 웹페이지를 제공하기 위한 시스템을 청구하였다. 이 시스템은 ㉠ 사용자에 관하여 알려진 정보와 ㉡ 네비게이션 데이터를 기반으로 커스터마이징된 콘텐츠를 보여 주는

1636 (Fed. Cir. 2015)

87) *BASCOM Global Internet v. AT&T Mobility, LLC*, 827 F.3d 1341, 1345-46 (Fed. Cir. 2016) (기존의 인터넷 필터링 서비스는 필터링 소프트웨어를 사용자의 각 단말에 놓아 개별적인 필터링을 제공하거나, 로컬 서버나 ISP 서버에 놓아 서버에 연결된 모든 단말 사용자에게 획일적인 필터링을 제공하였다. 본 특허는 필터링 소프트웨어를 ISP 서버에 놓고도, 각 단말과 원격으로 대화하면서 각 단말에 개별적인 필터링을 제공한다.
연방 항소 법원은 인터넷 필터링에 관한 본 특허의 판단에서, *Alice* 1단계 분석에서는 추상적 사고에 해당하지만, "필터링 도구를 단말과는 떨어진 특정 위치에 설치하고, 각 단말기 사용자에게 개별적인 필터링을 제공"함으로써 *Alice* 2단계의 "발명의 개념"이 존재한다고 보았다. 즉, 구성요소들의 특정한 배합을 통하여 선행 기술들의 문제점을 시정하면서 기술적 개량을 이루었다고 보았다.)

88) *In re Meyer*, 688 F.2d 789, 791-93 (CCPA 1982)

89) *BASCOM Global*, 827 F.3d 1341, 1345-46

90) *Intellectual Ventures I LLC v. Capital One Bank (USA)*, 792 F.3d 1363 (Fed. Cir. 2015)

디스플레이를 갖는 대화형 인터페이스로 구성되었다. 연방 항소 법원은 두 가지 형태의 Customization이 모두 추상적 사고에 해당한다고 보았다. 첫 번째 형태의 Customization(사용자 정보에 기반한 맞춤형 콘텐츠의 제공)은 마치 신문이 고객들의 위치 정보에 근거하여 광고하는 것과 유사하며, 두 번째 형태(웹사이트를 방문하는 날의 시간 정보에 맞추어 정보를 제공)는 마치 TV에서 어린이 만화를 방영하는 아침 시간에 어린이들을 위한 완구에 대한 광고를 내보내고, 저녁 스포츠 중계 시간에는 맥주 광고를 내보내는 것과 유사하다고 보았다.

다른 사례로는 다음과 같은 것들을 들 수 있다.

㉠ 정리된 방법으로 디지털 이미지들을 구분하고 저장[91]

㉡ 정보를 수집, 분석하여 특정 결과를 디스플레이[92]

㉢ 이미지 데이터의 인코딩/디코딩[93]

㉣ 수학적 상관관계를 통한 정보의 조직화[94]

㉤ 이메일의 수신, 검사 및 배포[95]

③ 사고 그 자체(An Idea of Itself): "인간의 정신 영역 또는 펜과 종이를 사용하여 수행될 수 있는" Mental process뿐만 아니라, 개념, 계획 등과 같은 독립적인 사고를 설명하기 위해서 판결문에서는 "an idea of itself"라는 문구를 사용해 왔다.[96] 연방 항소 법원이 설명했듯이, "정신적으로 수행될 수 있거나 인간의 정신 작업과 동일한 방법은 특허를 받을 수 없는 추상적 사고(모두에게 열려져 있는 과학적 기술적 작업을 위한 기본적 수단)이다."[97] "법원은 컴퓨터의 사용을 필요로 하는 청구항들을 조사해 오면서, 기초가 되는 특허를 받을 수 없는 발명이 펜과 종이를 사용하여 또는 인간의 정신 영역에서 수행될 수

91) *TLI Communications, LLC v. AV Auto., LLC*, 823 F.3d 607, 611-12 (Fed. Cir. 2016)

92) *Electric Power Group, LLC v. Alstom, S.A.*, 830 F.3d 1350, 1351-52 (Fed. Cir. 2016)

93) *RecogniCorp, LLC v. Nintendo Co.*, 855 F.3d 1322, 1326 (Fed. Cir. 2017)

94) *Digitech Image Techs., LLC v. Electronics for Imaging, Inc.*, 758 F.3d 1344, 1349 (Fed. Cir. 2014)

95) *Intellectual Ventures I LLC v. Symantec Corp.*, 838 F.3d 1307, 1316 (Fed. Cir. 2016)

96) *CyberSource Corp. v. Retail Decisions, Inc.*, 654 F.3d 1366, 1372 (Fed. Cir. 2011)

97) *Id.*, at 1371

있는지를 판단해 왔다."[98]

Electric Power Group[99] 사례에서, 연방 항소 법원은 정보가 형체가 없기 때문에 정보를 수집하고 분석하는 개념이 "추상적 사고의 영역"에 속한다고 보았다.

정보는 그 자체로 무형이다.[100] 따라서, 정보를 수집하는 것은(특정 콘텐츠에 제한되는 경우-이 역시 정보로서의 특성을 변화시키지 않는다-를 포함하여) 추상적 사고의 영역에 속하는 것으로 다루어져 왔었다. 이런 관점에서, 사람들이 정신 영역에서 진행하는 단계별로 또는 수학적 알고리즘에 의하여 정보를 분석하는 것은 추상적 사고의 범주에 들어오는 실질적인 정신적 프로세스(mental process)로 취급되어 왔다. 그리고, 정보를 수집하고 분석하는 추상적인 절차의 결과들을 단순히 제시하는 것도 추상적인 수집과 분석의 부수적인 부분에 지나지 않아 추상적으로 인식되어왔다.

ⓐ 정신적으로 수행될 수 있거나 인간의 정신 작업과 유사한 데이터 비교에 관한 개념: 정신적으로 수행될 수 있는 데이터 비교에 관한 개념을 추상적으로 인식한 사례의 예로는 *CyberSource*[101]가 있다. 본 사례의 특허는 "인터넷을 통한 신용카드 거래 사기를 방지하기 위한 시스템과 방법"에 관한 것이다. 명세서에 따르면, 신용카드 거래 사기를 방지하기 위한 기존의 선행 기술은 주로 청구서 송달 주소나 개인 식별 주소에 의존해 왔고, 이는 대면 거래나 물품 배송 거래에서 효과적인 반면에, 온라인을 통하여 콘텐츠를 다운받아 구매하는 경우에는 그 실효성이 없었다. 이와 같은 문제를 해결하기 위하여, 본 특허는 "인터넷 주소" 정보(IP addresses, MAC address,

98) *Versata Dev. Group v. SAP Am., Inc.*, 793 F.3d 1306, 1335 (Fed. Cir. 2015)

99) *Electric Power Group, LLC v. Alstom S.A.*, 830 F.3d 1350, 1353-54 (Fed. Cir. 2016)

100) *Microsoft Corp. v. AT & T Corp.*, 550 U.S. 437, 451 n.12 (2007) (AT&T의 주장을 지지하는 소수 의견은, "사용자들에게 단순히 무엇인가를 어떻게 이용하는지를 알려주는 청사진과는 달리, 소프트웨어는 실제로 침해 행위가 발생하도록 야기시킨다."고 주장한다. 그렇지만, Windows는 컴퓨터가 인식할 수 있는 매체에 표현되었을 때에만, AT&T의 언어 생성 컴퓨터 부분의 기능 등에 대한 침해 행위를 야기시킬 수 있다. 이용할 수 있는 매체에서 추상화되었기 때문에, Windows 코드는 무형의, 결합되지 않은 정보에 불과하다. 이는 피아노에서 소리를 생성하는 롤러라기보다는 작곡가의 머릿속에 있는 악보의 음표에 불과하다.)

101) *CyberSource Corp. v. Retail Decisions*, 654 F.3d 1366 (Fed. Cir. 2011)

e-mail 주소 등)를 사용하였다. 본 특허에서 사용된 방법은, 검증된 신용카드 거래에서 식별된 인터넷 주소를 사용하였던 기존의 다른 거래들에 관한 정보를 얻는 단계 그 다른 거래들에 기반하여 신용카드 번호의 Map을 작성하는 단계, 그리고 해당 신용카드 거래가 유효한지를 결정하기 위하여 Map을 이용하는 단계 등으로 구성된다. 이 방법 특허는 "비즈니스 위험과 관련된 무형의 정보를 획득하고 비교하는" Mental process에 관한 것으로, 법원은 인간의 정신 영역이나, 펜과 종이를 사용하여 수행될 수 있다고 판단하였다.

다른 사례로는 *University of Utah Research Foundation v. Ambry Genetics*[102]를 들 수 있다. 연방 대법원의 *Myriad*[103] 판결 이후, 복제약 전문회사인 Ambry는 특정 암에 대한 민감성을 테스트할 수 있도록 고안된 의료용 Kit 시장에 진출하였다. *Myriad*는 Ambry에 대하여 15개의 특허에 근거하여 침해 금지 가처분을 제기하였으나, 1심 법원에서는 특허 청구항이 특허를 받을 수 없는 대상에 관한 것이라는 이유로 패소하였다. 본 소송에서는 *Myriad*에서 다루지 않은 2개의 방법 특허에 관하여 다루었다.[104] 특허권자는 인간 게놈의 변이된 BRCA 유전자를 검진하는 방법에 대하여 특허를 청구하였는데, 인간의 BRCA 유전자 서열과 Wild-type 유전자를 비교하는 단계 및 차이가 발생한 것을 식별하는 단계로 구성되어 있다. 연방 항소 법원은 이들 청구항은 "BRCA 서열을 비교하고, 변이가 존재하는지 판단하는" 개념에 관한 것으로, "추상적 Mental process"라고 보았다.

인간의 정신 작용과 유사한 데이터 비교에 관련된 개념을 추상적이라

102) *University of Utah Research Foundation v. Ambry Genetics*, 774 F.3d 755 (Fed. Cir. 2014)

103) *Myriad*, 133 S.Ct. at 2117-19

104) 방법 특허에 관한 항소 이외에, (의도적으로 특정 Nucleotide 배열에 특별히 결합하는 짧고, 합성된 한 가닥의 DNA 분자들로 된) Primers에 대한 4개의 화합물질에 대한 청구항들도 항소 되었다. 법원은 이에 대하여, 자연적으로 발생한 DNA와 동일한 Nucleotide 배열에 대하여 청구하였기 때문에, 소위 자연의 산물에 대한 청구가 되어 청구항들의 특허 적격을 인정하지 않았다.

고 인식한 또 다른 사례로는 *Mortgage Grader*[105]를 들 수 있다. 본 사례의 특허권자는 차용인이 복수의 대출기관이 제공하는 대출 패키지를 익명으로 쇼핑할 수 있게 해 주는 컴퓨터 구현 시스템에 대한 특허를 청구하였다. 이 시스템은 대출기관으로부터 제공받은 대출 패키지를 저장하는 데이터베이스 및 인터페이스와 신용등급 결정 모듈을 제공하는 컴퓨터 시스템으로 구성되었다. 차용인이 인터페이스에 개인 정보를 입력하면, 이를 바탕으로 신용등급 결정 모듈에 의하여 차용인의 신용등급이 계산된다. 차용인은 계산된 신용등급을 이용하여 데이터베이스에 있는 대출 패키지를 확인하고 비교할 수 있다. 연방 항소 법원은 이 청구항들은 "익명으로 대출 쇼핑"이라는 개념에 관한 것으로, "컴퓨터 없이 인간에 의하여 수행될 수 있는" 개념이라고 판단하였다.

이와 같은 개념의 다른 사례들로는 다음과 같은 것들이 있다.

㉠ 알려진 정보의 수집과 비교[106]

㉡ 임상 실험을 통한 비정상 상태의 진단과 그 결과에 대한 분석[107]

ⓑ **정신적으로 수행될 수 있거나 정신 작용과 유사한 방식으로 정보를 조직화하고 분석하는 것에 대한 개념:** 정신적으로 수행될 수 있는 방식으로 정보를 조직화하거나 분석하는 것에 관련된 개념을 추상적이라고 인식한 사례로는 *Synopsys*[108]가 있다. 특허권자는 논리회로 설계 방법에 관한 특허를 청구하였는데, 컴퓨터에서 사용되는 논리회로의 기능적 설명을 논리회로의 하드웨어 컴포넌트 설명으로 전환하는 것으로 구성되어 있다. 특허권자는

---

105) *Mortgage Grader, Inc. v. First Choice Loan Servs.*, 811 F.3d. 1314, 1324 (Fed. Cir. 2015)

106) *Classen Immunotherapies, Inc. v. Biogen IDEC*, 659 F.3d 1057, 1067 (Fed. Cir. 2011) (이 특허는, 감염성 질환에 대한 유아 예방 접종 스케줄이 후에 당뇨병, 천식, 화분증(꽃가루 알러지), 암, 다발성 경화증 및 정신 분열증 등과 같은 만성 면역 매개 질병 발생에 영향을 줄 수 있으며, 이와 같은 장애의 위험을 줄이기 위하여 스케줄에 따른 예방 접종을 실시하여야 한다는 Classen 박사의 논문을 명시하였다. 법원은 Classen 특허가 감염성 질환에 대한 유아 예방 접종 스케줄과 비감염성 만성 면역매개 장애 발병 간의 관련성이라는 "추상적 사고"에 관한 청구라고 보았다.)

107) *In re Grams*, 888 F.2d 835, 840 (Fed. Cir. 1989)

108) *Synopsys, Inc. v. Mentor Graphics Corp.*, 839 F.3d 1138 (Fed. Cir. 2016)

청구항들이 컴퓨터를 기반으로 한 설계 도구들과 결합되어 사용될 수 있도록 의도되었다고 주장한다. 그렇지만, 청구항들은 그 방법을 컴퓨터에서 구현되도록 요구하는 한정 요소를 포함하지 않았으며, 컴퓨터의 사용이 어떤 식으로든 포함되지 않았다. 따라서, 법원은 청구항들이 "정신적으로 또는 펜과 종이를 갖고 청구된 단계를 개별적으로 수행하는 것으로 읽혀지며", 이는 "논리회로의 기능적 설명을 논리회로의 하드웨어 컴포넌트 설명으로 번역"하는 Mental process에 대한 것으로 보았다.

인간의 정신 작용과 유사한 방식으로 정보를 조직화하고 분석하는 개념을 추상적이라고 인식한 사례로는 *Content Extraction*[109]이 있다. 본 사례에서 특허권자는, 하드 카피 서류에서 데이터를 추출하는 스캐너, 추출된 데이터로부터 특정 정보를 인식하는 프로세서, 인식된 정보를 저장하는 메모리로 구성된 애플리케이션 프로그램 인터페이스에 관하여 특허를 청구하였다. 법원은 사람들이 늘 이와 같은 작업을 수행해 왔으며, 은행들도 한동안 수표를 검토하고, 관련 정보(예 금액, 계정 번호, 해당 계정의 소유자 등)를 인식하고, 그 정보를 저장하는 일을 해 왔다고 말하면서, 이 청구항들이 "데이터 수집, 인식과 저장"이라는 기본 개념에 대한 것이라고 판단하였다. 특허권자는 "인간은 스캐너에서 출력되는 비트 스트림(Streams of bits)을 인식하고 처리할 수 없기 때문에 본 청구항은 추상적 사고에 관한 것이 아니라고" 주장하였으나, 법원은 "*Alice* 사례의 청구항도 비트 스트림을 처리하기 위한 컴퓨터를 필요로 하였지만 추상적이라고 판단되었다."면서 이를 받아들이지 않았다.

다른 사례로는 *FairWarning*[110]을 들 수 있다. 본 사례의 특허는, "사기 및 오용에 관한 탐지 방법 및 시스템"으로서, 사용자가 민감한 데이터에 접근하는 비정상적인 패턴을 식별함으로써 사기와 오용을 탐지하는 방법을 개시하였다. 특허 출원된 방법은 환자의 개인적인 건강 정보의 접근에 관한 정보를 수집하고, 서너 개의 규칙에 따라(가령, 특정 양을

---

109) *Content Extraction and Transmission LLC v. Wells Fargo Bank, N.A.*, 776 F.3d 1343 (Fed. Cir. 2014)

110) *FairWarning IP, LLC v. Iatric Sys., Inc.*, 839 F.3d 1089 (Fed. Cir. 2016)

초과하는 접근, 사전에 결정된 시간 간격 내의 접근, 또는 특정 사용자에 의한 접근 등인지에 관한) 접근 정보를 분석하고, 그 접근이 부적절했는지를 판단하여, 부적절한 접근이 발생하였다고 판단하면 이를 알려주는 단계 등으로 구성되었다. 법원은 이 특허는 인간 행동의 기록들을 분석하여 의심이 가는 행동을 탐지하는 기능에 관한 특허로서 추상적 사고에 관한 것으로 보았다. 법원은 또한 본 사례에서 청구된 규칙들이 *McRO*의 규칙과는 다르다고 판단하였다. 왜냐하면, 본 사례의 규칙들은 "인간들이 사기를 조사하는 유사한 상황에서 적어도 수십년 동안 질문해 왔던 것과 동일한 질문들"이기 때문이다.

이런 개념의 또다른 사례들로는 다음과 같은 것들이 있다.

㉠ 데이터의 수집, 제시, 처리[111]

㉡ 정보의 수집, 분석과 그 결과의 제시[112]

㉢ 목록의 생성과 그 생성된 목록을 사용하여 데이터를 검색하고 수집[113]

㉣ 조직과 제품 그룹의 계층 구조를 사용한 가격 결정[114]

㉤ 이미지 데이터의 Encoding/Decoding[115]

㉥ 수학적 상관관계를 통한 정보의 조직화[116]

㉦ 메일 주소 데이터의 전송[117]

㉧ 온라인 형태의 내비게이션에서 정보 획득[118]

ⓒ 특정의 구체적이고 유형적인 형태를 갖고 있지 않은 아이디어로 설명된 개념: 특정의 구체적이고 유형적인 형태를 갖고 있지 않은 아이디어로서의 개념을 추상적이라고 인식한 사례로는 *Ultramercial*[119]를 들 수 있다. 본 특허

---

111) *Intellectual Ventures I LLC v. Capital One Fin. Corp.*, 850 F.3d 1332, 1340 (Fed. Cir. 2017)

112) *Electric Power Group, LLC v. Alstom, S.A.*, 830 F.3d 1350, 1351 (Fed. Cir. 2016)

113) *Intellectual Ventures I LLC v. Erie Indem. Co.*, 850 F.3d 1315, 1327 (Fed. Cir. 2017)

114) *Versata Dev. Group v. SAP Am., Inc.*, 793 F.3d 1306, 1312-13 (Fed. Cir. 2015)

115) *RecogniCorp, LLC v. Nintendo Co.*, 855 F.3d 1322, 1326 (Fed. Cir. 2017)

116) *Digitech Image Techs., LLC v. Electronics for Imaging, Inc.*, 758 F.3d 1344, 1350-5 (Fed. Cir. 2014)

117) *Return Mail, Inc. v. U.S. Postal Service*, 868 F.3d 1350 (Fed. Cir. 2017)

118) *Internet Patents Corp. v. Active Network, Inc.*, 790 F.3d 1343, 1348 (Fed. Cir. 2015)

는 소비자가 광고를 보는 대신에 저작권 있는 콘텐츠를 무료로 보고, 광고업자가 그 저작물에 대한 대가를 지불할 수 있도록 저작물을 인터넷을 통하여 배포하는 방법에 관한 것이다. 여기에는 저작물을 받고, 광고를 선택하고, 선택된 광고 시청의 대가로 저작물을 제공한다는 것을 제안하고, 광고를 제시하고, 소비자가 저작물에 접속하고, 광고주로부터 비용을 받는 단계로 구성되어 있다. 연방 항소 법원은 "이들 단계의 조합은 특정한 구체적이고 유형의 형태를 갖지 않은 아이디어-추상성"을 언급한 것에 지나지 않는다고 판단하면서, 본 특허를 "광고를 화폐나 교환수단으로 사용"한 것으로 설명하였다.

다른 사례로는 *Versata*[120]를 들 수 있다. 특허권자는 구매 조직에 제안된 제품 가격을 결정하는 시스템과 방법에 관하여 특허를 청구하였는데, 선행 기술인 Who/What 테이블에 의한 가격결정 구조(Fig. 1)에서 많은 양의 데이터 테이블을 필요로 하는 기존의 문제점을, 고객들과 제품들을 계층(Hierarchy)적으로 배열함으로써 해결하였다고 주장하였다. 본 특허는 고객 그룹(Fig. 4A)과 제품 그룹(Fig. 4B)을 각각 계층적으로 배열하고, 고객 그룹과 제품 그룹에 관련된 가격 정보를 저장하고, 적용될 수 있는 가격 정보를 받아서 분류하고, 분류된 가격 정보를 이용하여 제품 가격을 결정하는 단계(Fig. 5)로 구성되어 있다. 연방 항소 법원은 청구항들이 "고객과 제품 그룹의 계층 구조를 이용하여 가격을 결정하는 추상적 사고에 관한 것"이라고 판단하였다. 이는 *Alice*의 청구항이 중개인에 의한 결제라는 추상적 사고에 관한 것이고, *Bilski*의 청구항이 리스크 헤징이라는 추상적 사고에 관한 것과 같은 형태이다. 법원은 또한 "가격을 결정하기 위하여 고객과 제품 그룹의 계층 구조를 사용하는 것은 특정의 구체적이거나 유형적인 형태 또는 애플리케이션을 갖지 않은 추상적 사고에 불과하다."고 보았다. 이는 정보를 조직화하기 위한 기본 개념의 프레임워크에 지나지 않는다.

---

119) *Ultramercial, Inc. v. Hulu, LLC*, 772 F.3d 709 (Fed. Cir. 2014)

120) *Versata Dev. Group v. SAP America, Inc.*, 793 F.3d 1306 (Fed. Cir. 2015)

FIG. 1

PRIOR ART

WHAT / WHO	486/33 CPU	486/50 CPU	486/66 CPU	
ADAM	$40	$60	$80	
BOB	$42	$58	$72	
CHARLIE	$44	$68	$92	

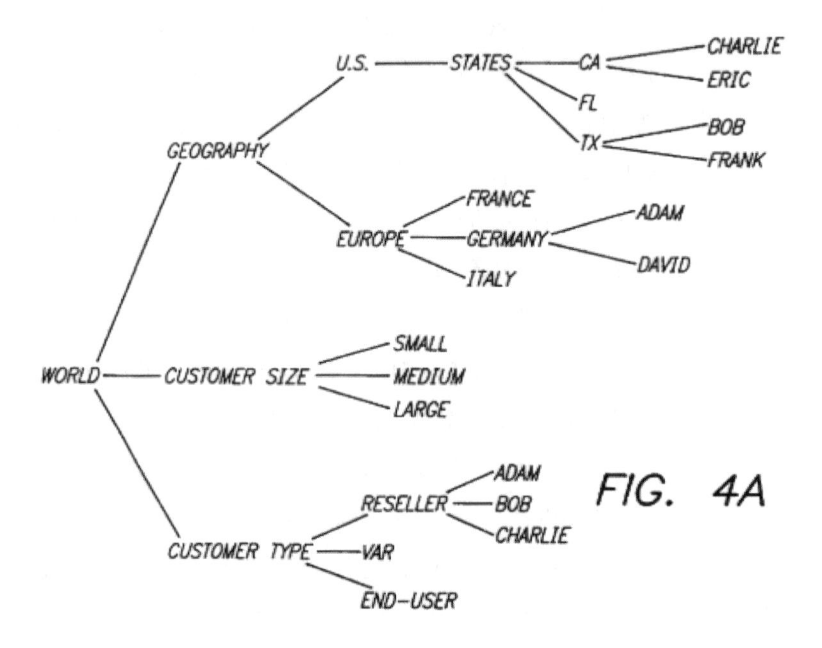

FIG. 4A

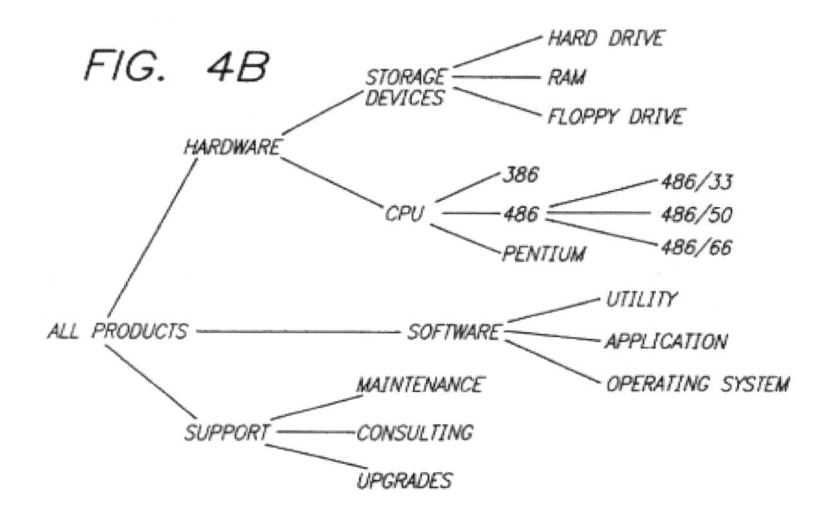

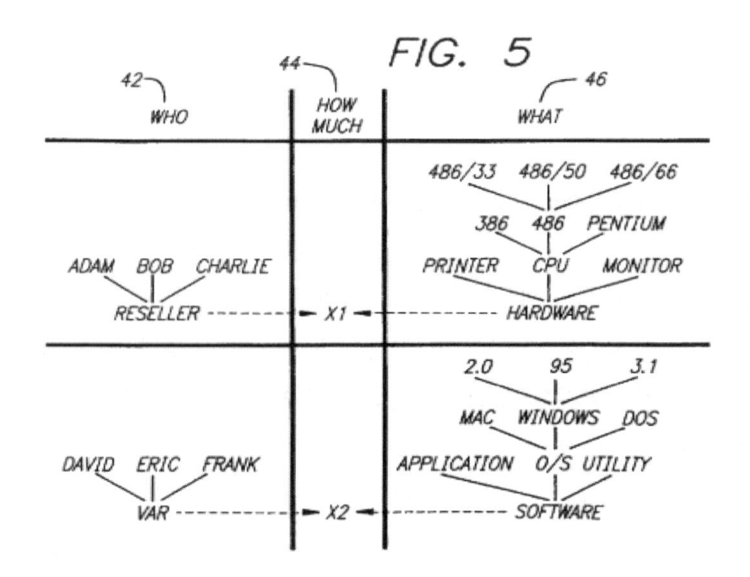

이러한 형태의 개념으로 또다른 사례로는 *In re Brown*[121]을 들 수 있다. 출원인은 머리 모양에 따라 효과적으로 머리카락의 무게를 배분하면서 머리카락을 자르는 방법에 관하여 특허를 출원하였다. 청구항은

121] *In re Brown*, 645 Fed. App'x 1014, 1017 (Fed. Cir. 2016)

머리 모양을 인식하고, 머리를 적어도 3개의 부분 영역으로 나누어 지정하고, 적어도 3개의 머리 모양을 인식하고, 머리카락의 무게를 더하거나 줄이기 위하여 적어도 하나의 머리 모양을 각 부분 영역에 할당하고, 할당된 머리 모양에 따라 가위를 사용하여 머리카락을 자르는 단계로 구성되어 있다. 연방 항소 법원은 "머리 모양을 인식하고 이에 따라 헤어 디자인을 적용하는 것은 전적으로 사람의 마음 속에서 행해질 수 있는 추상적 사고"이기 때문에, 본 청구항이 "머리 모양의 균형을 잡기 위하여 헤어 디자인을 배분하는 추상적 사고"에 대한 것으로 보았다.

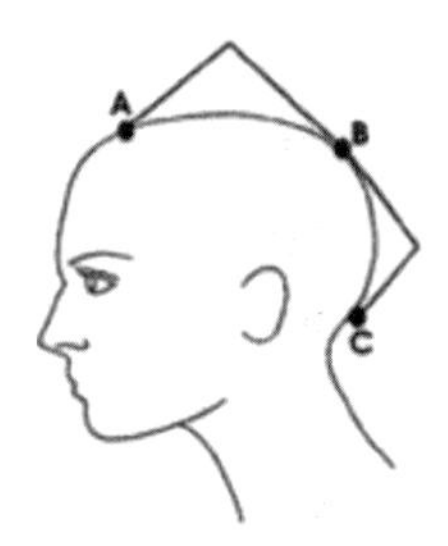

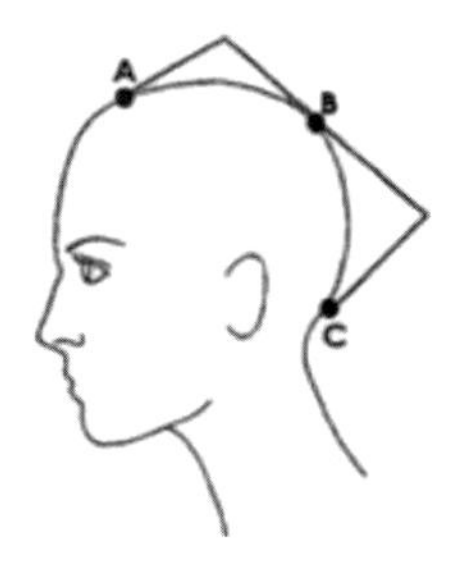

④ 수학적 관계/공식(Mathematical relationships/formulas): "수학적 관계/공식"이라는 문구는 수학 알고리즘, 수학적 관계, 수학 공식과 계산식 등 수학적 개념을 설명하는 데 사용되었다. 법원은 "알고리즘"이라는 용어를 다음과 같이 수학적 절차나 수학 공식을 언급하는 데 사용하였다. 예를 들면, 이진화 십진수를 순수 이진수 형태로 변환하는 절차,[122] 경보의 한계값(Alarm limit)을 계산하기 위한 수학 공식[123] 그리고 의학적 이상 증상과 그 원인을 식별하기 위한 임상 데이터를 분석하는 연속적인 단계[124] 등이다.

과거의 연방 대법원은 때때로 수학적 개념들을 자연 법칙으로 설명하거나 또는 특정한 예외 형태로 구체화하지 않고 사법적 예외로만 설명하였다.[125] 하

---

122) *Gottschalk v. Benson*, 409 U.S. 63, 65 (1972)

123) *Parker v. Flook*, 437 U.S. 584, 588-89 (1978)

124) *In re Grams*, 888 F.2d 835, 837 and n.1 (Fed. Cir. 1989) (알고리즘이 수학 공식으로 표현될 필요는 없다. 문제를 해결하기 위하여 데이터에서 수행하면서 청구항에 사용된 단어들은 공식과 같은 목적으로 제공될 수 있다.)

지만, 연방 대법원은 최근에 수학적 관계/공식을 추상적 사고로 분류하였다.[126]

ⓐ 수학적 관계 또는 공식에 관한 개념: 수학적 관계 또는 공식에 관한 개념을 사법적 예외로 인식한 사례는 *Diamond v. Diehr*[127]가 있다. 출원인은 고무 성형 프레스를 동작시키는 방법에 관한 특허를 청구하였는데, 성형될 특정 집단의 고무에 고유한 활성화 에너지 상수(C)와 사용되는 금형의 기하학적 구조에 의존하는 상수(x)를 제공하는 단계, 폐쇄된 금형의 온도(Z)를 계속 결정하는 단계, 아레니우스 방정식($\ln(v)=CZ+x$)을 사용하여 총 경화 시간을 반복적으로 계산하는 단계, 총 경화 시간과 경과 시간을 비교하는 단계 및 두 시간이 같아질 경우 자동으로 프레스를 여는 단계로 구성되어 있다. 연방 대법원은 청구된 아레니우스 방정식과 같은 수학적 공식은 과학 원칙이나 자연적 현상 같은 예외에 해당되며, 법률에 규정된 특허를 받을 수 있는 주제에 해당되지 않는다고 판시하였다.

이와 같은 개념의 다른 사례로는 다음과 같은 것들이 잇다.

㉠ 이진화 십진수를 순수 이진수로 변환하는 알고리즘[128]

㉡ "경보 한계값"을 계산하는 공식[129]

㉢ 특정 전자기적 파동 현상을 설명하는 수식[130]

㉣ 헤징에 관한 수학 공식[131]

ⓑ 수학적 계산 수행에 관한 개념: 수학적 계산을 수행하는 것에 대한 개념을 추상적이라고 판단한 사례로는 *Bancorp Servs., LLC v. Sun Life Assur.*

125] *Benson*, 409 U.S. at 65; *Flook*, 437 U.S. at 589

126] *Alice Corp. Pty. Ltd. v. CLS Bank Int'l*, 134 S.Ct. 2347, 2355 (*Flook* 사례를 설명하면서, "촉매 변환 공정의 "경보 한계값"을 계산하는 수학공식은 특허를 받을 수 없는 추상적 사고"라고 판시.);
Bilski v. Kappos, 561 U.S. 593, 611-12, 95 USPQ2d 1001, 1010 ("청구항 1에서 설명된 헤징 개념과 청구항 4에서 환원된 수학 공식은 *Benson*과 *Flook*의 알고리즘처럼 특허를 받을 수 없는 추상적 사고"라고 판시.)

127] *Diamond v. Diehr*, 450 U.S. 175 (1981)

128] *Benson*, 409 U.S. at 64

129] *Flook*, 437 U.S. at 585

130] *Mackay Radio & Tel. Co. v. Radio Corp. of America*, 306 U.S. 86, 91 (1939)

131] *Bilski*, 561 U.S. at 599

Co. of Canada(U.S.)[132]가 있다. 특허권자는 보험계약자를 대신하여 생명 보험을 관리하는 방법과 시스템에 관한 특허를 청구하였으며, 기초가 된 투자자산의 초기 가치와 Stable Value Protected Investment[133]를 포함하는 생명 보험을 생성하는 단계, 보험계약의 Surrender Value Protected Investment Credits를 계산하는 단계, 기초가 된 투자자산의 현재 가치와 투자 가치를 결정하는 단계, 보험 가치와 현재의 보험 단위 가치를 계산하는 단계로 구성되어 있다. 연방 항소 법원은 명세서의 공식들이 가리키는 것처럼, 청구된 가치 결정과 후속 처리는 단순한 수학적 계산에 불과하다고 보았다. 따라서, 법원은 본 특허의 청구항이 안정적인 보험 가치(Stable value protected life insurance policy)를 관리하는 추상적 사고의 이용에 대한 특허를 청구하려고 시도한 것으로 보았다.

또 다른 사례로는 *Digitech Image*[134]를 들 수 있다. 본 특허의 청구항은 기존 정보를 받아 첫 번째와 두 번째 데이터를 생성하고, 수학 공식을 사용하여 데이터를 처리하여, 이 정보들을 새로운 형태로 조직화하는 단계로 구성되어 있다. 법원은 이와 같은 청구항이 수학의 상관관계를 이용하여 정보를 조직화하는 절차를 설명하였기 때문에 추상적 사고에 대한 것으로 보고, *Flook*에서 수학적 공식을 사용하여 계산하는 방법을 청구한 것과 동일하다고 판단하였다.

이와 같은 개념의 다른 사례들은 다음과 같다.

㉠ 비즈니스 대표가 고객을 방문하는 최적의 숫자를 결정하기 위한 알

---

132) *Bancorp Servs., LLC v. Sun Life Assur. Co. of Canada (U.S.)*, 687 F.3d 1266 (Fed. Cir. 2012)

133) 은행이나 회사는 종업원들의 은퇴 후 연금 또는 사망을 대비한 보험 플랜을 갖고 있으며, 각 보험은 약정에 따라 개별적인 투자자산에 투자하여 수익을 창출한다. 보험계약의 가치는 기초가 된 투자 자산의 시장 가치에 따라 변동되며, 이는 매 분기마다 보고된다. 그러나, 은행이나 회사는 단기적으로 시장 가치가 변동되는 위험성 때문에, 보험 구매를 주저하는 경향이 있다. 이와 같이 단기적으로 보고되는 보험의 가치를 안정화시키는 메커니즘으로서 안정적인 가치 보호 투자(Stable Value Protected Investment)가 나오게 되었으며, 이는 제3자(Stable value protected writer)가 보험의 시장가치에 상관없이 장부가치(Book value)를 보장해 주며, 그 대가로 일정 수수료가 제3의 보장자에게 지급되는 구조이다.

134) *Digitech Image Techs., LLC v. Electronics for Imaging, Inc.*, 758 F.3d 1344 (Fed. Cir. 2014)

고리즘의 사용[135]

㉡ 비정상 조건을 의미하는 변수들을 계산하기 위한 알고리즘[136]

㉢ 지역 데이터값과 평균 데이터값의 차이 계산[137]

2) 자연 법칙, 자연 현상 그리고 자연의 산물

자연 법칙과 자연 현상은 자연적으로 발생한 원칙/관계와(자연스럽게 생겨나거나, 자연에서 생겨난 것과 비교하여 눈에 띄게 다른 특성을 갖지 않은) 자연을 기반으로 한 물건들을 포함한다. 법원은 때때로 이러한 사법적 예외에 대하여 "물리적 현상", "과학 원리", "자연 법칙" 또는 "자연의 산물" 등과 같은 다른 용어들을 사용하여 왔다.

(1) 자연 법칙과 자연 현상 일반

자연 법칙과 자연 현상에 대한 예외는 연방 대법원의 과학이나 기술 작업의 기본 도구들에 대하여는 특허를 받을 수 없다는 생각을 반영한 것이다. 즉, "자연 법칙의 표현"은 "지식 창고의 일부분"이며, "모든 사람들에게 자유롭게 이용되고", "어느 누구도 독점적인 권리를 누릴 수 없다."고 보는 것이다.[138] 따라서, "지구에서 발견된 새로운 광물이나 야생에서 발견된 새로운 식물은 §101에 의하여 특허를 받을 수 없는 주제"이다.[139] 같은 이유로, "아인슈타인은 그의 상대성 원리에 대하여 특허를 받을 수 없으며, 뉴턴 역시 중력의 법칙에 대하여 특허를 받을 수 없다."[140] 또한, 어느 누구도 "새롭고 유용한 수학 공식이나",[141] "전자기 또는 증기 동력"[142] 또는 "박테리아의 특성, 태양의 열, 전기, 금속의 특성 등"[143]

135) *In re Maucorps*, 609 F.2d 481, 482 (CCPA 1979)
136) *In re Grams*, 888 F.2d 835, 836 (Fed. Cir. 1989)
137) *In re Abele*, 684 F.2d 902, 903 (CCPA 1982)
138) *Funk Bros. Seed Co. v. Kalo Inoculant Co.*, 333 U.S. 127, 130 (1948)
139) *Diamond v. Chakrabarty*, 447 U.S. 303, 309 (1980)
140) *Id.*
141) *Parker v. Flook*, 437 U.S. 584, 585 (1978)
142) *O'Reilly v. Morse*, 56 U.S. 62, 113-114 (1853)
143) *Funk*, 333 U.S. at 130

등에 대하여도 특허를 받을 수 없다.

법원은 자연 법칙이나 자연 현상의 예로써 아래와 같은 개념, 제품을 들었다.

① 분리된 DNA[144]
② 양을 포함한 가축의 복제[145]
③ DNA의 비암호화 영역에서의 변이와 DNA의 코딩 영역에서의 대립 유전자 존재 간의 상관 관계[146]
④ 신진대사 수준과 약물의 부작용 또는 효용 사이의 상관관계[147]
⑤ 혈액 또는 혈장 속의 골수세포형과산화효소(Myeloperoxidase)의 존재와 심혈관 질환 위험 간의 상관관계[148]
⑥ 신호를 전송하는 전자기[149]
⑦ 다른 박테리아의 억제 또는 비억제 상태를 만드는 박테리아의 특성[150]
⑧ "Primers"로 알려진 단일 가닥 DNA 조각[151]
⑨ 지방 원소와 물의 결합을 이루는 화학적 원리[152]
⑩ 모체 혈액에서 무세포 태아 DNA(cell-free fetal DNA; cffDNA)의 존재[153]

하지만, 법원은 제품의 자연적 기능이나 품질을 설명하거나, 자연의 Process를 설명하는 모든 청구항들이 반드시 자연 법칙이나 자연 현상에 대한 것은 아니라고 밝혔다. 예를 들면, 항암 치료 방법은 암세포가 항암 치료에서 살아 남을 수 없다는 것을 지적하는 것이 아니고, 아스피린으로 두통을 치료하는 방법은 인

---

144) *Ass'n for Molecular Pathology v. Myriad Genetics, Inc.*, 133 S.Ct. 2107, 2116-17 (2013)
145) *In re Roslin Institute (Edinburgh)*, 750 F.3d 1333, 1337 (Fed. Cir. 2014)
146) *Genetic Techs. Ltd. v. Merial LLC*, 818 F.3d 1369, 1375 (Fed. Cir. 2016)
147) *Mayo Collaborative Servs. v. Prometheus Labs.*, 566 U.S. 66, 75-77 (2012)
148) *Cleveland Clinic Foundation v. True Health Diagnostics, LLC*, 859 F.3d 1352, 1361 (Fed. Cir. 2017)
149) *O'Reilly v. Morse*, 56 U.S. 62, 113 (1853)
150) *Funk Bros.*, 333 U.S. at 130
151) *University of Utah Research Foundation v. Ambry Genetics Corp.*, 774 F.3d 755, 761 (Fed. Cir. 2014)
152) *Tilghman v. Proctor*, 102 U.S. 707, 729 (1880)
153) *Ariosa Diagnostics, Inc. v. Sequenom*, 788 F.3d 1371, 1373 (Fed. Cir. 2015)

체의 아스피린에 대한 자연적 반응에 대한 것이 아니다.[154] 또한, 신규 화합물은 신규 화합물을 형성하기 위한 개별 구성요소의 결합 능력에 대한 것이 아니다.[155]

위에서 본 바와 같이 자연 법칙이나 자연 현상을 언급한 청구항은 사법적 예외에 해당될 수 있다(스텝 2A: 예). 따라서, 해당 청구항이 사법적 예외임에도 불구하고 특허를 받을 수 있는지를 판단하기 위해서는 스텝 2B에 따른 분석을 더 필요로 한다. 청구항이 추상적 사고나 자연의 산물 같은 다른 사법적 예외를 언급하지 않는다면, 자연 법칙이나 자연 현상을 언급하지 않은 청구항은 B 경로에 의하여 특허를 받을 수 있다고 판단된다(스텝 2A: 아니오).

(2) 자연의 산물

자연 법칙 또는 자연 현상이 물질적 산물로 청구될 때, 법원은 특허 적격의 사법적 예외 사유를 "자연의 산물"이라고 때때로 언급해 왔다. 예를 들면, *Myriad*[156]의 분리된 DNA, *Ambry Genetics*[157]의 Primers 등은 법원에 의하여 자연의 산물이라고 판단되었다. 앞에서도 설명한 바와 같이, 자연의 산물은 자연스럽게 발생한 것들의 사용과 연결되어 있기 때문에 사법적 예외로 고려되지만, 자연 법칙이나 자연 현상으로 분류되어 왔다.[158]

---

154) *Rapid Litig. Mgmt. v. CellzDirect, Inc.*, 827 F.3d 1042, 1048-49 (Fed. Cir. 2016) (간세포를 분류, 회복, 냉동 보존하는 단계를 언급한 청구항은 특허 적격이 있다. 왜냐하면, 청구항들이 수차례의 동결/해동 주기에서 간세포의 생존 능력을 단순히 관찰하거나 탐지하는 데 초점이 맞춰져 있지 않기 때문이다.)

155) *Tilghman v. Proctor*, 102 U.S. 707, 729 (1881) (고온 고압에서 지방을 가수분해하여 지방산과 글리세롤을 제조하는 방법에 관한 청구항들은 특허 적격이 있다. 왜냐하면, 이 청구항들은 지방이 그 구성요소로 가수분해될 수 있다는 화학적 원리에 초점을 맞춘 것이 아니기 때문이다.)

156) *Ass'n for Molecular Pathology v. Myriad Genetics, Inc.*, 133 S.Ct. 2107, 2116-17 (2013)

157) *University of Utah Research Foundation v. Ambry Genetics*, 774 F.3d 755, 758-59 (Fed. Cir. 2014)

158) *Myriad Genetics, Inc.*, 133 S.Ct. at 2116-17 (분리된 DNA에 대한 청구항들은 "자연적으로 발생한 현상에 대하여 청구"하였고, "명백히 자연 법칙의 예외에 속하기" 때문에 특허 적격이 없다.);

Funk Bros. Seed Co. v. Kalo Inoculant Co., 333 U.S. 127, 130 (1948) (박테리아의 혼합물에 대한 청구항들은 "자연 법칙의 표현"이고 "자연 현상"에 해당되기 때문에 특허 적격이 없다.)

특허청의 스텝 2A 분석에서도 "자연 법칙"과 "자연 현상"이라는 용어는 "자연의 산물"을 포함한 것으로 사용한다.

한편, 자연의 산물에 해당하는 예외는 자연적으로 생성된 물건뿐만 아니라, 자연적으로 생성된 물건은 아니지만 자연적으로 생성된 해당 물건과 비교하여 현저히 다른 특성을 갖지 않은 경우도 포함한다는 것을 명심하여야 한다.[159] 따라서, 복제된 조직[160]이나 인간에 의하여 만들어진 잡종 식물[161]처럼 합성되거나 인공적으로 만들어지거나 비자연적으로 생성된 물건은 인간의 재능이나 간섭에 의하여 창조되었다고 자동적으로 특허 적격이 부여되는 것은 아니다. 비자연적으로 생성된 물건의 특허 적격성은 그들이 자연적으로 생성된 해당 물건과 현저히 다른 특성을 보유하고 있는지에 달려 있다.

청구항이 자연에 기반을 둔 물건의 한정 요소를 언급할 때, 심사관들은 그 한정 요소를 평가하고 스텝 2A에 답하기 위해서 현저히 다른 특성 분석을 사용하여야 한다. 자연에 기반을 둔 물건은 특허 적격과 특허 부적격 물건을 모두 포함하면서, 단순히 물건의 형태들을 언급한다. 이와 같은 물건의 형태들은 특허 적격의 예외인 자연의 산물로 식별하기 위하여 사용되는 현저히 다른 특성 분석의 대상이 된다. 자연에 기반을 둔 물건의 예로는 *Myriad*의 분리된 유전자와 cDNA 서열, *Roslin*의 복제된 가축, *Chakrabarty*의 박테리아 등이 있다. 이들 예에서도 알 수 있는 바와 같이, 살아있는 유기체(식물, 동물, 박테리아 등)인 자연에 기반을 둔 물건은 그것이 살아 있다고 해서 특허를 받을 수 없는 것이 아니며, 현저히 다른 특성 분석을 충족시키는 경우에는 특허 적격이 주어진다.

청구항에 대한 최광의의 합리적인 해석(Broadest reasonable interpretation; BRI)에 따르면, 자연에 기반을 둔 물건의 한정 요소는 특허 적격이 있는 물건과 없는 물건을 모두 포함한다. 예를 들면, BRI에 의하여 "복제된 얼룩말"에 대한 청구항

---

159) *Ambry Genetics*, 774 F.3d at 760 (Myriad의 주장과는 반대로, 식별된 유전자 서열이 합성되어 복제되었다는 것은 중요하지 않다. 연방 대법원이 밝혔듯이, 자연적으로 생성된 물질의 구성이나 자연적으로 생성된 구성물과 구조적으로 동일하게 합성적으로 만들어진 구성물들은 모두 특허 적격이 없다.)

160) *In re Roslin Institute (Edinburgh)*, 750 F.3d 1333, 1337 (Fed. Cir. 2014)

161) *J.E.M. Ag Supply, Inc. v. Pioneer Hi-Bred Int'l, Inc.*, 534 U.S. 130-132 (2001)

에는 현저히 다른 특징을 가진 복제 얼룩말뿐만 아니라 현저히 다른 특징을 결여하여 자연의 산물이 된 복제 얼룩말도 포함되게 된다.[162] 이와 같은 청구항은 자연의 산물에 대한 것이다(스텝 2A: 예). 만약, 청구항이 창조적 개념을 갖지 않아 궁극적으로 특허가 거절된다면(스텝 2B: 아니오), 심사관은 BRI를 지적하면서, 자연의 산물을 가리키지 않는 실시예로 청구항을 축소하여 보정하도록 권고하여야 한다.

(3) 현저히 다른 특성 분석(The markedly different characteristics analysis)

법원이 현저히 다른 특성 분석을 특허의 예외인 자연의 산물을 식별하기 위하여 사용하였기 때문에, 이 분석은 스텝 2A의 일부분이다. 예를 들면, *Chakrabarty*[163] 사례에서는 청구된 박테리아가 "자연에서 발견된 박테리아와 현저히 다른 특성"을 갖고 있기 때문에 자연의 산물이 아닌지를 결정할 때, 자연적으로 생성된 박테리아와의 비교에 의존하였다. *Roslin*[164]에서도, 청구된 양이 "자연에서 발견되는 어느 가축과 현저히 다른 특성을 보유하지 않기" 때문에 자연의 산물인지를 결정할 때, 자연적으로 생겨난 양들과의 비교에 의존하였다.

만약 청구항이 현저히 다른 특성을 가진 자연에 기반을 둔 물건을 포함한다면, 그 청구항은 특허의 예외가 되는 자연의 산물을 언급한 것이 아니며, 플로우차트상의 B 경로에 의하여 특허를 받을 수 있다(스텝 2A: 아니오).

전체 청구항이 단일하게 자연에 기반을 둔 물건(예 Lactobacillus 박테리아에 대한 청구)에 대한 경우에는, 그 물건에서 현저히 다른 특성이 보여졌다면, 특허 적격에 관한 더 이상의 분석은 필요 없다. 왜냐하면, 특허의 예외로서의 자연의 산물이 언급되지 않았기 때문이다. 청구항이 자연에 기반을 둔 물건에 추가하여 한정 요소를 포함한 경우에는, 심사관은 그 청구항이 다른 특허 예외 사유를 언급하고 있는지 고려하여야 하며, 추가적인 특허 적격의 분석이 요구된다.

청구항이 자연적으로 생성된 해당 물건과 현저히 다른 특성을 보여 주지 못

---

162) *Roslin*, 750 F.3d at 1338-39 (출원인은 청구된 포유류를 기증한 포유류와 구별하기 위해서 청구되지 않은 특성에 의존할 수 없다.)

163) *Diamond v. Chakrabarty*, 447 U.S. 303, 310 (1980)

164) *In re Roslin Institute (Edinburgh)*, 750 F.3d 1333, 1337 (Fed. Cir. 2014)

하는 자연에 기반을 둔 물건을 포함한 경우에는, 그 청구항은 특허 예외 사유인 '자연의 산물'에 관한 것이 된다(스텝 2A: 예). 따라서, 청구항의 어느 추가 요소가 그 예외에 유의미하게 많은 것(significantly more)을 추가하였는지를 결정하기 위하여 스텝 2B 분석을 더 필요로 하게 된다.

① 현저히 다른 특성 분석을 수행하는 시기: 자연에 기반을 둔 물건은 그 자체에 대하여 특허 청구되거나[165] 청구항의 하나 또는 그 이상의 한정 요소로서 청구[166]될 수 있기 때문에, 현저히 다른 특성 분석이 전체적으로 볼 때 자연에 기반을 둔 물건이 아닌 경우에까지 확대되지 않도록 주의를 기울여야 한다. 자연에 기반을 둔 물건이 특허 예외 사유인 '자연의 산물'인지를 결정하기 위한 현저히 다른 특성 분석은 청구항의 자연에 기반을 둔 물건의 한정 요소에만 적용되어야 한다.

ⓐ 물건 청구항: 청구항이 자연에 기반을 둔 물건 자체(예를 들어, Lactobacillus 박테리아에 대한 청구항)에 대한 경우에는, 현저히 다른 특성 분석은 전체 물건에 적용되어야 한다.[167] 여러 구성요소를 결합함으로써 생성된 자연에 기반을 둔 물건(예를 들어, Lactobacillus와 우유의 혼합물로 구성된 Probiotic 구성요소)에 대한 청구항의 경우에는, 현저히 다른 특성 분석은 그 물건의 구성 요소 부분 보다는 결과물인 자연에 기반을 둔 조합에 적용되어야 한다. 예를 들어, Probiotic 구성요소의 경우에는, 현저히 다른 특성 분석은 Lactobacillus와 우유에 개별적으로 적용되기 보다는, Lactobacillus와 우유의 혼합물에 적용되어야 한다.

청구항이 비자연에 기반을 둔 요소를 결합한 자연에 기반을 둔 물건(예를 들어, 요구르트를 생산하기 위하여 우유로 Lactobacillus를 배양하기 위한 지침과 용기에 담긴 Lactobacillus로 구성된 요구르트 제조 도구)에 대한 경우에는, 현저히 다른 특성 분석은 자연에 기반을 둔 물건 한정 요소에만 적용되어야 한다. 예를 들어, 위의 요구르트 제조 도구의 경우에는, Lactobacillus에

165) 예를 들면, Lactobacillus 박테리아
166) 용기 속에 Lactobacillus와 우유의 혼합물로 구성된 Probiotic 구성요소
167) *Chakrabarty*, 447 U.S. at 305, 309-10

대한 현저히 다른 특성이 분석될 수 있다. 용기와 지침은 자연에 기반을 둔 물건이 아니기 때문에 현저히 다른 특성 분석의 대상이 될 수 없지만, Lactobacillus가 자연적으로 생성된 상응하는 물건과 현저히 다른 특성을 보유하지 않았고, 사법적 예외인 자연의 산물이라고 판단되면, 스텝 2B의 추가적인 요소에 대한 판단이 필요할 것이다.[168]

ⓑ 제법 한정 물건 청구항(Product-by-process claims): 제법 한정 물건 청구항(예를 들어, 핵 이식 복제 방법으로 생산된 복제 가축에 대한 청구항)에 있어서는, 청구항 내의 자연에 기반을 둔 물건이 자연적으로 생성된 상응하는 물건과 현저히 다른 특성을 보유하였는지에 대한 분석이 이루어져야 한다.

ⓒ 방법 청구항(Process claims): 방법 청구항에서, 일반 원칙은 프로세스에서 사용된 자연에 기반을 둔 물건에 대하여는 현저히 다른 특성 분석의 대상이 되지 않는다는 것이다. 프로세스의 분석은 각 단계에서 사용된 물건보다는 프로세스의 활성 단계에 초점을 맞추어야만 한다. 예를 들면, 생존 가능한 간세포 및 비생존 간세포를 분리하기 위하여 밀도 구배 분별 증류(Density gradient fractionation)를 수행하는 단계, 생존 가능한 간세포를 회복시키는 단계 그리고 회복된 생존 가능한 간세포를 냉동 보존하는 단계 등으로 구성된 간세포를 냉동 보존하는 방법에 관한 청구항을 평가하는 경우에, 법원은 프로세스에서 사용된 자연에 기반을 둔 물건(간세포)에 대하여 현저히 다른 특성 분석의 대상이 되지 않는다고 판단하였다.[169]

그러나, 자연에 기반을 둔 물건을 언급한 방법 청구항이 물건 청구항과 실질적으로 차이가 없다는 식으로 작성된 경우에는, 청구항에 언급된 자연에 기반을 둔 물건은 현저히 다른 특성 분석의 대상이 된다. 이러한 형태의 청구

168) *Funk Bros. Seed Co. v. Kalo Inoculant Co.*, 333 U.S. 127, 130 (1948) (비록 청구항 7, 8, 13과 14가 박테리아 혼합물 및 분말 기제를 포함하는 접종제에 관하여 언급하고 있더라도, 박테리아 혼합물만이 분석되었다.)

169) *Rapid Litig. Mgmt. v. CellzDirect, Inc.*, 827 F.3d 1042, 1049 (Fed. Cir. 2016) (청구항들은 다중 냉동 보존된 간세포의 조제용 물질을 만드는 과정에 대한 것이지, 그 조제용 물질 자체에 대한 것은 아니다.)

항들은 프로세스 단계보다는 물건에 초점을 맞추는 방식으로 작성된다. 예를 들어, "사과를 공급하는 방법"에 관한 청구항을 보면, BRI에 따라 이 청구항은 사과 그 자체에 초점이 맞추어져 있으며, 이것은 자연에 기반을 둔 물건이다. 이와 유사하게, 모체 혈액에서 자연스럽게 생성된 무세포 태아 DNA (cffDNA)를 조사하는 것에 관한 청구항은 cffDNA에 대한 것이다. 왜냐하면, cffDNA의 존재와 위치는 자연적 현상이며, 그 존재를 확인하는 것은 단순히 자연 현상 그 자체에 대한 특허 청구이다.[170]

② 현저히 다른 특성 분석을 수행하는 방법: 현저히 다른 특성 분석은 청구된 자연에 기반을 둔 물건과 그에 상응하는 물건을 비교하는 것을 바탕으로 하기 때문에, 이 분석의 다음 단계는 비교될 적절한 특성을 확인하는 것이다.

청구항은 특허받을 발명을 정의하여야 하므로, 청구된 물건은 적절한 특성을 보유하여야 한다.[171] 심사관들은 무엇이 청구항의 언어에 언급되었고, 무엇이 자연에 기반을 둔 물건의 BRI에 포함되는지를 살펴봄으로써 청구된 물건에 속한 특성을 확인할 수 있다. 일부 청구항에서는 특성이 명시적으로 언급된다. 예를 들면, "Deoxyribose"에 대한 청구항에서, 언급된 화학적 이름은 그 물건의 구조적 특성을 알려 준다(즉, 접두어 "Deoxy"는 Ribose와 비교하였을 때, Hydroxyl 그룹이 제거되었다는 것을 의미한다). 다른 청구항에서는, 특성이 청구항에서 명확하게 언급되지 않았더라도 BRI에 의하여 드러날 수 있다. 예를 들면, "분리된 유전자 B"에 대한 청구항에서, 심사관은 그 분리된 유전자가 무슨 특성을 가졌는지를 결정(예 Nucleotide 서열이 무엇인지 그리고 어떤 단백질이 암호화되었는지 등)하기 위해서는 "분리된 유전자 B"의 BRI에 의존하여야 할 필요가 있다.

적절한 특성은 자연에 기반을 둔 물건의 구조, 기능, 그 밖의 다른 속성을 표현될 수 있으며 각 사례별로 판단되어야 한다. 현저한 차이가 있는지를 결정할 때 법원이 고려하는 특성의 예로는 다음과 같은 것이 있다.

170] *Id.*, at 1048

171] *Roslin*, 750 F.3d at 1338 (청구되지 않은 특성은 특허 적격에 영향을 미치지 않는다.)

ⓐ 생물학적 또는 약리학적 기능 또는 활동

㉠ 핵산의 단백질 암호화 정보[172]

㉡ 상보적인 Nucleotide 서열이 서로 결합하는 능력[173]

㉢ 특정 콩과류 식물을 감염시키는 능력과 같은 박테리아의 속성과 기능[174]

㉣ 특정 탄화수소를 분해하는 능력[175]

㉤ 괴혈병을 예방하고 치료하는 비타민 C의 능력[176]

ⓑ 화학적 그리고 물리적 속성

㉠ 화합물의 알칼리성[177]

㉡ 금속의 연성[178]

ⓒ 기능적 그리고 구조적 특성을 포함하는 표현형(Phenotype)

㉠ 유기체의 모양, 크기, 색깔 또는 행동 같은 기능적, 구조적 특성[179]

ⓓ 화학적, 유전적 또는 물리적 구조 또는 형태

㉠ 물리적 구조 또는 형태(예 박테리아 세포에서 Plasmids의 물리적 존재)[180]

㉡ 화학적 구조 또는 형태(예 비염(Non-salt)과 결정질(Crystalline substance)의 화학물질)[181]

㉢ 유전적 구조(예 DNA의 Nucleotide 서열)[182]

㉣ 세포 또는 유기체의 유전적 구성[183]

172] *Myriad*, 133 S.Ct. at 2111

173] *Ambry Genetics*, 774 F.3d at 760-61

174] *Funk Bros.*, 333 U.S. at 130-31

175] *Diamond v. Chakrabarty*, 447 U.S. at 310

176] *In re King*, 107 F.2d 618 (CCPA 1939)

177] *Parke-Davis & Co. v. H.K. Mulford Co.*, 189 F. 95, 103-04 (S.D.N.Y. 1911)

178] *In re Marden*, 47 F.2d 958, 959 (CCPA 1931)

179] *Roslin*, 750 F.3d at 1338

180] *Chakrabarty*, 447 U.S. at 305 and n.1

181] *Parke-Davis*, 189 F. at 100, 103

182] *Myriad*, 133 S.Ct. at 2116, 2119

183] *Roslin*, 750 F.3d at 1338-39

③ "현저히 다른지"를 판단하기 위한 특성에 대한 평가: 현저히 다른 특성 분석의 마지막 단계는 청구된 자연을 기반으로 한 물건의 특성과 자연적으로 생성된 상응하는 물건의 특성을 비교하는 것이다. 법원은 현저한 차이를 입증하기 위해서는 특성이 자연적인 것과 비교하였을 때 변화되어 있어야 하며, 자연적으로 생성된 상응하는 물건의 특성에 내재하거나, 그 특성 내에서 우발적으로 변화된 것만으로는 부족하다고 판단하였다.[184]

만약, 어느 특성에서도 변화가 없다면, 청구된 물건은 현저하게 다른 특성이 부족하므로 사법적 예외인 자연의 산물이 된다. 자연적으로 생성된 상응하는 물건과 비교하여 적어도 하나의 특성에서 변화가 있고, 그 변화가 출원인의 노력의 산물이라면, 그 변화는 일반적으로 현저하게 다른 특성으로 간주되어 청구된 물건은 자연의 산물 예외에 해당하지 않게 된다.

ⓐ 현저히 다른 특성을 갖는 산물의 예: *Chakrabarty* 사례에서는 청구된 박테리아들을 현저히 다른 특성을 갖는 자연에 기반을 둔 물건으로 인식하였다. 이 박테리아들은 변화된 기능적 특성을 갖고 있었다. 즉, 적어도 두 가지의 다른 탄화수소를 분해할 수 있기 때문에 자연적으로 생성된 Pseudomonas 박테리아가 단일 탄화수소만을 분해할 수 있는 것과 비교된다. 또, 이것은 자연적으로 생성된 Pseudomonas 박테리아에서 발견되는 것보다 많은 Plasmids를 포함할 수 있도록 유전적으로 변경되었다. 연방 대법원은 이와 같이 더 많은 Plasmids를 추가하고 그 결과로 기름의 다양한 탄화수소 구성요소를 분해할 수 있는 변화된 특성을 "자연에서 발견될 수 있는 것과는 현저히 다른 특성"이라고 판단하였다. 따라서, 이들 박테리아들은 특허 적격이 있다.[185]

Myriad 사례에서, 연방 대법원은 BRCA1의 상보적 DNA(complementary DNA; cDNA)를 현저히 다른 특성을 가진 자연에 기반을 둔 물건이라고 판단하였다. 청구된 cDNA는 자연적으로 생성된 유전자와 동일한 기능적 특성(즉, 동일한 단백질을 암호화하였다)을 가지고 있지만, 변화된 구조

184) *Myriad*, 133 S.Ct. at 2111
185) *Diamond v. Chakrabarty*, 447 U.S. 303, 310 (1980)

적 특성을 갖고 있다. 즉, 자연적으로 생성된 서열이 Exons와 Introns를 포함하고 있는 데 반하여, Exons만 포함하고 있는 다른 Nucleotide 서열이다. 연방 대법원은 cDNA가 자연적으로 생성된 DNA의 Exons를 보유하지만, 그것이 유래된 DNA와는 구별되며, 따라서 cDNA는 자연의 산물이 아니다."라고 판단하였다.[186]

ⓑ 현저히 다른 특성이 결여된 산물의 예: *Myriad* 사례에서, 연방 대법원은 특성의 모든 변화가 현저히 다른 수준에 이르는 것은 아니라는 것을 분명히 하였다. 예를 들면, 유전자 서열의 분리로부터 생기는 우연한 변화는 분리된 유전자를 현저히 다르게 만드는 데 충분하지 않다. *Myriad*에서 특허권자는 인간 유전자 중에서 BRCA1과 BRCA2의 위치와 이들의 분리 즉, 자연적으로 존재하는 나머지 염색체로부터 이 특정 유전자를 분리하는 것을 발견하였다. 이 분리의 결과로, 분리된 유전자들은 자연적인 유전자와는 구조적으로 다른 특성을 갖게 되었다. 자연적인 유전자는 나머지 염색체와 연결된 말단에 공유 결합을 가지고 있지만, 분리된 유전자는 이들 결합을 갖고 있지 않다. 하지만, 청구된 유전자는 자연적인 유전자와 구조적으로 동일하다. 예를 들면, 자연 상태에 있는 BRCA 유전자와 같은 유전적 구조와 Nucleotide 서열을 갖고 있다. 연방 대법원은 이들 분리되었지만 변화되지 않은 유전자들이 자연에서 존재하고 있는 것과 충분히 다르지 않다고 결론지었다.[187] 결론적으로, 청구된 유전자는 자연적으로 생성된 상응하는 것(BRCA 유전자)과 다르기는 하지만 현저히 다르지는 않기 때문에 사법적 예외인 자연의 산물에 해당한다.

*Ambry Genetics*에서, 법원은 Primers로 알려진 청구된 DNA 부분을 현저히 다른 특성이 없다는 이유로 자연의 산물로 판단하였다.[188] 청구

---

186) *Myriad*, 133 S.Ct. at 2119

187) *Myriad*, 133 S.Ct. at 2113-14(Myriad의 특허는, 유효하다면, 개별적인 BRCA1과 BRCA2를 분리하는 데 배타적인 권리를 주게 될 것이다. 그러나, 분리는 유전자 검사를 수행하는 데 필요하다.)

188) *University of Utah Research Foundation v. Ambry Genetics Corp.*, 774 F.3d 755 (Fed. Cir. 2014)

된 Primers는 한 가닥으로 된 DNA 조각들이고, 각자 BRCA 유전자에서 자연적으로 생성된 두 가닥의 DNA 서열에 대응한다. 특허권자는 Primers가 합성되어 만들어졌고, 인체에서 한 가닥의 DNA를 발견할 수 없기 때문에, 자연적인 DNA와는 구조적으로 현저히 다른 특성을 갖고 있다고 주장하였다. 그러나, 법원은 Primers나 그에 상응하는 것들이 같은 유전적 구조와 Nucleotide 서열을 갖고 있기 때문에, Primers의 구조적 특성은 상응하는 자연적인 DNA 가닥과는 현저히 다르지 않다고 결론내렸다. 특허권자는 또한 Primers가 Primer로 분리되어서 DNA 중합 프로세스의 시작 물질(Starting materials)로 사용될 수 있기 때문에, Primers가 DNA 가닥의 일부분일 때와는 다른 기능을 갖고 있다고 주장하였다. 법원은 시작 물질로 사용될 수 있는 기능은 DNA 그 자체의 내재적인 것으로 특허권자에 의하여 제조되거나 변경된 것이 아니라고 보아, 특허권자의 주장에 동의하지 않았다.[189] 즉, 청구된 Primers의 특성은 자연적으로 생성된 DNA에 내재되었기 때문에, Primers의 특성은 자연적인 것과 현저히 다르지 않으며, 따라서 사법적 예외인 자연의 산물에 해당한다. *Marden*에서도 이와 동일한 결과가 도출되었다. 법원은 Vanadium의 연성(ductility)은 내재된 특성 중의 하나이며, 다른 물질과의 조합에 의하여 얻어진 특성이나 내재적 특성을 변화시키는 화학적 반응이나 화학 작용제에 의하여 주어진 특성이 아니기 때문에, 연성 Vanadium에 대한 청구가 특허를 받을 수 없다고 판단하였다.[190]

Roslin 사례에서, 법원은 청구된 복제 가축이 상응하는 자연적인 가축과 현저히 다른 특성을 갖고 있지 않기 때문에 자연의 산물이라고 판단하였다.[191] 출원인은 기증된 동물의 유전적 물질을 난모세포에 이식하고, 그 난모세포를 배아로 발달하게 하고, 그 배아를 새끼로 발달시킬 수 있는 대리모 동물에 이식함으로써 동물을 복제(Dolly로 불리우는 복제 양)하

189] *Ambry Genetics*, 774 F.3d at 760-61
190] *In re Marden*, 47 F.2d 958, 959, 18 CCPA 1057 (CCPA 1931)
191] *In re Roslin Institute (Edinburgh)*, 750 F.3d 1333, 1337 (Fed. Cir. 2014)

였다. 출원인은 복제 동물이 인간의 재능으로 만들어졌고, 기증된 동물과 비교하여 모양, 크기, 행동 등의 표현형에서 차이가 있기 때문에 특허를 받을 수 있다고 주장하였다. 법원은 복제물은 기증물의 정확한 유전적 복제물이며, 현저히 다른 특성이 없다고 설명하였다. 법원은 주장된 표현형의 차이(예 Dolly가 기증된 동물보다 크고 무겁다는 사실)는 청구되지 않았기 때문에 복제 양을 현저히 다르게 만들지 못한다고 밝혔다.[192]

V 특허 적격 스텝 2B: 청구항이 유의미하게 많은 것에 해당하는지 여부(Whether a claim amounts to significantly more)

1. 창의적 개념에 관한 조사

추상적 사고, 자연 현상 그리고 자연 법칙 등이 그 자체로서는 특허 적격이 없다고 하더라도, 이들 예외에 해당되는 것들을 창의적 개념으로 통합한 청구항들은 특허 가능한 발명으로 변형된다.[193] 따라서, *Alice/Mayo*의 두 번째 부분 테스트는 종종 창의적 개념에 대한 조사로 불린다.

창의적 개념은 특허를 받을 수 없는 자연 법칙(또는 자연 현상이나 추상적 사고)에 의하여 제공될 수 없다.[194] 대신에, 창의적 개념은 청구항에 언급된 사법적 예외를 뛰어 넘는 구성요소 또는 구성요소의 결합에 의하여 제공되며, 전체로서의 청구항이 사법적 예외보다 유의미하게 많은 것에 대한 것이라는 것을 보장하기에 충분하다.[195]

---

192) *Id.*, at 1338

193) *Alice Corp. Pty. Ltd. v. CLS Bank Int'l*, 134 S.Ct. 2347, 2354 (2014) (*Mayo Collaborative Servs. v. Prometheus Labs., Inc.*, 566 U.S. 66, 71-72 (2012)를 인용)

194) *RecogniCorp, LLC v. Nintendo Co.*, 855 F.3d 1322, 1327 (Fed. Cir. 2017) (추상적 사고(수학적 계산)에 다른 추상적 사고(암호화/복호화)를 추가하는 것이 그 청구항을 비추상적으로 만들지 않는다.)

195) *Alice Corp.*, 134 S.Ct. at 2355

추가적인 구성요소가 창의적 개념에 해당되는지를 결정하기 위해서는 추가적인 구성요소가 개별적으로 또는 결합하여 사법적 예외보다 유의미하게 많은 것에 해당한다는 것을 보장하는지를 고려할 필요가 있다. 이 접근방법은 모든 청구항의 구성요소를 고려하여야 하기 때문에, 연방 대법원은 "특허 청구항이 전체로서 고려되어야 하는 것은 일관된 일반 법칙이다."라고 밝혔다.[196] 비록 추가적인 구성요소가 그 자체로서는 유의미하게 많은 양에 해당하지 않더라도, 청구항의 다른 요소와 결합하여 고려될 때에는 유의미하게 많은 양에 해당될 수 있기 때문에, 결합된 구성요소들을 고려하는 것은 특별히 중요하다.[197]

법원이 특허 적격 분석에서 추가적 요소의 전통성 같은 고려사항을 평가하더라도, 창의적 개념에 대한 조사는 신규성이나 비자명성에 대한 판단과 혼돈되어서는 안 된다.[198] 법원이 명확히 밝혔듯이, "프로세스에서 어떤 요소나 단계 또는 프로세스 그 자체의 '신규성'은 청구항의 주제가 §101의 특허를 받을 수 있는 주제에 해당하는지를 결정하는 데 아무런 관련성이 없다."[199] 또한, 창의적 개념에 대한 조사는 §103의 자명성 분석과도 구별된다.[200] 특히, 청구된 발명이 신규성(§102)이 결여되었거나 자명(§103)하더라도, 추가적인 구성요소가 잘 이해되고, 일상적이며, 전통적인 구성요소라는 것을 반드시 의미하지 않는다. 신규성과 비자명성은 특허를 받을 수 있는 자격과 구별되는 요건이기 때문에, 선행 기술에 대

---

196) *Alice Corp.*, 134 S.Ct. at 2355

197) *Rapid Litig.*, 827 F.3d at 1051 (개별적으로 잘 알려진 동결과 해동 단계의 조합을 언급한 프로세스는 일상적이고 전통적인 방식과는 거리가 멀기 때문에 특허 적격이 있다.); *BASCOM Global Internet Servs. v. AT&T Mobility LLC*, 827 F.3d 1341, 1350 (Fed. Cir. 2016) (창의적 개념은 개별적으로 잘 알려지고 전통적인 구성요소들의 비전통적이고 일반적이지 않은 배열에서 발견될 수 있다.)

198) *Mayo*, 566 U.S. at 91

199) *Intellectual Ventures I v. Symantec Corp.*, 838 F.3d 1307, 1315 (Fed. Cir. 2016); *Synopsys, Inc. v. Mentor Graphics Corp.*, 839 F.3d 1138, 1151 (Fed. Cir. 2016) (새로운 추상적 사고에 대한 청구항도 역시 추상적 사고이다. 따라서, §101 창의적 개념에 대한 조사는 §102의 신규성을 증명하는 것과 구별된다.)

200) *BASCOM Global Internet v. AT&T Mobility LLC*, 827 F.3d 1341, 1350 (Fed. Cir. 2016) (창의적 개념의 조사는 각 청구항의 요소가 해당 기술 분야에서 잘 알려져 있다는 것을 인식하는 것 이상의 것을 요구한다.… 창의적 개념은 잘 알려지고 전통적인 조각들을 비전통적이고 일반적이지 않은 방식으로 배열한 데에서 발견될 수 있다.)

한 §102와 §103에서의 발명에 대한 특허성은 §101의 특허 적격이 요구되지도 않고 이를 보장하지도 않는다.

(1) 추가 구성요소가 창의적 개념에 해당되는지를 판단하는 데 관련된 고려사항

연방 대법원은 청구된 추가 구성요소가 창의적 개념에 해당하는지를 판단하는데 관련된 고려사항들을 밝히고 있다. 연방 대법원이 밝힌 고려사항은 배타적이거나 제한적인 것이 아니다. 추가 구성요소들은 때때로 고려사항의 여러 유형에 근거하여 분석될 수 있으며, 그 고려사항의 유형들은 적격성 분석에서 중요한 것은 아니다.

법원이 사법적 예외를 가진 청구항에서 "유의미하게 많은 것"으로 인정될 수 있다고 판단한 한정 요소들은 다음과 같다.

① 컴퓨터 기능의 개선, 예를 들면 전통적인 인터넷 하이퍼링크 프로토콜을 이중 소스의 하이브리드 웹페이지를 생산하도록 변경[201]

② 어떤 기술이나 기술적 분야의 개선, 예를 들면, 금형 안의 열전대를 이용하여 온도를 계속 모니터함으로써 종래 기술에서 흔히 발생하는 과경화(Overcuring) 및 미경화(Undercuring) 문제를 감소시키는 전통적인 고무 성형 공정의 변경[202]

③ 특별한 기계를 사용하면서 사법적 예외를 적용, 예를 들면, 형성된 Paper web의 품질을 유지하면서 기계의 속도를 최적화하기 위한 특별한 방법으로 배열된 장망식 초지기(Fourdrinier machine)[203]

④ 특정 기술을 다른 상태나 사물로 변환 또는 축소, 예를 들면, 가공되지 않은 미경화 합성 고무를 정밀 성형 합성 고무 제품으로 변형하는 프로세스[204]

⑤ 해당 기술 분야에서 잘 이해되거나, 일상적이고 전통적인 행동 이외의 특별한 한정 요소를 추가하거나, 청구항을 특별히 유용한 용법에 한정하기 위하여 비전통적인 단계를 추가, 예를 들면, 인터넷 콘텐츠를 필터링하기 위하여 비전통적이고 일반적이지 않은 컴퓨터 구성요소의 배열[205]

---

201) *DDR Holdings, LLC v. Hotels.com, L.P.*, 773 F.3d 1245, 1258-59 (Fed. Cir. 2014)

202) *Diamond v. Diehr*, 450 U.S. 175, 191-92 (1981)

203) *Eibel Process Co. v. Minn. & Ont. Paper Co.*, 261 U.S. 45, 64-65 (1923)

204) *Diehr*, 450 U.S. at 184

205) *BASCOM Global Internet v. AT&T Mobility LLC*, 827 F.3d 1341, 1350-51 (Fed. Cir. 2016)

⑥ 사법적 예외의 사용을 특정 기술 환경에 일반적으로 연결하는 것 이상의 의미가 있는 한정 요소, 예를 들면, 데이터 비교라는 추상적 사고가 (면역 접종 환자에게서 후일 만성적인 면역 매개 질병이 발발할 가능성을 낮추기 위한) 특정의 면역 접종프로세스에 통합된 예방 접종 단계

한편, 법원이 사법적 예외를 가진 청구항에서 "유의미하게 많은 것"으로 인정되기에 충분하지 않다고 판단한 한정 요소들은 다음과 같다

① 사법적 예외에 "그것을 적용한다."는 문구를 추가하거나, 컴퓨터에 추상적 아이디어를 구현하기 위한 단순한 지침만을 추가한 경우, 예를 들어, 컴퓨터에 의하여 수행되는 전자 기록을 제작하고 유지하는 것과 같은 특정 기능을 지시하는 한정 요소[206]

② 산업 분야에서 이전에 이미 잘 알려져 있는, 일상적이고, 전통적인 활동을 사법적 예외에 단순히 추가한 경우, 예를 들면, 추상적 사고에 대한 청구항이 산업 분야에 이미 알려진 일상적이고 전통적인 범용 컴퓨터의 기능을 수행하도록 요구하는 것[207]

③ 사법적 예외에 사소한 여분의 솔류션을 더하는 것. 예를 들면, 추상적인 Mental process에 의하여 분석될 수 있는 신용카드 거래에 관한 정보를 획득하는 단계와 같이 자연 법칙 또는 추상적 사고와 함께 단순히 데이터를 수집하는 것[208]

④ 사법적 예외의 사용을 특정 기술 환경이나 사용 분야에 일반적으로 연결. 예를 들어, 에너지나 상품 시장에서 사용될 수 있는 추상적 사고에 불과한 헤징의 방법을 설명한 청구항[209] 또는 석유 화학 분야 또는 석유 정제 분야에 수학 공식을 사용하도록 한정하는 청구항[210]

주목할 만한 사실은 추가 구성요소나 요소들의 물리적 성질이나 유형성 등은

---

206) *Alice Corp.*, 134 S.Ct. at 2360

207) *Id.*, at 2360

208) *CyberSource v. Retail Decisions, Inc.*, 654 F.3d 1366, 1375 (Fed. Cir. 2011)

209) *Bilski v. Kappos*, 561 U.S. 593, 595 (2010)

210) *Parker v. Flook*, 437 U.S. 584, 588-90 (1978)

스텝 2B 단계에 관련된 고려사항이 아니라는 점이다. 연방 대법원은 *Alice* 사례에서 사법적 예외의 단순한 물질적 또는 유형적 이행은 그 자체로 창의적 개념이 아니면 특허 적격을 보장하지 않는다고 판단하였다.[211]

(2) 법원이 창의적 개념을 조사하는 방법예

*Alice*는 법원이 "유의미하게 많은 것에 대한 분석(Significantly more analysis)"을 하는 방법예들을 보여 준다. 이 사례에서, 연방 대법원은 컴퓨터 시스템, 컴퓨터 판독 가능 매체, 컴퓨터 구현 방법 등에 대한 청구항을 분석하였다. 이 모든 것들은 금융 거래의 한 당사자만이 결제하는 "결제 위험"을 감소시키기 위한 계획을 설명해 준다. *Alice/Mayo* 테스트의 첫 단계에서, 연방 대법원은 청구항이 결제 위험을 감소시키는 추상적 사고에 대한 것이라고 판단하였다. 연방 대법원은 이어서 테스트의 두 번째 단계로 넘어갔다.

① 연방 대법원은 청구항의 추가 요소를 확인하였다. 예를 들면, 방법 청구항에서는 "전자 기록을 만들고, 여러 거래를 추적하여, 동시에 지침을 전달하는 단계들을 언급하였고, 물건 청구항에서는 "Communications controller"와 "데이터 저장 단위"가 있는 "데이터 프로세싱 시스템" 같은 하드웨어를 언급하였다.

② 연방 대법원은 추가 요소들을 개별적으로 검토하여, 모든 컴퓨터 기능들은 이미 산업 분야에 알려진 "잘 이해되고, 일상적이며 전통적인 활동"이며, 각 단계는 범용 컴퓨터 기능을 수행하는 것을 요구하고, 언급된 하드웨어는 순수하게 기능적이며 일반적이라고 판단하였다.

③ 연방 대법원은 추가 요소를 "정리된 조합으로서" 검토하여, "각 단계를 개별적으로 검토하였을 때, 현존하지 않는 어떤 것도 컴퓨터 구성요소에 추가되지 않았고", 중개인에 의한 결제가 범용 컴퓨터에 의하여 수행되는 것으로 단순히 언급되었다고 판단하였다.

이와 같은 분석에 따라, 연방 대법원은 청구항들이 일부 범용 컴퓨터를 사용

211) *Alice Corp.*, 134 S.Ct. at 2358-59

하여 중개인에 의한 결제라는 추상적 사고를 적용한 지침 이상의 유의미한 정도에 이르지 못하였다고 결론지었다. 따라서, 청구항은 사법적 예외에 대한 것이기 때문에 특허 적격이 없으며, *Alice/Mayo*의 2단계 테스트에 실패하였다고 판단하였다.

*Bascom*도 법원의 "유의미하게 많은 것에 대한 분석"의 방법예와 함께, 조합에서 추가 요소를 고려할 때의 중요한 예를 제공한다. 본 사례에서, 연방 항소 법원은 연방 지방 법원의 인터넷 컴퓨터 네트워크에서 얻은 정보를 필터링하는 시스템에 대한 청구항에 관하여 *Alice/Mayo* 2단계 분석이 적절하게 수행되지 못하였다고 판단하면서, 특허 부적격 판단을 파기하였다.[212] 연방 항소 법원은 지방 법원의 청구항이 인터넷 콘텐츠 필터링이라는 추상적 사고에 대한 것이라는 판단에는 동의하면서, *Alice/Mayo* 2단계 분석에 들어갔다.

① 연방 지방 법원은 '로컬 클라이언트 컴퓨터', '원격 ISP 서버', '인터넷 컴퓨터 네트워크', 'Controlled network accounts' 등과 같은 추가 구성요소를 적절하게 확인하였다.
② 연방 지방 법원이 명세서에 언급된 각각의 추가 구성요소를 "잘 알려진 범용 컴퓨터 구성요소"라고 판단한 것은 적절하였다.
③ 창의적 개념에 대한 조사는 해당 기술 분야에 알려진 청구항 구성요소 그 자체를 인식하는 것 이상을 요구하므로, 연방 지방 법원은 추가 구성요소들의 조합에 대하여 검토할 필요가 있었음에도 하지 않았다.

이와 같은 분석에 근거하여, 항소 법원은, 조합되었을 때 비전통적이고 일반적이지 않은 추가 구성요소의 배열(예 소비자로부터 먼 특정 위치에 설치한 고객 맞춤형 필터링 도구의 특성)에서 발견된 창의적 개념을 지방 법원이 인식하지 못하였다고 결론지었다.

---

212) *BASCOM Global Internet v. AT&T Mobility LLC*, 827 F.3d 1341 (Fed. Cir. 2016)

2. 특허 적격 스텝 2B: 추가 구성요소가 "창의적 개념"에 기여하는지 여부

특허 심사관의 특허 적격 분석 스텝 2B는 *Alice/Mayo*의 2단계 테스트에 해당한다. 즉, 연방 대법원은 자연 법칙, 자연 현상과 추상적 사고에 대한 청구항과 이들 개념의 적용으로 특허 적격이 생기는 청구항을 구분하기 위한 체계이다.[213] 특허 적격 분석에 관한 다른 단계들처럼, 이 단계의 판단은 전체 출원서의 개시를 검토하여 출원인이 발명한 것을 결정하고, 청구항들을 BRI에 따라 해석한 후에 행해져야 한다.

스텝 2B 질문: 청구항은 사법적 예외 이상의 유의미하게 많은 것에 해당하는 추가 구성요소를 언급하였는가? 심사관은 이 질문에 대하여 먼저 청구항에서 사법적 예외를 초과하는 추가 구성요소가 언급되었는지, 그리고 창의적 발명에 기여하였는지를 결정하기 위하여 이들 추가 구성요소를 개별적으로 또는 조합하여 판단함으로써 대답할 수 있다.

앞에서 본 플로우차트에 따라, 스텝 2B는 다음과 같은 것을 결정한다.

① 전체로서의 청구항이 사법적 예외 보다 유의미하게 많은 것에 해당하지 않으면(스텝 2B: 아니오), 그 청구항은 특허 적격이 없다.

② 전체로서의 청구항이 사법적 예외보다 유의미하게 많은 것에 해당하면(스텝 2B: 예), 그 청구항은 C 경로에 따라 특허 적격이 부여된다.

심사관은 각 청구항의 특허 적격을 그 청구항에서 언급한 특정의 구성요소에 근거해서 분리하여 판단하여야 한다. 청구항들은 명세서의 유사한 청구항과 함께 자동적으로 판단되어서는 안 된다. 예를 들면, 한 청구항이 유의미하게 많은 것에 해당함이 없이 사법적 예외에 관한 것이기 때문에 특허 적격이 없더라도, 그 청구항의 종속 청구항에서 유의미하게 많은 것에 해당하는 추가 구성요소를 언급한 경우에는, 그 종속 청구항의 특허 적격이 부여된다.

213] *Alice*, at 2355

1) 컴퓨터의 기능 또는 어떤 다른 기술 분야의 개선

특허 적격을 판단하는 데 있어, 심사관은 청구항이 컴퓨터 자체 또는 어떤 다른 분야의 기능 개선을 의도하였는지를 고려하여야 한다.[214] 이와 같은 고려 사항은 기술적 문제에 대한 기술적 해결 방법을 찾는 경우에도 언급되어 왔다.[215]

*Alice*에서 판단된 개선은 창의적 개념을 찾는 것에 관련되었지만, 여러 항소 법원의 판단은 청구항이 추상적 사고에 관한 것인지를 결정할 때 이 고려사항을 판단하였다.[216] 따라서, 심사관은 청구항이 컴퓨터 또는 다른 기술 분야의 기능 개선을 포함하고 있는지를 그 청구항이 자명하여 간소화된 분석이 가능한지 고려할 때뿐만 아니라, 스텝 2A 또는 스텝 2B 단계에서 판단하여야 한다.

청구항이 그와 같은 개선에 관한 것이라고 판단할 때에는, 연방 항소 법원은 그 청구된 발명의 초점에 의존해 왔다. 전체로서의 청구항의 초점을 결정하기 위해서는 그 청구항에 최광의의 합리적인 해석(BRI)이 부여되는 것이 중요하다. 청구항 해석 원칙에 따라, 청구항에 대한 최광의의 합리적인 해석을 결정하는 데 그리고 청구된 발명이 컴퓨터의 기능 또는 현존 기술의 개선을 의도하였는지를 결정하는 데 명세서가 참조되어야 한다.

만약, 발명이 전통적인 컴퓨터의 기능 또는 전통적인 기술을 개선시켰다고 주장된다면, 명세서에 그 발명을 구현한 방법에 관하여 기술적 설명이 제시되어야 한다. 즉, 개시에서 충분한 설명이 제공되어 당업자들이 청구된 발명이 개선에 제공되었다고 인식할 수 있어야 한다. 청구된 발명이 기술 개선에 제공되었다고 보기 위해서는, 명세서상에 기술적 문제를 인식하고, 청구항에 표현된 비전통적인 기술적 솔루션에 대하여 상세한 설명을 하고, 선행 기술을 극복하고 청구항에 의하여 기술적 개선이 실현되었다는 것이 논의되어야 한다.

예를 들면, *McRO*에서, 청구항이 추상적 사고라기보다는 컴퓨터 애니메이션

---

214) *Alice*, at 2359

215) *DDR Holdings, LLC. v. Hotels.com, L.P.*, 773 F.3d 1245, 1257 (Fed. Cir. 2014); *Amdocs (Israel), Ltd. v. Openet Telecom, Inc.*, 841 F.3d 1288, 1300-01 (Fed. Cir. 2016)

216) *Enfish, LLC v. Microsoft Corp.*, 822 F.3d 1327, 1335-36 (Fed. Cir. 2016); *McRO, Inc. v. Bandai Namco Games Am. Inc.*, 837 F.3d 1299, 1314-16 (Fed. Cir. 2016); *Visual Memory, LLC v. NVIDIA Corp.*, 867 F.3d 1253, 1259-60 (Fed. Cir. 2017)

의 개선에 대한 것인지를 판단할 때, 법원은 이전에 인간에 의하여 주관적으로 수행되었던 특정 애니메이션 업무를 자동화할 수 있도록 청구항에 언급된 특정 규칙에 대한 명세서상의 설명에 의존하였다.[217] 이와 대조적으로, *Affinity* 사례에서 방송 콘텐츠를 휴대 전화기에 전송하는 방법에 대한 청구항이 특허 적격이 없다고 판단할 때, 법원은 주장된 개선점이 발명에 의하여 달성되었다는 점에 관하여 명세서에서 상세하게 설명하지 못하였다는 사실을 근거로 삼았다.[218]

심사관은 명세서를 고려하여 개시된 발명이 기술을 개선시켰는지를 판단한 후에, 그 청구항 자체가 기술의 개선을 반영하였는지를 평가하여야 한다.[219] 청구항이 기술 개선을 반영하였는지를 결정하기 위해서는, BRI 아래서 청구항의 전체 범위가 고려되어야 한다. 이것을 결정할 때, 심사관은 전체로서의 청구항을 살펴보는 것이 중요하다. 즉, 청구항은 "개별 단계의 요구사항을 놓치지 않고 정리된 조합으로서" 평가되어야 한다. 이와 같은 평가를 수행함에 있어, 심사관은 청구항을 일반적으로 살펴봄으로써 이를 과도하게 단순화하거나, 청구항의 특정 요구사항을 설명하지 못하게 되는 것을 피하도록 주의하여야 한다.[220]

청구항이 기술 개선에 관한 것인지를 판단할 때 중요한 고려사항은 그 청구항이 해결책이나 결과물에 관한 아이디어를 청구한 것이 아니라, 바람직한 결과물을 도출하기 위한 특정 방법이나 문제를 해결하기 위한 특정 해결책을 어느 정도까지 포함하고 있는지에 관한 것이다.[221] 이 점에서, 기술 개선에 관한 고려사항은 다른 스텝 2B의 고려사항(특히, 특정 기계에 대한 고려사항과 단순히 사법적 예외를 적용한다는 지침에 관한 고려상항)과 겹쳐진다. 따라서, 그 다른 고려사항들에 대한 평가는 심사관이 청구항이 기술 개선의 고려사항을 충족시켰는지를 결정하는 데 도움을 제공할 수 있다.

---

217) *McRO*, 837 F.3d at 1313-14

218) *Affinity Labs of Tex. v. DirecTV, LLC*, 838 F.3d 1253, 1263-64 (Fed. Cir. 2016)

219) *Intellectual Ventures I LLC v. Symantec Corp.*, 838 F.3d, at 1316 (특허권자는 청구된 이메일 필터링 시스템이 Protection gap을 줄이고, 물량 문제를 해결하였다고 주장하지만, 법원은 청구항 자체에 이들 이슈에 관하여 언급한 한정 요소가 없기 때문에 특허권자의 주장에 동의하지 않았다.)

220) *McRO*, 837 F.3d at 1313

221) *McRO*, 837 F.3d at 1314-15; *DDR Holdings*, 773 F.3d at 1259

(1) 컴퓨터의 기능 개선

컴퓨터와 관련된 기술에 있어서, 심사관은 그 청구항이 컴퓨터의 기능 개선을 의도하였는지 또는 컴퓨터를 단순히 도구로서 들먹였는지 결정하여야 한다.[222] *Enfish*에서, 법원은 자기 참조형 데이터베이스에 관련된 청구항을 특허 적격이 있다고 판단하였다. 법원은 청구항들이 추상적 사고에 대한 것이라기보다는 컴퓨터의 기능 향상에 관한 것이라고 보았다. 선행 기술에 대한 명세서상의 논의와 발명에 의하여 컴퓨터 저장 방법을 향상시키고 청구항에 언급된 특정 데이터 구조와 결합하여 메모리의 데이터를 검색하는 방법 등이 특허 적격성을 뒷받침하였다. 청구항은 여기서 범용 컴퓨터에 추상적 사고를 사후에 단순히 추가한 것이 아니고, 소프트웨어 기술 분야에서 문제에 대한 특정 해결책을 구현한 것이다.

법원이 언급한 아래 사례들은 컴퓨터 기능 개선을 보여 준다.

① 호스트 사이트와 광고 사이트가 결합된 하이브리드 웹페이지를 생성하도록 전통적인 인터넷 하이퍼링크 프로토콜을 변형[223]
② 인터넷 콘텐츠를 필터링하기 위한 네트워크상의 창의적인 기능 분배[224]
③ 망판(Halftone) 디지털 이미지를 만드는 방법[225]
④ Networking accounting data records를 생성하는 동안 네트워크의 병목 현상을 줄이기 위하여 비전통적인 방법으로 작동하는 네트워크 분배 구조[226]
⑤ 프로세서 유형에 따라 구성될 수 있도록 프로그래밍될 수 있는 작동 특성을 가진 메모리 시스템, 이 시스템은 프로세서 성능을 떨어뜨리지 않고 여러 형태의 프로세서들과 사용될 수 있다.[227]

---

222) *Enfish, LLC v. Microsoft Corp.*, 822 F.3d 1327, 1336 (Fed. Cir. 2016)
223) *DDR Holdings*, 773 F.3d at 1258-59
224) *BASCOM Global Internet v. AT&T Mobility LLC*, 827 F.3d 1341, 1350-51 (Fed. Cir. 2016)
225) *Research Corp. Techs. v. Microsoft Corp.*, 627 F.3d 859, 868-69 (Fed. Cir. 2010)
226) *Amdocs (Israel), Ltd. v. Openet Telecom, Inc.*, 841 F.3d 1288, 1300-01 (Fed. Cir. 2016)
227) *Visual Memory, LLC v. NVIDIA Corp.*, 867 F.3d 1253, 1259-60 (Fed. Cir. 2017)

⑥ 휴대전화 네트워크를 통한 이미지 전송 방법 및 분류 이미지를 디지털 이미지 데이터에 첨부하는 방법에 관한 기술적 상세 설명[228]

⑦ 조직화된 디지털 이미지를 저장하기 위한 특별한 서버 구조[229]

⑧ 메뉴를 생성하기 위하여 소프트웨어를 프로그래밍하고 설계하는 특별한 방법[230]

방법 특허가 컴퓨터의 기능을 개선하였다고 보기 위해서는, 청구항에 대한 최광의의 합리적인 해석(BRI)은 컴퓨터에 구현된 것에 한정되어야 한다. 즉, 청구항의 전체 범위가 정신적으로 수행될 수 있다면, 컴퓨터 기술을 개선하기 위한 것이라고 말할 수 없다.[231] 또한 컴퓨터에서 수행될 수 있는 실시예뿐만 아니라, 구두 또는 전화로 실행될 수 있는 실시예를 포함하는 방법 특허는 컴퓨터 기술을 개선할 수 없다.[232]

다음과 같이 법원이 지적한 사례들은 컴퓨터 기능 개선을 보여 주기에 불충분하다.

① 기능적으로 청구된 속성과 함께 음식점 메뉴를 생성[233]

② 속도의 증가가 범용 컴퓨터의 기능에서만 유래된 경우, 감사 로그 데이터를 분석하는 프로세스 가속화[234]

---

228) *TLI Communications LLC v. AV Auto. LLC*, 823 F.3d 607, 614–15 (Fed. Cir. 2016) (청구항이 기능을 수행하는 데 필요한 기술적 상세 요건을 제공하지 못하였기 때문에 특허 부적격으로 판단됨)

229) *Id.*, at 612 (범용 서버의 사용이 추상적 사고에 창의적 개념을 더한 것으로 보기에 부족하다고 판단)

230) *Apple, Inc. v. Ameranth, Inc.*, 842 F.3d 1229, 1241 (Fed. Cir. 2016)

231) *Synopsys, Inc. v. Mentor Graphics Corp.*, 839 F.3d 1138 (Fed. Cir. 2016) (논리회로를 논리회로의 하드웨어 컴포넌트 설명으로 전환하는 방법에 대하여, 컴퓨터를 사용하지 않았고, 숙련된 기술자들이 모든 단계를 정신적으로 수행할 수 있기 때문에 특허 부적격이라고 판단)

232) *Recogni Corp, LLC v. Nintendo Co.*, 855 F.3d 1322, 1328 (Fed. Cir. 2017) (특별한 안면 특성에 할당된 이미지 코드를 사용하면서 안면 데이터를 암호화/복호화하는 프로세스는 컴퓨터를 필요로 하지 않기 때문에 특허 부적격이라고 판단.)

233) *Ameranth*, 842 F.3d at 1245

234) *FairWarning IP, LLC v. Iatric Sys.*, 839 F.3d 1089, 1095 (Fed. Cir. 2016)

③ 추상적 사고를 수행하는 컴퓨터의 단순한 사용, 예를 들면, 반환된 메일을 처리하는 과정에서 컴퓨터와 바코드 시스템 기능을 적용[235]

④ 구매 자금 조달을 위한 신청 절차에 범용 컴퓨터를 사용[236]하거나 또는 차주에게 각 대주를 찾아가도록 하거나, 전화를 하도록 하거나 또는 신청서를 작성하게 하는 절차를 생략하게 함으로써 대출 신청 절차를 신속하게 하는 것[237]과 같이 수작업의 단순한 자동화

⑤ 카메라와 휴대 전화를 결합함으로써 발생되는 문제를 창의적으로 해결하였다는 어떠한 주장도 없이, 초기의 잘 알려진 환경에서 범용 컴퓨터를 사용하여 디지털 이미지를 기록, 전달, 보관[238]

(2) 다른 기술이나 기술 분야의 개선

법원은 컴퓨터 기능을 넘어서는 기술 개선도 특허 적격을 증명할 수 있다고 판단하였다. *McRO* 사례에서, 연방 항소 법원은 컴퓨터에 구현된 규칙을 사용하여 얼굴 표현 애니메이션과 립싱크를 자동화하는 방법에 관한 청구항이 추상적 사고에 관한 것이 아니기 때문에 특허 적격이 있다고 판단하였다.[239] *McRO* 결정의 기본은 청구항이 컴퓨터 애니메이션의 개선에 대한 것이며 이전에 알려진 추상적 사고와 유사한 개념을 언급하지 않았다는 점이다. 법원은 예전에는 자동화될 수 없었던 특정 애니메이션 업무가 청구된 규칙에 의하여 자동화가 가능하였다는 명세서의 설명을 판단하였다. 법원은 컴퓨터 애니메이션에 청구된 특정 규칙을 편입한 것은 "현재의 기술적 프로세스를 향상"시킨 것이라고 지적했으며, 이는 *Alice*에서 컴퓨터가 단지 기존 프로세스를 수행하는 도구로 사용된 것과 다르다고 보았다. 법원은 청구항들이 해결책이나 결과물을 단순 청구한 데 지나지 않는 것이라기보다는, 만화 주인공들의 정확하고 현실적인 립싱크와 얼굴 표현을 만들기 위한 문제점을 해결하는 특별한 방법(음소에 따른 입모양 변형 가중치에

---

235) *Return Mail, Inc. v. U.S. Postal Service*, 868 F.3d 1350 (Fed. Cir. 2017)

236) *Credit Acceptance Corp. v. Westlake Services*, 859 F.3d 1044, 1055 (Fed. Cir. 2017)

237) *LendingTree, LLC v. Zillow, Inc.*, 656 Fed. App'x 991, 996-97 (Fed. Cir. 2016)

238) *TLI Communications*, 823 F.3d at 611-12

239) *McRO*, 837 F.3d at 1316

대한 특정 규칙의 사용)을 사용한 데 주목하여, 추상적 사고에 관한 것이 아니라고 판단하였다.

기존 기술의 개선을 보여 주기에 충분하다고 법원이 제시한 사례들은 다음과 같다.

① 특별히 컴퓨터화된 고무 성형 프레스의 작동 방법. 예를 들면, 금형 내부의 온도를 계속 모니터하기 위하여 열전대(Thermocouple)를 사용하여 전통적인 고무 성형 과정을 변경하였고, 이를 통하여 종래 기술의 문제점인 과경화, 미경화를 축소[240]
② 새로운 전화, 서버 그리고 그들의 조합[241]
③ 스트리밍할 콘텐츠 다운로드 프로세스의 진보[242]
④ 개선된 디지털 데이터 압축의 특별한 방법[243]
⑤ 바이러스 검사를 인터넷에 통합시킨 특별한 방법[244]
⑥ 새로운 데이터를 생성하는 측정 도구나 기술과 같은 구성요소 또는 그 방법[245]
⑦ 관성 센서의 특별한 구성 및 그 센서로부터 받은 미가공 데이터를 사용하는 특별한 방법[246]
⑧ 변경된 가격으로 주문 입력을 방지하는 특정 방식으로 매도 및 매수 가격을 표시함으로써 직접 거래의 정확성을 향상시키는 특정의 구조화된 그래픽 사용자 인터페이스[247]
⑨ 나중에 사용할 수 있도록 간세포를 보존하기 위한 개선된 공정[248]

기술 개선에 필요한 컴퓨터의 도움을 보여 주기 위하여, 청구항에서는 컴퓨터가 도움을 주는 방법, 컴퓨터가 도움을 주는 정도, 그 방법 수행에 있어서 컴퓨

---

240) *Diamond v. Diehr*, 450 U.S. 175, 187 and 191-92 (1981)
241) *TLI Communications LLC v. AV Auto. LLC*, 823 F.3d 607, 612 (Fed. Cir. 2016)
242) *Affinity Labs of Tex. v. DirecTV, LLC*, 838 F.3d 1253, 1256 (Fed. Cir. 2016)
243) *DDR Holdings, LLC. v. Hotels.com, L.P.*, 773 F.3d 1245, 1259 (Fed. Cir. 2014); *Intellectual Ventures I v. Symantec Corp.*, 838 F.3d 1307 (Fed. Cir. 2016)
244) *Symantec Corp.*, 838 F.3d at 1321-22
245) *Electric Power Group, LLC v. Alstom, S.A.*, 830 F.3d 1350, 1355 (Fed. Cir. 2016)
246) *Thales Visionix, Inc. v. United States*, 850 F.3d 1343, 1348-49 (Fed. Cir. 2017)
247) *Trading Techs. Int'l, Inc. v. CQG, Inc.*, 675 Fed. App'x 1001 (Fed. Cir. 2017)
248) *Rapid Litig. Mgmt. v. CellzDirect, Inc.*, 827 F.3d 1042, 1050 (Fed. Cir. 2016)

터의 중요성 등이 상세하게 언급되어야 한다. 그 방법을 수행함에 있어 단순히 범용 컴퓨터를 추가한 것으로는 충분하지 않다. 따라서, 기존 기술의 개선으로 인정받기 위해서는, 청구항에 범용 컴퓨터나 기계에서 수행하는 방법을 단순히 지시하는 것 이상이 포함되어야 한다.

기존 기술의 개선을 보여 주기에 충분하지 않다고 법원이 제시한 사례들은 다음과 같다.

① 범용 컴퓨터에 적용된 평범한 사업 방식[249)]
② 혈액이나 혈장 같은 인체 샘플의 효소 수준을 검출하기 위하여 잘 알려진 표준 실험 기술을 사용[250)]
③ 전통적인 기술을 사용하여 정보를 수집하고 분석한 뒤, 그 결과를 전시[251)]
④ 방송용 콘텐츠를 휴대 전화 등에 전송[252)]
⑤ 범용 컴퓨터에서 이메일을 검사하는 일반적인 방법[253)]
⑥ 스트리밍을 위하여 정보 콘텐츠를 다운로드 받는 데 있어서의 진보[254)]
⑦ 기존 방송용 콘텐츠 범위 내에서 하나의 콘텐츠를 선택하거나, 하드웨어에서 수행된 잘 알려진 일상적이고 전통적인 기능 범위 내에서 컴퓨터 하드웨어가 수행할 수 있는 특정 일반 기능을 선택하는 것[255)]

2) 특별한 기계

청구항이 사법적 예외보다 유의미하게 많은 것을 언급하였는지를 결정할 때, 심사관은 사법적 예외에 특별한 기계가 적용되었는지를 고려하여야 한다. 청구

---

249) *Alice Corp.*, 134 S.Ct. 2347; *Versata Dev. Group, Inc. v. SAP Am., Inc.*, 793 F.3d 1306, 1334 (Fed. Cir. 2015)

250) *Cleveland Clinic Foundation v. True Health Diagnostics, LLC*, 859 F.3d 1352, 1355 (Fed. Cir. 2017)

251) *TLI Communications*, 823 F.3d at 612-13

252) *Affinity Labs of Tex. v. Amazon.com*, 838 F.3d 1266, 1270 (Fed. Cir. 2016)

253) *Symantec*, 838 F.3d at 1315-16

254) *Affinity Labs of Tex. v. DirecTV, LLC*, 838 F.3d 1253, 1263

255) *Id.*, at 1264

항이 §101하에서 특허 적격이 있는지를 판단하는 데 있어서, "기계 또는 변형 테스트(the machine-or-transformation test; M-or-T test)는 유용하고 중요한 단서와 조사 도구가 된다."[256] 그러나, 사법적 예외에 특별한 기계를 적용하는 것이 중요한 단서가 될 수는 있어도 특허 적격을 독자적으로 결정하지는 않는다는 것을 명심하여야 한다.

모든 청구항들은 *Alice/Mayo*의 2단계 테스트를 사용하여 특허 적격이 판단되어야 한다. 청구항이 *Alice/Mayo*의 테스트를 통과하면, M-or-T test를 통과하지 못하더라도, 그 청구항은 특허 적격이 주어진다.[257] 만약, 청구항이 *Alice/ Mayo*의 테스트를 통과하지 못하면, 그 청구항은 M-or-T test를 통과하더라도 특허 적격이 주어지지 않는다.[258]

구성요소나 그 조합이 특정 기계인지를 결정하기 전에, 사법적 예외 고려사항, 사소한 여분의 솔루션 활동 고려사항 및 기술환경이나 사용 분야 고려사항 등을 적용하도록 단순히 지시하는 것과 같은 스텝 2B의 다른 고려사항을 평가하는 것이 심사관에게 도움이 될 수 있다.

(1) 기계 또는 장치의 구성요소의 특수성과 일반성

사법적 예외에 특별한 기계를 적용한 사례 중의 하나는 *Mackay Radio & Tel. Co. v. Radio Corp. of America*[259]이다. 이 사례에서, 안테나 시스템에서 정재파(Standing wave) 현상을 사용하기 위해 수학 공식이 사용되었다. 청구항은 특별한 형태의 안테나를 언급하였고, 안테나의 모양과 피뢰침, 특히 배열된 길이와 각도에 관한 상세한 설명을 포함하였다. 또 다른 사례로는 *Eibel Process*를 들

256] *Bilski v. Kappos*, 561 U.S. 593, 604 (2010)

257] *McRO, Inc. v. Bandai Namco Games Am. Inc.*, 837 F.3d 1299, 1315 (Fed. Cir. 2016) (특허받기 위해서 방법이 기계에 결부되어야 한다거나, 물건을 변형시켜야 할 것을 요구하지는 않는다.)

258] *DDR Holdings, LLC v. Hotels.com, L.P.*, 773 F.3d 1245, 1256 (Fed. Cir. 2014) (연방 대법원은 *Mayo*에서, 모든 변형이나 기계 구현이 특허 부적격의 청구항에 '창의적 개념'을 주입하는 것이 아니기 때문에, M-o-T 테스트 자체만 만족시키는 것으로는 청구항을 특허 적격으로 만들기에 충분하지 않다고 강조하였다.)

259] *Mackay Radio & Tel. Co. v. Radio Corp. of America*, 306 U.S. 86 (1939)

수 있다. 이 사례에서 장망식 초지기(Fourdrinier machine-오랫동안 신문용지를 제조하는 데 사용되었으며, Headbox, 종이를 만드는 망(Paper-making wire), 그리고 일련의 Rolls로 구성된 특별한 구조를 갖고 있다)에 중력이 적용되었는데, 생성된 Paper web의 품질은 유지하면서도 기계의 속도는 최적화되었다.[260]

사법적 예외, 이를 테면 추상적 사고에 전통적인 컴퓨터 기능을 적용하는 것은 특별한 기계로서 인정되지 않는다.[261] 만약, 출원인이 청구항에 범용 컴퓨터나 그 구성요소를 추가하고, 그 컴퓨터가 "특별히 프로그램되었다"거나 "특별한 기계"이기 때문에 그 청구항이 유의미하게 많은 것을 언급하였다고 주장한다면, 심사관은 그 추가된 구성요소가 사법적 예외보다 유의미하게 많은 것을 제공하는지를 살펴보아야 한다. 단순히 범용 컴퓨터나 그 구성요소 또는 프로그램된 컴퓨터에 범용 컴퓨터의 기능을 수행하도록 추가하는 것만으로는 특허 적격 거절사유를 극복할 수 없다.

(2) 기계 또는 장치가 방법의 단계들을 구현하는지 여부

방법이 단순히 기계 위에서 작동되는 경우에는 유의미하게 많은 것을 제공하지 않지만, 방법이 수행되도록 기계를 통합적으로 사용한 경우에는 유의미하게 많은 것을 제공할 수도 있다.[262] 예를 들면, 컴퓨터나 다른 기계 장치를 단순히 기존 프로세스를 수행하는 도구로 언급한 추가 구성요소는 일반적으로 사법적 예외 이상의 유의미한 것에 해당하지 않는다.[263]

---

260) *Eibel Process Co. v. Minn. & Ont. Paper Co.*, 261 U.S. 45, 64-65 (1923)

261) *Ultramercial, Inc. v. Hulu, LLC*, 772 F.3d 709, 716-17 (Fed. Cir. 2014)

262) *CyberSource v. Retail Decisions*, 654 F.3d 1366, 1370 (Fed. Cir. 2011) (인터넷이 없으면 청구된 방법이 필요하지도 가능하지도 않기 때문에 청구된 방법이 특정 기계에 결부되었다는 항소인의 주장은 받아들여지지 않았다. "인터넷"을 기계로 볼 수 있을지와 상관없이, 인터넷은 청구된 방법의 사기 조사 단계를 실행할 수 없기 때문이다.)

263) *Versata Development Group v. SAP America*, 793 F.3d 1306, 1335 (Fed. Cir. 2015) (기계가 유의미하게 많은 것을 추가하였는지를 설명하면서, 보다 빠르게 솔루션을 구현하기 위한 자명한 메커니즘으로서만 기능하기보다는 청구된 방법이 수행될 수 있는 유의미한 부분을 수행하여야 한다고 판단하였다.)

(3) 기계의 개입이 추가적인 솔루션 활동인지 사용 분야에 속하는지 여부

기계의 개입이 추가적인 솔루션 활동인지 기계의 사용 분야에 속하는지는, 기계 또는 장치가 청구항에 의미 있는 한정 요소를 어느 정도까지 부여하였는지에 관한 것이다. 단지 평범하고 무의미하게 청구된 방법의 수행에 이바지하는 기계의 사용으로는 유의미하게 많은 것을 제공할 수 없다.[264]

3) 특별한 변환

청구항이 유의미하게 많은 것을 언급하였는지를 판단할 때 고려하여야 할 또 다른 사항으로서는 그 청구항이 특정 물건을 다른 상태나 물건으로 만들거나 변환하는 효과를 가져오는지 여부이다. "특정 물건을 다른 상태나 물건으로 만들거나 변환하는 것은 특정 기계를 포함하지 않은 프로세스 청구항의 특허성에 단서가 된다."[265] 그와 같은 변환이 발생하면, 그 청구항들은 언급된 사법적 예외 이상의 유의미한 것일 가능성이 높다.

물건의 변환이 중요한 단서가 될 수는 있지만, 이것이 독립적인 특허 적격 테스트는 되지 못한다는 것을 명심할 필요가 있다.

심사관은 청구항이 특별한 변환 고려사항을 충족하였는지를 결정하기 전에, 사법적 예외를 적용하는 단순한 지침, 사소한 여분의 솔루션 활동, 기술환경이나 사용 분야 등과 같은 스텝 2B의 다른 고려사항을 평가하는 것이 도움이 될 수 있다.

"물건"에는 물리적 물체와 물질이 포함된다. 물리적 물체와 물질은 특정되어야 한다. 즉, 구체적으로 인식할 수 있어야 한다. 물건의 "변화"는 물건이 다른 상태나 사물로 변화된 것을 의미한다. 다른 상태나 사물로의 변화는 단순히 물건을 사용하거나 물건의 위치를 바꾸는 것 이상을 의미한다. 새롭거나 다른 기능 또는 용도가 물건이 변화되었다는 증거가 될 수 있다. 인간의 사고나 기본적인

---

264) *CyberSource*, at 1370 (Fed. Cir. 2011) (청구항 3의 어떤 것도 특허 침해자가 데이터를 획득하기 위하여 인터넷을 사용할 것을 요구하지 않는다. 인터넷은 단지 데이터의 소스로서 설명되었다. "데이터 수집 단계는 사법적 예외에 대한 청구항을 특허 적격으로 만들 수 없다.")

265) *Bilski v. Kappos*, 561 U.S. 593, 658 (2010)

행동이 변화되었다는 순수한 정신적인 프로세스는 특허 적격이 부여되는 변화로 고려되지 않는다. 데이터에 관하여는, "기본적인 수학적 구조, 즉 전형적인 추상적 사고의 조작"은 변화로 인정되지 않는다.[266]

Tilghman[267]은 특정 물건을 다른 상태나 사물로 변화시킨 사례를 제공한다. 본 사례에서, 청구항은 물과 지방의 혼합물에 고온을 가하는 과정에 관한 것으로, 온도, 물과 지방의 양, 혼합 용기의 강도 등에 관련된 추가 매개 변수를 포함하였다. 중성 지방의 성분이 분리되고 떨어지기 위해서는 물의 원자 당량과 개별적으로 결합되어야 한다는 자연 원칙을 이용하여 청구된 프로세스는 지방체를 지방산과 글리세린으로 변화시켰다.

변화가 언급된 청구항 중에서, 다른 사항들은 유의미하게 많은 것에 대한 분석과 관련된다.

- 변화의 특수성과 일반성: 연방 대법원에 따르면, 무두질(Tanning), 염색, 방수포 제조, 인도산 고무나 제련된 광물의 경화 등의 프로세스로 구성된 발명은 보다 제한된 범위 내에서 특허 독점을 한정하기 위하여 충분히 설명하는 방식으로 화학 물질이나 물리적 행동(예 온도 조절, 물건이나 물질의 변화 등)을 설명한 경우에 해당한다.[268] 따라서, 보다 특수한 변화일수록 보다 유의미한 것을 제공할 가능성이 높아진다.
- 언급된 물건의 정도가 특수한 경우: 일반적으로 언급되는 물건이나 모든 물건에 적용된 변화는 사법적 예외 이상의 유의미한 것을 제공하지 않을 가능성이 높다. 구체적으로 인식될 수 있거나 특수한 물건에 적용되는 변화가 유의미하게 많은 것을 제공할 가능성이 높게 된다.
- 상태나 물건의 변화 정도나 형태라는 면에서 변화의 속성: 변화된 물건이 다른 기능이나 용도를 갖게 되는 경우의 변화는 유의미하게 많은 것을 제공할 가능성을 높여 준다. 그러나, 변화된 물건이 단지 다른 위치를 갖게 되는 경우의 변화는 유의미하게 많은 것을 제공하지 않을 가능성이 높다. 예를 들

---

266) *CyberSource v. Retail Decisions*, 654 F.3d 1366, 1372 n.2 (Fed. Cir. 2011)
267) *Tilghman v. Proctor*, 102 U.S. 707 (1881)
268) *Gottschalk v. Benson*, 409 U.S. 63, 70 (1972)

어, 원료인 미경화 합성 고무를 정밀 성형 합성 고무 제품으로 변환하는 과정은 유의미하게 많은 것을 제공한다.[269]

- 변화된 물건의 본질: 물리적 또는 유형적 물체나 물질의 변화는 계약상 의무나 정신적 판단 같은 무형의 개념에 대한 변화 이상의 유의미한 것을 제공할 가능성이 높다.
- 변화가 추가적인 해결 활동이나 사용 분야인지 여부(즉, 어느 정도까지 변화가 청구된 방법의 단계를 실행하는 데 의미 있는 한정 요소를 부과하는지): 청구된 방법을 실행하는 데 명목상으로만 또는 무의미하게 기여한 변화는 유의미하게 많은 것을 제공할 수 없다. 예를 들면, 연방 대법원은 *Mayo* 사례에서, Thiopurine 약의 적정한 용량을 측정하는 것에 관한 청구항들이 특허 부적격 주제라고 판단하였다. 연방 항소 법원은 Thiopurine 약을 관리하는 단계에서 인간 신체와 혈액에 관한 변화가 증명되었다고 판단하였으나, 연방 대법원은 이에 동의하지 않으면서, 이 단계는 단지 사용 분야의 한정에 불과하며, 사법적 예외 이상의 유의미한 것을 제공하지 않는다고 판단하였다.[270]

4) 잘 이해되고, 일상적이며 전통적인 행동

청구항이 사법적 예외 이상의 유의미한 것을 언급하였는지를 결정할 때의 또 다른 고려사항은 추가 요소가 산업 분야에서 이미 알려지고, 잘 이해되고, 일상적이며 전통적인 활동인지 여부이다. 만약, 추가 구성요소나 그 조합이 잘 이해되고, 일상적이며 전통적인 것 이외의 구체적인 한정 요소라면, 이 고려사항은 특허 적격으로 선호된다. 그러나, 추가 한정 요소나 그 조합이 해당 산업 분야에서 이미 잘 이해되고, 일상적이며 전통적인 활동에 불과하다면, 이 고려사항은 특허 적격으로 선호되지 않는다.

*DDR*에서는 해당 산업 분야에서 잘 이해되고, 일상적이며 전통적인 활동 이상이기 때문에 특허 적격으로 선호된 추가 구성요소의 예를 제공한다.[271] *DDR*의

---

269) *Diamond v. Diehr*, 450 U.S. 175, 184 (1981)

270) *Mayo*, 566 U.S. at 76

271) *DDR Holdings, LLC v. Hotels.com, L.P.*, 773 F.3d 1245 (Fed. Cir. 2014)

청구항은 제3자의 광고 콘텐츠와 호스트 웹사이트의 특정한 시각적 구성요소를 결합한 복합 웹페이지를 생성하는 시스템과 방법에 관한 것이다. 청구항이 하이퍼링크가 활성화되었을 때 사용자가 호스트의 웹페이지로부터 제3자의 웹페이지로 보내지는 전통적인 인터넷 하이퍼링크 프로토콜과는 다른 Dual-source 하이브리드 웹페이지로 변경되었기 때문에 법원은 추상적 사고 이외의 유의미하게 많은 것에 해당된다고 판단하였다. 따라서, *DDR*에서의 청구항은 특허 적격이 인정되었다.

다른 한편, *Mayo*에서는 청구항의 추가 구성요소가 사법적 예외에서 특허 적격이 있는 발명으로 전환시키기에 충분하지 않은 해당 산업 분야의 잘 알려지고 일상적이며 전통적인 활동이기 때문에 창의적 개념에 해당되지 않는 사례를 보여준다.[272] Mayo의 청구항은 잘 알려진 프로세스를 사용하여 혈액 속의 Thiopurine 대사 산물 수준을 의사에게 알려주는 것을 포함하여 추가 구성요소에 따라 자연적으로 발생하는 상관관계[273]에 관하여 언급하였다. 연방 대법원은 이 신진 대사 수준을 측정하는 추가 단계는 과학자들의 모임에서 잘 이해되고, 일상적이며 전통적인 활동이라고 평가하였다. 왜냐하면, 과학자들은 대사 물질의 수준과 Thiopurine 합성물의 효능 및 독성 간의 관계에 관한 연구의 일부분으로서 대사 물질을 일상적으로 측정하였기 때문이다. 다른 추가 구성요소와의 조합을 고려할지라도, 대사 물질 수준을 측정하는 단계는 창의적 개념에 해당되지 않기 때문에, Mayo의 청구항은 특허 적격이 인정되지 않는다.

(1) 추가 구성요소가 잘 이해되고, 일상적이며 전통적인 활동인지에 관한 판단

추가 구성요소가 사법적 예외 이상의 유의미한 것에 해당되는지를 판단함에 있어서, 심사관은 그 구성요소가 단지 잘 이해되고 일상적이며 전통적인 활동을 규정하고 있는지를 평가하여야 한다. 이 점에서, 잘 이해되고 일상적이며 전통적인지에 대한 고려사항은 스텝 2B 단계의 다른 고려사항, 특히 컴퓨터의 기능 또는 어떤 다른 기술 분야의 개선, 사법적 예외를 적용하는 단순한 지침, 그리고

---

272) *Mayo Collaborative Servs. v. Prometheus Labs., Inc.*, 566 U.S. 66, 79-80 (2012)

273) 혈액 속의 특정 Thiopurine 대사 물질의 농도와 부작용을 일으키거나 혹은 약효가 없는 약의 복용량 간의 관련성 (*Id.*, at 77-79)

사소한 여분의 솔루션 활동 등과 중첩된다. 따라서, 이들 다른 고려사항에 대한 평가는 심사관들이 특정 구성요소 또는 그 조합이 잘 이해되고, 일상적이며 전통적인 활동인지를 판단하는 데 도움을 줄 수 있다.

덧붙여서, 심사관들은 추가 구성요소가 잘 이해되고, 일상적이며 전통적인 활동만을 규정하고 있는지를 판단할 때 다음 사항들을 명심하여야 할 것이다.

① 해당 기술 분야에서 알려진 추가 구성요소 또는 그 조합이어도 전통적이거나 일상적이지 않을 수 있다: 청구된 특정 발명이 새롭고 진보적인지에 관한 문제는 그것의 특허 적격성 문제와는 완전히 다른 내용이다.[274] 예를 들어, 선행 기술에 비하여 신규성이 부족할지라도, 청구항에서 전통적인 컴퓨터 기능에 대한 개선 사항이 보여질 수 있다. *Enfish*에서 특허 적격이 있는 청구항들은 두 가지 주요한 특징들을 갖고 있는 자기 참조형 데이터베이스를 언급하였다. 모든 형태의 데이터가 하나의 테이블에 저장될 수 있고, 테이블의 행은 테이블의 열에 설명된 정보를 포함할 수 있다.[275] 이들 특징들이 하나의 선행 기술에 의하여 가르쳐질지라도, 이 특징들은 전통적이지 않기 때문에, 기존 기술의 개선을 반영한 것으로 판단된다. 특히, 청구된 테이블은 전통적인 데이터베이스에 비하여, 유연성의 증가, 빠른 검색 속도, 더 적은 메모리 용량의 요구 등의 이점들을 가능하게 해 준다.[276]

② 선행 기술의 조사는 추가 구성요소 또는 그 조합이 잘 이해되고, 일상적이며 전통적인 활동인지에 관한 조사를 해결하는 데 반드시 필요한 것은 아니다: 대신에, 심사관들은 관련된 산업 분야에서 잘 이해되고 일상적이며 전통적인 활동이 되는 구성요소로서 법원이 인식한 것이거나, 당업자들이 인식할 수 있는 것에 의존하여야 한다. 그런 점에서, 심사관들은 자신의 전문지식에 비추어 구성요소가 관련 산업에서 널리 퍼져 있거나 공통적으로 사용된다고 결론지을 수 있을 경우에만 그 구성요소가 잘 이해되고, 일상적이며 전통적인 활동이라고 결론내려야 한다. 만약, 구성요소가 널리 퍼져 있지 않거나 공통적으로

---

274) *Diamond v. Diehr*, 450 U.S. 175, 190 (1981)

275) *Enfish*, 822 F.3d at 1332

276) *Enfish*, 822 F.3d at 1337

사용되지 않거나 또는 해당 산업 분야나 법원에 의하여 잘 이해되고, 일상적이며 전통적이라고 인식된 것 이상에 해당되면, 그 구성요소는 대부분의 경우 특허 적격을 인정받을 수 있다. 예를 들어 특정 기술(당뇨병 환자가 착용한 귀걸이를 통하여 혈당을 측정)이 서너 개의 널리 알려진 과학 저널에서 논의되었고 여러 과학자들에 의하여 사용되었기 때문에 당업자들에게 자명할 수 있을지라도, 특정 기술에 대한 단순한 지식이나 일부 과학자들에 의한 사용만으로는 그 특정 기술의 사용을 관련 분야에서 일상적이고 전통적으로 만들기는 충분하지 않다. 위 상황에서 심사관들은 그 자신의 전문지식에 의하여 일상적이고 전통적으로 혈당이 다른 기술에 의하여 모니터링된다[277]는 것을 이미 알 수 있었다. 따라서, 심사관은 혈당을 감지하는 귀걸이를 사용하는 청구된 특정 기술이 관련 분야의 과학자들에 의하여 이미 잘 이해되고, 일상적이며 전통적인 활동이 아니라는 것을 결정하기 위하여 선행 기술 검색을 할 필요는 없다.

③ 개별적으로 고려될 때, 하나 또는 그 이상의 구성요소가 잘 이해되고, 일상적이며 전통적인 활동일지라도, 추가 구성요소의 조합이 창의적 개념에 해당할 수 있다: 예를 들어, 수학 계산을 수행하는 마이크로프로세서와 시간 정보를 만들어 내는 시계는 개별적으로 범용 컴퓨터 기능을 수행하는 범용 컴퓨터 구성요소이지만, 이 둘을 조합하면 범용 컴퓨터 기능이 아닌 기능을 수행할 수 있어 창의적 개념이 될 수 있다.[278] 예를 들어, 법원은 *Bascom*에서 청구항의 모든 추가 구성요소들이 범용 컴퓨터 네트워크나 인터넷 구성요소를 언급하였지만, 조합을 이룬 구성요소들이 해당 기술 분야에 기술적 개선을 제공한 비전통적이고 특수한 배열 때문에 유의미하게 많은 것에 해당한다고 판단하였다.

많은 경우에, 출원서의 명세서상에 추가 구성요소들이 잘 알려졌거나 전통적이라는 것이 암시될 수 있다.[279] 그러나, 명세서에서 언급하지 않더라도, 법

277] 예를 들어, 진단 테스트 띠에 혈액 몇 방울을 떨어트리거나, 또는 혈당 센서가 있는 이식된 인슐린 펌프를 통하는 경우.

278] *Rapid Litig. Mgmt. v. CellzDirect, Inc.*, 827 F.3d 1042, 1051 (Fed. Cir. 2016) (간 세포를 냉동하고 해동하는 추가 단계는 잘 알려졌지만, 해당 기술 분야에서 가르쳐진 것과는 반대로 이들 단계를 되풀이하는 것은 일상적이거나 전통적이지 않다고 판단)

279] *Intellectual Ventures v. Symantec*, 838 F.3d at 1317 (명세서상의 상세한 설명은 잘 알려지거나 전통적인 것을 판단할 때에 특히 유용하다.);

원은 추가 구성요소가 잘 이해되고 일상적이며 전통적인 활동이라는 판단을 뒷받침할 증거를 요구하지 않고, 다만 적절한 사법적 통지의 문제로서 다루어 왔다. 그런 점에서, 심사관이 자신의 전문성에 기하여 스텝 2B 단계에서 추가 구성요소가 유의미하게 많은 것에 해당하지 않는다고 결론내릴 수 있을 경우에만(스텝 2B: 아니오) 거절할 수 있다. 만약 구성요소들이나 기능들이 해당 기술 분야에서 인식된 것 이상이거나 법원에 의하여 잘 이해되고 일상적이며 전통적인 활동으로 인식된 것 이상에 해당되면, 그 구성요소들이나 기능들은 유의미하게 많은 것에 해당된다(스텝 2B: 예).

(2) 특별한 분야에서 법원이 잘 이해되고, 일상적이며 전통적인 활동으로 인식해온 구성요소

다음 사례들의 컴퓨터 기능은, 단순히 일반적인 방식으로 또는 사소한 여분의 솔루션 활동으로 청구되었을 때, 법원이 잘 이해되고, 일상적이며 전통적인 기능으로 인식해 왔다.

① 네트워크를 통한 데이터의 수신과 전송[280]

② 계산의 반복 수행[281]

Internet Patents Corp., 790 F.3d at 1348 ('잘 알려졌고', '공통이며,' '전통적'이라는 추가 구성요소에 대한 명세서의 상세한 설명에 의존하여 판단.);

TLI Communications LLC v. AV Auto. LLC, 823 F.3d 607, 614 (Fed. Cir. 2016) (명세서는 추가 구성요소를 "데이터를 보내고 받는 것과 같은 기본 컴퓨터 기능을 수행하거나 해당 기술 분야에서 잘 알려진 기능을 수행"하는 것으로 설명하였다.)

280) *Symantec*, 838 F.3d at 1321 (정보를 재전송하기 위하여 중간 컴퓨터를 사용);

TLI Communications LLC v. AV Auto. LLC, 823 F.3d 607, 610 (Fed. Cir. 2016) (이미지 전송을 위하여 전화기를 사용);

OIP Techs., Inc., v. Amazon.com, Inc., 788 F.3d 1359, 1363 (Fed. Cir. 2015) (네트워크를 통한 메시지 전송);

buySAFE, Inc. v. Google, Inc., 765 F.3d 1350, 1355 (Fed. Cir. 2014) (컴퓨터가 네트워크를 통하여 정보를 수신하고 발신함);

그러나, *DDR Holdings*, at 1258 (*Ultramercial*의 사례와는 달리, 본 사례에서는 원하는 결과를 얻기 위하여 인터넷 상호 작용을 조작하는 방법을 특정하였다.)

281) *Flook*, 437 U.S. at 594 (경보 한계값의 재계산과 재조정);

Bancorp Services v. Sun Life, 687 F.3d 1266, 1278 (Fed. Cir. 2012) (청구항에서 필요로

③ 전자적인 기록 보존[282]

④ 저장 장치에 정보를 저장하고 검색[283]

⑤ 종이 문서에서 데이터를 전기적으로 스캔하거나 출력[284]

⑥ 웹브라우저의 전, 후진 기능 버튼[285]

위 목록에서 기재된 것이 모든 컴퓨터 기능들이 잘 이해되고 일상적이며 전통적인 활동이라거나, 범용 컴퓨터 기능을 수행하는 범용 컴퓨터의 구성요소를 언급한 청구항이 반드시 특허 부적격이라는 것을 의미하지는 않는다.[286] 법원은 전체로서의 청구항이 인간에 의하여 아날로그적으로(손이나 단순 생각에 의해서) 수행될 수 있는 추상적 사고를 구현하는 데 사용된 범용 컴퓨터 기능 이상에 해당되지 않는 경우에, 컴퓨터로 구현된 프로세스는 추상적 사고보다 유의미하게 많은 것에 해당하지 않아 특허 적격을 인정하지 않는다. 반면에, 법원은 범용 컴퓨터의 구성요소들이 조합을 이루어 특수한 기능을 수행할 수 있는 경우에, 컴퓨터에 구현된 프로세스는 추상적 사고보다 유의미하게 많은 것에 해당한다고 판단하였다.[287]

법원은 아래 기술들이 일반적인 방식으로 또는 무의미한 초과 해결 활동으로 청구된 경우에, 잘 이해되고 일상적이며 전통적인 생명 과학 활동이라고 판단하였다.

① 어떤 수단을 통하여 혈액 속의 Biomarker의 수준을 판단[288]

② DNA를 증폭하고 검출하기 위하여 중합 효소 연쇄 반응을 이용[289]

하는 컴퓨터는 컴퓨터의 기본 기능인, 계산의 반복 수행을 위하여 사용되었고, 따라서 청구항의 범위에 대한 의미있는 제한을 부여하지 못한다.)

282) *Alice Corp.*, 134 S.Ct. at 2359 (가상 계좌의 생성과 유지);
Ultramercial, 772 F.3d at 716 (활동 log의 업데이트)

283) *Versata Dev. Group, Inc. v. SAP Am., Inc.*, 793 F.3d 1306, 1334 (Fed. Cir. 2015); *OIP Techs.*, 788 F.3d at 1363

284) *Content Extraction and Transmission, LLC v. Wells Fargo Bank*, 776 F.3d 1343, 1348 (Fed. Cir. 2014) (광학적인 특성 인식)

285) *Internet Patent Corp. v. Active Network, Inc.*, 790 F.3d 1343, 1348 (Fed. Cir. 2015)

286) *Amdocs (Israel)*, 841 F.3d at 1316; *BASCOM*, 827 F.3d at 1348

287) *DDR Holdings*, 773 F.3d. at 1257-59

288) *Mayo*, 566 U.S. at 79; *Cleveland Clinic Foundation v. True Health Diagnostics, LLC*, 859 F.3d 1352, 1362(Fed. Cir. 2017)

289) *Genetic Techs. v. Merial LLC*, 818 F.3d 1369, 1376 (Fed. Cir. 2016); *Ariosa Diagnostics*,

③ 샘플에서 DNA 또는 효소를 검출[290]
④ 질병에 대한 환자의 예방 접종[291]
⑤ DNA를 분석하여 서열 정보를 제공하거나 대립 유전자 변이 검출[292]
⑥ 세포의 냉동과 해동[293]
⑦ 핵산 서열의 증폭과 배열[294]
⑧ 유전자 검사의 혼성화(Hybridizing)[295]

법원은 아래 기술들이 일반적인 방식으로 또는 무의미한 초과 해결 활동으로 청구된 경우에, 잘 이해되고 일상적이며 전통적인 다른 형태의 활동이라고 판단하였다

① 고객의 주문을 저장[296]
② 게임용 카드 덱(Deck)을 섞고 돌리는 일[297]
③ 고객들에게 광고를 보도록 요구함으로써 미디어에 대한 공공의 접근을 제한[298]
④ 전달될 수 없는 메일들을 확인하여, 그 메일들의 데이터를 복호화하고, 출력 데이터를 생성[299]
⑤ 청약을 제시하고, 통계치들을 수집[300]
⑥ 예상 결과를 결정하고 가격 설정[301]

Inc. v. Sequenom, Inc., 788 F.3d 1371, 1377 (Fed. Cir. 2015)

290) *Sequenom*, 788 F.3d at 1377-78; *Cleveland Clinic Foundation*, 859 F.3d at 1362 (Fed. Cir. 2017)

291) *Classen Immunotherapies, Inc. v. Biogen IDEC*, 659 F.3d 1057, 1063 (Fed. Cir. 2011)

292) *Genetic Techs.*, 818 F.3d at 1377

293) *Rapid Litig. Mgmt*, 827 F.3d at 1051

294) *University of Utah Research Foundation v. Ambry Genetics*, 774 F.3d 755, 764 (Fed. Cir. 2014)

295) *Ambry Genetics*, 774 F.3d at 764

296) *Apple, Inc. v. Ameranth, Inc.*, 842 F.3d 1229, 1244 (Fed. Cir. 2016)

297) *In re Smith*, 815 F.3d 816, 819 (Fed. Cir. 2016)

298) *Ultramercial, Inc. v. Hulu, LLC*, 772 F.3d 709, 716-17 (Fed. Cir. 2014)

299) *Return Mail, Inc. v. U.S. Postal Service*, 868 F.3d 1350 (Fed. Cir. 2017)

300) *OIP Techs.*, 788 F.3d at 1362-63

301) *Id.*

⑦ 고객과 제품 그룹을 계층화하여 배열하고, 정보를 분류하여, 덜 제한적인 가격 정보를 배제하여, 가격을 결정[302]

5) 다른 의미 있는 한정 요소

사법적 예외에 관한 청구항이 특허 적격을 인정받기 위해서는, 그 청구항이 의미 있는 방식으로 그 예외를 적용한 프로세스나 물건을 설명하게 하는 추가적인 특징을 포함하여야 한다. 사법적 예외를 특허 가능한 주제로 전환하기 위해서는, 청구항에 일반적으로 사법적 예외의 이용을 특정 기술 환경에 연결하는 것 이상의 의미 있는 한정 요소를 추가하여야 한다. “의미 있는 한정 요소”라는 문구는 *Alice*나 *Mayo* 이전에도 법원에서 전체로서의 청구항에 창의적 개념을 제공하기 위한 추가 구성요소를 설명하는 맥락에서 사용하여 왔다. 앞에서 설명한 고려사항(특허 적격 스텝 2B의 1)에서 4))들도 사법적 예외 이상의 유의미한 것에 해당할 때, 의미 있는 한정 요소가 된다. 이와 같은 광범위함은 앞에서 본 고려사항이외의 다른 고려사항들도 있을 수 있다는 것을 내포하게 된다.

Diehr 사례는 사법적 예외의 이용을 특정 기술 환경에 일반적으로 연결한 것 이상의 의미 있는 한정 요소를 언급한 청구항의 예를 제공해 준다.[303] *Diehr*에서, 청구항은 고무 성형 프레스를 작동하기 위한 자동화 과정에서 아레니우스(Arrhenius) 방정식의 이용에 관한 것이다. 연방 대법원은 고무를 프레스에 설치하고, 성형기를 닫고, 성형기 안의 온도를 계속적으로 모니터하고, 적당한 시간에 그 성형기를 자동으로 여는 각 단계 등의 추가 구성요소를 검토한 뒤, 그 단계들이 수학 공식의 이용을 성형된 고무 생산에 실질적으로 적용하기 위하여 충분히 제한되었기 때문에 모두 의미 있다고 판단하였다. 반면에, *Alice*의 청구항들은 결제 위험을 감소하는 추상적 사고를 의미 있게 제한하지 못하였다.[304] 특히, 연방 대법원은 시스템 청구항에서 언급된 데이터 프로세싱 시스템이나 통신 조정기 같은 추가 구성요소들이 추상적인 사고를 특정 기술 환경(예 컴퓨터에 의

---

302) *Versata Dev. Group, Inc. v. SAP Am., Inc.*, 793 F.3d 1306, 1331 (Fed. Cir. 2015)
303) *Diamond v. Diehr*, 450 U.S. 175 (1981)
304) *Alice Corp. v. CLS Bank International*, 134 S.Ct. 2347 (2014)

한 구현)에 단순히 연결하거나, 일반적인 수준에서 언급된 잘 이해되고, 일상적이며 전통적인 활동에 지나지 않기 때문에 추상적 사고를 의미 있게 제한하지 않는다고 판단하였다.

Classen 사례도, 의미 있는 한정 요소를 언급한 청구항의 또 다른 예를 제공한다.[305] *Classen*의 청구항들은, 예방 접종 계획의 위험성을 낮추기 위하여 특정 예방 접종 계획이 후에 만성 면역 매개 질병의 발병에 준 영향들을 수집하고 분석한 뒤, 확인된 낮은 위험성의 예방 접종 계획에 따라 예방 접종하는 방법들을 언급하였다. 위의 분석 단계는 알려진 정보를 수집하고 비교하는 추상적 Mental process에 지나지 않지만, 예방 접종 단계는 분석 결과를 구체적이고 유형적인 방법으로 통합하여 "추상적인 과학 원리를 구체적으로 적용"한 결과를 낳았기 때문에 의미가 있다. 반면에, 법원은 *OIP* 사례에서 "가격을 테스트하고 고객의 반응에 따라 정보를 수집하는" 추가 구성요소가 청약을 기반으로 한 가격 최적화라는 추상적 사고를 의미 있게 제한하지 못한다고 판단하였다. 왜냐하면, 그 단계들은 잘 이해되고, 일상적이며 전통적인 데이터 수집 활동이기 때문이다.[306]

추가 구성요소가 사법적 예외를 의미 있게 제한하는지를 판단할 때, 심사관들은 추가 구성요소를 개별적으로 뿐만 아니라 조합으로서도 고려하여야 한다. 심사관에 의하여 추가 구성요소가 개별적으로 고려될 때, 사법적 예외를 의미 있게 제한한다면, 추가 구성요소는 "유의미하게 많은 것"으로 인정될 수 있다. 그러나, 개별적으로 검토된 구성요소들이 유의미하게 많은 것을 추가하지 않더라도, 조합으로 검토될 때 사법적 예외를 의미 있게 제한함으로써 사법적 예외 이상의 유의미한 것에 해당될 수 있다.[307]

---

305) *Classen Immunotherapies Inc. v. Biogen IDEC*, 659 F.3d 1057 (Fed. Cir. 2011)

306) *OIP Technologies, Inc. v. Amazon.com, Inc.*, 788 F.3d 1359, 1363-64 (Fed. Cir. 2015)

307) *Diamond v. Diehr*, 450 U.S. 175, 188, 209 USPQ2d 1, 9 (1981) (프로세스에서 단계들의 새로운 조합은, 그 조합의 구성요소들이 조합을 이루기 전에 모두 잘 알려져 있고 일반적으로 사용되었더라도 특허 적격이 인정될 수 있다.);
BASCOM Global Internet Servs. v. AT&T Mobility LLC, 827 F.3d 1341, 1349 (Fed. Cir. 2016)

6) 사법적 예외를 적용하는 단순한 지침

청구항이 사법적 예외보다 유의미한 많은 것을 언급하였는지를 판단하는 또 다른 고려사항은 추가 구성요소가 컴퓨터에 추상적 사고 또는 다른 예외 사항을 구현하도록 단순히 지시하는 것 이상이거나 "그것을 적용"하라고 언급한 것 이상에 해당하는지 여부이다. 연방 대법원에 의하여 설명된 바와 같이, 사법적 예외를 특허 적격이 있는 출원으로 전환하기 위해서는 추가 구성요소 또는 그 조합이, '그것을 적용한다.'라는 문구의 추가에도 불구하고, 사법적 예외를 단순히 언급하는 것 이상의 역할을 하여야만 한다.[308] 예를 들면, 범용 컴퓨터를 사용하는 추상적 사고를 적용하는 지침 이상의 것에 해당하지 않는 청구항들은, 추상적 사고를 특허 적격이 인정되도록 만들지 못한다.

연방 대법원은 여러 사례에서 추가 구성요소를 예외를 적용하는 단순한 지침으로서 인식하였다. 예를 들면, *Mayo* 사례에서 연방 대법원은 환자 혈액 속의 Thiopurine 대사 물질 수준을 결정하는 단계는 자연 법칙을 언급하는 것 이상의 유의미한 것에 해당하지 않는다고 판단하였다. 왜냐하면, 이 추가 구성요소는 의사들이 사용하기로 선택한 방법으로 대사 물질을 측정함으로써 의사들에게 자연 법칙을 적용하도록 단순히 지시하였기 때문이다.[309] *Alice*에서도 청구항은 중개인에 의한 결제라는 개념을 범용 컴퓨터에 의하여 수행되는 것으로 언급하였다. 연방 대법원은 청구항에서 컴퓨터의 언급이 추상적 사고를 범용 컴퓨터에 적용하는 단순한 지침에 지나지 않는다고 판단하였다.[310] *Benson* 사례는 이진화 십진수를 순순한 이진수로 전환하는 프로세스를 언급하였다.[311] 연방 대법원은 청구된 프로세스가 컴퓨터와 연결된 점을 제외하고는 실질적으로 실용적인 적용이 없다고 판단하였다. 컴퓨터에 "그것을 적용"하라는 문구를 추가하였음에도, 청구항은 단순히 사법적 예외를 설명하였다.

사법적 예외를 적용하는 단순한 지침 이상의 것을 요구하는 것이 특허 적격

308) *Alice*, 134 S.Ct. at 2357

309) *Mayo*, 566 U.S. at 79

310) *Alice*, 134 S.Ct. at 2359-60

311) *Gottschalk v. Benson*, 409 U.S. 63, 70 (1972)

으로 인정받기 위하여 청구항을 축소하여야 한다는 것을 의미하지는 않는다. 법원은 일부 폭넓은 청구항에 대하여도 특허 적격이 있다고 확인한 바 있고,[312] 일부 협소한 청구항에 대하여도 특허 부적격을 확인한 바 있다.[313] 따라서, 심사관들은 구성요소나 그 조합이 예외를 적용한다는 단순한 지침 이상인지를 결정하기 전에, 다른 모든 관련된 스텝 2B 고려사항뿐만 아니라, 청구항을 그 자체의 장점으로 고려하여야 한다. 예를 들면, 이 고려사항은 앞에서 설명한 고려사항(특허 적격 스텝 2B의 1)에서 4))들과 중첩되기 때문에, 이들 앞선 고려사항에 대한 판단은 청구항이 사법적 예외를 적용한다는 단순한 지침 이상에 해당하는지를 심사관들이 결정하는 데 도움을 줄 수 있다.

청구항이 사법적 예외를 "그것을 적용한다."는 문구와 함께 단순히 언급하였는지를 결정하는 데 있어서 심사관들은 다음 사항을 고려하여야 한다.

(1) 청구항이 해결책이나 결과만을 언급하였는지 여부. 즉, 청구항이 문제에 대한 해결책이 성취된 방법에 대한 자세한 설명을 언급하지 않은 경우

결과를 달성하는 방법에 대한 한정이 없거나 또는 결과를 달성할 메커니즘에 대한 상세한 설명 없이 인식된 문제에 대한 어떤 해결책이든지 포함하려고 시도한 청구항의 한정 요소에 대한 언급은 유의미하게 많은 것을 제공하지 않는다. 왜냐하면, 이런 방식의 설명은 "그것을 적용한다."는 문구와 동일하기 때문이다.[314] 반면에, 문제에 대한 특정 해결책이나 원하는 결과를 얻기 위한 특별한 방법을 청구하는 것은 유의미하게 많은 것을 제시할 수 있다.

Capital One 사례에서, 청구항의 단계들은 '관리 기록 타입'과 '주요 기록 타입'에 근거하여 Dynamic 문서를 생성하는 것을 설명하였다.[315] 청구항들은 "데

---

312) *McRO, Inc. v. Bandai Namco Games Am. Inc.*, 837 F.3d 1299 (Fed. Cir. 2016); *Thales Visionix Inc. v. United States*, 850 F.3d. 1343 (Fed. Cir. 2017)

313) *Ultramercial, Inc. v. Hulu, LLC*, 772 F.3d 709 (Fed. Cir. 2014); *Electric Power Group, LLC v. Alstom, S.A.*, 830 F.3d 1350 (Fed. Cir. 2016)

314) *Electric Power Group, LLC v. Alstom, S.A.*, 830 F.3d 1350, 1356 (Fed. Cir. 2016); *Intellectual Ventures I v. Symantec*, 838 F.3d 1307, 1327 (Fed. Cir. 2016); *Internet Patents Corp. v. Active Network, Inc.*, 790 F.3d 1343, 1348 (Fed. Cir. 2015)

315) *Intellectual Ventures I v. Capital One Fin. Corp.*, 850 F.3d 1332, 121 USPQ2d 1940 (Fed. Cir. 2017)

이터의 수집, 제시, 처리"라는 추상적 사고에 관한 것이라고 판단되었다. 추상적 사고에 덧붙여서, 청구항들은 Dynamic 문서의 수정에 대한 응답으로 근거가 되는 XML 문서의 수정에 관한 추가 구성요소를 설명하였다. 청구항이 Dynamic 문서의 수정에 대한 응답으로 근거가 되는 XML 문서를 수정하려고 의도하였다고 하더라도, 청구항은 XML 문서와 관련되어 추상적 사고를 단순히 사용하는 것 이외에 어떤 구체적 단계가 취해져야 하는지를 지시하지 않았다. 법원은 추가 한정 요소가 단지 결과 중심의 해결책을 제시하고 컴퓨터가 수정을 수행할 수 있는 방법을 설명하지 않았는데, 이는 "그것을 적용한다."는 문구와 다름 없기 때문에, 청구항들이 특허 적격이 없다고 판단하였다.

추가 구성요소들이 해결책이나 결과에 관한 아이디어만 설명하였기 때문에, 법원이 사법적 예외를 적용하는 것을 단순히 지시한 것으로 판단한 사례들은 다음과 같다.

① 휴대용 인터페이스와 포인터로 이전에 접속이 불가능하였던 정보를 획득하는 방법에 대한 구체적 설명이 없이, 정보를 얻기 위하여 휴대용 인터페이스와 포인터로 사용자의 특정 정보를 원격에서 접속[316]
② Protection gap을 줄이고, 물량 문제를 해결하려는 이슈에 관한 한정 요소 없이 범용 컴퓨터에서 이메일을 검사하는 일반적인 방법[317]
③ 전송이 이루어지는 방법에 관한 설명 없이 서비스 바깥 지역에 위치한 휴대 전화기에 네트워크를 통하여 방송용 콘텐츠를 전송[318]

반대로, 청구항이 기술적 문제에 대한 기술적 해결책을 설명하였을 때, 최근의 사례들은 추가 구성요소들이 "그것을 적용한다."는 것 이상이거나 "단순한 지시"가 아니라고 판단하였다. 법원은 *DDR* 사례에서, 추가 구성요소가 인터넷에 적용된다는 추상적 사고를 단순히 가르쳐준 것 이상에 해당된다고 판단하였다.[319] 쟁점이 된 청구항은 원하는 결과(하이퍼링크를 클릭함으로써 유발된 일상적이고 전통적인

316) *Intellectual Ventures v. Erie Indem. Co.*, 850 F.3d 1315, 1331 (Fed. Cir. 2017)
317) *Intellectual Ventures I v. Symantec Corp.*, 838 F.3d 1307, 1319 (Fed. Cir. 2016)
318) *Affinity Labs of Texas v. DirecTV, LLC*, 838 F.3d 1253, 1262-63 (Fed. Cir. 2016)
319) *DDR Holdings*, 773 F.3d at 1259

사건의 연속을 중단시키는 결과)를 얻기 위하여 인터넷에서의 상호 교류를 처리하는 방법을 구체화하였다. 법원은 *Bascom* 사례에서, 청구된 한정 요소의 조합이 인터넷의 콘텐츠를 필터링하는 추상적인 사고를 적용하는 가르침을 단순히 설명한 것은 아니라고 판단하였다.[320] 대신, 그 청구항은 선행 기술 필터링 시스템의 단점을 극복하면서 인터넷 콘텐츠를 필터링하는 "해결책에 근거한 기술"을 설명하였다. 마지막으로, *Thales* 사례에서, 관성 센서의 특별한 구성과 그 센서로부터 얻은 미가공 데이터를 사용하는 특별한 방법은 자연 법칙을 단순히 적용하는 것 이상이다.[321] 법원은 그 청구항이 움직이는 플랫폼에서 사물의 위치와 방향을 결정하기 위한 이전 해결책에 내재된 많은 복잡한 것들을 제거한 시스템과 방법을 제공하였다고 판단하였다. 즉, 청구항이 기술적 문제에 대한 기술적 해결책을 언급하였다.

(2) 청구항이 컴퓨터나 다른 기계를 기존 프로세스를 수행하기 위한 단순한 수단으로서 언급하였는지 여부

경제적 또는 다른 업무를 위하여 컴퓨터나 다른 기계를 일상 범위 내에서 사용하거나 단순히 범용 컴퓨터나 그 구성요소를 추상적 사고에 추가하는 것은 유의미하게 많은 것을 제공하지 않는다.[322] 이와 유사하게, "컴퓨터에 추상적 사고를 적용하는 데 내재된 속도와 효율성의 개선에 관한 청구항은" 추상적인 사고를 제공하지 않는다.[323] 반대로, 컴퓨터의 기능을 향상시키거나 기존 기술을 개선하려는 청구항은 유의미하게 많은 것을 제공한다.[324]

TLI Communications 사례는 컴퓨터와 다른 기계가 기존 프로세스를 실행하기 위한 수단으로 언급한 청구항에 관한 예이다.[325] 법원은 청구항들이 디지털

---

320) *BASCOM Global Internet Servs.*, 827 F.3d at 1350

321) *Thales Visionix, Inc. v. United States*, 850 F.3d 1343, 1348-49 (Fed. Cir. 2017)

322) *Affinity Labs*, 838 F.3d at 1262 (휴대 전화기);
TLI Communications, 823 F.3d at 613 (컴퓨터 서버와 전화기 단말)

323) *Intellectual Ventures I LLC v. Capital One Bank (USA)*, 792 F.3d 1363, 1367 (Fed. Cir. 2015)

324) *McRO, Inc. v. Bandai Namco Games Am. Inc.*, 837 F.3d 1299, 1314-15 (Fed. Cir. 2016); *Enfish, LLC v. Microsoft Corp.*, 822 F.3d 1327, 1335-36 (Fed. Cir. 2016)

325) *TLI Communications LLC v. AV Auto. LLC*, 823 F.3d 607 (Fed. Cir. 2016)

이미지를 기록, 관리 및 보관하는 단계를 설명하였으며, 조직화된 방법으로 디지털 이미지를 분류하고 저장하는 추상적 사고에 관한 것이라고 판단하였다. 이어서, 법원은 추가 구성요소에서 전화기 단말과 서버를 사용하여 이들 기능을 수행하는 것을 검토하면서, 이들 요소들이 일상적인 범위 내에서 사용되었다고 밝혔다(즉, 전화기 단말은 이미지를 압축하고 전송하는 것을 포함한 디지털 카메라로서 작동하거나 전화를 거는 데 사용되었다. 그리고 서버는 데이터를 수신하고, 수신된 데이터에서 분류된 정보를 추출하고, 추출된 정보를 기반으로 한 디지털 이미지를 저장한다). 달리 말하면, 청구항은 추상적 사고를 실행하기 위한 수단으로서 전화기 단말과 서버를 언급하였다. 따라서, 법원은 추가 구성요소가 추상적 사고보다 유의미하게 많은 것을 추가하지 못하였다고 판단하였다. 왜냐하면, 추가 구성요소는 추상적 사고를 수행하는 방법에 관한 상세한 설명에 대한 어떠한 언급도 없이 전화기 네트워크에 추상적 사고를 단순히 적용하였기 때문이다.

추가 구성요소가 컴퓨터나 기계를 기존 프로세스를 수행하기 위한 수단으로 단순히 언급하였기 때문에 추가 구성요소가 사법적 예외를 적용하는 단순 지침에 지나지 않는다고 법원이 판단한 사례들은 다음과 같다.

① 범용 컴퓨터에 적용된 일반적인 비즈니스 방법과 수학 공식[326]
② 첫 번째 메뉴에서 두 번째 메뉴를 생성하고, 두 번째 메뉴를 범용 컴퓨터 구성요소에 의하여 수행되는 다른 위치로 송신[327]
③ 범용 컴퓨터의 기능으로부터 프로세스 속도의 증가가 일어난 경우에, 범용 컴퓨터에서 수행된 감사 Log data를 모니터링하는 프로세스[328]
④ 인터넷에 구현되거나 적용된 화폐나 교환 수단으로서 광고를 사용하는 방법[329]

---

326) *Alice Corp. Pty. Ltd. v. CLS Bank Int'l*, 134 S.Ct. 2347, 1357 (2014); *Gottschalk v. Benson*, 409 U.S. 63, 64 (1972); *Versata Dev. Group, Inc. v. SAP Am., Inc.*, 793 F.3d 1306, 1334 (Fed. Cir. 2015)

327) *Apple, Inc. v. Ameranth, Inc.*, 842 F.3d 1229, 1243-44 (Fed. Cir. 2016)

328) *FairWarning IP, LLC v. Iatric Sys.*, 839 F.3d 1089, 1095 (Fed. Cir. 2016)

329) *Ultramercial, Inc. v. Hulu, LLC*, 772 F.3d 709, 715 (Fed. Cir. 2014)

⑤ 정보를 처리하는 소프트웨어의 사용을 요구하고, 그것을 범용 컴퓨터의 사용자에게 제공[330]

⑥ 머리를 자르기 위하여 가위를 사용하는 마지막 단계와 머리 모양의 밸런스를 위하여 머리 디자인을 할당하는 방법[331]

(3) 사법적 예외 적용의 특수성 또는 일반성

여러 분야에 걸친 광범위한 적용성을 갖는 청구항은 유의미하게 많은 것에 해당하는 의미 있는 한정 요소를 제공할 수 없다. 예를 들어, 일반적으로 사법적 예외의 효과를 설명하거나 그 결과를 달성하는 모든 방법을 주장하는 청구항은 사법적 예외에 "그것을 적용한다."는 문구를 단순히 추가한 청구항에 해당한다.[332]

반면에, 사법적 예외를 특별하고 특정한 적용으로 제한한 한정 요소는 유의미하게 많은 것에 해당한다. 예를 들면, *BASCOM*에서 추가 요소의 조합은, 특히 "최종 소비자와 멀리 떨어진 특정 위치에 각 최종 소비자에 특유한 필터링 특성을 가진 필터링 도구를 설정"하고, ISP의 필터링 도구는 ISP 서버와 통신할 수 있는 개인 계정을 확인하여 인터넷 콘텐츠에 대한 요청을 특정 개인 계정에 연결하는 것으로 의미 있는 한정 요소로 판단되었다. 왜냐하면, 추가 요소의 조합은 콘텐츠 필터링이라는 추상적 사고를 추상적 사고의 특별하고 실용적인 적용으로 한정하기 때문이다.[333]

330] *Intellectual Ventures I LLC v. Capital One Bank (USA)*, 792 F.3d 1363, 1370-71 (Fed. Cir. 2015)

331] *In re Brown*, 645 Fed. App'x 1014, 1017 (Fed. Cir. 2016)

332] *Internet Patents Corporation v. Active Network, Inc.*, 790 F.3d 1343, 1348 (Fed. Cir. 2015) (온라인 형태에서 데이터의 상태를 유지하는 설명이 그 상태가 유지되는 방법이나 메커니즘에 대한 설명이 없는 경우에는 "상태를 유지하는 방법과 분리된 결과"를 설명한 데 지나지 않고, 이는 단지 추상적 사고가 원하는 결과를 얻기 위하여 적용되어야 한다는 것을 언급한데 지나지 않기 때문에 의미 있는 한정 요소를 제공하지 않는다.);
O'Reilly v. Morse, 56 U.S. 62 (1853) (먼 거리에 신호를 보내기 위하여 전자기를 사용하는 것에 관한 청구항이 특허 부적격이라고 판단)

333] *BASCOM*, 827 F.3d at 1350-51

7) 사소한 여분의 솔루션 활동(Insignificant extra-solution activity)

청구항이 유의미하게 많은 것을 설명하였는지를 결정할 때의 또다른 고려사항은 추가 구성요소가 사법적 예외에 사소한 여분의 솔루션 활동을 추가하였는지 여부이다. "여분의 솔루션 활동"이라는 용어는 주된 프로세스나 물건에 부수하는 활동으로 이해될 수 있으며, 청구항에 단순히 명목상으로 또는 아무 관계없이(tangential) 추가된 것이다. 여분의 솔루션 활동은 솔루션 이전과 이후의 활동을 포함한다. 솔루션 이전 활동의 예는 청구된 프로세스에서의 사용을 위하여 데이터를 수집하는 단계이다. 예를 들면, 신용카드 거래에 관한 정보를 획득하는 단계로, 이는 거래가 기망에 의한 거래인지를 조사하기 위하여 일련의 단계들에서 수집된 정보를 분석하고 처리하는 청구된 프로세스의 일부분으로 설명된다. 솔루션 이후 활동의 예는 전체로서의 청구항에 통합되지 않는 구성요소이다. 예를 들면, 기망에 의한 거래 보고를 출력하는 데 사용된 프린터는 거래가 기망에 의한 거래인지를 조사하기 위하여 신용카드 거래에 관한 정보를 분석하고 처리할 수 있도록 프로그램된 컴퓨터에 관한 청구항에 설명되어 있다.

연방 대법원에 의하여 설명된 바와 같이, 사소한 여분의 솔루션 활동의 추가는, 특히 그 활동이 잘 이해되거나 전통적일 경우에, 창의적 개념에 해당되지 않는다.[334] *Flook* 사례에서, 연방 대법원은 "솔루션 이후 활동은 그 자체로 아무리 전통적이거나 자명할지라도, 특허 적격이 없는 원칙을 특허 적격이 있는 프로세스로 전환할 수 있다는 생각은 실질보다 형식을 우선시한 것"이라고 밝혔다. "유능한 출원서 작성자는 솔루션 이후 활동을 어떤 수학 공식에다가도 접목할 수 있을 것이다."[335] 심사관들은 구성요소나 그 조합이 사소한 여분의 솔루션 활동인지를 결정하기 전에, 다른 관련된 스텝 2B 고려사항뿐만 아니라 각 청구항을 그 자체의 장점으로 고려하여야 한다. 특히 특정 기계나 변환의 고려사항, 잘 이

---

334) *Parker v. Flook*, 437 U.S. 584, 588-89 (1978)

335) *Id.*, at 590 (경보 한계값 변수를 수학 공식에 의하여 계산된 숫자로 조정하는 단계는 "솔루션 이후의 활동"이다.);
Mayo, 566 U.S. at 79 (환자에게 투여된 약물의 대사 물질을 측정하는 추가 구성요소는 사소한 여분의 솔루션 활동이다.)

해되고 일상적이며 전통적인 것에 관한 고려사항, 사용 분야와 기술적 환경 고려사항 등에 대한 평가 등은 구성요소가 사소한 여분의 활동인지를 평가하는 심사관에게 도움이 될 수 있다.

추가 구성요소가 사소한 여분의 솔루션 활동인지를 결정할 때, 심사관들이 고려하여야 할 사항들은 다음과 같다.

- 여분의 솔루션 한정 요소가 잘 알려졌는지 여부[336]
- 한정 요소가 중요한지 여부(즉, 한정 요소가 청구항을 의미 있게 한정하여 발명에 명목상으로만 관련된 것이 아닌 경우)[337]
- 한정 요소가 필수 불가결한 데이터의 수집과 출력에 해당하는지 여부[338]

아래 사례들은 법원이 사소한 여분의 솔루션 활동이라고 판단한 것들이다.

① 단순한 데이터 수집

㉠ 방정식에 입력하기 위하여 개인들에 대한 임상 실험 수행[339]

㉡ 시스템의 부작용을 판단하기 위하여 사용되는 응답 시스템의 테스트[340]

㉢ 잠재 고객에게 제안하고, 잠재 고객들이 그 제안한 어떻게 반응하는지에 관한 테스트에 근거하여 생성된 통계치들을 수집: 그 통계치는 최적화된 가격을 계산하는 데 사용[341]

336] *Bilski v. Kappos*, 561 U.S. 593, 611-12 (2010) (방정식에 입력하기 위하여 잘 알려진 무작위 분석 기법은 여분의 솔루션 활동이다.);
Flook, 437 U.S. at 593-95 (공식이 기존 측량 기술에 유용하게 적용될 수 있다는 것을 보여진다고 해서 특허 적격이 인정될 수 없다.);
Intellectual Ventures I LLC v. Erie Indem. Co., 850 F.3d 1315, 1328-29 (Fed. Cir. 2017) (목록을 만들기 위하여 잘 알려진 XML 태그를 사용하는 것은 여분의 솔루션 활동이다.)

337] *Ultramercial, Inc. v. Hulu, LLC*, 772 F.3d 709, 715-16 (Fed. Cir. 2014) (미디어에 대한 공공의 접근을 제한하는 것은 사소한 여분의 활동이다.);
Apple, Inc. v. Ameranth, Inc., 842 F.3d 1229, 1242 (Fed. Cir. 2016) (전자 메뉴에 관한 특허에서, 주문의 형태와 관련된 특성은 사소한 여분의 활동이다.)

338] *Mayo*, 566 U.S. at 79; *OIP Techs., Inc. v. Amazon.com, Inc.*, 788 F.3d 1359, 1363 (Fed. Cir. 2015) (청약 제공과 통계의 수집은 단순한 데이터 수집이다.)

339] *In re Grams*, 888 F.2d 835, 839-40 (Fed. Cir. 1989)

340] *In re Meyers*, 688 F.2d 789, 794 (CCPA 1982)

341] *OIP Technologies*, 788 F.3d at 1363

㉣ 신용카드 거래를 확인하기 위하여 인터넷을 사용한 거래에 관한 정보를 획득[342]

㉤ 활동 기록 일지를 업데이트하고, 컨설팅[343]

㉥ 혈액 속의 생물지표(Biomarker) 수준을 결정[344]

② 특정 데이터 소스나 처리될 데이터 형태를 선정

㉠ 데이터베이스 목록을 XML 태그로 한정[345]

㉡ 식당 손님 또는 Drive-throuhg 손님들로부터 받은 음식 주문[346]

㉢ 정보 수집, 분석 및 전시를 위하여 전력망 환경에서 정보 유형 및 정보 가용성에 근거한 정보의 선택[347]

㉣ 광고를 보기 위하여 사용자로부터 요청을 받고, 대중의 접근을 제한[348]

③ 사소한 신청

㉠ 먼저 헤어 스타일을 결정한 뒤 머리카락을 자름[349]

㉡ 생성된 메뉴를 출력하고 다운로드 받음[350]

일부 사례들은, 사소한 여분의 솔루션 활동의 사소한 컴퓨터에 의한 구현을 인식하였다.[351] 다른 사례들은 이런 형태의 한정 요소를 사법적 예외의 적용을 단순히 지시하는 것으로 다루고 있다.

사법적 예외에 사소한 여분의 솔루션을 추가한 청구항의 한정 요소(예 자연 법칙이나 추상적 사고와 결합되어 단순한 데이터의 수집)에 대하여, 심사관들을 그것들이 청구항을 의미 있게 한정하지 못하는 이유를 특허 적격 거절 단계에서 설명하여야 한다.

---

342) *CyberSource*, 654 F.3d at 1375

343) *Ultramercial*, 772 F.3d at 715

344) *Mayo*, 566 U.S. at 79

345) *Intellectual Ventures I LLC v. Erie Indem. Co.*, 850 F.3d at 1328-29

346) *Ameranth*, 842 F.3d at 1241-43

347) *Electric Power Group, LLC v. Alstom S.A.*, 830 F.3d 1350, 1354-55

348) *Ultramercial*, 772 F.3d at 715-16

349) *In re Brown*, 645 Fed. App'x 1014, 1016-1017 (Fed. Cir. 2016)

350) *Ameranth*, 842 F.3d at 1241-42

351) *Fort Props., Inc. v. Am. Master Lease LLC*, 671 F.3d 1317, 1323-24 (Fed. Cir. 2012); *Bancorp Servs., LLC v. Sun Life Assur. Co. of Canada*, 687 F.3d 1266, 1280-81, (Fed. Cir. 2012)

8) 사용 분야와 기술적 환경

청구항이 사법적 예외보다 유의미한 많은 것을 언급하였는지를 판단하는 또 다른 고려사항은 추가적인 구성요소가 사법적 예외의 사용을 특별한 기술적 환경이나 사용 분야에 일반적으로 연결하는 것 이상에 해당되는지 여부이다. 연방대법원이 설명하였듯이, 사법적 예외에 대한 청구항은 출원인이 특허의 범위를 특정한 기술적 사용에 제한하는 것을 묵인하였다고 하여 특허 적격이 주어지는 것은 아니다.[352] 따라서, 사법적 예외를 적용하는 사용 분야나 기술적 환경을 단순히 지적하는데 불과한 한정 요소는 사법적 예외 그 이상의 많은 것에 해당하지 않는다.

Parker v. Flook 사례는 때때로 판례들에서 사용 분야 한정 요소의 고전적 사례로 언급된다. *Flook* 사례에서, 청구항은 탄화수소의 촉매 변환 공정에서 수학 공식에 따라 업데이트된 경보 한계값을 계산하는 단계를 언급하였다. 탄화수소의 화학적 촉매 변환 공정은 석유 화학 및 정유 분야에서 사용되었다. 출원인은 해당 공식의 사용을 석유 화학 및 정유 분야로 제한할 경우, 그 한정 요소는 청구항이 공식의 모든 사용을 선점하지 않기 때문에 특허 적격이 있다고 주장하였다. 연방 대법원은 그 한정 요소가 창의적 개념에 해당하지 않는다고 밝히며 출원인의 주장에 동의하지 않았다. 유능한 출원서 작성인이라면 어느 수학 공식이라도 유사한 형태의 한정 요소를 추가할 수 있기 때문에, 출원인의 주장을 받아들이는 것은 "실질보다 형식을 우선시"하게 된다고 보았다.[353]

사법적 예외를 특정 기술 환경에 단지 일반적으로 결합한 한정 요소의 최근 사례로는 *Affinity Labs of Texas v. DirecTV, LLC*를 들 수 있다.[354] Affinity Labs의 청구항은 지역 방송국의 서비스 바깥 지역에 위치한 휴대폰 단말기에 지역 방송 신호를 스트리밍하는 시스템 및 방법에 관한 것이다. 법원은 서비스 바깥 지역에 지역 방송 프로그램을 제공하는 청구항의 개념을 추상적 사고로 판단하고, 추가 구성요소에 의하여 지역 방송 프로그램을 무선으로 휴대폰 단말기에

---

352) *Diamond v. Diehr*, 450 U.S. 175, 192 n.14 (1981)

353) *Flook*, 437 U.S. at 590

354) *Affinity Labs of Texas v. DirecTV, LLC*, 838 F.3d 1253 (Fed. Cir. 2016)

전송하는 것에 한정되었다고 보았다. 하지만, 추가 구성요소가 추상적 사고의 사용을 제한하였더라도, 법원은 이런 형태의 한정 요소는 단순히 추상적 요소를 특정 기술 환경(휴대폰 단말기)에 한정하는 것에 지나지 않아 청구항에 창의적 개념을 추가하지는 못하였다고 판단하였다.

특정 청구항의 한정 요소가 단지 사용 분야에 불과하거나 사법적 예외의 사용을 특정 기술 환경에 일반적으로 연결하는 시도에 불과한지를 결정하는 명확한 테스트는 없다. 그렇지만, 사용 분야와 관련된 대다수 한정 요소들의 공통된 특징은 전체로서의 청구항에 통합되지 않는다는 것이다. 예를 들면, 탄화수소의 화학적 촉매 변환 공정에 관한 *Flook* 사례의 추가 구성요소는 청구항에 통합되지 않는다. 왜냐하면, 이러한 구성요소는 경보 한계값을 계산하는 단계를 수행하는 방법을 변경하거나 영향을 미치지 않으며 우연히 또는 형식적으로 청구항에 추가된 것에 불과하기 때문이다. 이와 반대로, *Diamond v. Diehr* 사례에서 추가된 구성요소는 전체로서의 청구항에 통합되었으며, 고무 성형 과정에서 아레니우스 방정식을 사용하여 경화시간을 계산하는 것을 단순히 언급한 것은 아니다. 그 대신에, Diehr의 청구항은 구체적인 한정 요소들을 설명하였다. 예를 들면, 금형이 닫힌 뒤 경과된 시간을 모니터링하면서, 닫힌 금형의 온도를 계속 측정하고, 아레니우스 방정식을 사용하여 총 경화 시간을 반복적으로 계산하면서, 총 경화 시간과 경과 시간을 비교하여 두 시간이 같아질 경우 자동으로 프레스를 열도록 되어 있다. 이와 같은 구체적인 한정 요소들은 경화되지 않은 원 상태의 고무를 경화된 성형 고무로 변형시키는 데 함께 작용하며, 아레니우스 방정식을 개선된 고무 성형 프레스에 통합시킨다.[355]

법원이 사법적 예외를 적용하는 데 단순히 사용 분야와 기술적 환경을 가리키는 것으로 설명한 한정 요소들의 예는 다음과 같다.

① 6-thioguanine을 면역 매개 위장 장애 환자에게 공급하는 약을 투여하는 단계, 왜냐하면 이들 환자 집단에 투약을 한정하는 것은 자가 면역 질환으로 고통 받는 혼자들을 치료하기 위하여 Thioguanine 약을 사용하였던 기존의 관

355) *Diehr*, 450 U.S. at 177-78

련 의사 집단을 단순히 언급한 것에 지나지 않기 때문이다.[356]

② 위험 회피 프로세스의 참가자들을 상품 제공자와 상품 소비자로 인식하는 것이다. 이들 참가자들에 대한 프로세스의 사용을 제한하는 것은 위험 회피라는 추상적 사고가 상품시장과 에너지 시장에서 사용될 수 있는 방법을 설명한 것에 지나지 않는다.[357]

③ 다른 원형 객체에는 적용되지 않고, 바퀴의 원주를 결정할 때에만 원주율 공식 C=2(pi) r을 사용하도록 제한하는 것. 이 한정 요소는 그 청구항을 제한하는 단순한 시늉에 지나지 않는다.[358]

④ Audit log data를 모니터링하는 추상적 사고는 컴퓨터 환경에서 수행되는 거래나 활동과 관련된다고 구체화. 이 요구 사항은 단순히 청구항을 컴퓨터 분야에 제한한다.[359]

⑤ 바이러스를 검사하는 프로세스 단계들이 전화망이나 인터넷망에서 사용되었다고 구체화한 언어. 프로세스의 사용을 기술적 환경에 한정하는 것은 청구항에 대한 의미 있는 한정을 제공하지 못한다.[360]

⑥ 정보를 수집, 분석하여 특정 결과를 전시하는 추상적 사고를 전력망에 관련된 데이터로 제한. 추상적 사고를 전력망에 대한 모니터링으로 한정하는 것은 추상적 사고의 사용을 특정 기술적 환경으로 한정하려는 시도에 불과하다.[361]

⑦ 유전자 다형성을 검출할 목적으로 의사에게 자연의 법칙(연쇄 불균형)을 알리는 언어. 이 언어는 관련자들에게 자연의 법칙이 이런 방식으로 사용될 수 있다는 것을 알리는 것에 불과하다.[362]

⑧ 예산 책정의 추상적 사고가 인터넷이나 전화망이 포함된 대화 매체를 사용하여 구현되는 것을 구체화하는 언어. 이 한정 요소는 사법적 예외의 사용을 특

---

356) *Mayo*, 566 U.S. at 78

357) *Bilski*, 561 U.S. at 595

358) *Flook*, 437 U.S. at 595

359) *FairWarning v. Iatric Sys.*, 839 F.3d 1089, 1094-95 (Fed. Cir. 2016)

360) *Intellectual Ventures I v. Symantec Corp.*, 838 F.3d 1307, 1319-20 (2016)

361) *Electric Power Group, LLC v. Alstom S.A.*, 830 F.3d 1350, 1354 (Fed. Cir. 2016)

362) *Genetic Techs. Ltd. v. Merial LLC*, 818 F.3d 1369, 1379 (Fed. Cir. 2016)

정 기술 환경으로 단순히 한정한다.[363]

⑨ 광고를 화폐로 사용하는 추상적 사고가 인터넷에서 사용되도록 구체화하는 것. 이 한정 요소는 추상적 사고의 사용을 특정 기술 환경으로 제한하려는 시도에 불과하다.[364]

⑩ 거래 수행을 보장하는 계약관계의 생성이라는 추상적 사고가 네트워크를 통하여 정보를 주고받는 컴퓨터를 사용하여 수행되거나, 온라인 거래를 보장하도록 제한되는 것을 요구. 이들 한정 요소는 추상적 사고의 사용을 단순히 컴퓨터 환경에 한정하는 것에 불과하다.[365]

심사관들은 법원이 "기술적 환경"이나 "사용 분야" 등을 때때로 혼용한다는 것을 인지하고, 특허 적격 분석에서 이들 용어들이 혼용될 수 있다는 것을 고려하여야 한다. 또한, 심사관들은 본 고려사항이 스텝 2B의 고려사항(특히 사소한 여분의 솔루션 활동)과 중첩될 수 있다는 것을 명심하여야 한다. 예를 들면, 인터넷과 같은 특정 데이터 소스나 전력망 데이터나 XML 태그와 같은 특정 데이터 형태로 제한하여 데이터를 수집하는 단계는 사소한 여분의 솔루션 활동과 사용 분야의 한정 둘 다 고려될 수 있다. 따라서, 심사관들은 이 고려사항에 따라 판단하기 전에, 스텝 2B에 관련된 다른 모든 사항들도 평가할 뿐만 아니라, 각 청구항을 그 장점에 의거하여 신중하게 고려하여야 한다.

사법적 예외를 특정 기술 환경이나 사용 분야로 단순히 관련 짓는 청구항의 한정 요소에 대하여, 심사관은 특허 적격을 부인하면서 그 한정 요소들이 청구항을 의미 있게 한정하지 못하는 이유를 설명하여야 한다. 예를 들면, 추상적 사고를 실행하는 잘 알려진 컴퓨터 기능을 사용하는 것은, 그 사고를 특정 기술 환경에 한정한다고 하더라도, 심사관들은 유의미하게 많은 것을 추가하지 않았다고 설명할 수 있다. 이는 *Flook*의 추상적 사고를 석유 화학이나 정유로 제한하는 것이 불충분하다는 것과 유사하다.

---

363) *Intellectual Ventures I v. Capital One Bank*, 792 F.3d 1363, 1367 (Fed. Cir. 2015)

364) *Ultramercial, Inc. v. Hulu, LLC*, 772 F.3d 709, 716 (Fed. Cir. 2014)

365) *buySAFE Inc. v. Google, Inc.*, 765 F.3d 1350, 1354, 112 USPQ2d 1093, 1095-96 (Fed. Cir. 2014)

Ⅵ 간소화된 분석(Streamlined analysis)

심사의 효율성을 위해서, 심사관들은 청구항의 특허 적격이 명백한 경우(예 청구항이 기술이나 컴퓨터의 기능을 향상시킨 경우)에 간소화된 특허 적격 분석(플로우차트상의 경로 A)을 사용할 수 있다. 그러나, 출원인이 결과적으로 사법적 예외를 포함하려고 하는지에 관한 의문이 있는 경우라면, 청구항이 사법적 예외 이상의 많은 것을 설명하는지에 관한 판단을 위하여 전체 특허 적격 분석(*Alice/Mayo* 테스트)가 행해져야 한다.

간소화된 분석의 결과는 전체 분석 결과와 늘 동일하여야 하며, 따라서, 간소화된 분석이 청구항에 대한 전체 분석을 시행한다면 받게 될 특허 부적격 판단을 회피하기 위한 수단으로 사용되어서는 안 된다. 또한, 플로우차트상의 경로 B와 경로 C를 통하여 특허 적격이 인정된 청구항은, 간소화된 분석이 적용되더라도 특허 적격이 인정될 것이다. 만약, 청구항이 특허 적격이 있다고 결론내려지고, 특허 적격에 관하여 거절되어지지 않는다면, 심사관이 간소화된 분석을 사용하였는지 명백하지 않을 수 있다. 실무적으로, 기록상에는 특허 적격 거절 사유의 부존재에 의한 특허 적격 인정의 결론만 반영되거나, 적절한 시점에 명확히 하기 위한 언급만 포함될 수 있다.

위에서 본 플로우차트에 따르면, 전체적으로 검토하여 청구항의 특허 적격이 자명한 경우에는 경로 A에 따라 특허 적격이 인정되고, 특허 적격 분석은 종결된다.

1. 특허 적격이 자명한 경우

청구항이 사법적 예외를 언급하였는지에 관계 없이, 전체적으로 검토하여 볼 때, 청구항에 사법적 예외를 엮음으로써 다른 사람들이 사법적 예외를 실행할 수 없게 하려 하지 않는 경우에, 간소화된 분석이 사용될 수 있다. 특허 적격이 자명한 청구항들은 특허 적격에 대한 전체 분석을 진행할 필요가 없다. 그렇지만, 전체 분석의 스텝 2B 후에 특허 적격이 인정되지 않은 청구항은 특허 적격이 자명하지 않기 때문에 간소화된 분석에 적합하지 않다.

예를 들어, 사법적 예외에 대한 의미 있는 한정 요소를 언급한 산업용 제품이나 프로세스에 대한 청구항은 그 실제 적용을 충분히 제한할 수 있으므로 전체 특허 적격이 필요하지 않다. 가령, 특정 수학적 관계를 사용하여 작동하는 제어 시스템을 갖고 있는 로봇 팔 조립은 그 수학적 관계의 사용을 제한하려 하지 않는 것이 명백하므로, 그 특허 적격을 결정하기 위하여 전체 분석이 요구되지 않는다. 또한, 자연을 기반으로 한 물건을 언급하였으나, 자연을 기반으로 한 물건을 포함하려고 시도하지 않은 경우에는, "자연의 산물" 예외를 확인하기 위하여 현저히 다른 특성 분석을 할 필요가 없다. 예를 들어, 자연적으로 생성된 미네랄로 둘러싸인 인공 고관절에 대한 청구항은 그 미네랄을 포함하려고 시도한 것이 아니다. 청구된 물건이 부수적으로 자연에 기반을 둔 구성요소를 포함한 경우(예를 들어, 금으로 된 전기 접점을 가진 휴대폰 단말기나 목재 테두리를 가진 플라스틱 의자에 대한 청구항)는, 이 청구항이 자연에 기반을 둔 물건을 부적절하게 포함하려 하는 것이 아니므로, 그 청구항이 자연의 산물 예외에 대한 것인지를 판단하기 위하여 자연에 기반을 둔 구성요소에 대한 분석을 필요로 하지 않는다.

2. 기술이나 컴퓨터 기능의 명백한 개선

연방 항소 법원은 기술이나 컴퓨터 기능의 개선에 대하여 적절하게 청구된 발명은 추상적이지 않다고 판단하였다. 따라서, 이러한 개선에 관한 청구항은 전체 특허 적격 분석을 진행할 필요가 없다.[366]

예를 들어, 컴퓨터 관련 기술의 명백한 개선에 대한 청구항들은 전체 특허 적격 분석을 필요로 하지 않는다.[367] 컴퓨터의 개선뿐만 아니라, 다른 기술이나 기술적 프로세스에 대한 청구항들 역시 전체 특허 적격 분석을 필요로 하지 않는 경우가 있다.[368] 이들 사례에서, 청구항들을 전체적으로 검토하였을 경우, 청구항

---

366) *Enfish, LLC v. Microsoft Corp.*, 822 F.3d 1327, 1335-36 (Fed. Cir. 2016)

367) *Id.*, at 1339 (컴퓨터 데이터베이스를 위한 자기 참조형 테이블에 관한 청구항은 추상적 사고에 대한 것이 아니기 때문에, *Alice/Mayo*의 1단계 테스트에서 특허 적격이 있다고 판단되었다.)

368) *McRO, Inc. v. Bandai Namco Games Am. Inc.*, 837 F.3d 1299, 1316 (Fed. Cir. 2016) (자동화된 립싱크와 얼굴 표정 애니메이션에 관한 청구항들은 컴퓨터와 관련된 기술의 개선

들의 특허 적격은 명백한 개선에 근거하여 자명하므로 더 이상의 분석을 필요로 하지 않는다. 연방 항소 법원이 이들 청구항들이 추상적 사고에 대한 것이 아니므로 스텝 2A에서 특허 적격이 있다고 판단하였을지라도, 심사관들은 명백한 개선에 근거하여 경로 A에 따른 특허 적격을 인정할 수 있다.

만약, 청구항들이 기술이나 컴퓨터의 기능을 향상시키는지 불분명한 경우라면, 전체 특허 적격 분석이 실행되어져야 할 것이다.[369] 청구항들이 명백하게 기술이나 컴퓨터 기능을 향상시키거나 특허 적격이 분명한 다른 사유가 있는 경우에만, 간소화된 분석이 사용되어야 한다. 예를 들어, *BASCOM*의 청구항이 기술한 콘텐츠 필터링 개념은 예전에 추상적이라고 판단된 인간 행동을 조직화하는 방법이기 때문에, 연방 항소 법원은 *Alice/Mayo*의 1단계 테스트에서 특허 적격을 인정할지가 불분명하다고 보아, *Alice/Mayo*의 2단계 테스트를 진행하였다.

에 대한 것이므로 *Alice/Mayo* 의 1단계 테스트에서 특허 적격이 있다고 판단되었다.)

369] *BASCOM Global Internet v. AT&T Mobility LLC*, 827 F.3d 1341, 1349 (Fed Cir. 2016)

CHAPTER 2 신규성

근대적인 미국 특허법은, 새롭고 유용하며 진보된 발명에 독점적 권리를 부여하여 이를 보호하는 것을 목적으로 한다. 따라서, 발명의 신규성, 유용성 그리고 진보성(비자명성)은 발명에 특허를 부여할 수 있는 특허 요건으로 기능하게 된다. 이 중에서도 유용성은 실제 매우 제한된 범위 내에서만 검토될 뿐이어서 쉽게 요건을 충족할 수 있다. 오늘날의 미국 특허 소송에서 특허의 유용성이 문제되는 경우는 거의 없다. 따라서, 이 책에서는 특허 요건으로서의 유용성에 관한 논의는 접어 두고, 신규성과 진보성(비자명성)에 관하여만 살펴보기로 한다.

I 신규성

특허는 새로운 발명이나 기술에 대하여, 이를 공개할 것을 조건으로, 일정 기간 독점적으로 사용할 권리를 부여하는 제도이다. 따라서, 특허 출원한 발명이 새로운 발명이 아니라고 판단된 경우에는 특허권을 부여하지 않으며, 기존에 특허 등록된 발명이라 할지라도, 특허 침해 소송의 피고는 원고의 발명이 새로운 발명이 아니었음을 주장하여 원고 특허의 무효를 주장할 수 있다. 이러한 특허의 신규성에 관한 내용은 35 U.S.C. §102에 규정되어 있다. 이러한 신규성에 관한 내용은 2011. 9. 16. The Leahy-Smith America Invents Act(AIA)의 제정으로 많은 변화를 보이게 된다. AIA 전의 U.S.C. §102는 (a)항부터 (g)항까지 7항으로 구성되어 있으며, 여기에는 신규성뿐만 아니라, 특허 출원 권리의 소멸 및 직접 발명 주의에 관한 다양한 내용으로 구성되어 있다. 먼저, §102(f)는 특허를 부여받기 위해서는, 발명자가 직접 발명하였을 것을 요구하고 있으며, §102(a), (e) 그리고 (g)는 신규성과 관련된 조항이다. 이에 반하여, §102(b)∼(d)는 특허 출원 권리의 소멸에 관한 규정을 두고 있다. §102(a)는 선발명주의를 취하여 발명일을 기준으로 발명의 신규성을 판단하였으나, AIA는 선출원주의를 채택하였다. 따라서, AIA의 §102(a)가 적용되는, 2013년 3월 16일 이후 출원한 발명에 대하여서는 출원 시점의 선후가 신규성 판단의 기준이 된다.

특허 소송에서 원고 특허의 신규성은 3단계 검토를 통해 이루어진다. 먼저, 신규성을 검토하기 위한 참고자료를 특정하여야 한다. 예를 들면, §102(a)에 규정된 바와 같이 다른 사람이 알았거나 사용한 기술이 있는지, 외국에 등록된 특허가 있는지 등을 검토하여 참고자료를 특정한다. 두 번째로 이와 같이 결정된 참고 자료의 유효한 일자와 특허의 기준일을 비교, 검토한다. 참고자료의 유효일자가 특허의 기준일보다 선행할 경우, 해당 참고자료는 선행 기술로 불린다. 마지막으로 선행 기술과 특허를 검토하여, 선행 기술에서 특허의 모든 구성요소가 드러난 경우, 특허는 선행 기술에 의하여 예견 가능하다고 보며, 그 신규성이 부인된다.

1. 발명자의 발명-직접 발명주의(Derivation): §102(f)

2013년 3월 16일 이전에 출원된 특허의 신규성 판단은 기존의 35 U.S.C. §102에 의한다. §102(f)는 특허받고자 하는 발명의 주요 사항을 출원인이 발명하지 않은 경우에는 특허를 받을 수 없다고 규정함으로써 발명자의 직접적인 발명을 요건으로 하는 직접 발명주의를 규정하였다. 발명이 발명자가 아닌 다른 사람의 작업을 도용하였다면, 해당 발명은 특허를 받을 수 없다. 여기서, 다른 사람의 작업은 공개된 작업이거나 비밀작업이거나, 문서로 되어 있거나, 단순한 구두 표현에 지나지 않거나, 미국 내에서 행하여졌는지 미국 외에서 행하여졌는지를 불문한다. 특허 침해 소송에서 피고가 출원서상의 발명자가 아닌 다른 진정한 발명자가 존재함을 입증하면, 해당 특허는 무효가 된다. 특허는 35 U.S.C. §282에 의하여 유효하다는 추정을 받으므로, 피고가 이 추정을 극복하기 위해서는 명백하고 확실한 증명(Clear and convincing evidence)에 이를 정도로 입증을 하여야 한다.[370]

이 §102(f)는 연방 대법원의 *Agawam Woolen v. Jordan*[371] 판결에서 그 기원을 두고 있다. 원고인 Jordan은 실을 뽑아내는 운반기(원고는 Traverer라고 불렀다)를 이용한 새로운 직조기기를 발명하였다. 원고가 새로운 기기를 실험할 때, 원고의 종업원인 Winslow는 Can 대신에 Spool을 사용하자는 제안을 해서, 원고는 이 제안을 받아들여 그의 발명에 Spool을 사용하였다. 이를 근거로 피고인 Agawam이 진정한 발명자가 원고가 아닌 Winslow라고 주장하였으나 받아들여지지 않았다. 발명인의 발명 도중에 종업원이 그 발명의 개량에 이바지한 사실이 인정되더라도, 그 개량이 발명의 일부분에 그치고 새로운 발명으로 이르지 못한 경우에는 그 개량된 부분도 발명인의 발명 영역에 포함된다. 본 발명에서 Spool이나 Drum을 사용하는 것이 Can을 사용하는 것보다 개량된 것임에는 틀림없지만, 본 발명의 핵심은 Traverer에 있으므로, Spool에 의한 개량을 제안한 Winslow를 진정한 발명자로 보기는 어렵다. 이와 같이 제3자의 도움이 파생 발명으로 인정받기 위해서는, 그 도움이 발명의 모든 구성요건을 포함하며, 작동이 가능하여야 한다(제3자의 도움이나 발명의 개량에 관한 제안은, 그 발명의 모든 구성요건을 포함하지 않더라도, §103의 비자명성을 검토하기 위한 선행 기술로 이용되기도 한다).[372]

2. 발명일-35 U.S.C. §102(g)

선발명주의에서는 먼저 발명된 기술에 특허를 부여하고, 특허 소송 중에 특허의 발명일보다 먼저 발명된 동일한 기술이 있음을 입증하면, 해당 특허를 무효로 할 수 있다. 35 U.S.C. §102(g)는 이와 같은 선발명주의에 관한 구체적 내용을 기재하였다. 먼저, 제1문에서는 발명 우선 순위를 판단하는 저촉심사(Interference)에서 특허 발명자보다 앞선 발명자가 자신의 발명을 포기, 은폐, 은닉하지 않았다면 특허를 등록할 수 없으며, 제2문은 일반적인 규정으로 미국 내의 선임 발명자

---

370) *Campbell v. Spectrum Automation Co.*, 513 F.2d 932, 937 (6th Cir. 1975)
371) *Agawam Woolen v. Jordan*, 74 U.S. (7 Wall.) 583, 602-03 (1868)
372) *Oddzon Products, Inc. v. Just Toys, Inc.*, 122 F.3d 1396 (Fed. Cir. 1997)

가 자신의 발명을 포기, 은폐, 은닉하지 않았다면 후임 발명자의 특허는 등록될 수 없다고 하였다. 마지막 단락에서는 발명의 우선 순위를 결정하는 데 있어서 발명의 착상일과 발명이 구체적으로 실현된 날 뿐만 아니라, 먼저 착상을 한 사람이 후에 착상한 사람보다 비록 나중에 발명을 실행하였더라도, 발명의 실행을 위한 합리적인 노력을 나중에 착상한 사람의 착상 전부터도 있었던 사실도 고려하도록 하고 있다. 따라서, 합리적인 노력이 있었다고 가정한다면, 대체로 발명을 실행한 사람보다는 발명을 착상한 사람이 특허를 받을 권리를 획득하게 된다.[373]

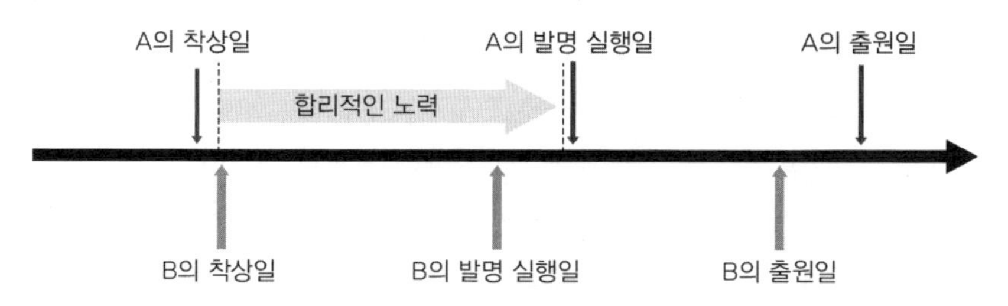

A가 B보다 착상을 먼저 하였음에도 발명의 실행이 늦었으나, B의 착상 전에 발명의 실행을 위한 합리적 노력이 있었음을 입증하여 특허받을 권리를 취득하게 된다.

발명의 착상(Conception)이라 함은, 완전하고 작동 가능한 발명의 아이디어가 해당 분야에서 통상의 기술을 가진 사람들(PHOSITA)이 별도의 실험이나 연구활동 없이도 발명을 실행할 수 있는 정도(Reduce to practice)에 이를 수 있도록 발명자의 뇌리에 확정된 시점을 말한다.[374] 발명의 착상에서도 발명의 출원과 마찬가지로 모든 구성요소를 갖추는 것이 요구된다.[375] 발명자의 진술 등에 의하여 발명의 착상일을 입증할 수 있지만, 이 경우 발명인의 이야기에 신빙성을 더할 보강 증거가 요구된다.[376]

한편, 발명의 실행 시점은, 기계의 경우 조립되어 시험 사용되었을 때, 제조물의 경우는 완전히 제조되었을 때, 물질의 구성의 경우에는 구성이 완전히 끝났을

---

373) *Pfaff v. Wells Elec.*, 525 U.S. 55, 61 (1998)

374) *Burroughs Wellcome Co. v. Barr Laboratories, Inc.*, 40 F.3d 1223, 1228 (Fed. Cir. 1994)

375) *Coleman v. Dines*, 754 F.2d 353, 359, 224 USPQ 857, 862 (Fed. Cir. 1985)

376) *Mahurkar v. C.R Bard*, 79 F.3d 1572, at 1577 (Fed. Cir. 1996)

때 등이며, 복잡한 발명의 경우에는 발명의 실행 시점을 입증하기 위하여 법원이 테스트 결과를 요구하기도 한다.

35 U.S.C. §102(g)를 토대로 하여 발명일을 확정하는 절차는 다음과 같다. ① 일반적으로, 발명이 실행된 날을 발명일로 본다. ② 유효한 출원일은 발명이 실행된 날로 추정되지만, 각 당사자가 실제로 발명이 실행된 날이 출원일보다 앞선다는 것을 입증하면, 발명이 실제로 실행된 날을 발명일로 보게 된다. ③ 발명이 실행된 날이 뒤늦더라도, 먼저 발명을 착상한 사실과, 착상 이후에 발명의 실행을 위해서 합리적인 노력을 하였음을 입증한다면, 발명의 착상일이 발명을 실행한 날에 앞서 발명일로 인정된다. ④ 다만, 발명자는 해당 발명을 발명일 이후에 포기, 은폐, 또는 은닉하지 않아야 한다.

한편, 특허의 무효를 주장하는 최초의 발명자는 자신의 발명이 특허 제품 또는 특허 등록이 가능한 제품이라는 사실을 인지할 필요는 없다.[377] *Dow Chemical* 사건에서 원고인 Dow Chemical사(Dow)는 Astro-Valcour, Inc(AVI)가 자사의 아이소부탄을 사용한 수지발포체를 생산하는 방법에 관한 특허를 침해하였다고 소송을 제기하였고, AVI는 자신이 이들 특허를 Dow보다 앞서 발명하였다고 항변하였다. AVI는 1983년부터 프레온 가스를 발포제로 사용하지 않고 수지발포체를 제작하는 방법을 연구해 왔으며, 일본 회사로부터 프레온 가스를 사용하지 않고 발포체를 제작하는 방법에 관한 특허(No. 3,808,300)에 대한 라이선스를 확보하였으며, 이 특허를 기반으로 1984년 3월 3일 프레온 가스 대신에 아이소부탄을 발포제로 사용하여 수지발포체를 제작하는 타당성 실험(Feasibility test)에 성공하였고, 1986년부터는 이를 대량으로 생산하여 판매하였다. 이에 반하여 Dow 측에서는 1984년 8월 아이소부탄을 사용한 수지발포체를 생산하는 방법에 관한 착상을 하였고, 1984년 9월 13일, 14일 경에 발명을 실행한 뒤, 1985년 12월 24일 특허 출원을 하여 특허 등록을 받았다(U.S. Patnet No. 4,640,933 등). USPTO는 일본 회사가 갖고 있던 '300 특허가 §102(a)에 의하여 '933 특허를 예견할 수 없었다고 판단하였다. 따라서, 본 사안은 Dow가 주장하는 AVI의 침해 행위가 Dow 특허 성립 전에 발생하여 Dow의 특허가 §102(g)에 의하여 무효로 될 수 있는지

377) *Dow Chemical Co. v. Astro-Valcour, Inc.*, 267 F.3d 1334 (Fed. Cir. 2001)

에 관한 판단이다. Dow는 AVI의 개발자들이 1984년 발명을 실행할 당시, 이를 '300 특허의 일부로 생각하였을 뿐, 별도의 발명으로 인식하지 못하였으므로, AVI의 어느 누구도 §102(g)의 발명자가 될 수 없다고 주장한다. 그러나, 법원은 선임 발명자의 발명 착상일은 선임 발명자가 발명을 인식한 날이지, 선발명자가 발명의 특허성을 인식한 날은 아니라고 판단하여 Dow의 주장을 받아들이지 않았다. 한편, Dow는 AVI가 처음 발명 이후 2년 6개월이 지나서야 이를 공공에 알린 사실은 AVI가 이 발명을 포기, 은폐, 은닉한 것으로 추정할 수 있다고 주장하며, *Lutzker v. Plet* 판결[378]을 인용하였다. 하지만, 법원은 본 사안에 *Lutzker* 대신에 *Checkpoint*[379] 사건을 적용하여, AVI는 발명품을 상품화함으로써 이를 공공에 알렸고, 상품화하는 데 있어서 기간을 최소화할 것은 요구되지 않으며, 단지 합리적인 노력을 통하여 공공에 발명품을 알리면 족하다고 보았다.

3. 선행 기술 – §102(a)

위와 같이 발명일이 확정되면, 특허 침해 소송의 피고는 원고의 발명일 이전에 선행 기술이 있었음을 입증하여 원고의 발명을 무효화시키려는 노력을 하게 된다. 35 U.S.C. §102(a)에서는 미국 내에서 발명일 이전에 다른 사람들이 이미 알고 있거나 사용한 기술 또는 미국 내외에서 특허로 등록되거나 간행물에 기재된 기술을 선행 기술로 본다.

1) 다른 사람들이 알거나 사용한 기술

미국 내에서 다른 사람들이 알고 있거나 사용된 기술은 선행 기술로 인정된

378] *Lutzker v. Plet*, 843 F.2d 1364 (Fed. Cir. 1988) (법원은 *Lutzker*에서, 선임 발명자가 발명의 실행 이후 그 발명을 개량하는 작업을 거치느라고 출원이 늦어진 것은 용인되지만, 발명을 상품화하는 준비를 하느라 출원이 늦어진 것은 용인되지 않는다고 판단하였다.)

379] *Checkpoint Systems v. U.S. International Trade Coomm'n*, 54 F.3d 756 (Fed. Cir. 1995) (선임 발명자가 첫 발명 이후 4년이 지나, 그 발명의 특허 출원 대신에, 발명의 상품화를 한 사안에서, 법원은 선임 발명자가 발명을 특허 출원하여야 할 의무가 있는 것은 아니고, 그가 특허 출원을 하지 않았더라도, 상품화를 통하여 이를 공공에게 알렸다면 그 발명을 포기, 은폐, 은닉한 것으로 볼 수 없다고 판단하였다.)

다. 판례는 다른 사람들이 알고 있는 기술을 선행 기술로 판단하기 위해서는 대중에게 알려질 것을 요건으로 하며, 단순히 한 사람이 알고 있거나, 한 그룹 내 소수의 사람만이 아는 것으로는 불충분하다고 본다[380]. 법조문에서 "Others"라고 규정하고 있으므로, 한 사람에게 알려진 것만으로는 §102(a)의 요건을 충족하지 못하고, 다수가 알거나 사용이 요구된다는 데에 이견은 없다. 다만, 명백히 대중에게 알려질 것을 요구하는 §102(b)와 달리 규정하고 있음에도 동일한 해석을 하여 한 그룹 내 소수의 사람이 아는 경우도 제외하는 것이 맞는가에 대해서는 의문의 여지가 있어 보인다.[381]

Gayler v. Wilder[382] 사건은, 원고인 Wilder가 석고로 된 방화금고에 특허권을 갖고 피고인 Gayler에 대하여 특허 침해 청구 소송을 제기하였다. 이에 피고 측 증인인 Conor가 원고 특허 발명 전에 석고로 원고 특허와 동일한 방화금고를 제작하였다고 증언하며, 피고의 원고 특허 무효 주장을 뒷받침하였다. Conor는 이와 같이 제작된 방화 금고를 회계실에 보관하여 개인 용도로 사용하였고, 같이 일한 사람들도 위 방화금고를 보고 알게 되었다. Conor는 수년간 위 방화금고를 사용한 뒤, 이를 다른 사람에게 넘겼다. 이에 대하여, 연방 대법원은, Conor의 발명이 공공을 위한 것이 아니라, 개인의 사적 용도로 제작된 것이며, 결국 나중에는 그 발명조차 포기되거나 잃어버렸다고 판단하여, 이를 원고의 특허 무효의 근거가 되는 선행 기술로 판단하지 않았다.

Rosaire v. Bariod[383]에서는, 원고 Rosaire가 석유 시추 방법에 관한 특허권을 획득하고, Baroid에 대하여 특허 침해 청구 소송을 제기하였다. Baroid는 원고의 시추 방법은 원고의 발명일 이전에 Teplitz에 의하여 착상되었고, Gulf 석유회사에서 이를 실험 목적으로 사용하였으므로, 원고의 특허가 무효라는 항변을 하였다. Rosaire는 Teplitz가 먼저 위 발명을 착상한 사실은 인정하였으나, Gulf사가 Rosaire의 특허 출원 전까지 이를 특허 출원하려고 시도하지 않았으며,

---

380] *Filterite Corp. v. Tate Engineering, Inc.*, 318 F.Supp. 584, 590 (D.C.Md. 1970), aff', 447 F.2d 62 (4th Cir. 1971)

381] Robert Patrick Merges, John Fitzgerald Duffy, "Patent Law and Policy: Cases and Materials", 5th Edition, 2011, p.406.

382] *Gayler v. Wilder*, 51 U.S. 477 (1850)

383] *Rosaire v. Bariod*, 218 F.2d 72 (5th Cir. 1955)

Teplitz의 착상이 따로이 출간되거나, 실험 목적의 사용이 공익을 위하여 제공된 사실도 없으므로, Teplitz의 기술을 선행 기술로 인정할 수 없다고 반박하였다. 이에 대하여, 연방 제5 항소 법원은, Gulf사가 많은 석유 시추 활동을 하고 있으며, Teplitz의 기술을 공연히, 회사 경영 활동에 따른 통상적인 과정에서 사용한 사실이 인정되므로, 35 U.S.C. §102(a)에서 요구하는 선행 기술의 조건을 갖추었다고 볼 수 있으며, 35 U.S.C. §102(a)가 이들 사실 외에 발명을 공중에게 알리기 위한 별도의 행위를 요구하지 않는다고 판단하였다.

위의 사례에서 보듯, §102(a)의 '다른 사람이 사용한 기술'은 다른 사람이 이를 공연히 사용할 것을 요구한다. Wilder의 개인 방화금고에 대한 발명은, 발명의 특성상 개인 사용, 비밀 사용을 전제로 하므로, 공연한 사용의 원칙에 대한 예외를 인정할 여지도 있어 보였지만, 결과적으로 판례는 예외를 인정하지 않고 있다.

상업적인 목적으로 물건을 생산하는 도중에 특허 출원된 방법이 사용되는 경우에도 공연한 사용으로 인정한다. *W.L. Gore & Assocs., Inc. v. Garlock, Inc*[384]에서, Gore(원고)는 1970년 5월 21일, Teflon 테이프를 스트레칭하는 기기(401 기기)에서 자주 발생하는 문제인 테이프가 끊어지는 문제를 해결하기 위한 방법을 특허(특허 번호 3,953,566 등)로 출원하였다. 이 방법 특허에는 401 기기에서 초당 10%를 스트레칭하고, 온도를 적정 온도로 유지시키는 등의 방법이 들어 있다. 이 401 기기는 Gore의 아버지가 이미 1969년 10월 3일에 특허 출원(특허 번호 3,664,915)을 하였으나, 초당 10%로 스트레칭한다거나, 장력 등에 관한 구성요건은 규정되지 않았다. 그러나, 소송 당사자들은 원고가 주장하는 '566 특허의 발명일인 1969년 10월 말 전에 401 기기가 사용되었다면, 그 사용이 §102(a)의 선행 기술로 '566 특허의 청구항 1을 예견할 수 있다는 데 다툼이 없었다. 1969년 8월, 원고가 Export사에 401 기기에 의하여 만들어진 테이프의 판매를 제안하였고, 1969년 10월 24일 이 제품을 Export사에 선적한 사실이 드러나게 되었다. 법원은 이와 같은 사실 관계에 근거하여, 원고가 401 기기를 사용하여 제품을 생산하는 과정 중에, 원고의 방법 특허가 공연히 사용되었다고 보고 35 U.S.C. §102(a) 요건을 충족하였다고 판단하였다.

---

384) *W.L. Gore & Assocs., Inc. v. Garlock, Inc.*, 721 F.2d 1540, 1549 (Fed. Cir. 1983)

그러나, 발명 자체는 비밀에 부쳐졌더라도, 발명이 구현된 제품 등이 대중에게 알려진 경우에는 선행 기술로 되어 특허 등록이 되지 않는다. 가령, 거대한 장비나 도구의 일부분에 새로운 발명이 이루어졌으나, 그 장비나 도구 등이 일반에게 전시되거나 판매되었다면, 장비나 도구의 일부분인 발명이 감추어졌더라도 그 장비나 도구에 대한 일반인의 접근 가능성이 제한되었다고 볼 수 없어 선행 기술로 판단된다.[385]

한편, 다른 사람이 알았거나 사용한 기술은, 아래에서 설명하는 특허로 등록되거나 간행물에 기재된 기술과는 달리 장소적으로 미국 내에서 행해져야 한다는 제한이 따른다.

2) 특허로 등록되거나 간행물에 기재된 기술

연방 항소 법원은 "간행물에 기재"된다는 것을, 해당 분야에 관심이 있는 대중들이 충분히 접근할 수 있어야 한다는 의미로 해석하여, 간행물에 기재된 기술에 해당하기 위하여 배포와 공공의 접근성을 요구하고 있다.[386]

In re Cronyn[387] 사건에서 법원은 제출된 논문이 공공의 접근성이 없다고 보아 간행물에 기재된 기술에 해당하지 않는다고 판단하였다. Cronyn은 대학교 학부 졸업논문을 4명의 교수들로 구성된 논문 심사위원회에 제출하였다. 제출된 논문은 논문 목록 카드에 기재된 후 대학 도서관에 보관된다. 논문 목록 카드는 개인별 카드로 구성되며, 각각의 카드는 학생 이름과 논문 제목이 기재된다. 하지만, 이 논문 목록 카드는 학생 이름으로 검색은 가능해도, 논문 제목에 의한 검색은 불가능하게 되어 있다. 법원은 위 논문이 소수의 교수들에게만 제공된 점, 의미 있는 검색이 가능한 방법으로 색인이 만들어지지 않은 점 등을 들어 35 U.S.C. §102(a)에 따른 공공의 접근이 가능하지 않다고 보았다. 한편, 다른 사례에서는, 제출된 박사학위 논문이 대학 도서관에 보관되고 색인 목록이 만들어져서, 해당 분야의 관심이 있는 사람들이 충분히 접근할 수 있게 된 경우에, 간행물에 기재되었다고 보았다.[388]

385] M.P.E.P. §2133.03(a) II. A.2.

386] *Constant v. Advanced Micro-Devices, Inc.*, 848 F.2d 1560, 1568 (Fed. Cir. 1988)

387] *In re Cronyn*, 890 F.2d 1158 (Fed. Cir. 1989)

공공 게시판에 발명의 모든 요소가 상당 기간 게시된 것만으로도 간행물에 기재된 것으로 볼 수 있다고 본 판례가 있다.[389] *In re Klopfenstein*에서 선행 기술로 주장되는 논문이 학회에서 발표되었고, 14장의 슬라이드가 출력되어 학회 게시판에 이틀 넘게 게재된 사실이 있었다. 이후, 해당 슬라이드는 석 달 뒤 다른 학회 게시판에 하루 정도 더 게시되었다. 판례는 비록 인쇄되어 배포되지 않았고, 도서관이나 데이터베이스 등에 저장되어 색인 목록이 만들어진 사실이 없었더라도, 상당 기간 당업자들에게 보여졌고, 그 기간 동안 학회 멤버들이 노트를 하거나 사진찍는 일이 제한되었다고 보여지지 않으므로, 공공 접근성이 있었다고 보아 간행물에 기재된 것으로 인정하였다.

In re Wyer[390]에서 오스트레일리아 특허 출원서에 기재된 내용에 대하여도 공공의 접근성이 있다고 보아 간행물에 기재된 것으로 인정하였다. 즉, 간행물의 2가지 요소인 "Printed"와 "Publication"을 전통적 의미의 "인쇄"나 "출판"이 아닌 "전파 가능성"과 "공공의 접근성"으로 해석하면서, 출원서에 기재된 내용이 오스트리아 특허청에 의하여 마이크로필름에 저장되어 보관되면서, 일반인들이 이를 열람하여 그 복사본을 구입할 수 있으므로 이를 간행물에 기재된 것으로 보았다.[391] 또한, 캐나다 특허청에 출원된 특허 출원서 중에 도면 3과 4가 취소된 사안에서, 연방 항소 법원은 취소된 도면 3과 4를 공공의 접근이 가능하여 간행물에 기재된 것으로 보았다.[392] 판례는 특허 출원서를 포함한 File Wrapper가 색인 목록이 작성되지는 않았더라도, 등록된 해당 특허가 출판되었기 때문에, 당업자들의 출원서 접근이 가능한 점, 도면 3과 4가 출원 과정 중에서 취소되었다 하더라도, 출원서에서 물리적으로 삭제된 것이 아니라는 점을 근거로 들고 있다.

과거 연방 지방 법원은, 미국 특허는 청구항이나 명세서에 기재된 내용이 모

---

388) *In re Hall*, 781 F.2d 897 (Fed. Cir. 1986)

389) *In re Klopfenstein*, 380 F.3d 1345 (Fed. Cir. 2004)

390) *In re Wyer*, 655 F.2d 221 (CCPA 1981)

391) 연방 항소 법원은, 출원서의 요약서가 간행되었고, 오스트레일리아 특허청에 의하여 출원서가 분류된 뒤 색인 작업이 이루어져 PHOSITA에 의한 접근이 용이한 점이 *In re Wyer*의 결론에 이르게 되었다고 판단하였다. *Bruckelmyer v. Ground Heaters Inc.*, 445 F.3d 1374, 1379 (Fed. Cir. 2006)

392) *Id.*

두 선행 기술로 인용될 수 있으나, 간행되지 않은 외국 특허는 특허 청구항만이 35 U.S.C. §102(a)상의 신규성을 판단하는 기준이 될 뿐, 명세서에 기재된 사항에는 §102(a)가 적용되지 않는다고 판단한 사례도 있다.[393] 하지만, 연방 항소 법원이 *Bruckelmyer*에서 "Printed"와 "Publication"을 넓게 인정하였으므로, 간행되지 않은 외국 특허의 범위는 현저히 줄어들게 될 것으로 판단된다.

4. 공개되지 않은 선행 기술 – §102(e)

본 §102(e)는 공공이 이용 가능한 특허나 공개된 출원에 대하여, 선행 기술로서의 지위를 공개되기 전에까지 소급하여 인정하는 조항이다. 즉, 선출원하여 공개되거나 등록된 특허가 출원 심사 과정의 비공개성 때문에 선행 기술로 인정받지 못하는 불합리를 제거하는 것을 목적으로 한다. 만약, 본 조항이 없다면, 선출원된 발명이 비공개 특허 심사를 받는 중에 출원된 나중 발명에게 특허가 부여되고, 경우에 따라서는 선출원된 발명이 후출원된 발명으로부터 라이선스를 받아서 실행하거나, 최악의 경우 무효로 되는 비정상적인 상황이 발생할 여지도 있게 된다. 본 조는 이러한 불합리한 점을 막기 위하여 연방 대법원의 *Milburn* 판결[394]을 입법화한 것이다.

Milburn 사례에서 Davis사는 Milburn사의 Whitford 특허 침해를 이유로 소송을 제기하였다. 이에 Milburn사는 Whitford 특허가 최초의 발명이 아니며, Clifford 발명이 최초의 발명이라고 항변하였다. 원고의 특허는 1911년 3월 4일 출원되어 1912년 6월 4일 등록되었고, Clifford는 1911년 1월 31일 출원하여 1912년 2월 6일 등록되었다. Clifford의 출원서는 Whitford의 특허 내용을 완전하고 적절하게 묘사하고 있지만, 이를 청구항으로 하지는 않았다. 연방 지방 법원은 Clifford가 그의 출원서에 Whitford 특허 내용을 청구항으로 추가할 수 있음에도 하지 않았으므로 이를 선행 기술로 인정하지 않았다. 연방 대법원은 특허는 첫 발명자에게 부여되어야 하며, Clifford가 공개된 특허 내용을 포기하지 않

393] *Reeves Bros., Inc. v. U.S. Laminating Corp.*, 282 F.Supp. 118, 136 (E.D.N.Y. 1966)
394] *Alexander Milburn. v. Davis-Bournoville Co.*, 270 U.S. 390 (1926)

았다면, USPTO의 업무 지연 등에 의하여 그 사실이 바뀔 수는 없다고 보아, Clifford 발명을 선행 기술로 인정하였다.

Milburn 판결은 1952년에 입법화된 이후에, 1975년과 1999년 두 차례의 개정을 거치게 된다. 1999년 개정 전에는 출원 내용이 실제로 특허 등록된 경우에 선행 기술로 인정하였으나, 1999년 개정 후에는 출원 내용이 특허 등록되거나 §122(b)에 의해 공개된 경우에도 선행 기술로 인정하였다. 또한, *Milburn*과는 반대로 출원을 포기하였더라도 이미 공개가 되었다면 이 역시 선행 기술로 인정된다. 이때에도, 출원 공개 일자가 아닌 출원일로 소급된다

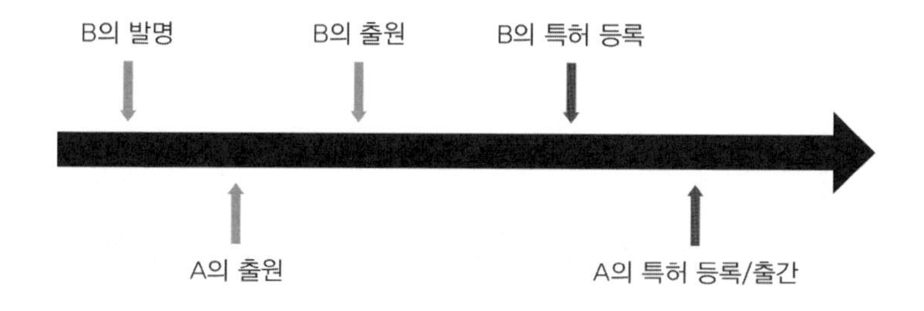

§102(e)는 구법 또는 AIA가 적용되느냐에 따라, 실무상 적용례에 차이가 발생한다. 2013년 3월 16일 전의 발명(구법이 적용되는 경우)이라면, 후출원 발명자라도 자신의 발명일이 선출원 발명자의 발명일보다 앞선다는 것을 입증하여 자신의 특허의 유효를 주장할 수 있다. 위 그림에서 B는 A가 먼저 출원하였음에도 자신의 발명일이 앞선다는 것을 입증하여 특허 등록을 할 수 있다. 하지만, 3월 16일 이후의 발명(AIA가 적용되는 경우)에는, 출원일을 기준일로 보기 때문에 이와 같은 주장은 불가능하다.

미국을 지정한 PCT 출원의 경우, 국제출원이 PCT Article 21(2)(a)에 의하여 영어로 공개된 경우에는 그 국제출원일로 소급하여 선행 기술로 인정된다.

1) 비자명성과 비공개 선행 기술 - §103(c)(1)

비공개된 선행 출원이, 나중에 출원된 기술과 동일하지 않아서 §102의 신규성을 논할 정도에 이르지는 않았지만, §103에 의하여 자명한 정도에 이른 경우에도 선행 기술로 인정할지에 대한 논란이 있다. 유럽이나 일본에서는, 비공개 선행

기술은 오직 신규성을 판단할 때에만 선행 기술로 인정되며, 비자명성의 판단에 있어서는 선행 기술로 인정하지 않는다.

하지만, 미국법은 §103(c)(1)에서, 비공개 선행 기술과 출원된 발명이, 출원된 발명의 발명 시점에 동일인에게 속하거나 동일인에게 양도하여야 할 의무가 있는 경우를 제외하고는, 자명성 판단의 선행 기술로 인정된다고 규정하였다. 비공개 선행 기술과 출원된 발명이 동일인에게 속하는 것은 실제적으로 드문 사례라고 보여지므로, 미국법은 비공개 선행 기술을 비자명성 판단에도 선행 기술로 폭넓게 인정하고 있다고 보아야 할 것이다.

5. 예견가능성

1) 의의

원고의 특허가 새로운 발명이 아니라는 이유로 그 무효를 주장하는 피고는, 선행 기술과 소송 중인 발명을 비교하여, 소송 중인 발명이 선행 기술에 의하여 예견 가능하다는 사실을 입증하여야 한다. 소송 중인 발명이 예견 가능하다는 말은, 단일한 선행 기술이 소송 중인 발명과 동일한 발명이라는 것이며, 예견가능성의 입증은 단일한 선행 기술이 청구항의 모든 요소를 알려 주는 경우에만 성립될 수 있다[395]. 법원은 예견가능성 여부를 판단하기 위해서는 두 가지 단계를 거친다. 먼저, 청구항을 해석하는 단계이다. 이 단계에서는 법원에 의한 법률 해석이 이루어진다. 다음으로, 해석된 청구항과 선행 기술을 비교하여, 선행 기술이 청구항의 모든 구성요소를 알려 주고 있는지를 판단하여야 한다. 이 단계는 배심원들에 의한 사실 발견의 단계라고 할 수 있다.[396]

등록된 특허는 유효하다는 추정을 받으므로, 피고가 소송 중인 발명이 선행 기술에 의하여 예견 가능하다는 것을 주장하려면, 명백하고 확실한 증명에 의하여 이를 입증하여야 한다.[397]

395] *Structural Rubber Products Co. v. Park Rubber Co.*, 749 F.2d 707, 715 (Fed. Cir. 1984)

396] *Key Pharms. v. Hereon Labs Corp.*, 161 F.3d 709, 714 (Fed. Cir. 1998)

397] *Applied Medical Resources Corp. v. U.S. Surgical Corp.*, 147 F.3d 1374, 1378 (Fed. Cir. 1998)

2) 요건

(1) 동일성

① 원칙: 원고의 발명이 새로운 발명이 아니어서 원고의 특허가 무효라는 피고의 항변은, 하나의 선행 기술이 청구항의 모든 구성요소를 알려 주는 경우에만 성립될 수 있다.

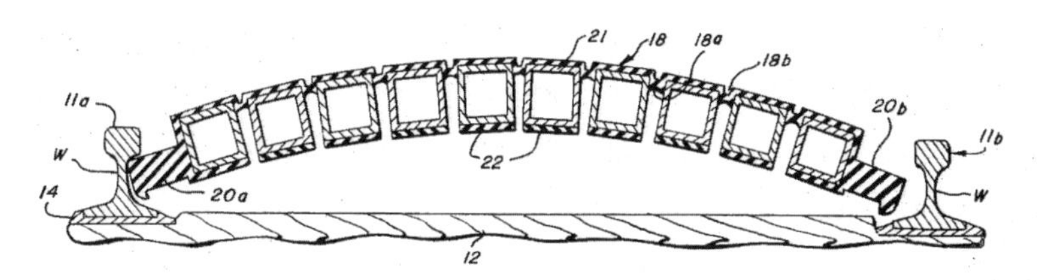

Patent No. 3,843,051

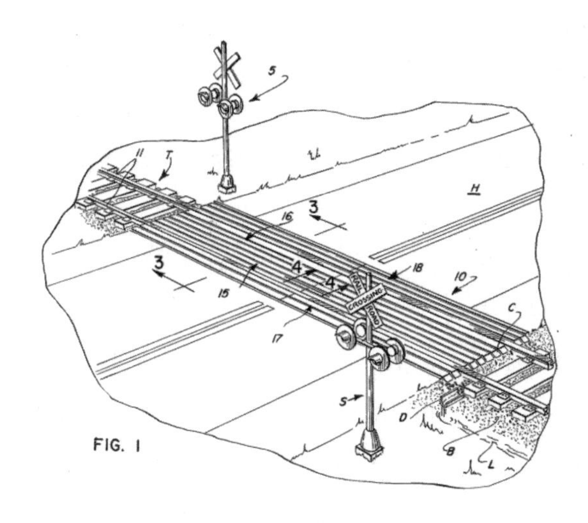

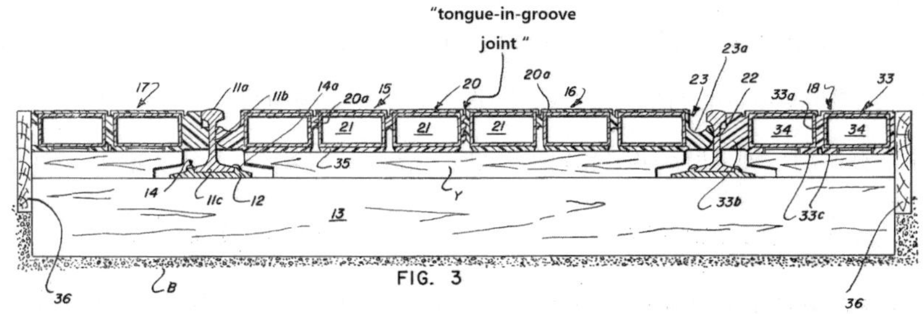

Patent No. 4,117,977

Structural Rubber Products[398] 사건에서 이슈가 된 특허는 고속도로 철도 건널목에 관한 발명이다. 신규성이 논란이 된 부분은, 선행 기술인 '051 특허에서는 "… a plurality of elongated reinforced elements arranged in laterally spaced substantially parallel relation …"로 기술되었고, 소송의 대상인 '977 특허에서는 "… at least one pair of elongated laterally resilient gage section units adapted to be arranged in side-by-side relation intermediate the rails…, an inner face provided with projecting segments constructed unitary with the gage section unit that interfit in an elongated tongue-in-groove relationship with corresponding segments of the adjacent unit of said pair"로 기술되었다. 피고는 "a pair of side-by-side section units intermediate the rails that interfit with a tongue-in-groove joint" 부분이 선행 기술에서 기재되지 않은 점은 인정하였으나, 선행 기술에 기재되지 않은 부분은 "중요하지 않은 부분"이거나 "너무 명백한" 부분이므로, '977 특허가 '051 특허에 대하여 새로운 발명이라고 볼 수 없다고 항변하였다. 그러나, 법원은 선행 기술이 소송 중인 특허와 각각의 단어까지 같을(*ipsissimis verbis*) 필요는 없지만, 청구된 발명의 전체가 기술되어야 한다고 보아, '977 특허가 '051 특허에 의하여 예견 가능하지 않다고 판단하였다.

② 우연한 예견가능성: 그러나, 선행 기술이 발명자의 의도와 상관없이 우연히 특허 발명과 동일한 경우에는, 예견가능성이 인정되지 않는다. *In re Marshall*[399] 에서, 선행 기술과 특허 발명은 모두 Oxethazaine 사용에 관하여 기술하고 있지만, 선행 기술에서는 Acid-stimulating 호르몬을 억제하는 방법으로 기술하였을 뿐, 특허 발명처럼 Pancreatic secretory 호르몬을 억제하여 몸무게를 감소하는 내용에 관한 언급은 없었다. 이에 대하여, 법원은 선행 기술이 특허 주제의 모든 주요한 요소를 드러내지 않았으므로 예견가능성이 없다고 판단하였다.

③ 내재성 이론: 선행 기술이 특허 발명을 예견 가능하기 위해서 청구항의 모든 구성요소를 드러내야 하지만, 반드시 구성요소들이 명시적으로 기재될 필요는 없고, 선행 기술에 내재되어 있다고 보여지는 경우에도 예견가능성이 인정된다.

398] *Structural Rubber Products Co. v. Park Rubber Co.*, 749 F.2d 707, 715-16 (Fed. Cir. 1984)
399] *In re Marshall*, 578 F.2d 301, 304 (C.C.P.A. 1978)

Atlas Powder co. v. IRECO[400]에서 논의된 특허는 폭발물의 구성 성분에 관한 것이다. 아래 표를 참조하면, 소송이 제기된 특허 발명의 모든 구성요소가 선행 기술에서 이미 논의되었고, 성분 비율도 중첩되는 것을 보여 준다.

	발명	선행 기술	
	Clay	Egly	Butterworth
Composition contents:			
Water－in－oil Emulsion	10～40%	20～67%	30～50%
Solid Ammonium Nitrate	60～90%	33～80%	50～70%
Emulsion contents:			
Ammonium Nitrate	70～90%	50～70%	65～85%
Water	about 3～15%	about15～about 35%	7～27%
Fuel Oil	about 2～15%	about 5～about 20%	2～27%
Emulsifier	0.1～5%	about 1～5%	0.5～15%

선행 기술에서 논의되지 않은 부분은 “sufficient aeration [be] entrapped to enhance sensitivity to a substantial degree”에 지나지 않았다. 법원은 청구항 해석을 통해서, Sufficient aeration은 산화제 사이의 공기와 산화제의 기공 사이에 있는 공기를 포함하며, 질적인 제한이 있는 것이 아니라, 단순히 양적으로 충분한 공기를 의미한다고 보았다. 피고들은 선행 기술에도 산화제 및 산화제의 기공 사이에 공기가 존재한다는 것을 입증하였으며, 법원은 이들 공기가 존재함으로써 폭발력의 민감도에 영향을 미친다는 부분은 선행 기술의 내재된 특성을 설명한 것에 지나지 않지, 별도의 새로운 구성요소가 되지 않는다고 보았다. 법원은 결론적으로 선행 기술에서 청구된 발명의 모든 구성요건이 명백히 발견되지 않더라도, 내재하고 있는 것만으로도 예견 가능하며, 내재성 이론에 따라 청구된 구성요소에 따라 기능하는 선행 기술은 청구된 발명을 예견 가능하게 한다고 판단하여, 원고의 특허를 예견 가능한 무효인 특허로 결정하였다.

400) *Atlas Powder Co. v. IRECO*, 190 F.3d 1342 (Fed. Cir. 1999)

Schering Corp. v. Geneva Pharmaceuticals, Inc[401]은 내재성 이론을 더욱 구체화하여 명백하게 선행 기술에서 드러나지 않았더라도, 공공 영역에 속하는 부분도 선행 기술에 내재한다고 판단하였다. 본 사안에서, 4,282,233('233) 특허는 로라타딘에 관한 특허이고, 4,659,716('716) 특허는 로라타딘의 대사물질인 DCL에 관한 특허이다. 환자에게 주입된 로라타딘은 화학적 변화를 거쳐 DCL로 변환된다. 아래 그림에서 보는 바와 같이 '233 특허와 '716 특허는 차이를 보인다.

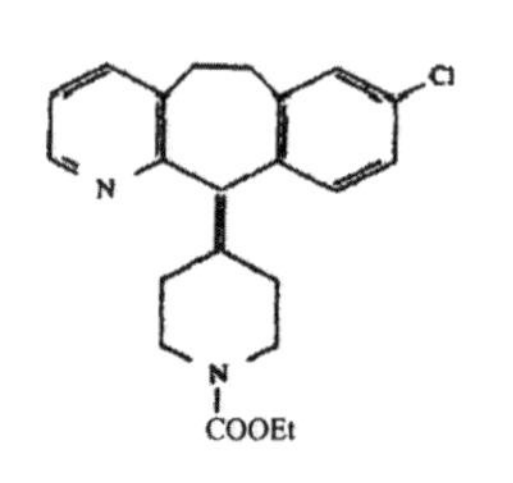

Loratadine ('233 patent)

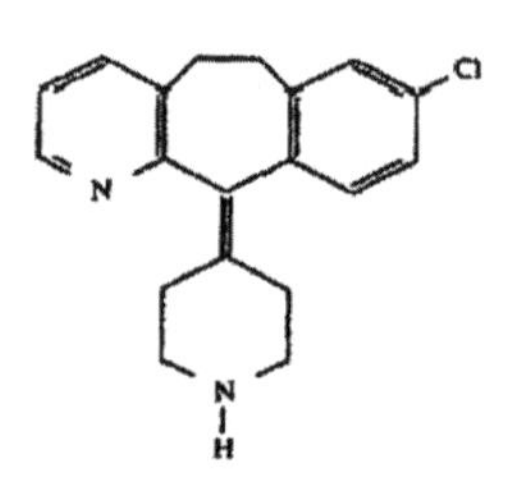

DCL ('716 patent)

판례는 공공 영역에 속하는 부분도 선행 기술에 내재하는 것으로 판단하고, 명백하게 표현된 선행 기술에서 자연적으로 발생하는 결과도 공공 영역에 포함된다고 보았다. 이에 따라, '233 특허는 로라타딘을 환자에게 투여하는 것까지 기술하고 있고, 투여된 로라타딘은 자연스럽게 DCL로 전환되므로, DCL에 관한 '716 특허는 '233 특허에 의하여 예견 가능하여 새로운 발명으로 볼 수 없다고 판시하였다.

(2) 실시가능성(Enablement)

선행 기술이 발명의 모든 구성요소를 드러낸다 하더라도, 선행 기술이 실시 가능하여야지만 예견가능성이 인정된다고 할 것이다. 판례는 "선행 기술이 단지 향후 많은 실험 과정 중의 초기 시작점을 알리는 데 지나지 않거나, 선행 기술의 가르침이 일부는 성공하고 일부는 실패한 경우 또는 발명을 실행할 더 많은 정보 없이는 발명을 구현할 수 없는 경우에는 예견 가능하지 않다고 보았다.[402]

---

401) *Schering Corp. v. Geneva Pharmaceuticals, Inc.*, 339 F.3d 1372 (Fed. Cir. 2003)
402) *Dewey & Amy Chem. Co. v. Mimex Co.*, 124 F.2d 986, 989 (2d. Cir. 1942)

선행 기술이 예견 가능하기 위하여 실시가능성을 요구할 경우, 35 U.S.C. §112의 특허 요건인 실시가능성(Enablement)과의 관계가 문제된다. *In re Hafner*[403]에서, Hafner는 새로운 화학 구성물을 발명한 뒤, 이를 1959년에 독일에서, 1960년에 미국에서 각 특허 출원하였다. 그러나, USPTO는 Hafner의 발명이 35 U.S.C. §112상 실시가능성 요건을 구비하지 않았다고 특허 등록을 거절하였고, Hafner는 해당 요건을 완비하여 1964년 다시 특허 출원을 하였다. 그렇지만, 이번에는 35 U.S.C. §102에 의하여 다시 한번 거절되었다. 즉, 1959년 독일에 출원된 특허가 본 발명에 대한 선행 기술이 되어, 본 발명이 예견 가능하다는 이유에서였다. 이에 Hafner는 USPTO가 독일 특허와 동일한 1960년 미국 출원 특허에 대하여 공공에게 어떻게 사용하는지를 가르쳐주지 않았기 때문에 실시가능성이 없다고 판단하였으므로, 1959년에 독일에 출원한 특허도 선행 기술로서의 예견가능성이 없다고 주장하였다. Hafner는 USPTO가 실시가능성을 구비하여 출원한 특허를 거절한 것은, 실시가능성을 판단하면서 §102의 예견가능성과 §112의 특허 요건에서 각기 다른 기준을 사용한 것이라고 반박하였다. 법원은 이에 대하여, §112의 실시가능성은 당업자가 명세서를 통하여 발명을 "사용"할 수 있어야 하는 것을 요건으로 하고 있으며, 단순히 발명을 "만드는 방법"만을 요구하는 §102의 실시가능성과 구별하면서, 피고가 비판하는 이중 기준의 문제도 현재의 법률에서는 불가피하다고 보았다.

Ⅱ 특허받을 권리의 소멸(Statutory Bar)

1. 의의

발명자가 특허받을 권리가 있음에도 이를 고의 또는 실수로 출원을 지체한 경우에는 그 권리는 소멸될 수 있다. 특허 제도는 발명품에 특허권을 부여함으로써 발명자의 혁신에 대한 동기를 부여함과 동시에, 독점으로 생기는 시장 경쟁

403) *In re Hafner*, 410 F.2d 1403 (C.C.P.A. 1969)

억제 현상이 불필요하게 과다해지는 것을 막기 위한 두 가지 정책적 목표 사이에서의 타협의 산물이다. 후자의 입장에서는, 이미 대중에 공유된 아이디어의 특허에 의한 보호를 배제하고, 특허 독점 기간도 법령에 의하여 제한하는데, §102(b)도 이런 입장을 반영한 조문이다.[404] 즉, 특허 출원일을 기준으로 1년 이전에 해당 발명이 미국 내에서 공공에 이용되었거나, 판매된 경우 또는 미국 내외에서 특허 또는 간행물에 기재된 경우에는 해당 발명에 대하여 특허를 받을 권리를 소멸시켰다. 연방 대법원은 *Pennock v. Dialogue*[405] 판결을 통하여 이와 같은 입장을 최초로 밝혔고, 이후 법조문과 판례를 통하여 현재까지 이어져 내려오고 있다. *Pennock* 사건에서 원고는 호스를 만드는 기술을 개량한 뒤, 새로 발명한 기술을 특허 출원 없이, 영업비밀로 유지한 채 사업을 하다가 7년이 지난 뒤에 특허로 등록하였다. 연방 대법원은 이에 대하여, "선발명자가 발명에 대한 특허 출원 전에, 발명을 공공 이용에 제공하거나 공연히 판매한 경우에는, 특허받을 권리를 취득할 수 없다. 선발명자의 자발적인 공공 이용 제공 행위 또는 판매행위는 특허받을 권리의 포기에 해당한다."라고 판시하였다. 이와 같은 대법원의 입장은 발명자가 발명품을 영업 비밀로 일정 기간 보호한 뒤에, 그 보호가 어렵게 되자 이에 대하여 다시 특허를 받아 이중의 보호를 받으려는 것을 방지하기 위한 것이다.

특허받을 권리의 소멸에 관한 기본적인 내용은 §102(b)에 규정되어 있으며, §102(c)와 (d)는 특허 출원인에 의한 특별한 경우를 규정하고 있다.

2. 기준일

특허받을 권리의 소멸은 출원일로부터 1년 전의 날이 기준일이 된다. 기준일 이전에 §102(b)에 규정된 행위가 발생한 경우, 특허받을 권리는 소멸된다. 기준일과 출원일 사이의 1년 동안은 유예기간(Grace period)이라고 불리며, 이 기간 중에 출간이라든가 발명품의 판매 등이 이루어져도 특허 받을 권리에는 영향을 미치지 않는다.

---

404) *Pfaff v. Wells Electronics, Inc.*, 525 U.S. 55, 63-64 (1998)
405) *Pennock v. Dialogue*, 27 U.S. 1 (1829)

	2013년 3월 16일 이전 출원	효과
§102(a)	출원인의 발명일 전에, 발명을	특허 등록 거절
	미국 내에서 다른 사람이 알았거나 사용한 경우,	
	어느 지역에서든지 특허로 등록하거나 간행물에 기재한 경우	
§102(b)	특허 출원 1년 전에, 발명을	특허받을 권리의 소멸
	어느 지역에서든지 특허로 등록하거나 간행물에 기재한 경우	
	미국 내에서 공공이 이용하였거나, 판매된 경우	

3. 간행물 또는 특허

특허 출원일로부터 1년 이전에 해당 발명이 기재된 출판물이 간행되거나, 특허가 출원된 경우에는 해당 발명에 대한 특허받을 권리가 소멸된다. 본 조항은 §102(a)와 같은 의미지만, 여기서는 §102(a)에서와 달리, 발명자 본인의 연구 성과가 기록된 간행물이나 특허도 포함된다.

4. 공공의 이용 또는 판매

1) 발명

한편, §102(b)의 "발명"의 범위가 선행 기술에 관한 §102(a)의 "발명"의 범위와 동일한지에 대한 논란이 있다. §102(a)에서는 선행 기술과 발명이 엄격하게 동일할 것을 요구하는 데 반하여, §102(b)에서도 출원된 발명과 기준일 전의 발명에 §102(a)와 같은 엄격한 동일성을 요구할 수 있는지 의문이다. 이에 관한 판례는 분명하지 않지만, §102(b)가 선행 기술과 발명 간에 엄격한 동일성을 요구하지 않는 §103의 비자명성에 적용된다고 보았다.[406]

406) *In re Foster*, 343 F.2d 980 (C.C.P.A. 1965)

2) (미국 내) 공공의 이용(in Public Use)

(1) 원칙

공공의 이용이라 함은, 원칙적으로 발명자 이외의 제3자가 발명자와 비밀 유지 의무나 제한 없이 청구된 발명을 어떤 형식으로든지 이용하는 행위를 말한다.[407] 공공의 이용 유무를 판단하기 위하여, 연방 항소 법원은 모든 정황을 고려하여 판단하는 대신에,[408] ① 발명 이용 행위가 공공에 의한 접근이 가능했는지 또는 ② 이용 행위가 상업적으로 활용되었는지 여부에 의하여 결정된다고 판단하였다.[409]

(2) 공공

① 발명자: §102(b)는 §102(a)와 달리, 발명자가 신속한 특허 출원을 장려하기 위한 정책적 고려에서 만들어진 조항이다. 따라서, §102(a)의 선행 기술이 제3자에 의하여 이루어지는 데 반하여, 본 항의 행위는 주로 발명자가 §102(b)의 기준일 이전에 한 행위를 규제하게 된다. 발명자가 본인의 발명이 공공에게 알려졌거나, 사용되거나 또는 상업용으로 판매되는 것을 인식하고 있다면, 1년의 유예기간 내에 특허를 출원하여야만 특허를 받을 수 있다. 발명자가 기준일 이전에 비밀리에 사용한 발명에 대하여는 본 항에 따른 권리 소멸이 적용되지 않지만, 발명자 자신이 §102(b)의 기준일 이전에 발명을 상업적으로 이용하면서 이를 비밀에 부쳤다 하더라도, §102(b)의 적용을 받아, 특허받을 권리는 소멸하게 된다.[410]

---

407) *Petrolite Corp. v. Baker Hughes Inc.*, 96 F.3d 1423, 1425 (Fed. Cir. 1996)

408) 연방 순회 항소 법원은 *Netscape Communications Corp. v. Konrad*, 295 F.3d 1315, 1320 (Fed. Cir. 2002) 판결에서 "§102(b)의 공공의 이용을 판단하기 위해서 모든 정황을 고려하여 결정"하여야 한다고 밝혔고, *Bernhardt, L.L.C. v. Collezione Europa USA, Inc.*, 386 F.3d 1371 (Fed. Cir. 2004)에서도, "발명이 공공의 이용에 있었는지를 결정할 땐, 법원은 모든 정황이 판매와 공공 이용에 따른 특허받을 권리 소멸의 정책적 목저과 얼마나 부합하는지를 고려"하여야 한다고 하여, 마치 후술하는 연방 대법원의 *Pfaff v. Wells Elecs., Inc.*, 525 U.S. 55 (1998) 판결 이전으로 돌아가는 듯한 판결을 하였다. 그러나, *Invitrogen*에서, 연방 순회 항소 법원은 *Netscape*와 *Bernhadt*의 판결문을 §102(b)의 공공의 이용 여부를 결정할 때, 모든 정황 고려의 원칙이 부활한 것처럼 해석해서는 안 된다고 밝히며. 그런 해석은 이익 비교 형량을 포기한 연방 대법원의 *Pfaff* 결정에 모순된다고 판단하였다.

409) *Invitrogen Corp. v. Biocrest Mfg., L.P.*, 424 F.3d 1374, 1380 (Fed. Cir. 2005)

410) *Woodland Trust v. Flowertree Nursery, Inc.*, 148 F.3d 1368 (Fed. Cir. 1998)

② 제3자: §102(b)는 발명자의 신속한 특허 출원을 장려하기 위한 것이 목적이므로, 발명자의 공공 이용 행위나 판매 행위 등이 기준일 전에 있을 경우에 적용되지만, 판례는 발명자가 아닌 제3자의 행위로 인하여 공공의 이용이나 판매 등을 초래한 경우에도, §102(b)에 따라 특허 받을 권리가 소멸한다고 본다.

Lorenz v. Colgate Palmolive[411]에서, Lorenz는 비누 제조 등에 관한 방법 특허를 1920년 1월 24일에 특허 출원하고, Colgate에 이를 상업적으로 활용할 의향이 있는지 의견을 물었다. Colgate는 이 출원을 검토하고, Lorenz의 제안을 거절하였다. 후에 Lorenz의 특허는 USPTO에 의하여 등록 거절되고, Lorenz는 계속 출원하는 것을 포기하였다. 1931년 2월 19일 Colgate는 특허를 출원하고 1933년 7월 18일에 등록을 마쳤다. Colgate의 특허를 알게 된 Lorenz는 1934년 11월 8일에 새로 특허를 출원하면서, Colgate의 특허가 기존에 Lorenz가 출원한 발명의 19개 청구항을 인용하였다고 주장하였다. USPTO는 저촉 심사 절차를 통하여 Lorenz의 주장을 받아들였다. 그러나, 법원은 1931년 11월부터 1년간 Colgate가 위 발명을 활용하여 상업적으로 비누와 글리세린 등을 제조하여 판매한 사실에 따라, Lorenz의 특허 출원 기준일(1932년 11월 8일-당시는 유예기간 2년) 전에 공공 이용 행위가 발생하였다고 보아 Lorenz의 특허받을 권리가 소멸하였다고 판단하였다. Lorenz는 §102(b)의 공공의 이용은, 발명자가 신뢰한 제3자가 그 비밀 유지 의무를 위반하여 발명을 도용하여 공공의 이용 행위가 있게 된 경우에는 적용하지 말아야 한다고 주장하였다. 그러나, 법원은 Lorenz의 주장처럼, 발명이 도용되어 공공의 이용에 제공된 경우에 발명자를 보호한다는 취지의 법 규정이 따로 정해진 것이 아니므로, 그 경우에만 달리 취급할 근거가 없다고 하여, Lorenz의 주장을 받아들이지 않았다.

Evans Cooling Sys. v. GM[412]에서도, Evans는 엔진 냉각 시스템에 대한 특허를 1984년 착상하여, 1986년 발명을 실행하였으나, 1992년 7월 1일에서

411) *Lorenz v. Colgate Palmolive*, 167 F.2d 423 (3rd Cir. 1948)
412) *Evans Cooling Sys. v. GM*, 125 F.3d 1448 (Fed. Cir. 1997)

야 이를 출원하였다. Evans는 1993년 10월 26일 출원된 발명이 특허 번호 5,255,636로 등록된 후, 1994년에 GM을 상대로 특허 침해 소송을 제기하였다. 이에 GM은 §102(b)의 기준일(1991년 7월 1일) 전인, 1991년 4월과 5월 사이에 Evans의 발명 내용이 포함된 1992년형 Corvette 주문 안내서를 GM과는 별개인 자동차 판매 중개인들에게 보냈고, 이를 본 고객이 1991년 6월 중개인과 1992년형 Corvette 구매 계약을 체결하였고, GM은 같은 달 14일에 이를 인식하였다는 사실을 들어, Evans의 특허가 무효라는 항변을 하였다. Evans는 GM의 요청에 따라, 본 발명을 1989년에 GM의 실험실에서 시연하였는데, 이를 발명자의 허락 없이 GM이 도용하여 사용하였으며, 이는 §102(b)의 판매로 인한 권리 소멸의 예외로 인정되어야 한다고 주장하였으나, 법원에 의하여 받아들여지지 않았다. 법원은 GM이 Evans의 발명을 도용한 것이 영업 비밀 침해 등에 해당된다면, 영업 비밀을 보호하는 법률에 의하여 보호되어야 하며, 근거 규정 없이 §102(b)의 예외를 인정할 수 없다고 보았다.

③ 제3자의 비밀 사용: 앞에서 발명자가 발명을 비밀리에 사용한다 하더라도 상업적 목적으로 기준일 전에 이를 사용하였다면, §102(b)의 적용을 받아 특허받을 권리가 소멸한다는 것을 보았다. 그러나, 제3자가 발명을 상업적으로 활용하기 위하여 비밀리에 사용하여 제품을 만든 경우에까지, 발명자의 특허받을 권리가 소멸되는 것은 아니다.

W.L. Gore & Assocs., Inc. v. Garlock, Inc[413]에서 Gore는 1970년 5월 21일 Teflon 테이프를 스트레칭하는 방법으로 특허 출원하여 특허 번호 3,953,566로 등록하였다. Gore로부터 특허 침해 소송을 당한 Garlock는 제3자인 Cropper가 '566 특허의 기준일 전에 동일한 발명을 개발하였다고 항변하였다. 즉, 뉴질랜드의 Cropper는 1966년에 이미 Gore의 발명과 동일한 발명을 하여 물건을 생산하면서, 1967년에는 매사추세츠주에 있는 회사에 자신의 기계를 판매하겠다는 편지를 보냈다. 그 편지에는 기계의 작동 방법이 기술되어 있으며, 사진도 담겨져 있었다. 그렇지만, Cropper는 이에 대한 답변을 받지 못하였다. 1968년에 Cropper는 이 기계를 Budd에게 판매하였고,

---

413) *W.L. Gore & Assocs., Inc. v. Garlock, Inc.*, 721 F.2d 1540, 1550 (Fed. Cir. 1983), 선행 기술에서 언급된 것과 동일한 판례이다.

Budd는 이 기계를 활용하여 Teflon 테이프를 생산하였다. Cropper와 Budd의 계약에는 비밀 유지 의무가 담겨 있으며, Budd는 그의 종업원들에게도 Cropper 기계에 대한 비밀 유지 의무가 있음을 설명하고, 종업원들에게 비밀 유지 계약에 서명하도록 하였다. 그렇지만, Budd가 Cropper 기계를 다른 기계들과 달리 취급하지는 않았다. 법원은 Budd가 Cropper 기계를 사용하여 기준일인 1969년 5월 이전에 Teflon 테이프를 판매하였더라도, Budd가 판매한 것은 Teflon 테이프에 불과하며, Teflon 테이프를 생산하기 위하여 필요한 제조 과정을 판매한 것이 아니어서 §102(b)가 적용되지 않는다고 판단하였다. 또한, Budd와 Cropper 간의 생산 방법에 대한 거래는 비밀리에 이루어져서 §102(b)의 적용범위가 아니라고 보았다.

제3자의 행위가 상업적 목적으로 비밀리에 행하여졌는지에 관한 또 다른 판례로, *Dey, L.P. v. Sunovion Pharmaceuticals, Inc*[414]가 있다. Dey와 Sunovion은 폐질환 치료약을 동시에 개발하고 있었다. Dey가 자신의 특허 침해를 이유로 Sunovion에 대하여 소송을 제기하자, Sunovion은 자사가 임상실험할 때 사용한 제품이 Dey 특허에 대한 §102(b)의 공공의 이용 범위 내에 들어온다며, Dey 특허의 무효를 주장하였다. 임상 실험과 §102(b)의 공공의 이용이 관련된 경우에는, 발명자가 행한 임상실험이 발명자의 특허에 대한 공공의 이용이 되지 않으므로 발명자가 자신의 특허받을 권리가 소멸하지 않았다는 것을 주장하는 것이 대부분임에 반하여, 본 사안은 그 반대로 임상실험을 한 당사자가 자사의 임상실험이 공공의 이용이라고 주장하고 있다. Sunovion은 자사의 임상실험이 공공의 이용이 된 근거로, 실험 참가자들에게 실험약이 폐질환에 효과적이라는 설명을 하면서, 기존의 약과 비교·설명하였고, 참가자들이 비밀 유지 계약서에 서명하였지만, 참가자들에게 의사와 자유롭게 약 복용에 대하여 상의할 수 있도록 되어 있는 점을 들었다. 특히, 참가자들이 실험약을 분실한 경우 자유로이 부족분을 받아갈 수 있었으며, 복용하지 않고 남은 약은 반환되어야 함에도 실제로 반환되지 않은 양이 상당하다는 점도 있었다. 법원은, 이에 대하여, 참가자들이 실험약의 화합물(Chemical compound)과 복

414] *Dey, L.P. v. Suovion Pharmaceuticals, Inc.*, 715 F.3d 1351, 1355 (Fed. Cir. 2013)

용 방법 등에 대하여 설명을 들었더라도, 실험약의 구성(Formulation)이나 특성(Identity)에 대한 설명을 들은 것은 아니며, 참가자들이 의사와 상의하는 것이 허용되었더라도, 참가자들은 실험약의 구성을 모르므로, 특허를 무효로 만들 수 있을 만큼, 실험약의 구성 성분을 말할 수 있는 입장은 아니라는 Dey의 주장을 받아 들여 Sunovion의 임상 실험을 비밀리에 행하여졌다고 판단하였다.

(3) 공공의 접근 가능성

공공의 이용이 가능하기 위해서는 공공에 의한 접근 가능성이 있어야 한다. 법원은 공공의 접근 가능성을 판단하기 위하여, 어느 범위의 사람들에게 발명품이 노출되었는지, 노출 당시 발명품 이용에 제한을 두었는지, 발명품에 대한 컨트롤이 가능하였는지(비밀 유지 의무의 체결 유무), 발명품을 지켜본 사람들의 발명품에 대한 이해도 등을 종합적으로 고려하여 판단하였다.

① 발명의 공개 정도: 공공의 접근 가능성에 관한 가장 고전적인 판례로, *Egbert v. Lippmann*[415] 사례를 들 수 있다. *Egbert* 사례에서, 특허권자인 원고는 1855년에 코르셋 스프링을 발명하여 한 세트를 (후에 결혼하게 된) 여자 친구에게 선물하였고, 1858년에 또 다른 세트를 선물하였다. 원고의 여자 친구는 선물받은 발명품들을 자신의 코르셋에 부착하여 오랜 기간 입고 다녔고, 만약 코르셋이 낡은 경우에는 발명품을 떼어 내어 새로운 코르셋에 부착하여 되풀이하여 착용하였다. 원고는 여자 친구에게 선물한 이외에는 별도의 이용을 하지 않고 있다가 이 발명에 대하여 1866년 3월에 특허 출원을 하였다. 법원은 원고가 여자 친구에게 발명품을 선물하면서 비밀 유지 의무를 부과한 사실을 찾을 수 없었고, 또 이들 발명품이 실험이나 성능 향상을 위한 이용 목적으로 제공되었다는 사실도 찾을 수 없었다고 밝혔다. 법원은 이와 같은 사실 판단 아래, 원고는 기준일 전(당시에는 출원일로부터 2년 전)에 발명을 공연하게 이용하였다고 보아 원고 특허를 무효로 판단하였다. 판례는 공공의 이용이 있기 위해서 반드시 한 사람 이상이 이용하여야 하는 것은 아니라고 보았으며, 그 이용을 알고 있는 사람의 수도 중요하지 않다고 보았다. 즉, 발

---

415) *Egbert v. Lippmann*, 104 U.S. 333 (1881)

명자가 발명품을 한 사람에게 주거나 판매하면서 별도의 비밀 유지 의무를 부과하지 않은 경우, 발명품을 수령한 사람이 다른 사람에게 그 사용을 알리지 않고 사용한 경우에도 공공의 이용이 있다고 보았다. 마지막으로 발명품이 그 발명 자체의 특성상 공공이 그 사용을 인식할 수 없었다 하더라도 공공의 이용에서 배제되는 것은 아니라고 보았다.

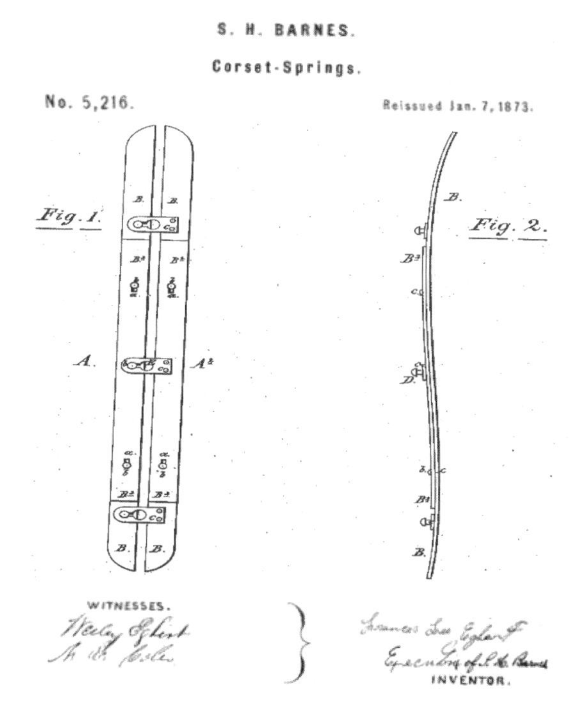

이에 대하여 소수의견은, 발명자의 동의를 받은 개인적 사용이 발명의 복사나 재생산에 이르지 않았고, 이를 사용한 개인 이외에 다른 사람들에게 그 발명의 특성을 가르쳐 주지도 않았으며, 발명자의 출원 전에 공공의 대부분이 발명품을 인식하지 못하였다면, 발명자가 공공에 의하여 발명이 사용되도록 발명을 포기하였다고 볼 수 없으므로, 발명자의 특허받을 권리가 소멸되었다고 볼 수 없다고 판단한다. 본 사안과 같이 코르셋에 넣은 작은 스프링이 코르셋에 가려져서 사용자 이외에는 아무도 이를 인식할 수 없는 사안에까지 공공의 이용이 있었다고 할 수 있을지는 의문이라고 보았다.

② 비밀 유지 의무의 체결 유무: 공공의 접근 가능성을 판단할 때, 발명자와 이용자 간의 발명에 대한 비밀 유지 계약서의 유무는 중요한 판단 척도가 된다. 그러나, 명시적인 비밀 유지 계약서가 없다 하더라도 공공의 이용에 해당하지 않는다고 본 판례도 있다. *Moleculon Research Corp. v. CBS, Inc*[416] 사례에서, Nichols는 1957년에 Rubik's Cube에 대한 착상을 하고, 대학원 과정 중에 있던 1957년에서 1962년의 기간 동안에, Nichols는 이 착상을 종이 모델로 만들어 보았다. Nichols의 친한 친구 몇몇이 그 기간 동안에 Nichols의 방에서 이 종이 모델을 보았으며, Nichols는 그중 1명 이상에게 그 작동 원리를 설명하였다. 1962년에 Nichols는 Moleculon에 취직하였으며, 1968년에 Nichols는 이 큐브를 나무로 된 프로토타입으로 만들었다. 1969년 1월 Moleculon의 사장 Obermayer가 Nichols의 사무실에서 이 큐브를 보았을 때, Nichols가 Obermayer에게 작동 원리를 설명하였다. 그 해 3월 Nichols는 Moleculon으로부터 큐브를 상품화함으로써 받는 대가의 일정 지분을 받기로 하고 큐브에 대한 모든 권리를 양도하였다. 같은 달 7일, Moleculon은 Parker Brothers를 접촉하였고, 그 후 3년간, 50~60여 개의 장난감 제조업체를 더 접촉하였으며, 그중 Ideal은 큐브에 대한 관심이 없다는 답장을 보내왔다. 1970년 3월 3일 Nichols가 Moleculon을 대표하여 특허를 출원하여, 1972년 4월 특허 번호 3,655,201로 등록되었다.

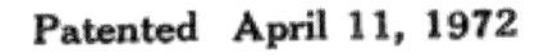

3,655,201

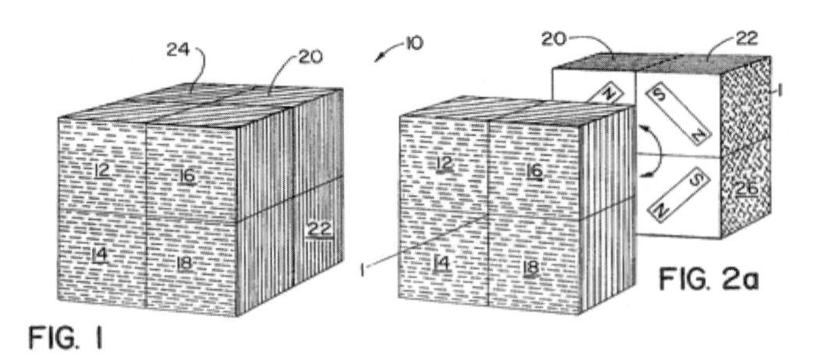

---

416) *Moleculon Research Corp. v. CBS, Inc.*, 793 F.2d 1261, 1265 (Fed. Cir. 1986)

특허 침해 소송의 피고인 CBS는, Nichols가 대학원 시절 친구들과 Obermayer에게 어떠한 비밀 유지 의무도 요구하지 않은 채, 큐브를 설명한 것은 공공 이용 행위에 해당한다고 항변하였으나, 법원은 Nichols와 친구들 간의 관계와 정황 등을 고려하여, Nichols가 큐브를 설명할 때, 개인적이고 비밀이 지켜지는 장소와 시간에서 행해졌으며, 큐브 및 큐브에 관련 정보에 대한 통제력을 잃지 않았다고 보아 공공의 이용 행위가 아니라고 판단하였다. 또, Obermayer에게 설명할 때도, Nichols가 비밀 유지 계약을 명시적으로 체결한 것은 아닐지라도, Nichols가 큐브에 대한 통제력을 보유하고 있다고 보았다.[417]

한편, *Beachcombers* 사건[418]에서, 법원은 발명품의 디자이너가 개인적인 파티를 열면서 친구들과 회사 동료들에게 발명품을 시연한 것을 공공의 이용으로 판단하였다. 발명자는 *Moleculon* 판례를 들며, 친구들과 회사 동료들 사이에는 암묵적인 비밀 유지 의무가 존재한다고 주장하였으나, 법원은 디자이너의 시연 목적이 발명품에 대한 의견을 교환하고 피드백받기 위한 것이었으며, 디자이너가 참석자들에게 비밀 유지의무를 요구하거나 기대할 수 없었다는 사정을 들어 공공의 이용이 있다고 판단하였다. 또, *Netscape Communications Corp. v. Konrad*[419]에서 발명자인 Konrad가 발명을 다른 사람에게 쉽게 전파 가능한 컴퓨팅 관리인들에게 시범 설명한 것도 공공의 이용 행위에 해당한다고 보았다. Konrad는 자신이 발명을 대학 실험실 내의 특허 파트에 제공하였으므로 해당 발명을 컴퓨팅 관리인들에게 시범 설명을 보일 때도 컴퓨팅 관리인들과는 비밀 유지 관계가 성립된다고 항변하였으나, 법원은 컴퓨팅 관리인들이 Konrad가 특허 파트에 제출한 비밀 유지 계약서

---

417) 이 외에도, CBS는 Nichols와 Obermayer 간의 대화를 상업적 동기에 의한 것으로 주장하였으나, 법원은 단순히 종업원과 고용주 간의 대화가 종업원의 소일거리를 상업적 목적의 기업 활동으로 전환시키지는 않는다고 보았다. 또한, Obermayer는 Parker Brothers와의 전화 통화에서, Parker Brothers가 외부에서 제작된 퍼즐을 상품화하는 데 흥미가 있는지를 물었을 뿐, 큐브의 특성이나 작동원리에 대하여 밝히지는 않았다고 보았다. 한편, CBS는, 1969년 1월에 Nichols와 Obermayer 간에 Nichols의 큐브에 관한 모든 권리를 Moleculon에 넘기는 구두 합의가 있었다고 주장하였다. 법원은 이에 대하여, 특허의 양도는 §102(b) 특허받을 권리의 소멸 원인이 되는 "발명의 판매"에 해당하지 않는다고 판단하였다.

418) *Beachcombers v. WildWood Creative Products*, Inc., 31 F.3d 1154, 1160 (Fed. Cir. 1994)

419) *Netscape Communications Corp. v. Konrad*, 295 F.3d 1315, 1321 (Fed. Cir. 2002)

에 관하여 아는 바가 없고, 발명자도 관리인들에게 따로이 비밀 유지 의무를 설명한 적이 없으므로, 관리인들에게 비밀 유지 의무가 있었다고 볼 수 없다고 판단하였다.

③ 실질적인 이용 행위의 존재: 한편, 공공이 발명에 접근할 수 있었다 하더라도 실질적인 이용행위가 없으면, 공공의 이용을 부정한 판례도 있다. *Motionless Keyboard v. Microsoft*[420]에서 Gambaro는 손가락의 작은 움직임만으로도 키보드를 작동시킬 수 있도록 인체 공학적인 키보드를 디자인하여 특허 번호 5,178,477 및 5,332,322로 등록하여 Motionless Keyboard사에 권리를 양도하였다. Gambaro는 §102(b)의 기준일 전에 프로토타입 모델을 개발하여 시연을 갖게 되었다. 이 시연에는 Gambaro의 사업 파트너, 잠재적 투자자들, 친구 Roberts와 타이핑 테스트를 실행하기 위한 타이피스트 Lanier 등이 참석하였다. 시연 당시 Lanier와의 비밀 유지 계약은 유효한 상태였고, 잠재적 투자자들과는 시연 전에 비밀 유지 계약을 맺었으나 시연 당시에는 계약 기간이 종료된 상태였으며, 나머지 참석자들과는 비밀 유지 계약을 맺은 사실이 없었다. 이와 같은 사실관계 아래, 연방 항소 법원은 위 시연 행위가 기준일 전에 발생하였더라도 §102(b)의 권리 소멸 행위인 공공의 이용 행위에 해당하지 않는다고 보았다. 타이피스트인 Lanier를 제외한 참석자들은 새로인 디자인된 키보드를 눈으로 보았을 뿐, 손가락의 움직임을 키보드의 움직임으로 전환하여 데이터를 전달하는 기능을 경험한 것은 아니라고 판단하였다. 즉, 키보드의 디자인을 눈으로 본 데 지나지 않으며, 이를 직접 이용한 것이 아니라 공공의 이용 행위가 있었다고 볼 수 없다고 판단하였다. 또한, 타이피스트인 Lanier는 비밀 유지 계약을 체결한 후, 단 1번의 시연에만 참석하였으므로 이 역시 공공의 이용행위로 볼 수 없다고 판단하였다.

420] *Motionless Keyboard v. Microsoft*, 486 F.3d 1376 (Fed. Cir. 2007)

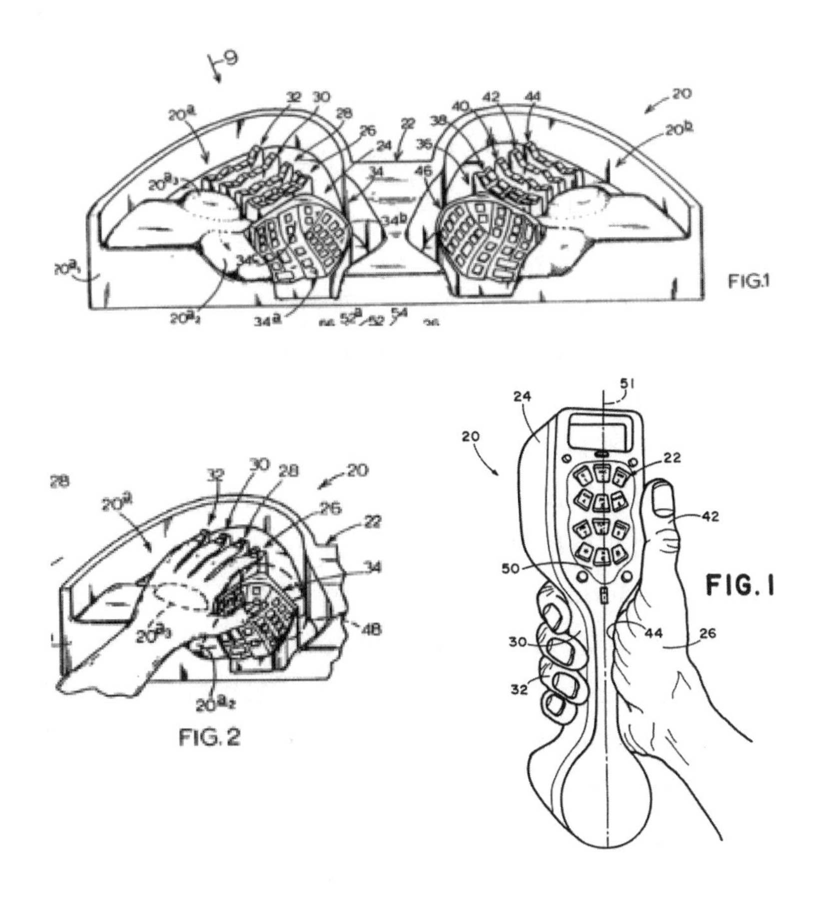

(4) 상업적 활용(Commercial exploitation)

비밀리에 발명을 이용하였더라도, 상업적으로 이를 활용하였다면, §102(b)의 특허받을 권리를 소멸시키는 공공의 이용이 된다.[421] *Invitrogen Corp. v. Biocrest Mfg., L.P*[422]에서는 ① 발명 이용 행위가 공공에 의한 접근이 가능했거나 또는 ② 이용 행위가 상업적으로 활용되었다면 공공의 이용행위가 있었다고 보았다. 이용 행위의 상업적 활용과 관련하여서는, 판매를 목적으로 비밀리에 청약하는 것 이상을 요구하면서, 특히 실험과 관련된 증거들에 대한 고려 및 공공에서 발생된 행위의 성격, 사용을 위한 공공의 접근성, 다른 멤버들에게 부과된 비밀 유지 의무

421) *Kinzenbaw v. Deere & Co.*, 741 F.2d 383, 391 (Fed. Cir. 1984)
422) *Invitrogen Corp. v. Biocrest Mfg., L.P.*, 424 F.3d 1374 (Fed. Cir. 2005)

등을 통한 이용 행위의 특성 등을 고려하여 결정하여야 한다고 보았다.[423]

연방 항소 법원은, 발명자가 소비자들에게 집에서 테스트하라며 샘플을 건네준 사안에 대하여, 이 테스트의 주된 목적이 잠재적인 소비자들이 그 상품을 구매할지 또는 얼마를 지불할지를 결정하는 것이므로 이를 상업적 활용으로 보았다.[424]

Invitrogen 사례는 DNA 분자의 재구성으로 기능이 향상된 대장균 세포를 만드는 방법에 관한 특허 번호 4,981,797에 관한 사례다. 양 당사자 사이에 다음 사실들은 다툼이 없이 인정된다. Invitrogen이 기준일 전에 자신의 실험실에서 위 기능을 가진 세포를 생산하기 위해서 특허 청구된 방법을 사용한 사실과, Invitrogen이 위 방법에 의하여 생산된 산출물이나 위 방법 자체를 판매한 사실이 없고, 위 방법은 Invitrogen 회사 내에서 비밀리에 사용되고, 그 비밀이 기준일 이후 어느 시점까지는 유지되고 있었다.

연방 지방 법원은 Invitrogen사가 기준일 전에 위 특허 청구된 방법을 사무실에서 비밀리에 사용했지만, 거기에는 특허 청구된 방법을 개발하는 것 이외의 다른 프로젝트를 위한 사용도 포함되어 있으며, 이는 상업상 이득을 취한 것이라고 판단하였다. 즉, 법원은 Invitrogen이 광범위한 리서치를 포함한 일상 업무 중에 발명을 사용하는 것은 상업적 이익을 창출하는 행위이며, 이러한 사용은 모든 정황을 고려할 때, 공공의 이용 행위에 해당한다고 판단하였다.

그러나, 연방 항소 법원은 본 사안에서, Invitrogen사는 이들 세포를 통하여 대가를 받은 사실이 없으며, 내부적으로 다른 프로젝트를 위하여 세포를 사용하였어도 이를 판매한 사실이 없으므로, 특허받을 권리를 소멸시키는 공공의 이용 행위가 있었다고 보기 어렵다고 판단하였다.

3) (미국 내) 판매: On-sale bar

연방 대법원은,[425] 미국 내 판매 행위로 특허받을 권리가 소멸하기 위해서는 특허 출원 기준일 전에 다음과 같은 두 가지 조건을 만족시켜야 한다고 보았다.

---

423) *Id.*, at 1380

424) *In re Smith*, 714 F.2d 1127, 1135 (Fed. Cir. 1983)

425) *Pfaff v. Wells Elecs., Inc.*, 525 U.S. 55, 67 (1998)

첫째, 발명품에 대하여 상업적인 판매를 위한 청약이 있어야 한다. 둘째, 해당 발명에 대한 특허 출원 준비를 마쳐야 한다. 이를 위해서 특허 출원 기준일 전에 발명의 실행 단계에 있다는 것을 입증하거나 또는 발명자가 특허 출원 기준일 전에 통상의 기술을 지닌 사람들이 발명을 구현할 수 있기에 충분한 발명에 관한 설명이나 도면을 준비하였다는 사실을 입증하면 된다.[426]

Pfaff는 1981년 초에 새 컴퓨터 칩 소켓을 디자인하고, 세밀한 설계 도면을 칩 제조업자인 Texas Instrument(TI) 대표자에게 보냈다. TI는 같은 해 4월 8일 전에 새 소켓을 주문하였으나, Pfaff가 주문을 받기 전에 발명품의 프로토타입을 만들거나 이를 실험해 본 사실은 없었다. Pfaff는 1981년 7월경에 TI의 주문에 따라 물건을 선적하였다. 이로써 Pfaff가 1981년 여름경에 발명을 실행하였다는 사실은 알수 있다. 그렇지만, Pfaff가 특허 출원일(1982년 4월 19일) 1년 전 기준일(1981년 4월 19일) 이전에 §102(b)의 행위를 하였다면, Pfaff는 특허받을 권리를 잃게 된다. 본 사안에서 TI가 1981년 4월 8일 전에 새 소켓을 주문한 사실로 미루어, 그 전에 발명자가 판매를 위한 청약을 했었다는 사실을 알 수 있다. 또한, 법원은 Pfaff가 기준일 전에 제조업자에게 발명을 충분히 알려 주는 도면을 보낸 사실이 있으므로, On-sale bar의 두 번째 기준도 충족한다고 보았다.

연방 대법원의 이와 같은 *Pfaff* 사건에 대한 판단은, 기존 연방 항소 법원이 판매 행위에 대한 판단시 기준으로 삼은 "모든 정황 고려의 원칙(Totality of the circumstance test)"을 폐기한 것이다.[427] 모든 정황 고려의 원칙은, 판매시 또는

Pfaff의 (미국 내) 판매 시간표

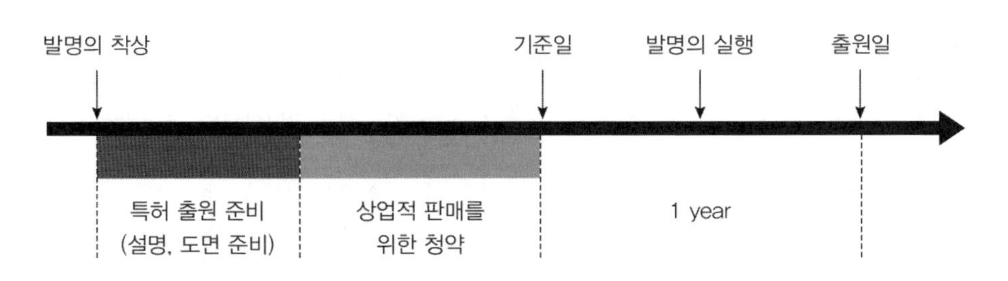

---

426) *Id.*, at 68

427) *Id.*, at 60, n.11

판매를 위한 청약 발생시의 정황뿐만 아니라, 발명의 개발시의 정황과 발명의 특성까지 고려하여, §102(b)의 권리 소멸 규정이 달성하고자 하는 정책적 목표인 발명자의 신속한 특허 출원 장려를 비교형량하여 결정하는 원칙이다.[428] 그러나, 이 원칙은 명확한 기준을 제시하지 못한다는 비판을 받아 왔다.[429] *Pfaff* 이후에도, §102(b)의 판매를 만족시키 위해서, 발명품에 대한 상업적 판매 목적의 청약이 있었는지 그리고, 청약 당시 발명품이 특허 출원을 위한 모든 준비가 완료되었는지를 고려하여야 하는 것은 확립된 판례가 되었다.[430]

연방 항소 법원은, 판매로 인한 권리의 소멸이 되기 위하여, 일련의 행위들이 판매를 위한 청약에까지 이르렀는지의 판단은 관할 법원의 법률에 따를 것이 아니라, 일반적인 계약법 원칙에 따르도록 하고 있고, Uniform Commercial Code가 물품의 거래에 있어서 일반법으로 인정되어 왔다고 본다.[431]

판례는 아직 판매되지 않은 상품의 가격 견적서를 잠재적 대리점에 보내는 행위만으로는 특허받을 권리를 소멸시키는 판매가 있었다고 볼 수 없다고 보았으며,[432] 판매를 위한 물건의 정보나 기본적인 데이터를 출판하는 행위 역시 판매를 위한 준비행위에 불과하다고 보았다.[433] 한편, 판매자가 보낸 편지에 구체적인 수량, 배달 시기, 배당 장소 및 하루에 한 번 Naproxen 성분이 포함된 발명품 500mg을 복용한다는 사실 이외 발명의 세부사항을 밝히지 않은 경우에도 청약으로 볼 수 없다고 판단하였다.[434] 하지만, 청약시에 물건의 모든 특성이 특정되어야 할 필요는 없고, 양 당사자가 청약시에 이들 특성을 인식하고 있어야 할 필요는 없다.[435] *Abbott* 사례에서, 소송 외 Byron Chemical Company가 기

---

428) *Micro Chemical, Inc. v. Great Plains Chemical Co.*, 103 F.3d 1538, 1544 (Fed. Cir. 1997)

429) *Seal-Flex, Inc. v. Athletic Track & Court Construction*, 98 F.3d 1318, 1323, n.2 (C.A. Fed. 1996)

430) *Invitrogen Corp. v. Biocrest Mfg., L.P.*, 424 F.3d 1374, 1379 (Fed. Cir. 2005)

431) *Group One, Ltd. v. Hallmark Cards, Inc.*, 254 F.3d 1041, 1047 (Fed. Cir. 2001)

432) *Continental Can Co. USA, Inc. v. Monsanto Co.*, 948 F.2d 1264, 1270 (Fed. Cir. 1991)

433) *Linear Technology Corp. v. Micrel, Inc.*, 275 F.3d 1040, 1050 (Fed. Cir. 2001)

434) *Elan Corp., PLC v. Andrx Pharm., Inc.*, 366 F.3d 1336, 1340-41 (Fed. Cir. 2004)

435) *Abbott Laboratories v. Geneva Pharmaceuticals, Inc.*, 182 F.3d 1315, 1319 (Fed. Cir. 1999)

준일 전에 독일과 일본의 제약회사로부터 수입해서 판매한 약이 소송상 특허 발명과 동일한 약품이라는 것은 소송상 검증을 통해서 알려지게 되었다. 이에 근거해 Abbott는 판매 당시, 판매의 당사자들이 해당 물건을 인식하지 못하였기 때문에 §102(b)의 발명품이 판매된 것으로 볼 수 없다고 주장하였으나, 법원은 이를 받아들이지 않았다.

한편, 물건에 대한 판매가 아닌, 특허나 발명품에 대한 라이선스를 제안하는 것은 §102(b)가 규정하는 판매의 범위에 해당되지 않는다.[436]

4) 실험 목적 이용의 예외

발명품이 특허 출원 기준일 이전에 공공의 이용이나 판매에 제공되어 §102(b)에 의하여 특허받을 권리가 소멸될 수 있게 되더라도, 해당 발명품이 발명의 완성을 위한 실험 목적에 이용된 것이라면, 특허받을 권리의 소멸 사유의 예외에 해당된다. 발명품은 경우에 따라 공공의 이용 등을 통해 드러나는 결점을 보완하며 완성되어야 할 수도 있다. 발명자가 발명품의 완성을 위하여 공공의 이용에 제공하고, 그 후에도 계속해서 발명품에 대한 보완을 하였다면, 발명자가 특허 출원을 게을리했다고 보아 그 권리를 소멸시킬 수 없게 된다. 이러한 실험 목적 이용에 따른 권리 소멸의 예외는 발명품이 완성되기 전까지만 적용되고, 발명품이 완성된 후에는 그 적용이 없게 된다. 연방 법원은 발명품이 발명의 실행(Reduced to practice)에 이른 후에는 더 이상 실험 목적 이용의 예외가 적용되지 않는다고 보았다.[437] 이와 같은 실험 목적 이용의 예외는 공공의 이용이나 판매 또는 판매 목적의 청약에 다같이 적용된다.

실험 목적 이용의 예외가 인정된 연방 대법원 판례[438]를 알아본다. 피고인 Nicholson은 자신이 발명한 나무 보도블럭에 대한 특허를 출원하기 전에, 보스턴의 밀댐 애브뉴 고속도로 톨게이트 앞에 약 23m 가량을 설치하였다. Nicholson은 이 나무 보도블럭이 어느 정도의 하중을 견디는지, 사용 중 변형이나 부패가 발

---

436) *In re Kollar*, 286 F.3d 1326, 1332 (Fed. Cir. 2002)

437) *Atlantic Thermoplastics Co., v. Faytex Corp.*, 5 F.3d 1477, 1480 (Fed. Cir. 1993)

438) *City of Elizabeth v. American Nicholson Pavement Co.*, 97 U.S. 126, 134 (1877)

생하는지 또는 내구성이 어느 정도 되는지를 알기 위한 실험 목적으로 이용하였다고 주장하였으며, 6년간의 실험 뒤에 특허를 출원하였다. 이에 대하여, 대법원은 보도블럭의 특성상 고속도로에 설치하여 공공의 이용을 통하여서만 이와 같은 실험을 할 수 있다고 보았으며, 발명자가 다른 사람들에게 자발적으로 자신의 발명품을 일반적인 이용 목적이 아닌 실험 목적으로 이용하면서 스스로 이를 통제할 수 있었다면, 발명자는 자신의 특허받을 권리를 잃지 않는다고 판시하였다. 본 사례에서, 나무 보도블럭이 설치된 도로는 공공이 이를 이용하더라도, Nicholson이 주주로 있는 회사가 이를 관리하여 톨게이트 비용을 징수하고 있었다. 또, 증인들의 증언에 의하면, Nicholson은 나무 보도블럭 설치 후, 거의 매일 나와 그 보도블럭의 상태를 점검하며 테스트하였다.

한편, 연방 항소 법원은 *Electromotive Division of General Motors*[439]에서 실험 목적 이용을 판단할 때, 법원이 고려해야 할 13가지 객관적인 사항들을 명

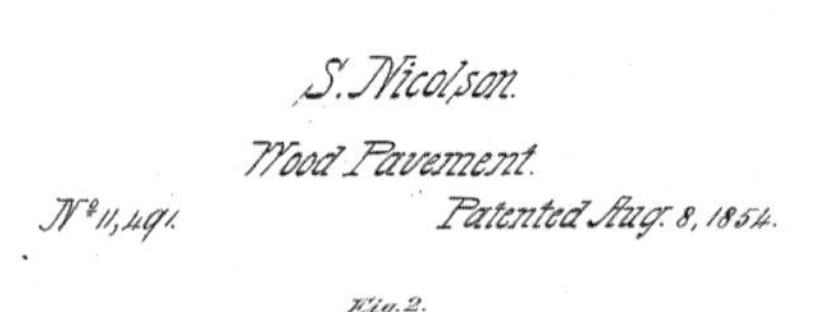

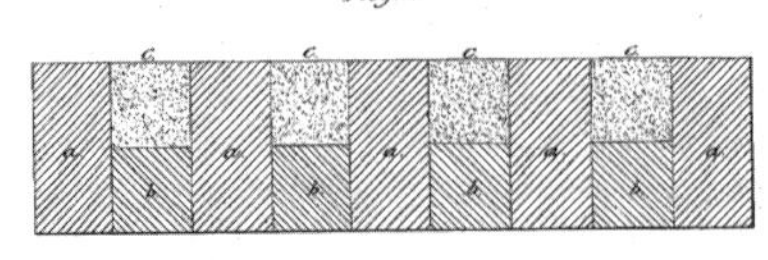

Putting down the Nicolson Pavement, at the crossing of Washington and Clark Streets, Chicago, Illinois.

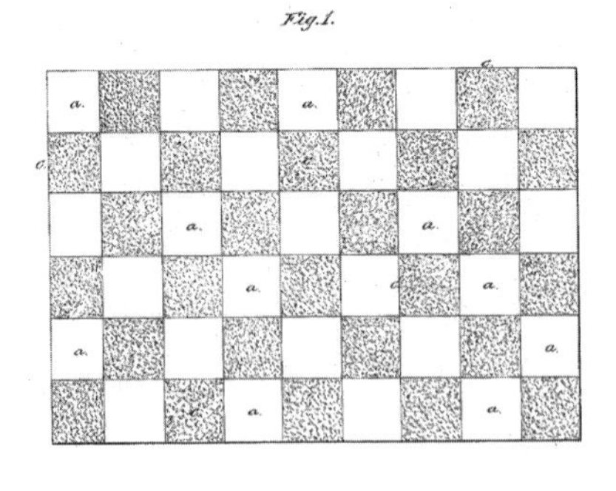

439) *Electromotive Division of General Motors Co. v. Transportation Systems Division of General Electric Co.*, 417 F.3d 1203 (Fed. Cir. 2005)

시하였다. 이는, ① 공공에 의한 테스트의 필요성 ② 발명자가 실험을 통제할 수 있는 정도 ③ 발명의 특성 ④ 테스트 기간 ⑤ 이용 대가의 지불 여부 ⑥ 비밀유지의무의 존부 ⑦ 실험의 기록 여부 ⑧ 실험 수행자 ⑨ 테스트 기간 중 상업적 활용의 정도 ⑩ 발명이 실제 이용 조건에서의 평가를 요하는 것이 합리적인지 ⑪ 테스트가 체계적으로 수행되었는지 여부 ⑫ 발명자가 테스트 중에 발명품에 대하여 지속적으로 모니터하였는지 ⑬ 잠재적인 고객들과 가진 만남의 성격[440] 등이다. 본 사안에서, 원고인 EMD는 기관차 엔진의 터보차저에 쓰이는 두 종류의 베어링을 발명하고, 상용화 전에 2단계 테스트를 진행하였다. 첫 번째는 인하우스에서 내구성을 테스트하고, 이 테스트를 통과하면 외부의 실제 이용 조건에서 하는 필드테스트다. 그러나, 원고인 EMD는 문제가 된 필드테스트에서 베어링을 지속적으로 모니터하거나 정기점검을 할 필요는 없다고 주장하였다. 베어링이 터보차저 안에 설치되어 이를 외부에서 육안으로 검사하는 것이 불가능하기 때문이다. 대신 필드테스트를 통해서 내구성 시험이 이루어지며, 연방 법원도 내구성 테스트에 대하여 실험 목적 이용의 예외를 인정[441]한 사실이 있다고 주장하였다. 그러나, 법원은 EMD가 주장하는 실험 기간 동안 베어링에 대하여 지배력을 행사한 사실을 증명하지 못하였으며, 베어링이 포함된 터보차저를 구매한 제3자도 EMD가 베어링을 실험할 목적으로 터보차저를 판매한 사실을 알지 못하였다고 판단하여 EMD의 주장을 받아들이지 않았다. 법원은 특히 구매자가 판매자의 발명품 판매 목적이 실험용이라는 것을 알았는지 여부가 매우 중요한 판단 요소가 된다고 보았다.

실험 목적 이용의 예외에는 잠재적 구매자들의 수요를 측정하거나 가격을 결정하기 위한 마케팅 테스트는 포함되지 않는다.[442] 발명에 대하여 청구되지 않은 특성에 관한 실험도 실험 목적 이용의 예외에 해당하지 않는다.[443]

---

440) *Id.*, at 1213

441) *Manville Sales Corp. v. Paramount Systems, Inc.*, 917 F.2d 544 (Fed. Cir. 1990); *EZ Dock, Inc. v. Schafer Sys., Inc.*, 276 F.3d 1347, 1351 (Fed. Cir. 2002)

442) *In re Smith*, 714 F.2d 1127, 1135 (Fed. Cir. 1983)

443) *Id.*

5. 포기 - §102(c)

구 특허법 §102(c)는, 출원인이 발명을 포기한 경우 특허를 받을 수 없다고 규정하여 출원인의 포기를 특허받을 권리의 소멸 사유 중 하나로 보았다. 그러나, *Pennock*[444] 사례에서 보이는 것처럼, 공공의 이용이나 판매 행위 이후에 특허 출원을 지연한 사례들을 과거에는 특허의 포기로 보았으나, 요즘에는 §102(b)에 해당한다고 분석하고 있다. 이는 §102(b)가 §102(c)보다 특허받을 권리의 소멸에 대하여 비교적 자세하게 규정되어 있기 때문으로 보인다. §102(c)는 §102(b)와는 달리 1년의 유예기간을 두고 있지 않다. 조문의 해석상으로는 특허 출원일 1년 이내의 공공의 이용 행위라도 출원인의 명시적으로 발명을 포기하였다고 볼 수 있으면, 특허받을 권리는 소멸된다고 볼 수 있다. AIA에서는 발명자의 의도에 의하여 좌우되는 본 조항이 삭제되고, 단순히 특허 출원 1년 전의 기준일을 중심으로 선행 기술 여부를 판단하고 있다.

6. 외국에서의 선출원 - §102(d)

구 특허법 §102(d)는 외국에서 선출원된 발명품의 경우 특허받을 권리가 소멸할 수 있다는 것을 규정하고 있다. 즉, ① 동일한 발명품을 ② 미국에 특허 출원일 1년 이전에 외국에 출원하여 ③ 미국 출원일 이전에 특허 등록된 경우에 해당 발명품에 대한 특허받을 권리는 소멸된다. 그러나, 이에 해당될 수 있는 경우는 매우 드문 경우에 해당된다. 발명자가 외국에 선출원하여 1년을 경과하더라도 미국 출원일 이전에 외국의 특허가 실제로 등록되어야 하는데, 유럽이나 일본 등의 경우 특허 출원부터 등록까지 보통 18개월이 소요되기 때문에 발명자는 외국에 선출원한 1년이 지나 미국 특허 출원을 하였더라도 외국 특허 등록 전이라면 본 항의 적용을 받지 않게 된다.

---

444) *Pennock v. Dialogue*, 27 U.S. 1 (1829)

Ⅲ 선출원주의

2011. 9. 16. The Leahy-Smith America Invents Act(AIA)의 제정으로 기존의 선발명주의에서 국제적인 흐름을 따른 선출원주의로 선회하였다. 따라서, 기존의 발명일 대신에 유효출원일(Effective filing date)이라는 개념을 도입하게 되었다. 청구된 발명에 대한 유효출원인은 (1) 청구된 발명이 포함된 특허나 특허 출원서의 실제 출원일과 (2) 청구된 발명에 관하여 우선권을 갖는 가출원, PCT 출원, 외국 특허 등의 출원일 중 앞서는 날을 말한다.

1. 선행 기술

1) §102(a)(1)

AIA 35 U.S.C. §102(a)(1)에서는 청구된 발명의 유효 출원일 이전에 특허 등록되었거나, 간행물에 기재되었거나, 공공의 이용에 제공되었거나, 판매 중이거나, 또는 다른 방식으로 공공에 이용된 경우에 특허를 받을 수 없도록 규정하였다. 이는 pre-AIA 35 U.S.C. §102(a)와 (b)를 함께 규정한 것이지만, 공공의 이용, 판매 또는 다른 공개 방법에서 미국 내에서의 행위라는 지리적 제한 없이도 선행 기술로 인정하고 있다.

2) §102(a)(2)

AIA 35 U.S.C. §102(a)(2)는, 청구된 발명의 유효 출원일 이전에 다른 사람의 발명이 미국 특허, 간행된 미국 특허 출원서, 미국을 출원국으로 지정하여 간행된 PCT 출원서 등에 기재된 경우 특허를 받을 수 없도록 규정하였다. Pre-AIA 35 U.S.C. §102(e)에서는 미국으로 지정하여 간행된 출원서는 2000년 11월 29일 이후에 출원되고, PCT Article 21(2)에 따라 영어로 간행된 경우에만 간행된 미국 특허 출원서로 인정되었다.

2. 예외

1) §102(b)(1)

AIA 35 U.S.C. §102(b)(1)에서는 청구된 발명에 관하여 유효 출원일 1년 이전에 (A) (공동)발명자 또는 (공동)발명자가 직, 간접으로 공개한 주제를 획득한 제3자에 의하여 발명이 개시되거나 또는 (B) 다른 사람들에 의하여 발명 주제가 개시되었으나, 그 개시 전에 (공동)발명자 또는 (공동)발명자가 직, 간접으로 공개한 주제를 획득한 제3자에 의하여 발명이 먼저 공연하게 개시되었던 경우에는 AIA 35 U.S.C. §102(a)(1)의 선행 기술이 될 수 없다고 예외를 인정하였다. 즉, AIA 35 U.S.C. §102(b)(1)은 발명자 또는 그와 관련된 사람에 의한 발명의 개시로부터 1년의 유예기간(Grace period)을 두어, 이 기간 중에 발명자가 특허를 출원하면, 앞선 발명의 개시는 선행 기술로서 영향을 미치지 않는다. Pre-AIA 35 U.S.C. §102(b)에 의하면, 1년의 유예기간은 직접 또는 PCT에 의하여 간접으로 미국에서 출원된 날로부터 기산하였으나, AIA 35 U.S.C. §102(b)(1)에서는 우선권이 인정되는 미국 또는 외국의 특허 출원일 중 빠른 날로부터 기산한다.

발명일은 더 이상 AIA 35 U.S.C. §102 아래에서 의미를 갖지 못하기 때문에, 청구된 발명의 발명자가 선행 기술의 개시 전에 발명한 사실을 입증하더라도 선행 기술의 지위에는 아무런 영향을 미치지 못한다.

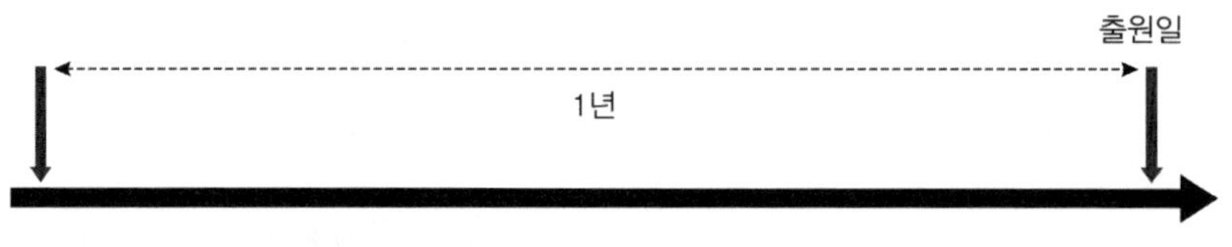

(A) 발명자(또는 발명자에서 파생된 자)에 의한 발명 개시
(B) 발명자(또는 발명자에서 파생된 자)에 의한 주제 공개 후, 다른 사람들에 의한 발명 개시

2) §102(b)(2)

AIA 35 U.S.C. §102(b)(2)에서는, 유효 출원일 이전에 청구된 발명이 35 U.S.C. §102(a)(2)의 특허나 특허 출원서에 개시된 경우라도, (A) 개시된 주제가

직, 간접적으로 (공동)발명자로부터 획득한 경우거나 또는 (B) 그러한 개시 전에 (공동)발명자 또는 (공동)발명자로부터 직, 간접적으로 개시된 주제를 획득한 제3자에 의하여 공연하게 개시되었던 주제인 경우에는, 35 U.S.C. §102(a)(2)의 청구된 발명에 대한 선행 기술이 될 수 없다. 따라서, AIA 아래서는 청구된 발명의 유효 출원일 전에 1년 이상 등록되거나 간행되지 않은 미국 특허 문서는 (A) 그 특허 문서가 (공동)발명자로부터 개시된 주제를 획득한 제3자에 의한 것이거나, (B) (공동)발명자 또는 (공동)발명자로부터 개시된 주제를 획득한 제3자가 미국 특허 문서의 유효 출원일 전에 그 주제를 공연하게 개시하였다면, 청구된 발명의 선행 기술이 아니다.

3. 저촉심사(Interference) v. 파생심사(Derivation)

Pre-AIA U.S.C. §102(g)에 규정되었던 저촉심사 규정은, 선출원주의를 채택한 AIA에서 삭제되었다. 저촉심사는 동일한 발명이라고 주장하는 2인 이상의 출원인 사이에서 발명의 선후를 가리기 위한 절차이다. 그 대신에 AIA에서는 Pre-AIA U.S.C. §291에서 규정된 저촉 특허(Intefering patents)가 파생 특허(Derived patents)로 개정되어 규정되면서, 파생 심사(Derivation proceding)를 채택하였다. 파생 심사는 PTAB에 의한 재판 절차로 ① 선출원서에 기재된 발명자가 심사 청구인의 출원서에 기재된 발명자로부터 청구된 발명을 파생하였는지, ② 최초 출원서에 청구된 발명이 권한 없이 출원되었는지 등에 대한 판단을 한다. 선출원주의하에서 출원자는 선출원된 발명과 동일하거나 실질적으로 동일한 발명의 청구항이 처음 간행된 날로부터 1년 이내에 파생 심사의 개시를 청구할 수 있다.

CHAPTER 3 진보성(비자명성)

I 진보성(비자명성)의 도입

1. 미국 특허법의 변천

발명의 신규성, 유용성 그리고 진보성(비자명성)은 모두 특허 요건으로 기능하지만, 이 중에서도 진보성 요건이 특허를 받는 데 있어 가장 높은 허들이 된다. 유용성은 실제 매우 제한된 범위 내에서만 검토될 뿐이어서 쉽게 요건을 충족할 수 있다. 신규성은 유용성보다 많은 사례에서 논의되고 있지만, 단일한 선행 기술이 청구항의 모든 요소를 충족[445]시켜야 하는 엄격함 때문에 그 활용이 제한적일 수밖에 없다. 즉, 기존 선행 기술에 약간의 변화만 주더라도 유용성과 신구성 요건을 통과할 수 있다. 이에 반하여, 진보성은 어떤 발명에 대하여 특허라는 보상을 할 수 있을 만큼 충분한 기술적 진전을 이루었는지에 대한 검토이다. 따라서, 발명이 새롭고 유용하다 할지라도 선행 기술의 사소한 변형에 불과한 경우에는 이 진보성 요건에 따라 특허가 주어지지 않는다.

1793년도 특허법은 "단순한 형태의 변형 또는 기계나 화합물의 어느 일정 부분의 변경"만으로는 특허를 받지 못하도록 하는 규정을 두면서, 진보성과 유사한 개념을 처음으로 규정하였다. 이를 근거로 미국 법원은 "기계의 원리"에 변경을 가해야만 특허를 받을 수 있는 진보가 있다고 보았고, 단순한 형태나 부분의 변경에 대해서는 특허를 부여할 수 없다고 하였다.[446] 이 규정은 1836년 법에서 삭

---

445) *Structural Rubber Products Co. v. Park Rubber Co.*, 749 F.2d 707, 715 (Fed. Cir. 1984)

제되었지만, 1837년 Willard Phillips의 논문에서 처음으로 자명성 이론으로 언급되었다.[447] 이후, 1851년 연방 대법원의 *Hotchkiss* 사례[448]를 통하여 처음으로 특허 받을 수 있는 "발명의 표준"을 언급하였고, 이 표준이 1952년 특허법에 비자명성 요건으로 명문화되는 계기를 이루게 되었다.

2. *Hotchkiss v. Greenwood*, 52 U.S. §248 (1851)

Hotchkiss 등이 획득한 U.S. Patent No. 2197 특허는, 도자기나 점토로 이루어진 그릇 또는 문의 손잡이를 만드는 방법에 관한 특허였다. 도자기나 점토로 만든 손잡이의 가운데에 쇠로 된 나사 등을 박아서 손잡이를 문이나 그릇과 이을 수 있게 하거나, 손잡이의 끝을 이음새 형태로 제조해서 문이나 그릇에 들어맞게 만들었다. Hotchkiss의 특허 전에도 도자기나 점토로 이루어진 손잡이는 존재하였었고, 쇠나 나무로 된 손잡이에 나사를 박거나 이음새를 만들어서 문 등에 연결하는 것도 이미 존재하였었다. 다만, 원고는 도자기나 점토로 된 손잡이에 나사를 박거나 이음새를 만들어서 그릇이나 문 등에 연결한 제품은 존재하지 않았다고 주장한다.

446) *Evans v. Eaton*, 20 U.S. 356, 431 (1822)

447) "It is indeed but a branch of the more general rule in giving a construction to the law, namely, that any change or modification of a machine or other patentable subject, which would be obvious to every person acquainted with the use of it, and which makes no material alteration in the mode and principles of its operation, and which no material addition is made, is not a ground for claiming a patent." Willard Phillips, "THE LAW OF PATENTS FOR INVENTIONS", 125－26. (Boston 1837)

448) *Hotchkiss v. Greenwood*, 52 U.S. 248 (1851)

Hotchkiss, Davenport & Quincy,
Knob.
No 2,197. Patented July 29, 1841.

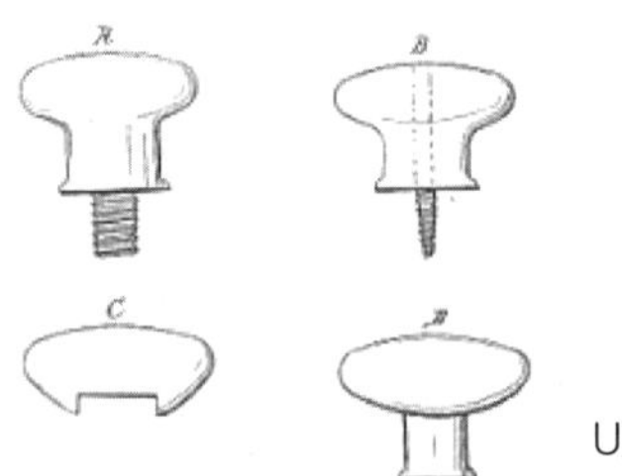

U.S. Pat No. 2197

이에 대하여, 연방 대법원은 본 특허에서 기존의 제품과 다른 새로운 점은, 도자기나 점토로 된 손잡이에 나사나 회전축을 부착하여 이 손잡이를 몸체에 연결할 수 있게 한 것에 불과하므로, 나사나 회전축을 점토 또는 도자기로 된 손잡이에 부착하는데 기존에 사용하던 방법보다 진보된 기술 창의력을 사용하지 않았다면, 모든 발명의 실질적 요소를 구성하는 정도의 기술과 창의력(Skill and ingenuity)을 구비하지 않았다고 판단하였다.

따라서, 본 특허는 발명가의 발명이 아닌 숙련공의 작업에 불과하여 유효하지 않다고 보았다. 즉, 연방 대법원은 이 판례를 통하여, 기존의 신규성 이외에 또다른 특허 요건으로 창의력이 뒷받침된 발명가의 발명을 요구하였다.

II 연방 대법원 판결의 발전

1. *Graham v. John Deere*, 383 U.S. §1 (1966)

사실 관계에 대한 판단에 앞서, 연방 대법원은 진보성에 대한 그간의 판례와 1952년 개정 특허법에 §103가 신설된 경위 등을 설명하면서, 본 조항이 *Hotchkiss*에서 언급한 특허성에 관한 추가적인 요건을 처음으로 입법화된 것임에 다툼이 없다고 보았다. 또, 의회는 §103의 마지막 문장을 통해서, *Cuno Corp v. Automatic Devices Corp*에서 대법원이 사용한 "번뜩이는 창조적 영감(flash of creative genius)"[449]이란 문구를 폐지하였다고 보았다.

본 판결에서 연방 대법원은 후일 Graham Framework이라고 불리는 진보성 해석의 기준을 제시하였다. 즉, 특허 요건에 대한 궁극적인 판단은 법률 문제이며, §103를 만족시키기 위해서는 3단계 조사가 선행되어야 한다고 보았다. 먼저, 선행 기술의 범위와 내용을 확정해야 하며, 선행 기술과 소송 중인 특허의 청구항을 비교, 분석하고, 마지막으로 발명이 관련된 분야에서 통상적인 기술 수준을 확정할 것을 요구하였다. 이와 같은 3단계 분석 이외에도, 이차적 고려사항이라고 불리는, 상업적 성공, 발명의 필요성, 다른 사람의 실패 사례 등이 특허 여부를 결정 짓기 위한 정황 증거로 이용될 수 있다고 보았다.

소송의 대상이 된 특허는 번호 2,627,798('798 특허)로, 트랙터에 장착할 수 있는 쟁기의 스프링 클램프(Spring clamp)에 관한 발명이다. 경작 중에 돌이나 장애물을 만나면 쟁기 받침대(Shank)를 올렸다가, 장애물을 통과하게 되면 Shank를 원래 위치로 돌아오게 하는 장치이다. 쟁기날이 경작시에 돌이나 바위에 걸리게 되면 쟁기 자루에 많은 힘이 가해지게 되고, 결국 Shank가 쉽게 부러지게 된다. 이를 해결하기 위하여 Graham은 1950년에 번호 2,493,811 특허를 등록하였고, 1953년에 이를 개량한 '798 특허를 받게 되었다.

---

449) 이 문구가 들어간 문장은 다음과 같다. "[T]he new device, however, useful it may be, must reveal the flash of creative genius, not merely the skill of the calling." *Cuno Corp v. Automatic Devices Corp.*, 314 U.S. 84, 91 (1941)

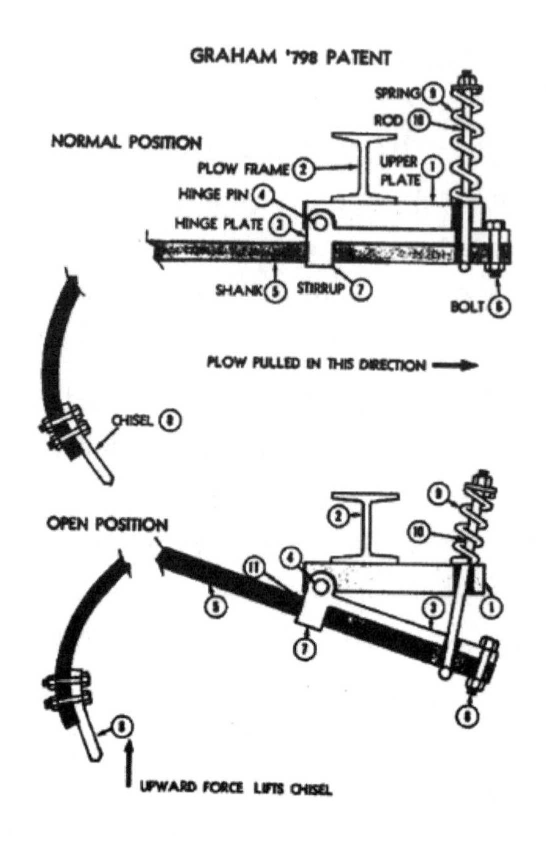

'798 특허의 최초 청구항들은 특허청이 '811 특허를 이유로 등록을 거절하였다. Shank를 Hinge plate의 밑에 부착하는 것과 이를 볼트로 조이는 것은 당업자들이라면 당연히 예상할 수 있는 디자인 변경에 지나지 않으며, 발명이 아니라고 보았다. 이에, Graham은 기존 청구항들을 철회하고 새로이 두 가지 청구항을 추가하였다. 기존의 '811 특허는 아래 그림에서 보는 바와 같이 쟁기가 돌에 걸릴 경우 Upper plate의 끝부분이 쟁기 자루에 닿게 되어 Upper plate과 Shank가 마모되는 현상이 발생하는데, '798 특허에서는 이런 마모 현상이 사라지게 되었다고 주장하였다. Graham은 또 여러 가지 특징도 강조하였는데, 그중 본 소송과 관련된 것은, Hinge Plate과 Shank를 볼트로 조여 이 둘이 계속해서 일정하게 접촉을 유지하도록 하게 되었다는 내용이다.

연방 대법원은 위에서 본 Graham Framework에 따라 '798 특허의 선행 기술로 앞서 언급한 '811 특허와 특허 심사 과정에서 제출되지 않은 Glencoe 클램프를 들었다. Graham은 Smith 특허와 비교·분석하면서, 특허 심사 과정에서는 주장하지 않았던 새로운 주장을 하였다. 위 그림에서 보는 바와 같이 '798 특허에서 Shank가 Hinge plate의 제한을 받지 않아 탄력성(Flexibility)이 증가하였다는 것이다. 연방 대법원은 단순히 Shank와 Hinge plate의 위치를 바꾸는 것만으로 Shank의 탄력성이 실질적으로 향상될 수 있는지 의문을 제기하면서도, 이런 위치의 재배치는 선행 기술 당시의 일반적인 기술을 가진 사람들이라면 쉽게 할 수 있다고 보았다. 아울러, 탄력성 주장은 소송이 시작되고 나서야 주장된 사후 판단(Afterthought)에 불과하며, 본 특허에서 심각한 의미를 갖지 않는다고 판단하였다.

Figure 2—'798 and '811 Graham Patents (Flex Comparison)

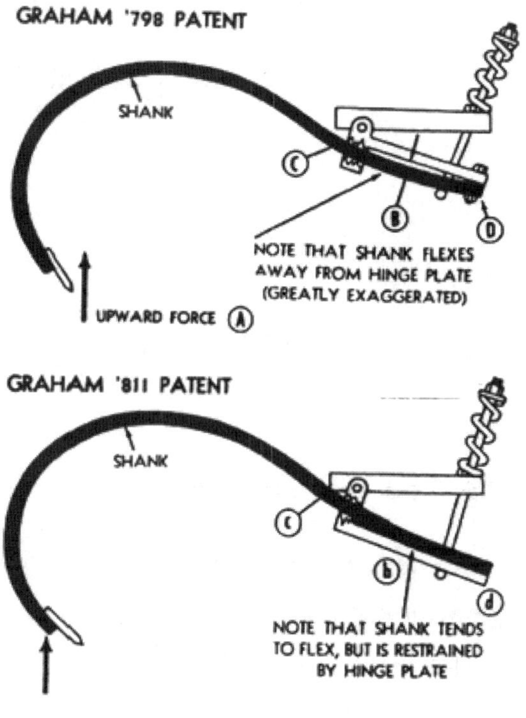

연방 대법원은 또 하나의 선행 기술로 Glencoe 클램프를 지목하고, Glencoe가 '798 특허의 모든 구성요소를 갖추고 있다고 보았다. Glencoe에서는 Hinge plate가 Shank 아래에 위치하였지만, 그 작동원리는 '798 특허와 동일하다고 보았다. 즉, '798 특허는 Stirrup의 아랫면 부근에서 피벗이 있지만, Glencoe에서도

Shank의 위에 위치한 Stirrup이 '798과 동일한 기능을 하고 있으며, 단지 접촉되어 마모되는 부분을 Glencoe의 Hinge plate에 있는 Stirrup에서 '798 특허가 Hinge plate의 끝부분으로 옮겨온 것은 기계적 작동의 차이가 없으며, 특허면에서도 명백한 차이를 보여 주지 못한다고 판단하였다.

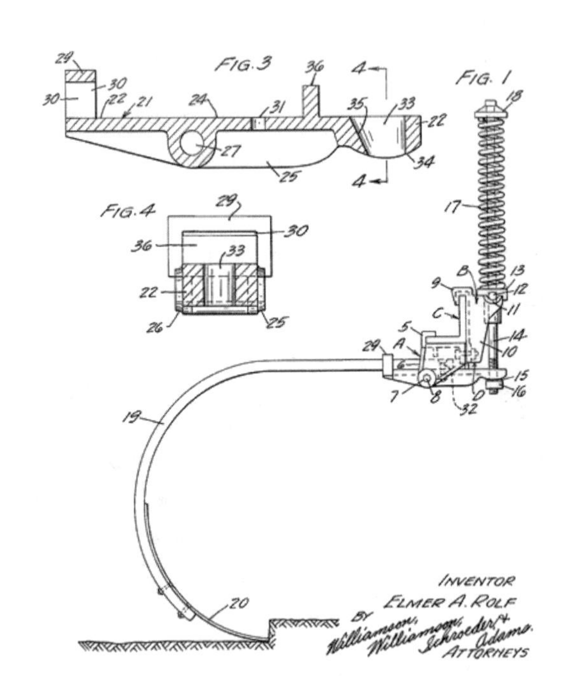

2. *US v. Adams*, 383 U.S. 39 (1966)

본 판결은 *Graham* 판결과 같은 날 결정되었으며, 이미 선행 기술에서 알려진 구성요소들을 조합한 발명에 대하여 특허를 인정한 사례이다.

원고인 Adams는 미국 정부가 그의 배터리에 관한 특허 번호 2,322,210 특허를 침해하였다고 소송을 제기하였다. '210 특허는 기존 배터리에서 사용하는 산(Acids)을 제거하여 위해한 연기를 방출하지 않으며, 상대적으로 기존의 배터리에 비하여 가볍다. 이 배터리는 두 개의 전극으로 구성되어 있는데, 하나는 마그네슘으로 된 아래 도면의 [14]이고, 다른 하나는 염화 제일 구리로 된 [26]이다. Adams 배터리의 전해질로는 보통의 물을 사용하거나 소금물을 사용할 수 있다.

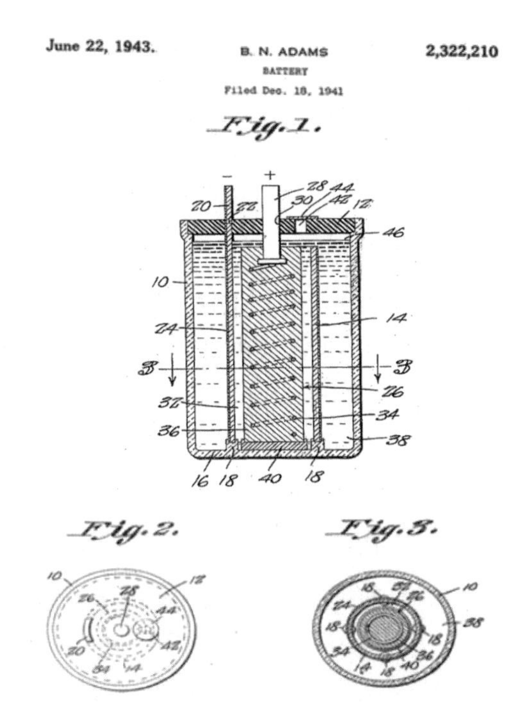

미국 정부는 소송 중에 6개의 선행 기술을 제시하였다. Niaudet 논문은 아연으로 된 양극과 염화은으로 된 음극으로 구성되었으며, 순수한 물을 전해질로 이용하였다. Wood 특허는 아연 대신 마그네슘으로 된 전극을 사용하는 방법을 제시하고 있다. Wood 특허는 마그네슘을 전극으로 사용할 경우 발생하는 화학적 부식을 방지하기 위하여 강력한 산화제가 포함된 중성 전해질을 사용하였다. 그렇지만, 염화 제일 구리 전극의 사용이나, 물을 전해질로 사용하는 것을 제시하지는 못하였다. Codd 논문도 마그네슘이 전극으로 사용될 수 있다고 언급하였으나, 마그네슘이 주액전지(Water-activated battery)에 사용될 수 있는지 또는 염화 제일 구리가 염화은을 대체할 수 있는지에 대한 언급은 없었다. 한편, Wensky 특허는 아연 및 구리 전극을 포함하는 전지를 제시하였으며, 염화 제일 구리는 염화 아연을 포함하는 전해질 용액에 염으로 첨가된다. 마지막으로 Skirvanoff 특허는 마그네슘을 양극으로 사용했지만, 전해질은 알코올, 크롬산염 또는 과망간산염 등이 용해되었다. 음극은 구리 등이 사용되었으나, 정부 측 전문가 증인은 염화 제일 구리가 사용되었는지에 대해서는 아는 바가 없다고 증언하였다.

피고인 미국 정부는 선행 기술 들에 의하여 아연은 마그네슘으로 대체 가능하고, 염화은은 염화 제일 구리로 대체 가능하다는 것이 알려졌으므로, 마그네슘과 염화 제일 구리로 조합된 Adams 배터리는 선행 기술에 비하여 의미 있는 변화가 없으므로 무효라고 주장하였다.

그러나, 연방 대법원은 미국 정부의 주장을 받아들이지 않았다. 먼저, Adams 배터리는 주액 전지임에 반하여, 기존 선행 기술들은 단순히 물을 약간 첨가하는 것에 지나지 않는다. 특히, 배터리의 구성요소들이 선행 기술에서 이미 다 알려져 있었더라도, 당시의 당업자들이 Adams가 한 것처럼 구성요소들을 결합하기 위해서는 그때까지 알려졌던 사실들을 극복하여야 하였다. 첫째로 개회로(Open circuit)에서 계속적으로 작동하면서 평상시 사용에서 뜨거워지는 배터리는 실용적이지 않다는 사실과, 주액 전지는 마그네슘의 활용에 치명적인 전해질과 함께 조합되어야만 활용될 수 있다는 사실이다. 오랫동안 인정되어 온 위 두 사실들은 Adams가 진행한 구성 방식으로의 연구를 방해하는 역할을 한다. 법원은, 새로운 발명의 연구를 좌절시킬 수 있는 기존 발명에서 알려진 사실들도 진보성을 결정할 때 고려하여야 한다고 판단하였다.

3. 연방 항소 법원의 경향

Graham 판결 이후, 1982년에 설립된 연방 항소 법원은 §103의 진보성을 판단함에 있어 TSM(Teaching, Suggestion or Motivation) 테스트를 확립하였다. 선행 기술들을 조합하는 진보성 판단에서는 사후에 예단을 갖고 판단(Hindsight bias problem)하는 문제가 발생할 수 있다. 사후에 선행 기술들을 조합하여 특허를 구성하게 되면, 특허가 선행 기술에 의하여 명백해 보이게 되고 진보성이 없다고 판단하기 쉽게 된다. 연방 항소 법원은 이와 같은 문제점을 해결하고, 진보성 분석시 예견가능성을 높이기 위한 목적으로 TSM 테스트를 발전시켰다. 법원은, 청구된 발명을 만들기 위해 선행 기술들의 가르침을 조합한 사실만으로는 진보성이 없다는 것을 입증하지 못하며, (선행 기술에서) 이와 같은 조합에 이르도록 가르치거나, 위 조합이 제시되어야 한다고 하였다. 즉, §103 진보성 판단에서, 선행

기술의 가르침들은, 이들의 조합이 제안되거나 결합할 동기가 있는 경우에만, 결합될 수 있다고 하였다.[450] 그러나, 연방 항소 법원이 TSM 테스트를 너무 경직적으로 적용함으로써 소송 중인 특허가 선행 기술로부터 진보하지 않았다는 것을 입증하기가 어려워지게 되었고, 결과적으로 진보성의 범위를 너무 넓혀 특허 요건으로서의 기능을 희석시켰다는 비판을 받게 되었으며, 연방 대법원은 이러한 비판을 인정하는 *KSR* 판결을 하게 된다.

4. *KSR v. Teleflex*[451]

원고인 Teleflex는 피고인 *KSR*이 원고의 6,237,565 특허('565 특허, Engelgau 특허)를 침해하였다고 소송을 제기하였다. '565 특허의 청구항 4[452]는 위치 조정이 가능한 자동차의 페달과 전자 센서를 결합하는 메커니즘을 기술하면서 자동차 엔진의 Throttle을 통제하는 컴퓨터에 페달의 위치가 전송되도록 하였다. 컴퓨터에 의하여 통제되는 Throttles은 전자 신호에 따라 밸브를 열고 닫게 함으로써, 케이블이나 기계장치로 연결하는 것보다 공기와 연료의 혼합을 일정하고 미세하게 조정할 수 있게 한다. 또, 위치를 조정할 수 있는 페달은 신장이 작은 운전자도 좌석을 당기지 않고 페달을 깊게 밟을 수 있게 해 준다. 연방 대법원은

---

450) *ACS Hosp. Systems, Inc. v. Montefiore Hosp.*, 732 F.2d 1572, 1577 (Fed. Cir. 1984)

451) *KSR v. Teleflex*, 550 U.S. 398 (2007)

452) 4. A vehicle control pedal apparatus (12) comprising:

a support (18) adapted to be mounted to a vehicle structure (20);

an adjustable pedal assembly (22) having a pedal arm (14) moveable in force and aft directions with respect to said support (18);

a pivot (24) for pivotally supporting said adjustable pedal assembly (22) with respect to said support (18) and defining a pivot axis (26):

and an electronic control (28) attached to said support (18) for controlling a vehicle system;

said apparatus (12) characterized by said electronic control (28) being responsive to said pivot (24) for providing a signal (32) that corresponds to pedal arm position as said pedal arm (14) pivots about said pivot axis (26) between rest and applied positions wherein the position of said pivot (24) remains constant while said pedal arm (14) moves in fore and aft directions with respect to said pivot (24)

청구항 4는 "위치 조정이 가능한 페달의 구성물들로서, 페달의 위치를 감지하는 전자 센서(28)가 페달 구성물의 지지대(18)에 부착되어 있으며, 이로써 운전자가 페달을 조정하는 동안에도 센서는 고정된 위치에 있게 된다"고 보았다.

Teleflex는 *KSR*이 기존에 설계된 *KSR*의 페달에 전자 센서를 장착한 것에 대하여 '565 특허 침해를 이유로 소송을 제기하였고, *KSR*은 이 특허가 §103에 의하여 무효라고 항변하였다.

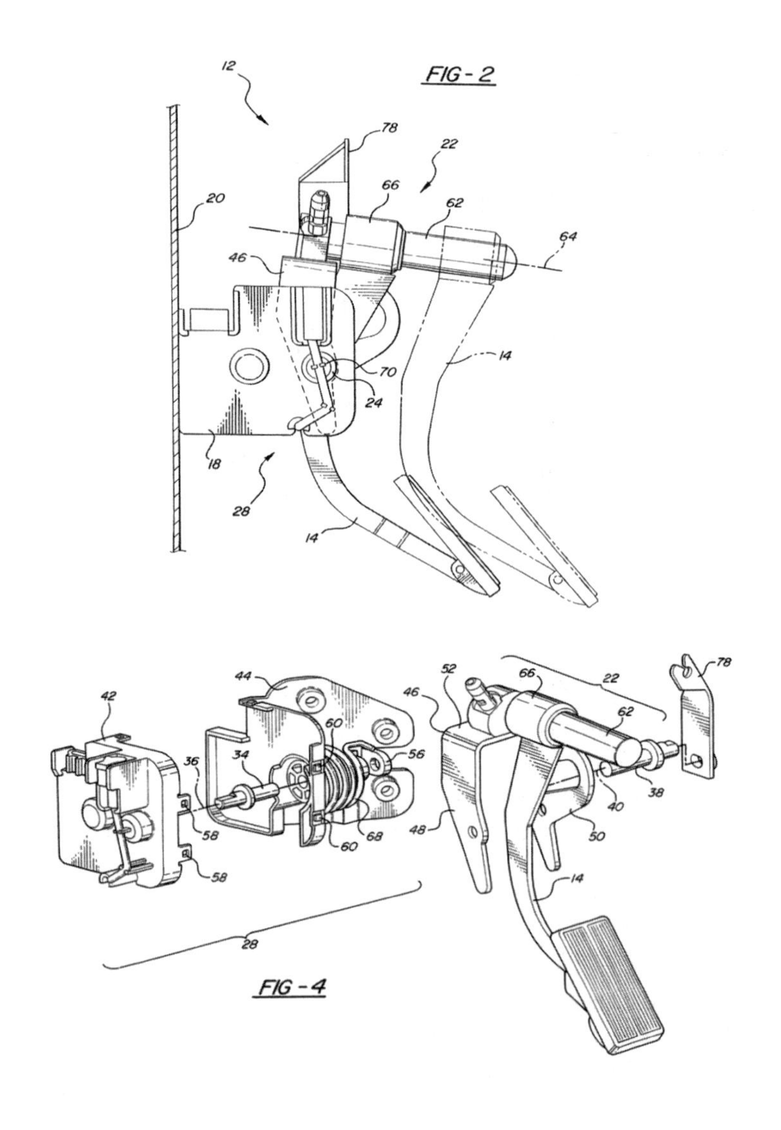

1) 선행 기술

특허 번호 5,010,782(Asano 특허)는, 페달의 위치가 운전자에 따라 변경되더라도 페달이 위치한 구조물 내에서 피벗 위치를 동일하게 유지하는 특허이다.

U.S. Patent Apr. 30, 1991 Sheet 5 of 7 **5,010,782**

FIG. 5

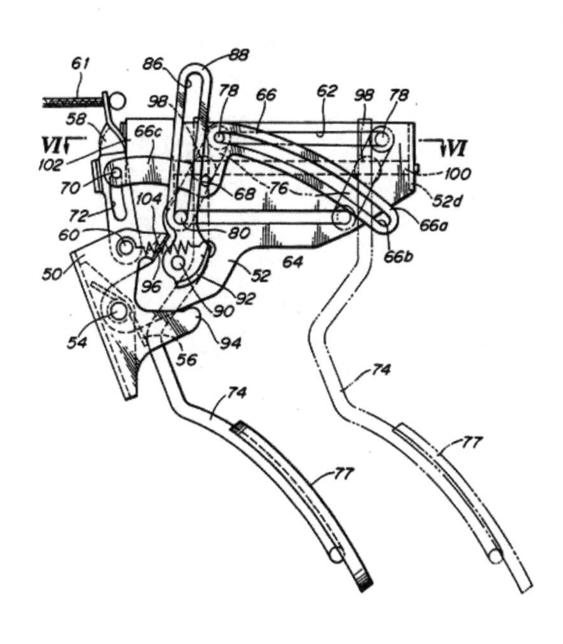

원고의 특허 이전에, 컴퓨터로 Throttle을 조절하는 전자 센서에 관한 여러 특허가 출원되었다. 특허 번호 5,241,936은 피벗 포인트에 전자 센서(12)를 달아 페달의 위치를 감지하는 특허이다. 특허 번호 5,063,811(Smith 특허)은 전자 센서(28, 30)를 페달의 다리 부분이 아닌 고정된 부위에 장착하여, 센서와 컴퓨터간의 연결선이 마모되거나 운전자의 발에 의해 손상되는 것을 방지하였다.

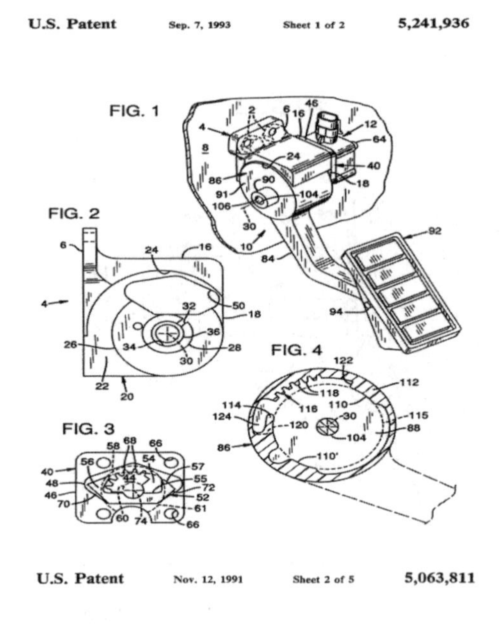

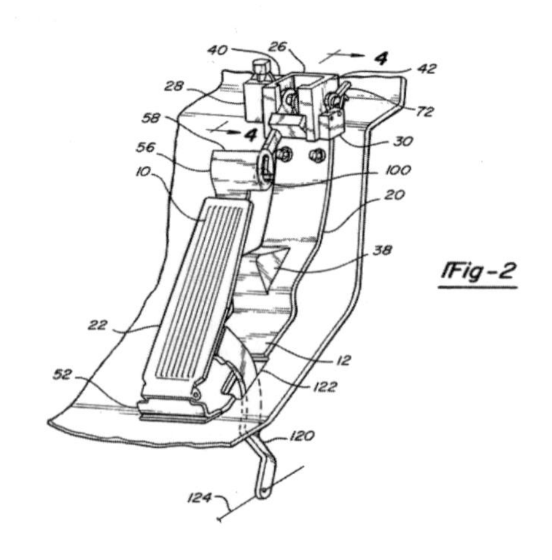

특허 번호 5,385,068은 모듈화된 전자 센서(17)에 관한 특허로서, 이 장치를 페달에 부착하여 Throttle을 컴퓨터에 의하여 조절 가능하게 하였다. 또, 1994년에 Chevrolet는 페달 받침대에 부착된 모듈화된 전자 센서를 사용하는 트럭을 제작하였다. 이 전자 센서는 페달이 피벗 축을 중심으로 회전할 때, 이 피벗 축과 맞물리게 되어 있다.

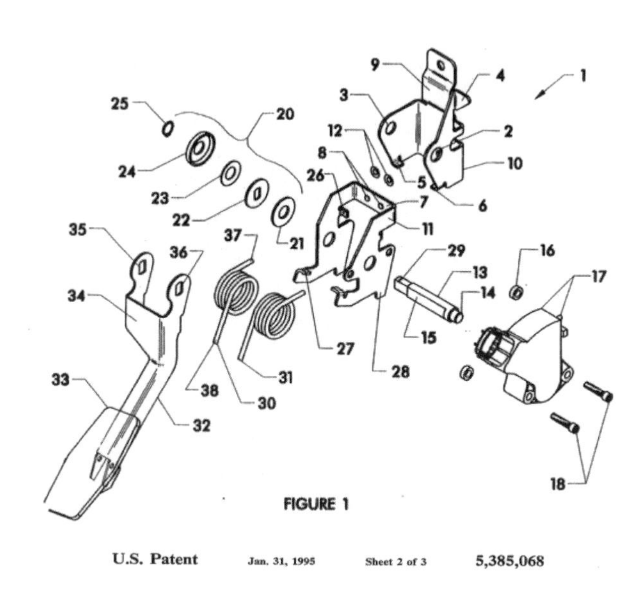

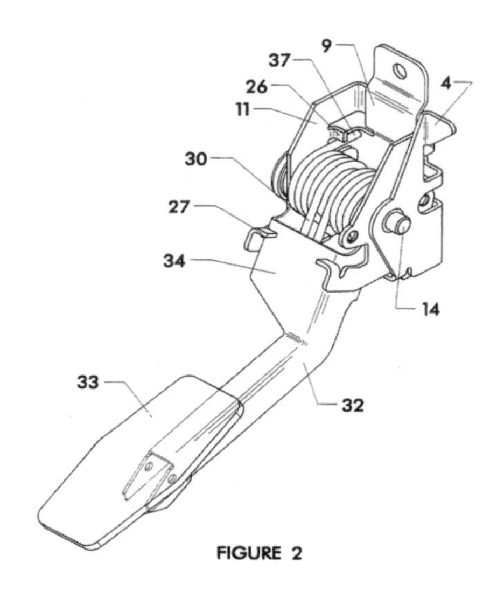

특허 번호 5,819,593(Rixon)은 위치 조정이 가능한 페달에 전자 센서를 장착하여 페달 위치를 감지하는 특허이다. Rixon 특허는 센서(20)를 페달의 다리 부분에 부착하여, 페달을 밟았다 놓을 때 연결선이 마모되는 문제점이 있었다.

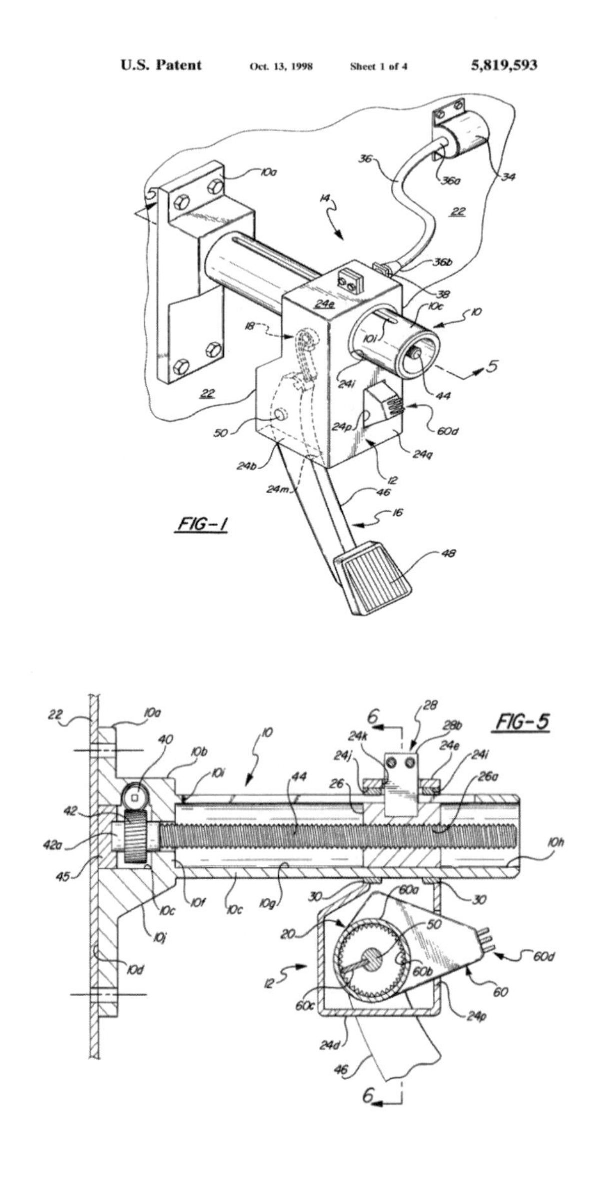

2) 하급심의 판단

연방 지방 법원은, '565 특허의 청구항 4가 발명 당시에 이미 존재하고 있는 선행 기술로부터 용이하게 발명될 수 있었음을 KSR이 입증하여, 35 U.S.C. §282의 특허 유효 추정을 깨드렸는지를 판단하는 데 *Graham* Framework을 적용하였다. 먼저, 연방 지방 법원은 전문가의 증언과 양 당사자의 주장을 토대로 페달 설계의 통상의 기술 수준은, 자동차의 페달 조절 시스템을 잘 알고 있는 기계 설계 분야의 대학 졸업자이거나, 관련 산업 분야에서 이와 동등한 정도로 업무를 해 온 사람들이라고 규정하였다. *Graham*에 따라, 법원은 Asano 특허가 페달의 위치를 알아내는 센서를 사용하지 않는 점과 이를 Throttle을 통제하는 컴퓨터에 전달하지 않는 점을 제외하면 '565 특허 청구항 4의 모든 구성요소를 담고 있다고 보았다. Asano에서 드러나지 않은 두 요소도 '068 특허 등에서 드러났다고 판단하였다.

연방 항소 법원은 '565 특허의 진보성이 없다는 연방 지방 법원의 판결을 파기하면서, 선행 기술 문헌들이 특허권자가 해결하려고 하는 문제를 정확히 말하지 않았다면, 그 문제는 발명자에게 이들 문헌들을 참조할 동기를 부여하지 않는다고 판단하였다. 여기서, '565 특허는 작으면서 간단하고 싼 전자 센서가 부착된 페달을 공급하려는 데 반하여, 선행 기술인 Asano 특허는 페달 위치에 관계없이 일정한 힘으로 페달을 미는 발명에 관한 특허이다. 선행 기술로 제시된 Rixon 특허는 본 소송 중인 '565 특허에 아무런 가르침을 주지 않으며, 마지막으로 Smith 특허는 페달 조정과는 관련이 없으며, 전자 조절 장치를 페달 부분에 부착하여야 할만한 동기를 부여하지도 않는다. 따라서, 이들 선행 기술들이 당업자들에게 Asano 특허에서 묘사된 페달 부분에 전자 센서를 부착하도록 유도하지 않는다고 판단하였다. Asano 특허의 발명과 전자 센서를 결합하려고 "시도할 것이 명백(obvious to try)"하다는 것은 본 사안과 관련이 없다. 왜냐하면, 본 법원은 오랫동안 "시도할 것이 명백"하다는 이유만으로 진보성을 부인하지 않았기 때문이다.

3) 연방 대법원의 판단

연방 대법원은 먼저 항소 법원의 경직된 접근을 거부하였다. 그간의 연방 대법원의 자명성 판단에서 보아 온 확장적이고 유연한 접근법이 항소 법원의 경직된 TSM 적용과는 맞지 않는다고 보았다. 특히, *Graham* 판결에서는 "기능적 접근(Functional approach)"을 재확인하면서 법원에 의한 폭넓은 사실조사를 요구하였고, 적절한 이차적 고려사항의 검토도 주문하였다. §103의 입법이나 *Graham* 분석이 대법원이 오랫동안 주의를 기울여온 선행 기술들의 구성요소들을 결합한 발명에 특허를 부여하는 것에 관한 지침을 바꾼 것은 아니다. 50년이 넘게 대법원은 "각각의 기능상 변경 없이 오래된 구성요소들을 단순히 결합한 발명에 특허를 부여하는 것은 이미 알려진 기술들을 독점의 영역으로 후퇴시키는 것에 불과하며, 기술을 갖고 있는 사람이 이용할 수 있는 자원을 제한하는 것이다."라고 판단해 왔다.[453] 이것은 또한 진보성이 없이 선행 기술로부터 명백한 발명에 특허를 거절하는 중요한 이유였다. 이미 알려진 방법에 따라 낯익은 구성요소들을 결합하여, 예상 가능한 결과들만 도출해 낸다면, 진보성이 없다고 판단할 가능성이 높을 것이다.

US v. Adams[454]에서, 연방 대법원은 기존 선행 기술의 두 가지 부분에서 변형된 "습식 전지"의 진보성 여부를 판단하였다. 변형된 점은, 기존 배터리가 산(Acids)을 갖고 있는 대신에 물을 담고 있는 점이고, 두 번째는 아연과 염화은으로 된 전극 대신에 마그네슘과 염화 제일 구리로 된 전극을 갖고 있는 점이다. 연방 대법원은, 특허가 선행 기술에서 이미 알려진 구조를 관련 분야에 알려진 구성요소로 대체하여 출원되었다면, 그 결합으로 예상 가능한 결과 이상을 도출해 내야 한다고 보았다. 이 사례에서 Adams의 배터리가 진보성이 없다는 미국 정부의 주장은 받아들여지지 않았다. 연방 대법원은 선행 기술이 이미 알려진 구성요소들의 결합을 가르쳐 주지 않을 때, 이들 구성요소들의 성공적인 결합 방법을 발견하는 것은 진보성이 있다는 당연한 원칙을 따랐다. Adams가 배터리를 발명했을 때, 선행 기술은 Adams의 발명에 이용된 전극을 사용하는 것에 대한 위험성을 경고하였었다. 구성요소들을 예상하지 못한 생산적인 방법으로 결합한 사실은 Adams의 발명이 당시 통상의 기술을 가진 사람들 사이에서 진보성이 있

---

453) *Great Atlantic& Pacific Tea Co., v. Supermarket Equipment Corp.*, 340 U.S. 147, 152 (1950)

454) *US v. Adams*, 383 U.S. 39, 40 (1966)

다는 것을 말해 준다.

Anderson's-Black Rock, Inc., v. Pavement Salvage Co[455]에서 연방 대법원은 이와 같은 접근을 좀 더 정교하게 만들었다. 소송이 된 발명의 주제는 기존에 존재하던 2가지 구성요소-복사열을 이용한 버너와 포장기계-를 결합한 제품이었다. 복사열을 이용한 버너는 버너에서 기대되는 기능을 구현하였고, 포장 기계 역시 마찬가지였다. 이 둘을 결합한 제품도 이 둘이 분리되어 순차적으로 구현하는 기능을 실행할 뿐이었다. 이런 사실관계를 바탕으로, "기존의 구성요소를 결합하여 유용한 기능을 구현하였지만, 이미 특허를 받은 복사열을 이용한 버너에 새로운 특성이나 품질을 추가하지 못하였기" 때문에, §103에 의하여 특허를 받지 못하였다.

마지막으로, *Sakraida v. AgPro, Inc*[456]에서 연방 대법원은 특허가 "기존에 알려진 것과 같은 기능을 수행하는 구성요소들을 단순히 재배치하여, 기존에 예상한 것 이상의 새로운 것을 산출해 내지 못한다면, 그 결합은 진보성이 없다."고 판단하였다.

위의 사례들은 모두, 선행 기술의 구성요소들을 결합하여 청구한 특허가 진보성이 있느냐에 관한 판례이다. 한 분야에서 노력을 통하여 어떤 발명을 얻은 경우, 설계상의 이점이나 시장의 다른 힘에 의하여 해당 분야 또는 다른 분야에서 그 발명의 변형이 촉진될 수 있다. 만약, 통상의 기술을 가진 사람이 예상 가능한 범위 내에서 변형을 실행한 것이라면, §103에 의하여 특허를 받을 수 없게 될 것이다. 같은 이유로, 만약 어느 기술에 의하여 어떤 제품이 개선되었고, 통상의 기술을 가진 사람이 동일한 제품을 동일한 방식으로 개선할 것을 인식하고 있다면, 그 기술의 실질적인 적용이 PHOSITA의 능력을 벗어나지 않는다고 했을 때, 그 기술의 사용에 대하여 진보성이 인정되지는 않는다. *Sakraida*와 *Anderson's- Black Rock*는 그 예를 제시해 주고 있다. 법원은, 기존의 기능에 따라 예견 가능한 선행 기술 구성요소들의 사용 범위 밖에서 제품의 개선이 이루어졌는지 검토하여야 한다.

청구항의 주제가 이미 알려진 구성요소의 단순한 대체가 아니거나, 잘 알려진

---

455) *Anderson's-Black Rock, Inc., v. Pavement Salvage Co.*, 396 U.S. 57 (1969)

456) *Sakraida v. AgPro, Inc.*, 425 U.S. 273 (1976)

기술을 개선이 필요한 선행 기술의 일부에 적용하는 것 이상을 포함하는 다른 사례들에 있어서는 위의 원칙들을 따르는 것이 본 사례에서보다 더 어려울 수 있다. 법원은 때때로, 소송 중인 특허에서 알려진 구성요소들이 어떤 이유로 결합되었는지를 결정하기 위해서, 여러 특허들의 상호 관련된 가르침, 시장의 힘에 의한 효과 또는 디자인 커뮤니티에 알려진 수요에 따른 효과 그리고 PHOSITA가 갖고 있는 배경 지식 등을 조사할 필요가 있다. 이런 분석들은 후일의 검토를 위하여 명백하게 표현되어야 할 것이다.[457] 그러나, 기존 판례들이 밝혔듯이, 이러한 분석들이 문제가 된 청구항의 구체적인 주제에 대한 정밀한 가르침을 찾기 위하여 많은 노력을 기울일 것을 요구할 필요는 없다. 왜냐하면, 법원은 PHOSITA가 이용할 추론이나 창조적인 발걸음을 고려할 수 있기 때문이다.

통찰력이 도움이 되기 위해서는 경직되거나 강제된 공식에 따를 필요가 없다. TSM 테스트가 엄격하게 공식처럼 적용된다면, 연방 대법원의 기존 판례와 양립할 수 없게 된다. 진보성 분석은 TSM 테스트의 가르침, 제시, 동기 같은 단어들의 정형화된 개념에 의하여 제한될 수 없고, 간행된 논문이나 특허에서 명시된 내용의 중요성을 너무 강조함으로써 제한되어서도 안 된다. 창의적인 연구의 다양성이나 현대 기술의 다양성 등은 더 이상 이런 제한된 분석을 용인하지 않는다. 많은 분야에서 자명한 기술 또는 자명한 기술의 결합 등에 관한 논의가 아직 이루어지지 않았으며, 때때로 과학 논문보다는 시장 수요에 따라 디자인 트렌드가 창출되기도 한다. (그러나) 진정한 혁신이 아닌 통상의 과정에서 발생한 약간의 진전을 특허로 보호한다면 기술의 진보를 오히려 막는 결과가 될 것이고, 기존에 알려진 요소들을 결합한 것을 특허로 보호한다면, 선행 발명으로부터 그들의 가치와 효용을 뺏는 결과가 될 것이다. … TSM 테스트의 기본 사상과 *Graham* 판결 간에 불일치가 반드시 존재하는 것은 아니다. 그렇지만, 연방 항소 법원의 결정처럼 진보성에 관하여 경직된 원칙을 형성하여 적용하는 것은 잘못이다.

… 특허 청구항의 주제가 진보성이 있는지를 결정함에 있어서 특별한 동기라

457) *In re Kahn*, 441 F.3d 977, 988 (C.A. Fed. 2006) (진보성에 근거한 (특허) 거절시에는, 단순히 결론만을 적시하는 것이 아니라, 진보성이 없다는 법적 결론을 지지할 합리적인 이유를 설시하여야 한다.)

든가 출원인의 명시된 목적에 의하여 결정해서는 안 된다. 중요한 것은 청구항의 객관적인 범위이다. 청구항이 기존 발명의 명백한 범위 내에 있다면, 이는 §103에 의하여 무효로 될 것이다. 특허의 주제가 진보성이 없다고 증명될 수 있는 하나의 방법은, 특허 청구항에 의하여 해결되는 문제점이 발명 당시에 이미 잘 알려져 있다는 것을 입증하는 것이다.

연방 대법원이 본 연방 항소 법원의 첫 번째 잘못은, 법원과 특허청은 출원인이 해결하려고 하는 문제만 보아야 한다고 판단한 점이다. 출원인이 해결하려고 한 문제는 특허 발명의 여러 주제 중 하나에 불과하다. 진보성 판단은 선행 기술들의 결합이 출원인에게 명백하였는지가 아니라, PHOSITA에게 명백하였는지를 판단하는 것이다. 따라서, 진보성에 대한 올바른 분석 아래서는, 특허에서 말하는 필요성이나 문제점뿐만 아니라, 발명 당시 관련 분야에 알려진 문제점이나 필요성들도 청구항의 요소들을 결합하는 이유가 될 수 있다.

연방 항소 법원 결정의 두 번째 문제점은 문제를 해결하려는 PHOSITA가 똑같은 문제를 해결하려는 선행 기술 요소들만 이용한다는 가정하에 이루어졌다는 점이다. Asano 특허의 주된 목적은 일정 비율 문제-페달이 어떻게 조절되는지에 관계없이 페달을 누르는 힘을 동일하게 유지하는 문제-를 해결하는 데 있다. 따라서, 연방 항소 법원은 조절 가능한 페달 위에 전자 센서를 부착시킬 것을 고민하는 발명자가 Asano 페달 위에 전자 센서를 부착할 것을 고려할 이유가 없다고 보았다. 그러나, 친숙한 아이템들은 그들의 주된 목적 범위를 넘어서도 사용이 자명한 범위가 있으며, PHOSITA는, 많은 경우에, 여러 특허로부터의 가르침을 퍼즐처럼 짜 맞추어 갈 수 있다는 것은 상식을 통해 알 수 있다. Asano의 주된 목적과 관련되지 않더라도, Asano 페달의 디자인은 고정된 피벗 포인트를 가진 조절 가능한 페달의 명백한 사용례가 될 수 있다. 또한, 선행 기술로 전자 센서를 고정된 피벗 포인트에 장착하는 것을 알려 주는 여러 특허들이 있다. Asano가 일정 비율 문제를 해결하기 위하여 고안되었으므로, 조정 가능한 전자 페달을 만들려는 사람은 Asano를 고려하지 않을 것이라는 생각은 이해가 되지 않는다. 통상의 기술을 가진 사람이라 함은 (선행 기술을) 기계적으로 적용만 하는 것이 아니라, 일반적인 창의성도 함께 보유한 사람이어야 한다.

연방 항소 법원은, 특허 청구항의 구성요소들을 결합하려고 "시도할 것이 명백"하다는 것을 입증하였다고 단순히 특허 청구항의 진보성이 부인되지 않는다고 판단하였다. 그러나, 문제 해결을 위한 시장의 요청 또는 설계상 필요성이 있고, 한정된 수의 예견 가능하고 알려진 해결 방법이 있을 때, PHOSITA는 자신의 기술적 능력 범위 내에서 이들 알려진 해결 방법들을 선택하여 시도해 볼 충분한 이유가 있다. 이러한 시도들을 통해서 예상한 바대로 발명이 성공한다면, 해당 발명은 혁신이 아니라 통상의 기술이거나 상식에 지나지 않게 된다. 이 점에서, 선행 기술들을 결합하려고 "시도할 것이 명백"한 사실로도 §103의 자명하다는 것을 보여 줄 수 있다.

마지막으로, 연방 항소 법원은 법원이나 특허청의 심사관들이(명세서를 보고) "사후에 예단을 갖고 판단(Hindsight bias)"할 위험성에 대한 지나친 우려 때문에 잘못된 결론에 도달하였다. 사실을 조사하는 사람은, "사후에 예단을 갖고 판단"함으로써 사실 관계가 왜곡될 수 있다는 것을 인식하여야 하고, 사후 추론에만 의존하는 주장을 피해야 하는 것은 물론이다. 그러나, 사실을 조사하는 사람들이 상식을 이용하는 것조차 막는 경직된 원칙은 지금까지의 판례법과 불일치할 뿐만 아니라 불필요하다. …

연방 대법원은, 청구항 4의 진보성을 부인하면서 Asano 특허에서 피벗 설계의 메커니즘이 Asano 페달과 센서가 청구항 4에 기술된 방식으로 결합되는 것을 방해한다고 주장한 Teleflex의 주장을 받아들이지 않았다. … 연방 지방 법원은, Engelgau가 청구항 4를 디자인하였을 때, Asano 특허와 피벗에 장착된 페달 위치 센서를 결합하는 것은 통상의 기술자들에게 자명하다고 판단하였다. 그리고, 시장에서 기계식 페달을 전자식 페달로의 전환으로 강력히 요구하였고, 선행 기술은 이를 위한 여러 가지 방법을 가르쳐 주었다고 보았다. 연방 항소 법원은 이 쟁점을 무척 좁게 해석하여, 페달 디자이너가 Asano와 '068 특허를 함께 선택할 수 있느냐의 문제로 보았다. 그러나, 본 사례에서 적합한 질문은, 해당 분야의 기술 발전에 의하여 창출된 폭넓은 요구에 직면한 통상의 기술자들이 Asano에 센서를 업그레이드하는 것에서 명백한 장점을 찾아낼 수 있는지 여부이다. Asano 특허에서부터 출발하는 설계자에게 문제는 어디에 센서를 부착하여야 하는가이다. 즉, Asano를 개량하려는 통상의 기술을 가진 페달 설계자가(선행 기술을 바탕으로) 용이하게 센서를 고정된 피벗 포인트에 장착할 수 있는지가 문제된다. … '936 특허는 센서를 엔진이 아니라 페달 부분에 부착하는 것이 유용하다는 것을 알려 준다. Smith 특허는 센서를 페달의 다리 부분 대신에 페달을 지탱하는 구조물에 장착하도록 설명한다. 이미 Rixon의 연결선이 마모되는 문제점을 알고 있기 때문에, 또 Smith로부터 페달 조립부에서 연결선의 움직임을 촉발해서는 안된다고 배웠기 때문에, 설계자는 페달의 구조 내에서 가장 움직임이 없는 부분에 센서를 부착하려고 할 것이다. 가장 움직임이 없는 부분은 피벗 포인트라는 것은 자명하며, 그곳에서 센서는 쉽게 페달의 움직임을 감지할 수 있다. 따라서, 설계자는 Smith에 따라 피벗 위에 센서를 장착하려 할 것이고, 이에 따라, 청구항 4와 같은 조절 가능한 전자 페달을 설계하게 될 것이다.

우리들은, 우리 주변에 형체를 띄거나 구체적인 것들로 실현함으로써(by bringing to the tangible and palpable reality around us), 본능이나 간단한 논리, 통상의 추론, 비범한 생각, 때로는 영감에 근거한 새로운 제품을 만들거나 창조하였다. 이러한 기술의 진보는, 일단 우리가 이를 공유한 후에는, 또 다른 혁신을 시작하는 단초를 이룬다. 그리고 높은 수준의 성과물에서 비롯된 기술의 진보는 정상적인 과정을 통하여 예견 가능하기 때문에, 통상적인 혁신의 결과는 특허법상 독점적 권리가 주어지지 않는다. 만약 그렇지 않다면, 특허는 유용한 기술의 발전을 자극하기보다 이를 질식시킬 수도 있다.[458] 이러한 전제들이 (선행 기술에서) 자명한 발명의 특허를 금하도록, *Hotchkiss*에서 확립되어 §103에 입법화되었다. 그러나, 그 적용에 있어서는 목적 달성을 너무 강조해서 형식이나 기준에 얽매여 제한적으로 적용하여서는 안 된다.

Ⅲ *KSR* 이후

연방 항소 법원은 선행 기술을 조합한 발명의 진보성을 판단함에 있어, 사후에 예단을 갖고 판단하는 문제를 막기 위하여 구체적인 기준을 제시하기를 원하

458) U.S. Const., Art. I, §8, cl. 8.

였고, 그 방법으로 TSM 테스트를 엄격하게 적용할 것을 요구하였다. 그러나, 엄격한 TSM 테스트의 적용은 상대적으로 선행 기술로부터의 가르침이나 동기들을 인정하기 어렵게 만들어, 대부분의 발명들을 선행 기술과 관련없이 진보한 발명으로 판단하게 되어, 특허 요건으로서의 진보성의 기능을 감소시켰다. 이에 반하여, 연방 대법원의 *KSR* 판결은, 기존 연방 항소 법원의 TSM 테스트를 부정하지는 않았으나, 이를 진보성 판단의 유일한 기준으로 보지 않고, 진보성을 판단할 때 필요한 여러 요건 중 하나로 보았다. 따라서, 기존에는 법원이 진보성을 판단할 때 TSM 테스트에 따른 도식적, 기계적인 판단을 하였다면, *KSR* 이후에는 법원이 좀 더 많은 재량을 갖고 유연하게 진보성을 판단하게 되었다. 연방 항소 법원은 *KSR* 이후에, TSM 테스트 대신에, 예견가능성, 상식, 창의적인 PHOSITA 등에 좀 더 많은 관심을 기울이게 되었다.

1. 예견가능성(Predictability)

연방 항소 법원이 발명의 진보성과 관련하여 TSM을 유일한 판단 근거로 삼았다면, *KSR* 이후 연방 대법원에서는 예견가능성에 많은 비중을 두고 있다. 선행 기술의 조합과 관련하여 연방 대법원은 예견가능성을 기준으로 다음과 같은 두 경우에는 새로운 발명이 기존 선행 기술보다 진보성이 없다고 판단하였다. ① 이미 잘 알려진 방법에 따라 익숙한 요소들을 조합하여, 예견 가능한 결과를 뛰어넘는 결과를 도출하지 못한 경우, ② 선행 기술에서 이미 알려진 구조에 따라 특허를 청구하면서 단순히 일부 요소를 해당 기술 분야에서 잘 알려진 다른 요소로 대체하였으나, 선행 기술의 조합이 예견 가능한 결과 이상을 도출해내지 못한 경우 등이다. 앞에서 살펴본 *US v. Adams*[459]는 이에 대한 좋은 사례가 될 수 있다.

연방 대법원이 *KSR*을 통하여 예견가능성이라는 새로운 키워드를 제시하였기 때문에, 발명의 여러 분야 중 선행 기술의 조합에 따른 결과가 쉽게 예견 가능한 분야에는 *KSR*이 폭넓게 적용될 수 있다. 기계 분야, 전기전자 분야 또는 컴퓨터

---

459) *US v. Adams*, 383 U.S. 39 (1966)

소프트웨어 프로그래밍 분야가 이에 속한다. 그러나, 화학이나 제약 분야에서는 일부 구성물을 약간만 변경하여도 전혀 예측할 수 없는 결과가 도출되는 경우가 많아 상대적으로 *KSR*이 덜 적용된다.[460]

2. 상식

*KSR*은 특허 발명이 만들어질 당시에 그 발명이 선행 기술에 비추어 자명한지를 결정하는 데 보다 "폭넓고 유연한 접근"을 강조하면서, 상식의 역할을 강조하였다. 특히, *KSR* 이전에는 선행 기술들을 결합하게 되는 동기를 판단하는 데 있어 전문가들의 증언을 많이 참고하였으나, *KSR* 이후의 판례들은 전문가들의 증언은 불필요하다고 보았다. 기술은 전문가들이 이를 설명하지 않더라도 쉽게 이해할 수 있다고 보았기 때문이다.[461] 그 대신에 논리, 판단력 그리고 상식에 의존하기 시작하였다.[462]

*Perfect Web Techs v. InfoUSA, Inc*에서 Perfect Web은 InfoUSA를 상대로 자사의 6,631,400 특허 침해를 이유로 소송을 제기하였다. '400 특허는 대량의 전자메일을 대상 고객군(Groups of targeted consumers)에 보내는 것을 관리하는 방법 특허이다. 독립 청구항인 1항의 내용은 다음과 같다.

1. 대량의 전자메일 전송을 관리하는 방법의 구성 단계
   (A) 특정 수신인의 프로필을 대상 고객군의 프로필과 연결 Matching a target recipient profile w/a group of target recipients
   (B) 상기 연결된 대상 고객군의 상기 수신인들에게 상기 대량 전자메일 전송
   (C) 상기 전자 메일 중에서 상기 대상 고객군에 의하여 성공적으로 수령된 수를 계산
   (D) 상기 계산된 메일의 수가 미리 정해 놓은 최소한의 목표치를 초과하지 못한 경우, 이를 초과할 때까지 (A)-(C) 과정을 되풀이하여 처리"

---

460) Robert Patrick Merges, John Fitzgerald Duffy", Patent Law and Policy: Cases and Materials", 5th Ed. p.688.

461) *Sundance, Inc. v. Demonte Fabricating Ltd.*, 550 F.3d 1356, 1365 (Fed. Cir. 2008)

462) *Perfect Web Techs v. InfoUSA, Inc.*, 587 F.3d 1324, 1329 (Fed. Cir. 2010)

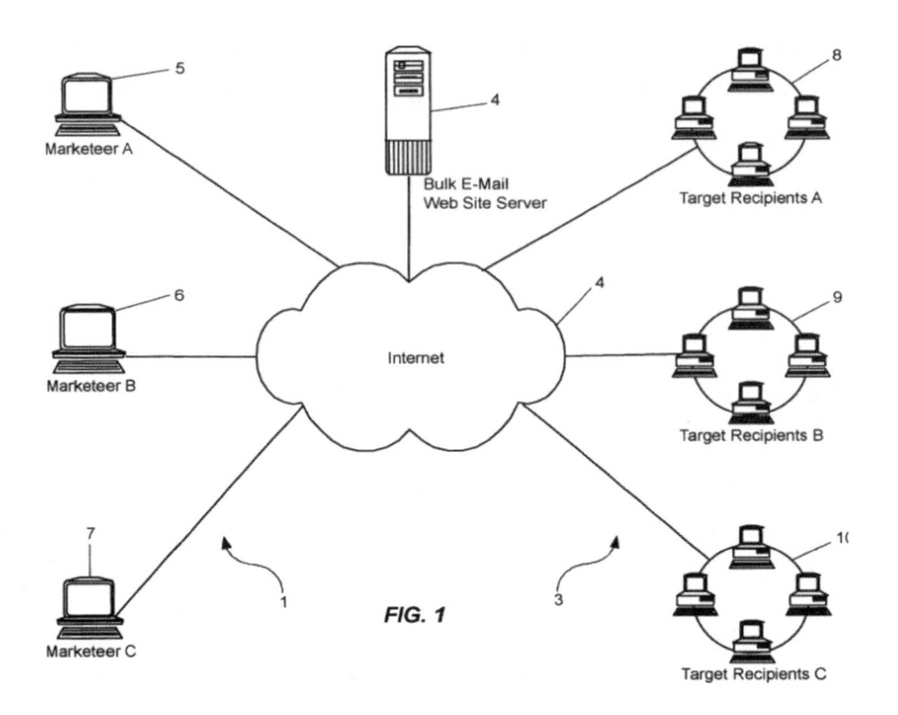

FIG. 1

위 청구항에서 (D)단계가 선행 기술에서 나타나지 않았다는 사실에 대하여 양 당사자 간에 다툼이 없었고, 다만 "상식"에 의하여 (D)단계가 가르쳐 줄 수 있는지에 대한 다툼이 남았다. 연방 대법원은 *KSR*에서 이에 대한 해결 방안을 제시한다.

> 문제 해결을 위한 시장의 요청 또는 설계상 필요성이 있을 때, 그리고 제한된 수의 고유하고 예견 가능한 해결 방법이 있을 때, PHOSITA는 자신의 기술적 능력 범위 내에서 이들 알려진 해결 방법들 중에서 하나를 선택하여 시도해 볼 충분한 이유가 있다. 이러한 시도들을 통해서 예상한 바 대로 발명이 성공한다면, 해당 발명은 혁신이 아니라 통상의 기술이거나 상식에 지나지 않게 된다. 이 점에서, 선행 기술들을 결합하려고 "시도할 것이 명백"한 사실로도 §103의 자명하다는 것을 보일 수 있다.[463]

연방 대법원은 "사후에 예단을 갖고 판단하거나 … 사후 추론에 의하여 사실

463) *KSR*, 550 U.S. at 421

관계가 왜곡될 수 있다."는 것을 경고하기도 하였지만, 다른 한편으로는 "친숙한 아이템들은 그들의 주된 목적 범위를 넘어서도 사용이 자명한 범위가 있으며, PHOSITA는 많은 경우에 여러 특허로부터의 가르침을 퍼즐처럼 짜 맞추어 갈 수 있다는 것은 상식을 통해 알 수 있다."라고도 말하였다. … *KSR*은 유연한 진보성 조사 방법을 위하여 검토하여야 할 정보 자료를 시장의 압력, 설계상 이점, "여러 특허들의 상호 관련된 가르침", "특허에서 말하는 필요성이나 문제점뿐만 아니라, 발명 당시 관련 분야에 알려진 문제점이나 필요성"들을 포함하는 것으로 확장시켰다. … 따라서, 진보성 분석은 *Graham* 사실 발견을 뒷받침하는 증거에 항상 의존하면서도, 전문가의 의견이나 참조 문헌 대신에 PHOSITA가 이용 가능한 논리, 판단, 상식 등에 의존하는 것도 포함되어야 한다고 판시하였다.

본 사례에서 법원은 (D)단계는 단순히 초기 단계들을 되풀이하는 데 지나지 않으며, "상식"에 비추어 보았을 때, 마케터들이 필요하다면 초기 단계들을 얼마든지 되풀이할 수 있다고 판단하였다.

3. 창의적인 당업자

*KSR*에서 강조한 것 중의 하나는 창의적인 당업자이다. 연방 대법원은 "통상의 기술을 가진 사람이라 함은 (선행 기술을) 기계적으로 적용만 하는 것이 아니라, 일반적인 창의성도 함께 보유한 사람이어야 한다."고 강조하였다. 연방 대법원은 창의적인 당업자와 관련해서 다음 사항들도 추가적으로 고려하였다. (1) 한 분야에서 노력을 통하여 어떤 발명을 얻은 경우, 설계상의 이점이나 시장의 다른 요구에 의하여 해당 분야 또는 다른 분야에서 그 발명의 변형이 촉진될 수 있다. (2) 본 사례에서 적합한 질문은, 해당 분야의 기술 발전에 의하여 창출된 폭넓은 요구에 직면한 통상의 기술자들이 Asano에 센서를 업그레이드하는 것에서 명백한 장점을 찾아낼 수 있는지 여부이다. 즉, 통상의 기술자들은 설계상의 이점, 시장의 다른 요구 또는 해당 분야의 기술 발전에 의하여 창출된 폭넓은 요구들로 인하여, 단순히 선행 기술을 기계적으로 적용하는 것이 아니라, 창조적으로 이들을 활용할 수 있는 사람들인 것이다.

한편, 통상의 기술자가 어느 수준의 기술을 가진 사람을 의미하는지에 관하여 연방 항소 법원은 다음과 같이 판단하였다. *Daiichi Sankyo v. Apotex*[464] 사례에서 쟁점이 된 특허는 귀에 국소적으로 오플록사신(Ofloxacin) 항생제를 투입하여 세균성 중이염을 치료하는 방법에 관한 것이다. 자명성 분석에 필요한 사실 관계 조사는 ① 선행 기술의 범위와 내용, ② 선행 기술의 일반적인 기술 수준, ③ 선행 기술과 청구된 발명의 차이점, ④ 비자명성의 객관적 증거 등으로 이루어지는데 본 사안에서는 선행 기술의 일반적인 기술 수준에 관한 문제이다.

연방 지방 법원은 본 특허와 관련되어 통상의 기술을 가진 사람을, "의대를 졸업하고 중이염을 치료해 본 경험이 있으면서, 약학과 항생제 사용에 대한 지식을 가진 사람으로 보았으며, 소아과 의사나 가정의학과 의사들이 이에 해당한다."고 보았다. 이에 대하여, Apotex는 "새로운 약품, 제형 및 치료법 개발에 종사하는 사람 또는 약학적 제형 분야의 경험이 있는 이비인후과 전문의 같은 전문가들"로 정의하여야 한다고 주장하였다.

연방 항소 법원은 통상의 기술자를 판단하는 요소들로는 ① 발명가의 교육 수준, ② 그 기술 분야에서 맞닥뜨리게 될 문제 유형, ③ 그 문제들에 대한 선행 기술의 해법, ④ 그 기술 분야에서 혁신이 이루어지는 속도, ⑤ 기술의 복잡성, ⑥ 해당 분야에서 실제적인 종사자들의 교육 수준 등이 고려될 수 있다고 보았다.

본 사안에서 쟁점이 된 특허는 환자들의 청력에 손상을 가하지 않으면서 중이염을 치료하는 약품을 제조하는 것이다. 또, 발명자들 역시 일반적인 가정의나 소아과 의사가 아니라, 중이염 치료와 약에 관한 전문가들로 구성되어 있었다. 또한, 본 특허 발명이 해결하려고 하는 문제점은 청력에 부작용을 일으키지 않으면서 중이염을 치료하는 항생제를 제조하는 것이다. 마지막으로, 일반 의사들도 중이염을 치료하기 위하여 본 특허의 발명품을 처방할 수는 있지만, 일반 의사들이 본 특허 발명가들이 받은 것과 같은 전문적인 훈련을 받지 않았다면 청구된 화합물을 개발하기 위한 지식이나 전문성을 갖지는 못할 것이다. 따라서, 연방 항소 법원은 본 특허의 통상의 기술자들에 대한 Apotex의 정의가 옳다고 판단하였다.

---

464) *Daiichi Sankyo v. Apotex*, 501 F.3d 1254 (Fed. Cir. 2007)

4. 이차적 고려사항(Secondary consideration)

*Graham*에서는, 상업적 성공, 장기간의 문제 해결 필요성, 다른 사람의 실패 등과 같은 이차적 고려사항도 특허 출원된 주제의 주변 정황을 밝히는 데 사용될 수 있다고 보았다. 이들에 대한 조사는 자명성 또는 비자명성의 징표로서 관련성을 갖을 수 있다고 판단하였다.[465] 그러나, *KSR*에서, 원고인 Teleflex는 Engelgau 페달이 어느 정도 상업적 성공을 거두었다는 증거를 제출하였으나, 연방 지방 법원과 연방 대법원은 그 정도의 증거만으로는 청구항 4가 자명하다는 판단을 뒤집기에는 부족하다고 보았다.[466] 연방 대법원의 이와 같은 결정은, 상업적 성공을 포함한 이차적 고려사항이 문자 그대로 이차적인 판단 자료에 그친다는 것을 보여 준다.

연방 항소 법원은 *Iron Grip Barbell v. USA Sports*[467] 사례에서 이차적 고려사항에 관한 판단을 하였다. Iron Grip사는 역기용 무게 판에 3개의 손잡이용 홈을 갖고 있는 6,436,015 특허를 등록하였으며, 경쟁사인 USA Sports가 3개의 손잡이용 홈을 가진 무게 판을 판매하자, 자사의 특허 침해를 이유로 소송을 제기하였다. '015 특허의 선행 기술로는 하나의 손잡이용 홈을 가진 4,199,140 특허, 2개의 홈을 가진 5,137,502 특허, 4개의 홈을 가진 4,618,142 특허 등이 소개되었다.

연방 항소 법원은 청구된 발명이 선행 기술에서 개시된 범위 내에 속하며, 특허권자가 선행 기술로부터 발명이 가르쳐지지 않았다거나, 선행 기술과 비교하여 특허권자의 발명이 새롭고 예기치 않은 결과를 도출하였다는 것을 입증하지 못하였기 때문에, 특허성을 지원할 이차적 고려사항에 대한 실질적인 증명이 없다면 청구항이 자명하다고 판단하였다.

465] *Graham v. John Deere Co.*, 383 U.S. 1, 17-18 (1966)
466] *KSR v. Teleflex*, 550 U.S. 398, 426 (2007)
467] *Iron Grip Barbell v. USA Sports*, 392 F.3d 1317 (Fed. Cir. 2004)

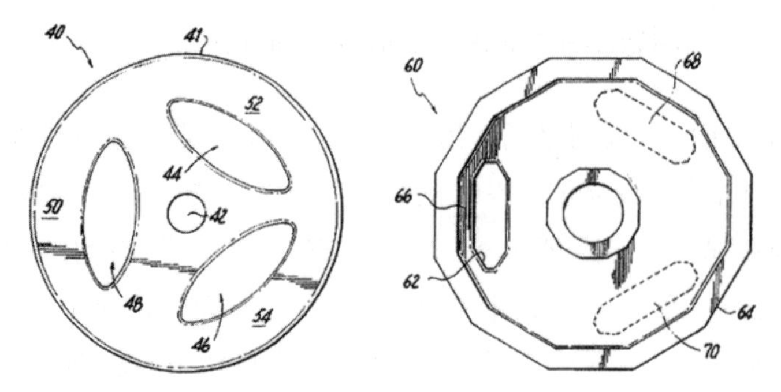

Fig. 3. The '015 patent's three-grip plates.

U.S. Patent Apr. 22, 1980 Sheet 1 of 2 4,199,140

Fig. 1

Fig. 2

U.S. Patent Feb. 23, 1999 Sheet 2 of 2 Des. 406,183

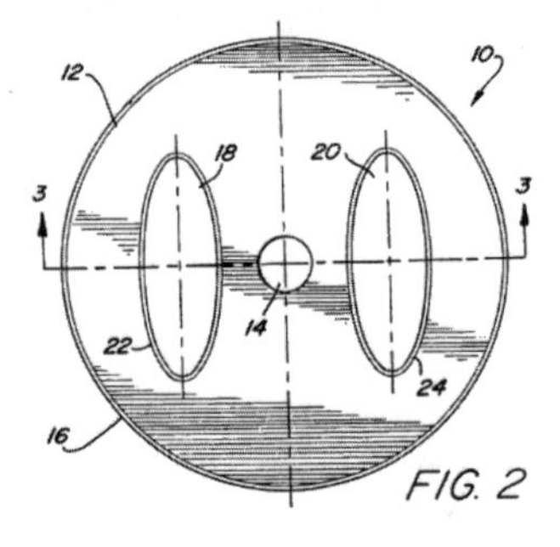

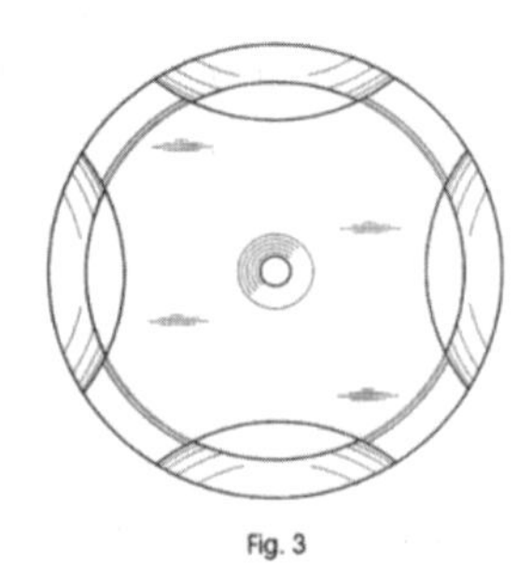

U.S. Pat. No. 5,137,520

U.S. Pat. No. 4,618,142

이차적 고려사항 중 하나인 상업적 성공과 관련하여, 상업적 성공의 증거들이 비자명성 쟁점과 관련되어 판단되기 전에, 그 증거들과 청구된 발명의 장점간에 견련성이 인정되어야 한다고 판단하였다. 일반적으로 이 견련성은 특허권자가 상업적 성공이 존재한다는 사실과 상업적으로 성공한 제품이 특허에서 청구되고 개시된 발명이라는 사실을 입증할 때 추정된다. Iron Grip사는 상업적 성공의 증거로 6개의 소매업체들이 3개의 홈을 가진 무게 판을 제안하고 있고, 이 중 3개 업체와는 라이선스 계약을 맺었다고 주장한다. 그러나, 연방 항소 법원의 판례들은 상업적 성공의 증거로 라이선스 계약을 제시하는 경우에 보다 더 적극적인 상업적 성공의 증거를 제시할 것을 요구해 왔다. 왜냐하면, 특허 침해 소송을 방어하는 것보다는 라이선스를 받는 것이 훨씬 저렴하기 때문이다. 따라서, 자명하다고 강한 추정을 받는 사례에서, 단순히 라이선스 계약의 존재만으로는 그 자명성의 추정을 극복할 수 없다.

Iron Grip사는 장기간 문제 해결의 필요성이 존재하였다는 사실을 증명하기 위하여, 본 특허 출원 전까지는 3개의 홈을 가진 무게판이 시장에 없었다는 사실을 강조하였다. 그렇지만, 이것이 3개의 홈을 가진 무게판에 대하여 장기간의 필요성을 입증하지는 못한다.

마지막으로, Iron Grip사는 USA Sports사가 자사 제품을 복제하였다고 주장한다. 경쟁자에 의한 제품의 복제는 이차적 고려사항의 하나의 요소가 될 수 있다. 그러나, 특허 범위에 포함되는 모든 경쟁 제품이 모두 복제라고 말할 수는 없다. 그럴 경우, 모든 특허 침해 소송은 자동적으로 특허의 비자명성을 인정하게 되기 때문이다. 따라서, 복제라고 주장하기 위해서는 내부 문서 등에서 특허 제품을 분해하고 그 특성을 사진 촬영하고 동일한 복사본을 만들기 위한 청사진으로 그 촬영물을 사용하였다는 등의 증거를 필요로 한다. 본 사례에서 단순히 '015 특허 등록 이후에 USA Sports사가 1개의 홈을 가진 무게판을 포기하고, 3개의 홈을 가진 무게판을 생산하였다는 사실만으로는 복제하였다고 보기는 어렵다.

Ⅳ USPTO의 가이드라인

미국 특허청은, 연방 대법원의 *KSR* 판결 이후 특허 심사관들이 진보성을 심사하는 데 있어 *KSR* 판결의 입장에서 적절한 판단을 할 수 있도록 2007년과 2010년에 가이드라인을 제시하였다. 다음 장에서 이에 대한 자세한 설명을 하도록 한다.

CHAPTER 4

USPTO의 비자명성 판단 가이드라인

I §103의 진보성 결정을 위한 심사 가이드라인[468]

1. *KSR* 결정과 진보성에 관한 법원칙

먼저, *KSR* 판결은 진보성 판단에 관한 *Graham* 프레임을 다시 한번 확인하면서, 연방 항소 법원이 기존에 TSM 테스트를 진보성 판단에 적용하는 데 있어서의 문제점을 다음과 같이 지적하였다. (1) 법원과 특허 심사관은 오로지 특허 출원자가 해결하려고 하는 문제에만 국한하여 판단하였고, (2) 당업자(PHOSIT)들은 발명과 동일한 문제를 해결하기 위한 선행 기술만 따른다고 가정하였으며, (3) "시도할 것이 명백"한 것을 자명한 것은 아니라고 결론지었고, (4) 사후예단의 위험성을 너무 과대평가하여 그 결과로서 상식에 따라 사실을 밝히려는 노력을 거부하였다는 점이다. 또, *KSR*은 기존 연방 대법원 판례들[469]을 언급하며, "이미 알려진 방법에 따라 익숙한 요소들을 조합하여, 예견 가능한 결과를 뛰어넘는 결과를 도출하지 못한 경우, 자명할 가능성이 높다."고 보았다. 공지의 요소들을 조합하여 만든 발명이 자명한지 여부는 선행 기술 요소들의 기능상 예견 가능한 사용을 넘어서는 개량이 이루어졌는지에 의하여 판명된다.

---

468) MPEP 2141, Examination Guidelines for Determining Obviousness Under 35 U.S.C. 103 [R-08.2017]

469) *United States v. Adams*; *Anderson's Black Rock, Inc. v. Pavement Salvage Co.*; *Sakraida v. AG Pro, Inc.*

2. *Graham* 판결에 따른 기본적인 사실조사 방법

진보성에 관한 판단은 법률 문제이긴 하지만, *KSR* 판결은 *Graham* 판결에서 밝힌 사실조사 방법을 다시 강조하였다. 먼저, 선행 기술들의 범위와 내용을 확정하고, 둘째, 청구된 발명과 선행 기술들의 차이점을 분석한 뒤, 셋째로 발명과 관련된 기술 분야의 일반적인 기술 수준을 확정한다. 마지막으로 진보성 이슈와 관련된 객관적인 증거들도 심사관들에 의하여 판단되어야 한다. 흔히, "이차적 고려사항"이라고도 불리는 객관적인 증거들은 상업적 성공, 오랫동안 느껴 왔으나 해결하지 못한 발명의 필요성, 다른 사람들의 실패 사례 그리고 예상치 못한 결과 등이다. 각각의 케이스들은 서로 다르고 또 그들만의 사실관계가 있겠지만, *Graham* 요소들이 자명성 분석에 있어서 핵심적인 조사를 이룬다. 심사관들도 자명함을 이유로 등록을 거절할 때는, 기술의 상태와 인용된 선행 기술의 가르침 등을 포함하여 기록으로 남겨야 한다. 경우에 따라서, 당업자들이 어떻게 선행 기술의 가르침을 이해하고 있는지 또는 무엇을 알 수 있었는지 또는 무엇을 할 수 있었는지 등에 관한 명시적인 사실들이 포함되도록 하는 것도 중요하다. 심사관에 의한 사실 발견은 자명성 판단의 필수불가결한 근거가 된다.

1) 선행 기술의 범위와 내용 결정

심사관은 청구된 발명의 범위를 정하는 데 있어서, "명세서와 일치하는 범위 내에서 합리적으로 가장 넓게 해석(Broades reasonable interpretation cousistent with specification)"하여야 한다. 심사관이 발명의 범위를 정하고 나면, 다음에는 무엇을 검색하고 어떻게 검색할지를 결정한다. 검색은 청구된 발명과 청구될 것이 합리적으로 기대될 수 있는 공지된 특징들도 포함될 수 있도록 이루어져야 한다. 선행 기술들의 조합을 가르치거나 제시하였다는 것을 이유로 등록 거절될 필요는 없지만, 가르침이나 제시가 있다면 그런 가르침이나 제시를 보여 주는 선행 기술들을 검색하는 것이 바람직하다. 한편, 심사관은 자명성을 판단하는 데 있어 선행 기술들이 출원인이 노력한 분야에 있거나 또는 출원인이 관심을 가졌던 특정한 문제와 합리적으로 관련이 있을 수 있다는 것을 명심하여야 한다. 더 나아가, 출원인이 노력하지 않은 분야 또는 출원인이 해결하려는 것과 다른 문제를 푸는 선행 기술들도 자명성 판단에 고려될 수 있다.

한편, 여기서 §103의 선행 기술과 §102의 선행 기술이 동일한지에 관한 논의가 있다. §103의 선행 기술이 §102(a)의 선행 기술(Known or used publication-알려지고 사용된 간행물)을 포함한다는 데에는 다툼이 없다. 그러나, §102(e)와 (g), (f)에도 동일하게 적용되는지는 명백하지 않았다.

연방 대법원은 *Hazeltine Research, Inc. v. Brenner*[470] 사례에서 먼저 특허 출원 중인 특허출원서가 뒤에 특허 출원된 발명의 §103의 선행 기술을 구성할 수 있는지를 판단하였다. 출원인은 §103의 선행 기술은 발명이 이루어졌을 때 공공에게 알려진 발명이나 발견만을 의미하며, 본 사례처럼 출원인의 출원 당시에, 이미 특허청에 출원되었으나 공표되지 않은 발명은 §103의 선행 기술로 사용될 수 없다고 주장하였다. §102(e)에서 먼저 출원된 발명을 선행 기술로 인정하는 것은 발명의 모든 요소가 동일한 경우에만 적용될 뿐, §103처럼 다른 발명과 함께 진보성을 판단할 때에도 적용되지는 않는다고 보았다. 그러나, 연방 대법원은 특허청의 업무 연장 여부에 따라 결과가 달라져서는 안 된다고 보아, 출원인의 주장을 받아들이지 않고, §102(e)의 선행 기술이 §103에도 동일하게 적용된다고 보았다. 이와 같은 결론은, 유럽이나 일본 특허법에서 선출원된 발명을 신규성 판단할 때의 선행 기술로는 인정하지만, 진보성 분석할 때는 선행 기술로 포함시키지 않는 것과 명백한 차이를 보인다.[471] 한편, 1999년에 수정된 특허법은 §103(c)를 규정하면서 위와 같은 *Hazeltine*의 예외를 두었다. 즉, 먼저 특허 출원중인 특허 출원서가 있을 경우, 이와 동일한 발명을 나중에 특허 출원한 발명인이 발명 당시에 이 둘의 소유자이거나 이를 양도받게 될 지위에 있었다면, §102(e)의 선행 기술은 §103의 진보성을 분석할 때에 선행 기술로 사용될 수 없다고 한 것이다. 이 조항은, 거대 기업이나 연구소 등에서 중첩적인 특허 출원이 이루어지는 경우에 많이 적용된다.[472]

---

470) *Hazeltine Research, Inc. v. Brenner*, 382 U.S. 252 (1965)

471) Robert Merges, John Duffy; "Patent Law and Policy: Cases and Materials", 5th Ed., Ch.5.D. "Comparative and Philosophical Note on §102(e)"

472) Robert Merges, John Duffy; "Patent Law and Policy: Cases and Materials", 5th Ed., p.751.

§102(g)의 선행 발명 역시, §103의 진보성 판단시의 선행 기술로 사용된다.[473] 한편, *In re Bass*에서는 같은 팀 멤버에 의한 두 가지 발명이 진행되었고, 선발명을 후발명에 대한 선행 기술로 인정할 수 있느냐가 쟁점이 되었다. 이에 대하여 출원인은 이들 두 발명이 동일한 리서치와 개발 과정을 통하여 동시에 발명되었으며, 선발명이 먼저 특허 출원되었다는 사실 이외에는 선행 발명으로 인정할 증거가 없다고 주장하였다. 법원도 출원인의 주장을 받아들여 같은 팀 멤버에 의한 선발명을 §103의 진보성 판단시의 선행 기술로 인정하지 않았다.[474] 이와 같은 법원의 입장은, 입법에도 반영되어 1984년 특허법 §103를 수정하면서, §102(f)와 (g)의 선행 기술이 동일인에게 속하거나 양도된 경우 §103의 진보성을 판단할 때의 선행 기술로 인정하지 않게 되었고, 1999년 개정에서는 §103(c)에 §102(e)를 포함하는 것으로 확대되었다.

2) 청구된 발명과 선행 기술들의 차이점을 분석

청구된 발명과 선행 기술들의 차이점을 분석하기 위해서는 먼저 청구항을 해석하고, 발명과 선행 기술을 전체적으로 고려할 것이 요구된다.

3) 발명과 관련된 기술 분야의 통상적인 기술 수준 확정

발명이 선행 기술들로부터 자명하여 특허 거절되는 경우에는, 명시적이든 묵시적이든 통상적인 기술 수준이 드러나야 한다. 통상의 기술을 가진 사람은 발명 당시 관련 기술 분야를 알고 있었으리라 여겨지는 가상의 사람을 의미한다. 통상의 기술 수준을 결정하는 데 고려할 사항으로서는 (1) 그 기술 분야에서 부닥치는 문제들의 유형, (2) 그 문제점들에 대한 선행 기술의 해법, (3) 기술혁신의 속도, (4) 기술의 복잡성, (5) 해당 분야에서 실질적으로 일하는 사람들의 교육 수준 등이다. *KSR* 판결에서는, 당업자들은 통상의 창의력을 갖고 있는 사람들이며, 단순히 기계적인 사고를 하는 사람들(Automaton)은 아니라고 보았다. 많은 경우에, 당업자들

473] *In re Bass*, 474 F.2d 1276, 1285 (C.C.P.A. 1973)
474] *Id.*, 1288

은 다수 특허의 가르침들을 퍼즐 조각 맞추듯이 맞출 수 있는 능력이 있는 사람들이며, 심사관들도 당업자들이 할 수 있는 추론이나 창의적 단계를 고려하여야 한다.

한편, 심사관들은 당업자들의 지식과 기술을 묘사하는 데 자신의 기술적 전문지식을 활용할 수 있다. 또한, 심사관들은 인용된 선행 기술을 해석하는 데 있어 전문지식을 갖고 있다고 간주되며, 그 분야의 통상의 기술수준을 잘 알고 있다고 여겨진다.

3. §103 자명성 거절에 대한 근거

Graham 프레임에 의한 사실조사가 끝나면, 심사관들은 청구된 발명이 당업자들에게 선행 기술에 의하여 자명한지를 결정한다. 선행 기술은 인용된 자료에 제한되지 않고, 당업자들이 이해하고 있는 것들도 포함된다. 한편, 인용된 선행 기술들이 청구항의 모든 요소들을 가르치거나 제시할 필요는 없지만, 심사관들은 선행 기술과 청구된 발명의 다른 점들이 당업자들에게는 자명할 것이라는 이유를 설명해야 한다. 단순히 선행 기술과 청구된 발명 사이에 차이가 있다는 것만으로는 발명이 진보되었다고 말할 수 없다. 양자 간의 이런 차이가 크지 않은 경우, 그 발명은 당업자들에게 선행 기술로부터 자명해지게 된다. 인용된 선행 기술에 개시되지 않은 사실들도 위 차이를 메우는 데 사용되어, 당업자들에게 자명해질 수 있다는 결론의 근거로 제공될 수 있다. 아래 논의되는 근거들도 그와 같은 경우에 자명성을 찾는 데 적용될 수 있다.

먼저, 선행 기술의 검색과 *Graham* 프레임에 따른 사실조사 후에, 기존의 TSM 테스트에 따른 자명성 결론에 도달하였다면, 특허 거절 결정이 내려져야 한다. *KSR* 판결은 TSM의 엄격한 적용을 금지하는 것일 뿐, 자명성 거절시 유효한 근거중에 하나라는 사실을 부인한 것은 아니다. 심사관들은 이외에도 자명성 판단의 근거가 된 여러 사유들을 검토하여야 한다. *KSR* 판결은 *Graham* 판결의 기초가 된 "기능적 접근"에 부합하는 자명성 판단의 여러 근거들을 제시하였으며, 아래는 그 예들을 제시한 것이다.

① 이미 알려진 방법에 따라 선행 기술을 조합하여 예견 가능한 결과가 도출된 경우
② 이미 알려진 요소를 다른 요소로 대체하여 예견 가능한 결과가 도출된 경우
③ 알려진 기술을 사용하여 동일한 방식으로 유사한 장치(방법, 제품 등)를 개량

한 경우

④ 알려진 장치(방법, 제품 등)를 개량하기 위하여 알려진 기술을 적용하여 예견 가능한 결과가 도출된 경우

⑤ "시도할 것이 명백": 성공에 대한 합리적 기대감 아래서, 제한된 수의 증명되고, 예측 가능한 해결책 중에서 선택

⑥ 공지의 노력이나 작업이 사용 중에 디자인적 측면이나 시장 지배력의 측면에서 사용을 위한 변형을 촉진한 경우, 그 변형이 당업자에게 예견 가능한 경우

⑦ 당업자들이 선행 기술의 TSM에 의하여 인용된 선행 기술들을 변경하거나 조합함으로써 청구된 발명을 만들 수 있는 경우

Ⅱ 일응 자명한 사례의 예시[475]

아래에 제시된 사례는, 위에서 제시된 자명성의 판단의 근거를 입증하기 위하여 법원의 판례들을 인용한 것이다.

1. 이미 알려진 방법에 따라 선행 기술을 조합하여 예견 가능한 결과가 도출된 경우

심사관이 이와 같은 근거로 등록을 거절하기 위해서는 먼저 *Graham* 사실 조사를 마치고 아래 사실들을 밝혀야 한다. ① 반드시 하나의 선행 기술은 아니더라도, 선행 기술이 모든 청구된 요소를 포함하고 있으며, 청구된 발명과 선행 기술 간의 차이는 하나의 선행 기술에서 요소들의 실질적인 조합이 없다는 사실, ② 당업자들이 이미 알려진 방법으로 청구된 요소들을 조합할 수 있으며, 각 요소들은 분리되었을 때 실행하는 기능을 조합된 뒤에도 동일하게 수행한다는 사

475] MPEP 2143, Examples of Basic Requirements of a Prima Facie Case of Obviousness [R-08.2017]

실, ③ 조합된 결과가 예견 가능하다는 것을 당업자들이 인식할 수 있었다는 사실, ④ *Graham* 사실조사에서 밝혀진 사실들은, 심사대상 사건의 사실들이므로, 어느 것이든지 자명성 결론을 설명하는 데 필요할 수 있다.

사례 1

Anderson's-Black Rock, Inc. v. Pavement Salvage Co[476]에서 청구된 발명은 단일 차대(Chassis) 위에 잘 알려진 여러 요소들을 조합한 도로 포장 기계이다. 선행 기술은 단일 차대 위에서 아스팔트를 살포하고 포장하는 장비들을 조합하여 놓았다. 발명은 여기에 잘 알려진 Radiant-heat 버너를 도로 포장 장치 옆에 추가하여 계속적인 도로 포장 중에 발생하는 Cold joint[477]를 막는 데 사용하였다. 선행 기술에서는 Radiant-heat 버너를 아스팔트를 부드럽게 하여 일부 패치를 만드는 데 사용하였지만, 계속적인 도로 포장 업무에 사용하지는 않았다. 모든 요소들은 선행 기술에 의하여 알려졌고, 유일한 차이점이라면, 이들을 단일 차대 위에 올려놓고 하나의 장치로 조합한 데 있다. 연방 대법원은 히터의 작동은 다른 장비의 작동에 종속되지 않고, 분리된 히터도 일반 도로 포장 장치와 함께 발명과 동일한 결과를 얻는 데 사용할 수 있다고 보았다. 따라서, 버너를 다른 장비와 함께 하나의 기계 안에 구성하여 사용자가 편리해진다 하더라도, 이는 새롭거나 다른 기능을 창출한 것이 아니며, 기존 요소들을 결합하여 사용하는 것은 당업자들에게 자명할 것이다.

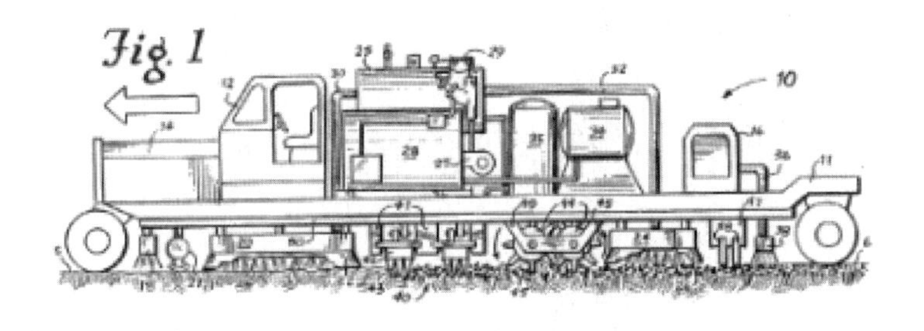

476) *Anderson's-Black Rock, Inc. v. Pavement Salvage Co.*, 396 U.S. 57 (1969)

477) 앞서 타설한 층의 콘크리트가 경화하기 시작한 후 다음 층이 계속 타설됨으로써 생기는 불연속적인 접합면. (https://terms.naver.com/entry.nhn?docId=703322&cid=42318&categoryId=42318)

사례 2

Ruiz v. A.B. Chance Co[478]에서 청구된 발명은, 건물의 기초를 지탱하기 위한 Screw anchor와 건물에 부과되는 하중을 Screw anchor에 전달하기 위한 금속 브래킷으로 구성된 시스템에 관한 것이다. 선행 기술(Fuller)은 현재 구조적 기초를 지탱하기 위하여 Screw anchor를 사용하였고, 구조적 기초에 부과되는 하중을 Screw anchor로 전달하기 위하여 콘크리트 Haunch를 사용하였다. 선행 기술(Gregory)은 구조적 기초를 지탱하기 위하여 Push pier를 사용하였으며, 금속 브래킷이 구조적 기초에 부과되는 하중을 Push pier에 전달하는 것을 가르쳐 준다. 이 Push pier는 하중을 지탱하기 위하여 땅속으로 설치되었다. 이 두 선행 기술은 청구된 발명의 두 요소(Screw anchor와 금속 브래킷)들이 함께 사용되는 것을 보여 주지 않지만, 법원은 기초보강 시스템에서 하중을 지탱하는 도구와 기초를 연결하는 수단이 필요하다는 것은 당업자들에게 잘 알려져 있다고 보았다. 해결하려고 하는 문제(불안정한 기초의 보강)의 본질과 이를 달성하기 위하여 기초와 하중을 지탱하는 도구를 연결하는 필요성은 당업자들로 하여금 적절한 도구와 그에 맞는 부속품을 선택하도록 이끌 것이며, Gregory에서 본 금속 브래킷과 Fuller에서 본 Screw anchor를 조합하여 불안정한 기초를 보강하리라는 것은 당업자들에게 자명해 보인다.

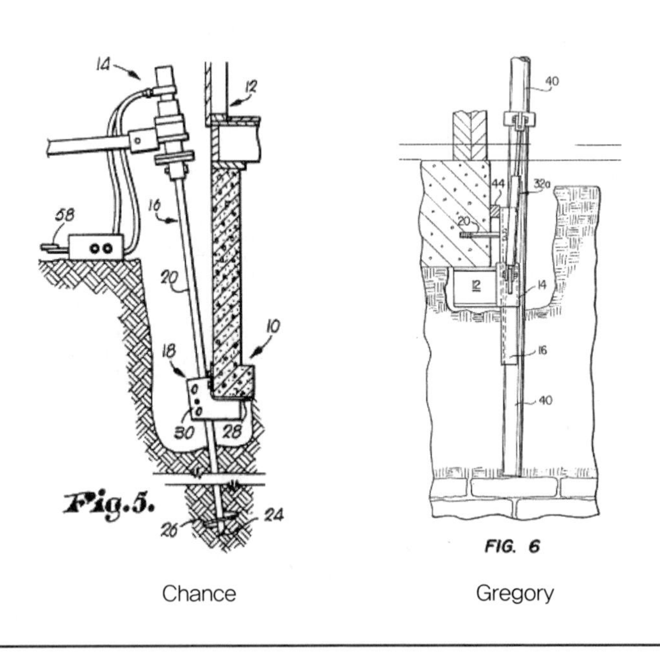

Chance　　Gregory

사례 3

In re Omeprazole Patent Litigation[479](Astra etc. v. Apotex, Impax)에서 청구된 발명은 알약에 장용성 코팅(Enteric coating)을 입혀 알약이 작용처에 도달하기 전에 분해되지 않도록 하기 위한 것이다. 청구항은 활성성분을 둘러싼 두 층의 코팅이 포함되어 있다. 지방 법원은 Astra의 특허가 Apotex와 Impax에 의하여 침해되었다고 보았다. Apotex는 코팅된 Omeprazole 알약은 선행 기술에 의하여 알려졌고, 이차적인 부가코팅은 의약조제 분야에서 일반적으로 알려져 있기 때문에 Astra의 특허는 자명하여 무효라고 주장하였다. 두 가지 장용성 코팅을 Omeprazole에 입히는 것이 예측 불가능하다는 증거는 없지만, Astra는 선행 기술의 코팅이 Omeprazole과 실제로 상호작용을 하여 활성성분을 바람직하지 않게 저하(Degradation)시키므로 선행 기술의 코팅과 Omprazole 사이에 부가코팅을 입혔다고 설명하였다. Astra가 주장한 선행 기술의 코팅과 상호 작용으로 Omeprazole이 저하되는 문제점은 선행 기술에서 인식되지 못하였다. 이에 따라, 지방 법원은 당업자들이 Omprazole 알약에 부가코팅을 넣을 이유를 갖지 못할 것이라고 판단하였다. 연방 항소 법원은 청구된 발명이 자명하지 않다는 지방 법원의 판결을 인용하였다. 장용성 알약에 대한 부가코팅이 알려지더라도 또는 과도한 기술적 장애에 대한 증거나 성공에 대한 합리적 기대가 부족하다는 증거가 없더라도, 변형을 유발한 선행 기술에서의 결함이 인식되지 않았기 때문에 발명은 자명하지 않다고 보았다. 따라서, 선행 기술을 변형할 수 있었더라도 이를 변형할 이유가 없었을 것이며, 당업자들이 위와 같은 문제를 인식하였더라면 오히려 다른 변형을 선택할 것이라고 보았다.

본 사례에서, 자명성 다툼에서 제기되었던 선행 기술의 변형은 이미 시장에서 잘 알려지고, 성공한 제품에 부가적인 요소를 더하는 추가프로세스 단계이다. 따라서, 제안된 변형에는 명백한 이유 없이 많은 비용과 추가 작업이 요구되었다. 이는 공지의 선행 기술 요소를 조합하여 최종 제품을 만들었을 때, 각 요소들이 자신의 속성을 구현하는 것을 기대하는 것과는 같지 않다. 본 사례에서, 부가코팅의 추가가 최종제품에 어떤 바람직한 특별한 속성을 부여하리라고 기대하는 당업자들은 없을 것이다. 오히려, 제한된 변형이 적용된 최종 제품은 단지 선행 기술에 의한 제품과 같은 기능적 속성을 가지리라 기대될 뿐이다.

478) *Ruiz v. A.B. Chance Co.*, 357 F.3d 1270 (Fed. Cir. 2004)

본 사례는 또한 종래 알려지지 않았던 문제가 특허권자에 의하여 발견되었다는 관점에서 분석될 수 있다. 활성인자와 코팅사이에 부정적인 상호 작용이 알려졌다면, 부가 코팅을 사용하는 것이 자명하였을 것이다. 그러나, 그와 같은 문제점이 종래 알려지지 않았기 때문에, 설령 기술적으로 가능하더라도, 추가 시간과 비용을 들여서 새로운 코팅을 추가할 이유는 없었을 것이다. 현재 알려진 코팅 재료 하에서는 Omeprazole이 저하된다는 이론적 근거가 있었다는 소송상 증언은 인정되지만, 선행 기술의 기록에는 어떠한 안정성(Stability) 문제도 언급하지 않았으므로 결론은 동일하다고 볼 것이다.

사례 4

Crocs, Inc. v. U.S. Int'l Trade Comm'n[480]에서의 쟁점은, 한 조각으로 본 떠 만든 발포고무 본체(One-piece molded foam base) 부분이 신발의 윗부분과 밑창을 형성하는 특허(U.S. Patent No. 6,993,858)의 자명성에 관한 것이다. 또 발포고무로 만들어진 신발띠가 신발 윗부분의 개구부에 부착되어 있어, 신발을 신는 사람의 아킬레스 건에 걸리도록 만들어졌다. 신발띠는 컨넥터를 통하여 부착되었으며, 신발 밑부분과 피봇(Pivot) 움직임을 통하여 접촉할 수 있다. 신발 밑부분과 신발띠 모두 발포고무로 만들어져서, 이 두 부분의 마찰은 신발띠가 피봇 이후에도 자기 자리를 유지하도록 한다. 즉, 신발띠가 발뒤꿈치에 가까운 위치로 중력에 의하여 떨어지지 않는다.

국제 무역 위원회(International Trade Commission; ITC)는 이 발명이 두 가지 선행 기술에 의하여 자명하다고 보았다. 첫 번째 선행 기술인 Aqua Clog는 본 특허 신발의 밑부분에 해당하며, 두 번째 선행 기술인 Aguerre 특허는 탄력적이거나 유연성 있는 재료로 만들어진 발 뒤의 신발끈을 가르친다고 보았다. Aqua Clog이 본 특허와는 신발끈의 존재에 관하여서만 차이가 나며, 알맞은 신발끈은 Aguerre에 의하여 가르쳐졌다고 보았다.

연방 항소 법원은 선행 기술이 발포고무 신발끈을 가르치지 않았고, 발포고무 신발끈은 발포고무 본체 부분에 접촉되어 있어야 한다고 말하면서, 선행 기술들은 신발끈의 재료로 발포고무를 사용하지 말라고 조언한 사실을 지적하였다. 선행 기술은 실제로 발포고무 신발끈을 사용하지 말라고 가르친 기록이 있다. 당업자들은 발포고

479) *In re Omeprazole Patent Litigation*, 536 F.3d 1361 (Fed. Cir. 2008)
480) *Crocs, Inc. v. U.S. Int'l Trade Comm'n*, 598 F.3d 1294 (Fed. Cir. 2010)

무 신발끈을 발포고무 Aqua Clog에 추가하지 않을 것이다. 왜냐하면, 발포고무는 신축성이 있어 변형되기 쉽고, 신발을 신는 사람에게 불편한 느낌을 주기 때문이다. 선행 기술은 발포고무를 신발끈으로 부적합하다고 묘사하였다. 항소 법원은 계속해서, 특허 발명이 선행 기술에서 공지된 부분의 조합이라 하더라도, 자명하지 않다고 보았다. 증언에 따르면, 선행 기술의 신발끈은 신발 착용자의 발에 계속 접촉되어 있어야 하는 데 반하여, 본 특허 신발 착용자는 신발끈을 헐겁게 맞춰 놓으면 선행 기술의 신발보다 더 편안하게 만들 수 있다. 본 특허의 신발에서 신발끈은 발을 신발 속에서 재정렬할 필요가 있을 때에만 착용자의 발에 접촉된다. 따라서 계속적으로 신발끈이 발에 접촉되어서 발생되는 불편함이 감소되는 것이다. 이런 특징은 신발끈을 착용자의 아킬레스건 부분에 계속 위치하도록 만드는 본체 부분과 신발끈 사이의 마찰로 비롯된다. 항소 법원은 이와 같은 조합이 예견 가능한 결과 이상을 낳는다고 지적하였다. Aguerre는 본체와 신발끈 간의 마찰은 장점이라기 보다는 문제점이라고 가르쳤으며, 그 마찰을 줄이기 위하여 Nylon washers를 사용할 것을 제안하였다. 항소 법원은 특허 청구항의 모든 요소가 선행 기술에 의하여 가르쳐지더라도, 선행 기술의 조합으로 예견 가능한 결과 이상을 도출한다며, 그 조합은 자명하지 않다고 보았다.

본 사례는, 선행 기술에서 청구항의 모든 요소를 갖추었다는 것을 단순히 지적하는 것만으로는 자명성 거절에 대한 완벽한 설명이 되지 못한다는 것을 말해 준다. MPEP §2143, subsection I.A.(3)에 따라 청구된 발명이 선행 기술의 모든 요소가 조합되어 거절하기 위해서는 그 조합으로부터 생성된 결과가 당업자에게 예견 가능하다는 사

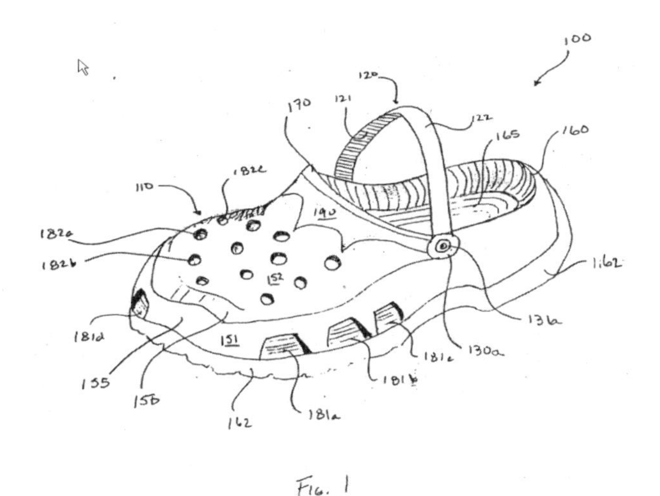

FIG. 1

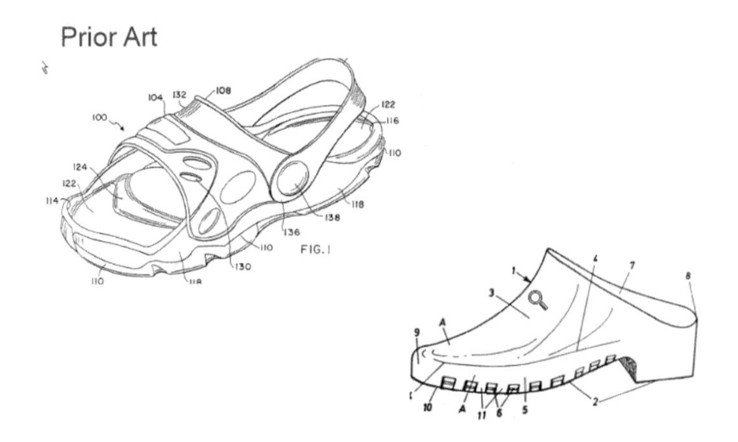

실도 포함되어야만 한다. 조합으로 생긴 결과가 예견 가능하지 않다면, 심사관은 선행 기술 요소의 조합을 근거로 한 자명성 거절을 해서는 안 되며, 그런 결정이 내려졌다면 취소되어야 할 것이다.

사례 5

Sundance, Inc. v. DeMonte Fabricating Ltd[481]에서 청구된 발명은 트럭, 수영장 풀 또는 다른 구조물들을 위한 구분되어지고 기계화된 덮개인데, 이는 다른 선행 기술에 의하여 자명하다고 판단되었다. 첫 번째 선행 기술은 구분되어진 덮개가 용이하게 수리될 수 있다는 것을 가르쳤다. 즉, 필요시 손상된 구간만 떼어내고 교체될 수 있다. 두 번째 선행 기술은 기계화된 덮개가 쉽게 개폐될 수 있다는 것을 가르쳤다. 연방 항소 법원은, 첫 번째 선행 기술의 구분되어진 점과 두 번째 선행 기술의 기계화된 기능은 이 둘이 결합된 뒤에도 결합 전과 동일한 방식으로 작동된다고 보았다. 더 나아가, 첫 번째 선행 기술에서 배운 구간별로 교체 가능한 점이 다른 기계화된 덮개에 덧붙여지면 그 결과물로 두 선행 기술 덮개에 있던 각각의 장점이 유지되는 덮개가 될 것이라고, 동업자들은 기대할 것이다.

본 사례는, 공지의 선행 기술 요소들을 조합한 것을 이유로 한 자명성 거절이 타당하기 위해서는, 선행 기술들이 결합된 뒤에도 각 요소들이 각각의 속성을 유지한다는 것을 당업자가 합리적으로 기대하여야 한다는 것을 지적하고 있다.

481) *Sundance, Inc. v. DeMonte Fabricating Ltd.*, 550 F.3d 1356 (Fed. Cir. 2008)

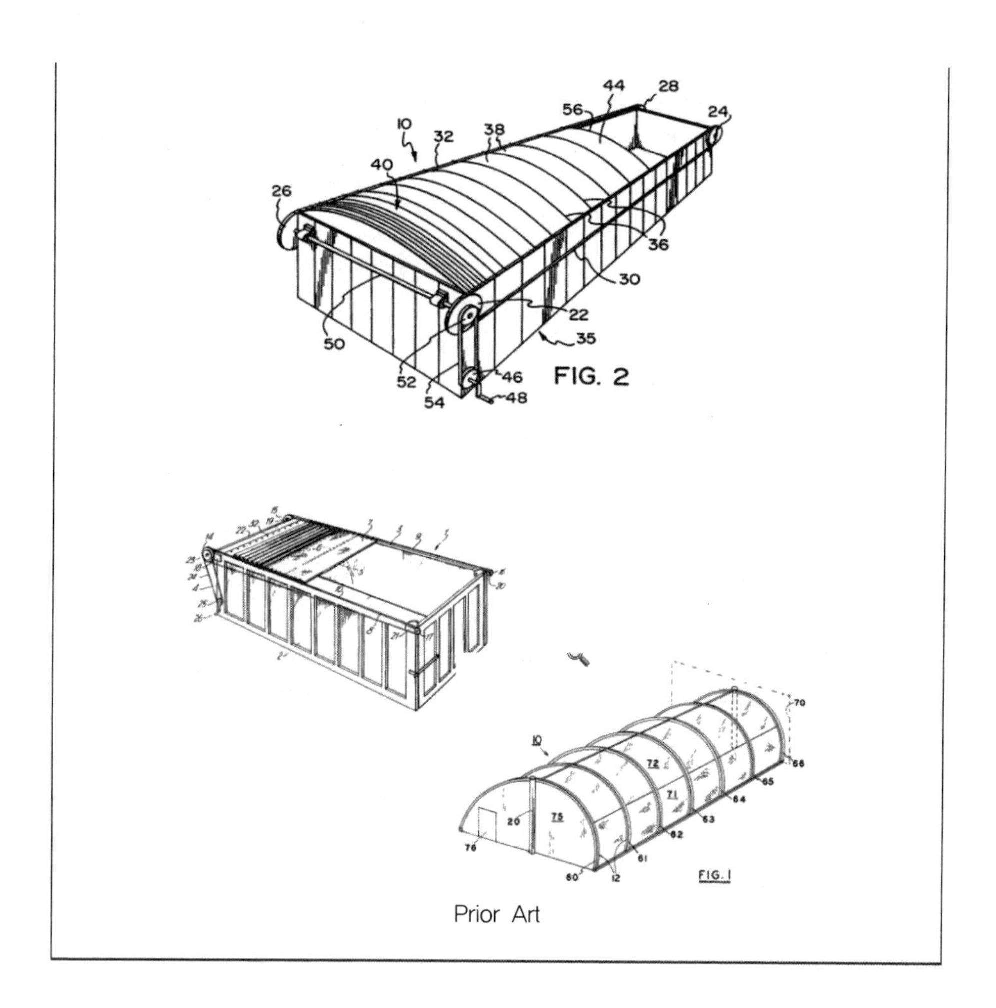

Prior Art

사례 6

Ecolab, Inc. v.FMC Corp[482]에서 발명은 특정 조건하에서 고기에 항균 용액을 뿌림으로써 병원균의 발생이 감소하도록 고기를 처리하는 방법에 관한 것이다. 소송의 양 당사자들은 첫 번째 선행 기술이 "적어도 50psi"라는 압력 한정 요소를 제외한 모든 요소들을 가르치고 있다는 데에 다툼이 없다. FMC는 첫 번째 선행 기술이 압력 한정 요소를 제외한 모든 요소들을 가르치고 있고, 두 번째 선행 기술은 다른 항세균제로 고기를 처리할 때, 20에서 50psi로 분무처리하는 장점을 가르치고 있으므로 선행 기술이 자명하다

482) *Ecolab, Inc. v. FMC Corp.*, 569 F.3d 1335 (Fed. Cir. 2009)

고 주장하였다. 지방 법원은 FMC의 주장이 설득력이 없다고 보아, 평결불복 법률심리 신청(Motion for judgment as a matter of law)을 받아들이지 않았다.

연방 항소 법원은 지방 법원의 결정을 인용하지 않고, 종래 잘 알려진 이들 요소들을 결합한 데에는 명백한 이유가 있음을 밝혔다. 즉, 항균용액과 고기 위에 있는 박테리아의 표면 간의 접촉을 증가시키고, 고기 표면에 있는 추가적인 박테리아를 씻어 내기 위하여 일정한 압력을 사용하기 위한 것이다. 두 번째 선행 기술은 항균용액을 고기에 뿌릴 때 그 효과를 향상시키기 위하여 높은 압력을 사용하는 것을 가르쳐 주었고, 이 이유를 인식하고 있는 당업자들은 어떻게 사용하는지도 알 수 있을 것이기 때문에 FMC 특허의 다른 한정 요소들과 고압을 결합한 Ecolab의 발명은 자명하기 때문에 효력이 없다.

자명성 문제를 고려하는 심사관들은 통상의 기술을 가진 사람들의 능력을 명심하여야 한다. 연방 항소 법원은 Ecolab의 전문가들은 당업자들이 특정 솔류션을 위해서 최적의 파라미터를 결정하기 위하여 응용파라미터를 어떻게 조정하는 알 것이라고 인정하였다. 이에 따르면, FMC의 '676 특허에 개시된 PAA 방법과 Bender 특허에 개시된 고압 파라미터를 조합한 것은 자명해 보인다."고 설명하였다. 만약, 응용파라미터의 최적화가 당업자들의 수준을 벗어난다면, Ecolab 사례의 결과는 달라질 것이다.

사례 7

Wyers v. Master Lock Co[483]에서 연방특허 항소 법원은 트레일러를 차량에 고정시키기 위하여 사용되는 바벨 모양의 Hitch pin lock이 자명하다고 판단하였다.

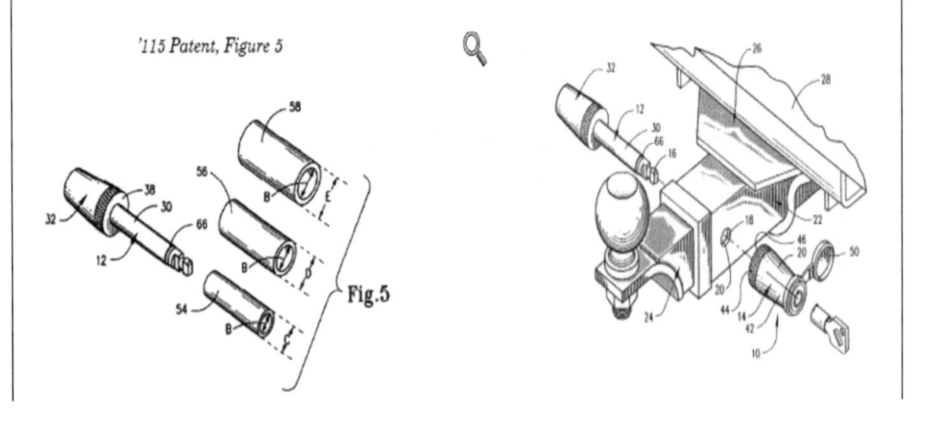

483) *Wyers v. Master Lock Co.*, 616 F.3d 1231 (Fed. Cir. 2010)

Prior Art

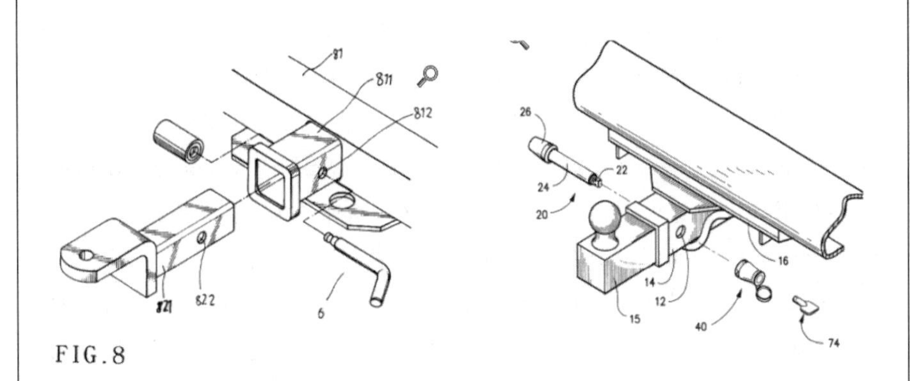

법원은 두 가지 다른 세트를 논의하였는데, 둘 다 선행 기술 Hitch pin lock을 개량한 것이다. 첫 번째 세트는 떼었다 붙일 수 있는 Sleeve인데, 이를 Hitch pin lock의 자루 위에 끼워서 다양한 사이즈의 견인 구멍에 사용할 수 있도록 한 것이다. 두 번째 세트는 외부의 평평한 테두리 봉인(External flat flange seal)을 채택하여 내부의 잠금 장치를 오염물질로부터 보호하였다. Wyers는 여러 선행 기술 자료들이 떼었다 붙일 수 있는 Sleeve와 외부 덮개를 제외한 청구된 발명의 모든 요소를 가르쳤다고 인정하였다. Master Lock은 이 자료들이 빠진 요소를 가르쳐주는 추가 자료와 결합하여 청구항을 자명하게 만든다고 주장하였다. 법원은 먼저 Master Lock이 의존한 추가 자료가 유사한 선행 기술인지에 과한 문제를 살펴보았다. Sleeve를 가르쳐 주는 자료에 대하여, 법원은 이것이 차량을 사용하여 트레일러를 견인하는 것을 다루고 있으므로 Wyers의 Sleeve와 같은 노력 분야에 속한다고 보았다. 봉인을 가르쳐 주는 자료는 Tow hitch용 잠금장치가 아니라 Padlock을 다루고 있다. 법원은 Wyers의 명세서에 청구된 발명을 잠금 장치 분야에 속한다고 묘사하였으므로, Sealed padlock 자료도 같은 노력 분야에 속한다는 것을 적어도 제시하는 것으로 언급하였다. 그러나, 법원은 Sealed padlock이 동일한 노력 분야에 속하지 않더라도, Tow hitches의 잠금 장치를 오염물질로부터 피하기 위한 문제와 합리적으로 관련되어 있다고 말하였다. 법원은 연방 대법원의 *KSR* 결정이 "유사한 기술 범위를 폭넓게 해석하도록 지시"하고 있다고 설명하였다. 이러한 이유로, 법원은 Master Lock이 주장한 자료들이 유사한 선행 기술이며 자명성 심리에 관련된다고 보았다.

법원은 Master Lock이 설득하려 한 것처럼, 선행 기술 요소들을 결합하려 한 적절한 동기가 있었는지에 대한 문제로 눈을 돌렸다. 법원은 *Graham* 사실조사를 소환한 뒤, 사실조사자(Factfinder)가 상식에 의존하는 것을 부정하여서는 안된다는 자명성에 관한 "포괄적이고 유연한" *KSR* 이후의 접근 방법을 강조하였다.

*KSR*과 우리의 이후 사례들은 자명성의 법적 결정은 전문가의 증언 대신에 논리, 판단, 상식에의 의존을 포함한다는 것을 확립하였다. 법률판결(Summary Judgment)이나 평결불복 법률심리(JMOL) 해결에 적절한 사례에서, 자료들을 결합할 동기의 존재에 관한 궁극의 추론은 "상식"에 관한 문제로 귀결될 것이다.

이들 원칙을 검토한 후, 법원은 본 사례에서 왜 결합할 적절한 동기가 확립되었는지 설명해 나아갔다. 법원은 Sleeve 발명과 관련하여, 사용자들이 불편해 하고 비용이 많이 듦으로 인하여 Hitch pin의 다양한 사이즈들에 대한 필요성이 있었다는 것을 지적하였다. 또한, 마켓플레이스의 관점에서, 가게 진열대는 공간의 확보가 가치를 갖고 있으므로, 떼었다 붙일 수 있는 Sleeve는 이런 경제적 고려사항도 다루었다. 법원은 개선된 봉인과 관련하여서는, 오염물질로부터 잠금 장치를 보호하기 위하여 내부와 외부를 함께 봉인하는 장치는 이미 잘 알려진 수단이라고 지적하였다. 법원은, 구성요소들이 요소들의 인식된 기능에 따라 채택되었고, Master Lock이 제안한 것처럼, 요소들이 결합되었을 때 예상했던 것처럼 각각의 기능들이 유지될 수 있을 것이라고 결론지었다. 법원은 *In re O'Farrell*의 성공에 대한 합리적 기대가 적절한 자명성 결정에 요구된다는 명제를 인용하였다.

심사관은 항소 법원이 자명성 결론을 뒷받침하기 위하여 상식을 적용하였지만, 여기서 끝나지 않았다는 점에 주목하여야 한다. 오히려 법원은 발명 당시 당업자가 청구된 발명이 본 사안과 관련된 사실들에 기초하여 자명하였다는 점을 설명하였다. §103의 자명성 거절시에는 왜 청구된 발명이 자명한지에 관한 이유를 명확히 설명하는 것이 중요하다. 연방 대법원은 *KSR*에서, §103의 자명성 거절을 뒷받침하는 분석은 명시적으로 이루어져야 한다고 밝혔다. 자명성 거절은 단순히 결론만 언급해서는 안되고, 자명성에 대한 법적 결론을 뒷받침하는 이론들과 함께 그 이유가 분명히 설명되어져야 한다.

사례 8

DePuy Spine, Inc. v. Medtronic Sofamor Danek, Inc[484]에서 특허 발명은 척추 수술에 사용되는 Polyaxial pedicle screw로, 이는 나사머리를 Receiver에 대고 누르도록 하는 압축 부품을 포함하였다. 선행 기술(5,474,555 특허; Puno)은 압축 부품을 제외한 모든 요소를 개시하였다. 대신 Puno의 나사머리는 충격 흡수 효과를 얻기 위하여 Receiver로부터 분리되었고, Receiver와 척추뼈 간의 약간의 움직임이 허용된다. 압축 부품을 볼 수 있는 다른 선행 기술 자료(2,346,346 특허; Anderson)는, 압축부품을 사용하여 다축 운동을 할 수 있는 Swivel clamp와 긴 뼈를 단단하게 고정될 때까지 움직이지 않도록 하기 위한 External fracture immobilization splint를 개시하였다. 재판 중에, 당업자가 Anderson의 압축부품을 Puno의 장치에 추가하면 청구항처럼 단단하게 조여 주는 Polyaxial pedicle screw를 얻을 수 있다는 것을 인식하였을 것이라고 주장되었다.

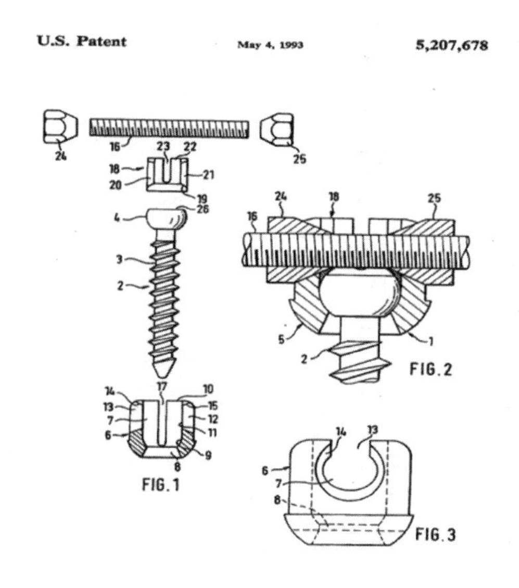

484) *DePuy Spine, Inc. v. Medtronic Sofamor Danek, Inc.*, 567 F.3d 1314 (Fed. Cir. 2009)

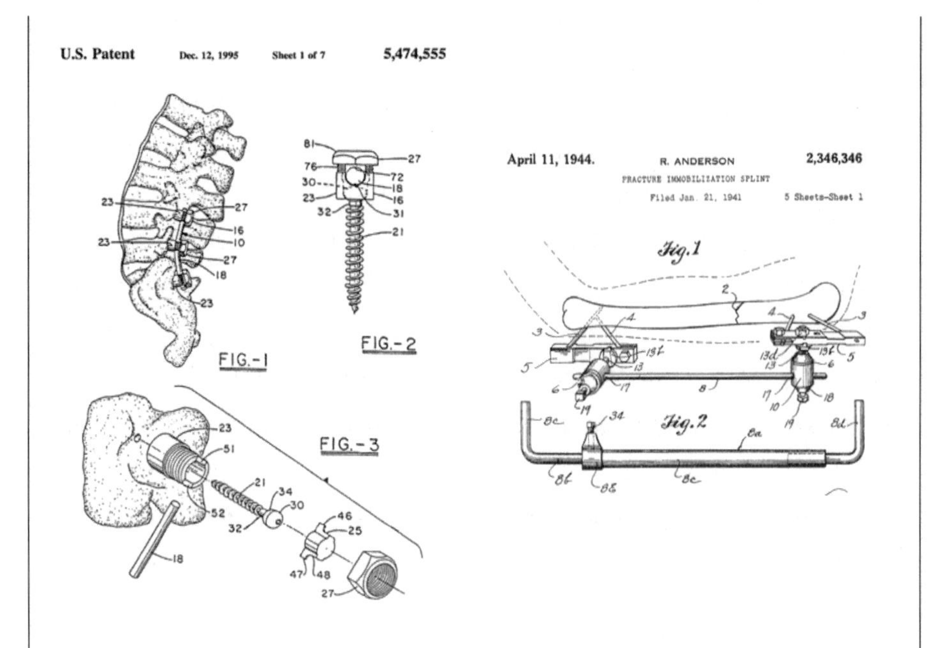

연방 항소 법원은, *KSR*에서 논의된 "예견 가능한 결과"는 선행 기술 요소들이 물리적으로 결합될 수 있다는 것뿐만 아니라, 그 결합이 의도된 목적을 위하여 작용하였을 것이다라는 점에 대한 기대라는 점을 언급하였다. 본 사안에서는 Puno가 단단하게 조이는 나사는 안 된다는 점을 가르쳤다는 것이 성공적으로 주장되었다. Puno는 단단하게 조일수록 나사가 의도된 목적대로 움직이지 않게 되어 몸 속에서 실패할 가능성이 높아질 수 있다고 경고하였다. 사실, Puno는 Pedicle screws가 충격 흡수 효과를 갖는 것에 대하여 일반적인 선호를 표현하였을 뿐만 아니라, 실패에 대한 우려도 표현하면서 충격 흡수 기능은 Rod에 부과된 하중을 뼈와 나사의 접촉면에 직접 전달하는 것을 막기 때문에, 뼈와 나사의 접촉면에서 나사가 실패할 위험을 낮춘다고 말하였다. 따라서, Puno와 Anderson의 선행 기술 요소들을 결합하는 것은 나사를 단단하게 조이게 되어 선행 기술의 단단하게 조일수록 실패 가능성이 커진다는 가르침을 거스르게 된다. 본 특허의 가르침과 선행 기술의 가르침들을 종합하여, 항소 법원은 Puno는 제안된 결합과 다르게 가르쳤으며, 당업자는 선행 기술들을 본 특허에서 제안한 대로 결합하는 것을 단념할 것이라고 판단하였다.

2. 이미 알려진 요소를 다른 요소로 대체하여 예견 가능한 결과가 도출된 경우

심사관이 이와 같은 근거로 등록을 거절하기 위해서는 먼저 *Graham* 사실 조사를 마치고 아래 사실들을 밝혀야 한다. ① 선행 기술에 포함된 장치(방법, 제품 등)은 청구된 장치의 일부 부품(단계, 요소 등)이 다른 부품으로 대체되었다는 사실, ② 대체된 부품과 그 기능은 해당업계에 잘 알려져 있다는 사실, ③ 당업자들은 잘 알려진 요소를 다른 요소로 대체할 수 있으며, 대체한 뒤의 결과에 대해서도 예측 가능하다는 사실, 그리고 ④ *Graham* 사실조사에서 밝혀진 사실들은, 심사대상 사건의 사실들이므로, 어느 것이든지 자명성 결론을 설명하는 데 필요할 수 있다.

사례 1

In re Fout[485]에서 청구된 발명은 커피와 차의 카페인을 제거하는 방법이다. 선행 기술(Pagliaro)은 카페인을 지방물질에 끌어모으고 난 후에, Acqueous extraction 공정으로 카페인을 제거하는 방법이다. Fout는 Acqueous extraction 단계를 증류 추출(Evaporative distillations) 단계로 대체하였다. 선행 기술(Waterman)은 커피를 오일 속에 넣고, 카페인을 오일을 통하여 직접 추출해 내었다. 법원은 Paglio와 Waterman은 둘 다 카페인을 오일로부터 분리하는 방법을 가르치고, 한 방법을 다른 방법으로 대체하는 것은 당연히 자명하다고 보았다. 하나의 등가물을 다른 등가물로 대체하는 것은 명시적으로 제시되지 않더라도 자명하다고 판단된다.

사례 2

In re O'Farrell[486]은 숙주(Host species)의 본래 유전자(Gene native)를 이종 유전자(Heterologous gene)로 대체하여 형질 변환된 박테리아 숙주(Bacterial host species)에 있는 단백질을 합성하는 방법에 관한 것이다. 일반적으로 생체 내 단백질

485] *In re Fout*, 675 F.2d 297 (CCPA 1982)
486] *In re O'Farrell*, 853 F.2d 894 (Fed. Cir. 1988)

합성은 DNA로부터 mRNA로의 경로를 따른다. 선행 기술인 Polisky 논문이 단백질 합성을 위하여 설명되어진 방법을 채택하도록 명시적으로 제시하였지만, 그 논문에서 예로 든 주입된 이종 유전자는 보통 단백질 생성단계로 나아가지 않고, mRNA에서 종료되었다. 또 다른 선행 기술인 Bahl은 화학적으로 합성된 DNA를 Plasmid에 주입하는 일반적 방법을 서술하였다. 따라서, 당업자에게 선행 기술의 유전자를 단백질 생성을 이끈다고 알려진 다른 유전자로 바꾸는 것은 자명한 일일 것이다. 당업자는 그와 같은 대체를 수행할 수 있을 것이며, 그 결과들은 합리적으로 예견 가능하기 때문이다.

발명 당시 분자생물학 분야에서 현저하게 예견 불가능하다는 신청인의 주장에 대하여, 법원은 기술 수준이 매우 높고, Polski의 가르침 하나만 하더라도 실시 가능한 방법론을 상세히 기재하고 있으며, 변형이 단백질 합성에 성공적일 것이라는 제안을 포함하였다고 밝혔다.

이 사례는, 다른 사정 없이도 시도할 것이 명백하기 때문에 자명성 거절을 한다는 상황은 아니다. 여기서는 성공에 대한 합리적 기대감이 있었다. 자명성은 성공에 대한 절대적인 예견가능성을 요구하지 않는다.

사례 3

Ruiz v. AB Chance Co[487] 사례는 앞의 Ⅱ.1.의 사례 2에서 설명한 바 있다.

선행 기술은 하중이 부과되는 부품을 달리하거나, 기초를 그 부품에 부착하는 수단을 달리하는 것을 보여 주었다. 따라서, 하중을 이전하는 예견 가능한 결과를 얻기 위하여 Fuller의 콘크리트 Haunch를 Gregory가 가르친 금속 브래킷으로 대체하는 것은 당업자에게 자명한 것이다.

487) *Ruiz v. AB Chance Co.*, 357 F.3d 1270 (Fed. Cir. 2004)

사례 4

Ex Parte Smith[488]에서 청구된 발명은, 바인더(Bound book)에 삽입하는 종이 주머니이다. 이것은 기본 종이 한 장 위에 주머니용 종이 한 장을 접착하여 만들어졌고, 닫혀진 주머니(Closed pocket)를 구분 짓는 연속적인 두 겹의 이음새를 갖고 있다. 선행 기술 Wyant는 종이 한 장을 접고, 편한 방식으로 안쪽의 여백을 따라 폴더에 잡아매어 주머니를 만드는 방법을 개시하였지만, 종이를 접착하면서 연속적인 두 겹의 이음새를 만드는 것은 개시하지 않았다. 선행 기술 Dick은, 두 종이의 4변 중 3변은 바느질이나 다른 방식으로 붙이고, 나머지 한 변은 열어 놓아 닫혀진 주머니가 구분되도록 한 주머니를 개시하였다.

Wyant와 Dick의 가르침을 고려하여, PTAB는 ① 청구된 각 요소가 선행 기술의 범위와 내용에서 발견되고, ② 당업자는 발명 당시 알려진 방법에 의하여, 청구된 대로 요소들을 결합할 수 있고, ③ 당업자는 발명 당시에 결합물의 역량이나 기능이 예견 가능하였다는 것을 인식할 수 있었다고 보았다. *KSR*을 인용하면서, PTAB는 Wyant의 접혀진 이음새를 대체하는 Dick의 연속적인 두 겹의 이음새는 단지 알려진 요소를 다른 요소로 간단히 대체하거나, 개선의 필요성이 있는 선행 기술 일부분에 알려진 기술을 단순히 적용한 것에 지나지 않는다고 판단하였다.

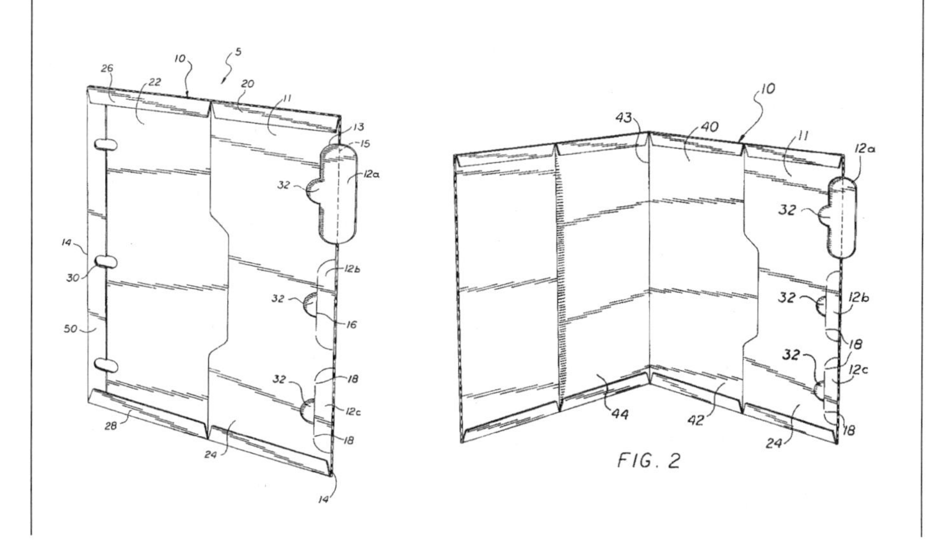

FIG. 2

488] *Ex Parte Smith*, 83 USPQ2d 1509 (Bd. Pat. App.&Int. 2007)

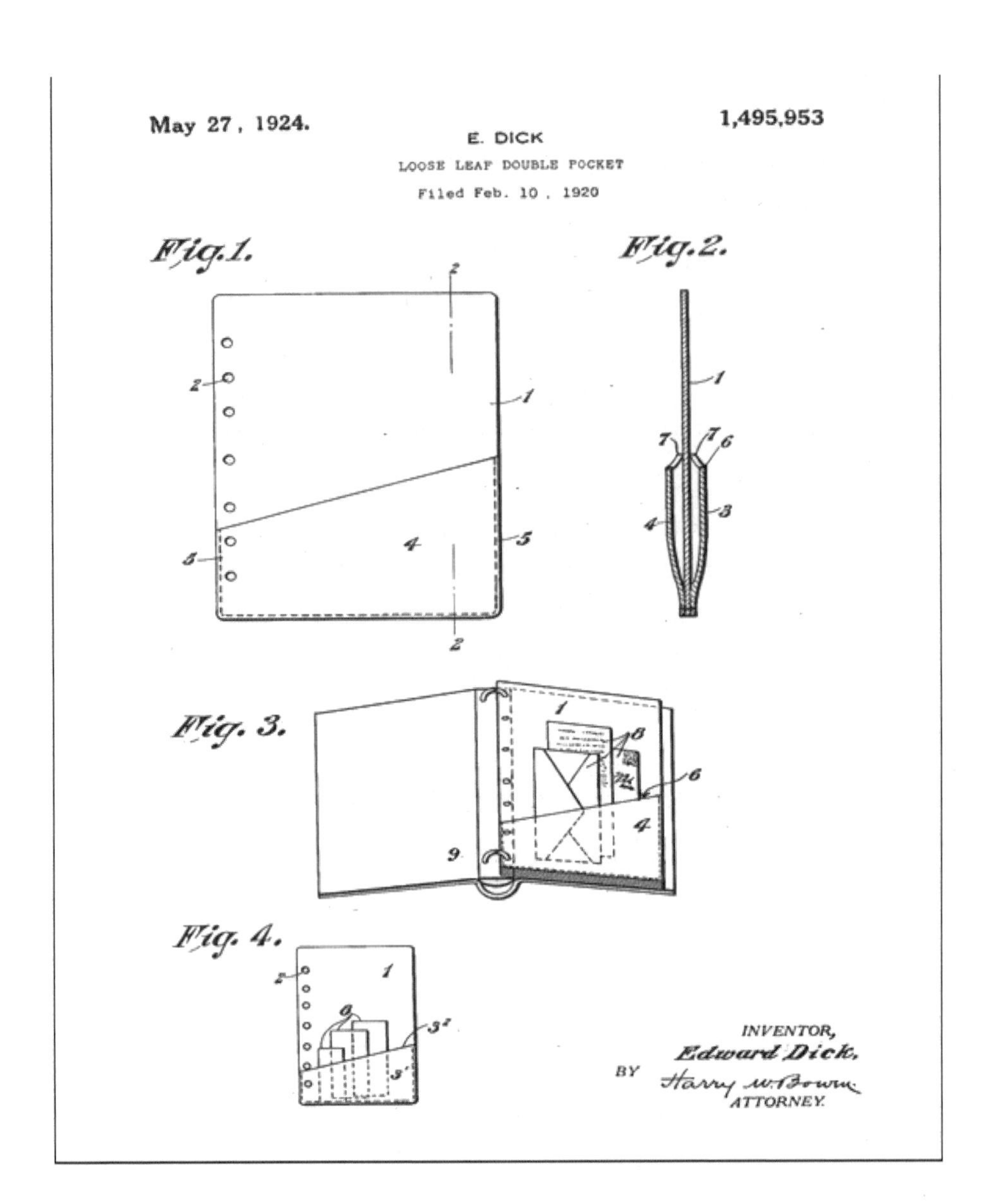
May 27, 1924.
1,495,953
E. DICK
LOOSE LEAF DOUBLE POCKET
Filed Feb. 10, 1920
Fig.1.
Fig.2.
Fig. 3.
Fig. 4.
INVENTOR,
Edward Dick,
BY
Harry W. Bowen
ATTORNEY.

사례 5

In re ICON Health & Fitness, Inc[489]에서 발명은 Upright storage position에서 회전하여 접히는 발판을 갖는 Treadmill이고, 발판이 Storage position 안에서 안정적으로 유지되도록 발판과 직립 기둥 사이에 연결된 Gas spring이 포함되었다. 재심사에서 심사관은 Gas spring을 제외한 모든 요소를 보여 주는 접히는 Treadmill의 광고(Danmark)와 Gas spring에 관한 특허(Teague)를 결합하여 본 청구항들이 자명하다는 이유로 거절하였다. Teague는 캐비닛 안에 접어 넣을 수 있는 침대에 관한 것으로, 항상 침대를 닫혀지도록 미는 힘을 제공하는 Single-action spring 대신에, 장치가 중립지점을 통과할 수 있도록 힘의 방향을 바꾸는 새로운 Dual-action spring을 사용하였다. Dual-action spring은 닫혀진 자리에 있는 침대를 여는 데 필요한 힘을 줄여주고, 열려져 있는 침대를 들어올리는 데 필요한 힘도 줄여준다.

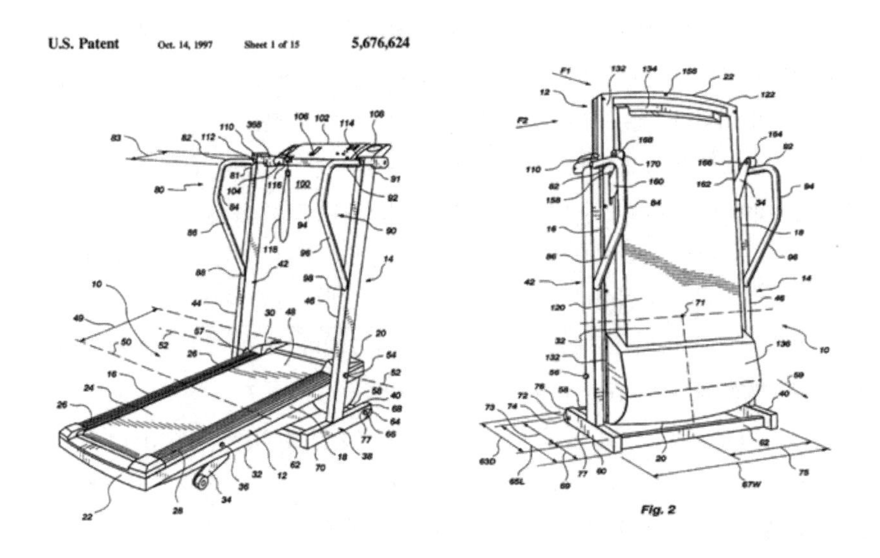

연방 항소 법원은 Teague가 본 특허 신청과 다른 분야에 있기 때문에 이를 결합하는 것이 적절한지를 고심하였다. 접는 장치는 Treadmill에만 특별히 필요로 하는 것이 아니라, 그런 장치들의 무게를 지탱하고 안정적으로 정지해 있도록 하는 문제를 다루었기 때문이다.

489) *In re ICON Health & Fitness, Inc.*, 496 F.3d 1374 (Fed. Cir. 2007)

법원은 또한 당업자가 Damark와 Teague의 가르침들을 결합하도록 이끌릴 수 있을지 살펴보았다. 출원인은 Teague가 발명을 가르치지 않는다고 주장하였다. 왜냐하면, Teague는 당업자가 Single-action spring을 사용하지 말도록 가르치는데, Dual-action spring으로는 발명이 작동하지 않으며 청구항의 한정 요소를 만족시킬 수 없기 때문이다. 항소 법원은 이들 주장을 검토하면서, Teague가 여는 힘을 감소시키기 위해서 Single-action spring을 사용하지 말도록 가르친 반면에, Single-action spring이 발명가가 원하는 하는 결과인 중력에 의하여 여는 힘이 증가된다는 것을 실제로 가르치고 있다고 보았다. 작동하지 않는 것과 관련하여서는, 청구항들은 Single-action spring에 한정되지 않았으며, 발판을 안정적으로 지탱하는 데 도움이 되는 어떠한 것도 포함될 수 있도록 폭넓게 규정되었다. 덧붙여서, 대형 스프링을 사용하는 Teague의 평형추(Counterweight) 장치가 Treadmill에 과도한 힘을 부여한다는 출원인의 주장은 당업자가 선행 기술에서 비롯된 장치에 변형을 한다는 사실을 무시하였다. 당업자는 Teague의 요소들을 발명에 적용하기 위하여 적절히 사이즈를 조절할 것이다.

*ICON*은 유사 기술의 범위를 이해하는 데 유용한 또 하나의 사례이다. 그 기술은 Treadmill이 아니라, 접는 침대를 지탱하기 위한 장치에 적용되었다. 인용자료가 다른 노력 분야에 있는 발명에 합당하게 적용되었는지를 결정할 때는, 풀려고 하는 문제를 고려하는 것이 필요하다. 인용자료에 묘사된 방식으로 가르침으로서의 사용이 협소하게 한정된다고 볼 수도 있다. 그러나, *ICON*에서는 풀려고 하는 문제는 "Treadmill" 개념의 가르침에 제한되지 않았다. Teague와 신청된 발명은 모두 접는 장치를 안정적으로 유지하려는 필요성을 고심하고, ICON의 접는 장치가 Treadmill에 특별한 주목을 요구하지 않기 때문에, Teague는 유사한 기술이다.

*ICON*은 또한 풀어야 될 문제와 결합할 이유의 존재 간의 관계에 시사점을 준다. 유사한 문제를 고려함에 의해서 Teague가 ICON의 발명에 유사한 기술을 제공한 사실은 두 참조자료를 결합하는 이유를 입증하는 데에도 상당히 기여를 한다. ICON의 넓은 청구항은 Teague에 의하여 설명된 대로 그 문제를 다루어서 구현된 것으로 읽혀지기 때문에, 여기서의 선행 기술은 그것의 가르침을 결합하는 이유를 말해 준다.

본 판례는, 만약 인용자료가 결합이 바람직스럽지 않다고 가르치지 않았다면, 그 결합이 아니라고 가르친 것이라 말할 수 없다는 것을 명확히 하였다. 결합으로 장치가 실행 불가능한지의 판단은 당업자가 선행 기술에서 비롯된 장치에 변형을 한다는 사실을 무시하여서는 안 된다.

사례 6

Agrizap, Inc. v. Woodstream Corp[490]에서 특허 발명은 쥐나 Gopher 같은 유해동물을 전기충격으로 퇴치하는 고정 장치이며, 유해동물이 출몰하는 지역에 설치하도록 되어 있다. 선행 기술과의 유일한 차이는 특허 발명이 전기 저항 스위치(Resistive electrical switch)를 사용하는 반면에, 선행 기술은 기계적 압력 스위치를 사용하는 것이다. 전기 저항 스위치는 휴대용 유해동물 퇴치 장치와 소몰이 막대(Cattle prod)에 관한 두 선행 기술의 문맥상 가르쳐졌다.

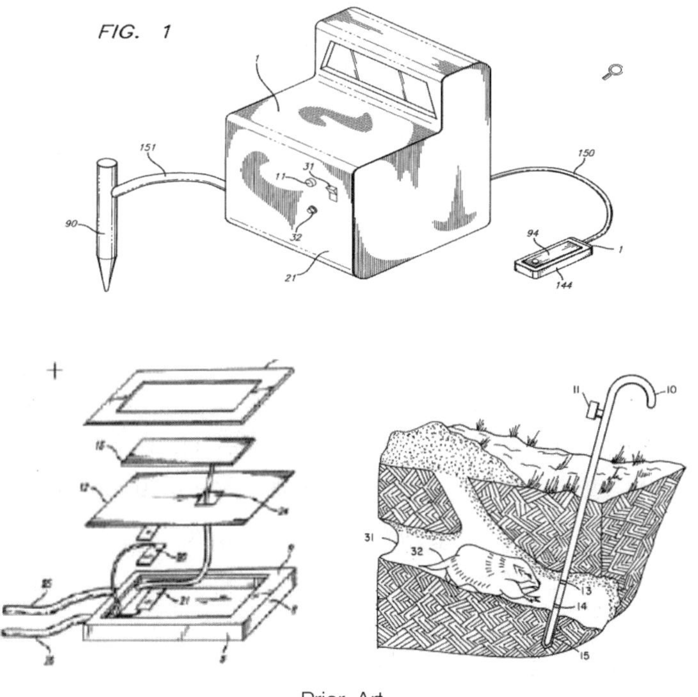

Prior Art

특허 발명이 자명하다는 판결에서, 항소 법원은 청구항이 기계적 압력 스위치를 단순히 선행 기술 장치에 있는 전기 저항 스위치로 대체하였다고 보았다. 휴대용 장치에 관한 선행 기술은 대체된 전기 저항 스위치의 기능이 이미 잘 알려졌으며, 예견 가능하고 유해동물 퇴치 장비에 쓰일 수 있다는 것을 보여 준다. 항소 법원에 따르면, 휴대

490] *Agrizap, Inc. v. Woodstream Corp.*, 520 F.3d 1337 (Fed. Cir. 2008)

용 장치를 가르쳐준 선행 기술은 전하(Electric charge) 발생을 위한 전기회로를 완성하기 위하여 저항 스위치로 동물의 몸을 사용하는 것이 이미 잘 알려졌다는 것을 보여 주었다. 마지막으로, 항소 법원은 휴대용 장치 선행 기술에서 전기 저항 스위치를 사용하여 해결된 문제(먼지나 습기에 의한 기계적 스위치의 고장)가 고정형 유해동물 퇴치 장치 선행 기술에 관련되었다고 보았다.

항소 법원은 본 사례를 청구항이 단지 예측 가능한 결과만 산출하는 잘 알려진 방법에 따라서 익숙한 요소들의 결합을 포함할 때의 전형적인 사례로 인식하였다. 본 사례는 비자명성으로 제시된 객관적 증거에 의하여 극복되지 않는 단순 대체재에 근거한 강한 자명성 사례의 예를 들었다. 또한, 본 사례는 유사기술이 출원인의 노력 분야에 제한되지 않는다는 것을 증명하였다. 전하 발생을 위한 전기회로를 완성시키기 위하여 동물 몸을 저항 스위치로 사용한 인용 자료는 유해동물 퇴치 분야가 아니다.

사례 7

Muniauction, Inc. v. Thomson Corp[491]에서 청구된 발명은 인터넷을 통하여 지방채권을 경매하는 방법에 관한 것이다. 지방자치단체는 패키지로 된 다양한 원금, 만기일의 채권증서들을 제공할 수 있고, 구입희망자는 가격, 각 만기일의 이자로 구성된 응찰을 할 수 있으며, 일부분에 대한 응찰도 가능하다. 청구된 발명은 위에서 언급된 파라미터들을 고려하여 가장 좋은 조건으로 낙찰을 결정한다. 이 모든 과정은 통상의 웹브라우저에서 작동되며, 참가자들은 이를 모니터할 수 있다.

선행 기술 경매시스템과 청구된 발명의 유일한 차이는 통상의 웹브라우저를 사용하는 것이다. 지방 법원은 본 발명이 자명하지 않다고 결정하였다. Thomson사는 청구된 발명이 웹브라우저가 선행 기술 경매 시스템에 포함된 것에 불과하기 때문에 *KSR*의 관점에서 자명하다고 주장하였다. Muniauction사는 전문가들의 의심, 모방, 칭찬 그리고 상업적 성공에 관한 증거를 제시하면서 그 주장을 반박하였다. 비록, 지방 법원은 비자명성에 관한 증거가 설득력이 있다고 보았으나, 항소 법원은 제시된 증거가 이슈가 된 청구항들과 동일한 시간(공간)에 걸치지 않기 때문에 청구된 발명과 제시된 증거 사이에 관련성이 부족하다면서 이에 동의하지 않았다. 항소 법원은 이런 이유로,

491] *Muniauction, Inc. v. Thomson Corp.*, 532 F.3d 1318 (Fed. Cir. 2008)

Muniauction의 이차적 고려사항에 관한 증거는 실질적인 가치(Substantial weight)를 부여받을 수 없다고 결정하였다.

항소 법원은 본 사례를 *Leapfrog Enters., Inc. v. Fisher-Price, Inc*[492]에 유추하여 설명하였다. *Leapfrog* 사례는 현대 전자기술을 선행 기술인 학생용 학습 장치에 적용한데 자명하다는 결정을 내렸다. *Leapfrog*에서 법원은 시장의 요구(Pressures)로 당업자가 현대 전자기술을 선행 기술 장치에 사용하도록 촉발될 것이라고 보았다. Muniauction에서도 유사하게, 시장의 요구로 당업자는 통상의 웹브라우저를 지방채 경매에 사용하도록 촉발될 것이다.

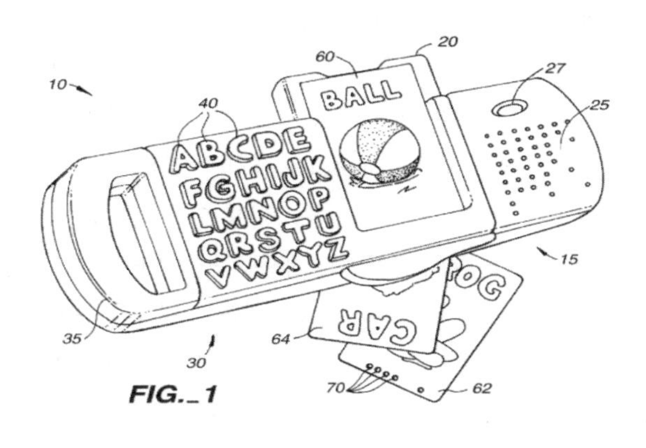

FIG._1

사례 8

Aventis Pharma Deutschland v. Lupin Ltd[493] 사례의 발명은 혈압약 Ramipril의 5(S) 입체이성체(5(S) Stereoisomer of the blood pressure drug ramipril in stereochemically pure form)와 5(S) Ramipril을 필요로 하는 화합물과 방법에 관한 것이다. 5(S) Stereoisomer는 ramipril 분자에 있는 다섯 개의 모든 Stereocenter(아래 화학식 중 * 부분)가 R 구성이 아니라 S 구성으로 되어 있다. 선행 기술들은 5(S) Ramipril을 포함한 다양한 Stereoisomers의 혼합물(Mixture)을 가르쳤다. 본 사건의 쟁점은, Purified single stereoisomer가 이미 알려진 Mixture of stereoisomers에 의하여

492] *Leapfrog Enters., Inc. v. Fisher-Price, Inc.*, 485 F.3d 1157 (Fed. Cir. 2007)
493] *Aventis Pharma Deutschland v. Lupin Ltd.*, 499 F.3d 1293 (Fed. Cir. 2007)

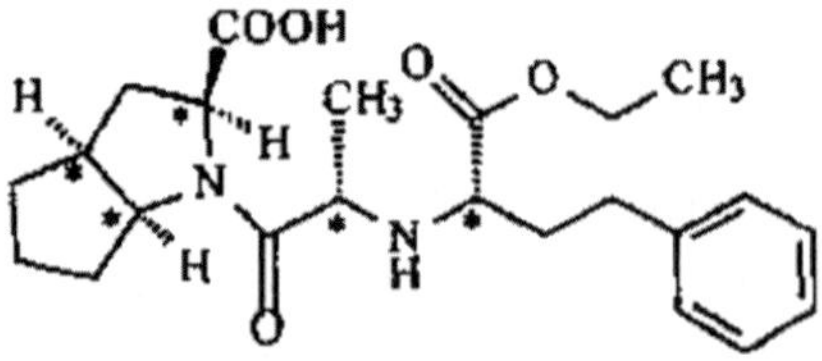

Ramipril의 화학식

자명한지 여부다. 기록에 의하면 Ramipril과 유사한 약품에서 다중 S stereosiomers의 존재가 치료 효과의 향상과 관련이 있다는 것은 잘 알려졌다. 두 Stereocenter만 S 형태로 있는 Enalapril 약(SSR enalapril)에 비하여 모든 Stereocenter가 S 형태로 있는 경우(SSS enalapril)에는 치료 효능이 700배나 컸다. 또한, 전통적인 방법으로 다양한 Stereoisomers of ramipril을 분리할 수 있는 것을 알려주는 증거도 있었다.

지방 법원은 선행 기술에서 5(S) Ramipril을 분리할 명확한 동기가 없다고 보았으나, 연방 항소 법원은 이처럼 명확하게 진술된 동기를 요구하는 것은 *KSR* 판결에 반한다고 보아, 지방 법원의 의견에 부동의하면서 청구항들이 자명하다고 판단하였다. 활성 인자가 있는 혼합물로부터 5(S) Stereoisomer를 정제하는 명확한 가르침을 요구하는 것은 TSM 테스트를 엄격하게 적용하려는 것이며, 이는 *KSR* 판결에서 비판받은 바 있다.

본 판결은 또한 구조적 유사성이 선행 기술의 가르침을 변형할 이유를 제공할 수 있다는 화학 케이스의 합의된 원칙을 보여 준다. 항소 법원은, 화합물의 특별한 용처에 관한 명백한 가르침이 없더라도 선행 기술에 비추어 유사한 속성에 대한 기대만으로 충분할 수 있다고 설명하면서, 명확히 진술된 선행 기술 기반의 동기가 없더라도 어느 정도 가르침이 될 수 있다고 보았다.

화학분야에서 "Lead compound"를 포함한 사례들은 대체물에 기반한 자명성 사례에서 중요한 한 분야를 이룬다. 항소 법원은 *KSR* 판결 이후, 청구된 화합물을 얻기 위하여 잘 알려진 화합물을 변형시키는 것이 어떤 상황에서 자명해지는지에 관한 많은 토의를 해 왔다. 아래 사례들은 Lead compound의 선정, 어떤 제안된 변형을 할 이유를 제공할 필요성, 그리고 그 결과에 대한 예견가능성들을 논의해 왔다.

사례 9

Eisai Co., Ltd. v. Dr. Reddy's Labs[494]에서 발명은 Raberprazole에 관한 것으로, 이는 위궤양과 다른 장애를 치료하기 위한 양성자 펌프 억제제(Proton pump inhibitor; ppi)이다. 항소 법원은 선행 기술 화합물의 유용한 속성을 파괴하는 방식으로 이를 변형할 이유가 없다고 말하면서, 발명이 자명하지 않다는 지방 법원의 판결을 인용하였다.

Claims
RABEPRAZOLE

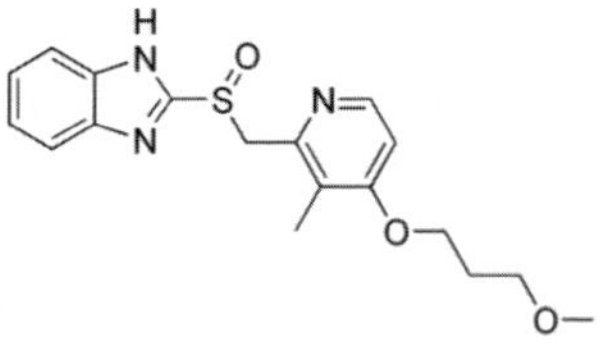

Prior Art
LANSOPRAZOLE

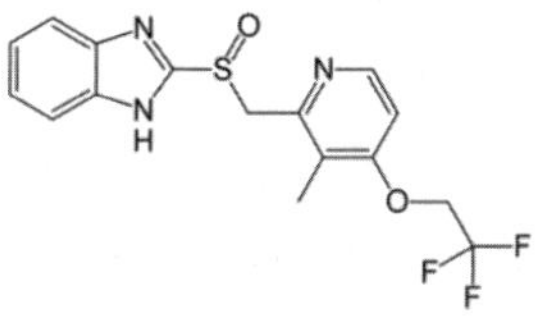

공동피고인 Teva는 Rabeprazole과 Lansoprazole의 구조적 유사성에 근거한 자명성 주장을 하였다. 이들 화합물들은 공통 핵심(Common core)을 공유한다고 인식되었고, 항소 법원은 Lansoprazole을 "Lead compound"로 특징지었다. 선행 기술 화합물인 Lansoprazole은 Rabeprazole과 동일한 증상에 유용하다. Rabeprazole은 Methoxypropoxy 치환기(Substituent)를 갖고 있는 반면, Lansoprazole은 피리딘 링(Pyridine ring)의 4번째(4-position)에 Trifluoroethoxy 치환기를 갖는다. Lansoprazole의 Trifluoro 치환기는화합물에 지방 친화적인 속성(Lipophilicity)을 부여하는 장점이 있다고 알려졌다. Methoxypropoxy 치환기를 도입하여 변형을 수행할 수 있는 당업자의 능력 및 그 결과에 대한 예견가능성은 다루어지지 않았다.

구조적으로 상당히 유사함에도 불구하고, 항소 법원은 Lead compound를 변형할 어떤 이유도 찾지 못하였다. 구조적 유사성에 근거한 자명성은 당업자들이 공지의 Lead compound를 선정하고, 이를 청구된 화합물을 만드는 방식으로 변형할 어떤 동기가 있다는 것을 찾아냄으로써 증명될 수 있다. 자명성 사실조사가 유연한 성질을 띠고 있기 때문에 요구되는 동기는 어디서부터도 찾을 수 있으며, 반드시 기술 분야에

494) *Eisai Co., Ltd. v. Dr. Reddy's Labs.*, 533 F.3d 1353 (Fed. Cir. 2008)

서 명시적일 필요도 없다. 오히려, 청구된 화합물과 선행 기술 화합물이 충분히 가까운 관계여서, 선행 기술을 전체적으로 봤을 때, 새로운 화합물이 구 화합물과 유사한 속성을 갖는다는 기대가 생긴다는 것을 보여 주는 것으로 충분하다.

선행 기술은 Fluorinated 치환기를 도입하면 지방 친화적인 속성이 증가한다는 것을 가르쳤고, 숙련된 기술자들이라면 Trifluoroethoxy 치환기를 Methoxypropoxy 치환기로 대체하면 화합물의 지방 친화적인 속성이 감소하리라 기대할 것이다. 제안된 변형이 선행 기술 화합물의 유용한 속성을 파괴하였기 때문에, 선행 기술은 Rabeprazole이 Lansoprazole에 비하여 위궤양이나 관련된 장애를 치료하는 데 덜 유용하리라는 기대를 낳았다. 당업자들이 발명 당시 Lansoprazole을 변형하여 Rabeprazole을 만들 이유가 없기 때문에 새 화합물이 Teva의 주장처럼 자명하지 않다.

심사관들은 특정 의견에서 "Lead compound"라는 용어가 약사(Pharmaceutical chemist)가 그 용어를 사용하는 방식에 따라 다양한 문맥상 의미를 가질 수 있다는 것에 주의하여야 한다. 제약 화학(Pharmaceutical chemistry) 분야에서, "Lead compound"는 다음과 같이 다양하게 정의될 수 있다: "약물학 또는 생물학상의 활성을 갖는 화학 화합물이고, 그 화학적 구조는 효능, 선택성, 약물 동력 파라미터를 증진시키기 위한 화학적 변형의 출발점으로 사용된다", "화합물의 발달을 암시하는 약물학적 속성을 보여 주는 화합물" 그리고 "안전성과 효능을 위하여 시험될 잠재적인 약" 등이다.

항소 법원은 본 사례에서, 자명성의 관점에서, 알려진 어떤 화합물이라도 "Lead compound"로 사용될 수 있음을 명확히 했다. 따라서, 심사관은 만약 선행 기술 화합물을 변형하여 청구된 화합물로 만들 이유가 약리적 활성과 관계가 없다면, 약으로 유용한 청구된 화합물에 대한 자명성 거절은 비활성 화합물로부터 시작될 수 있음을 인식하여야 한다. 비활성 화합물은 약사들에 의하여 "Lead compound"로 여겨지지 않겠지만, 자명성을 고려할 때는 충분히 "Lead compound"로 사용될 수 있다. 또한, 심사관은 약사들이 비용이나 취급상의 문제점 또는 다른 사업상 고려사항 등으로 "Lead compound"로 선정하지 않은 공지의 화합물에 근거하여 자명성 거절을 할 수 있다. 그러나, 그런 "Lead compound"가 존재한다는 사실 이외에 그 "Lead compound"로부터 시작한다는 이유가 있어야 한다.

사례 10

Proctor & Gamble Co. v. Teva Pharm. USA, Inc[495]에서 쟁점이 된 화합물은 P&G의 골다공증 치료약 Actenol의 유효성분인 Risedronate이다. Risedronate은 골흡수(Bone resorption)를 억제하는 것으로 알려진 Bisphosphonate의 한 예이다.

P&G가 Teva를 상대로 위 특허(5,583,122 특허)의 침해 소송을 제기하였을 때, Teva는 P&G의 초기 특허(4,761,406 특허)에 의하여 이 특허가 자명하여 무효라고 주장하였다. 선행 기술 특허는 Risedronate을 가르치지 않았지만, 골다공증에 잠재적인 효능이 있다는 2-pyr EHDP를 포함한 36개의 다른 유사한 화합물을 가르치고 있다.

지방 법원은 예측 불가능한 기술의 속성상 2-pyr EHDP를 Lead compound로 선정할 이유를 찾지 못했고, 이를 변형하여 Risedrone을 획득할 이유도 발견하지 못했다. 더욱이 기대치 못한 효능과 독성도 도출되었다. 따라서, 지방 법원은 Teva가 일응 자명하다는 것을 입증하지 못하였고, 설령 그렇다하더라도 예기치 못한 결과에 의하여 반박되었다고 판단하였다.

항소 법원은 지방 법원의 판단을 긍정하며, 본 사례에서 2-pyr EHDP가 Lead compound로 선택된 것이 적절한지를 고려할 필요는 없다고 보았다. 오히려, 항소 법원은 2-pyr EHDP가 적절한 Lead compound라면, 이를 변형하여 Risedonate을 만들 수 있고, 성공할 수 있는 합리적인 기대가 있어야 한다고 보았다. 본 사례에서는 필요한 변형이 일상적이라는 증거가 없었고, 따라서 성공에 대한 합리적인 기대가 있을 수 없었다.

또한, 본 사례는 자명성의 이차적 고려사항을 논의하는 데 유용한 정보를 준다. 비록, 법원은 이 사례가 일응 자명하다고 판단하지는 않았지만, P&G가 제시한 증거들을 분석하여, 본 사례가 일응 자명하다는 주장을 반박하면서, 그와 같은 증거들을 적절히 분석하는 법을 제시하였다. 항소 법원은 일응 자명해 보일지라도, 예기치 못한 결과가 소개되면 일응의 자명을 반박하기에 충분한 증거가 된다고 하였다. 재판에서 증인들은 Risedronate의 속성은 예측 불가능하다고 끊임없이 증언하였으며, 연구개발자들이 화합물의 효능이나 효과를 내는 저선량(Low dose)을 예측하지 못하였다는 증거를 제출하였다. Risedronate와 선행 기술의 화합물과 비교한 테스트는 Risedronate가 다른 화합물보다 유의미한 차이로 우수하며, 눈에 띄는 독성 없이도 많은 양을 투여할 수 있고, 다른 화합물과 같은 정도로 치명적이지 않다는 것을 보여 주었다. 증거

495] *Proctor & Gamble Co. v. Teva Pharm. USA, Inc.*, 566 F.3d 989 (Fed. Cir. 2009)

의 중요성과 증인의 신뢰성은 자명하다는 결정을 반박하는 예기치 못한 결과를 보여 주는 데 충분하였다. 따라서, 청구된 발명이 선행 기술과 비교하여 예기치 못한 우수한 속성을 가졌다는 것을 보여 주었을 때, 비자명성이 입증될 수 있다.

그리고나서, 항소 법원은 Risedronate의 상업적 성공에 관한 증거와 Risedronate가 오랫동안 필요하다고 느꼈던 욕구를 충족시킨 증거를 다루었다. 항소 법원은 상업적 성공에는 많은 가중치를 두지 않았다. 왜냐하면, 경쟁 제품 역시 P&G에 속하였기 때문이다. 그러나, 항소 법원은 Risedronate가 오랫동안 필요하다고 느꼈던 욕구를 만족시켰다는 지방 법원의 결론은 지지하였다. 경쟁 제품이 Actonel 7 이전에도 이용 가능하였기 때문에, 발명이 만족시킬 수 있는 필요성에 대한 욕구가 존재하지 않았다는 Teva의 주장은 받아들여지지 않았다. 법원은 오랫동안 필요하다고 느꼈던 욕구는 출원된 발명의 출원일의 정황을 고려하여 판단되어야지, 발명이 시장에 나온 날의 정황으로 판단되어서는 안 된다고 보았다.

Lead compound 사례들은 단일한 Lead compound의 발견이 화학 화합물에 관한 모든 자명성 거절에 필요하다는 것을 말하는 것은 아니다. 예를 들어, 구조적으로 규정된 일부분이나 어떤 속성을 갖는 일부분을 만들기 위한 선행 기술의 제안을 그려볼 수 있다. 만약, 당업자가 그런 화합물을 합성하는 방법을 알 수 있고, 구조적 기능적 결과를 합리적으로 예견할 수 있다면, 특정한 Lead compound를 발견하지 않고도 청구된 화합물은 일응 자명할 수 있다. 두 번째 예로, 청구된 화합물이 화학적 연결고리에 의하여 두 가지 공지의 요소로 구성되었다고 본다. 만약, 그 두 요소를 연결할 이유가 존재하였고, 당업자가 그 방법을 알고 있었으며, 화합의 결과물이 연결과정을 통하여 예견 가능한 결과였다면, 청구된 화합물이 자명하다고 보는 것은 적절할 것이다. 따라서, 심사관들이 어떤 상황에서는 단일한 Lead compound를 발견하지 않고도 화합물을 자명성을 이유로 거절할 수도 있다.

사례 11

Atlanta Pharma AG v. Teva Pharm USA, Inc[496] 사례는 임시의 처분금지 가처분 신청에 관한 것이고, 자명성에 관한 최종적인 결정을 포함하지는 않았다. 그러나, Lead compound를 선정하는 이슈에 관하여 시사점을 준다. 본 사례에 연관된 기술은 Pantoprazole 화합물이며, 이는 Atlanta의 항궤양제인 Protonix의 활성 성분이며, 위산 분비 장애를 치료하는 ppi(proton pump inhibitor) 화합물 군에 속한다.

PANTOPRAZOL

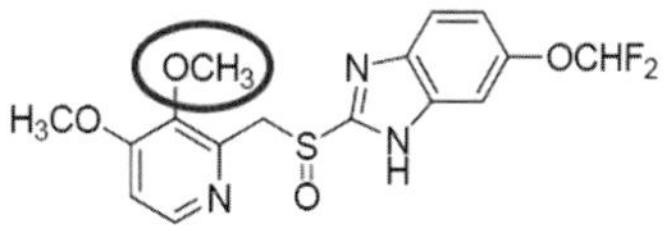

H_3CO, OCH_3, N, S, O, N, H, $OCHF_2$

COMPOUND 12

H_3CO, CH_3, N, S, O, N, H, $OCHF_2$

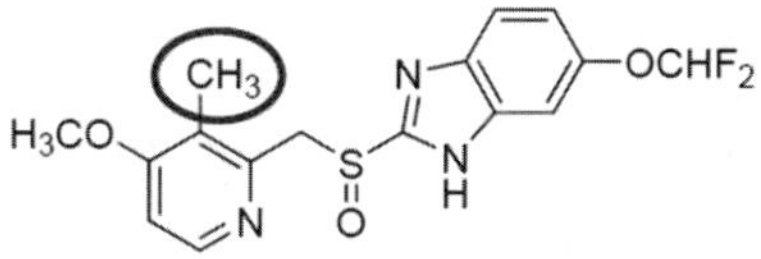

Atlanta는 Teva를 상대로 특허 침해 소송을 제기하였다. 지방 법원은 Teva가 Atlanta의 선행 특허에 의한 자명성을 이유로 무효로 될 수 있다는 것을 실질적으로 증명했다고 판단하면서, Atlanta의 임시 처분 금지 가처분 신청을 본안의 승소 가능성이 없다는 이유로 기각하였다. Atlanta의 특허는 개시된 18개의 화합물 중 하나인, Compound 12라 명명된 화합물을 다루었다. Pantaprazole은 Compound 12와 구조적으로 유사하였다. 지방 법원은 당업자들이 Compound 12를 변형을 위한 Lead compound로 선정할 것이라고 보았고, 항소 법원은 이를 받아들였다.

화합물이 선행 화합물과 구조적 유사성을 이유로 자명하려면, 당업자들이 선행 화합물을 선정하고 이를 특별한 방법으로 변형하여 청구된 화합물을 생산하였으리라는 추론을 찾아내어 증명해 보여야 한다. 필요한 추론 과정은 다양한 소스로부터 끌어낼 수 있으며, 선행 기술의 기록에서 명확하게 발견되어야 할 필요는 없다. 연방 항소 법원은 Compound 12가 추가 개발을 위한 자연스런 선택이었다는 지방 법원의 판단이 충분한 증거에 의하여 뒷받침되었다고 결정하였다. 예를 들어, Atlanta의 선행 특허는 Compound12를 포함한 화합물들이 선행 기술의 개량물임을 청구하였다. Compound 12는 개시된 18개의 화합물 중에서 보다 유력한 화합물 중의 하나라고 개시되었다. 심사관들도 본 사건 특허의 심사 과정 중에 Atlanta의 선행 특허에 있는 화합물들이 관련성이 있다고 고려하였었다. 그리고, 전문가들은 당업자들이 18개의 화합물을 선택하여 ppi로서의 가능성을 깊이 있게 조사할 수 있을 것이라는 의견을 보였다.

선행 기술은 후속 개발을 위한 하나의 Lead compound를 지시하여야 한다는 Atlanta의 반박에 대하여, 항소 법원은 다음과 같이 밝혔다. "Lead compound 테스트에 관한 엄격한 견해는 연방 대법원이 *KSR* 사례에서 명백하게 부인한, TSM 테스트에 유사한 엄격한 테스트를 제공하는 것이다. … 지방 법원은 본 사안에서 유연한 접근법을 채택하였으며, 피고가 당업자들이 후속 개발 노력을 하는 시작점으로 Compound 12를 포함한 Atlanta의 선행특허 중에 보다 유력한 화합물들을 사용할 수 있을 것이라는 실질적 의문을 제기하였다고 보았다."

3. 알려진 기술을 사용하여 동일한 방식으로 유사한 장치(방법, 제품 등)을 개량한 경우

심사관이 이와 같은 근거로 등록을 거절하기 위해서는 먼저 *Graham* 사실조사를 마치고 아래 사실들을 밝혀야 한다. ① 청구된 발명에서 개량된 부분의 기본 장치(방법, 제품 등)가 선행 기술에 포함되어 있다는 사실, ② 선행 기술이 청구된 발명과 비슷한 장치(방법, 제품 등, 그렇지만 동일한 기본 장치는 아님)를 포함하고, 청구된 발명과 동일한 방식으로 개량되었다는 사실, ③ 당업자들이 그 알려진 개량 기술을 기본 장치에 같은 방식으로 적용할 수 있으며, 그 결과도 예측 가능하다는 사실, 그리고 ④ *Graham* 사실조사에서 밝혀진 사실들은, 심사 대상 사건의 사실들이므로, 어느 것이든지 자명성 결론을 설명하는 데 필요할 수 있다.

---

496) *Atlanta Pharma AG v. Teva Pharm USA, Inc.* 566 F.3d 999 (Fed. Cir. 2009)

사례 1

In re Nilssen[497]에서 청구된 발명은 Power-line-operated 인버터 타입 형광등 안정기안의 자려식(Self-oscillating)인버터가 인버터의 출력 전류가 매우 짧은 순간에 미리 설정된 한계 수준을 초과하는 경우에 작동되지 않게 하는 도구에 관한 것이다. 즉, 출력전류가 모니터되어, 특정한 짧은 순간에 어느 한계점을 초과한다면, 동작신호가 보내지고, 인버터는 손상되는 것을 막기 위하여 작동되지 않게 된다.

선행 기술(USSR certificate)은 제어수단을 통하여 어느 정도 알려진 방법으로 인버터 회로를 보호하는 장치를 기술하였다. 그 장치는 제어 수단에 의한 고부하(High-load) 조건을 보여 주지만, 특정의 과부하 보호방법을 나타내지는 않았다. 선행 기술(Kammiller)은 인버터 회로를 보호하기 위하여 고부하 전류 조건에서 인버터가 작동되지 않는 것을 개시하였다. 즉, 과부하 보호장치는 Cutoff 스위치에 의하여 인버터를 작동되지 않게 함으로써 구현된다.

법원은 당업자가 Kammiller에서 가르쳐진 대로 인버터를 작동하지 않게 하는 Cutoff 스위치를 작동시키기 위하여 USSR 장치에서 생성된 한계신호를 사용할 것이 자명하다고 보았다. 즉, USSR 문서의 인버터 회로에서 요구하는 보호 수단을 제공하기 위하여, 회로 보호용 Cutoff 스위치의 알려진 기술을 사용하는 것은 당업자에게 자명한 것이다.

사례 2

Ruiz v. AB Chance Co[498] 사례는 앞의 Ⅱ.1.의 사례 2에서 설명한 바 있다.

해결되어야 할 문제의 본질은 발명가들이 그 문제에 대한 가능한 해결책에 연관된 자료들을 살피도록 이끄는 것이다. 따라서, 불안정한 기초를 보강하기 위해서 Gregory에서 보여진 금속 브래킷과 Fuller에서 보여진 Screw anchor를 사용하는 것은 자명하다.

---

497) *In re Nilssen*, 851 F.2d 1401 (Fed. Cir. 1988)

498) *Ruiz v. AB Chance Co.*, 357 F.3d 1270 (Fed. Cir. 2004)

4. 알려진 장치(방법, 제품 등)를 개량하기 위하여 알려진 기술을 적용하여 예견 가능한 결과가 도출된 경우

심사관이 이와 같은 근거로 등록을 거절하기 위해서는 먼저 *Graham* 사실조사를 마치고 아래 사실들을 밝혀야 한다. ① 청구된 발명에서 개량된 부분의 기본 장치(방법, 제품 등)가 선행 기술에 포함되어 있다는 사실, ② 선행 기술이 기본 장치(방법, 제품 등)에 적용될 있는 공지의 기술을 포함하고 있는 사실, ③ 공지의 기술을 적용하여 개량된 시스템을 만들 수 있고 그 결과가 예견 가능하다는 것을 당업자들이 인식할 수 있다는 사실 그리고 ④ *Graham* 사실조사에서 밝혀진 사실들은, 심사대상 사건의 사실들이므로, 어느 것이든지 자명성 결론을 설명하는데 필요할 수 있다.

사례 1

Dann v. Johnson[499]에서의 발명은, 은행의 수표, 예금을 자동으로 기록 보존하기 위한 시스템(i.e., 컴퓨터)에 관한 것이다. 이 시스템에서, 고객은 수표나 예금 전표에 숫자로 된 카테고리 코드를 넣을 것이다. 수표 처리 시스템은 금액과 계좌 정보를 위해 하는 것처럼 카테고리 코드들을 마그네틱 잉크로 수표에 기재할 것이다. 은행은 이 시스템을 갖고 각 카테고리별로 나눠어져 각 소계가 기록된 입출금 내역서를 고객에게 제공할 수 있다. 이 시스템은 은행이 고객의 요청에 따른 스타일대로 보고서를 출력할 수 있도록 되어 있다. 법원에 의하여 특징지어진 것처럼, 일반적인 목적의 컴퓨터가 은행 고객에게 개인별로 카테고리별로 세분화된 일정 기간의 거래내역을 제공할 수 있도록 프로그램화되었다.

기본 시스템-은행 업무 분야에서 데이터 프로세싱 장비와 컴퓨터 소프트웨어 사용의 본질은 은행이 일상적으로 자동으로 기록하고 보존하는 많은 업무를 하고 있는 것이다. 일상적인 수표 처리에서, 시스템은 계좌와 라우팅으로 식별되는 마그네틱 문자들을 읽는다. 시스템은 수표 금액도 읽고, 수표의 지정된 부분에 그 가치를 인쇄한다. 그 수표는 마그네틱 잉크 정보를 사용하여 거래내역과 적절한 계좌에 Posting 기

499] *Dann v. Johnson*, 425 U.S. 219 (1976)

록을 생성하기 위한 후속 데이터 처리 단계로 보내진다. 고객의 출금계좌로 다달이 보내지는 내역서처럼, 이 시스템은 각 계좌를 위한 정기적인 내역서를 생성하는 것을 포함한다.

개선된 시스템-청구된 발명은 기본 시스템에 카테고리별로 지출을 추적하는 데 사용될 수 있는 카테고리 코드를 기록하는 것을 추가하였다. 카테고리 코드는 수표나 예금 전표에 기록된 숫자이며, 시스템에서 읽혀진 뒤, 마그네틱 잉크로 전환되어, 카테고리 코드가 포함될 수 있도록 데이터 시스템에서 처리된다. 이것은 오직 계좌 번호별로만 보고되는 것과 달리, 카테고리별로 데이터를 보고하는 것을 가능하게 한다.

알려진 기술은, 예산을 보다 정밀하게 처리하기 위하여 지출 카테고리를 추적하는 방법의 문제점을 해결하기 위하여 계좌번호를 사용(일반적으로 개인의 모든 거래 내역을 추적)하는 선행 기술의 적용이다. 즉, (자동 데이터 처리 장치에서 처리할 수 있는 데이터를 식별하는) 계좌번호가 다른 고객들을 구분하기 위하여 사용되었으며, 은행은 별개의 계좌에 있는 서비스 수수료에 기인한 출금액들은 오랫동안 분리해 왔고, 고객들에게 그 수수료들의 소계를 제공하였다. 예전에는 각 카테고리별로 별도의 계좌를 만들고, 별도의 보고를 받아야 했다. 계좌 정보에 추가 숫자(카테고리 코드)를 보충하면서, 서비스를 보고하고 추적하기 위한 별개의 계좌처럼 다루어 질 수 있는 단일 계좌를 효과적으로 생성하게 되어, 그 문제가 해결되었다. 즉, 카테고리 코드는 단순히 예전에 분리된 계좌를 보고서상에 하위계좌(sub-account)번호를 갖는 단일 계좌처럼 다루어지게 하는 것이다.

전형적인 분류, 검색 및 보고를 할 수 있도록 데이터에 징표를 삽입하는 기본 기술은 당업자가 거래의 일상적인 수단을 갖고 달성할 수 있다고 기대되는 예상 가능한 결과를 도출하였다. 법원은 선행 기술과 발명가의 시스템 간의 간격은 당업자에게 자명하지 않을 만큼 크지 않다고 판단하였다.

사례 2

In re Nilssen[500]은 앞의 Ⅱ.3.의 사례 1에서 살펴본 바 있다.

법원은 당업자가 Kammiller에서 가르쳐진 대로 인버터를 작동하지 않게 하는 Cutoff 스위치를 작동시키기 위하여 USSR 장치에서 생성된 한계신호를 사용할 것이 자명하다고 보았다. Cutoff 스위치를 사용하는 알려진 기술로 인버터 회로가 보호되는 결과를 가져오는 것은 예견 가능하다. 따라서, 당업자가 인버터를 보호하기 위한 동작 신호에 응답하는 Cutoff 스위치를 사용하는 것은 자명한 것이다.

5. "시도할 것이 명백"–성공에 대한 합리적 기대감 아래서, 제한된 수의 증명되고, 예측 가능한 해결책 중에서 선택

심사관이 이와 같은 근거로 등록을 거절하기 위해서는 먼저 *Graham* 사실조사를 마치고 아래 사실들을 밝혀야 한다. ① 발명 당시에 어떤 기술 분야에서 문제점이 존재하였고, 이를 해결하기 위한 (설계 변경 또는 시장의 요구 같은) 필요성이 존재하였다는 사실, ② 위와 같은 문제점에 대한 잠재적 해결책들이 제한된 수로 존재하며, 이는 예견 가능하고 인식할 수 있다는 사실, ③ 당업자들이 성공에 대한 합리적인 기대감을 갖고 그 공지의 잠재적인 해결책을 추진할 수 있었으리라는 사실 그리고 ④ *Graham* 사실조사에서 밝혀진 사실들은, 심사대상 사건의 사실들이므로, 어느 것이든지 자명성 결론을 설명하는 데 필요할 수 있다.

500) *In re Nilssen*, 851 F.2d 1401 (Fed. Cir. 1988)

사례 1

Pfizer, Inc. v. Apotex, Inc.[501]에서 특허 발명은 미국에서 Norvasc라는 상표 아래 알약 형태로 판매되고 있는 Amlodipine besylate 약품에 관한 것이다. 발명 당시 Besylate anions의 사용과 Amlodipine은 모두 알려져 있었다. Amlodipine은 청구된 Amlodipine besylate과 동일한 치료 속성을 갖는 것으로 알려져 있지만, Pfizer는 Besylate가 더 나은 제조 속성(예 감소된 점착성(Stickiness))을 갖는 것을 알아내었다.

Pfizer는 Amlodipine besylate이 구성한 결과물은 예견 가능하지 않기 때문에 자명하지 않다고 주장하였으나, 법원은 본 사례에서, 예견 불가능성이 비자명성과 동일시될 수 있다는 개념을 부정하였다. 왜냐하면, 개량된 속성을 얻기 위하여 테스트할 수 있는 약학적으로 허용된 염의 종류가 한정되었기 때문이다.

법원은 Amlodipine을 가공(Machinability)하는 문제를 갖고 있는 당업자는 염 화합물을 형성하려고 고개를 돌렸을 것이며, 잠재적인 Salt-former 그룹을 약학적으로 허용된 염을 형성한다고 알려진 53 Anions 그룹으로 범위를 좁힐 수 있을 것이며, 이는 성공에 대한 합리적 기대감을 형성할 수 있도록 허용될 수 있는 숫자이다.

사례 2

Alza Corp. v. Mylan Labs, Inc[502]에서 특허 발명은 Drug oxybutynin의 지효성(Sustained-release) Formulation에 관한 것이다. 이 약은 24시간 이상 일정 비율로 약효가 지속된다. Oxybutynin은 물에 잘 녹는 것으로 알려졌으며, 명세서에서는 이런 약들의 지효성 Formulation 개발이 갖고 오는 특별한 문제들을 지적하였다.

Morella의 선행 기술 특허는, 몰핀의 지효성 Formulation을 예로 들면서, 고수용성 약의 지효성 구성요소들을 가르쳤다. Morella는 또한 Oxybutynin이 고수용성 약군에 속한다고 밝혔다. Baichwal 선행 기술 특허는 청구된 발명과 다른 방출 비율(release rate)를 갖는 Oxybutynin의 지효성 Formulation을 개시하였다. 마지막으로 Wong 선행 기술 특허는 24시간 넘게 약을 투여하는 일반적으로 적용할 수 있는 방법을 가르쳤다. 비록 Wong은 Oxybutynin가 속하는 여러 카테고리에 개시된 방법을 적

501) *Pfizer, Inc. v. Apotex, Inc.*, 480 F.3d 1348 (Fed. Cir. 2007)
502) *Alza Corp. v. Mylan Labs, Inc.*, 464 F.3d 1286 (Fed. Cir. 2006)

용할 수 있다고 언급하였지만, Oxybutynin에 대한 적용 가능성을 구체적으로 언급하지는 않았다.

법원은 Oxybutynin의 흡수 속성이 발명 당시에 합리적으로 예견 가능하였기 때문에, 청구된 대로 Oxybutynin의 지효성 Formulation을 성공적으로 개발할 수 있는 합리적 기대감이 있다고 보았다. 명세서에서 증거로 제시된 선행 기술들은 고수용성 약의 지효성 Formulation을 개발하는 데 극복되어야 할 장애를 인식하였고, 그 장애를 극복하는 한정된 수의 방법들을 제시하였다. 지효성 구성요소들을 형성하는 공지의 방법들을 시도할 것이 명백하고, 성공에 대한 합리적 기대감이 있으므로 청구항들은 자명하였다. 법원은 절대적인 예견가능성이 있어야 한다는 주장에 흔들리지 않았다.

사례 3

In re Kubin[503]의 청구항은 분리된 핵산 분자(Isolated nucleic acid molecule)를 지시하였으며, 그 핵산은 특정 Polypeptide를 부호화하였다. 부호화된 Polypeptide는 부분적으로 지정된 서열과 특정 단백질을 결합할 수 있는 능력이 청구항에 표시되어 있다.

Valiante의 선행 기술 특허는 청구된 핵산에 의하여 부호화된 Polypeptide를 가르쳤으나, Polypeptide의 서열이나 분리된 핵산 분자를 가르치지는 않았다. 그러나, Valiante는, 선행 기술인 Sambrook의 실험실 매뉴얼에 개시된 것과 같은 전통적인 방법을 사용하여 Polypeptide의 서열이 결정될 수 있고, 핵산 분자가 분리될 수 있다고 개시하였다. Polypeptide나, Polypeptide 서열을 위한 선행 기술 방법들 그리고 핵산의 분리 등이 개시된 Valiant에 비추어, PTAB는 당업자가 청구 범위 내에 있는 핵산 분자를 성공적으로 획득하리라는 합리적인 기대를 갖을 수 있다고 보았다.

출원인은 *In re Deuel*, 51 F.3d 1552(Fed. Cir. 1995)를 인용하며, 특정한 핵산 분자를 묘사한 청구항을 거절하기 위하여 구조적으로 유사한 핵산 분자를 제시하지 않은 채 Valiante의 특허에 있는 Polypeptide와 Sambrook에 묘사된 방법을 함께 사용하는 것은 적절하지 않다고 주장하였다. PTAB는 "문제를 해결하려는 동기가 있고, 한정된 수의 예견 가능하고 알려진 해결책이 있을 때, 당업자는 자신의 기술적 능력

503] *In re Kubin*, 561 F.3d 1351 (Fed. Cir. 2009)

범위 내에서 이들 알려진 해결 방법들을 선택하여 시도해 볼 충분한 이유가 있다. 이러한 시도들을 통해서 예상한 바대로 발명이 성공한다면, 해당 발명은 혁신이 아니라 통상의 기술이거나 상식에 지나지 않게 된다."고 말한 *KSR*을 인용하였다. PTAB는 본 사안에서 마주하는 문제점은 특정한 핵산을 분리하는 것이고, 그렇게 할 수 있는 제한된 방법들이 있다고 하였다. PTAB는 당업자가 적어도 하나는 성공할 것이라는 합리적인 기대를 갖고 이들 방법들을 시도할 충분한 이유를 갖고 있다고 결론지었다. 따라서, 특정한 핵산 분자를 분리하는 것은 혁신에 의한 산출이 아니라, 통상의 기술이나 상식에 따른 것이다.

PTAB의 추론은 대체로 연방 항소 법원에 의하여 채택되었다. 그러나, 항소 법원은, *Deuel*의 결정이 "청구항 구성요소들의 결합을 시도할 것이 명백하다는 것을 자명성 심리에서 고려할 수 없다고 의미"하는 한, 연방대법원의 *KSR*에 의하여 그 결정은 받아들여질 수 없다고 보았다. 대신, *Kubin*은 *KSR*이 *O'Farrell*의 취지를 부활시켰다고 보았다. 여기서, 항소 법원은 '시도할 것이 명백'하다는 논거의 적합한 적용과 부적합한 적용을 구분하기 위하여, '시도할 것이 명백'한 것이 §103의 자명성으로 동일시되는 잘못된 두 가지 상황의 윤곽을 그렸다. 두 가지 상황은 다음과 같다. ① '시도하려는 것이 명백'해 보이는 것이 모든 파라미터에 변화를 주는 것이거나, 많은 가능한 선택들을 하나의 성공적인 결과에 도달할 때까지 각각 시도하려는 것일 때, 선행기술이 어느 파라미터가 중요한지에 대한 암시를 주지 않거나, 많은 가능한 선택 중 어느 것이 성공할 수 있을 것인가에 대한 지시를 하지 않는 경우, ② '시도하려는 것이 명백'한 것이 새로운 기술이나 실험의 유망한 분야로 보이는 일반적인 접근을 탐구하려는 것일 때, 선행 기술이 청구된 발명의 특별한 형태나 그것을 달성하는 방법에 관한 일반적인 안내만을 줄 때이다.

사례 4

Takeda Chem. Indus, Ltd. v. Alphapharm Pty., Ltd[504]에서 청구된 화합물은 Pioglitazone으로 이는 Takeda가 Type2 당뇨병의 치료제로 팔고 있는 Thiazolidinediones (TZDs)로 알려진 약품군의 하나이다.

504] *Takeda Chem. Indus, Ltd. v. Alphapharm Pty.*, Ltd., 492 F.3d 1350 (Fed. Cir. 2007)

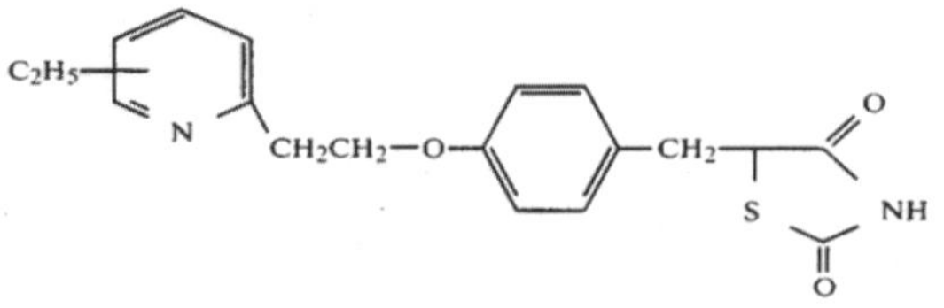

C_2H_5 N CH_2CH_2—O— —CH_2— S NH O O

'777특허의 청구항 1

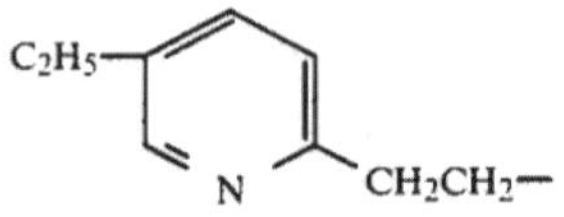

C_2H_5 N CH_2CH_2— CH_3 N CH_2CH_2—

'777 특허청구항 2의 Pioglitazone 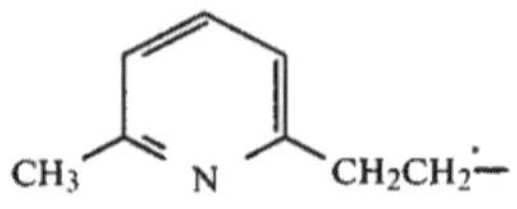　　선행 기술로 주장된 Compound b

Alphapharm은 식품의약청(Food and Drug Administration; FDA)에 ABND (Abbreviated New Drug Application)를 신청하였는데, 이는 Takeda의 특허를 침해한 기술적 행동이 되었다. Takeda가 소송을 제기하였을 때, Alphapharm은 Takeda의 특허가 자명하여 무효라고 주장하였다. Compound b라는 공지된 화합물의 두 단계 변형(Homologation과 Ring-Walking)으로 Pioglitazone을 산출할 수 있어서 자명하다는 것이다.

지방 법원은 Compound b를 Lead compound로 선정할 이유가 없었을 것이라고 보았다. 많은 수의 유사한 선행 기술 TZD 화합물이 있었는데, 54개는 Takeda의 선행 특허에서 구체적으로 알려졌으며, 그 외에도 무척 많은 수가 일반적으로 알려졌다. 양 당사자는 Compound b가 가장 가까운 선행 기술을 대표한다는 점에 동의하였으나, 하나의 자료에서 Compound b와 관련된 불리한 속성을 가르쳤다. 지방 법원은 당업자가 이것이 Compound b를 Lead compound로 선정하지 않을 것이라고 가르쳤다고 보았다. 따라서, 본 사례는 일응 자명해 보이지 않으며, 설령 그렇다 하더라도 Pioglitazone 독성의 예기치 않은 결함(Unexpected lack) 때문에 자명성 추정이 극복될 것으로 보았다.

연방 항소 법원은 선행 기술 화합물을 변형할 만한 이유에 관한 필요성을 언급하면서 지방 법원의 결정을 인용하였다.

KSR 법원은 "문제 해결을 위한 시장의 요청 또는 설계상 필요성이 있고, 제한된 수의 예견 가능하고 알려진 해결책이 있을 때, 당업자는 자신의 기술적 능력 범위 내

에서 이들 알려진 해결 방법들을 선택하여 시도해 볼 충분한 이유가 있다."고 인식하였다. 그러한 정황에서 "선행 기술들을 결합하려고 시도할 것이 명백한 사실은 §103의 자명성을 보여 줄 수 있다." 본 사례는 이와 다르다. 당뇨치료제를 위한 예견 가능한 해결책을 찾는다기보다는, 선행 기술이 화합물의 광범위한 선택을 개시하였고, 각 화합물은 후속 연구를 위한 Lead compound로 선정될 수 있을 것이다. 더욱이, 가장 가까운 선행 기술(Compound b, the 6-methyl)은 부정적인 속성을 보여 주어, 당업자들에게 그 화합물을 선택하지 않도록 가르칠 것이다. 따라서, 이 사례는 법원이 시도할 것이 명백한 경우에 자명하다고 판단된다고 말하였을 때, 법원에 의하여 고려되었던 상황 조건들을 충족하지 못하였다. 증거들은 시도할 것이 명백하지 않다는 것을 보여 준다.

따라서, 심사관들은 시도할 것이 명백하다는 논거는 적절한 사실 확인이 이루어지지 않았을 때는 적용될 수 없다는 것을 인식하여야 한다. 본 사례에서는 당뇨병 치료제에 대한 필요성은 인식되었지만, 그에 대하여 예견 가능하고 알려진 해결책은 무수히 많이 존재하였고, 그에 대한 성공을 기대하는 것도 합리적이라 보기 어려웠다. 알려진 수많은 TZD 화합물이 있었으며, 비록 하나가 가장 가까운 선행 기술을 대표하였지만, 그것의 공지된 불리한 속성은 후속 연구를 위한 시작점으로서 부적합하게 만들었고, 당업자가 그것을 사용하지 않도록 가르쳤다. 또한, 비록 Compound b를 선택할 이유가 있었더라도, Compound b를 Pioglitazone 화합물로 변환하는 데 필요한 특정의 변형과 관련된 성공에 대한 합리적 기대가 없었다.

사례 5

Ortho-McNeil Pharm., Inc. v. Mylan Labs, Inc[505]에서 특허 발명은 Topiramate이며, 이는 진정제(Anti-convulsant)로 사용된다.

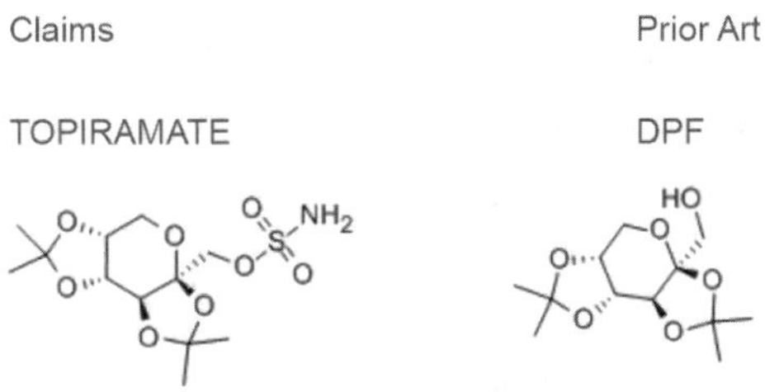

Claims	Prior Art
TOPIRAMATE	DPF

새로운 당뇨병 약을 연구하는 도중에, Ortho-McNeil의 과학자들은 반응 중간체(Reaction intermediate)가 진정제 속성을 갖는다는 것을 예기치 않게 발견하였다. Mylan은 시도할 것이 명백하였다는 주장에 근거한 자명성을 이유로 특허 발명의 무효를 주장하였다. 그러나, Mylan은 진정제를 개발하려면, 당뇨병 약의 전구물질(precursor)-특히 Topiramate을 끌어낼 구체적 물질-에서 시작하는 것이 왜 자명한지를 설명하지 못했다. 지방 법원은 Ortho-McNeil의 특허가 자명성을 이유로 무효가 아니라고 법률 판단(Summary judgment)하였다.

항소 법원도 이에 동의하며, 당업자가 특정 화합물을 시작점으로 선택하거나, Intermediate으로서 Topiramate를 이끌어 낼 특정의 합성경로를 선택할 합리적 이유가 보이지 않는다고 밝혔다. 당뇨 치료가 목적이라면 Intermediate를 진정제 속성을 위한 목적으로 시험할 이유는 더욱 없었다. 항소 법원은 본 사례와 같이 우연히 얻게 된 요소는 예견가능성 요건에 반한다고 인식하였다. Mylan의 시도할 것이 명백하다는 논거에 대한 결론을 내리면서 항소 법원은 다음과 같이 말하였다.

이 발명은, Mylan의 설명과는 반대로, 자명성을 보여 주기 위하여 쉽게 통과할 수 있는 한정된 수의 옵션을 제공하지 못했다. *KSR*은 당업자가 자명성을 확신할 수 있는 소규모로 또는 쉽게 통과할 수 있는 한정된 수의 옵션을 상정하였다. 본 사안은 *KSR*이 제안했던 자명성 추론을 뒷받침하기 위하여 소규모로 또는 쉽게 통과할 수 있는 한정된 수의 대체재는 결코 아니다.

따라서, 본 사례는 시도할 것이 명백하다는 논거를 적용하기 위하여 연방 대법원이 *KSR*에서 밝힌 요건인 예견 가능한 "한정된 수"의 해결책을 명백히 하였다: 항소 법원의 사례에서 "한정된(finite)"은 해당 기술 분야의 사정을 고려하여 "소규모의 쉽게 통과할 수 있는(small or easily traversed)"것을 의미한다. 그 심리(Inquiry)는 각 사건의 주제에 맞춰 정해져야 하며, 각 케이스는 그 자신의 사실관계에 기반하여 결정되어야 한다.

사례 6

Bayer Schering Pharma A.G. v. Barr Labs., Inc[506]에서 청구된 발명은, Yasmin으로 판매되는 Micronized drospirenone을 포함한 먹는 피임약에 관한 것이다. 선행기술 Drospirenone 화합물은 피임효과를 갖고 있지만, 물에 잘 녹지 않고 산에 민

505] *Ortho-McNeil Pharm., Inc. v. Mylan Labs, Inc.*, 520 F.3d 1358 (Fed. Cir. 2008)
506] *Bayer Schering Pharma A.G. v. Barr Labs., Inc.*, 575 F.3d 1341 (Fed. Cir. 2009)

감한 화합물로 알려져 있다. 또한, 이를 미세화하면 물에 잘 녹지 않는 속성이 더 향상된다고 업계에 알려져 있다.

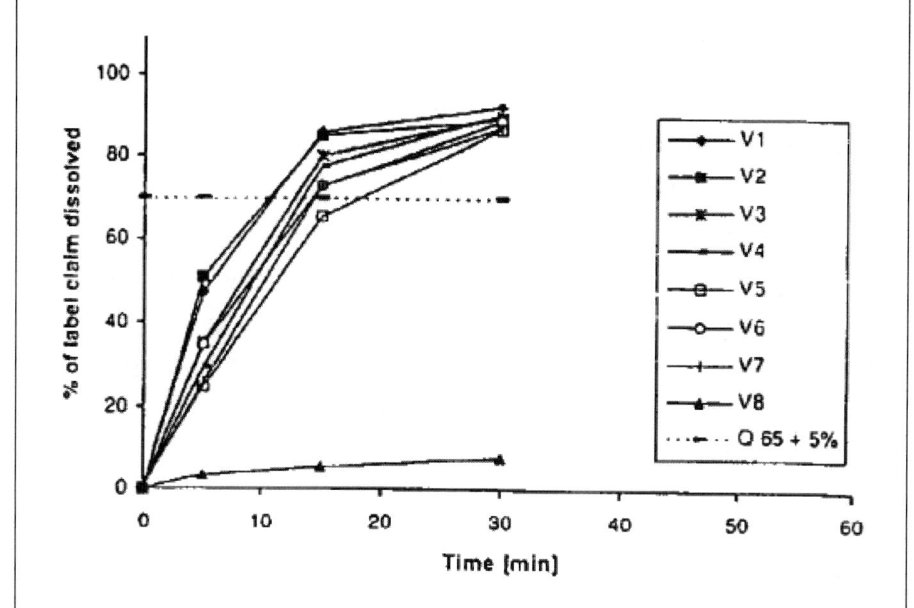

공지의 산 민감성을 근거로, Bayer는 약의 절대적 생체이용효율(Absolute bioavailability)을 측정하기 위하여 동일한 Formulation의 정맥주사와 비교하면서 Drospirenone 장용제가 어떻게 효과적으로 Formulation되어야 하는지를 연구했다. Bayer는 코팅되지 않은 Drospirenone 알약을 추가하여 그 생체이용효율을 장용 Formulation과 정맥주사와 비교하였다. Bayer는 코팅되지 않은 보통의 알약이 가장 낮은 생체이용효율을 보이고, 정맥주사가 가장 높은 생체이용효율을 보이리라 기대하였다. 그러나, Bayer는 Drospirenone이 높은 산 환경에서 빨리 이성화된다(Isomerize)고 관찰했음(이것은 생체이용효율을 보존하기 위하여 장용코팅이 필요하다는 믿음을 뒷받침한다)에도 불구하고, 일반 알약이나 장용코팅된 알약이나 동일한 생체이용효율을 나타내었다. Bayer는 이 연구를 따라서, 일반 알약 안에 Micronized drospirenone를 개발하였다.

지방 법원은 당업자는 구조적으로 관련된 화합물, Spirorenone이 산에 민감함에도 불구하고 체내에서(In vivo) 흡수되었고 Drospirenone에도 동일한 결과를 제시할 것이라는 선행 기술 결과를 고려할 것이라고 보았다. 법원은 또한, 다른 자료가 사람의 위장과 같은 산성 시뮬레이션에서 Drospirenone이 체외에서 이성화된다는 것을 가르쳤지만, 당업자는 그 논문의 결점을 알고 복용 형태(Dosage form design)에 관한 과학 논문에서 제시된 대로 발견된 결과를 검증하여, 장용코팅이 불필요하다는 것을 증명하리라고 보았다.

항소 법원도 청구된 Formulation이 자명하다고 보아 그 특허를 무효라고 판단하였다. 선행 기술이 Formulator를 두 가지 옵션으로 한정하였다고 보았다. Formulator를 위하여 업계에 존재하는 모든 가능성을 시도할 필요성은 선행 기술에 의하여 사라졌다. 선행 기술은 모호하게 일반적인 접근이나 연구분야를 가리키는 것이 아니고, 오히려 Formulator로 보통 알약이나 장용코팅을 사용하도록 정확히 안내하고 있다.

심사관들은 많은 수의 옵션이 존재한다는 사실 자체만으로 자명하지 않다는 결론에 도달해서는 안 된다. 선행 기술의 가르침으로 당업자의 옵션이 줄어든다면, 그 줄어든 옵션은 시도할 것이 명백하다는 논거를 이용하여 자명성을 결정할 때 고려하여야 할 적절한 것이 된다.

사례 7

Sanofi-Synthelabo v. Apotex, Inc[507]에서 특허 발명은 Clopidogrel(Dextrorotatory isomer of methyl alpha-5(4,5,6,7-tetrahydro(3,2-c)thienopyridyl)(2-chlorophenyl)-acetate)이며, 항혈전 화합물로 심장마비를 예방하거나 치료하는 데 사용된다. 라세미산염(Racemate), 즉 Dextrorotatory and levorotatory(D-and L-) isomers 혼합물은 선행 기술에서 알려져 있었다. 그 두 형태는 이전에는 분리되지 않았고, 그 혼합물이 항혈전 속성을 갖고 있다고 알려졌지만, 각 Isomers가 라미산염의 관찰된 속성에 어느 정도까지 기여하는지는 알려지거나 예측되지 않았다.

지방 법원은, 더 이상의 추가 정보가 없다면 D-isomer는 공지의 라미산염에 의하여 일응 자명할 것이라고 추정하였다. 그러나, 법원은 본 사안에서 D-isomer의 예상치 않은 치료상 장점에 관한 증거로 인하여 일응 자명하다는 추정은 뒤집혀진다고 보았다. 양 당사자들의 전문가 증인들은 Isomers가 치료활성과 독성이 다르게 나타나는데 당업자는 그 정도(Degree)를 예측할 수 없다고 증언하였다. 전문가 증인들은

507) *Sanofi-Synthelabo v. Apotex, Inc.*, 550 F.3d 1075 (Fed. Cir. 2008)

또한 Isomers가 더 큰 치료효과를 가질 수록 더 큰 독성을 갖게 된다고 증언하였다. Sanofi의 증인들은, Sanofi의 연구개발자들이 Isomers의 분리가 생산적이지 않을 것이라고 믿었다고 증언하였으며, 양 당사자의 전문가 증인들은 발명 당시 Isomers를 분리하는 것은 어려운 일이라는 데 동의하였다. 그럼에도 불구하고, Sanofi가 Isomers를 분리하는 일에 착수하였을 때, Isomers가 절대적인 입체선택성(Absolute stereoselectivity)이라는 드문 특성을 가지고 있고, 그것에 의하여 D-isomer가 모든 유용한 치료 활성을 제공하고 의미 있는 독성은 제공하지 않으며, 반면에 L-isomer는 치료활성을 생산하지 않고, 거의 모든 독성을 생산한다는 사실을 발견하였다. 이와 같은 기록에 근거하여, 지방 법원은 Apotex가 Sanofi의 특허가 자명하여 무효라는 사실을 명백하고 확실한 증거에 의하여 증명하여야 할 입증책임을 만족시키지 못하였다고 결론내렸다. 항소 법원도 지방 법원의 결론을 인정하였다.

심사관은, 오직 적은 수의 가능한 선택들이 존재하는 경우라도, 모든 증거를 살펴서 결과물이 합리적으로 예견 가능하지 않고, 발명자의 성공에 대한 합리적인 기대감이 없을 때에는 시도할 것이 명백하다는 논거는 적절하지 않다는 것을 인식하여야 한다. Bayer 사례에서는 모든 선행 기술 연구가 동의하지는 않았더라도 일반 알약과 장용 코팅 알약이 모두 치료 목적에 적합하다고 기대할 수 있는 기술적 근거가 있었다. 따라서, 획득된 결과가 예견 불가능한 것은 아니었다. 반면에 Sanofi 사례는, Isomers의 분리 이전에는 당업자가 D-isomer가 L-isomer에 비교하여 강한 치료상 장점을 가졌으리라는 것을 기대할 합리적 이유를 갖지 못했다. 즉, Sanofi의 결과는 예측 불가능하였다.

사례 8

Rolls-Royce, PLC v. United Tech. Corp[508]에서 연방 항소 법원은 제트엔진의 팬 날개에 관하여 시도할 것이 명백하다는 논거를 다루었다. 이 사례는 저촉(Interference) 절차로부터 시작되었다. 항소 법원은 지방 법원이 Rolls-Royce의 청구항들이 United의 출원서에 비추어 자명하지 않기 때문에 Interference-in-fact가 없다는 결정을 인용하였다.

508] *Rolls-Royce, PLC v. United Tech. Corp.*, 603 F.3d 1325 (Fed. Cir. 2010)

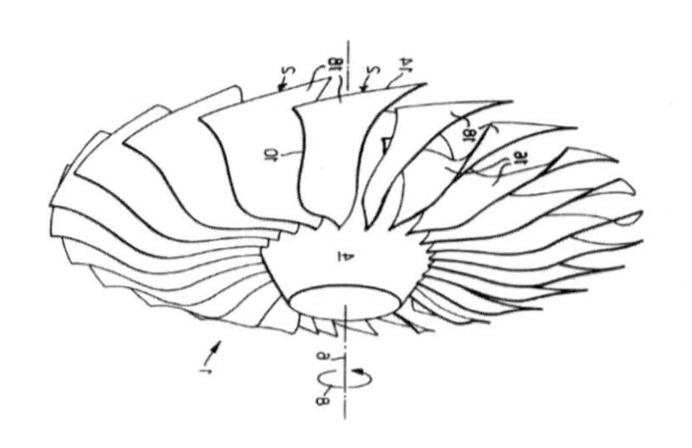

각 팬날개는 내부, 중간, 외부의 세 영역으로 구성되었다. 허브 회전축에 가장 가까운 부분은 내부영역이다. 엔진의 중심에서 가장 멀고, 엔진을 둘러싸고 있는 케이스에서 가장 가까운 부분은 바깥쪽 부분이다. Count(상대방 청구항)는 팬날개를 Swept-forward 내부영역, Swept-rearward 중간영역, Forward-leaning 외부영역으로 정의한다. United는, 당업자가 Endwall 충격을 줄이기 위하여 선행 기술 팬날개의 후방에서부터 전방으로의 Sweep과 비교하여 외부 영역에 있는 Sweep angle을 반대로 하는 팬날개의 디자인을 시도하였을 것이 명백해 보인다는 주장을 하였다. 항소 법원은 청구된 팬날개가 시도할 것이 명백하다는 논거에 의하여 자명하다는 United의 판단에 동의하지 않고, 자명성에 대한 시도할 것이 명백한 것의 적절한 논거는 문제를 해결하기 위한 가능한 선택들이 알려지고 한정적이어야 한다고 지적하였다. 본 사례에서, 선행 기술이 Rolls-Royce가 했던 것처럼 Sweep angle을 바꾸는 것이 Endwall 충격 이슈를 다루는 것이라고 제안한 사실이 없다. 따라서, 항소 법원은 Sweep angle의 변경은 시도할 것이 명백할 만한 선택은 고사하고, 어떠한 선택으로도 제안된 사실이 없다고 결론지었다. 심사관은 청구된 해결책이 한정된 수의 당업자에게 알려진 잠재적인 해결책 중에 선택되었을 때만이 시도할 것이 명백하다는 논거가 자명성 결론을 적절히 뒷받침할 수 있다는 것을 명심하여야 한다.

6. 공지의 노력이나 작업이 사용 중에 디자인적 측면이나 시장 지배력의 측면에서 사용을 위한 변형을 촉진한 경우, 그 변형이 당업자에게 예견 가능한 경우

심사관이 이와 같은 근거로 등록을 거절하기 위해서는 먼저 *Graham* 사실조사를 마치고 아래 사실들을 밝혀야 한다. ① 선행 기술의 범위와 내용이 청구된 발명과 유사한 장치(방법, 제품 등)를 포함하고 있다는 사실, ② 설계 변경의 이점 또는 시장의 요구 등에 의하여 잘 알려진 장치(방법, 제품 등)의 적용을 촉진하였다는 사실, ③ 청구된 발명과 선행 기술의 차이가 선행 기술에서 알려진 원칙이나 그 변형에 포함된다는 사실, ④ 당업자들은 알려진 설계변경의 이점이나 시장의 요구에 부합하여 특허 청구된 선행 기술의 변형을 실행할 수 있으며, 그 청구된 변형은 당업자들에게 예견 가능한 범위 내라는 사실 그리고 ⑤ *Graham* 사실조사에서 밝혀진 사실들은, 심사대상 사건의 사실들이므로, 어느 것이든지 자명성 결론을 설명하는 데 필요할 수 있다.

이와 관련된 사례로는 앞에서 살펴 본 *Dann v. Johnston*[509]과 *Leapfrog Enterprises, Inc. v. Fisher-Price, Inc*[510] 등을 볼 수 있다.

7. 당업자들이 선행 기술의 TSM에 의하여 인용된 선행 기술들을 변경하거나 조합함으로써 청구된 발명을 만들 수 있는 경우

심사관이 이와 같은 근거로 등록을 거절하기 위해서는 먼저 *Graham* 사실조사를 마치고 아래 사실들을 밝혀야 한다. ① 인용된 선행 기술이나 당업자들이 일반적으로 이용하는 지식 범위 안에서 인용기술을 변형하거나 조합할 수 있는 TSM이 있었다는 사실, ② 성공을 기대하는 것이 합리적이라는 사실, ④ *Graham* 사실조사에서 밝혀진 사실들은, 심사대상 사건의 사실들이므로, 어느 것이든지

---

509) *Dann v. Johnston*, 425 U.S. 219, 189 USPQ 257 (1976)

510) *Leapfrog Enterprises, Inc. v. Fisher-Price, Inc.*, 485 F.3d 1157, 82 USPQ2d 1687 (Fed. Cir. 2007)

자명성 결론을 설명하는 데 필요할 수 있다. 법원은 TSM이 유연하게 적용되어야 하고, 선행 기술을 조합하도록 명시적일 필요도 없다고 한다. 경우에 따라, 해결하고자 하는 문제의 본질이나 당업자들의 지식에서 발견될 수도 있다고 한다.

1) 인용자료의 변형을 위한 TSM[511]

먼저, 바람직스러운 다른 대안이 알려졌다고 하더라도, 선행 기술을 변형하여 청구된 발명을 만들게 하려는 TSM이 부정되지는 않는다. *In re Fulton*[512]에서는 마찰력을 증진시키기 위한 육각의 돌기들이 면 방향으로 배열된 신발 밑창에 관한 발명으로 제품 특허를 청구하였다. 육각의 돌기들이 면 방향으로 배열된 디자인 특허와 청구항의 다른 요소들을 포함한 제품 특허들을 결합하였다. 출원인은 이와 같은 조합이 부적절하다며 다음과 같이 주장하였다. ① 선행 기술은 육각의 돌기들이 면 방향으로 배열된 것이 가장 바람직한 배열이라는 것을 제시하지 않았고, ② 선행 기술은 오히려 꼭짓점 방향으로 배열된 것이 바람직하다고 하여 청구된 발명을 배제하도록 가르쳤다는 것이다. 이에 대하여 위원회는, 선행 기술의 개시가 청구된 발명을 비난하거나, 격하한 것이 아니기 때문에, 선행 기술에서 하나 이상의 대안을 개시하였다고 이들 대안 이외에는 배제하도록 가르친 것은 아니라고 보았다. 이와 같은 위원회의 자명성에 따른 특허 거절을 확인하면서, 법원은 선행 기술은 전체적으로 신발 밑창의 청구된 요소들을 결합하는 것이 바람직하다고 제시하였으며, 결합할 동기를 제공하였다고 보았다. 선행 기술들이 출원인에 의하여 청구된 조합이 가장 선호되거나 가장 바람직하다고 제시할 필요는 없다. *Ruiz v. A.B. Chance Co*[513]에서 청구된 발명은, 내려앉고 있는 건물의 기초를 지지하기 위하여 금속 브래킷을 가진 Screw anchor에 관한 것이다. 인용된 선행 기술 중 하나는 콘크리트 브래킷을 가진 Screw anchor이고, 다른 하나는 금속 브래킷을 가진 Pier anchor였다. 법원은 해결되어야 할 문제의 본질에 비추어 이들 선행 기술들을 조합하여 청구된 발명을 만들 동기가 충분하다고

---

511) MPEP 2143.01 Suggestion or Motivation To Modify the References [R-08.2017]

512) *In re Fulton*, 391 F.3d 1195 (Fed. Cir. 2004)

513) *Ruiz v. A.B. Chance Co.*, 357 F.3d 1270 (Fed. Cir. 2004)

보았다. 왜냐하면, 각각의 선행 기술들은 내려앉고 있는 건물의 기초를 지지하려는 동일한 문제를 해결하려 하고 있기 때문이다. 법원은 또한 인용된 선행 기술들을 조합하기 위한 동기가 명시적으로 기재될 필요도 없다고 본다.

두 번째, 인용된 선행 기술들의 가르침이 서로 상충되는 경우에는, 심사관들은 한 자료가 다른 자료를 완전히 배척하는지도 살피면서, 당업자들에게 해결책을 제시하는 각각의 자료들의 영향력을 검토하여야 한다. *In re Young*[514]에서 출원인은 수중에서 음파를 생성하는 방법 및 장치에 관한 특허를 출원하였으며, 이 기술은 연안 앞바다의 지진탐광장치에 활용된다. 이와 같은 기술들은 기포진동이라는 문제를 안고 있는데, 기포진동을 억제하기 위하여 Young은 최소 3개의 에어건에서 간격을 두고 기포를 발사하여 처음 기포가 최대 반경에 도달하기 전에 다음 기포가 교차하도록 하여 전체적인 기포진동을 약화시켰다. Carlisle은 Young의 출원에 앞서서 일정한 간격을 두고 화학적 폭발을 통하여 기포진동을 최소화하는 특허를 등록하였다. Young의 특허는 Carlisle의 선특허에 의하여 자명하다는 이유로 거절되었다. 이에 대하여, Young은 Carlisle의 특허 이후 발표된 Knudsen의 논문에서 Carlisle 기술이 기포진동 억제에 뚜렷할 만한 향상점을 보이지 못한다고 지적하였기 때문에, 지진 측정 분야의 통상의 기술을 가진 사람들은 더 이상 Carlisle 특허를 고려하지 않는다고 주장하였다. 그러나, 법원은 Young의 발명을 심사하는 데 있어서, Carlisle에 가중치를 두었다. Carlisle은 Young이 출원한 간격을 두는 방법 및 그 장점을 정확히 가르치고 있기 때문이다. Knudsen 논문은 Carlisle의 음원이나 간격 등을 사용하지 않았기 때문에, Carlisle 기술을 비슷한 조건에서 시험한 것이 아니었다. 더욱이 위 논문의 결론인 Carlisle 기술이 두 번째 압력파를 제거하는 데 효과적이지 못하다는 것은 Knudsen 논문에 포함된 데이터와 모순되었다. 이 논문은 Carlisle 모델에 정확히 일치하지 않더라도, 기포에 간격을 두면 두 번째 압력파가 30% 감소하는 것을 보여 주고 있다.

세 번째, 단순히 인용된 선행 기술들이 조합되거나 변형될 수 있다는 사실만으로는, 그 결과가 당업자들에게 예견 가능하지 않다면, 반드시 자명하다고 말할

---

514) *In re Young*, 927 F.2d 588 (Fed. Cir. 1991)

수 없다.

네 번째, 선행 기술들의 가르침을 조합할 객관적인 이유가 없다면, 선행 기술들이 청구된 발명의 모든 요소가 개별적으로 알려져 있다고 가르쳐 주기 때문에 청구된 발명에 부합하는 선행 기술의 변형도 발명 당시 통상의 기술 범위 내라는 서술만으로 당연히 자명하다고 보기에 충분하지 않다. 자명성에 근거한 거절은 단순히 결론만을 진술해서는 유지될 수 없다. 대신 자명성에 대한 법적 결론을 논리적으로 뒷받침할 수 있는 근거를 서술해야 한다.

다섯 번째, 선행 기술을 변형하더라도 선행 기술이 의도된 목적에 부합하지 않게 변형되었다면, 그 변형에 대한 제시나 동기가 있다고 볼 수 없다. *In re Gordon*[515]에서 청구된 발명은 의료 처치 중에 사용하는 혈액 여과 장치다. 이 장치에서 혈액이 들어오고 나오는 곳은 장치의 바닥에 위치하며, 가스 배출구는 장치의 위에 자리한다. 선행 기술인 가솔린 등에서 먼지와 수분을 제거하는 액체 여과기에서 입구와 출구는 여과기의 위에 위치하고, 누적된 먼지와 수분을 정기적으로 제거하기 위한 배기용 꼭지는 여과기의 아래에 자리잡았다. 이 선행 기술에 의하면, 중력에 의하여 기름과 수분이나 먼지가 분리된다는 것도 알 수 있다. PTAB는 선행 기술 장치를 뒤집어 보는 것은 자명해 보인다는 이유에서 위 청구항들이 일응 자명하다고 판단하였다. 그러나 법원은 이 결정을 뒤집으면서, 선행 기술 장치를 뒤집으면 여과되어야 할 가솔린은 장치의 위에 갇히게 되고, 걸러서 버려져야 될 수분과 무거운 기름들만이 흘러나오게 되어 이 장치가 의도된 목적대로 기능할 수 없다고 보았다.

한편, *In re Urbanski*[516]에서 논의된 특허는 식품첨가물에 적합하도록 저감된 용수량을 갖는 콩의 식유 섬유에 대한 효소 가수분해 방법이다. 여기서 콩의 식이섬유와 효소를 물에 60분에서 120분간 섞어 놓으면 청구항에 있는 가수분해 정도와 용수량을 갖고, 단당이 없는 식이섬유 제품을 얻게 된다. 이 청구는 두 선행 기술에 의하여 특허가 거절되었다. 먼저, Gross는 상대적으로 긴 가수분해 시간(5시간에서 72시간)을 사용하여 식이섬유를 안정적이고 균질한 Colloidal

515] *In re Gordon*, 733 F.2d 900 (Fed. Cir. 1984)
516] *In re Urbanski*, 809 F.3d 1237 (Fed. Cir. 2016)

dispersions로 바꾸는 방법을 가르쳐 주며, Wong은 짧은 가수분해 시간(약 100분에서 240분)을 사용하여 섬유내용물을 감소시키지 않으면서도 부드럽고 먹기 좋은 개량된 콩 식이섬유 제품을 생산하는 방법을 가르쳐 주었다. 출원인은 Gross 프로세스를 Wong이 가르치는 대로 짧은 가수분해 시간으로 변형한다면, 그 변형된 절차는 Gross가 의도한 목적(Stable dispersion)을 위하여 기능할 수 없다고 보아, 이들 두 선행 기술은 그 둘의 조합을 가르치지 않는다고 주장하였다. 그러나 법원은 이들 선행 기술들은 식이섬유의 다른 특성을 얻기 위하여 가수분해 시간이 조절될 수 있다는 것을 제시해 주며, 선행 기술의 변형을 통하여 실행할 수 없는 절차나 바람직하지 않은 식이 섬유 제품을 초래한다는 가르침은 선행 기술에 존재하지 않는다고 판단하였다.

또, 선행 기술장치의 기능과 능력을 제한하는 서술은 좀 더 고려해 보아야겠지만, 선행 기술의 단순함이 기능이 추가되어 복잡한 장치를 자명하지 않다고 판단하는 특성이 되지 않는다. *In re Dance*[517]에서 혈관의 장애물을 제거하는 Catheter에 대한 발명이 두 가지 선행 기술의 조합에 의하여 자명하다고 판단하였다. 첫 선행 기술은 구조의 심플함을 강조하고 혈관 내 잔해의 유화작용을 가르치지만, 이것이 혈관 내 잔해의 회복을 위한 새로운 채널의 추가를 가르치지 않는 것은 아니라고 하였다. *Allied Erecting v. Genesis Attachments*[518]에서는, 움직일 수 있는 날에 대한 변형이 선행 기술에서 개시된 날을 빨리 바꿀 수 있는 기능에는 방해가 되지만, 어떤 일련의 행동은 때때로 장점과 단점을 동시에 갖고 있으며, 이것 때문에 선행 기술들을 조합할 동기를 반드시 배제할 필요는 없다.

여섯 번째, 제안된 변형이 선행 기술의 동작원리를 변형시킬 수는 없다. 선행 기술에 대한 제안된 변형이나 조합으로 선행 기술의 동작원리가 변경되면, 그 선행자료의 가르침만으로는 청구항들을 당연히 자명하다고 말할 수 없다. *In re Ratti*[519]에서 청구된 발명은, 탄력있는 Sealing member에 삽입된 바깥쪽으로 기울어진 탄력있는 스프링 Fingers와 구멍결합부로 이루어진 Oil seal에 관한 것이

---

517) *In re Dance*, 160 F.3d 1339 (Fed. Cir. 1998)

518) *Allied Erecting & Dismantling Co. v. Genesis Attachments, LLC*, 825 F.3d 1373 (Fed. Cir. 2016)

519) *In re Ratti*, 270 F.2d 810, 813 (CCPA 1959)

다. 자명성의 근거가 된 선행 기술들의 조합에서 주된 선행 기술은 Cylindrical sheet metal casing에 의하여 강화된 구멍결합부를 갖는 Oil seal을 개시하였다. 이 선행 기술에서는 작동을 위하여 강성을 필요로 하는 반면에, 청구된 발명은 탄성을 필요로 하였다. 법원은 특허 거절 결정을 뒤집으면서, 제시된 인용자료들의 결합은 주된 인용자료가 작동하도록 디자인된 기본 원리를 바꿀 뿐만 아니라, 주된 인용자료의 요소들을 본질적으로 재구성하거나 재디자인하도록 요구한다고 판단하였다.

2) 성공에 대한 합리적 기대[520]

청구항이 자명하다는 결론을 뒷받침하는 논거는 청구항의 모든 요소들이 선행 기술에서 공지되었으며, 당업자들은 이 요소들의 기능 변경 없이 공지의 방법으로 청구된 요소들을 결합할 수 있고, 그 조합은 당업자들이 예견 가능한 결과를 도출한다는 것이다.

먼저, 자명성은 성공에 대한 합리적인 기대를 필요로 한다. 청구된 발명을 만들기 위하여 선행 기술들을 조합하거나 변형할 이유가 있으면서, 성공에 대한 합리적인 기대가 있다면 청구항들은 당연히 자명한 것으로 거절될 수 있다. *In re Merck & Co., Inc*[521]에서 발명은 Amitriptyline을 일정량 복용하여 우울증을 치료하는 방법에 관한 것이다. 이는 Amitriptyline이 향정신성 속성을 갖고 있다고 알려진 화합물이고, Imipramine은 항우울증 속성을 가진 것으로 알려진 구조적으로 유사한 향정신성 화합물이라는 것을 개시한 선행 기술에 의하여 당연히 자명하다고 판단되어 거절되었다. 또, 선행 기술은 이들 화합물들이 유사한 활성을 갖고 있으리라 기대되는 것을 제시하였다. 즉, 화합물 간의 구조적인 차이점은 공지의 Bioisosteric 대체물을 포함하고 있고, 이들 두 화합물의 병리학적 속성을 비교한 연구논문은 항우울제로서의 Amitriptyline의 임상테스트를 제시하였기 때문이다. 법원은 거절 결정을 지지하면서, 선행 기술의 가르침이 성공을 합리적으

---

520) MPEP 2143.02 Reasonable Expectation of Success Is Required [R-08.2012]

521) *In re Merck & Co., Inc.*, 800 F.2d 1091 (Fed. Cir. 1986)

로 기대할 만한 충분한 근거를 제시하였다고 판단하였다.

두 번째, 출원인은 성공을 합리적으로 기대하기 어렵다는 증거를 제시할 것이므로, 성공에 대한 절대적인 예견가능성은 아니어도, 적어도 어느 정도의 예견가능성은 요구된다. 성공에 대한 합리적인 기대가 없다는 것을 입증하면 비자명성 결론을 뒷받침할 수 있다. *In re Rinehart*[522]에서 청구된 발명은 초대기 압력(Superatmospheric pressure)에서 용제를 사용하여 Polyesters를 상업적 규모로 생산하기 위한 방법에 관한 것이다. PTAB는 대기압에서 청구된 발명을 가르치고 있는 선행 기술에 의하여 자명하다고 보았다. 이 선행 기술은 용제의 제공만 제외하면 청구된 모든 프로세스를 가르치고 있다. 법원은 이 결정을 뒤집으면서, 다툼이 없는 증거에 의하여 선행 기술의 개별적인 프로세스가 성공적으로 상업적 규모로 확대될 수 없다고 보여 주므로, 선행 기술을 조합한 프로세스가 성공적으로 규모가 확대된다는 것을 합리적으로 기대할 수 없다고 보았다. *In re O'Farrell*[523]에서 법원은 청구된 발명이 선행 기술에 의하여 자명하다고 보았는데, 한 인용자료가 실현 가능한 상세한 방법론과 선행 기술을 변형하여 청구된 발명을 생산할 수 있다는 것에 대한 제시와, 위 변형이 성공할 수 있다는 것을 보여 주는 증거를 포함하였기 때문이다.

세 번째, 기술이 예견 가능한지 또는 제안된 변형이나 선행 기술의 조합이 성공에 대한 합리적 기대 가능성이 있는지는 발명이 만들어진 시점을 기준으로 결정된다.

3) 청구항의 모든 한정 요소 검토[524]

심사관들은 선행 기술에 대하여 발명의 특허성을 검토할 때에 청구항의 모든 한정 요소들을 검토하여야 한다. 적절히 해석된 청구항의 주제는 합리적으로 넓게 해석될 때 청구항의 범위를 제한하는 용어들에 의하여 정의된다. 일반적으로, 청구항에 사용된 문법이나 용어의 통상적인 의미는 당업자에 의하여 이해된 대

522) *In re Rinehart*, 531 F.2d 1048 (CCPA 1976)
523) *In re O'Farrell*, 853 F.2d 894 (Fed. Cir. 1988)
524) MPEP 2143.03 All Claim Limitations Must Be Considered [R-08.2017]

로 그 용어가 청구항의 범위를 제한하는지 또는 어느 정도 제한하는지를 지시할 것이다. 특징이나 단계를 선택적으로 만들지만, 그 특징이나 단계를 요구하지 않는 언어는 합리적이고 넓은 청구항의 해석상 청구항의 범위를 제한하지 않는다. 또한, 청구항이 대안 목록에서 요소의 선택을 요구할 때, 대안 중의 하나가 선행 기술에 의하여 가르쳐진다면, 선행 기술이 그 요소를 가르치는 것이다. 아래와 같은 청구항의 언어들은 그 한정적인 효과와 관련하여 의문을 일으키기도 한다.

① 전문(Preamble)
② "adapted to", "adapted for", "wherein", "whereby" 같은 문구
③ 조건부 한정 요소(Contingent limitations)
④ 인쇄된 문제
⑤ 청구항의 용어와 연결된 기능적 언어

만약, 독립청구항이 비자명하면, 여기서 파생된 어떤 종속 청구항도 비자명한 것으로 된다.

한편, 불명확한 한정 요소도 반드시 고려되어야 한다. 불명확한 한정 요소라 해서 무시되어서는 안 된다. 만약 청구항이 하나 이상의 해석이 주어지고, 적어도 그중 하나가 선행 기술에 의하여 청구항을 특허 받지 못하게 한다면, 심사관은 그 청구항을 35 U.S.C. §112(b)에 의하여 불명확한 이유로 거절하고, 그 선행 기술이 적용되는 청구항의 해석에 기반하여 그 선행 기술에 의하여도 거절하여야 한다. 또한, 35 U.S.C. §103에 의하여 청구항의 자명성을 판단할 때, 모든 청구항의 한정 요소를 고려하여야 하며, 여기에는 처음 출원된 명세서에 뒷받침되지 않는 한정 요소(i.e., new matter)도 포함되어야 한다. *Ex parte Grasselli* [525]에서, 촉매에 관한 청구항은 명시적으로 황, 할로겐, 우라늄 및 바나듐과 인의 조합 등을 부정하였다. 출원 당시 명세서에 이들 요소들을 배제하는 내용이 나타나지 않았다 하더라도, 청구항이 선행 기술에 비추어 자명한지를 결정하는 데 있어 이들 한정 요소들을 무시하는 것은 잘못되었다고 판단하였다.

---

525) *Ex parte Grasselli*, 231 USPQ 393 (Bd. App. 1983); *aff'd mem.*, 738 F.2d 453 (Fed. Cir. 1984)

CHAPTER 5 상세한 설명

I 35 U.S.C. §112

1. 개시(Disclosure)

18세기 말에 들어오면서, 특허권에 대한 인식의 변화가 생기기 시작하였다. 이전까지는 특허권자에 대하여 독점권을 부여하는 대가로, 사회적으로는 새로운 기술과 발명을 얻을 수 있다고 생각하였다. 사회는 새로운 기술과 발명이 적용된 상품을 얻음으로써 사회적 효용이 증가된다고 보았다. 그러나, 사회의 관심이 점점 완성된 새로운 상품을 얻게 되는 것보다는 발명자의 특허 이면에 들어있는 기술적 Know-how로 옮겨지게 되었다. 사회는 해당 기술 분야에서 특허를 통하여 새롭고 유용한 정보를 얻을 수 있으며, 이 정보들을 활용하여 또 다른 새로운 기술을 발전시켜 나갈 수 있게 되었다. 이러한 인식의 변화는 특허 출원서에 더욱 자세한 기술의 개시(Disclosure)를 요구하였고, 이에 대한 요건을 엄격하게 강화할 필요성이 생겼다. 이에 더하여, 미국에서는 특허권에 대한 "계약"이라는 인식이 기술의 개시에 대한 중요성과 엄격한 관리를 더욱 강조하게 되었다. 즉, 명세서에 발명을 개시하는 것은 발명자가 발명에 대한 특허를 얻는 대가로 지불한 금액이라는 것이다. 이러한 인식하에서, 미국 연방 대법원의 초기 판례는, 특허 침해 혐의자가 해당 특허의 명세서가 청구된 발명을 가르치지 않은 경우, 특허를 무효라고 판단하면서, 개시 요건은 특허법을 근본적으로 떠받치는 것이라고 주장하였다.[526] 이와 같은 입장은 최근까지도 꾸준히 견지되어 왔으며, 연방 대법

526) *Grant v. Raymond*, 31 U.S. 218, 241-42 (1832)

원은 "특허법이 요구하는 개시는 특허의 배타적 독점권에 대한 보상으로 주어진 (quid pro quo) 것"이라고 보았다.[527] 이러한 입장들은, 명세서를 통하여 이루어지는 개시의 기능을 미국 특허 시스템의 가장 중요한 특징들 중의 하나로 자리매김하게 하였다.

2. 35 U.S.C. §112의 구조

개시와 관련하여 미국 특허법에서 가장 중요한 규정이 §112이다. 35 U.S.C. §112는 '명세서(Specification)'라는 제목하에 명세서에 기재하여야 할 형식과 요건들을 6항에 걸쳐 기술하였다. 이 중 35 U.S.C. §112(a)에서는 명세서에 기재하는 사항의 일반적인 요건으로 실시가능성(Enablement)과 상세한 설명(Written description)을 요구하였다.[528] 실시가능성은 발명자가 자신의 발명을 충분히 명확하게 기재하도록 하여 당업자들이 명세서에 따라 발명을 완성하고 그것을 사용할 수 있게 하는 것이다. 또한, 발명자는 자신이 특허를 청구하려는 발명을 상세하게 명세서에 설명하여야 한다. 상세한 설명이 앞에서 본 실시가능성과 별개로 요구되는지에 관하여 다툼이 있어 왔으나, 연방 항소 법원은 이를 별개의 요건으로 분류하였다.[529] 상세한 설명 요건은 개략적으로 다음과 같은 두 가지 상황에서 발생하게 된다. 첫째로 발명자가 최초 출원일 이후에 명세서를 수정하였는데, 최초 출원서에 기재되지 않은 요소를 청구하는 경우와 둘째 발명자가 너무 광범위한 범위로 청구한 경우를 생각해 볼 수 있는데, 두 번째 경우에는 실시가능성과 실제로 중복될 것이다.

두 번째 §112(b)에서는 청구항의 명확성을 요구한다. 35 U.S.C. §112(b)는 발

527] *J.E.M. Ag Supply, Inc. v. Pioneer Hi-Bred Int'l, Inc.*, 534 U.S. 124, 142 (2001)

528] 35 U.S.C. 112(a)에서는 실시가능성, 상세한 설명과 더불어 최선의 실시예(Best mode)도 규정하였다. 그러나, America Invents Act(AIA)가 특허 소송의 방어 방법을 규정한 35 U.S.C. 282(b)(3)(A)를 수정하여, 2011년 9월 16일부터 최선의 실시예를 특허 유효나 침해가 관련된 소송에서 방어방법의 하나로 사용하는 것을 배제하였다. 따라서, 본서에서는 최선의 실시예와 관련된 사항을 따로 다루지 않는다.

529] *Ariad Pharm., Inc. v. Eli Lilly & Co.*, 598 F.3d 1336, 1340, 94 USPQ2d 1161, 1167 (Fed. Cir. 2010) (*en banc*)

명자가 명확하게 기재된 청구항들로 명세서를 마무리지을 것을 요구한다. 이에 따라, 발명자는 청구항을 명확하게 기재하여 다른 사람들이 발명자의 권리 범위를 분명히 인식할 수 있게 하여야 한다. 한편, 35 U.S.C. §112(f)에서는 청구항의 특별한 형식 중 하나인 기능적 청구항(Means-plus-Function Claim)을 규정하고 있는데, 개시와 관련된 여러가지 법률적 이슈가 있으므로, 이어서 다루기로 한다.

Ⅱ 상세한 설명(Written description)[530]의 개요

1. 상세한 설명의 일반 원칙

35 U.S.C §112(a) 또는 pre-AIA 35 U.S.C. §112의 첫 번째 단락에서는 "명세서가 발명의 상세한 설명을 담아야 한다."고 요구한다. 이러한 요구는 실시가능성(Enablement) 요건과는 구별되는 별개의 요건이다. 상세한 설명 요건은 여러 가지 정책적 목적을 갖는다. "발명에 관한 상세한 설명을 요구하는 실질적 목적은 청구인이 특허를 청구한 주제를 발명했다는 정보를 명확하게 전달하는 것이다."[531] 또 다른 목적은 청구인이 발명으로 청구한 것을 공공에게 알리는 것이다.[532] 상세한 설명 요건에 의하여 특허는 특허받으려고 하는 기술을 설명하여야만 한다는 원칙을 실행할 수 있다. 이 요건은 특허의 기반이 되는 기술적 지식을 개시하여야 한다는 발명자의 의무를 충족시키고, 특허권자가 청구된 발명을 점유하고 있다는 사실을 증명하는 데 제공된다.[533] 더 나아가 상세한 설명 요건은 특허권자들이 특허 기간 동안 다른 사람들이 자신의 발명을 실행하는 것을 배제

530) MPEP 2163. Guidelines for the Examination of Patent Applications Under the 35 U.S.C. 112(a) or Pre-AIA 35 U.S.C. 112, first paragraph, "Written Description" Requirement [R-08.2017]

531) *In re Barker*, 559 F.2d 588, 592 n.4, 194 USPQ 470, 473 n.4 (CCPA 1977)

532) *Regents of the Univ. of Cal. v. Eli Lilly*, 119 F.3d 1559, 1566, 43 USPQ2d 1398, 1404 (Fed. Cir. 1997), *cert. denied*, 523 U.S. 1089 (1998).

533) *Capon v. Eshhar*, 418 F.3d 1349, 1357, 76 USPQ2d 1078, 1084 (Fed. Cir. 2005)

하는 권리를 얻도록 하는 대신에 특허 명세서에 자신의 발명을 적절하게 설명하는 것을 담보함으로써 유용한 기술의 진보를 촉진시킨다.

상세한 설명 요건을 만족시키기 위해서는, 발명자가 청구된 발명을 보유하였다고 당업자가 합리적으로 결론내릴 수 있기에 충분할 정도로 특허 명세서에 청구된 발명이 설명되어야 한다.[534] 그러나, 발명을 보유한 사실을 보여준다고 설명이 미흡한 것이 치유되지 않는다.[535] 예를 들어, 설명이 충분히 되었는지는 최초로 출원된 청구항이나 명세서에 드러나야 한다는 것이 확립된 견해이다.[536]

출원인은 청구된 발명을 제시하는 단어, 구조, 도면, 다이어그램, 공식 등의 설명 수단을 사용하여 청구된 발명의 모든 한정 요소들로 설명하면서 청구된 발명을 보유한 것을 보여준다.[537] 출원인은 발명을 보유한 사실을 여러 가지 방법으로 보여 줄 수 있다. 예를 들면, 실제로 발명을 실행(Reduction to practice)하여 이를 설명하거나, 도면이나 특허가 완성된 것을 보여주는 화학 구조식 등의 개시 등을 통하여 발명에 대한 특허 출원 준비를 마쳤다는 것을 보여 주거나, 출원인이 청구된 발명을 보유하고 있다는 것을 보여 주기에 충분한 고유의 특성을 설명하는 등이다.[538] "상세한 설명 요건에 부합하는지는 본질적으로 사실에 기반한 조사이며, 청구된 발명의 본질에 따라 필연적으로 달라질 수밖에 없다.[539] 명세서에 청구된 발명을 테스트한 것을 설명하거나, 특정한 생물학적 물질의 경우에는 37 CFR 1.801 이하 조문들에 따른 기탁을 구체적으로 설명함으로써 실제 발명의 실행을 보여줄 수 있다.[540] 이러한 기탁은 청구된 발명의 상세한 설명을 위한 대용물이 아니다. 기탁된 물질의 상세한 설명은 가능한 한 완벽하게 하여야 한다. 왜냐하면, 특허 가능성의 심사는 오로지 상세한 설명을 기반으로 진행되기

534] *Moba, B.V. v. Diamond Automation, Inc.*, 325 F.3d 1306, 1319, 66 USPQ2d 1429, 1438 (Fed. Cir. 2003)

535] *Enzo Biochem, Inc. v. Gen-Probe, Inc.*, 323 F.3d 956, 969-70, 63 USPQ2d 1609, 1617 (Fed. Cir. 2002)

536] *In re Koller*, 613 F.2d 819, 204 USPQ 702 (CCPA 1980)

537] *Lockwood v. Amer. Airlines, Inc.*, 107 F.3d 1565, 1572 (Fed. Cir. 1997)

538] *Pfaff v. Wells Elecs., Inc.*, 525 U.S. 55, 68, 119 (1998); *Eli Lilly*, 119 F.3d at 1568; *Amgen, Inc. v. Chugai Pharm.*, 927 F.2d 1200, 1206 (Fed. Cir. 1991)

539] *Enzo Biochem*, 323 F.3d at 963

540] *Enzo Biochem*, 323 F.3d at 965

때문이다.[541)]

명세서에 상세한 설명이 적절히 기재되었는지에 관한 논의는 최초 청구항들이 충분히 설명되었는지, 추가 정정된 청구항들이 출원된 신청서의 발명을 설명하면서 잘 뒷받침되어 있는지, 청구된 발명이 35 U.S.C. §119, §120, §365 또는 §386 등의 규정에 따른 우선일이나 유효 출원일을 인정받을 자격이 있는지 또는 저촉심사의 Count에 상응하는 청구항이 명세서에 뒷받침되어 있는지 등을 결정해가는 맥락 속에서 발생할 수 있다. 상세한 설명 요건에 부합하는지는 사실관계에 관한 문제로서 Case-by-case로 해결되어야만 한다.[542)]

1) 최초 청구항

특허 출원서가 출원된 때에는 청구된 발명의 상세한 설명이 적절하게 기재되었으리라 추정된다.[543)] 그러나, 청구된 발명의 한 면이라도 충분히 상세하게 설명되지 않아서, 출원인이 청구된 발명을 출원 당시에 보유하였다는 것을 당업자들이 인식할 수 없었을 때에는 최초 청구항에서도 상세한 설명이 적절했는지 논의될 수 있다. 만약에 청구항이 관련 기술 분야에서 평범하거나 알려지지 않았음에도 명세서에 적절하게 기재되지 않은 필수적이고 중요한 특성을 요구한다면, 청구된 발명은 전체로서 적절하게 기술되지 않은 것이다. 예를 들어, “SEQ ID NO:1으로 이루어진 유전자”라는 청구항을 생각해 보면, “SEQ ID NO:1”에 추가하여 특별한 구조들, 이를 테면 촉진체(Promoter), 암호화 영역(Coding region), 또는 그 외의 다른 요소들을 추가하도록 해석될 것이다.

제조 방법 또는 그 기능만 기술된 발명은 개시된 기능과 그 기능에 상응하는 구조 사이에 설명이 없거나, 그들 사이에 업계에 알려진 상관성이 없는 경우에는 상세한 설명에 의한 뒷받침이 부족할 수도 있다. 예를 들어, 유전자 암호의 지식

541) *In re Lundak*, 773 F.2d 1216, 227 USPQ 90 (Fed. Cir. 1985); see also 54 Fed. Reg. at 34,880 (일반적으로, 기탁된 특정 생물학적 물질에 관한 정보가 많이 제공될수록, 심사관은 기탁된 생물학적 물질과 선행 기술의 특성을 더 잘 비교할 수 있다.)

542) *Vas-Cath, Inc. v. Mahurkar*, 935 F.2d at 1563, 19 USPQ2d at 1116 (Fed. Cir. 1991)

543) *In re Wertheim*, 541 F.2d 257, 263, 191 USPQ 90, 97 (CCPA 1976)

에 따른 단백질 아미노산 서열을 기술함으로써 발명자는 단백질을 암호화할 수 있는 핵산의 '속'을 보유하였다고 볼 수 있지만, 단백질을 암호화할 수 있는 자연적으로 생성된 DNA나 mRNA를 보유하였다고는 말할 수 없다.[544] 청구된 발명을 단지 자명하게 만드는 설명은 35 U.S.C. §112의 상세한 설명을 위한 발명의 충분한 설명이 되지 못할 수도 있다는 것을 연방 항소 법원은 지적하였다.[545] 만약 해당 분야의 지식이나 기술 수준이 당업자들로 하여금 개시된 절차에서 청구된 발명을 즉시 예상하도록 하지 못하면, 상세한 설명이 또한 문제될 수 있다.[546]

2) 청구항의 추가 또는 정정

특허 출원서에서 신규사항의 도입을 금지하는 35 U.S.C. §132와 §251은 출원인이 최초에 출원된 사항을 벗어나는 정보를 추가하는 것을 금지한다.[547] 최초 명세서에 출원된 것과 같은 내용의 청구항은 개시의 일부분이다. 따라서, 최초 출원한 출원서에 명세서의 나머지 부분에 없는 물질을 개시하고 있는 청구항이 포함된 경우, 출원인은 그 청구된 주제를 명세서에 추가하는 보정을 할 수 있다.[548] 따라서, 상세한 설명 요건은 출원인이 출원된 명세서에 충분히 설명되지 않은 주제를 청구하는 것을 금지한다. 출원당시에 개시되지 않은 (한정)요소들을 도입하는 청구항들의 추가나 정정은 상세한 설명 요건을 위반한다.[549]

---

544) *In re Bell*, 991 F.2d 781, 26 USPQ2d 1529 (Fed. Cir. 1993)

545) *Eli Lilly*, 119 F.3d at 1567

Cf) *Fonar Corp. v. Gen. Elec. Co.*, 107 F.3d 1543, 1549 (Fed. Cir. 1997) (일반적으로 소프트웨어가 발명을 수행하는 최선의 실시예를 구성할 경우, 그와 같은 최선의 실시예에 관한 상세한 설명은 소프트웨어의 기능을 개시함으로써 충족된다. 왜냐하면, 일상적으로 기능이 일단 개시되면, 소프트웨어의 코드를 기술하는 것은 해당 분야의 기술 범위 내에 있고, 과도한 실험을 요구하지 않는다. 따라서, 플로우차트나 소스 코드 목록 등은 소프트웨어의 기능을 적절하게 개시하는 요건이 아니다.)

546) *Fujikawa v. Wattanasin*, 93 F.3d 1559, 1571 (Fed. Cir. 1996) (모든 가능한 부분의 목록을 길게 작성하였더라도, '속'에 있는 모든 '종'에 대한 상세한 설명이라고 반드시 볼 수는 없다. 왜냐하면, 그것이 당업자를 어떤 특별한 '종'으로 합리적으로 이끄는 것은 아니기 때문이다.)

547) *In re Rasmussen*, 650 F.2d 1212, 1214 (CCPA 1981)

548) *In re Benno*, 768 F.2d 1340, 226 USPQ 683 (Fed. Cir. 1985)

549) *In re Lukach*, 442 F.2d 967 (CCPA 1971) (아속(Subgenus)의 범위는 아속의 범위내에 있는 일반적인 개시나 특별한 예에 의하여 뒷받침되지 않는다.);

새로이 추가된 청구항이나 청구항의 한정 요소는, 동일한 용어일 필요는 없지만(no in heac verba requirement), 명시적, 묵시적 또는 내재적 개시를 통하여 명세서에서 뒷받침되어야 한다. 당업자들이 명세서에서 오류의 존재 및 이에 대한 적절한 정정 방법도 인식할 수 있는 경우에, 이와 같은 명백한 오류를 바로잡는 보정은 신규사항을 구성하지 않는다.[550] 핵산 또는 아미노산 서열을 개시하고 있는 출원서에서 서열 오류를 정정하는 것과 관련하여, 서열 오류는 분자 생물학에서 일반적으로 발생하는 문제이다. 예를 들면, 출원 당시 출원서가 잘못된 핵산 서열 정보와 37 CFR 1.801 이하 조문에 따른 서열 물질 기탁의 잘못된 참조를 하고 있다면, 그 핵산 서열을 바로잡는 보정은 그 보정이 명세서에 기재되고 청구항에 의하여 포섭되는 화합물과 서열 정보를 일치시키는 경우에 허용될 수 있다. 출원일 이후에 이루어진 기탁은, 출원인이 기탁된 생물학적인 물질이 출원 당시 출원서에 특별히 정의된 생물학적 물질이라는 것을 37 CFR 1.804에 따라 진술한 진술서를 제출한 경우에만, 서열 정보의 보정을 뒷받침할 수 있는 근거로 제공될 수 있다.

어느 경우에는, 한정 요소의 누락이 발명자가 보다 넓고, 포괄적인 발명을 보유하였는지에 관한 논의를 불러 일으킬 수 있다.[551] 출원인이 최초 개시된 발명

In re Smith, 458 F.2d 1389, 1395 (CCPA 1972) ('속'의 충분한 설명은 '속'에 있는 아속이나 종에 관한 청구항들을 뒷받침하지 않는다.)

550) *In re Oda*, 443 F.2d 1200 (CCPA 1971)

551) *IN/NIP, Inc. v. Platte Chem. Co.*, 304 F.3d 1235, 1248 (Fed. Cir. 2002) (두 화학물질을 간격을 두고 계속적으로 적용하면서 덩이 줄기에서 새싹이 자라는 것을 막는 방법에 관한 청구항은, 그 명세서에서 발명이 두 화학물질을 포함한 "화합물"을 적용하는 것이라고 가르친 경우에는 상세한 설명이 부족함을 이유로 무효로 판단되었다.);

Gentry Gallery, Inc. v. Berkline Corp., 134 F.3d 1473 (Fed. Cir. 1998) (컨트롤 장치와 그 콘솔로 구성된 소파에 관한 청구항은, 컨트롤 장치의 위치를 삭제함으로써 청구항이 더 넓어진 경우에는 상세한 설명 요건을 충족하지 못하여 무효이다.);

Johnson Worldwide Assoc. v. Zebco Corp., 175 F.3d 985, 993 (Fed. Cir. 1999) (*Gentry Gallery* 사례에서, 특허 개시가 논란이 된 청구항 용어들의 광범위한 의미를 뒷받침하지 못한다는 법원의 결정은, 청구항의 구성요소("컨트롤 장치")의 위치를 "유일하게 가능한 위치"라고 기술하고, 그 위치를 변경하면 "발명의 진술된 목적을 벗어나는" 것이라는 명세서상의 명확한 진술에 근거한다. 따라서, *Gentry Gallery* 사례는 청구항에서 사용된 용어의 특별한 (여기서는, "협의의") 이해가 [발명자의] 발명의 실질적인 요소라고 특허 개시에서 명확히 밝힌 점을 고려하였다.);

의 실질적이고 중요한 특징이라고 기술한 요소를 누락한 청구항은 상세한 설명 요건에 부합되지 않는다. 명세서나 다른 진술서에서 발명에 실질적이라고 개시된 사항을 누락한 청구항은 35 U.S.C. §112(a) 또는 pre-AIA 35 U.S.C. §112의 첫 번째 단락, 실시 불가능을 이유로 거절되거나, 35 U.S.C. §112(b) 또는 pre-AIA 35 U.S.C. §112의 두 번째 단락에 의하여 거절되기 쉽다. 기본적인 사실 조사는 출원인이 지금 청구된 것과 같은 발명을 출원일 당시에 보유하고 있다는 것을 명세서가 당업자들에게 합리적으로 분명하게 전달하였는지에 관한 것이다.

2. 상세한 설명이 적절한지를 결정하기 위한 방법론

1) 명세서가 35 U.S.C §112(a)의 첫 번째 단락에 부합하는지 읽고 분석

심사관은 특허 출원서가 35 U.S.C. §112(a) 또는 pre-AIA 35 U.S.C. §112의 첫 번째 단락에 부합하는지를 검토할 때 다음과 같은 절차를 준수해야 한다. 청구된 발명의 적절한 상세한 설명이 출원 당시 명세서에 존재한다고 추정되므로, 심사관은 출원서의 내용을 철저하게 숙독하고 평가한 뒤에, 명세서가 청구된 발명의 적절한 뒷받침을 제공할 수 있다고 당업자가 인식할 수 없을 것이라는 이유나 증거를 제시할 초기 입증 책임이 있다. 일견 당연해 보이는 사례가 되기 위해서는, 충분히 뒷받침되지 않는 청구항의 한정 요소를 특정하고, 왜 그 청구항이 개시에 의하여 충분히 뒷받침되지 않는지를 설명하는 것이 필요하다. 예를 들면, *Hyatt v. Dudas*[552] 사례에서 심사관은 출원인의 명세서가 청구된 조합에서 각각의 요소가 명세서상에 언급되었음에도 불구하고, 요소들의 특정 조합을 뒷받침하지 않는 것을 분명하고 구체적으로 설명함으로서 일견 당연해 보이는 사례로 만들었다. 법원은 "심사관은 각 요소가 개별적으로 명세서에 기술되었지만, 그들의 결합에 대한 충분한 설명이 부족하다는 것을 분명하게 밝혔고" 따라서,

---

Tronzo v. Biomet, 156 F.3d at 1158−59 (Fed. Cir. 1998) (일반적인 컵 형태에 관한 청구항은, 원뿔 형태의 장점과 중요성을 설명하면서 원뿔형 컵을 개시한 모출원의 출원일을 인정받을 수 없다.)

552) *Hyatt v. Dudas*, 492 F.3d 1365, 1371, 83 USPQ2d 1373, 1376-1377 (Fed. Cir. 2007)

"입증 책임이 발명자에게 이전되어, 발명자가 적절한 상세한 설명이 있는 곳을 심사관에게 밝히거나, 그 결핍을 해결할 보정을 하여야 한다."고 보았다. 법원은 "심사관은 각 요소가 개별적으로 명세서에 기술되었지만, 그들의 결합에 대한 충분한 설명이 부족하다는 것을 분명하게 밝혔고" 따라서, "입증 책임이 발명자에게 이전되어, 발명자가 적절한 상세한 설명이 있는 곳을 심사관에게 밝히거나, 그 결핍을 해결할 보정을 하여야 한다."고 보았다.

출원인은 새로 추가되거나 정정된 청구항들을 위하여 최초 개시에서 근거를 제시하여야 한다.[553] 기재요건이 충족되었는지에 관한 조사는 Case-by-case로 결정되어야 될 사실 관계에 관한 문제이다.

(1) 각 청구항에 관하여, 전체로서 청구항이 포섭하는 것을 결정

청구항 해석은 특허 심사 과정의 실질적인 단계이다. 각 청구항은 개별적으로 분석되어야 하며, 상세한 설명에 부합되도록 가장 넓게 합리적으로 해석(Broadest reasonable interpretation)되어야 한다. 청구항은 전제부 표현 및 연결구를 포함한 전체가 고려되어야 한다. "전제부 표현"은 연결구(예 "Comprising", "Consisting essentially of" 또는 "Consisting of") 전에 있는 내용이다. 연결구 중 "Comprising"은 "Open-ended"로 명시적으로 언급된 주제뿐만 아니라, 언급되지 않은 주제와 조합을 이룬 것까지 포섭한다. "Consisting essentially of" 용어를 사용하면, 출원서 작성자는 발명이 명기된 요소를 반드시 포함하고, 기본적이고 새로운 발명의 속성에 실질적으로 영향을 끼치지 않는 명기되지 않은 요소들에 대하여 개방되어 있다는 것을 시사한다. "Consisting essentially of" 청구항은 "Consisting of" 형식의 Closed claims와 "Comprising" 형식의 완전히 개방된 청구항 사이의 중간에 위치한다. 35 U.S.C. §102와 §103에 따른 선행 기술의 조사와 적용을 위한 목적하에서는 기본적이고 새로운 발명의 속성이 명세서와 청구항에서 명확하게 시사되지 않는다면, "Consisting essentially of"는 "Comprising"과 동일한 것으로 해석될 것이다.[554] 만약, "Consisting essentially of"를 언급함으로써 선행

---

553) *Hyatt v. Dudas*, 492 F.3d 1365, 1370, n.4 (Fed. Cir. 2007)
554) *PPG Indus. v. Guardian Indus.*, 156 F.3d 1351, 1355 (Fed. Cir. 1998)

기술에 있는 추가적인 단계나 요소들이 배제되었다고 출원인이 주장하려면, 출원인은 추가적인 단계나 요소들이 출원인의 발명의 특성을 실질적으로 변경시켰다는 것을 입증할 책임을 진다. 전제부, 연결구 그리고 청구항 본문에서 보이는 모든 한정 요소를 포함하는 전체로서의 청구항은 상세한 설명 요건을 만족할 수 있도록 충분히 지원되어야 한다. 출원인은 청구된 발명을 모든 한정 요소와 함께 기술함으로써 청구된 발명을 보유하고 있음을 보여 줄 수 있다.[555]

전제부를 포함한 청구항의 범위와 의미를 명확히 하기 위하여 구조, 작용, 기능 등이 충분히 언급되었는지를 판단하기 위해서 심사관은 각 청구항을 평가하여야 한다.[556] 잘 알려진 용어나 절차에 관한 정의나 설명이 누락된 경우에는, 상세한 설명이 부족하다고 35 U.S.C. §112(a) 또는 pre-AIA 35 U.S.C. §112 첫 번째 단락에 따른 거절의 근거로 삼을 수 없다. 그러나, 한정 요소들은 명세서로부터 청구항으로 도입될 수 없다.

(2) 청구인이 청구된 발명의 각 요소를 어떻게 뒷받침하는지를 이해하기 위하여 특허 신청서 전체를 검토

개시가 청구된 주제에 적절하고 상세한 설명을 제공하였는지를 결정하기 전에, 심사관은 출원인이 청구된 발명의 다양한 특성들을 어떻게 지원였는지를 이해하기 위하여 청구항과 구체적인 실시예, 도면과 서열목록(Sequence listings)을 포함한 명세서를 검토하여야 한다. 출원인이 발명을 보유하였다는 것을 당업자들이 이해하는 것이 필요한 경우에, 어느 한 구성요소의 개시가 중요할 수 있다. 명세서가 상세한 설명 요건에 부합하는지를 분석하기 위해서는, 심사관이 청구항의 범위와 설명의 범위를 비교하여, 출원인이 청구된 발명의 보유를 증명하였

---

555) *Lockwood v. Amer. Airlines, Inc.*, 107 F.3d 1565, 1572 (Fed. Cir. 1997)

556) *Bell Communications Research, Inc., v. Vitalink Communications Corp.*, 55 F.3d 615, 620, 34 USPQ2d 1816, 1820 (Fed. Cir. 1995) ("청구항의 전제부는 전체로서의 청구항이 제시하는 의미를 갖는다.");
Corning Glass Works v. Sumitomo Elec. U.S.A., Inc., 868 F.2d 1251, 1257, 9 USPQ2d 1962, 1966 (Fed. Cir. 1989) ("발명자가 실제적으로 발명한 것과 청구항에 포함되도록 의도한 것을 이해하기 위해서" 출원서를 전체적으로 검토한 후 전제부의 표현이 구조적 한정 요소인지를 결정하여야 한다.)

는지를 판단할 필요가 있다. 이와 같은 검토는 출원 당시 당업자의 관점에서 행해져야 하며, 발명이 속한 분야에 대한 결정, 그 분야의 지식과 기술 수준 등이 포함되어야 한다. 일부 기술 분야에서, 상세한 설명을 만족시기기 위하여 필요한 개시의 구체성과 해당 기술분야의 지식과 기술 수준은 역상관관계에 있다. 해당 기술 분야에서 잘 알려진 정보는 명세서에 상세하게 기술될 필요가 없다.[557] 그러나, 발명자가 청구된 발명을 보유하고 있다는 것을 입증하기 위해서는 충분한 정보가 제공되어야 한다.

(3) 특허 출원 당시 출원인이 전체로서의 발명을 보유한 것을 당업자들에게 알려 주기 위한 상세한 설명이 충분하였는지를 판단

① 최초 청구항: 발명의 보유는 여러 가지 방법으로 보여 줄 수 있다. 예를 들면, 청구된 발명이 실제적으로 구체화되었다는 것을 기술하거나, 상세한 도면 또는 화학 구조식에서 발명을 명확히 묘사하거나, 관련된 특성과 고유의 특성을 충분히 설명하면 된다.[558]

발명자가 명세서에 실시예를 구성하거나 청구항의 한정 요소를 충족하여서 발명이 의도된 목적 대로 실제로 작용한다는 것을 보여 줌으로써 실제로 발명의 실행을 기술할 수 있다.[559] 생물학적 물질에 대한 발명의 실행은 37 CFR 1.801 이하의 조문(특히, 37 CFR 1.804와 1.809)에 따라 이루어진 기탁을

---

557) *Hybritech, Inc. v. Monoclonal Antibodies, Inc.*, 802 F.2d 1367, 1379-80 (Fed. Cir. 1986)

558) *Pfaff v. Wells Elec., Inc.*, 55 U.S. at 66 ("'발명'이라는 용어는 '실질적으로 완성'이라는 개념을 의미하기보다는, '완성'이라는 개념을 의미한다. 일반적으로 발명의 실행은 발명이 완성되었다는 것을 증명하는 최선의 증거가 된다. 그러나, 단지 발명의 실행이 발명의 완성에 대한 충분한 증거가 되기 때문에, 모든 경우에 발명의 실행에 대한 입증이 필요한 것은 아니다. 실제로, Telephone case의 사실들과 본 사례의 사실들은 실제로 발명이 실행되기 전이라도 발명이 완성되었고 특허받을 준비가 되었다는 것을 증명할 수 있다.")

559) *UMC Elecs. Co. v. United States*, 816 F.2d 647, 652 (Fed. Cir. 1987) ("청구항의 모든 한정 요소를 포함하는 물리적 실시예가 없다면, 발명이 실행되었다고 볼 수 없다.");
Estee Lauder Inc. v. L'Oreal, S.A., 129 F.3d 588, 593 (Fed. Cir. 1997) ("발명이 의도된 목적대로 작동하였다고 발명자가 결정하였을 때 발명의 실행이 일어난다.");
Mahurkar v. C.R. Bard, Inc., 79 F.3d 1572, 1578 (Fed. Cir. 1996) (발명의 특성이나 발명으로 해결하려는 문제에 따라서는, 발명이 의도된 목적대로 작동하는지를 결정하기 위한 테스트를 필요로 한다.)

구체적으로 설명함으로써 충분히 기술될 수 있다.

출원자는 청구된 발명을 전체로서 보유하고 있다는 것을 보여 주는 상세하게 묘사된 도면이나 화학구조식을 개시함으로써 발명을 보유하였다는 것을 보여 줄 수 있다.[560] 새롭거나 통상적이지 않은 것은 보다 상세하게 설명할 필요가 있으며, 이는 청구된 발명이 제품에 관한 것이거나 프로세스에 관한 것이거나 동일하다.

출원인은 청구된 발명을 보유하고 있다는 것을 보여 주는 증거로 제공된 관련 특이성을 충분히 설명하여 개시함으로써 발명이 완전하다는 것을 보여 줄 수 있다. 예를 들면, 완전한 또는 부분적인 구조, 물리적 또는 화학적으로 다른 속성, 기능과 구조 간의 알려진 상관관계와 결합된 기능적 특징 또는 그러한 특징들의 조합 등이다.[561] 상세한 설명 요건은, 구조와 기능 사이에 상관관계가 확립되었다면, 최소한의 구조와 기능에 관한 개시로도 충족될 수 있다.[562]

일부 생체분자에 관한 특이성의 예로는 서열, 구조, 결합 친화력, 결합 특이성, 분자량과 길이 등이 포함된다. 전통적으로 구조식을 통하여 특정 분자의 보유를 보여주지만, 다른 특이성이나 특징들의 조합도 이를 증명할 수 있다. 연방 항소 법원의 설명처럼, ㉠ 예들(Examples)이 반드시 상세한 설명을 적절하게 지원해 주는 것은 아니며, ㉡ 실제 발명의 실행이 없더라도 상세한 설명 기준을 충족할 수 있고, ㉢ 생물학적 거대분자를 포함하는 발명에 관한 상세한 설명이 공지의 구조에 대한 설명을 포함하여야 된다는 확립된 원칙이

---

560) *Vas-Cath, Inc. v. Mahurkar*, 935 F.2d 1555, 1565 (Fed. Cir. 1991) ("도면만으로도 §112에서 요구하는 발명의 "상세한 설명"을 제공할 수 있다.");
Eli Lilly, 119 F.3d at 1568 ("화학물질을 포함하는 청구항에서, '속'에 대한 공식들은 '속'에 대한 청구항이 포함하는 것을 구체적으로 시사한다. 당업자들은 이와 같은 공식들을 다른 공식들과 구별할 수 있으며, 그 청구항들이 포함하는 많은 종들을 인식할 수 있다. 따라서, 그러한 공식은 일반적으로 청구된 '종'을 충분히 기술하였다고 볼 수 있다.")

561) *Enzo Biochem*, 323 F.3d at 964 ("만약, 구조와 기능 사이에 강한 상관관계가 확립되었다면, 당업자들은 그 기능을 언급함으로써 청구된 발명의 구조에 대한 합리적인 정도의 확신을 갖고 예측할 수 있을 것이다.")

562) *Id.* ("항체에 대한 청구항은, 항체가 결합하는 항원의 특징이 충분히 묘사되고 항체를 만드는 방법이 일반적인 경우에, "기능-구조 테스트"를 충족한다.")

있는 것도 아니다.[563] 만약, 청구된 항체를 만드는 것이 너무 일반적이어서 출원인이 항원을 보유하는 것이 곧 항체의 보유를 뜻한다면, 구조, 공식, 화학명, 물리적 속성 또는 공기관에 기탁 등에 의하여 충분히 특징지워진 항원의 개시는 항체의 항원에 대한 결합 친화력에 의하여 청구된 항체의 상세한 설명을 적절히 제공한다.[564] *Centocor* 사례는 선행 기술에서 특징지워진 특정 항원에 대한 높은 친화력을 포함하는 속성을 갖는 항체에 관한 특허 출원이다. 법원은 청구된 항체가 충분히 설명되지 않았다고 판단하였다. 왜냐하면, 그러한 항체를 만들기 위해서 특허 출원 당시에 통상적이고, 일반적이며 이미 개발된 기술을 사용하는 것이 불가능하기 때문이었다.

청구된 발명을 보유하고 있다는 것을 입증하는 다른 방법은 특정 효소에 의한 고유의 분열(Cleavage), 단편들의 등전점, 상세한 제한 효소 지도, 효소 활성의 비교 또는 항체 교차 반응성 등을 포함할 수 있다. 이와 반대로, 기능만으로 구성요소를 설명하는 것은 그 구성요소를 충분히 묘사할 수 없다.[565] 화학 발명의 적절하고 상세한 설명은 단지 청구된 화학 발명을 획득할 수 있다는 바람이나 계획이 아닌 구조, 공식, 화학명 또는 물리적 속성 등에 의한 정확한 정의를 필요로 한다.[566]

만약, 청구항의 한정 요소에 35 U.S.C. §112(f) 또는 pre-AIA 35 U.S.C. §112의 여섯 번째 단락이 적용되면, 명세서에 서술된 해당 구조, 물질 또는 동작과 그 등가물들을 포섭하는 것으로 해석되어야 한다. 35 U.S.C. §112(a) 또는 pre-AIA 35 U.S.C. §112의 첫 번째 단락이 기능적 청구항을 지원하는지를 고려할 때, 심사관은 발명의 상세한 설명과 요약에 포함된 최초로 개시된

---

563) *Capon v. Eshbar*, 418 F.3d at 1358, 76 USPQ2d at 1084 (유전자가 공지의 DNA 조각들의 신규 조합인 경우에, 명세서에 청구된 유전자의 Nucleotide 배열에 관한 구조, 공식 또는 화학명이 기술되지 않아서 상세한 설명 요건을 충족하지 못한다는 특허심판원의 판단은 잘못이다.)

564) *Centocor Ortho Biotech, Inc. v. Abbott Labs.*, 636 F.3d 1341, 1351-52, 97 USPQ2d 1870, 1877 (Fed. Cir. 2011)

565) *Eli Lilly*, 119 F.3d at 1568 (유전자의 기능을 묘사하는 것만으로는 유전자에 대한 특허 출원을 할 수 없다. 이는 유전자가 무엇인지를 보여주는 것이 아니라, 유전자가 무엇을 하는지만을 보여주는 데 지나지 않기 때문이다.)

566) *Univ. of Rochester v. G.D. Searle & Co.*, 358 F.3d 916, 927 (Fed. Cir. 2004)

것뿐만 아니라, 최초 청구항, 요약서와 도면까지도 고려하여야 한다. 만약, ㉠ 기능적 청구항 한정 요소에 기술된 기능을 수행하기 위하여 충분히 설명된 특정 구조, 물질 또는 동작 등과 연결되어 상세한 설명이 이루어진 경우, ㉡ 당업자들이 명세서에 개시된 구조, 물질 또는 동작이 기능적 청구항 한정 요소에 기술된 기능을 수행한다는 것을 알았을 것이라는 것이 출원서의 사실 등에 기하여 명확한 경우에는, 기능적 청구항이 §112(a) 또는 pre-AIA 35 U.S.C. §112의 첫 번째 단락에 따라 충분히 설명되었다고 본다. 일견 불명확해 보이지 않는 기능적 청구항에 관하여, 35 U.S.C. §112(b) 또는 pre-AIA 35 U.S.C. §112 두 번째 단락에 따른 거절(불명확성)은, 명세서에 35 U.S.C. §112(a) 또는 pre-AIA 35 U.S.C. §112 첫 번째 단락을 충족시키는 상세한 설명이 있는 경우에는 성립될 수 없다.[567] 그러나, 기능적 청구항에서 전체 청구된 기능을 수행하는 해당 구조, 물질 또는 동작을 명세서에 충분히 기술하지 않아 불명확하다고 판단된 경우에는, 필연적으로 청구항의 한정 요소에 대한 상세한 설명이 불충분하게 된다. 따라서, 기능적 청구항에 해당 구조, 물질, 동작이 없거나 그 개시가 부적절하여 청구항이 35 U.S.C. §112(b) 또는 pre-AIA 35 U.S.C. §112 두 번째 단락에 따라 불명확하다고 거절된 때에는, 청구항은 또한 35 U.S.C. §112(a) 또는 pre-AIA 35 U.S.C. §112 첫 번째 단락에 따른 상세한 설명이 불충분하다고 거절되어야 한다.

당업자들에게 극히 평범하거나 잘 알려진 경우에는 상세하게 개시될 필요가 없다.[568] 만약 발명자가 출원 당시 청구된 발명을 보유하고 있다는 것을 당업자가 이해할 수 있었다면, 청구항들의 뉘앙스가 명세서에 명시적으로 기재되지 않았더라도, 상세한 설명의 요건은 충분히 충족되었다.[569]

둘 이상의 실시예나 '종'을 포함하는 청구항은 '속'에 대한 청구항으로 분석되는 반면에, 기재된 하나의 실시예나 '종'에 한정된 청구항은 하나의 실시예나 '종'에 대한 청구항으로 분석된다.

---

567) *In re Noll*, 545 F.2d 141, 149, 191 USPQ 721, 727 (CCPA 1976)

568) *Hybritech Inc. v. Monoclonal Antibodies, Inc.*, 802 F.2d at 1384

569) *Martin v. Johnson*, 454 F.2d 746, 751, 172 USPQ 391, 395 (CCPA 1972) (상세한 설명은 충분하다는 것과 같은 말일 필요는 없다.)

ⓐ 단일 실시예나 '종'에 대한 청구항

(A) 먼저, 출원서에 청구된 발명에 대한 실제 발명의 실행이 기재되어 있는지를 결정한다.

(B) 만약, 기재되어 있지 않다면, 출원인이 청구된 발명을 전체로서 보유하고 있는지를 보여줄 수 있는 충분히 설명된 도면이나 구조적 화학식에 의하여 발명이 완성되었는지를 결정한다.

(C) 만약, 출원서에 앞에서 본 도면이나 구조적 화학식 또는 실제 발명의 실행이 기재되지 않았다면, 출원인이 발명을 보유하고 있는지를 보여줄 수 있기에 충분한 다른 설명에 의하여 발명의 독특한 특이성이 제시되었는지를 판단한다.

이때, 출원서에 전체로서 청구된 발명의 완전한 구조(또는 프로세스의 작용)를 기재하였는지를 검토한다. '종' 또는 실시예의 완전한 구조는 청구된 발명의 보유를 입증하는 "전체의, 분명하고, 간결하고 정확한 용어"로 기재하여야 한다는 요건을 충족시킨다. 따라서, 완전한 구조가 개시되면, 그 '종' 또는 실시예에 대한 상세한 설명 요건은 충족된다.

만약, 출원서에 전체로서 청구된 발명의 완전한 구조(또는 프로세스의 작용)가 개시되지 않았다면, 출원자가 청구된 발명을 보유하였다는 것을 당업자가 인식할 수 있는 전체의, 분명하고, 간결하고, 정확한 용어로 청구된 발명을 설명하기에 충분한 다른 관련 특이성들을 개시하였는지를 결정한다. 예를 들면, 생명공학 기술에서, 구조와 기능 간에 강한 상관관계가 확립되었다면, 당업자는 그 기능의 기술로부터 청구된 발명의 구조를 합리적인 정도의 확신을 갖고 예상할 수 있다. 따라서, 구조와 기능 간에 강한 상관관계가 확립된 경우에는, 상세한 설명 요건은 기능과 최소한의 구조를 개시함으로써 만족된다. 이와 반대로, 상관관계가 없다면, 기능과 최소한의 구조를 단지 기술하여 그 구조를 인식하고 이해하기는 어렵다. 이 경우, 기능만의 단독 개시는 발명을 보유하려는 희망에 불과하며 상세한 설명 요건을 만족시키지 못한다.[570]

---

570) *Eli Lilly*, 119 F.3d at 1568 (단지 "발명하였다면 나오게 될 결과"를 제공하는 것만으로는 상세한 설명 요건을 충족하지 못한다.);

출원인이 청구된 발명을 보유하고 있다는 것이 명세서에서 보여 주는지는 간단히 결정되지 않고, 여러 사실들을 고려하여 이루어지는 사실관계에 대한 판단이다. 이와 같이 고려되어야 할 사실들은 해당 기술 분야의 지식, 기술 수준, 부분적인 구조, 물리적/화학적 특성, 기능적 특징 또는 구조와 기능 간의 공지의 상관관계로 결합된 기능적 특징, 그리고 청구된 발명을 만드는 방법 등이다. 그러한 특이성들을 결합하여 개시함으로써 청구된 발명을 다른 물질들과 구별하고 당업자들이 청구된 '종'을 보유하고 있다는 결론에 도달한다면, 상세한 설명이 충분히 되었다고 볼 수 있다. 35 U.S.C. §112의 요건을 만족시키는 데 필요한 설명은 출원된 발명의 본질과 범위 및 기존의 과학적, 기술적 지식에 따라 달라진다. 기술의 성숙 여부와 그 기술 분야의 지식과 기술 수준을 결정하기 위해서는 해당 기술 분야의 특허와 간행물들에 의존하여야 한다. 기술이 성숙된 분야, 또 그 기술 분야의 지식과 기술 수준이 높은 분야에서는, 명세서의 최초 청구항에 단지 발명의 제조 방법과 발명의 기능을 개시하는 데 불과하여도 상세한 설명에 관한 문제가 발생하지 않는다.

그렇지만, 최신의 예측할 수 없는 기술 분야의 발명 또는 당업자들이 합리적으로 예측할 수 없는 요소들에 의하여 특징지워진 발명들에 대해서는, 그 발명을 보유하였다는 것을 증명하기 위해서 더 많은 증거가 필요하다. 예를 들면, 단지 발명의 제조 방법과 기능만 기재된 경우에는 Product-by-process 청구항보다 물건(Product) 청구항을 충분히 지원할 수 없다.[571] 프로세스가 물건을 생산하기 위하여 실제 사용된 경우, Product-by-process 청구항에 대한 상세한 설명으로는 충분하지만, 명세서에 제시된 동작들이 수행될 수 있는지, 또는 그 프로세스에 의하여 물건이 생산될 수 있는지가 확실하지 않은 경우에는 상세한 설명 요건이 만족될 수 없다. 또한, 물건의 추가된 특징에 대한 기재 없이 부분적인 구조만 기재한 경우에도 청구된 발명의 보유에 대한 증거로는 부족하다.[572] 그러한 경우

In re Wilder, 736 F.2d 1516, 1521 (Fed. Cir. 1984) (명세서에 출원인이 청구된 발명으로 이루고자 하는 목표와 개선하려는 문제들을 개략적으로 기술한 것에 불과하여 상세한 설명 요건을 만족시키지 못하였다.

571] *Fiers v. Revel*, 984 F.2d 1164 (Fed. Cir. 1993) at 1169

572] *Amgen, Inc. v. Chugai Pharm.*, 927 F.2d 1200, 1206 (Fed. Cir. 1991) (유전자는 복잡한

에 착상이라고 주장되는 것들은 인정될 수 없다.[573] 왜냐하면, 해당 분야에서 예견될 수 없거나 과학적 실험을 둘러싼 일반적인 불확실성뿐만 아니라, 과학자의 발명에 대한 아이디어의 구체성을 해하는 사실들의 불확실성으로 인하여 착상이 불완전하기 때문이다. 결국, 발명의 실행이 발명의 착상을 입증하는 유일한 증거로 사용되게 된다.

ⓑ '속'에 대한 청구항

'속'에 대한 상세한 설명 요건은 여러 개의 대표적인 '종'들에 대한, 실제 발명의 실행을 통하여(위의 (A)항), 도면을 통하여(위의 (B)항) 또는 위의 (C)항과 같이 출원인이 발명을 보유하고 있다는 것을 보여 줄 수 있는 관련된 특이성을 개시함으로써 충족될 수 있다.[574]

'여러 개의 대표적인 종들'은 전체 속을 대표하는 것으로 적절히 설명되는 종들을 의미한다. 따라서, '속' 내에서 실질적인 변이가 있을 때에는, '속' 내에서 그 변이를 반영할 수 있는 충분히 다양한 '종'들을 설명하여야 한다.[575] '속' 안에 포함된 하나의 '종'만을 개시하면, 그 개시가 "특허권자가 '속'을 구성하기에 충분한 '종'들을 발명하였다는 것을 시사하는" 경우에만 그 '속'에 대한 청구항을 충분히 설명하게 된다.[576] "개시된 것 이외의 '종'들에 대한 발명의 작동 가능성을

화학적 화합물이다. 화학적 화합물의 착상(Conception)은 발명자가 다른 물질과 구별될 수 있도록 규정할 수 있고, 그 화합물을 획득할 수 있는 방법을 기재할 수 있는 것이 필요하다. 착상은 화학 구조에 관한 머리 속의 그림을 갖고 있거나, 준비 방법이나 물리적/화학적 속성 또는 그것을 구별할 수 있는 어느 특성에 의하여서든지 화합물을 규정할 수 있을 때 생겨난다. 인간의 Erythropoietin을 암호화하는 것과 같은 중요한 생물학적 속성에 의하는 것만으로 규정하는 것은 충분하지 않다. 이 경우의 착상이라고 주장된 것은, 생물학적 특성을 갖는 어느 물질을 알기를 희망하는 것 이외에 어떤 특별함을 갖고 있지 않기 때문이다. 발명자가 유전자의 상세한 구성요소를 가시화할 수 없어서 그것을 획득할 수 있는 방법을 알 수 없을 뿐만 아니라 다른 물질들과 구분할 수 없는 경우에는, 발명의 실행(예를 들면, 그 유전자의 분리)이 일어났을 때에야 착상이 이루어졌다고 볼 수 있다.)

573) *Burroughs Wellcome Co. v. Barr Labs. Inc.*, 40 F.3d 1223, 1229 (Fed. Cir. 1994)

574) *Eli Lilly*, 119 F.3d at 1568

575) *AbbVie Deutschland GmbH & Co. KG v. Janssen Biotech, Inc.*, 759 F.3d 1285, 1300 (Fed. Cir. 2014)

576) *Noelle v. Lederman*, 355 F.3d 1343, 1350 (Fed. Cir. 2004) ("생명공학 관련 발명의 특허권자가 단지 제한된 수의 '종'들을 설명한 것만으로는 '속'에 대한 청구라고 반드시 볼 수는 없다. 왜냐하면, 구체적으로 열거되지 않은 '종'들로부터 획득할 수 있는 결과에 대한 예측불

당업자가 예측할 수 없다는 것을 시사하는 증거가 있는 경우에는, 특허권자가 하나의 '종'을 개시함으로써 '속'을 구성하기에 충분한 '종'들을 발명하였다고 볼 수 없다."[577]

이와 반대로, 한 '종'이 '속'을 충분히 지원하는 경우도 있다.[578] 연방 항소 법원은 명세서에서 "청구된 발명의 단지 하나의 실시예를 명확히 설명하는 것만으로" 광범위한 청구항의 언어들을 항상 지원하여 35 U.S.C. §112의 요건들을 충족할 수 있는 것은 아니라고 하였다.[579] 따라서, 쟁점은 출원인이 광범위하게 출원한 것과 같은 발명을 하였고, 그 발명을 보유하였는지를 당업자들이 이해할 수 있는지 여부이다. *LizardTech* 사례에서 결함 없는 이산웨이블릿변환(Discrete Wavelet Transformation; "DWT")을 만드는 일반적인(generic) 방법에 관한 청구항들이 35 U.S.C. §112의 첫 번째 단락에 의하여 무효라고 판단하였다. 왜냐하면, 명세서는 결함 없는 DWT를 만드는 하나의 특별한 방법만을 가르쳤고, 명세서가 다른 일반적인 방법을 고려하고 있다는 증거가 없기 때문이다.[580]

가능성이 있기 때문이다.")

577] *In re Curtis*, 354 F.3d 1347, 1358 (Fed. Cir. 2004) (마찰력이 향상된 코팅을 갖는 PTFE 치실에 관한 청구항은, 출원인이 PTFE 치실에 적합한 다른 어떤 코팅을 알려주는 것을 보여주는 개시된 증거가 없는 경우 미정질(Microcrystalline) 왁스 코팅의 개시에 의하여 지원되지 않는다.)

578] *In re Rasmussen*, 650 F.2d 1212, 1214 (CCPA 1981) (접착제를 발라 한 층을 다른 층에 부착시키는(adheringly applying) 하나의 방법의 개시는 "adheringly applying"하는 '속'에 관한 청구항을 지원하는 데 충분하다. 왜냐하면, 명세서를 읽는 당업자는 여러 층들이 부착되기만 하면, 어떤 방법으로 층들이 부착되었는지는 중요하지 않다고 이해할 수 있기 때문이다.);
In re Herschler, 591 F.2d 693, 697 (CCPA 1979) (DMSO 안의 Corticosteroid에 대한 개시는 "생리학적 활성 스테로이드"와 DMSO의 혼합물을 사용하는 하나의 방법을 설명한 청구항들을 지원하는 데 충분하다. 왜냐하면, 발명의 보조적인 방식으로 주지의 화학 구성물을 사용하는 경우에는 이에 상응하는 구체적인 상세한 설명이 있어서 당업자들을 그 종류의 구성물로 이끌어야 한다. 때때로, 명세서에 그와 같이 알려진 구성물에 대한 기능을 기재하는 것은 상세한 설명으로서 충분하다.);
In re Smythe, 480 F.2d 1376, 1383 (CCPA 1973) ("액체와 반응하지 않는 공기 또는 기타 기체"라는 문구는 "불활성 유동 매질(Inert fluid media)"에 대한 청구항을 지원하는 데 충분하다. 왜냐하면, 매질을 구분하는 공기 또는 다른 기체의 기능이나 속성에 대한 설명은 출원인의 발명이 "불활성 유동체"의 광범위한 사용을 포함한다는 것을 당업자들에게 제시할 수 있기 때문이다.)

579] *LizardTech v. Earth Resource Mapping, Inc.*, 424 F.3d 1336, 1346 (Fed. Cir. 2005)

580] *Tronzo v. Biomet*, 156 F.3d at 1159, 47 USPQ2d at 1833 (Fed. Cir. 1998) (모특허에서

개시된 '종'의 관점에서 '속'의 멤버들이 가지고 있는 필수적인 공통 속성이나 특징을 출원인이 보유하고 있다는 것을 당업자가 인식할 수 있었는지에 따라 "대표적인 수"의 개시가 충분한지 결정된다. 예측할 수 없는 기술 분야의 발명에서는, 광범위하게 다양한 '종'들을 포함하는 '속'에 관한 상세한 설명은 '속'에 있는 하나의 '종'을 개시하는 것으로 충분히 달성될 수 없다.[581] 대신에, "'속'의 모든 다양성과 범위를 대표하는 충분한 '종'들의 개시를 통하여, 또는 "합리적인 구조-기능의 상관관계"를 확립함으로써 개시가 청구된 '속'의 구조적 다양성을 적절히 반영하여야 한다. 위의 상관관계는 "명세서에 기재된 것처럼 발명자에 의하여" 확립될 수 있거나, "출원 당시 관련 기술 분야에 알려진 것"일 수 있다.[582] 대표적인 여러 개의 '종'들을 기재할 때, '속'에 포함된 각각의 '종'을 개별적으로 뒷받침할 수 있도록 구체적일 필요는 없다. 예를 들면, 분자 생물학 기술에서, 출원인이 아미노산 서열을 개시하였다면, 아미노산 서열을 암호화하는 핵산 서열에 대한 명시적인 개시를 제공할 필요는 없다. 유전자 암호는 널리 알려졌기 때문에 아미노산 서열의 개시로 어떤 특정 '종'이 아닌, 아미노산 서열을 암호화하는 전체 핵산의 '속'을 출원인이 보유하였다는 것을 인정할 수 있는 충분한 정보를 제공한다. 만약, '속'을 위하여 여러 개의 대표적인 '종'들이 충분히 설명되지 않으며, '속'에 관한 청구항은 35 U.S.C. §112(a) 또는 pre-AIA 35 U.S.C. §112의 첫 번째 단락에 따라 상세한 설명이 부족하다는 이유로 거절되어야 한다.

② 35 U.S.C. §119, §120, §365, §386에 따라 우선일이나 선출원일의 이익을 주장할 수 있는 청구항이나 청구항의 추가 또는 보정: 심사관은 최초 개시에서 청구항에 규정된 발명의 설명을 당업자들이 인식할 수 없는 이유를 설명할 증거를 제시할 초기 입증 책임을 부담한다.[583] 그러나, 청구항이 보정되었을 때, 출원인은 최초 개시에서 신규 또는 보정된 청구항들이 지원된다는 것을 증명하여야 한다.

'종'들의 개시는 명세서에서 다른 '종'들이 아니라고 가르친 자특허 출원서의 '속'에 관한 청구항을 지원하는 상세한 설명으로 부적절하다.)

581] *Eli Lilly*, 119 F.3d at 1568

582] *AbbVie Deutschland GmbH & Co. KG v. Janssen Biotech, Inc.*, 759 F.3d 1285, 1300-01 (Fed. Cir. 2014)

583] *Wertheim*, 541 F.2d at 263

35 U.S.C. §112(a) 또는 pre-AIA 35 U.S.C. §112의 첫 번째 단락의 상세한 설명 요건에 부합하거나, 35 U.S.C. §119, §120, §365 또는 §386의 우선일이나 선출원일을 인정받기 위해서 각 청구항의 한정 요소는 명시적으로, 묵시적으로 또는 내재적으로 최초 출원된 개시에서 지원되어야 한다. 청구항의 명시적 한정 요소에 상세한 설명에서 추구하려는 이익이 없다면, 출원 당시 명세서의 상세한 설명이 그 한정 요소를 요구한다는 것을 당업자가 이해할 수 있었다는 것이 증명되어야 한다.[584] 또한, 각 청구항은 출원인이 본질적이라고 설명한 모든 요소를 포함하여야 한다.[585]

만약, 최초에 출원된 명세서가 각 청구항의 한정 요소에 대한 뒷받침을 제공하지 않는다면 또는 출원인이 본질적인 것으로 또는 중요한 것으로 설명한 요소가 청구되지 않았다면, 신규 또는 보정된 청구항은 35 U.S.C. §112(a) 또는 pre-AIA 35 U.S.C. §112의 첫 번째 단락의 상세한 설명 요건에 부합하지 않기 때문에 거절되거나, 35 U.S.C. §119, §120, §365 또는 §386에 따른 우선권이나 이익의 경우라면 그 우선권이나 이익의 청구는 부인되어야 한다.

---

584) *In re Wright*, 866 F.2d 422, 425 (Fed. Cir. 1989) (감광성 마이크로캡슐을 사용하여 이미지를 생성하는 방법에 관한 최초의 명세서는 표면에서 마이크로캡슐을 제거할 것을 설명하고, 캡슐이 이미지 생성 전에 방해받지 않도록 경고하였으며, 영원히 고정된 마이크로캡슐은 존재하지 않는다는 것을 가르친다. 그리고, 마이크로캡슐이 바닥 표면에 "영원히 고정되지 않을" 것을 요구하는 보정된 청구항을 지원한다. 따라서, 35 U.S.C. §112의 상세한 설명 요건을 충족한다.);
In re Robins, 429 F.2d 452, 456−57 (CCPA 1970) ("'속' 발명에 관한 명시적 설명이 명세서에 없는 경우에, 대표적인 화합물의 언급은 '속'에 관한 청구항의 기초를 이루는 묵시적 설명을 제공할 수 있다.");
In re Smith, 458 F.2d 1389, 1395 (CCPA 1972) ('아속(Subgenus)'은 이를 포함하는 '속'에 의하여 묵시적으로라도 반드시 설명될 필요는 없다.);
In re Robertson, 169 F.3d 743, 745 (Fed. Cir. 1999) ("고유의 성질을 확립하기 위해서, 설명이 누락된 사항은 인용자료에서 설명된 것이 존재한다는 것과 그것이 당업자들에 의하여 인식될 수 있다는 것을 외부 증거로 명확히 해야 한다. 그러나, 고유의 성질은 개연성이나 가능성에 의하여 확립될 수 없다. 어떤 것이 특정 상황들로부터 초래된다는 단순한 사실은 충분하지 않다.");
Yeda Research and Dev. Co. v. Abbott GMBH & Co., 837 F.3d 1341 (Fed. Cir. 2016) ("내재적 개시 이론에 따라, 명세서가 아직 개시되지 않은 내재적 속성을 가진 발명을 설명한 경우에, 그 명세서는 발명의 내재적 속성을 명시적으로 언급한 후속 특허 출원서를 지원하는 적절한 상세한 설명으로 제공된다.")

585) *Johnson Worldwide Assoc. Inc. v. Zebco Corp.*, 175 F.3d at 993; *Gentry Gallery, Inc. v. Berkline Corp.*, 134 F.3d at 1479; *Tronzo v. Biomet*, 156 F.3d at 1159

Ⅲ 청구된 주제에 대한 지원

상세한 설명 요건에 관한 이슈는 일반적으로 청구항의 주제가 출원된 명세서의 개시와 일치하거나 이에 의하여 뒷받침되는지에 관한 문제들이다. 만약 심사관이 청구된 주제가 출원된 명세서에서 지원되지 않는다고 결정하면, 35 U.S.C. §112(a) 또는 pre-AIA 35 U.S.C. §112의 첫 번째 단락의 상세한 설명 요건을 만족시키지 못하였다는 것을 이유로 청구항이 거절되거나, 이미 출원된 출원서에 있는 출원일의 이익이 부인될 것이다. 그 청구항은 신규사항이라는 이유로 거절되어서는 안 된다. *In re Rasmussen*[586] 사례에서 보았듯이, 신규사항이라는 개념은 최초 제시된 내용에 신규 개시를 추가하려고 시도하는 요약서, 명세서, 도면의 보정에 대한 거절의 근거로 이용되었다. 상세한 설명 요건과 신규사항 이슈에 관한 테스트와 분석이 동일할지라도, 이들 이슈를 다루기 위한 심사 절차와 법적 근거는 동일하지 않다.

Ⅳ 상세한 설명 요건에 일치하는지를 결정하기 위한 기준

상세한 설명에 부합하는지 결정하기 위한 객관적인 기준은 "발명자가 청구된 것을 발명하였다는 것을 그 설명에 의하여 당업자들이 인식할 수 있도록 되었는지"이다.[587] *Vas-Cath*[588] 사례에서, 상세한 설명 요건을 만족시키기 위하여, 출원인은 출원일에 발명을 보유하고 있었으며, 그 발명이 현재 청구된 것이라는 점을 당업자에게 합리적으로 분명히 전달하여야 한다고 하였다. 모출원서의 뒷받침이 충분한지에 관한 테스트는 그 명세서의 개시가 "이후 청구된 주제를

586) *In re Rasmussen*, 650 F.2d 1212 (CCPA 1981)
587) *In re Gosteli*, 872 F.2d 1008, 1012 (Fed. Cir. 1989)
588) *Vas-Cath, Inc. v. Mahurkar*, 935 F.2d 1555, 1563-64 (Fed. Cir. 1991)

발명자가 그때 당시에 보유하였다는 것을 당업자에게 합리적으로 전달하였는지 여부이다.[589]

출원인은 청구된 발명을 설명하기 위한 모든 수단, 예를 들면 용어, 구조, 도면, 도표 또는 공식 등을 사용하여 청구된 발명이 갖고 있는 모든 한정 요소를 설명함으로써 청구된 발명을 보유하고 있다는 것을 증명하여야 한다.[590] 발명을 보유하고 있다는 사실은 다양한 방법으로 입증될 수 있다. 실제 발명의 실행을 설명하거나, 발명이 완성되었다는 것을 보여 주는 도면이나 구조적 화학식을 개시함으로써 발명이 특허받을 준비가 되었다는 것을 입증하거나, 출원인이 청구된 발명을 보유하였다는 것을 보여 주기에 충분한 특이성들을 설명하는 방법 등이 있다.[591]

개시가 상세한 설명 요건을 만족시키기 위해서, 청구항의 주제가 문자 그대로 (예 똑같은 용어를 사용하면서) 설명될 필요는 없다. 만약 청구항이 출원시의 명세서로부터 일탈, 추가, 삭제 등을 포함하여 출원시에 없었던 주제, 한정 요소 또는 기술 용어 등을 포함하도록 보정되었다면, 심사관은 청구된 주제가 그 출원서에 설명되지 않았다고 결론지어야 한다. 이와 같은 결론은 35 U.S.C. §112(a) 또는 pre-AIA 35 U.S.C. §112의 첫 번째 단락의 상세한 설명 요건에 부합하지 않기 때문에 거절되거나, 이미 출원된 출원서에 있는 출원일의 이익이 부인될 것이다.

V 상세한 설명이 적절하게 이루어진 전통적 상황

다음과 같은 상황에서, 상세한 설명 요건 이슈가 전통적으로 발생하게 된다.

---

589) *Ralston Purina Co. v. Far-Mar-Co., Inc.*, 772 F.2d 1570, 1575 (Fed. Cir. 1985)

590) *Lockwood v. Am. Airlines, Inc.*, 107 F.3d 1565, 1572 (Fed. Cir. 1997)

591) *Pfaff v. Wells Elecs., Inc.*, 525 U.S. 55, 68(1998); *Regents of the Univ. of Cal. v. Eli Lilly*, 119 F.3d 1559, 1568 (Fed. Cir. 1997); *Amgen, Inc. v. Chugai Pharm.*, 927 F.2d 1200, 1206 (Fed. Cir. 1991)

1. 청구항에 영향을 주는 보정

청구항의 보정 또는 신규 청구항의 추가는 출원시 명세서에 있는 발명의 설명에 의하여 지원되어야 한다.[592] 청구항에 대한 실제 보정이 없는 경우라도, 명세서에 대한 어떤 보정(예 명세서와 청구항에 같이 사용된 용어 정의의 변경)은 청구항에 간접적으로 영향을 미칠 수 있다.

2. 35 U.S.C §120에 따른 모출원서의 출원일에 의존

35 U.S.C. §120에 따르면, 미국 출원서에 있는 청구항은, 만약 청구항의 주제가 이전에 출원된 출원서에서 35 U.S.C. §112(a) 또는 pre-AIA 35 U.S.C. §112의 첫 번째 단락에 의하여 개시되었다면, 이전에 미국 출원일의 이익이 부여된다.

3. 35 U.S.C §119에 따른 우선일에 의존

35 U.S.C. §119(a) 또는 (e)에 따르면, 미국 출원서에 있는 청구항은, 만약 그 상응하는 외국 출원서나 임시 출원서가 35 U.S.C. §112(a) 또는 pre-AIA 35 U.S.C. §112의 첫 번째 단락에 의하여 요구되는 방식으로 청구항을 지원할 경우, 외국 우선일 또는 임시출원서의 출원일의 이익이 부여된다.[593]

4. 저촉심사의 Count에 대응하는 청구항에 대한 지원

저촉심사에서, Count에 대응하는 청구항은 35 U.S.C. §112(a) 또는 pre-AIA 35 U.S.C. §112의 첫 번째 단락에 의하여 요구되는 방식으로 명세서에 의하여 지원되어야 한다.[594] 또한, 저촉심사의 당사자가 이전에 미국에서 출원된 출원

592] *In re Wright*, 866 F.2d 422 (Fed. Cir. 1989)

593] *In re Ziegler*, 992 F.2d 1197, 1200 (Fed. Cir. 1993)

일의 이익을 얻고자 할 때는, 이전의 출원서는 Count의 주제에 대하여 35 U.S.C. §112(a) 또는 pre-AIA 35 U.S.C. §112의 첫 번째 단락의 요건을 충족시켜야 한다.

5. 충분히 서술되지 않은 원 청구항

청구된 발명의 상세한 설명이 출원시의 명세서에 적절하게 현존한다고 추정되는[595] 반면, 명세서가 상세한 설명을 적절하게 제공하였는지에 관한 의문은 최초 청구항으로부터 일어날 수 있다. 청구항이 발명을 원하는 결과를 특정하는 기능적 용어로 규정하였으나, 그 개시에서 기능이 수행되거나 결과를 얻게 되는 방법을 충분히 인식할 수 없을 때, 광범위한 '속'에 관한 청구항이 제시되었으나, 개시에서 '속'이 고려되고 있다는 증거 없이 오직 좁은 범위의 '종'만 설명될 때에는 상세한 설명에 의한 최초 청구항에 대한 뒷받침이 부족하게 된다.[596] 상세한 설명 요건은 명세서에 있는 문자 그대로 청구항에 반드시 나타나야 할 필요는 없다. "청구항이 명세서에 의하여 지원되더라도, 명세서에 있는 용어는 가능한 범위까지 청구된 발명을 설명하여 당업자가 청구된 것을 인식할 수 있어야 한다. 명세서나 청구항, 심지어 최초 청구항에 단지 불분명한 용어를 사용하였다고 그 요건을 반드시 만족시키지는 않는다."[597]

6. 불명확성으로 인한 기능적 청구항에 대한 거절

기능적 용어로 표현된 청구항의 한정 요소는 명세서에서 서술된 해당 구조, 물질 또는 동작과 그 등가물들을 포섭할 수 있도록 해석되어야 한다.[598] 만약, 명

---

594) *Fields v. Conover*, 443 F.2d 1386 (CCPA 1971) (광범위한 '속'에 관한 화합물 종류에 대한 개시는 그 종류에 속한 특정 화합물의 상세한 설명으로 충분하지 않다.)

595) *In re Wertheim*, 541 F.2d 257, 262 (CCPA 1976)

596) *Ariad Pharms., Inc. v. Eli Lilly & Co.*, 598 F.3d 1336, 1349-50 (Fed. Cir. 2010) (*en banc*)

597) *Enzo Biochem, Inc. v. Gen-Probe, Inc.*, 323 F.3d 956, 968 (Fed. Cir. 2002)

세서가 청구된 전체 기능을 수행하는 해당 구조, 물질 또는 동작 등을 충분히 개시하지 못하였다면, 청구항의 한정 요소는 불명확하다. 왜냐하면, 출원인이 35 U.S.C. §112(b) 또는 pre-AIA 35 U.S.C. §112의 두 번째 단락에서 요구하는 대로 발명을 특별히 지적하거나 분명하게 청구하는 데 결국 실패하였기 때문이다.[599] 그런 한정 요소는 또한 35 U.S.C. §112(a) 또는 pre-AIA 35 U.S.C. §112의 첫 번째 단락에서 요구하는 상세한 설명을 만족시키지 못한다. 왜냐하면, 불명확하고 무한정의 기능적 한정 요소는 기능을 수행하는 모든 방법을 포섭하고, 발명자가 발명을 보유하였다는 것을 보여 주는 상세한 설명을 충분히 제공할 수 없다.

Ⅵ 청구항 범위의 변경

35 U.S.C. §112(a) 또는 pre-AIA 35 U.S.C. §112의 첫 번째 단락의 상세한 설명 요건을 만족시키지 못하는 것은 청구된 발명의 범위를 넓히거나 좁히기 위하여 또는 한정 요소의 숫자 범위를 고치기 위해서 또는 최초 개시에 사용된 전문용어와 동일하지 않은 청구항 용어를 사용하기 위하여 청구항을 변경할 때 통상 일어난다. 35 U.S.C. §112(a) 또는 pre-AIA 35 U.S.C. §112의 첫 번째 단락의 상세한 설명 요건에 부합하려 하거나 또는 35 U.S.C. §119, §120, §365(c)에 따른 이전의 우선일이나 출원일을 부여받기 위해서는, 각 청구항의 한정 요소는 최초에 청구된 개시에서 명시적으로, 묵시적으로 또는 내재적으로 지원되어야 한다.

1. 청구항의 확장

1) 한정 요소의 누락

어느 경우에는, 한정 요소의 누락이 발명자가 광범위하고 보다 포괄적인

598] 35 U.S.C. §112(f) 또는 pre-AIA 35 U.S.C. §112의 여섯 번째 단락

599] *In re Donaldson Co.*, 16 F.3d 1189, 1195 (Fed. Cir. 1994) (*en banc*) (generic) 발명을 보유했는지에 관한 이슈를 야기할 수 있다.[600] 출원인이 최초로 개시된 발명의 본질적이고 중요한 특성으로 설명한 요소를 누락한 청구항은 상세 설명 요건에 부합하지 않는다.[601] 명세서나 다른 기록에서 발명에 본질적인 사항이라고 개시된 사항이 누락된 청구항은 35 U.S.C. §112(a) 또는 pre-AIA 35 U.S.C. §112의 첫 번째 단락에 따라서 또는 35 U.S.C. §112(b) 또는 pre-AIA 35 U.S.C. §112의 두 번째 단락에 따라서 실시 가능하지 않기 때문에 거절당하기 쉽다.[602]

2) '속'에 대한 청구항의 추가

청구된 '속'에 관한 상세한 설명 요건은 여러 가지 대표적인 '종'들의 충분한 설명을 통하여 만족될 수 있다. "여러가지 대표적인 '종'들(Representative number of species)"은 충분히 설명된 전체 '속'을 대표하는 '종'들을 의미한다.[603] '속' 안에 포함된 하나의 '종'만을 개시하면, 그 개시가 "특허권자가 '속'을 구성하기에 충분한 '종'들을 발명하였다는 것을 시사하는" 경우에만 그 '속'에 대한 청구항을

600) *Gentry Gallery*, 134 F.3d 1473; *Johnson Worldwide*, 175 F.3d 985, 993; *Tronzo*, 156 F.3d at 1158-59; *In re Wilder*, 736 F.2d 1516 (Fed. Cir. 1984) (스캐닝 수단과 색인 작성 수단과 관련되어 한정 요소 "in synchronism"을 누락한 재등록 청구항은 최초 특허의 개시에 의하여 최초 출원일에 그 '속'에 해당하는 발명을 보유하였다는 것을 시사하는 식으로 지원되지 않는다.)

601) *In re Sus*, 306 F.2d 494, 504 (CCPA 1962) (명세서상에서 어떤 특정한 Aryl radicals나 Aryl radicals의 어떤 특정 대체재(예를 들면, Aryl azides)가 발명의 목적에 적합할 것이라는 것이 아니라, 어느 'Aryl or substituted aryl radical'이라도 발명의 목적에 적합할 것이라는 발명의 상세한 설명은 당업자를 가르칠 수 없을 것이다.)

Cf) *In re Peters*, 723 F.2d 891 (Fed. Cir. 1983) (재등록 출원서에서, 특정하게 가늘어지는 모양의 꼭지에 대한 한정 요소를 제거함으로써 상세한 설명 요건을 위반하지 않고서도 영상화면 장치에 관한 청구항의 범위가 넓어졌다. 그 모양 한정 요소는, 출원시 명세서가 가늘어지는 모양을 청구항의 작동과 특허 적격성에 본질적이거나 중요하다고 설명하지 않았기 때문에 불필요하다고 여겨졌다.)

602) *In re Mayhew*, 527 F.2d 1229 (CCPA 1976); *In re Venezia*, 530 F.2d 956 (CCPA 1976); *In re Collier*, 397 F.2d 1003 (CCPA 1968)

603) *AbbVie Deutschland GmbH & Co. KG v. Janssen Biotech, Inc.*, 759 F.3d 1285, 1300 (Fed. Cir. 2014) (기능적으로 규정된 항체의 '속'에 대한 청구항들은 '속'의 범위 또는 전체 다양성을 대표하지 못하는 오직 한 형태의 구조적으로 유사한 항체"의 개시에 의하여 뒷받침되지 않는다.)

충분히 설명하게 된다.

2. 청구항의 축소 또는 '아속'에 관한 청구항

출원시 개시에 의하여 지원되지 않는 한정 요소를 도입하여 청구항을 축소하는 것을 포함하는 청구항 변경은 35 U.S.C. §112(a) 또는 pre-AIA 35 U.S.C. §112의 첫 번째 단락에 따른 상세한 설명 요건의 위반이다.[604] *Ex Parte Ohshiro*[605] 사례에서, PTAB는 35 U.S.C. §112의 첫 번째 단락에 따라 내연기관에 관한 청구항의 거절을 승인하였다. 이 청구항은 "적어도 하나의 상기 피스톤과 Recessed channel을 갖고 있는 상기 실린더(헤드)"라고 언급하였다. PTAB는 Recessed channel을 갖고 있는 실린더 헤드와 Recessed channel을 갖고 있지 않은 피스톤을 개시한 출원서는 "Channeled piston"의 '종'들을 구체적으로 개시하지 못하였다고 판단하였다.

위의 사례들이 개시되지 않은 '종'들을 언급하면 상세한 설명 요건을 위반할 수 있다고 본 반면에, '아속' 용어를 포함하는 변경은 인정되거나, 인정되지 않을 수 있다. 모출원서가 '속'에 대한 개시와 언급된 범위 내에 있는 특정 예를 개시하는 경우에 청구항이 '아속(분자량비의 특정 범위)'을 규정하면, 출원인은 모특허 출원일의 이익을 받지 못한다. 법원은 '아속'의 범위가 모출원서에 설명되지 않았다고 판단한다.[606] 반면에, '아속' 용어인 "Aliphatic carboxylic acid"와 "Aryl

---

604) *Fujikawa*, 93 F.3d 1559, 1571; *In re Ruschig*, 379 F.2d 990, 995, 154 USPQ 118, 123 (CCPA 1967) ("만약, 화합물을 제조하는 데 N-butylamine 대신에 N-propylamine이 사용되었더라면, 청구항 13의 화합물이 생성될 것이다. 출원인이 법원에 위 Butyl 화합물이 만들어지는 특정 실시예 6에 패턴화된 가상의 특정 실시예를 제출하여서, 법원은 현재 명세서에 있는 특정 개시에서 간단한 변화가 일어난 것을 알 수 있다. 그 변화를 쉽게 상상할 수 있을지라도 그에 관한 개시가 없다는 것이 문제이다.);
Rozbicki v. Chiang, 590 Fed.App'x 990, 996 (Fed. Cir. 2014) (특허권자는, 출원 중에 가능한 한 가장 광범위한 청구항의 언어를 획득하려고 시도하지만, 지금에 와서 청구항의 언어나 상세한 설명에 의하여 지원되지 않는 한정 요소를 도입함으로써 청구항의 언어를 부적절하게 축소할 수 없다고 법원이 판단하였다.)

605) *Ex parte Ohshiro*, 14 USPQ2d 1750 (Bd. Pat. App. & Inter. 1989)

606) *In re Lukach*, 442 F.2d 967, 169 USPQ 795 (CCPA 1971)

carboxylic acid"는 상세한 설명 요건을 위반하지 않는다고 보았다. 각 '아속' 범위 내의 '종'들이 '속'인 Carboxylic acid와 함께 개시되었기 때문이다.[607] 각 사례는, 각각의 사실관계가 당업자들에게 합리적으로 소통되는 것이라는 점에서 이에 따라 판단되어야 한다.[608]

3. 한정 요소의 범위

수적 범위(Numerical range)의 한정 요소를 변경하는 것과 관련하여 고려되어야 할 점은, 당업자가 최초 개시에서 논의되어 어느 범위까지 내재적으로 뒷받침되었다고 생각할 수 있을지를 분석하여야 한다. *In re Wertheim* 사례에서,[609] 최초 명세서에 포함된 범위는 "25%~60%"이며, 구체적인 예로 "36%"와 "50%"를 들었다. 이에 상응하는 신규 청구항의 한정 요소는 "적어도(At least) 35%"인데, 법원은 이것이 상세한 설명 요건을 충족하지 못한다고 보았다. "적어도"라는 문구는 상한선의 제한이 없기 때문에, 이 청구항이 문자 그대로 읽히면 "25%에서 60%" 범위 밖에서도 발명이 구현될 수 있기 때문이다. 그렇지만, "between 35% and 60%"는 상세한 설명 요건을 충족하였다고 보았다.[610]

607] *Ex parte Sorenson*, 3 USPQ2d 1462 (Bd. Pat. App. & Inter. 1987); *In re Smith*, 458 F.2d 1389, 1395 (CCPA 1972) (청구된 '아속'에 이르는 귀납적-연역적 접근방법의 가능성이 무엇이든지 간에, 그와 같은 '아속'이 그것을 둘러싼 '속'과 그 '아속'에 속하는 '종'들에 의해서 반드시 설명되어야 한다고 말해질 수는 없다.)

608] *In re Wilder*, 736 F.2d 1516, 1520, 222 USPQ 369, 372 (Fed. Cir. 1984)

609] *In re Wertheim*, 541 F.2d 257, 191 USPQ 90 (CCPA 1976)

610] *Purdue Pharma L.P. v. Faulding Inc.*, 230 F.3d 1320, 1328 (Fed. Cir. 2000) ("명세서는 당업자들에게 발명자가 범위를 발명의 부분으로 고려하고 있다는 점을 명확히 개시하지 않았다. 따라서, 광범위한 발명이 개시되었고, 후에 출원된 청구항은 그 중 특허 받을 수 있는 부분만 선별하였기 때문에 상세한 설명 요건을 충족하였다는 Purdue의 주장은 받아들일 수 없다.")

Cf) *Union Oil of Cal. v. Atl. Richfield Co.*, 208 F.3d 989, 997 (Fed. Cir. 2000) (배출가스를 줄이는 자동차 가솔린을 생산하기 위해서 다른 화학적 속성의 범위와 조화를 이루어 동작하는 화학적 속성의 범위에 대한 상세한 설명은, 각 조합의 정확한 화학적 구성요소가 개시되지 않았고, 명세서에서 쟁점이 된 청구항에 상응하는 어떤 특별한 실시예를 개시하지 않았다 하더라도 상세한 설명 요건을 충족한다고 보았다. "특허법과 판례법은 발명자가 출원 당시 청구된 발명을 보유하였다는 것을 당업자에게 보여줄 수 있는

Ⅶ 신규사항에 대한 상세한 설명 요건의 관계

상세한 설명은 일반적으로 청구항의 주제와 관련되어 일어나는 이슈이다. 출원인이 요약서, 명세서 또는 출원서의 도면을 수정하거나 수정하려고 시도할 때, 수정 내용이 출원시 명세서에 기재되어 있지 않은 경우에는, 신규사항에 대한 이슈가 발생할 것이다. 달리 말하면, 최초 출원시 명세서, 청구항 또는 도면 등에 포함된 정보는 신규사항으로 도입하지 않고, 출원서의 어느 부분에라도 추가될 수 있다.

특허법에는 신규사항의 도입을 금지하는 두 조문이 있다. 35 U.S.C. §132는 어떤 보정도 발명의 개시에 신규사항을 도입해서는 안 된다고 규정하고 있고, 35 U.S.C. §251은 어떤 신규사항도 재등록 출원에 도입되어서는 안 된다고 규정하였다.

1. 신규사항의 취급

만약, 새로운 주제가 요약서, 명세서 또는 도면 등에 추가되어 개시되면, 심사관은 35 U.S.C. §132 또는 §251에 따라 신규사항의 도입을 반대하여야 하며, 출원인에게 신규사항을 취소하도록 요구하여야 한다. 만약, 신규사항이 청구항에 추가되면, 심사관은 35 U.S.C. §112(a) 또는 pre-AIA 35 U.S.C. §112의 첫 번째 단락에 따라 청구항을 거절하여야 한다.[611] 청구항에 신규사항이 추가된 경우에는, 출원인에 의하여 신규사항 거절이 극복될 수 있기 때문에 선행 기술에 의한 거절도 고려해 보아야 한다.

청구항들이 그 자체로서 보정되지는 않았으나, 신규사항을 추가하여 명세서가 보정된 경우, 추가된 요소에 의하여 청구항이 영향을 받게 되면, 35 U.S.C. §112(a) 또는 pre-AIA 35 U.S.C. §112의 첫 번째 단락에 따라 그 청구항이 거절되어야 한다.

설명이면 족하다고 본다.")

611) *In re Rasmussen*, 650 F.2d 1212 (CCPA 1981)

35 U.S.C. §112(a) 또는 pre-AIA 35 U.S.C. §112의 첫 번째 단락에 따른 거절이나 반대에 응하여 보정한 경우, "신규사항"이 추가되었는지를 판단하기 위하여 때때로 출원서 전체를 검토하는 것이 필요하다. 따라서, 출원인은 명세서에서 보정을 뒷받침하는 부분을 구체적으로 특정하여야 한다.

2. 신규사항 반대/거절의 검토

청구항의 거절은 PTAB(Patent Trial and Appeal Board)에서 검토될 수 있지만, 신규사항을 삭제하라는 요구사항과 신규사항에 대한 반대는 37 CFR 1.181에 따른 청원(Petition)에 의하여 Supervisory review를 거치게 된다. 만약, 명세서와 청구항에 모두 신규사항을 직접적이든 간접적이든 포함하였고, 심사관이 거절과 반대를 모두 하였다면, 그 이슈는 항소할 수 있으며, 청원의 대상이 되지 않는다.

3. 명세서에 개시되지 않은 청구된 주제

최초 명세서에 출원된 것과 같은 청구항은 개시의 일부분을 이룬다. 따라서, 만약 최초 출원서에 청구항에 개시된 내용이 명세서에 개시되지 않았다면, 출원인은 명세서에 청구된 주제가 포함되도록 이를 보정할 수 있다.[612] 최초 청구된 주제에 대하여 명세서에 적절한 근거가 부족한 경우 Form paragraph 7.44가 사용될 수 있다.

Ⅷ 최초 설명에 의하여 지원되는 출원의 보정

최초 상세한 설명에서 지원된 출원서의 보정은 신규사항이 아니다.

612] *In re Benno*, 768 F.2d 1340, 226 USPQ 683 (Fed. Cir. 1985)

1) 다른 표현(Rephrasing)

문장을 단순히 바꾸어 표현하는 것은 신규사항을 구성하지 않는다. 따라서, 동일한 의미를 두고 문장의 단어 표현만 바꾸는 것은 허용된다.[613] 단지 출원 당시 알려진 사전적 또는 기술적 정의를 포함시키는 것은 신규사항으로 고려되지 않는다. 만약, 용어에 관한 다수의 정의가 존재하고 하나의 정의가 출원서에 추가되었다면, 출원 당시 출원서에 신규사항 이슈라든가 상세한 설명의 부족 등을 피하기 위하여 출원인이 특정 정의를 의도하였다는 것이 명백히 밝혀져야 한다.[614] *Schering* 사례에서, 재조합형(Recombinant) DNA 분자에 관한 최초의 개시에서 "Leukocyte interferon"이라는 용어를 사용하였다. 출원일 직후, 어느 과학 위원회에서 위 용어를 폐지하고 대신 "IFN-(a)"을 사용하였다. "IFN-(a)"가 특정한 Polypeptide를 보다 구체적으로 식별할 수 있고, 그 위원회가 Leukocytes로부터 다른 형태의 Interferon가 생성된다는 것을 알아냈기 때문이다. 법원은 명세서 및 청구항의 후속 보정에서 "Leukocyte interferon"를 "IFN-(a)"로 대체한 것은 단순히 발명의 이름을 변경한 데 지나지 않으며, 신규사항을 구성하지 않는다고 보았다. 그 청구항은 발명자의 최초 기탁들에 의하여 규정된 하위형태의 Interferon만을 포섭할 수 있다.

2) 명백한 실수

명백한 실수를 바로잡는 보정은, 당업자가 명세서에 실수의 존재와 적절한 수정방법을 인식하고 있는 경우에는, 신규사항을 구성하지 않는다.[615] 35 U.S.C. §119에 따라 외국의 우선권 있는 서류가 미국 출원 서류에 기재된 경우, 출원인은 그 서류의 개시에 의존하여 출원중인 미국 출원서의 오류를 수정할 수 없다.[616] 이는 외국 우선권 있는 문서의 언어에 관계없이 적용된다. 왜냐하면, 우선

613] *In re Anderson*, 471 F.2d 1237 (CCPA 1973)
614] *Schering Corp. v. Amgen, Inc.*, 222 F.3d 1347, 1352-53 (Fed. Cir. 2000)
615] *In re Oda*, 443 F.2d 1200 (CCPA 1971)
616] *Ex parte Bondiou*, 132 USPQ 356 (Bd. Pat. App. & Int. 1961)

권 주장은 단순히 둘 또는 그 이상의 출원서의 공통 주제에 대하여 선출원일의 이익을 주장하는 데 지나지 않으며, 우선권 있는 문서의 내용을 우선권을 주장하는 문서에 편입시키는 데 제공되는 것이 아니기 때문이다. 그렇지만, 미국 출원서가 명백히 외국의 우선권 있는 문서를 인용에 의하여 편입한 경우에는 그렇지 않다. 2004년 9월 21일 또는 그 이후의 미국 출원서에서 명세서나 도면의 일부나 전부가 부주의로 누락된 경우, 37 CFR 1.55에 따라 출원일 당시 제시된 외국에서 선출원된 외국 출원서의 우선권에 관한 주장은 37 CFR 1.57(a)의 요건에 따라 부주의로 누락된 명세서나 도면의 일부를 선출원된 외국 문서 인용에 의한 편입이 고려될 수 있다.

최초에 출원된 것과 같은 미국 출원서가 비-영어로 작성되고, 그 영어 번역본이 37 CFR 1.52(d)에 따라 후에 제출되었을 경우에, 만약 영어 번역에 오류가 있다면, 출원인은 영어 번역 문서의 오류를 수정하는 데 최초 청구된 비-영어 미국 출원서를 이용할 수 있다.

1. 내재적인 기능, 이론 그리고 장점

내재적으로 어떤 기능을 수행하거나, 어떤 특성을 갖거나, 이론에 따라 작동하거나 또는 어떤 장점을 갖고 있는 장치를 특허 출원서에 개시함으로써, 그 기능, 이론 또는 장점이 출원서에 명백히 언급되지 않더라도, 특허 출원에 의하여 필연적으로 개시된 것으로 본다. 신규사항으로 도입하지 않고, 출원서에 그러한 기능, 이론 또는 장점을 설명하도록 추후에 보정할 수 있다.[617]

2. 인용에 의한 편입

다른 문서에 담긴 정보를 반복하는 대신에, 출원인은 다른 문서의 내용 또는

617) *In re Reynolds*, 443 F.2d 384 (CCPA 1971); *In re Smythe*, 480 F.2d 1376 (CCPA 1973); *Yeda Research and Dev. Co. v. Abbott GMBH & Co.*, 837 F.3d 1341 (Fed. Cir. 2016); *In re Robertson*, 169 F.3d 743, 745 (Fed. Cir. 1999)

그 일부분을 그 문서를 인용함으로써 명세서 안의 문장 속으로 편입시킬 수 있다. 편입된 정보는 마치 출원서에 그 문장이 반복된 것처럼 출원시의 출원서 속으로 편입된다. 인용에 의하여 편입되어 확인된 사항을 실제 문장으로 대체하는 것은 신규사항이 아니다.

CHAPTER 6

실시가능성[618]

실시가능성의 요건은 명세서에서 발명을 제조하는 방법과 발명을 이용하는 방법을 설명하여야 한다는 35 U.S.C. §112(a) 또는 pre-AIA 35 U.S.C. §112 첫 번째 단락의 요건을 말한다. 당업자에 의하여 제조되고 이용되는 발명은 특정한 출원이나 특허에 의하여 규정된 것이다. 당업자가 청구된 발명을 제조하고 이용할 수 있는 용어로 명세서에 설명이 되어야 한다는 요건의 목적은 발명이 관심 있는 대중들에게 의미 있는 방식으로 전달되도록 보장되는 것이다. 출원서의 개시속에 포함된 정보는 당업자들에게 청구된 발명을 제조, 사용 방법을 알리기에 충분하여야 한다. 그러나, 35 U.S.C. §112(a) 또는 pre-AIA 35 U.S.C. §112 첫 번째 단락에 부합하기 위해서, 당업자가 완벽하고 상업적으로 성공한 실시예를 결과에 대한 청구항의 한정 요소 없이 제조, 사용하게 하여야 할 필요는 없다.[619] 만약, 당업자들이 발명 자체에 대한 설명으로 발명을 제조, 사용할 수 있다면, 발명의 제조, 사용을 위한 상세한 절차가 반드시 필요한 것은 아니다. 특허 청구항이 실시 가능한 개시에 의하여 지원되지 않으면, 그 청구항은 무효가 된다.

35 U.S.C. §112(a) 또는 pre-AIA 35 U.S.C. §112 첫 번째 단락의 실시 가능 요건은 상세한 설명 요건과 분리되며 구별된다.[620] 따라서, 추가된 청구항의 한정 요소가 최초 출원 당시의 명세서에서 상세히 설명되지 않았다는 사실만으로

---

618) MPEP 2164-The Enablement Requirement

619) *CFMT, Inc. v. Yieldup Int'l Corp.*, 349 F.3d 1333, 1338, 68 USPQ2d 1940, 1944 (Fed. Cir. 2003) (반도체 웨이퍼를 위한 청정 프로세스를 향상시키는 일반 시스템에 대한 발명은 전체 시스템에서 향상된 것을 보여 주는 개시에 의하여 실시 가능하다.)

620) *Vas-Cath, Inc. v. Mahurkar*, 935 F.2d 1555, 1563, 19 USPQ2d 1111, 1116-17 (Fed. Cir. 1991) (상세한 설명 요건의 목적은 단순히 제조, 사용 방법을 설명하는 것보다 광범위하다.)

반드시 그 한정 요소가 실시 불가능함을 의미하지는 않는다. 즉, 신규 한정 요소가 최초 개시에서 상세히 설명되지 않았더라도, 당업자가 추가된 신규 한정 요소를 갖고 청구된 발명을 제조, 사용할 수 있으면, 신규 한정 요소의 추가가 실시가능성 문제를 야기하지는 않는다. 따라서, 그러한 한정 요소들은 실시가능성과 상세한 설명이라는 분리되고 구별된 기준을 갖고 각각 분석되어야 한다.

한편, 당업자들은 출원시 명세서에 설명되지 않았지만 청구항에 있는 한정 요소로 발명을 제조, 사용할 수 있다. 청구된 주제가 청구항에만 있고, 명세서에는 없는 경우, 그 명세서는 Form paragraph 7.44를 사용하여 반대되어야만 한다. 이 경우는 명세서만으로 반대되는 경우이며, 실시가능성 이슈는 별도로 다루어져야 한다.

I 실시가능성 테스트

특정 청구항이 출원서의 개시에 의하여 지원되었는지에 관한 분석은 출원당시 그 개시가 당업자로 하여금 청구된 발명을 제조, 사용할 수 있게끔 청구항들의 주제에 관하여 충분한 정보를 담았는지에 대한 판단을 필요로 한다. 명세서가 실시 가능 요건을 만족시켰는지 결정하는 기준은 연방 대법원이 *Minerals Separation Ltd. v. Hyde*[621] 사례에서 처음으로 다음과 같은 질문을 던졌다. "발명을 실행하기 위하여 필요한 실험이 과도하거나 비합리적이지 않은가?" 이 기준은 그 후 *In re Wands*[622]까지 계속 적용되었다. 따라서, "과도한 실험"이 법률상 용어는 아니지만, 당업자들이 과도한 실험 없이 청구된 발명을 제조, 사용할 수 있어야 한다는 것을 필요로 한다고 해석된다.[623] 이미 해당 기술 분야에 잘

621) *Minerals Separation Ltd. v. Hyde*, 242 U.S. 261, 270 (1916)

622) *In re Wands*, 858 F.2d 731, 737 (Fed. Cir. 1988)

623) *Id.*; *United States v. Telectronics, Inc.*, 857 F.2d 778, 785, 8 USPQ2d 1217, 1223 (Fed. Cir. 1988) ("실시가능성 테스트는 당업자가 해당 기술분야의 알려진 정보와 특허의 개시로부터 과도한 실험 없이 발명을 제조, 사용할 수 있는지에 관한 것이다.")

알려진 것은 특허에서 가르쳐질 필요가 없으며, 오히려 생략하는 것이 바람직스럽다.[624] 명세서의 어느 부분이라도 실시 가능한 개시를 지원할 수 있으며, 여기에는 해당 주제를 개시하여 논의하는 배경설명 부분도 포함된다.[625] 실시 가능에 대한 판단은 배경이 되는 사실관계의 발견을 통한 법률 문제이다.[626]

1. 과도한 실험 요건

만약, 해당 기술 분야에서 통상적으로 이루어지는 실험이라면, 실험이 복잡하다고 해서 반드시 과도하다고 말할 수는 없다.[627] 실시가능성에 관한 테스트는 어느 실험이 필요한지가 아니라, 그 실험이 필요하다면 그것이 과도한지에 관한 것이다.

개시가 실시 가능 요건을 만족시키지 못한다는 결정을 지원하는 충분한 증거가 있는지 그리고 필요한 실험이 과도하였는지를 결정할 때는 다음과 같은 요소를 고려하여야 한다.

① 청구항의 범위
② 발명의 본질
③ 선행 기술의 상태
④ 당업자의 기술 수준

---

624) *In re Buchner*, 929 F.2d 660, 661 (Fed. Cir. 1991); *Hybritech, Inc. v. Monoclonal Antibodies, Inc.*, 802 F.2d 1367, 1384 (Fed. Cir. 1986), *cert. denied*, 480 U.S. 947 (1987); *Lindemann Maschinenfabrik GMBH v. American Hoist & Derrick Co.*, 730 F.2d 1452, 1463 (Fed. Cir. 1984)

625) *Callicrate v. Wadsworth Mfg., Inc.*, 427 F.3d 1361, 77 USPQ2d 1041 (Fed. Cir. 2005) (선행 기술 특징의 문제점을 논한다고 해서, 당업자가 그 특징을 제조, 사용할 수 없다는 것을 뜻하지는 않는다.)

626) *In re Vaeck*, 947 F.2d 488, 495 (Fed. Cir. 1991); *Atlas Powder Co. v. E.I. du Pont de Nemours & Co.*, 750 F.2d 1569, 1576 (Fed. Cir. 1984)

627) *In re Certain Limited-Charge Cell Culture Microcarriers*, 221 USPQ 1165, 1174 (Int'l Trade Comm'n 1983), *aff'd. sub nom.*; *Massachusetts Institute of Technology v. A.B. Fortia*, 774 F.2d 1104, 227 USPQ 428 (Fed. Cir. 1985)

⑤ 그 기술 분야에서의 예측 가능성의 수준
⑥ 발명자에 의하여 제공되는 지시의 양
⑦ 작동 사례(Working examples)의 존재
⑧ 개시 내용에 근거하여 발명을 제조, 사용하는 데 필요한 실험의 양[628]

In re Wands 사례에서, 법원은 사실관계에 관하여 동의하지 않는 것은 아니며, 다만 그 사실관계에 근거한 데이터나 결론의 해석에 관하여 부동의할 뿐이라고 밝히면서, 본 사례에서 명세서는 쟁점이 된 청구항을 실시 가능하게 하였다고 판단하였다. 법원은 본 사례에서 다음과 같은 사실을 밝혀냈다. 명세서에 상당한 지시와 안내가 있었으며, 출원 당시 해당 기술 분야가 상당히 높은 기술 수준에 있었고, 그 발명을 실행하는 데 필요한 모든 방법들이 잘 알려졌다는 것 등이다. 이들 사실 관계를 바탕으로 법원은 "청구된 발명을 실행하는 데 필요한 항원을 얻기 위해서 과도한 실험이 요구되지 않는다."고 결론지었다.

위의 모든 요소를 다 고려하여야 할 필요는 없더라도, 오직 하나의 요소에 근거하여 개시가 실시 불가능하다고 판단하는 것은 부적절하다. 심사관의 분석도 이들 각각의 요소에 관련된 모든 증거들을 검토하여야 하며, 실시 불가능하다는 어떠한 결론도 전체 증거에 기반하여 내려져야 한다.

실시 가능 요건이 부족하다는 결론은, 위 각 요소들에 관련된 증거에 근거하여, 출원 당시 명세서에서 당업자가 청구된 발명의 전 범위를 과도한 실험 없이 제조, 사용하는 방법을 가르쳐 주지 않았다는 것을 뜻한다.[629] 청구된 발명을 제조, 사용하기 위하여 과도한 실험이 필요하다는 결정은 단순하고 간단한 사실관계에 관한 결정이 아니라, 위에서 언급된 사실관계를 고려함으로써 도달하게 된 결론이다.[630]

---

628) *In re Wands*, 858 F.2d 731, 737, 8 USPQ2d 1400, 1404 (Fed. Cir. 1988) (B형 간염의 표면 항원을 조사하는 방법에 관한 청구항이 실시 가능 요건을 충족하지 못하였다는 PTO의 결정을 기각)

629) *In re Wright*, 999 F.2d 1557, 1562 (Fed. Cir. 1993)

630) *In re Wands*, 858 F.2d at 737, 8 USPQ2d at 1404

2. 청구된 발명의 제조 방법

명세서가 청구항의 전체 범위와 합리적인 상관관계를 갖는 적어도 하나의 청구된 발명의 제조, 사용 방법을 개시하는 한, 35 U.S.C. §112의 실시 가능 요건은 충족된다.[631] 청구된 발명을 제조할 수 있는 다른 방법을 개시하지 않는다고 하여 35 U.S.C. §112에 의하여 청구항이 무효로 되지는 않는다.[632] 불안정하고 일시적인 화학적 중간재의 경우, 청구된 제품을 안정적이고 영구적인 별도의 형태로 제조하는 방법을 청구인이 가르칠 필요는 없다.[633] 명세서가 실시가능성이 있는지 판단할 때 일어날 수 있는 중요한 쟁점은 발명을 제조할 때 필요한 초기의 물질이나 장치가 이용 가능한지 여부이다. 특히 생명공학 분야에서 제품이나 프로세스가 특정 미생물 균주를 필요로 하는 경우와 광범위한 Screening 이후에만 미생물이 이용 가능한 경우에 때때로 제기된다. 법원은 방법을 실행하는 데 특별한 장치가 필요한 경우, 그 장치가 아직 이용 가능하지 않다면, 출원인이 그 장치의 개시를 충분히 제공하여야 한다고 밝혔다.[634] 만약 화합물을 제조하거나 화학적 프로세스를 실행하는 데 특정 화학물질이 필요한 경우에도 같은 말을 할 수 있을 것이다.[635]

3. 청구된 발명의 사용 방법

명세서 내의 실용성에 관한 진술이 사용방법을 함축하고 있거나, 그 기술 분야에서 표준 실행 방법이 알려져 있거나 예상된다면 35 U.S.C. §112 요건은 충족된다.[636] 예를 들면, 용량이나 사용방법에 관한 정보를 과도한 실험 없이 획득

---

631) *In re Fisher*, 427 F.2d 833, 839 (CCPA 1970)

632) *Spectra-Physics, Inc. v. Coherent, Inc.*, 827 F.2d 1524, 1533 (Fed. Cir. 1987), *cert. denied*, 484 U.S. 954 (1987)

633) *In re Breslow*, 616 F.2d 516, 521 (CCPA 1980)

634) *In re Ghiron*, 442 F.2d 985, 991 (CCPA 1971)

635) *In re Howarth*, 654 F.2d 103, 105 (CCPA 1981)

636) *In re Johnson*, 282 F.2d 370, 373 (CCPA 1960); *In re Hitchings*, 342 F.2d 80, 87 (CCPA 1965); *In re Brana*, 51 F.3d 1560, 1566 (Fed. Cir. 1995)

할 수 있다고 당업자들에게 알려져 있다면 그 용량이나 사용방법을 구체적으로 반드시 설명할 필요는 없다. 만약, 당업자가 유사한 생리학적 또는 생물학적 활성을 가진 화합물에 대한 지식에 근거하여 과도한 실험 없이 적절한 용량과 사용법을 식별해 낼 수 있다면, 35 U.S.C. §112(a) 또는 pre-AIA 35 U.S.C. §112의 첫 번째 단락을 충족시킬 수 있을 것이다. 출원인은 그 발명이 전적으로 안전하다는 것을 증명할 필요는 없다.

화합물이나 구성요소에 관한 청구항이 특별한 용도로 한정된 경우, 청구항의 실시가능성은 그 한정 요소에 근거하여 평가되어야 한다.[637] 반면에, 화합물 또는 구성요소에 관한 청구항이 언급된 사용에 한정되지 않으면, 그 청구항의 전체 범위와 합리적인 상관관계가 있는 실시 가능한 어떠한 사용이라도 실시 불가능을 이유로 거절되는 것을 막기에 충분하다. 만약, 청구된 화합물과 구성요소들에 관한 다수의 사용방법이 명세서에 개시된 경우, 실시가능성에 근거하여 거절하기 위해서는 명세서에서 개시된 사용방법들이 실시 불가능한 이유를 증거에 의하여 각각 충분히 설명하여야 한다. 즉, 다수의 사용방법이 개시되었을 때 실시 가능한 방법이 있다면, 그 출원은 청구된 발명을 실시할 수 있다.

II 작동 사례(Working example)

35 U.S.C. §112(a) 또는 pre-AIA 35 U.S.C. §112의 첫 번째 단락의 실시 가능 요건의 준수는 실시예가 개시되었는지에 따라 좌우되지 않는다. 실시예는 "작동하는" 것이거나 "예언적인" 것일 수 있다. 작동 사례는 실제로 수행된 작업에 근거한다. 예언적인 실시예는 실제로 수행된 작업이나 실제 얻은 결과보다는 예상된 결과를 기반으로 발명의 실시예를 설명한다. 출원인은 출원 전에 발명을 실제로 구체화할 필요는 없다. *Gould*[638] 사례에서, Gould의 출원 당시, 어느 누구

637] *In re Vaeck*, 947 F.2d 488, 495 (Fed. Cir. 1991) (어느 Cyanobacterium에서 나타날 수 있는 특이한 유전자를 청구하면, 청구된 유전자를 그 사용에 의하여 규정하여야 한다.)

도 광증폭기를 제조하거나, 기체 방전시 반전 분포(Population inversion)를 측정하지 않았으나, 법원은 "무엇인가가 명확히 수행되지 않았다는 단순한 사실만으로 그것을 수행하는 방법을 개시하였다는 모든 출원을 거절하기에는 충분하지 않다."고 판단하였다. 만약 발명의 실시예가 개시되지 않더라도 당업자가 과도한 양의 실험 없이 발명을 수행할 수 있는 방법이 개시된다면, 명세서에 실시예를 담을 필요는 없다.[639] 그러나, 작동 사례의 부족은 고려되어야 할 요소이며, 특히 예측할 수 없거나 개발되지 않은 기술 분야를 포함할 때는 더욱 그러하다. 그렇지만, 실시 가능한 개시가 필요하다는 이유만으로, 출원인이 모든 실제 실시예를 설명할 필요는 없다.

1. 작동 사례의 부존재 또는 하나의 작동 사례

실시불가능 결정과 관련된 요소들을 고려할 때, 다른 모든 요소들이 실시 가능하다고 가리키면 작동 사례의 부존재만으로 그 발명이 실시 불가능하게 되지 않는다. 즉, 작동 사례의 부존재 또는 청구된 발명이 설명된 대로 작동한다는 증거의 부족만으로는 청구된 발명을 거절하기 위한 유일한 이유가 될 수 없다. 명세서상에 청구된 발명에 관한 하나의 작동 사례만으로도, 적어도 그 실시예는 실시 가능할 수 있기 때문에, 실시 불가능을 이유로 거절하는 것을 충분히 배척할 수 있다. 그렇지만, 실시예가 특정한 범위에 제한되었다고 거절하는 것은 적절할 수 있다. 물론 다른 모든 요소와 함께 고려되어야겠지만, 작동 사례가 하나밖에 없다는 것이 실시 가능한 개시보다 광범위하기 때문에 청구항을 거절할 유일한 이유가 될 수 없다. 거절이 유효하기 위해서는, 모든 사실들과 증거를 평가하고, 하나의 사례로 청구항의 전 범위에 걸쳐 추론하는 것을 기대할 수 없다는 이유를 설명하여야 한다.

638] *Gould v. Quigg*, 822 F.2d 1074, 1078 (Fed. Cir. 1987)
639] *In re Borkowski*, 422 F.2d 904, 908 (CCPA 1970)

2. 상관관계: *in vitro*(체외)/*in vivo*(체내)

"상관관계"에 관한 쟁점은 작동사례 존부의 이슈와 관련되어 있다. 여기서 사용되는 "상관관계"는 *in vitro/in vivo* 동물 모델 분석과 개시되거나 청구된 사용법 간의 관계를 언급한 것이다. 명세서상의 *in vitro/in vivo* 동물 모델 사례는, 만일 그 사례가 개시되거나 청구된 방법 발명과 상관관계가 있으면, 작동 사례를 구성한다. 만약, 상관관계가 없으면, 그 사례는 작동 사례를 구성하지 않는다. 이 점에서, 상관관계에 관한 논의는 선행 기술의 상태에 또한 의존하게 된다. 다시 말하면, 만일 어떤 특정한 모델이 어느 특정 조건에 상관관계가 있는 것으로 인식될 수 있는 선행기술이 존재한다면, 심사관은 그 모델이 상호 관련되지 않았다는 증거를 갖고 있지 않는 한, 상관관계가 있는 것으로 받아들여져야 한다. 그런 증거를 갖고 있더라도, 심사관은 상관관계 여부에 대한 증거를 고려하여 당업자가 그 모델을 그 조건에 합리적 상관관계가 있는 것으로 받아들일 수 있는지를 결정하여야 한다.[640]

실시가능성의 결여를 입증할 최초 책임이 심사관에게 있기 때문에, 심사관은 또한 *in vitro/in vivo* 동물 모델 사례에 대한 상관관계가 결여되었다는 결론에 대한 이유를 제시하여야 한다. 그렇지만, 엄격하거나 예외 없이 정확한 상관관계는 필요하지 않다.[641]

3. '속'에 대한 청구

'속'에 관한 청구에서, '속' 전체에 관하여 청구한다는 진술과 함께 대표적인 사례를 제시한 경우, 당업자가(명세서상의 정보, 기술 수준, 기술 분야의 상태 등에 비추어) 청구된 '속'이 과도한 실험 없이 그와 같이 사용될 수 있다고 예상할 수 있다면 일반적으로 충분할 것이고, 심사관에 의하여 당업자가 과도한 실험 없이 전

---

640) *In re Brana*, 51 F.3d 1560, 1566 (Fed. Cir. 1995) (*in vitro* 데이터가 *in vivo* 출원서를 지원하지 않는다는 발견에 근거한 PTO의 결정을 취소하였다.)

641) *Cross v. Iizuka*, 753 F.2d 1040, 1050 (Fed. Cir. 1985) (관련된 증거 전체에 근거하여, 개시된 *in vitro* 실용성과 *in vivo* 작용 간에 합리적 상관관계가 있으므로, 약리학적 활성에 대한 개시가 개연성 있는 증거에 의하여 합리적인 경우에는 엄격한 상관관계가 필요하지 않다.)

체로서의 '속'을 사용할 수 없다는 적절한 이유가 제시된 경우에만, 실시가능성에 관한 입증이 청구된 '속'의 다른 멤버들에 대하여 요구될 것이다.

Ⅲ 기술의 예측성과의 관계

발명의 실시에 필요한 지시나 안내의 양은 그 기술 분야에서의 예측 가능성뿐만 아니라 지식의 양과 반비례 관계에 있다.[642] "지시나 안내의 양"이란 최초 출원 당시 명세서에서 발명을 제조, 사용하는 방법을 가르쳐주는 정보를 일컫는다. 발명의 본질, 발명의 제조, 사용 방법 등에 관하여 선행 기술에서 잘 알려질수록, 그리고 해당 기술이 보다 예측 가능할수록, 명세서상에 명시적으로 진술될 필요가 있는 정보의 양은 더 적어질 것이다. 반대로, 선행 기술에서 발명의 본질에 관하여 덜 알려졌고, 그 기술 분야가 예측 불가능하다면, 명세서는 발명이 실시 가능하기 위하여 제조, 사용 방법에 관한 보다 상세한 설명을 필요로 할 것이다.[643]

해당 기술의 "예측 가능성 또는 예측 가능성의 결여"는 당업자가 청구된 발명으로부터 개시되거나 알려진 결과를 추론하는 능력을 말한다. 당업자가 청구된 발명이 속한 주제 안에서 어떤 변화의 결과를 쉽게 예상할 수 있다면, 그 기술에 대한 예측 가능성이 존재한다. 반대로, 위의 경우에 당업자가 쉽게 예상할 수 없었다면, 그 기술에 대한 예측 가능성은 결여될 것이다. 따라서, 해당 기술 분야에서 공지된 사실들은 예측 가능성 문제에 관한 증거를 제공한다. *In re Marzocchi*[644] 사례에서, 법원은 다음과 같이 말하였다. "일반적으로 화학 분야에서, 화학

642) *In re Fisher*, 427 F.2d 833, 839 (CCPA 1970)

643) *Chiron Corp. v. Genentech Inc.*, 363 F.3d 1247, 1254 (Fed. Cir. 2004) ("그러나, 초기의 기술은 '구체적이고 유용한 가르침'이 있어야만 실시 가능해질 수 있다. 초기 기술은 당업자가 특허권자의 설명 이외에 지식이 거의 없기 때문에, 법에서는 초기 기술에 대하여 실시가능성에 관한 개시를 요구한다. 따라서, 특허 시스템의 대가로 얻게 될 공공의 최종적인 목적은 청구된 기술의 실시가능성에 관한 완전한 개시다.")

644) *In re Marzocchi*, 439 F.2d 220, 223-24 (CCPA 1971)

반응에 관한 주지의 예측 불가능성만으로도, 청구항에 대한 실시가능성을 지원하기 위하여 제시된 특별히 광범위한 서술의 정확성에 관한 합리적인 의심이 충분히 형성되는 시절들이 있었다. 그 서술이 문면상에서 일반적으로 인정된 과학적 원리에 반대되는 경우에 특히 그러할 것이다. 관련된 인용자료에 있는 가르침 같은 추가적인 요소들은, 객관적 실시가능성으로 주장된 범위가 특허에서 보호하려는 범위와 실제로 일치하는지에 관한 의심을 해결하고, 이에 필요한 증거를 뒷받침하는 데 이용될 수 있다."

필요한 실시가능성의 범위는 관련된 예측 가능성의 정도와 반비례 관계로 변화한다. 그러나, 예측 불가능한 기술 분야에서 조차도, 모든 작동 가능한 '종'들에 대한 개시가 필요한 것은 아니다. 기계적 또는 전기적 요소들과 같이 예측 가능한 사실들을 포함한 경우에는 하나의 실시예로도 광범위한 실시가능성을 제공할 수 있다.[645] 하지만, 그 결과가 예측 불가능한 기술 분야의 발명에 관한 출원서에서, 단일 '종'에 관한 개시는 일반적으로 '속'에 대한 청구항을 지원하는 적절한 근거로 제공되지 않는다.[646] 대부분의 화학 반응이나 생리적 작용 등과 같이 예측 불가능한 요소들이 포함된 경우에는 더 많은 실시예가 요구될 것이다.[647] 이것은 하나의 '종'에 대한 개시로부터 다른 '종'들이 작용하는 것을 합리적으로 예상할 수 없기 때문이다.

Ⅳ 실시가능성 요건에 따른 심사관의 책임

실시가능성에 대한 분석 전에, 심사관이 그 청구항을 해석하는 것이 필요하

645) *In re Vickers*, 141 F.2d 522, 526-27 (CCPA 1944); *In re Cook*, 439 F.2d 730, 734 (CCPA 1971)

646) *In re Soll*, 97 F.2d 623, 624 (CCPA 1938)

647) *In re Fisher*, 427 F.2d 833, 839 (CCPA 1970) (기계적, 전기적 요소를 화학적 반응과 생리적 작용과 대조);
In re Wright, 999 F.2d 1557, 1562 (Fed. Cir. 1993); *In re Vaeck*, 947 F.2d 488, 496 (Fed. Cir. 1991)

다. 그 기술 분야에서 잘 알려지지 않은 용어들이나, 하나 이상의 의미를 가질 수 있는 용어들에 대하여는, 출원자가 의미하였다고 이해한 것을 기반으로 하여 심사관이 출원서를 심사할 때 사용하고자 하는 정의를 선택하고, 심사결과 통지서(Office action)를 쓸 때에도 청구항의 범위와 용어의 의미를 명시적으로 열거할 필요가 있다. 특허를 거절하기 위해서는, 심사관은 청구된 발명에 관하여 제시된 실시가능성을 의심하는 합리적인 근거를 규명할 초기의 책임이 있다.[648]

특허를 받으려는 주제를 정의하는 데 사용된 용어들과 일치하는 범위에서 발명을 만들고 사용하는 방법에 대한 가르침을 포함한 명세서의 개시는, 실시 가능성을 뒷받침하기 위한 개시 속의 진술에 대한 객관적 진실이 합리적으로 의심되지 않는다면, 35 U.S.C. §112(a) 또는 pre-AIA 35 U.S.C. §112의 첫번째 단락의 실시가능성 요건과 일치하는 것으로 다루어진다. 그와 같은 의심이 존재한다는 충분한 이유가 있다고 가정하면, 제조 방법과 사용 방법을 가르치는 데 실패하였다는 이유로 특허를 거절하는 것은 적절하다.[649]

V 전체로서의 증거에 근거한 실용 가능성 판단

일단 심사권자가 모든 증거를 고려하여 청구된 발명에 관한 실시가능성을 의심하는 합리적인 근거를 제시하면, 필요한 경우 당업자가 청구된 발명을 출원서에 설명된 대로 제조, 사용할 수 있다는 설득력 있는 반론을 적절한 증거와 함께 제시할 책임을 부담한다.[650] 출원인이 제공한 증거는 완전할(absolute) 필요는 없으며, 당업자에게 단지 설득력이 있으면(convincing) 된다.

출원인은 37 CFR 1.132에 따라 사실관계에 관한 진술서(Affidavit)를 제출하거나, 당업자가 출원 당시 알고 있었던 것을 보여 주기 위하여 참고자료를 인용할

648] *In re Wright*, 999 F.2d 1557, 1562 (Fed. Cir. 1993) (심사관은 청구항에서 제시된 보호범위가 개시에 의하여 적절히 실시될 수 없는 이유에 관한 합리적인 설명을 제공하여야 한다.)
649] *In re Marzocchi*, 439 F.2d 220, 224 (CCPA 1971)
650] *In re Brandstadter*, 484 F.2d 1395, 1406-07 (CCPA 1973)

수 있다. Declaration이나 Affidavit은 그 자체로서 고려되어야 할 증거이다. Declaration이나 Affidavit에 주어지는 비중은 실시 가능한 결론을 지원하기 위하여 Declaration이나 Affidavit에 담겨진 사실관계에 관한 증거의 양에 좌우될 것이다.[651] 출원인은 청구된 발명이 개시에 의하여 실시 가능하다는 것을 입증할 증거를 제시하도록 권장되어야 한다. 화학적, 생명공학적 출원서에, 임상실험 승인을 얻기 위하여 FDA에 실제 제출된 증거도 필수적인 것은 아니지만 제출될 수 있다. 임상실험 승인을 위한 FDA의 고려사항은 청구항이 실시 가능한지를 결정하는 USPTO의 고려사항과 다른다.[652] 일단 그 증거가 제공되면, 그 개시가 청구된 발명을 실시 가능하게 하였는지에 관한 결정에 도달하기 위하여 위에 열거된 표준들에 따라 다른 모든 증거들과 함께 고려되어야 한다.

일견 실시가능성이 결여된 것으로 보이는 사례를 극복하기 위해서, 출원인은 출원시 청구된 발명을 개시에 의하여 당업자가 제조, 사용하는 것이 가능하다는 의견/증거를 제출하여야 한다. 출원인은 또한 출원일 이후에 청구된 발명이 작동한다는 것을 증명하기 위한 Declaration을 제출할 수도 있다. 그러나, 심사관은 Declaration의 실험에서 사용된 단계, 물질, 조건 등을 출원서에 개시된 것들과 면밀히 비교하여(즉, 출원 당시 명세서의 안내에 따라 행해진 실험들과 출원 당시 당업자에게 잘 알려진 것들) 그 범위에서 상응하는지를 확인하여야 한다. 또한, 청구된 발명의 범위에 상응하는지도 이와 같이 확인하여야 한다. 즉, 청구된 발명의 전 범위가 합리적으로 실시 가능하여야 한다.

그리고 나서, 심사관은 명세서, 출원인이 제출한 새로운 증거, 특허 거절시에 이전에 제출된 증거와 과학적 이유 등을 포함한 자신에게 제출된 모든 증거를 고려하여야 하고, 그 청구된 발명이 실시 가능한지를 결정하여야 한다. 심사관은 개인적 견해에 따라 이것을 결정해서는 안 되고, 기록상 모든 증거를 고려하여 결정하여야 한다.

651] *In re Buchner*, 929 F.2d 660, 661 (Fed. Cir. 1991) (최종 법률적 결론을 담은 전문가 의견은 단정적인 법적 진술 이외의 무엇인가에 의하여 뒷받침되어야만 한다.)
Cf) *In re Alton*, 76 F.3d 1168, 1174, (Fed. Cir. 1996) (상세한 설명에 관련된 Declaration은 고려되어야 한다.)

652] *Scott v. Finney*, 34 F.3d 1058, 1063 (Fed. Cir. 1994) ("보철장치의 안전성과 효과에 관한 테스트는 FDA에 남겨지는 것이 보다 적절하다.")

1. 명세서가 출원일 당시 실시 가능하여야 한다

명세서가 출원 당시 실시 가능하였는지는 발명의 본질, 선행 기술의 상태, 해당 기술 분야의 기술 수준 등을 고려하는 것이 포함된다. 먼저, 발명의 본질, 즉 청구된 발명이 속한 주제에 관한 조사가 이루어진다. 발명의 본질은 해당 기술 분야의 상태와 당업자가 보유한 기술 수준을 결정하는 배경이 된다.

선행 기술의 상태는 출원 당시 청구된 발명이 속하는 주제에 관하여 당업자가 알고 있었던 것이다. 당업자들의 관련 기술은 출원 당시 청구된 발명이 속한 주제에 관하여 당업자들이 갖고 있는 기술을 말한다. 해당 기술 분야에서 기술의 상태는 시간적으로 정지되어 있지 않다. 1990년 1월 2일에 출원되었다면 실시 가능하지 않았을 개시도 똑같이 1996년 1월 2일에 출원되었더라면 실시 가능할 수 있다는 것이 전적으로 가능하다. 따라서, 선행 기술의 상태는 각 출원일에 기반하여 평가되어야 한다.

35 U.S.C. §112는 명세서가 해당 기술 분야 또는 이와 가장 가까이 연결된 기술 분야의 기술자에게 실시 가능할 것을 요구한다. 일반적으로, 관련 기술은 그 발명이 사용되는 기술 분야, 산업, 무역 등의 면에서 보다 해결되어야 하는 문제의 관점에서 정의되어야 한다. 명세서는 당업자들에게 잘 알려진 것을 개시할 필요는 없고, 당업자에게 잘 알려지거나 대중에게 이미 이용 가능한 것은 생략하는 것이 바람직스럽다.[653]

명세서 출원 당시 기술의 상태는 특정 개시가 출원 당시에 실시 가능하였는지를 결정하는 데 사용된다.[654] 일반적으로 출원일 이후에 처음으로 출간된 정보는 출원 당시 알려졌다는 것을 보여 주기 위해서 사용될 수 없다.[655] 명세서에서

---

653) *In re Buchner*, 929 F.2d 660, 661 (Fed. Cir. 1991); *Hybritech, Inc. v. Monoclonal Antibodies, Inc.*, 802 F.2d 1367, 1384 (Fed. Cir. 1986), *cert. denied*, 480 U.S. 947 (1987); *Lindemann Maschinenfabrik GMBH v. American Hoist & Derrick Co.*, 730 F.2d 1452, 1463 (Fed. Cir. 1984)

654) *Chiron Corp. v. Genentech Inc.*, 363 F.3d 1247, 1254 (Fed. Cir. 2004) (특허 문서는 출원일 이후에 일어난 기술을 실행하게 할 수 없다.)

655) *In re Gunn*, 537 F.2d 1123, 1128 (CCPA 1976);
In re Budnick, 537 F.2d 535, 538 (CCPA 1976) (일반적으로, 출원인이 실시 가능 요건을 위하여 기술의 상태를 증명하기 위하여 특허를 사용하려고 하면, 그 특허는 출원서의 유효

실시 가능에 관하여 출원 당시 불충분하게 개시된 것을 출원일 이후에 출간된 간행물로 보완할 수는 없지만, 출원인은 출원 당시의 기술 수준에 관한 증거로서 그 간행물에 근거한 전문가의 증언을 제공할 수 있다.[656] 일반적으로, 심사관은 특허가 실시 가능하다는 것을 증명하기 위하여 출원일 이후의 참고자료를 사용하여서는 안 된다. 그러나, 후에 참고된 참고자료에서 당업자가 유효 특허 출원일 또는 그 이전에 알고 있었다는 것의 증거를 제공한다면, 그 원칙의 예외로 인정될 수 있다.[657] 만약에, 특정 발명이 출원일 이후 수년간 실시할 수 없었다는 것을 당업자들이 알 수 있었다고 어떤 간행물에 의하여 증명되면, 그 간행물로 청구된 발명이 출원 당시 불가능하였다는 것을 입증할 수 있다.[658]

2. 명세서가 당업자에게 실시 가능하여야 한다

당업자들에게 관련된 기술은 청구된 발명이 속하는 기술 분야에서 당업자들의 기술 수준을 말한다. 발명에 다른 기술들이 포함되어 있는 경우, 명세서가 각 분야의 당업자들에게 자신의 전문 분야가 적용되는 발명의 각 부분을 수행할 수 있게 하면 실시 가능하다. "만약 별개의 두 기술이 발명에 관련되면, 두 기술 분야의 각 전문가들이 그 개시로부터 발명을 수행할 수 있다면, 그 개시는 적절하다."[659] *Ex parte Zechnall*[660] 사례에서, PTAB는 "만약, 전자 컴퓨터 기술 분야의 당업자가 연료 주입 기술 분야의 당업자와 협력하여 출원인의 발명을 제조,

출원일보다 앞서는 등록일을 갖고 있어야 한다.)

656) *Gould v. Quigg*, 822 F.2d 1074, 1077 (Fed. Cir. 1987)

657) *In re Hogan*, 559 F.2d 595, 605 (CCPA 1977)

658) *In re Wright*, 999 F.2d 1557, 1562 (Fed. Cir. 1993) (어떤 바이러스의 생리학적 활성이 충분히 예측 불가능하여 한 바이러스와 한 동물에서의 성공이 모든 생물과 함께 모든 바이러스에서도 성공하리라 추론할 수 있다고 당업자가 믿을 수 없다는 것을 출원일로부터 5년 뒤에 출간된 논문에 의하여 뒷받침될 수 있다. 따라서, 법원은 특정한 바이러스나 특정한 동물에 의하여 제한되지 않는, 출원인이 먼저 출원한 청구항들은 실시할 수 없다고 판단하였다.)

659) *Technicon Instruments Corp. v. Alpkem Corp.*, 664 F.Supp. 1558, 1578 (D. Ore. 1986), *aff'd in part, vacated in part, rev'd in part*, 837 F.2d 1097 (Fed. Cir. 1987) (unpublished opinion), *appeal after remand*, 866 F.2d 417 (Fed. Cir. 1989)

660) *Ex parte Zechnall*, 194 USPQ 461 (Bd. Pat. App. & Int. 1973)

사용할 수 있도록 개시되었으면, 출원인의 개시는 충분하다고 판단되어야 한다고 보았다.

Ⅵ 실험의 양

당업자에 의하여 수행되기 위하여 필요한 실험의 양은 발명의 제조, 사용에 "과도한 실험"이 요구되는지를 결정하기 위한 요소 중의 하나에 불과하다. 실험기간의 연장은 숙련된 기술자에게 충분한 지시와 안내가 주어지면 과도하지 않을 수 있다.[661] 그 테스트는 단순히 양에 관한 문제가 아니다. 왜냐하면, 일상적인 실험이거나, 그 실험이 진행되어야 하는 방향에 관하여 명세서가 합리적인 양의 안내를 제공해 준다면, 상당한 양의 실험이라도 허용되기 때문이다.[662] 시간과 비용도 고려되어야 하는 요소들에 불과하며, 결정적인 요소들은 아니다.[663]

화학 기술 분야에서, 청구된 목적물을 얻기 위하여 검사를 수행하는 데 있어서 안내와 편의성은 필요한 실험의 양을 결정하는 데 고려되어야 할 쟁점이 될 수 있다. 만약, 청구항의 범위 내에 있는 화합물을 식별하기 위해서 매우 어렵고 많은 시간을 소모하는 검사가 필요하다면, 전체 검사에서 이 많은 양의 실험이 고려되어야 할 것이다. 그러나, 일상적인 실험에서라면, 실험의 시간과 난이도는 결정적인 요소가 아니다. 실험의 양은 과도한 실험이 필요하다는 결론에 도달하기전에 고려되어야 할 하나의 요소에 불과하다.[664]

---

661) *In re Colianni*, 561 F.2d 220, 224 (CCPA 1977)

662) *In re Wands*, 858 F.2d 731, 737, 8 USPQ2d 1400, 1404 (Fed. Cir. 1988)

663) *United States v. Telectronics Inc.*, 857 F.2d 778, 785 (Fed. Cir. 1988), *cert. denied*, 490 U.S. 1046 (1989)

664) *In re Wands*, 858 F.2d at 737

1) 합리적인 실험의 예[665]

연방 항소 법원은 과도한 실험이 요구된다는 명백하고 확실한 증거가 부족하다는 이유로 지방 법원의 판결을 취소하였다. 법원은 하나의 실시예(스테인레스 스틸 전극)와 투입량/반응을 결정하는 방법이 명세서에 제시되었기 때문에 그 명세서는 실시 가능하다고 판단하였다. 그 연구에서 시간과 비용에 관한 의문, 거의 $50,000과 6~12개월은 과도한 실험을 증명할 수 없다고 보았다.

2) 비합리적인 실험의 예[666]

청구된 발명은 "선행 기술과 중복된 컴퓨터의 변형"을 필요로 하고, "출원인이 도면에서 블록(Block)으로 예시한 구성요소들은 그들 자체가 복잡한 조립인 점. … 제조업체에 의한 새 컴퓨터의 발표로부터 시제품이 사용되기까지 수개월 또는 수년이 흘러가야 한다는 것은 상식인 점, 이것은 일상적 작업이 아니라, 확대된 실험과 개발 작업을 시사한다는 점"에 비추어, 기능적 "블록 다이어그램(Block diagram)"은 당업자가 청구된 발명을 합리적 정도의 실험으로 실시 가능하게 하는데 불충분하다고 판단하였다.

1. 누락된 정보

당업자가 과도한 실험 없이 개발할 수 없는 하나 또는 그 이상의 필수적인 청구항의 요소 또는 그 요소들 간의 관계에 관한 정보가 누락된 경우, 실시가능성에 관한 의문이 생기는 것은 당연하다. 그 경우에 심사관은 무슨 정보가 누락되었는지, 그 누락된 정보가 실시가능성을 제공하는 데 왜 필요한지를 특별히 밝혀야 한다.

665] *United States v. Telectronics, Inc.*, 857 F.2d 778 (Fed. Cir. 1988), *cert. denied*, 490 U.S. 1046 (1989)

666] *In re Ghiron*, 442 F.2d 985, 991-92 (CCPA 1971)

1) 전기 또는 기계 장치와 프로세스

실시가능성은 청구된 발명의 적절한 개시를 보장하고, 개시된 발명보다 넓게 청구하는 것을 막는 기능이 있다. 광범위한 청구항 용어는 전 범위에 걸쳐 실시될 수 없는 일부 청구항이 거절될 것을 감수하고 사용된다. *MagSil*[667] 사례에서 청구항은 실내온도에서 적어도 10%까지 저항력의 변화가 있다고 언급하였으나, 명세서에는 출원 당시 당업자의 지식에 의하여 과도한 실험없이 최대 10%를 초과하는 저항력의 변화를 얻을 수 있다는 것을 보여 주는 내용이 포함되지 않았다. 유사한 사례로 *Auto. Techs*[668]에서, 질량의 움직임에 반응하는 청구항의 한정 요소 수단은 탑승자 보호 장치를 시동하는 기능을 수행하는 기계적/전자적 측면 충격 센서를 둘 다 포함하는 것으로 해석되었다. 명세서는 전자적 측면 충격 센서에 관한 자세한 설명이나 회로도를 개시하지 않았고, 따라서 당업자가 전자 센서를 제조, 사용하는 방법을 알리는 데 실패하였다.

In re Gunn[669] 사례에서, 박스로 표시된 부분이 규격품인지 또는 출원인의 시스템을 위하여 특별히 제작되거나 변경되어야 하는지에 관하여 명세서에 특별한 표시가 없는 경우에, 기능적 라벨을 갖는 블록 다이어그램의 도면에 묘사된 전자회로 장치의 개시가 실시 가능하지 않다고 판단하였다. 또한 출원인이 바라는 특정 동작을 얻기 위해서 부품들이 결합되고, 시간이 맞춰지고, 조정되는 각 방법들에 대한 자세한 설명이 명세서에 누락되었다. *In re Donohue*[670] 사례에서, 실시가능성의 결여는 명세서상에 도면 안에 있는 “LOGIC”으로 라벨이 붙여진 단일 블록에 관한 정보가 흠결된 데에 기인하였다. *Union Pac*[671] 사례에서는, 지표면에 수평시추공의 위치를 결정하는 방법에 관한 청구항이 35 U.S.C.

667] *MagSil Corp. v. Hitachi Global Storage Technologies, Inc.*, 687 F.3d 1377 (Fed. Cir. 2012)

668] *Auto. Techs. Int'l, Inc. v. BMW of N. Am., Inc.*, 501 F.3d 1274, 1283, 84 USPQ2d 1108, 1115 (Fed. Cir. 2007)

669] *In re Gunn*, 537 F.2d 1123, 1129 (CCPA 1976)

670] *In re Donohue*, 550 F.2d 1269, 193 USPQ 136 (CCPA 1977)

671] *Union Pac. Res. Co. v. Chesapeake Energy Corp.*, 236 F.3d 684, 57 USPQ2d 1293 (Fed. Cir. 2001)

§112의 실시 가능 요건에 부합하지 않았다고 판단하였다. 청구된 방법을 수행하는 특정 컴퓨터 프로그램의 설명이 명세서에 개시되지 않았고, 당업자들이 청구된 방법을 수행하기 위해서 청구항에 언급된 대로 "Compare"와 "Rescale"하는 방법을 이해할 수 없을 것이라고 기록들이 보여 주기 때문이다.

In re Ghiron[672] 사례는 프로그램 명령어의 한 Subset으로부터 선행 기술의 "Overlap mode" 컴퓨터의 변형을 필요로 하는 다른 Subset으로의 용이한 전송 방법을 포함한 청구항에 대하여, 그 개시가 35 U.S.C. §112의 첫 번째 단락 요건을 충족시키기에 부족하다는 이유로 거절되었다. 본 사례에서 도면이 블록 다이어그램이라는 사실 즉, 시스템의 요소들을 표현하는 직사각형들의 그룹으로, 기능적으로 각 라벨이 붙고, 선으로 서로 연결되었다는 점에 주목하였다. 명세서가 블록에 의하여 표시된 각 요소 및 각 요소 간의 관계를 특별히 설명하지 않고, 또 각 기능을 수행하기 위한 특정 장치들을 구체화하지 않았다. 또한, 필요한 구성요소의 선택과 조립이 당업자에게 일상적으로 수행될 수 있는지도 의문이었다.

적절한 장치의 개시는 복잡한 구성요소들의 구성 방법과 원하는 기능의 수행 방법 등에 관한 상세한 설명을 필요로 한다. *In re Scarbrough*[673] 사례에서 청구항은 일반적인 이름과 개략적인 최종 기능에 의해서 표시되고 서너 개의 부품들(예 컴퓨터, 타이밍과 컨트롤 기계장치, A/D변환기 등)로 구성된 시스템에 관한 것이었다. 명세서가 "다른 시스템에서 언급된 기능을 폭넓게 수행하는 것으로 알려진 복잡한 구성요소들이 출원인의 특정 시스템에서 사용되기 위하여 단지 합리적인 양의 실험만으로 어떻게 적용될 수 있는지"를 설명하지 못하였고, "출원인이 해결하였다고 말하는 세밀한 관계에 이르기 위해서는 비합리적인 양의 업무가 필요하기" 때문에, 법원은 실시 가능한 개시가 없다고 판단하였다.

2) 미생물

미생물과 같은 살아 있는 생명체를 포함한 특허 출원은, 발명을 제조하는 과

---

672) *In re Ghiron*, 442 F.2d 985 (CCPA 1971)

673) *In re Scarbrough*, 500 F.2d 560 (CCPA 1974)

정에서 중요한 요소로서, 이용 가능성(Availability)과 관련된 독특한 문제를 제기한다. *In re Argoudelis*[674] 사례에서, 법원은 특정 미생물을 이용하여 두 신규 항생물질을 생산하는 발효방법에 관한 청구항과 그와 같이 생산된 신규 항생물질에 관한 청구항의 실시가능성을 고려하였다. "미생물을 초기 물질로 사용하는 독특한 면은 자연으로부터 미생물을 얻을 수 있는 방법에 대한 충분한 설명이 주어질 수 없다."고 법원은 언급하였다. 법원은, 공공 기탁을 통한 이용 가능성이 35 U.S.C. §112 첫 번째 단락의 상세한 설명과 실시가능성 요건을 만족시키는 허용 가능한 수단을 제공하였다고 결정하였다. 실시가능성 요건을 만족시키기 위하여, 기탁은 등록 전에 이루어져야 하지만, 출원 전에 이루어질 필요는 없다.[675]

실시 가능하기 위한 이용 가능성 요건은 청구항 한정 요소의 범위와 그 폭의 관점에서 고려되어야 한다. *Ex parte Jackson*[676] 사례는, 어느 '종'에 속하는 미생물을 사용하여 발효 방법을 청구한 출원에서, 출원인은 세 종류의 개별적인 신규 미생물 균주를 확인하였고, 그것은 신규 미생물(균주보다 넓은 범위인) '종'을 확립할 수 있는 방법과 연결되었다. 이 세 가지 특정 균주들은 적절하게 기탁되었다. 본 사례의 쟁점은, 명세서가 당업자로 하여금 기탁된 세 가지 균주 이외에 '종'에 속하는 어느 멤버들을 제조할 수 있게 하는지이다. 결론적으로, '종'에 관한 구두 설명은 당업자가 청구된 '종'의 일부 또는 전부의 멤버를 제조할 수 있게 하는데 부적절하다고 판단되었다.

2. 화학 사례

1) 실시 불가능 사례

Enzo Biochem[677] 사례에서, 법원은 유전적 antisense 기술(특정 유기체에서 유전자 발현을 목적으로 함)에 대한 청구항을 포함한 두 가지 특허가 실시가능성의

674] *In re Argoudelis*, 434 F.2d 1390, 168 USPQ 99 (CCPA 1970)
675] *In re Lundak*, 773 F.2d 1216, 1223 (Fed. Cir. 1985)
676] *Ex parte Jackson*, 217 USPQ 804, 806 (Bd. Pat. App. & Int. 1982)
677] *Enzo Biochem, Inc. v. Calgene, Inc.*, 188 F.3d 1362 (Fed. Cir. 1999)

폭이 청구항과 범위에서 상응하지 않기 때문에 무효라고 판단하였다. 두 건의 명세서는 세 대장균 유전자를 제어하는 데 antisense 기술을 적용하는 것을 개시하였다. 한정된 개시에도 불과하고, 명세서에서는 "이 발명의 실행은 박테리아, 효모 및 다른 세포 유기체 등으로 발현 가능한 유전 물질을 포함하는 임의의 유기체에 관하여도 일반적으로 적용될 수 있다."고 주장되었다. 따라서, 법원은 청구항을 넓은 범위의 유기체에서 antisense 방법의 적용을 포함하는 것으로 해석하였다. 궁극적으로 법원은 다음 사실에 의존하였다. ① 명세서에서 제공된 지시의 양과 작동 사례의 수가 쟁점이 된 청구항의 넓은 폭에 비하여 너무 협소하고, ② antisense 유전자 기술은 매우 예측 불가능하며, ③ 대장균으로부터 다른 형태의 세포들로 antisense DNA를 생성하는 실행을 채택하는 데 필요한 실험의 양이 매우 많았고, 특히 기록에 따르면, 대장균과 다른 형태의 세포들에 있는 다른 유전자의 발현을 통제하는 데 있어 발명자 자신의 주목할 만한 실패사례도 포함되었다. 따라서, 명세서에 제시된 가르침은 다른 형태의 세포들에서 그 기술을 사용하여 실험하려는 당업자들을 위하여 "계획"이나 "초대"를 제공한 데 불과하다.

In re Wright[678] 사례에서, Wright의 1983년 출원서는 Rous Associated Virus과의 멤버인 Prague Avian Sarcoma Virus로 알려진 RNA 종양 바이러스에 대한 백신을 개시하였다. Wrght는 기능적 용어를 사용하는 바이러스 발현 제품의 "면역학적으로 유효한 양을 구성하는" 백신에 대하여 특허를 청구하였다. 심사관은 모든 조류 RNA 바이러스뿐만 아니라, 모든 RNA바이러스를 포섭하는 Wright의 청구항들을 거절하였다. 심사관은 1988년에 다른 Retrovirus(즉, HIV)에 대한 백신이 아직도 다루기 힘든 문제로 남았다는 가르침을 제공하였다. 이 증거는 그 RNA 바이러스가 다양하고 복잡한 '속'이라는 증거와 함께 그 발명이 모든 Retrovirus나 또는 조류 Retrovirus에 대해서도 실시 가능하지 않다는 것을 연방 항소 법원에 설득시켰다.

In re Goodman[679] 사례에서, Goodman의 1985년 출원서는 외래 유전자(Foreign gene)를 발현하여 기능적으로 식물세포에서 단백질을 생산하는 방법을

678] *In re Wright*, 999 F.2d 1557 (Fed. Cir. 1993)
679] *In re Goodman*, 11 F.3d 1046 (Fed. Cir. 1993)

청구하였다. 법원은 "당연히, 명세서는 당업자들에게 청구된 가능한 한 넓은 범위의 발명을 제조, 생산하는 방법을 가르쳐야 한다."고 말하였다. 쌍떡잎 식물세포에서 단백질 발현이 실시 가능하였음에도 불구하고, 그 청구항은 임의의 식물세포에서 단백질 발현을 포섭하고 있다. 심사관은 1987년에 외떡잎 식물 세포에서 청구된 방법의 사용이 실시 가능하지 않다는 증거를 제출하였다.

In re Vaeck[680] 사례에서, 법원은 Cyanobacteria 세포에서 발현될 수 있는 Chimeric 유전자에 관한 서너 개의 청구항들이 실시 가능한 개시에 의하여 지원되지 않는다는 것을 발견하였다. 법원은 논의 중인 청구항들이 Cyanobacteria의 어떤 특정한 '속' 또는 '종'으로 한정되지 않고, 그 명세서는 아홉 개의 '속'들을 언급하고, 작동 사례는 하나의 Cyanobacteria '종'만을 이용하였다고 판단하였다. 따라서, 법원은 "출원 당시 Cyanobacteria에 대한 상대적으로 불완전한 이해와 청구된 발명에서 특정 Cyanobacteria '속'들에 대한 출원인의 한정된 개시를 고려한" 후에 그 청구항들이 실시 가능하지 않다고 설명하였다.

In re Colianni[681] 사례에서, 청구항은 "충분한" 초음파 에너지를 뼈에 가하여 골절된 뼈를 치료하는 방법에 관한 것이다. 그러나, 출원인의 명세서는 "충분한" 투여량을 구성하는 것이 무엇인지를 규정하지 않거나 당업자에게 초음파 에너지의 적절한 강도, 빈도 또는 지속시간을 선택하는 방법을 가르치지 않았기 때문에 법원은 35 U.S.C. §112의 첫 번째 단락에 따른 거절을 인용하였다.

2) 실시 가능 사례

PPG Indus[682] 사례에서, 법원은 PPG의 자외선을 흡수하고, Ceramide가 없는 유리에 관한 청구항이, 비록 명세서상에 잘못된 자외선 투과율 데이터로 만들어진 서너 개의 예가 포함되었다고 하더라도, 또 그 자외선 투과율 한정 요소를 만족시키는 Cerium oxide-free 유리의 생산이 어려울 수 있더라도, 명세서에서 그 유리가 만들어질 수 있다는 것이 제시되었기 때문에 실시 가능하다고 밝혔다.

---

680) *In re Vaeck*, 947 F.2d 488, 495 (Fed. Cir. 1991)

681) *In re Colianni*, 561 F.2d 220, 222-23 (CCPA 1977)

682) *PPG Indus. v. Guardian Indus.*, 75 F.3d 1558, 1564 (Fed. Cir. 1996)

명세서는 또한 낮은 자외선 투과율을 유지하는 동안에, Cerium 함량을 최소화하는 방법을 제시하고 있다고 알려졌다.

In re Wands[683] 사례에서, 법원은 B형 간염 표면항원(HBsAg)을 조사하기 위하여 Monoclonal 항체를 사용하여 청구된 면역 검증을 실행하는 데에 과도한 실험이 필요하지 않다고 밝혔다. 법원은 Monoclonal 항체기술의 본질이 원하는 특성을 가진 항체를 분비하는 것을 결정하기 위해서 Monoclonal hybridomas를 제조하기 위한 모든 시도가 포함된 실험들을 먼저 하는 것이라고 밝혔다. 법원은 명세서가 청구된 발명을 실행하는 방법에 관한 많은 양의 지도와 안내를 제공하고 작동 사례를 제시하였으며, 그 발명을 실행하는 데 필요한 모든 방법들이 이미 잘 알려져 있으며, 출원 당시 해당 분야의 기술 수준도 매우 높았다는 것을 발견하였다. 또한, 출원인은 HBsAg에 대한 Monoclonal 항체를 제조하기 위한 모든 절차를 3번 수행하였으며, 각 실험에서 청구항의 범위에 들어오는 적어도 하나의 항체를 생산하는 데 성공하였다.

In re Bundy[684] 사례에서, 법원은 출원인의 개시가 당업자로 하여금 자연 발생적인 Prostaglandins에 관하여 청구된 유사체를 사용하는 것이 실시 가능하다고 판단하였다. 비록 그 명세서에서 구체적인 투여량에 대한 예가 결여되어 있더라도, 그 명세서가 신규 Prostaglandins이 특정한 약물학적 특성을 갖고 있고, 공지의 E-type prostaglandins과 유사한 활성을 보유하였다고 가르치고 있기 때문이다.

3. 컴퓨터 프로그래밍 사례

적절한 개시에 관한 합리적인 근거를 세우기 위하여, 심사관은 당업자가 과도한 실험에 기대지 않고서는 청구된 발명을 제조, 사용할 수 없었을 것이라는 것을 보이기 위하여 사실관계에 대한 분석을 제시하여야 한다.

컴퓨터 응용프로그램에서, 청구된 발명이 두 가지 분야의 선행 기술이나 하나

683] *In re Wands*, 858 F.2d 731 (Fed. Cir. 1988)

684] *In re Bundy*, 642 F.2d 430, 434 (CCPA 1981)

이상의 기술을 포함하는 것(예 적절히 프로그램된 컴퓨터와 그 컴퓨터의 응용프로그램 분야)은 일상적이다.[685] "당업자" 표준과 관련하여, 컴퓨터 프로그래밍 기술과 다른 기술이 모두 포함된 경우에, 심사관은 두 기술에서 숙련된 사람들의 지식이 개시의 충분성을 결정하는 적절한 기준이라는 것을 인식하여야만 한다.[686]

전통적인 컴퓨터 응용프로그램에서, 시스템 구성요소들은 때때로 "블록 다이어그램" 형태로 표시된다. 이것은 시스템의 요소들을 표시할 수 있는 속이 빈 직사각형의 그룹으로, 기능적으로 라벨이 붙여지고, 선으로 연결되었다. 이러한 블록 다이어그램 컴퓨터 사례들은 (A) 컴퓨터를 포함하지만 그보다 더 포괄적인 시스템과 (B) 시스템 안의 블록 요소들이 전적으로 컴퓨터의 범위 내에 있는 시스템으로 분류되어진다. 예를 들면, 컴퓨터 발명이 기능적 용어를 사용하여 청구되었을 경우, 그것은 특정 구조에 한정되지 않는다.

1) 컴퓨터보다 포괄적인 블록 구성요소(Block elements)

블록 다이어그램 사례의 첫 번째 분류는 다른 시스템 하드웨어/소프트웨어 구성요소뿐만 아니라 컴퓨터를 포함하는 시스템이다. 그와 같은 개시가 적절한지에 대한 의문을 위한 합리적 근거를 확립하기 위하여, 심사관은 각 개별 블록 구성요소에 초점을 맞춰 시스템에 대한 사실관계에 관한 분석을 시작하여야 한다. 더욱 구체적으로는, 그와 같은 조사는 각 블록에 속하는 다양한 기능과 그와 같은 구성요소가 실행될 수 있는 방법에 관하여 명세서에 있는 가르침에 집중하여야 한다. 만약 그와 같은 분석에 근거한다면, 심사관은 당업자에게 그런 구성요소(들)를 실행할 수 있도록 일상적인 실험 이상이 요구될 수 있다는 것을 합리적으로 주장할 수 있고, 구성요소(들)의 실시가능성은 35 U.S.C. §112(a) 또는 pre-AIA 35 U.S.C. §112 첫 번째 단락 부분의 거절로서 심사관에 의하여 구체적으로 도전받게 될 것이다. 덧붙여서, 심사관은 블록 요소로서 묘사된 하드웨어,

---

685] *White Consol. Indus. v. Vega Servo-Control, Inc.*, 214 USPQ 796, 821 (S.D.Mich. 1982)

686] *In re Naquin*, 398 F.2d 863 (CCPA 1968); *In re Brown*, 477 F.2d 946 (CCPA 1973); *White Consol. Indus.*, 214 USPQ at 822, *aff'd on related grounds*, 713 F.2d 788, 218 USPQ 961 (Fed. Cir. 1983)

소프트웨어 구성요소들 중 어떤 것은 자체로서 복잡한 조립물이어서 매우 상이한 특징들을 갖고 있어서, 다른 복잡한 조립물과도 정교하게 조직화되어야 하는지를 결정하여야 한다. 이 경우에, 그와 같은 기능적 블록 다이어그램 형태의 개시를 의심할 만한 합리적인 근거가 존재할 수 있다.[687] 만약, 출원인이 기존의 특정 블록 다이어그램 하드웨어, 소프트웨어 구성요소들을 입증하기 위하여 선행기술 특허나 간행물을 인용하였을지라도, 그런 구성요소들이 명세서에 개시된 복잡한 방식으로 기능하기 위하여 상호 연결된 방법까지 항상 자명하다고 할 수는 없다.[688]

예를 들면, 명세서가 마이크로프로세서와 이에 의하여 통제되는 다른 시스템 구성요소들을 포함하는 복잡한 시스템의 블록 다이어그램 개시로 제공되는 경우에, 상업적으로 이용 가능한 마이크로프로세서에 대한 단순한 참조자료를 마이크로프로세서에 의하여 수행되는 정확한 작동 설명 없이 제시한 것은, 그런 마이크로프로세서가 필요한 계산을 수행할 수 있거나 적절한 시간적 순서에 따른 다른 시스템의 구성요소들이 개시되고 청구된 기능들을 수행할 수 있도록 조직화할 수 있도록 적절히 프로그램될 수 있는 방법을 개시하는 데 실패하였다. 만약 특정 프로그램이 이와 같은 시스템에서 개시되면, 그 프로그램의 범위가 청구항에 있는 프로그램에 속하는 기능의 범위와 상응하는지 면밀히 검토되어야 한다.[689] 만약, 명세서에서 어떤 프로그램도 개시하지 않고, 당업자가 그와 같은 프로그램을 생성하는 데 일상의 실험보다 많은 노력을 요구한다면, 심사관은 명백히 그와 같은 명세서의 충분성을 의심할 수 있는 합리적인 근거를 가질 것이다. 일상적인 실험의 양은 개별적 사건의 사실관계와 정황에 따라 달라질 것이고, Case-by-case로 검토되어야만 한다. 법원은 몇 개라고 정확히 기준을 설정하지는 않았으나, “필요한 실험의 양은 합리적이어야 한다.”고 밝혔다.[690] 한 사례에

687] *In re Ghiron*, 442 F.2d 985, 991-92 (CCPA 1971); *In re Brown*, 477 F.2d 946 (CCPA 1973)

688] *In re Scarbrough*, 500 F.2d 560, 566 (CCPA 1974); *In re Forman*, 463 F.2d 1125, 1129 (CCPA 1972)

689] *In re Brown*, 477 F.2d at 951

690] *White Consol. Indus.*, 713 F.2d at 791

서는 숙련된 프로그래머가 4시간 이내에 실시예를 실행하면서 일반적인 컴퓨터 프로그램을 작성할 수 있었다면, 관련된 실험의 양은 합리적이라고 밝힌 바 있다.[691] 다른 법원은, 숙련된 프로그래머들이 특정한 프로그램을 개발하기 위해서 1-2man/year이 필요하다는 것은, "명백히 불합리한 요건"이라고 밝혔다.[692]

2) 컴퓨터 내의 블록 구성요소

블록 다이어그램의 두 번째 분류는, 블록 구성요소들의 조합이 전적으로 하나의 컴퓨터의 범위 내에 있고, 일반적인 입/출력 장치 이외의 외부장치와 접속되지 않는 경우에, 대부분 순수한 데이터 프로세싱 응용프로그램에서 빈번히 발생한다. 어떤 경우에는 특별한 종류의 블록 다이어그램 개시들이 35 U.S.C. §112(a) 또는 pre-AIA 35 U.S.C. §112의 첫 번째 단락의 실시 가능 요건을 충분히 만족시킨다고 판단되었다.[693] *Comstock*과 *Knowlton*의 결정은 ① 확인된 선행 기술 컴퓨터 시스템을 참조하고 신뢰한 데 대한 출원인의 개시 및 ② 인용된 선행 기술 컴퓨터 시스템에서 동작하는 컴퓨터 프로그램에 대한 출원인의 개시에 의존하였다. *Knowlton* 사례에서는, 개별 프로그램의 단계들이 인용된 선행 기술 컴퓨터 시스템의 동작하는 구조적 구성요소들과 특별히 밀접하게 연관될 수 있도록 매우 상세하게 개시가 제시되었다. 법원은 개시가 다이어그램 흐름도의 개략적인 설명이나, 프로그램들이 작동되는 전용 컴퓨터를 참조하면서 알맹이 없는 프로그램 그룹 목록을 제시하면서 구성된 것은 아니라고 보았다. 그 개시는 개시된 하드웨어와 소프트웨어 요소들간의 상호 관계를 자세히 설명하는 것으로 분류되었다. 이런 상황에서, 법원은 그 개시가 35 U.S.C. §112의 첫 번째 단락의 문면상 용어를 충족시킬 정도로 완전하며, 명확하고 정확할 뿐만 아니라 간결하다고 판단하였다. 프로그램 목록과 확인된 선행 기술 컴퓨터 시스템의 참

691] *Hirschfield v. Banner*, 462 F.Supp. 135, 142 (D.D.C. 1978); *aff'd*, 615 F.2d 1368 (D.C. Cir. 1986), *cert.denied*, 450 U.S. 994 (1981)

692] *White Consol. Indus.*, 713 F.2d at 791

693] *In re Knowlton*, 481 F.2d 1357 (CCPA 1973); *In re Comstock*, 481 F.2d 905 (CCPA 1973)

조와 신뢰의 중요성 때문에, 이 둘 중에 하나라도 없는 경우에는 하나의 컴퓨터 범위 내에 블록 구성요소의 개시는 위에서 논의된 첫 번째 분류의 블록 다이어그램 사례와 동일한 방식으로 정밀하게 검토되어야 한다.

하나의 컴퓨터보다 포괄적인 블록 구성요소들을 포함하는 개시이거나, 하나의 컴퓨터 범위 내의 전체 블록 구성요소들을 포함하는 개시이거나에 관계없이, 방법 청구항을 분석할 때는, 심사관은 명세서가 어떻게 청구된 방법을 실행하는지를 적절히 가르쳐 주어야 한다는 것을 인식하여야 한다. 만약, 그와 같은 실행에 특별한 장치가 요구되고, 그 장치가 아직 이용 가능하지 않다면, 출원인은 그 장치에 대한 충분한 개시를 제공하여야 한다.[694] 심사관이 컴퓨터 시스템이나 컴퓨터 프로그래밍 개시의 정확성에 의문을 갖는 경우, 실시 불가능하다고 명세서에서 찾은 이유는 기록 전체로 지원되어야 한다. 예를 들면, 통상의 컴퓨터 프로그래머가 청구된 프로세스를 수행하는 데 필요한 Subroutine에 익숙하다는 진술인의 진술은 심사관에 의하여 의심 없이 받아들여지는 사실관계에 관한 진술로 판단되었다.[695] 즉, 심사관이 기록 전체의 관점에서 개시에 도전하기 위한 합리적 근거를 제공하지 않는다면, 컴퓨터 시스템이나 컴퓨터 프로그래밍 응용프로그램에 대한 35 U.S.C. §112(a) 또는 pre-AIA 35 U.S.C. §112의 첫 번째 단락에 따른 거절은 항소심에서 유지될 수 없다.[696]

불충분하게 개시된 컴퓨터 프로그램을 포함하는 응용프로그램을 인식하기 위한 보편적으로 적용될 수 있는 구체적 규정이 존재하는 것은 아니지만, 일반적인 심사 가이드라인에서는 프로그램의 단계, 알고리즘 또는 컴퓨터가 수행하는 청구된 기능을 생산하는 데 필요한 절차 등을 포함하지 않은 개시의 충분성에 대하여 의문을 품고 있다. 이들은 당업자에 의하여 이해될 수 있는, 예를 들면, 프로그램이 수행하는 작동 순서가 기술되고 합리적으로 설명된 순서도를 사용하는 방법 등으로 설명될 수 있다. 응용프로그램을 프로그래밍할 때, 소프트웨어 개시가 단지 순서도만 포함한 경우, 기능의 복잡성과 순서도의 개별 구성요소들의 일

694) *In re Gunn*, 537 F.2d 1123, 1128 (CCPA 1976)

695) *In re Naquin*, 398 F.2d 863 (CCPA 1968)

696) *In re Naquin*, 398 F.2d 863 (CCPA 1968); *In re Morehouse*, 545 F.2d 162, 165-66 (CCPA 1976)

반성이 증가될수록, 그 순서도의 충분성을 도전하는 근거는 더욱 합리적이 된다. 왜냐하면, 그런 순서도로부터 작업하는 프로그램을 생성하는 데 일상적 실험 이상의 실험이 필요해질 가능성이 같이 증가하기 때문이다.

3) 선서 진술서(Affidavit)의 실무(37 CFR 1.132)

컴퓨터 사례에서, 선서 진술서는 중요하게 분석되어야 한다. 선서 진술서에 관한 실무는 처음에 당업자 중 한 명인 선서 진술인의 기술 수준과 자격을 분석하는 것을 포함한다. 선서 진술인의 기술 수준이 당업자에게 요구되는 것보다 높은 경우, 선서 진술인이 발명을 실행하기 위하여 당업자에게 요구되는 실험의 양을 제출하지 않은 경우 심사관은 그 선서 진술서가 불충분하다고 이의를 제기할 수 있다. 당업자보다 높은 수준의 기술과 자격을 갖춘 선서 진술인은 청구된 발명을 실행하기 위해서 당업자보다 더 적은 양의 실험을 필요로 할 것이다. 마찬가지로, 당업자보다 낮은 기술 수준과 자격을 갖춘 선서 진술인의 경우, 청구된 발명을 실행하기 위해서는 당업자보다 더 많은 양의 실험을 필요로 할 것이다. 어느 경우든지, 당업자에 관한 표준은 충족되지 않을 것이다.

컴퓨터 시스템과 프로그래밍 사례에 있어서, 선서 진술인들의 개시가 충분한지와 관련된 문제는, 그들의 결론과 의견을 지원하는 사실관계를 제출하는 데에 있다. 일부 선서 진술서의 경우는 충분성의 최종 법률 의문에 대한 결론을 제시하기도 한다. *In re Brandstadter*[697]에서, 발명은 통신시스템에서 메시지의 저장, 검색, 전송을 제어하기 위하여 프로그램된 컨트롤러에 관한 것이다. 개시는 넓게 정의된 발명 구조에 관한 블록 다이어그램으로 구성되었고, 컨트롤러의 프로그램에 관한 순서도나 프로그램 목록은 없었다. 법원은 개시는 희망하는 결과에 대한 진술에 따라 표제가 붙은 블록 다이어그램 형태로 된 광범위한 시스템 다이어그램에 불과하다는 심사관의 일관된 주장을 받아들였다. 제시된 여러 개의 선서 진술서에서 선서 진술인은 다음과 같이 진술하였다. 블록 다이어그램에 있는 전체 또는 부분의 시스템 회로 요소들이 해당 기술 분야에 잘 알려져 있거

697] *In re Brandstadter*, 484 F.2d 1395 (CCPA 1973)

나 또는 당업자들에 의하여 컨트롤러가 진술된 기능이나 의도된 결과를 수행하기 위해서 "프로그램될 수 있고", 당업자는 그 시스템을 "디자인하거나 해석하거나 또는 프로그램화할 수 있다."라고 "해석될 수 있다." 법원은 선서 진술인의 진술을 실시가능성의 최종 법적 의문에 대한 증거의 일부로 고려하였으나, 그 진술들이 결론을 지원하거나 보강할 사실들은 제시하지 않고 결론이나 의견만 언급하였기 때문에 그 목적을 달성하는 데에 실패하였다고 결론지었다. 메시지를 교환하는 시스템을 통제하기 위한 프로그램의 순서도나 개시된 컴퓨터 프로그램의 부족에 관련되어, 기록은 필요한 프로그래머의 수, 발명을 실행하는 데 필요한 프로그램을 생성하는 프로그래머의 기술 수준과 작업시간 등에 관한 아무 증거도 포함하고 있지 않았다.

명세서상 발명의 실행에 필요한 시간, 노력, 지식 수준 그리고 기술 분야의 지식 등 사실에 관한 증거들에 의하여 일견 실시 불가능해 보이는 사례들을 반박하는 것은 기대될 수 있으나, 실시가능성의 최종 법적 의문에 대한 법률의견만 제시된 증거들로는 그렇게 되지 않는다.[698] 선서 진술서에서 발명자가 선서 진술인에게 해결되어야 할 문제들을 설명하였고, 선서 진술인이 그것에 의하여 문제를 해결할 컴퓨터 프로그램을 생성할 수 있었다는 것을 보여 주는 경우에, 그와 같은 선서 진술서에 의하면, 출원서만으로는 당업자에게 청구된 발명을 제조, 사용하는 방법을 가르칠 수 있다는 것을 증명하는 데 실패할 것이다.[699] *In re Brown* 사례에서, 법원은 출원서에 제시된 것 이외에 필수적이고 추가적인 정보[700]를 출원인이 선서 진술인에게 서너 번의 만남[701]에서 전달하지 않았다는 것이 사실관계로 확립되지 않았다고 시사하였다. 실시가능성의 결정과 관련된 선서 진술서의 경우, 출원 당시 해당 기술 분야 당업자들의 기술 수준이 증거로 제시되어야 한다.[702] 그 경우에, 각 선서 진술인들은 선서 진술인이 선서 진술서를 만들

698] *Hirschfield*, 462 F.Supp. at 143

699] *In re Brown*, 477 F.2d at 951

700] *Id.*, 법원은 "출원서에 있는 정보와 같이 "실질적인" 선서 진술인의 정보의 특징은, 선서 진술인이 결론을 뒷받침할 사실관계를 드러내지 않은 채 자신의 결론에 도달한 것"으로 보았다.

701] *Id.*, 법원은 "'서너 번의' 만남이 각 2시간 이내에 불과하였지만, 비록 높은 수준의 과학 교육을 받은 선서 진술인이, 그렇게 인식하지 않을지라도, 적절한 개시에 중요한 추가정보를 전달하는데 필요한 정보를 제공하는 데 충분할 수 있다."고 보았다.

때 알려진 것을 진술하여야 하며, 출원인이 출원할 때 알려진 것을 진술해서는 안 된다.

4) 참조한 선행 문서

확인된 선행 기술 컴퓨터시스템의 상업적 이용 가능성은 실시가능성 이슈에 속한다. 그러나, 일부 사례에서, 이와 같은 접근법은 출원인의 입증책임을 만족시키기에 충분하지 않을 수도 있다. 실시가능성 요건을 만족시키기 위하여 선서 진술서의 기술 간행물에서 단순히 발췌하여 인용하는 것은, 만약 인용된 회로들 중 어느 것이 또는 그중 어느 부품이 청구된 장치를 구성하는 데 사용될 수 있거나, 필요한 결과를 생성하는 데 결합하여 작동하기 위하여 상호 연결될 수 있는 방법을 당업자가 인식할 수 있다는 것이 명확해지지 않는다면, 충분하지 않다.[703] 이와 같은 분석은 출원인의 시스템을 구성하는 회로들이 확인된 선행 기술 컴퓨터시스템의 실질적인 표준 구성요소이고 그것에 장착된 표준 장치인 경우에는 덜 중요하게 나타날 것이다.

선행 기술 특허와 특허출원서 간행물은 출원인에 의하여 때때로 실시가능성을 위해서 해당 기술 분야의 상태를 보여 주는 데 사용된다. 그러나, 이들 서류들은 심사 중인 출원서의 유효 출원일 이전에 출간되었어야 한다.[704] 법원은 심사 중인 출원서의 출원일 이후에 등록된 특허들의 주제는 오직 특허권자와 특허청에만 알려져 있기 때문에 당업자에게 알려진 주제의 증거가 아니라고 밝혔다.[705]

의심되는 구성요소들이 기존의 것이라고 입증하기 위하여 단순히 선행 기술 특허를 인용하는 것은 충분한 입증이 아닐 수 있다. 각 열거된 장치들이나 개시된 블록 다이어그램에서 표제가 붙은 블록들이 그 자체로서 기존의 것일지라도, 이것만으로는 개시된 복잡한 결합 방법에서 기능상 상호 연결되는 방법까지 스스로 입증되었다고 볼 수 없기 때문이다. 따라서, 유효한 명세서는 선행 기술의

702) *In re Gunn*, 537 F.2d 1123, 1128 (CCPA 1976)
703) *In re Forman*, 463 F.2d 1125, 1129 (CCPA 1972)
704) *In re Budnick*, 537 F.2d 535, 538 (CCPA 1976)
705) *In re Gunn*, 537 F.2d 1123 (CCPA 1976)

통합을 제시하여야 하며, 그렇지 않을 경우, 청구된 발명을 실행하기 위하여 과도한 실험이나 일상의 실험 이상이 필요해질 가능성이 있다.[706] 출원인이 기존의 하드웨어/소프트웨어 구성요소들의 특정한 다이어그램 상자를 입증하기 위하여 인용한 특허들이 그 발명과 관련되었는지 그리고 그런 특허들이 출원인의 개시보다 그와 같은 구성요소들에 관하여 더 상세한 개시를 제공하고 있는지에 관하여 분석되어야 한다고 법원은 판단하였다. 또한, 특정한 프로그래밍 기술이 프로그래밍 기술 분야에서 잘 알려졌다는 것의 증거로 제공된 인용된 특허나 간행물은, 만약 그 알려진 기술과 개시된 기술들이 거의 같은 정도로 복잡하지 않다면, 당업자가 상응하는 개시된 프로그래밍 기술들을 제조, 사용하였다는 것을 증명하지 못한다.

5) **대리인의 의견**(Arguments of counsel)

대리인의 의견은 심사관이 적절히 입증책임을 충족하지 못하였거나, 심사관의 견해에 다른 오류가 있는 경우에 유효할 수 있다. 그러나, 심사관이 개시의 의구심에 대한 합리적인 근거를 제시하였다면, 대리인의 의견만으로는 기록상 증거를 대신할 수 없다

Ⅶ 35 U.S.C. §101 실용성(Utility) 요건과의 관계

발명의 사용방법에 관한 35 U.S.C. §112(a) 또는 pre-AIA 35 U.S.C. §112의 첫 번째 단락의 요건은 35 U.S.C. §101의 실용성 요건과 구별된다. 35 U.S.C. §101의 실용성 요건은 발명을 위하여 구체적이고, 실질적이며, 신뢰성 있는 용도를 제시하는 것이다. 반면에, 35 U.S.C. §112(a) 또는 pre-AIA 35 U.S.C. §112의 첫 번째 단락의 요건은 35 U.S.C. §101에 의하여 요구된 용도가 수행될 수 있는

706] *In re Scarbrough*, 500 F.2d 560, 565 (CCPA 1974)

방법 즉, 발명이 사용될 수 있는 방법을 제시하는 것이다.

만약, 출원인이 발명에 대한 구체적이고 실질적인 실용성을 개시하고 그 실용성을 지원하는 신뢰할 수 있는 근거를 제공하였더라도, 그 사실만으로는 그 청구항이 35 U.S.C. §112(a) 또는 pre-AIA 35 U.S.C. §112의 첫 번째 단락의 모든 요건들에 부합한다는 결론의 근거로 삼을 수 없다. 예를 들면, 출원인이 특정한 화합물로 특정 질병을 치료하는 프로세스를 청구하면서, 그 화합물이 그 점에서 유용하다는 주장에 대하여 신뢰할 수 있는 근거를 제공하였으나, 발명을 청구된 대로 실제로 실행하기 위해서 당업자들이 과도한 양의 실험을 해야 한다면, 그 청구항은 35 U.S.C. §101이 아니라, 35 U.S.C. §112에 따른 결함이 있을 수 있다. 심사 도중에 혼란을 피하기 위하여, "실용성의 흠결" 이외의 사유로 35 U.S.C. §112(a) 또는 pre-AIA 35 U.S.C. §112의 첫 번째 단락에 따른 거절은 35 U.S.C. §101과 35 U.S.C. §112(a) 또는 pre-AIA 35 U.S.C. §112의 첫 번째 단락에 따른 "실용성의 흠결"로 부과된 거절과 분리하여 부과되어야 한다.

1. 실용성 요건이 충족되지 않은 경우

1) 유용하지 않거나 작동하지 않는 경우

청구항이 유용하지 않거나 작동하지 않기 때문에 35 U.S.C. §101의 실용성 요건을 충족하지 못한다면, 필연적으로 35 U.S.C. §112(a) 또는 pre-AIA 35 U.S.C. §112의 첫 번째 단락의 실시가능성 요건 중 사용 방법 측면을 만족시키지 못할 것이다. 만약, "구성요소들이 실제 유용하지 않으면, 출원인의 명세서는 그것들을 사용하는 방법을 가르칠 수 없다."[707] 심사관은 청구항의 주제가 유용하지 않거나 작동하지 않는 것이 증명된 경우에는 두 가지 거절(즉, 35 U.S.C. 101에 따른 거절과 35 U.S.C. §112(a) 또는 pre-AIA 35 U.S.C. §112의 첫 번째 단락에 따른 거절)을 하여야 한다.

35 U.S.C. §112(a) 또는 pre-AIA 35 U.S.C. §112의 첫 번째 단락에 따른 거

707] *In re Fouche*, 439 F.2d 1237 at 1243 (CCPA 1971)

절은, 청구된 것과 같은 발명이 실용성을 갖고 있지 않기 때문에, 당업자는 청구된 대로 발명을 사용할 수 없고, 그 청구항은 35 U.S.C. §112(a) 또는 pre-AIA 35 U.S.C. §112의 첫 번째 단락에 따른 결함이 있다는 점을 시사한다. 35 U.S.C. §112(a) 또는 pre-AIA 35 U.S.C. §112의 첫 번째 단락에 따른 거절은, 35 U.S.C. §101에 따른 거절을 부과할 적절한 근거가 없는 경우에는 부과되거나 유지될 수 없다. 즉, 심사관은 35 U.S.C. §101에 따른 거절이 적절하지 않은 경우에는, "실용성의 흠결"을 근거로한 35 U.S.C. §112(a) 또는 pre-AIA 35 U.S.C. §112의 첫 번째 단락에 따른 거절을 할 수 없다. 특히, 만약 35 U.S.C. §112(a) 또는 pre-AIA 35 U.S.C. §112의 첫 번째 단락에 따른 거절이 "실용성의 흠결"을 이유로 부과된다면, 35 U.S.C. §101에 따른 거절을 부과하는 데 필요한 사실관계의 입증이 반드시 제공되어야 한다.

2) 심사관의 입증책임

출원서가 유용하지 않고, 작동하지 않거나 공지의 과학 원리와 모순되는 발명을 청구한다고 심사관이 결론지을 때는, 심사관이 그 결론을 지원할 합리적인 근거를 제공할 입증책임을 부담한다.

심사관은 주장된 실용성을 반박할 초기 입증책임을 진다. 당업자가 주장된 실용성을 합리적으로 의심할 수 있다는 것을 보여 줄 증거를 심사관이 제공한 후에는, 입증책임이 출원인에게 전환되어 당업자가 그 발명에서 주장된 실용성을 확신하기에 충분하다는 반박 증거를 제출하여야 한다.[708]

3) 출원인의 반박

만약, 35 U.S.C. §101에 따른 거절이 35 U.S.C. §112(a) 또는 pre-AIA 35 U.S.C. §112의 첫 번째 단락에 따른 상응하는 거절과 함께 적절히 부과되었다면, 입증책임은 출원인에게 전환되어, 일견 거절이 당연해 보이는 것을 반박하여야

---

708) *In re Fisher*, 421 F.3d 1365 (Fed. Cir. 2005); *In re Swartz*, 232 F.3d 862, 863 (Fed. Cir. 2000); *In re Brana*, 51 F.3d 1560, 1566 (Fed. Cir. 1995)

한다. 출원인이 주장된 실용성을 지원하기 위하여 제공하여야 할 증거의 양이나 특징에 관하여는 미리 규정된 바가 없고, 청구된 것이 무엇인지[709] 그리고 주장된 실용성이 기존 과학 원칙이나 믿음에 위배되는지[710]에 따라 달라지게 된다. 또한, 출원인은 주장된 실용성이 "합리적인 의심을 넘어서서" 진실이라는 것을 입증할 충분한 증거를 제시할 필요는 없다.[711] 그 대신에, 전체적으로 고려하여, 당업자가 주장된 실용성이 진실이 아닐 것보다 진실일 가능성이 더 크다고 결론 짓도록 이끌 수 있는 증거라면 충분할 것이다.

2. 실용성 요건이 충족된 경우

어떤 경우, 청구된 발명의 실용성이 제공되지만, 당업자가 그 용도를 가져오는 방법을 모를 수 있다. 그 경우에는, 35 U.S.C. §101에 따른 거절이 아니라, 35 U.S.C. §112(a) 또는 pre-AIA 35 U.S.C. §112의 첫 번째 단락에 따른 거절만 이루어져야 한다. 어느 발명은 사실상 위대한 실용성을 갖고 있지만, 즉, "굉장히 유용한 발명"이지만, 명세서는 당업자가 그 발명을 사용하도록 하는 데 실패할 수도 있다.[712]

Ⅷ 범위에서 청구항들과 상응하는 실시가능성

모든 실시가능성에 관한 질문들은 청구된 주장에 관하여 평가된다. 심사의 초점은 청구항의 범위 내에 있는 모든 것들이 실시 가능한지다. 따라서, 첫 번째 분석 단계는 심사관이 정확히 어떤 주제가 청구항에 의하여 포함되었는지를 결

709) *Ex parte Ferguson*, 117 USPQ 229, 231 (Bd. App. 1957)

710) *In re Gazave*, 379 F.2d 973, 978 (CCPA 1967); *In re Chilowsky*, 229 F.2d 457, 462 (CCPA 1956)

711) *In re Irons*, 340 F.2d 974, 978 (CCPA 1965)

712) *Mowry v. Whitney*, 81 U.S. (14 Wall.) 620, at 644 (1871)

정하는 것이다.[713] 심사관은 각 청구항이 무엇을 언급하고 있으며, 청구항을 각 부분들을 개별적으로 고려할 때가 아니라 전체적으로 고려하였을 때 그 주제가 무엇인지를 결정하여야 한다. 또, 어느 청구항도 간과되어서는 안 된다. 35 U.S.C. §112(d) 또는 pre-AIA 35 U.S.C. §112의 네 번째 단락인 종속 청구항도 마찬가지다. 이 단락은 "종속적 형태의 청구항은 그 청구항이 인용한 청구항의 모든 한정 요소를 그 인용에 의하여 포함되도록 해석하여야 한다."고 규정되어 있으며, 종속 청구항은 청구된 주제를 한층 더 제한하는 것을 필요로 한다.

연방 항소 법원은 "명세서는 당업자들에게 청구된 발명의 전 범위를 과도한 실험 없이 제조, 사용하는 방법을 가르쳐야 한다."는 것을 되풀이해서 밝히고 있다.[714] 그럼에도 불구하고, 발명을 실행하는 데 필요한 모든 요소들이 개시될 필요는 없다. 사실, 잘 알려진 것들은 생략되는 것이 바람직하다.[715] 필요한 모든 것은 당업자가 해당 기술 분야의 수준과 지식을 고려하여 청구된 발명을 실행할 수 있다는 것이다. 또한, 실시가능성의 범위는 청구항 범위와 "합리적인 상관관계"가 있어야만 한다.[716]

청구항의 폭과 관련하여, 개시에 의하여 당업자에게 제시된 청구항의 범위가 청구항에 의하여 보호하려는 범위와 상응하는지 여부이다.[717] 실시가능성의 범위에 관련된 청구항의 범위를 근거로 한 거절의 타당성은 ① 청구항이 개시와 관련하여 얼마나 넓은지, ② 당업자가 과도한 실험없이 청구된 발명의 전체 범위를 제조, 사용할 수 있는지에 관련되어 있다.

---

713) *AK Steel Corp. v. Sollac*, 344 F.3d 1234, 1244 (Fed. Cir. 2003) (폭(Range)이 청구되었을 때, 폭의 범위(Scope)가 합리적으로 실시 가능하여야 한다. 여기서, 청구항은 중량이 10%나 높은 실리콘 함유량을 포함하였지만, 그 명세서는 알루미늄 코팅에서 중량이 0.5% 이상인 실리콘 함유량은 코팅 문제를 야기한다는 것을 명백하게 경고하는 문구를 포함하였다. 그와 같은 문구는 더 높은 함유량은 청구된 발명에서 작용하지 않는 것을 시사한다.)

714) *In re Wright*, 999 F.2d 1557, 1561 (Fed. Cir. 1993)

715) *In re Buchner*, 929 F.2d 660, 661 (Fed. Cir. 1991)

716) *In re Fisher*, 427 F.2d 833, 839 (CCPA 1970)

717) *AK Steel Corp. v. Sollac*, 344 F.3d 1234, 1244 (Fed. Cir. 2003); *In re Moore*, 439 F.2d 1232, 1236 (CCPA 1971). See also *Plant Genetic Sys., N.V. v. DeKalb Genetics Corp.*, 315 F.3d 1335, 1339 (Fed. Cir. 2003) (발명의 "선구자적인 상태"라는 주장은 실시가능성 결정과는 관계가 없다.)

실시 가능한 개시는 구체적 예 또는 광범위한 용어로 제시될 수 있으며, 정확한 개시의 형태가 정해진 것은 아니다.[718] 35 U.S.C. §112에 따라 실시 가능한 개시보다 넓은 청구항의 거절은 35 U.S.C. §112(a) 또는 pre-AIA 35 U.S.C. §112의 첫 번째 단락에 따른 실시가능성에 대한 거절이며, 35 U.S.C. §112(b) 또는 pre-AIA 35 U.S.C. §112의 두 번째 단락에 따른 명확성에 대한 거절이 아니다. 청구항들은, 당업자들의 기술 수준 이내에 있으리라 추정되는 요소들에 관한 한정 요소가 포함되지 않았다고 하여, 35 U.S.C. §112에 따라 실시 가능한 개시보다 넓다는 이유로 거절되지 않는다. 명세서나 청구항에서 당업자들에게 지시된 요소들이 당업자들에게 명백한 경우에, 청구항에서 그 요소들을 언급할 필요는 없다.[719] 청구된 발명의 실행 방법을 발견하기 위해서는 청구항을 볼 것이 아니라, 명세서를 참조하여야 한다.[720] *In re Goffe*[721]에서 법원은 "효과적인 인센티브를 제공하려면, 청구항에 의하여 발명자가 충분히 보호되어야 한다. 발명자의 청구항을 발명자가 연구한 것이 작동할 수 있는 범위까지로 한정하거나, 명세서에 포함된 것과 같은 프로세스에서 "선호된" 자료들을 위한 구체적인 가이드라인을 충족하는 자료까지로 한정하여 개시하도록 요구하는 것은 유용한 기술 분야에서 기술 발전을 이루려는 헌법의 취지를 달성하지 못할 것"이라고 판단하였다.

청구항의 실행 가능한 범위를 분석할 때, 청구항들은 명세서와 일치하는 합리적으로 가장 넓은 해석에 따른 것이므로, 명세서의 가르침을 소홀히 다루어서는 안 된다. 만약, 청구항의 합리적인 해석이 명세서의 설명보다 넓다면, 심사관은 청구항의 전 범위가 실행 가능한지를 확인하는 것이 필요하다. 일반적으로 명세서의 한정 요소와 실시예들은 청구항에 의하여 전달되는 것을 제한하지 않는다.

Amgen[722] 사례에서 청구항들의 범위에 관하여 고려되었다. 특허 청구항들은

---

718) *In re Marzocchi*, 439 F.2d 220, 223-24 (CCPA 1971)

719) *In re Skrivan*, 427 F.2d 801, 806 (CCPA 1970)

720) *W.L. Gore & Assoc., Inc. v. Garlock, Inc.*, 721 F.2d 1540, 1558 (Fed. Cir. 1983); *In re Johnson*, 558 F.2d 1008, 1017 (CCPA 1977)

721) *In re Goffe*, 542 F.2d 564, 567 (CCPA 1976)

722) *Amgen v. Chugai Pharm. Co.*, 927 F.2d 1200 (Fed. Cir. 1991), *cert. denied*, 502 U.S. 856 (1991)

Erythropoietin(EPO)의 유사체(Analogs)인 Polypeptide를 암호화하는 정제된 DNA 서열에 관한 것이다. 법원은 "Amgen은 청구항을 포함하는 모든 범위를 지원하기에 충분한 DNA 서열의 준비가 실시 가능하지 않았다. 제조될 수 있는 EPO의 모든 유사체에 관한 명세서의 광범위한 진술에도 불구하고, 특정 유사체와 그것들을 제조하는 방법을 실시 가능하게 하는 개시가 거의 없었다. 단지 EPO 유사 유전자를 준비하는 약간의 설명들만 개시되었다. 이 개시는 이들과 이들의 유사체들을 포함하는 유전자에 대한 청구항을 정당화할 수 있을지 모르지만, 모든 EPO 유전자 유사체를 청구하는 Amgen의 바람을 지원하기에는 불충분하다. EPO 형태 생산물들을 암호화하는 다른 모든 유전자 서열이 있을 수 있다. Amgen은 그들 중 아주 일부에 대한 제조, 사용 방법을 설명하였고, 따라서, 그들 모두를 청구할 자격이 부여되지는 않았다."

그러나, 특정 단백질이 구체적으로 확인된 서열을 갖고 있는 경우, 그 단백질을 암호화하는 정제되고 분리된 DNA 서열의 어느 것을 청구하였을 때, 그 청구항들이 실시 가능한 개시보다 넓기 때문에 거절하는 것은 일반적으로 적절하지 않다. 왜냐하면, 당업자들이 그 청구된 실시예들 중 어느 하나를 쉽게 결정할 수 있기 때문이다.[723]

---

723) *In re Wright*, 999 F.2d 1557, 1562 (Fed. Cir. 1993) (그 증거는 당업자들이 "임의의 RNA 바이러스에 대한 임의의 동물에서 면역보호활성을 끌어내는 예외없이 모든 살아있는 비병원체 백신, 그리고 그 백신을 만들기 위한 절차"를 포함한 청구항의 전 범위를 실행하는 데 필요한 단계들을 실행할 수 있는 것을 보여 주지 못했다.);
In re Goodman, 11 F.3d 1046, 1052 (Fed. Cir. 1993) (명세서는 식물 줄기에서 포유류의 Peptides를 생성하는 넓은 범위의 청구항들을 실시 가능하게 하지 못하였다. 왜냐하면, 명세서는 외떡잎식물에서 Gamma-interferon을 생성하는 오직 하나의 실시예만을 담고 있기 때문이다. 또한, 출원 당시에 포유류의 Peptides를 쌍떡잎식물로 암호화하는 데에 광범위한 실험이 필요할 수 있다는 증거가 있었다.);
In re Fisher, 427 F.2d 833, 839 (CCPA 1970) (출원인이 "적어도" 특정한 가치의 효능이 있는 관절염 치료에 적합한 구성물을 청구하였을 때, 법원은 그 개시에서 약간 높은 효능을 갖는 구성물을 실시할 수 없기 때문에, 그 청구항이 실시 가능한 범위에 부합하지 않는다고 판단하였다. 단순히 출원인이 특정 역치를 넘어서는 구성물을 처음 이뤄냈다는 이유만으로 그 역치를 초과하는 모든 구성물을 포함하는 청구항을 정당화하거나 지원할 수 없다.);
In re Vaeck, 947 F.2d 488, 495 (Fed. Cir. 1991) (관련된 생명공학 분야의 상대적으로 불완전한 이해도와 명세서상의 협소한 개시와 청구항에서 의도하는 넓은 보호 범위 간의 합리적인 상관관계의 부족을 고려하면, 35 U.S.C. §112(a) 또는 pre-AIA 35 U.S.C. §112의 첫

만약, 실시가능성이 청구항의 범위와 부합하지 않는다는 점 때문에 청구항이 거절되면, 심사관은 실시 가능하다고 여겨진 주제를 밝혀야 한다.

1. 단일 수단 청구항

단일 수단 청구항 즉, 다른 수단 요소들과의 결합이 없는 하나의 수단은 35 U.S.C. §112(a) 또는 pre-AIA 35 U.S.C. §112의 첫 번째 단락에 따른 실시가능성을 이유로 거절되기가 쉽다.[724] 청구항들이 언급된 속성에 의존할 때, 진술된 속성(결과)을 얻기 위하여 청구항이 모든 가능한 구조(수단)를 포섭하는 경우, *Hyatt* 사례와 유사한 사실관계를 보여 준다.

2. 비작동 주제

청구항의 범위 내에서 작동하지 않는 실시예들의 존재만으로 청구항이 반드시 실시 불가능한 것은 아니다. 당업자가 착상되었지만 아직 만들어지지 않은 실시예가 해당 기술 분야에서 통상적으로 요구되는 것보다 많은 노력을 하지 않아도 작동하거나 작동하지 않는 것을 결정할 수 있는지 여부가 그 기준이 된다.[725]

특히, 작동하지 않는 실시예가 청구항의 용어(예 전제부)에 의하여 배제되었더라도, 작동할 수 있는 실시예들을 판단하는 데 과도한 실험이 관련된 경우 그 청구항의 범위는 실시 가능하지 않을 수 있다. 많은 수의 작동 가능한 실시예들의 개시와 하나의 작동하지 않는 실시예를 확인한 경우, 작동 가능한 실시예들을 판단하는 데 과도한 실험이 포함되지 않기 때문에, 청구항을 실시 가능한 범위보다

번째 단락의 실시가능성 결여로 인한 거절은 적절하다.)

724) *In re Hyatt*, 708 F.2d 712, 714-715 (Fed. Cir. 1983) (진술된 목적을 달성하기 위한 모든 가능한 수단을 포섭하는 단일 수단 청구항은 청구항의 범위에 대하여 실시 가능하지 않다고 판단되었다. 왜냐하면, 그 명세서가 기껏해야 발명자에게 알려진 수단들만 개시하였기 때문이다.)

725) *Atlas Powder Co. v. E.I. du Pont de Nemours & Co.*, 750 F.2d 1569, 1577 (Fed. Cir. 1984) (예언적 실시예라도 개시를 실시 불가능하게 만들지는 않는다.)

넓게 만들지 않는다.[726] 그러나, 상당한 수의 작동하지 않는 실시예들이 보이는 청구항들은, 명세서가 작동하는 실시예들을 명확히 식별하지 않고, 그 실시예들이 작동할 수 있는지를 판단하는 데 과도한 실험이 필요한 경우에 실시 불가능해질 수 있다.[727]

3. 청구되지 않은 중요한 특성

명세서에서 중요한 특성으로 알려졌지만, 청구항들에 언급되지 않은 경우, 그 청구항들은 35 U.S.C. §112의 실시가능성 규정에 따라 거절되어야만 한다.[728] 청구되지 않은 특성이 중요한지를 결정할 때, 전체적인 개시내용을 고려하여야 한다. 특성들이 단순히 선호되었다고 하여 중요한 특성으로 여겨질 수는 없다.[729] 선행 기술의 제한이 없는 경우에 출원인을 "선호된" 자료로 한정하는 것은 유용한 기술 분야에서 발전을 촉진시키려는 헌법의 취지에 부합하지 않을 것이다. 따라서, 명세서에서 명확히 그 한정 요소가 의도된 기능을 수행하는 발명에서 중요하다고 밝혔을 경우에만, 그 한정 요소가 청구항에서 누락된 것을 이유로 실시가능성에 의한 거절을 할 수 있다. 초록을 포함한 개시에서 중요한 특성을 생략한 광범위한 언어를 사용하면서, 중요성에 관한 주장을 반박하기도 한다.

---

726) *In re Angstadt*, 537 F.2d 498, 502-503 (CCPA 1976)

727) *Atlas Powder Co. v. E.I. duPont de Nemours & Co.*, 750 F.2d 1569, 1577 (Fed. Cir. 1984); *In re Cook*, 439 F.2d 730, 735 (CCPA 1971)

728) *In re Mayhew*, 527 F.2d 1229, 1233 (CCPA 1976)

729) *In re Goffe*, 542 F.2d 564, 567 (CCPA 1976)

CHAPTER 7

명확성[730]

35 U.S.C. §112(b) 또는 pre-AIA 35 U.S.C. §112의 두 번째 단락은 특허 출원서의 명세서가 출원인이 그의 발명으로 여기는 주제를 특정해서 지적하고 이를 분명하게 청구하는 하나 또는 그 이상의 청구항들로 결론지어져야 할 것을 요구한다. 청구항의 용어들이 35 U.S.C. §112(b) 또는 pre-AIA 35 U.S.C. §112의 두 번째 단락에 부합하기 위해서는 "명확해야" 한다.

청구항 용어의 명확성을 요구하는 주된 이유는 청구항의 범위를 분명히 해서 대중들에게 특허 침해를 구성하는 것의 경계를 알려주려는 데 있다. 또한, 출원인이 발명으로 여기는 것에 대하여 명확히 표시함으로써 청구된 발명이 특허를 받을 수 있는 모든 요건을 충족하였는지 그리고 명세서가 청구된 발명에 관한 35 U.S.C. §112(a) 또는 pre-AIA 35 U.S.C. §112 첫 번째 단락의 기준을 충족시켰는지가 결정될 수 있다.

당업자에게 특허로 보호받는 주제의 경계를 분명하고 정확하게 알려줄 수 있는 명확한 청구항들을 갖는 특허가 등록되는 것은 매우 중요하다. 따라서, 이와 같은 기준을 만족하지 못하는 청구항들은 불명확성을 이유로 35 U.S.C. §112(b) 또는 pre-AIA 35 U.S.C. §112의 두 번째 단락에 의하여 거절되어야 한다. 그와 같은 거절을 하기 위해서는 출원자가 그 용어가 명확한 이유를 설명하거나 그 청구항을 보정하는 등의 방법으로 응답할 것이 요구된다. 불명확성으로 인한 거절은 청구항을 불명확하게 만드는 용어를 명시하고 그 거절의 이유를 충분히 설명하여야 한다.

---

730) MPEP 2173 Claims Must Particularly Point Out and Distinctly Claim the Invention [R-11.2013]

I 청구항의 해석

35 U.S.C. §112(b) 또는 pre-AIA 35 U.S.C. §112의 두 번째 단락에 담긴 기본 원칙은 출원인이 출원서에 자신의 용어 사전을 편찬한다는 것이다. 출원자들은 청구항에서 자신의 발명에서 고려되는 용어들을 명세서에 명확히 제시한다면 자신이 선택한 어떤 용어로도 정의할 수 있다. 출원인은 기능적 용어, 선택적 용어, 부정적 한정 요소 또는 특허로 보호되는 주제의 경계를 명확히 하는 어떤 형태의 표현이나 청구항의 형식이라도 사용할 수 있다. 청구항은 특허 보호가 요구되는 주제를 정의하는 데 사용된 용어의 유형만으로 거절될 수는 없다.[731]

1. 가장 광범위하고 합리적인 해석 (Broadest reasonable interpretation; BRI)

청구항에 사용된 용어가 명확한지 결정하기 위하여 청구항을 심사하는 첫 번째 단계는 명세서에 개시된 발명의 주제를 충분히 이해하고 청구항에 포함된 주제의 경계를 확인하는 것이다. 심사 중에, 청구항은 당업자에 의하여 해석될 수 있는 것과 마찬가지로 명세서와 일관되면서 합리적으로 가장 넓게 해석되어야 한다. 출원인이 출원 경과 중에 청구항들을 보정할 기회를 갖기 때문에, 청구항을 합리적으로 가장 넓게 해석한다면 그 청구항이 일단 등록된 후에 정당화될 수 있는 것 보다 더 넓게 해석될 가능성을 줄일 수 있다.[732] 청구항의 의미에 대한 심사의 초점은 당업자의 관점에서 무엇이 합리적인가에 맞춰져야 한다.[733] *In re Buszard* 사례에서, 청구항은 flexible polyurethane foam reaction 혼합물로

731) *In re Swinehart*, 439 F.2d 210 (CCPA 1971)

732) *In re Yamamoto*, 740 F.2d 1569, 1571 (Fed. Cir. 1984);
In re Zletz, 893 F.2d 319, 321 (Fed. Cir. 1989) ("출원 심사 중인 청구항들은 청구항의 용어들이 허용되는 한 가장 넓게 해석되어야 한다.")

733) *In re Suitco Surface, Inc.*, 603 F.3d 1255, 1260 (Fed. Cir. 2010); *In re Buszard*, 504 F.3d 1364 (Fed. Cir. 2007)

구성된 내연 구성물에 관한 것이다. 연방 항소 법원은 PTAB가 "flexible" foam을 crushed "rigid" foam과 동일시한 해석이 합리적이지 않다고 판단하였다. polyurethane foam 기술 분야의 당업자들에게 제시된 설득력 있는 주장은 flexible 혼합물이 rigid foam 혼합물과는 다르다는 것이다.

합리적으로 가장 넓게 해석하였을 때, 명세서와 불일치하지 않는 청구항의 용어들은 일반적인 의미(Plain meaning)로 해석되어야 한다. 용어의 일반적 의미는 발명 당시 당업자들이 부여한 통상적이고 관습적인 의미를 말한다. 용어의 통상적이고 관습적인 의미는 청구항 자체나, 명세서, 도면 그리고 선행 기술 등의 단어들을 포함한 다양한 자료를 통하여 입증될 수 있다. 그러나, 청구항의 용어 의미를 결정하는 최고의 자료는 명세서이다. 만약 명세서가 청구항의 용어에 대한 용어 사전 같은 것들을 제공하면 그 의미가 가장 명확해질 수 있다. 용어의 통상적이고 관습적인 의미가 주어졌다는 추정은 출원인이 명세서에 그와 다른 정의를 명확하게 제시함으로써 반박될 수 있다.[734] 명세서가 청구항 용어로 이르는 명확한 길을 제시하면, 청구항의 범위가 더 쉽게 결정될 수 있고, 청구항의 일반 대중에 공지하는 기능에도 이바지할 수 있다. 청구항 용어의 일반적인 의미가 사용된 심사관의 거절 이유가 통지되면, 출원인은 그 용어가 특별한 의미로 사용되었음을 지적할 수 있다. 청구항의 용어들이 일반적인 의미로 사용되었고, 특별한 정의로 사용되는 것은 예외적이라는 추정 때문에, 출원인이 청구항의 용어가 특별한 의미를 가진 것으로 해석되려면 출원 당시 명세서에서 명확하고 의도적으로 특별한 의미의 사용을 제공하는 부분을 지적하여야 한다. 출원인은 출원서의 출원일 이후 특별한 의미를 덧붙이거나 부인할 수 없다. 그러나, 출원 당시 명세

---

734) *In re Morris*, 127 F.3d 1048, 1054 (Fed. Cir. 1997) (USPTO는 상세한 설명에 포함된 정의 또는 다른 "Enlightenment"를 고려한 청구항 용어의 통상적인 사용을 고려한다.);
한편, *In re Am. Acad. of Sci. Tech. Ctr.*, 367 F.3d 1359, 1369 (Fed. Cir. 2004) ("명세서에 설명된 우선 실시예가 오직 하나이고 명백히 이를 부인하는 규정이 없더라도, 법원은 한정 요소를 이 우선 실시예의 청구항으로 읽지 않도록 주의하여야 한다.");
In re Bigio, 381 F.3d 1320, 1325 (Fed. Cir. 2004) (쟁점이 된 청구항에는 "Hair brush"로 기재되었다. 법원은 명세서로부터 "Hair brush"를 두피에만 적용되는 용어로 한정하여 해석하는 것을 거절하였다. "법원은 PTO가 명세서 문장만을 근거로 하여 광범위한 청구항의 용어를 제한하는 유혹을 피하도록 조언을 해 준다.")

서가 특별한 의미를 갖거나 부인하는 경우에 심사관에게 응답하면서 이를 지적하거나 설명할 수 있다.

2. 각 청구항의 한정 요소가 35 U.S.C. § 112(f)를 적용하는지 결정

청구항 해석을 분석하는 데 있어, 심사관들은 각 한정 요소에 35 U.S.C. §112(f) 또는 pre-AIA 35 U.S.C. §112의 여섯 번째 단락을 적용할 수 있는지 검토하여야 한다. 만약, 청구항의 한정 요소에 35 U.S.C. §112(f) 또는 pre-AIA 35 U.S.C. §112의 여섯 번째 단락을 적용할 수 있으면, 청구항의 한정 요소는 그 명세서에 서술된 해당 구조, 물질, 또는 동작과 그 등가물을 포섭할 수 있도록 해석되어야"만 한다.[735]

II 청구항 용어가 명확한지 결정

특허 출원 중에, 출원인은 청구된 발명의 경계를 명확하고 정확하게 한정할 수 있도록 불명확한 청구항을 수정할 기회와 의무를 갖는다. 청구항은 일반 대중에게 특허권자의 배타적 권리 범위를 통지하는 기능을 한다.[736] 연방 항소 법원은 "특허 출원서의 작성자는 특허 청구항에서 애매모호한 문제를 해결할 중요한 위치에 있다는 것을 인식하고, 특허 심사관이 출원인에게 적절한 상황에서 그와 같이 행동하도록 요구하여 특허가 소송을 통하여 애매모호한 문제를 해결하기

---

735) *In re Donaldson Co.*, 16 F.3d 1189, 1193 (Fed. Cir. 1994) (*en banc*) ("법원은 문맥상 기능적 청구항 용어의 해석이 필요한지에 관계없이, 즉 PTO의 특허 가능성 결정의 일부이던지, 또는 법원에 의한 특허의 유효성이나 침해의 결정의 일부이던지 간에 여섯 번째 단락이 적용된다고 판단하였다.")

736) *Johnson & Johnston Assoc. Inc. v. R.E. Serv. Co.*, 285 F.3d 1046, 1052 (Fed. Cir. 2002) (*en banc*)

보다는 출원 중에 수정될 수 있기를 몹시 희망한다고 밝혔다."[737]

청구항이 35 U.S.C. §112(b) 또는 pre-AIA 35 U.S.C. §112의 두 번째 단락에 따라 명확한지에 대한 결정은 당업자가 청구항이 명세서에 따라 읽혀질 때 청구된 것을 이해할 수 있는지에 대한 결정을 필요로 한다.[738] *Orthokinetics* 사례에서, 소아용 휠체어에 대한 청구항이 "자동차의 Doorframe과 시트 사이의 공간으로 집어넣을 수 있도록 치수가 정해지고"라는 문구를 포함하였다. 법원은 자동차들의 사이즈가 다양하기 때문에, 그 문구가 그 주제를 가능하게 하는 정확한 기재라고 판단하였다. "당업자들이 쉽게 그 치수를 얻을 수 있다고 인식할 수 있다면, §112의 두 번째 단락은 더 이상 아무것도 요구하지 않는다." 청구항 용어들은 보통 당업자들에 의하여 이해되는 통상적이고 관습적인 의미가 주어진다. 따라서, 어느 특허나 출원서에서 사용된 특정 용어가 다른 출원서에서 사용되면서 다른 의미를 가질 수 있기 때문에, 청구항의 용어들을 당업자의 관점에서 출원인의 명세서를 고려하여 분석하는 것이 중요하다.

1. *Nautilus, Inc. v. Biosig Instruments, Inc*[739]의 합리적 확실성 (Reasonable certainty)

본 사건은 U.S. Patent No. 5,337,753의 운동 장비에 부착되어 사용되는 심박수 측정기에 관한 것이다. 이슈가 된 청구항은 화면이 있는 가늘고 긴 요소(원통형 막대), 차등 증폭기가 포함된 전자 회로 그리고 원통형 막대의 각 절반에는 서로 이격되어 장착된(mounted … in spaced relationship with each other) Live 전극과 Common 전극 등으로 구성되었다(comprise[s]). 출원인은 재심사 과정 중에, 두 쌍의 전극과 서로 다른 증폭기를 사용하는 선행 기술로부터의 신규성과 비자명성을 입증하기 위하여 전문가의 증언을 첨부하였다. 전문가의 증언에서는, 본

737] *Halliburton Energy Servs., Inc. v. M-I LLC*, 514 F.3d 1244, 1255 (Fed. Cir. 2008)

738] *Power-One, Inc. v. Artesyn Techs., Inc.*, 599 F.3d 1343, 1350 (Fed. Cir. 2010); *Orthokinetics, Inc. v. Safety Travel Chairs*, Inc., 806 F.2d 1565 (Fed. Cir. 1986)

739] *Nautilus, Inc. v. Biosig Instruments, Inc.*, 572 U.S. 898, 134 S.Ct. 2120 (2014)

특허는 충분히 당업자들에게 전극을 배열하는 방법을 알려 주어, “왼손과 오른손으로부터 균등한 근전도 신호(EMG signal)를 생성하도록 한다.”고 하였다. 또한, 전극의 디자인(간격, 모양, 크기와 재질 등)이 다양하기 때문에 운동 장비에 따라 표준화될 수 없으며, 당업자들은 균등화를 위한 시행착오 절차(“Trial and error” process)를 착수할 수 있다고 설명되었다. 이에 따르면, 근전도 신호의 상쇄를 최적화하기 위하여 전극의 상이한 배열에 관한 실험이 수반됨을 알 수 있다. 본 소송에서, 특허권자는 “spaced relationship”은 각 쌍의 전극에서 Live 전극과 Common 전극 간의 거리로 해석된다고 주장하였고, 침해자는, 위 전문가 증언에 의존하면서, “spaced relationship”은 각 전극의 폭보다 넓은 간격이어야 한다고 해석하면서, §112 ¶2에 따른 불명확한 규정이라고 주장하였다.

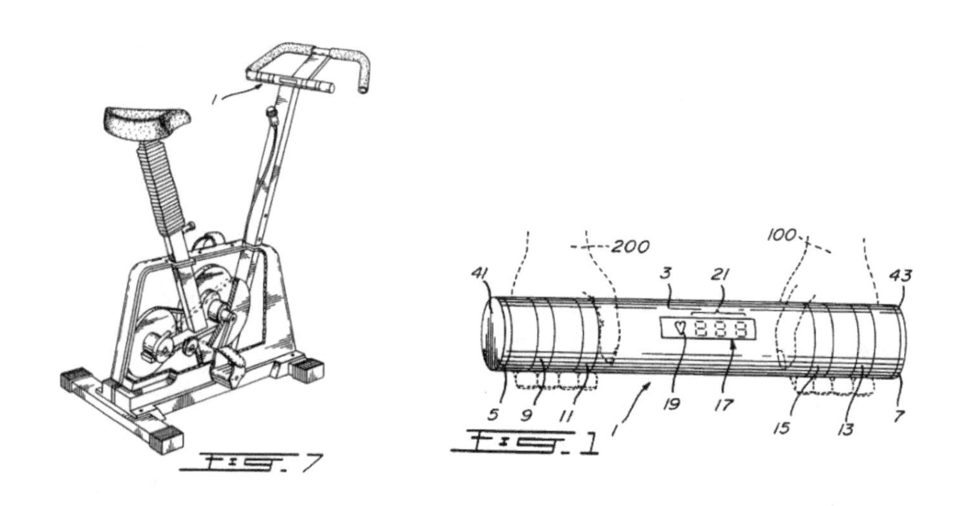

연방 지방 법원은 청구항의 “spaced relationship”이 법원 또는 그 누구에게도 그 Space가 정확히 무엇인지를 말해 주지 않으며, 적절한 간격을 결정하는 방법 조차도 제공하지 않는다며 불명확하다고 판단하였다. 그러나, 연방 항소 법원은 “청구항이 ‘해석하여 받아들이기 어렵거나(not amenable to construct)’ 또는 ‘설명할 수 없을 정도로 애매모호한(insolubly ambiguous)’ 경우에만” 불명확하다고 할 수 있다고 판단하였다. 항소 법원은 본 사례에서 내재적 증거-예를 들면, 청구항의 용어, 명세서, 출원 경과 등-를 고려하면, 당업자들에게 “spaced relationship"의 경계를 이해시키기에 충분한 청구된 장치 내의 특정한 한도가 있다고 판단하였다. 즉, 청구항은 전자 신호를 Live 전극과 Common 전극의 각 두 점에서 한 손으로 독립적으로 감지하도록 요구하였으므로, 막대의 각 반쪽에서 Live 전극과 Common 전극 간의 거리는 사용자 손의 폭보다 넓을 수 없다고 설명하였다. 또한, 결과적으로 Live와 Common 전극이 하나의 포인트로 합쳐지는 것과 같이 그 간격이 너무 좁아질 수도 없다는 것이 내재적 증거에 의하여 가르쳐진다고 보았다.

한편, 연방 대법원은 §112 ¶2에 따른 명확성 심사에는 서너 개의 합의가 있다고 보았다. 첫째, 명확성은 당업자의 관점에서 평가되어야 한다. 둘째, 명확성을 판단할 때, 청구항들은 특허의 명세서와 출원 경과에 비추어 읽혀져야 한다. 셋째, 명확성은 특허 출원 당시 당업자의 관점으로부터 측정되어야 한다. 이 외에 §112 ¶2이 어느 정도까지 부정확성을 용인할지에 대하여 각 당사자의 입장이 다르다. 침해자는 청구항이 모호하여 이를 읽는 사람들이 청구항의 범위를 다르게 합리적으로 해석한다면, 그 특허는 무효라는 것이다. 특허권자는 반면에, 그 특허가 청구된 범위에 관하여 합리적인 통지를 제공할 것만을 필요로 한다고 보았다. 특허의 명확성 요건은 한편으로는 용어의 내재적인 한정 요소를 고려하여야 하며, 또 한편으로는 무엇이 청구되었는지를 명확히 알릴 수 있을 만큼 특허가 정확하여야 하는 점 사이에서 섬세한 균형을 찾아야 한다. 이 서로 대립하는 두 가지 입장을 타협하면서, 연방 대법원은 §112 ¶2이, 특허 청구항은 명세서와 출원 경과에 비추어 판단되면서, 당업자에게 발명의 범위에 관하여 합리적으로 확실하게 알려줄 것을 요구한다고 판단하였다. 항소 법원의 견해와 같이 청구항을 "설명할 수 없을 정도로 애매모호하게" 만드는 것이 없는 경우의 부정확성이 용인된다고 하면, 명확성 요건의 일반 대중에의 공지 기능을 약화시키고, 혁신 의욕을 좌절시키는 "불확실성의 범위"를 강화할 것이다.

2. 심사 중인 청구항들과 특허 등록된 청구항은 다르게 해석

특허 등록된 청구항들은 특허침해나 무효와 관련된 소송에서 합리적으로 가장 넓게 해석되지 않고, 완전히 전개된 출원 기록에 근거하여 해석될 수 있다.

특허 등록된 청구항에서 "절대적인 정확성은 달성 불가능할지라도", 명확성 요건은 분명함을 요구한다.[740]

특허청은 특허 출원서를 심사할 때, 법원과 같은 식으로 청구항을 해석하지 않는다.[741] 특허청은 출원 중에 출원인이 청구하려는 것의 명확한 기록을 확립하려고 노력하면서, 청구항을 합리적으로 가장 넓게 해석하려고 한다. 출원 중에 그와 같은 청구항의 해석은 실질적으로 법원의 결정보다 명확성에 관한 낮은 기준이 될 것이다.[742] 그러나, 출원인은 특허 등록 전에 용어가 분명하고 명확해지게 하거나, 당업자들이 청구항 용어를 불분명하다고 여기지 않는다는 설득력 있는 설명을 제공하기 위하여 출원 도중에 청구항을 수정할 수 있다.[743] 또한, 특허 기록이 전개되는 중에 있고, 심사 도중 확정되지 않으며 청구항을 해석하는 데 대리인도 이에 의존하지 않기 때문에, 낮은 기준이 적용된다.[744]

심사 도중에, 청구항에 합리적으로 가장 넓은 해석을 적용한 후에도, 청구된 발명의 경계가 분명하지 않다면, 그 청구항은 불명확하여 거절되어야 한다.[745] 예를 들어, 합리적으로 가장 넓은 해석을 한 경우에, 청구항의 용어가 당업자들에게 하나 이상의 합리적인 해석으로 읽혀진다면, 35 U.S.C. §112(b) 또는 pre-AIA 35 U.S.C. §112의 두 번째 단락에 의한 거절은 적절하다. 그러나, 심사관들은 청구항의 범위와 청구항의 불명확성을 혼동하지 않도록 주의하여야 한다. 광범위한 청구항은 그 범위가 명확히 한정된다면 단순히 넓은 범위의 주제를 포함

740] *Nautilus, Inc. v. Biosig Instruments, Inc.*, 134 S.Ct. 2120, 2129 (2014)

741] *In re Morris*, 127 F.3d 1048 (Fed. Cir. 1997); *In re Zletz*, 893 F.2d 319, 321-22 (Fed. Cir. 1989)

742] *Packard*, 751 F.3d at 1323-24

743] *In re Buszard*, 504 F.3d 1364, 1366, 84 USPQ2d 1749, 1750 (Fed. Cir. 2007) ("출원 단계에서 청구항들이 선명해지고 명확해질 수 있도록" 청구항들은 출원 도중에 합리적으로 가장 넓게 해석되어진다.)

744] *Burlington Indus. Inc. v. Quigg*, 822 F.2d 1581, 1583 (Fed. Cir. 1987) ("특허 등록 후에 발생하는 법원에 의한 청구항 해석 이슈는, 어떠한 모호성이나 과도한 범위도 단지 청구항을 변경함으로써 수정되는 PTO에서 청구항이 출원 심사 중인 때에는 발생하지 않는다.")

745] *Packard*, 751 F.3d at 1310 ("특허청이 초기에 청구항의 용어들이 청구된 발명을 설명하고 규정하는데 모호하고, 불분명하고, 불확실하게 이루어진 것을 확인하고 거절 통지를 하였고, 출원인이 이후에 만족스러운 응답을 하지 못한 경우, 특허청은 §112(b)의 요건을 만족시키지 못했다는 이유로 이를 거절할 수 있다."); *Zletz*, 893 F.2d at 322

한다는 이유만으로 불명확해지는 것은 아니다. 대신, 청구항은 특허에서 보호되는 주제의 경계가 명확히 구분되지 않거나 그 범위가 불분명한 경우에 불명확해진다. 예를 들면, 다수의 '종'들을 포섭하는 '속'에 대한 청구항은 광범위하지만, 그 범위 때문에 불명확해지지는 않는다. 그러나, '속'에 대한 청구항이 어느 '종'을 포섭하는지 확실하지 않은 경우에는 불명확할 것이다(청구항에 포함되는 '종'이 무엇인지에 관하여 하나 이상의 합리적인 해석이 있을 수 있기 때문이다).

3. 명확성과 정확성의 기준에 관한 요건

심사관이 청구항들의 심사 중에 35 U.S.C. §112(b) 또는 pre-AIA 35 U.S.C. §112의 두 번째 단락에 의한 명확성 요건에 부합하는지에 대한 판단은 법률상 제시된 명확성과 정확성의 기준에 관한 요건을 충족시키는지 여부이며, 보다 적합한 용어나 표현방법이 사용 가능한지의 여부는 아니다. 특허 가능한 주제가 개시되었고, 청구항들이 그 특허 가능한 주제를 향하고 있다는 것이 심사관에게 명백한 경우에, 심사관은 그 특허 가능한 주제를 규정한 청구항들이 필요한 정도의 특별함과 분명함을 지니도록 하여야 한다. 표현 방식과 용어의 적절성에 대한 일정 재량은 35 U.S.C. §112(b) 또는 pre-AIA 35 U.S.C. §112의 두 번째 단락이 만족되는 한 허용되어야만 한다. 심사관들은 출원자들에게 사용된 용어의 명확성과 정확성을 향상시키기 위한 청구항의 용어를 제시하도록 장려하지만, 출원자들이 선택한 용어나 표현이 법적 요건을 충족하는 한 심사관이 선호하는 자신의 용어를 사용하도록 고집해서는 안 된다.

이 요건에 관한 실질적인 조사는 청구항들이 합리적인 정도의 명확성과 특별함으로 명시되고 한정될 수 있는지이다. "법률상 용어인 '특별함'과 '분명함'이 가르치는 바와 같이, 청구항들은 분명한 용어들로 명시되는 것이 필요하다. 대중에게 특허 보호 범위 내에 있는 것과 그렇지 않은 것을 알려주는 것이 청구항이다."[746] 청구항 용어의 명확성은 ① 출원서의 구체적인 개시 내용, ② 선행 기술의 가르침, ③ 발명 당시 당업자가 할 수 있는 청구항의 해석 등의 관점에서 분석되어야

---

746) *Packard*, 751 F.3d at 1313

한다. 청구항이 35 U.S.C. §112(b) 또는 pre-AIA 35 U.S.C. §112의 두 번째 단락에 부합하는지를 검토하면서, 심사관은 청구항이 당업자들에게 청구항의 범위를 알려주는지, 또 이로써 다른 사람들에게 특허 침해를 구성하는 것에 대하여 명확하게 경고하여 35 U.S.C. §112(b) 또는 pre-AIA 35 U.S.C. §112의 두 번째 단락에서 요구하는 공지 기능을 수행하는지 등을 결정하기 위하여 청구항을 전체로서 고려하여야 한다.[747] 만약, 당업자가 청구항의 용어로 청구항의 경계를 해석할 수 없어서 특허침해를 피하는 방법을 이해할 수 없다면, 35 U.S.C. §112(b) 또는 pre-AIA 35 U.S.C. §112의 두 번째 단락에 따른 청구항의 거절은 적절하다. 그러나, 만약 출원인에 의하여 사용된 용어가 35 U.S.C. §112(b) 또는 pre-AIA 35 U.S.C. §112의 두 번째 단락의 법률적 요건을 충족한다면, 그 청구항은 35 U.S.C. §112(b) 또는 pre-AIA 35 U.S.C. §112의 두 번째 단락에 따라 거절되어서는 안 된다. 심사관들은 규정만으로 거절할 수 있도록 하는 규정(per se rule)을 채택하지 않는 것이 특허청의 방침이라는 것을 인식하여야 한다. MPEP §2173.05(d)에 명시된 불명확하다고 판단된 청구항 용어의 예들은 구체적인 사실관계를 통하여 확립된 것이며, per se rule이 적용된 것이 아니다.

4. 불명확한 청구항 용어의 해결

1) 심사관에 의한 분명한 기록 확보

심사관들은 출원서의 특허 가능성에 대한 특허청의 고려가 완전하고 정확하게 담겨있는지를 보여주기 위하여 자신들의 책임을 성실히 수행하여야 한다. 완

---

747) *Solomon v. Kimberly-Clark Corp.*, 216 F.3d 1372, 1379 (Fed. Cir. 2000);
In re Larsen, 10 Fed. App'x 890 (Fed. Cir. 2001) (Larsen 청구항의 전제부는 옷걸이와 고리만 언급하였고, 청구항의 본문에서 (빨랫줄 등의) 줄에 관하여 언급하였다. 심사관은 35 U.S.C. §112의 두 번째 단락에 따라 청구항을 거절하였다. 왜냐하면, 청구항의 전제부에 중요한 요소(즉, 줄 부분)가 누락되어 청구항이 불명확하게 되었다고 판단하였다. 그러나, 법원은 심사관의 결정을 뒤집으면서, 발명자의 기술에 대한 기여는 청구항의 모든 한정 요소 전체와 서로 간의 상호 작용을 통하여 고려되어야 한다고 판단하였다. 본 청구항을 전체적으로 고려한 뒤에, 법원은 쟁점인 청구항이 당업자에게 그 범위를 알려주며, 이로써 35 U.S.C. §112에서 요구되는 공지 기능을 제공한다고 결론지었다.)

전한 출원 경과를 제공하고 출원 경과 기록의 명확성을 높이기 위하여 심사관은 출원 중 취하여진 모든 행위에 관한 분명한 설명을 제시하여야 한다. 따라서, 35 U.S.C. §112(b) 또는 pre-AIA 35 U.S.C. §112의 두 번째 단락에 따른 거절이 청구항의 용어와 문구가 일견 불명확하다는 심사관의 결정에 근거하여 적절한 경우에, 심사관은 거절 통지서에 그 거절을 지원하는 이유나 발견된 사실들을 적어 통지하여야 하며, 청구항 용어가 불명확하다는 단순한 결론만을 통지하는 것은 피하여야 한다.

2) 특허 거절 통지에서 충분한 설명 제공

특허 거절 통지는 출원인이 불명확한 구체적인 용어나 문구와 그 경계가 불분명한 이유를 제시하여야 한다. 특허 거절은 출원인이 청구항 용어가 당업자에게 명확하게 인식될 수 있는 이유를 설명하거나 또는 그 청구항을 수정함으로써 응답하는 것을 요구하기 때문에, 출원인이 의미 있는 응답을 준비할 수 있도록 하기 위하여, 특허 거절 통지는 충분한 정보를 제공하여야 한다. "청구항들은 특허권자의 배타적인 권리의 윤곽을 그리는 것이기 때문에, 특허법은 청구항의 범위가 대중들에게 보호되는 발명의 경계를 알려 줄 수 있도록 충분히 명확할 것을 필요로 한다."[748] 따라서, 청구항들이 쉽게 변경되어질 때, "출원 단계에서 청구항들이 선명해지고 명확해질 수 있도록" 청구항들은 출원 도중에 합리적으로 가장 넓게 해석되어진다.[749]

35 U.S.C. §112(b) 또는 pre-AIA 35 U.S.C. §112의 두 번째 단락에 부합하기 위해서, 출원인은 특허에 의하여 보호되는 주제의 경계를 알 수 있도록 발명을 분명하고 정확하게 한정할 수 있는 용어를 사용하는 것이 필요하다. 당업자가 심사된 출원서로부터 등록된 특허의 침해를 피하는 방법을 이해하기 위해서는 청구항의 경계를 해석할 수 있는 것이 중요하다.[750] 심사관들은 "특허 심사의 실질

748] *Halliburton Energy Servs., Inc. v. M-I LLC*, 514 F.3d 1244, 1249 (Fed. Cir. 2008)

749] *In re Buszard*, 504 F.3d 1364, 1366 (Fed. Cir. 2007); *In re Yamamoto*, 740 F.2d 1569, 1571 (Fed. Cir. 1984); *In re Zletz*, 893 F.2d 319, 322 (Fed. Cir. 1989)

750] *Halliburton Energy Servs.*, 514 F.3d at 1249 ("그렇지 않은 경우, 특허 청구항의 일반 대

적인 목적이 정확하고, 명확하고, 옳고, 확실한 청구항을 만드는 것이라는 것을 명심하여야 한다. 행정절차 중에 오직 이 방법만이 청구항 범위의 불확실성을 제거할 수 있다."

따라서, 35 U.S.C. §112(b) 또는 pre-AIA 35 U.S.C. §112의 두 번째 단락에 따라 일견 불명확한 청구항을 거절할 때, 불명확성에 의한 거절은 출원인이 청구항이 불명확한 이유를 설명하거나 그 청구항을 수정하는 것이 필요하기 때문에, 심사관은 거절 통지에서 출원인이 의미 있는 답을 할 수 있도록 충분한 정보를 제공하여야 한다. 예를 들면, 일견 불명확해 보이는 사례에서, 심사관은 불명확한 구체적인 용어와 문구를 지적하고, 그 용어나 문구가 청구항의 경계를 불분명하게 만드는 이유를 상세하게 설명하면서, 특허 거절을 극복할 수 있는 불명확성 이슈를 해소할 수 있는 방법을 제시하여야 한다. 만약, 출원인이 일견 불명확해 보이는 사례에 적절히 응답하지 못한다면, 심사관은 최종적으로 불명확성에 의한 거절을 하여야 한다.

출원인이 출원 중에 청구항을 수정함으로써 모호성을 해결하는 것이 특허 등록 후에 소송을 통하여 해결하는 것보다 훨씬 바람직하다.[751] 따라서, 심사관의 불명확성으로 인한 거절에 대한 응답에서, 출원인은 청구항을 수정함으로써, 또는 당업자가 그 청구항의 용어를 불명확하다고 여기지 않을 것이라는 설득력 있는 설명을 기록상에 제공함으로써 모호한 문제를 해결할 수 있다. 두 번째 경우에 일부 사례에서 출원인은 당업자들이 청구항의 용어를 이해할 수 있는 방법을 보여주기 위하여 별도의 정의를 제공할 필요가 있을 수 있다. 만약, 심사관이 출원인의 주장/수정이 설득력 있다고 여긴다면, 심사관은 다음 번 통지에서 35 U.S.C. §112(b) 또는 pre-AIA 35 U.S.C. §112의 두 번째 단락에 따른 이전의 거절을 철회하고, 심사관의 입장 변경을 야기시킨 것에 관한 설명을 제공하여야 한다.

심사관은 자신의 행위에 대하여 설명하면서, 출원 경과 기록의 선명성을 향상시킬 수 있다. *Festo*[752] 사례에서 연방 대법원은, "출원 경과 금반원은 특허 청구

중에 대한 공지 기능을 무산시키면서, 경쟁자들은 특허 침해를 피할 수 없다.")

751) *Halliburton Energy Servs.*, 514 F.3d at 1255

752) *Festo Corp. v. Shoketsu Kinzoku Kogyo Kabushiki Co.*, 535 U.S. 722 (2002)

항이 출원 도중 특허청의 절차를 고려하여 해석되어야 하는" 점에서 분명하고 완전한 출원 경과 기록이 중요하다고 판단하였다. 또한, "특허법상 요건을 충족시키기 위하여 청구항을 축소하는 보정은 금반언 문제를 불러 일으킬 수 있다."고 보았다. "만약, §112의 수정이 단순히 장식적인 데 지나지 않는다면, 특허 범위를 축소하거나 금반언을 야기할 수 없을 것이다. 반대로, §112의 수정이 필요하고, 명확한 설명을 위하여 특허의 범위를 축소한다면, 금반언이 적용될 수 있다." 또한, "법원이 축소 보정을 구성하는 목적을 판단할 수 없을 때, 법원은 특허권자가 광범위한 용어와 협소한 용어 사이의 모든 주제를 포기하였다고 추정하며, 특허권자는 그 보정이 문제가 된 특정 균등물을 포기하지 않았다는 것을 증명하여야 한다."고 밝혔다. 따라서, 가능한 한, 심사관은 35 U.S.C. §112(b) 또는 pre-AIA 35 U.S.C. §112의 두 번째 단락에 관련된 거절을 하거나 이를 철회하기 위해서는 명백한 이유를 제시하여 그 기록을 분명히 하여야 한다.

3) 기록이 불분명한 경우, 허용 이유에서 청구항의 해석 제공

37 CFR 1.104(e)에 따라, 만약 심사관이 전체로서의 출원 기록에서 청구항(들)을 허용할 이유가 분명하지 않다고 믿는다면, 심사관은 허용 이유에서 그 이유들을 밝힐 수 있다. 또한, 허용 전에 심사관이 허용 가능한 주제를 구체화할 수 있고, 특허청의 통지에서 그런 허용 가능한 주제를 시사하는 이유를 제공할 수 있다. 37 CFR 1.104(e)의 주된 목적은 그 출원서가 허용된 이유를 분명히 반영할 수 있는 완전한 출원 경과 기록을 제공함으로써 등록된 특허의 질과 신뢰도를 향상시키는 것이다. 그러한 정보는 일반 대중과 특허권자에 의하여 특허의 범위와 강도에 대한 평가를 가능하게 하고, 등록된 특허에 관한 연속된 소송을 피하거나 단순화하는 것을 도울 수 있다. 출원 경과가 자명할 요건을 만족시킨 경우, 심사관은 일반 대중에게 출원 경과가 완전하다는 것을 보여줄 자신의 책임을 수행할 의무를 부담한다.

예를 들면, 출원 기록 전체로서 쉽게 분명해질 수 없는 청구항의 해석에 근거하여 청구항을 허용한 경우, 심사관은 그 청구항이 선행 기술에도 불구하고 허용되도록 판단하는 데 적용된 청구항의 해석을 허용 이유에서 명시하여야 한다. 이

것은 출원이 인터뷰 이후에 허락된 경우에 특히 그러하다. 그러나, 심사관은 허용 이유의 진술에서 넓든 좁든지 간에 청구항의 부당한 해석을 하여서는 안 된다.

4) 출원인과의 소통

심사관은 인터뷰가 효과적인 심사 방법이 될 수 있고, 만약 인터뷰가 출원경과에 도움이 되거나, 출원기간을 단축시키거나, 심사관이나 출원인에게 이익을 제공할 수 있다면, 출원 중에 언제라도 출원인이나 그의 대리인과 인터뷰를 시작하도록 장려된다는 것을 명심하여야 한다. 심사관의 인터뷰를 통한 해결에 청구항 해석과 범위의 명확성에 관한 쟁점을 지원할 수 있다. 예를 들면, 심사관은 가장 광범위한 청구항의 해석, 특정 청구항의 한정 요소의 의미, 전제부 용어의 범위와 명확성, 기능적 용어, 의도된 사용 용어 그리고 기능적 청구항의 한정 요소에 관하여 논의하기 위하여 인터뷰를 시작할 수 있다.

인터뷰는 위와 같은 쟁점들을 발전시켜서 명확히 하는 것에 제공될 수 있고, 심사관과 출원인 간의 상호 이해를 이끌어 내어, 35 U.S.C. §112(b) 또는 pre-AIA 35 U.S.C. §112의 두 번째 단락에 따른 거절에 필요한 요건들을 잠재적으로 제거한다. 심사관은 인터뷰의 실질이 대면이거나, 화상통화이거나, 전화통화이거나, 합의에 이르렀든지 간에 출원기록으로 만들어져야 하는 것을 명심하여야 한다. 인터뷰 후에 만들어진 기록에는 다음과 같은 35 U.S.C. §112 쟁점들이 포함되어야 한다. 논의된 청구항의 용어가 충분히 명확하거나 명확하지 않은 이유, 논의된 청구항의 용어가 명세서와 일치하거나 일치하지 않는 이유, 논의된 청구항의 용어에 35 U.S.C. §112(f) 또는 pre-AIA 35 U.S.C. §112 여섯 번째 단락을 적용하거나 적용하지 않는 이유 그리고 확인된 모호성을 해결할 수 있는 논의된 청구항의 수정 등이다.

Ⅲ 명세서와 청구항 간의 일치

명세서에서는 청구항 용어들에 관한 용어 사전을 제공하여 심사관과 일반 대중들이 그 청구항 용어들의 의미를 명확히 확인할 수 있어야 한다. 37 CFR 1.75(d)(1)은 명세서와 청구항 간의 일치를 요구하며, 청구항 용어가 명세서에서 분명한 지원이나 선행 근거를 확보하여야 하며, 그 용어는 명세서를 참조하여 확인될 수 있어야 한다고 규정하였다. 청구항들에 사용된 용어들을 위한 사전(Glossaries)은 청구항에서 사용된 적절한 용어의 정의를 보장하기에 도움이 되는 장치이다. 만약 명세서에서 청구항 용어를 위하여 필요한 지원이나 선행근거를 제공하지 않으면, 그 명세서는 37 CFR 1.75(d)(1)에 의하여 거절되어야 한다. 출원인은 신규사항을 추가하지 않는다면, 청구항 용어의 분명한 지원이나 선행 근거를 제공하기 위하여 그 설명을 적절히 보정하거나, 청구항을 보정하여야 한다.

청구항이 문면상으로 분명해 보일지라도, 청구된 주제와 명세서의 개시 사이에 모순이나 불일치가 청구항의 범위를 비합리적인 정도로 불분명하게 만들 경우에는, 불명확해질 수 있다. 예를 들면, "Clamp는 Clamp 몸체와 Clamp 몸체에 의하여 지지되는 첫 번째, 두 번째 Clamping members를 포함하는 것을 의미한다."는 한정 요소를 갖는 청구항이 불명확하다고 결정되었다. "Clamp 몸체에 의하여 지지되는", "Clamp member"의 구조를 제시하지 않는 명세서에 비추어 "첫 번째, 두 번째 Clamping members"와 "Clamp 몸체"가 모호하기 때문이다.[753] *In re Cohn*[754] 사례에서, 청구항은 알루미늄 표면을 알칼리 규산염 용액으로 처리하는 프로세스와 그 표면이 "불투명한" 외관을 띠고 있다는 한정 요소를 포함하고 있다. 반면에, 명세서에서는 알칼리 규산염의 사용과 함께 유리 또는 도자기와 같은 마감 처리가 연관되었으며, 이는 불투명한 마감과는 구별된다. 청구항은 그 근거가 되는 명세서가 개시와 분리되거나 독립하여 읽혀질 수 없다는 것을 밝히면서, 법원은 그 청구항이 처리 후의 표면의 외양과 관련된 명세

753) *In re Anderson*, 1997 U.S. App. Lexis 167 (Fed. Cir. January 6, 1997)
754) *In re Cohn*, 438 F.2d 989 (CCPA 1971)

서에서 제시된 설명, 정의, 실시예 등과 일치하지 않아서 불명확하다고 판단하였다.

Ⅳ 광범위한 범위와 불명확성

광범위한 청구항의 범위가 불명확성과 같은 의미는 아니다.[755] 광범위한 청구항이, 그 범위가 분명하게 한정되지만 넓은 범위의 주제를 다룬다는 이유만으로 불명확해지는 것은 아니다. 그러나 보호되는 주제의 경계가 분명하게 묘사되지 않고, 그 범위가 분명하지 않을 때에는 청구항은 불명확해진다. 예를 들면, '속'에 관한 청구항이 어느 '종'을 포함하는지 분명하지 않으면, 불명확하다고 할 것이다 (그 청구항에 어느 '종'이 포함되는지 하나 이상의 합리적인 해석이 가능하기 때문이다).

과도한 범위의 청구항은 그 이유에 따라 각각 다른 법률 규정에 의거하여 다루어진다. 출원인이 출원시 명세서 밖의 진술에 의하여 입증된 것처럼 자신의 발명으로 간주된 것을 제시하지 않았기 때문에 청구항이 너무 광범위하다면, 35 U.S.C. §112(b) 또는 pre-AIA 35 U.S.C. §112 두 번째 단락에 의한 거절이 적절할 것이다. 청구항이 광범위한 것이 최초의 설명이나 실시 가능한 개시에 의하여 지원되지 않았기 때문이라면, 35 U.S.C. §112(a) 또는 pre-AIA 35 U.S.C. §112의 첫 번째 단락에 의한 거절이 적절할 것이다. 만약, 청구항이 선행 기술에서 읽혀지기 때문에 너무 광범위하다면, 35 U.S.C. §102 또는 §103에 따른 거절이 적절할 것이다.

755) *In re Miller*, 441 F.2d 689 (CCPA 1971); *In re Gardner*, 427 F.2d 786, 788 (CCPA 1970)

V 35 U.S.C. §112(b)의 이슈에 관련된 구체적 논의

1. 신규 용어

1) 모든 용어의 의미가 나타나야 한다

청구항에 사용된 모든 용어의 의미는 출원 당시 선행 기술, 명세서, 도면 등으로부터 분명하여야 한다. 청구항 용어는 "청구된 발명을 설명하고 정의하는 데 모호하거나, 앞뒤가 맞지 않거나, 불분명"해서는 안 된다.[756] 출원인은 선행 기술에서 사용된 용어에 스스로를 한정할 필요는 없지만, 청구된 발명의 경계를 분명히 하기 위해서, 그 발명을 규정하는 데 사용된 용어들을 분명하고 정확하게 할 필요가 있다. 특허 심사 중인 청구항들은 명세서와 일치하면서 합리적으로 가장 넓은 해석을 하여야 한다.[757] 청구항의 용어가 포함하려고 의도한 의미를 명세서에서 설명하는 경우, 출원인의 발명과 선행 기술의 관계를 분석하기 위해서, 청구항이 그 의미로 사용되고 있는지를 심사한다.[758]

2) 명확성과 정확성에 관한 요건은 용어의 한정사항과 균형을 이루어야 한다

신규 발명을 설명하고 정의하는 데 보다 정확한 신규 용어를 사용하는 것은 허용될 뿐만 아니라, 때때로 바람직스럽다는 것을 법원은 인식하고 있다.[759] 선행 기술에서 보이지 않은 신규 용어가 사용되었을 때 선행 기술과 청구된 발명을 비교하는 것이 어려울지라도, 이것만으로 신규 용어가 불명확하다고 판단되지 않는다.

---

756) *Packard*, 751 F.3d at 1311

757) *In re Morris*, 127 F.3d 1048, 1054 (Fed. Cir. 1997); *In re Prater*, 415 F.2d 1393 (CCPA 1969)

758) *In re Zletz*, 893 F.2d 319 (Fed. Cir. 1989)

759) *In re Fisher*, 427 F.2d 833 (CCPA 1970)

신기술이 시작 단계에 있거나 또는 빠르게 발전해 나갈 때, 때때로 신규 용어들이 사용된다. 명확성과 정확성에 관한 요건들은 과학과 언어의 한계와 균형이 맞추어져야 한다. 만약, 명세서의 관점에서 해석되는 청구항들이 당업자들에게 발명의 실용성과 범위를 알려 주고, 청구항의 용어가 그 주제들이 허용하는 만큼 정확하다면, 35 U.S.C. §112(b) or pre-AIA 35 U.S.C. §112 두 번째 단락을 충족하게 된다.[760] 이것은 심사관이 출원인의 최대한의 노력을 받아들여야 한다는 것을 의미하지 않는다. 만약, 용어가 주제에서 허용하는 만큼 정확하다고 여겨지지 않으면, 심사관은 불명확하다는 결론을 지원하는 이유를 제공하여야만 하고, 거절되지 않을 수 있는 대안을 제시하도록 장려된다.

3) 일반적인 용어와 반대로 사용된 용어들은 상세한 설명에서 명확하게 정의되어야 한다

특허권자 또는 출원인은 자신의 용어사전을 자유롭게 만들 수 있다는 특허법의 격언처럼, 특허권자와 출원인은 상세한 설명으로 용어를 명확히 정의하였다면, 용어의 일반적인 의미와 모순되거나 일치하지 않는 방식으로 그 용어들을 사용할 수 있다.[761] 따라서, 하나의 용어에 대하여 하나 이상의 의미가 있는 경우, 출원인은 그 발명을 청구하기 위하여 어느 의미에 의존하였는지를 명백히 하여야 한다. 해당 기술 분야에서 받아들여지고 있는 의미를 알기 위해서, 기술 사전에서 제공된 의미와 비교할 수도 있다.[762]

---

760) *Packard*, 751 F.3d at 1313 ("얼마나 많은 명확성이 요구되는지는 필연적으로 상황에 따른 언어의 사용에서 합리적인 정확성 표준이 적용된다.")

761) *Process Control Corp. v. HydReclaim Corp.*, 190 F.3d 1350, 1357 (Fed. Cir. 1999) (법원이 여러 차례에 걸쳐 특허권자는 청구항의 용어를 그 일반적인 의미에 반하여 구체적으로 정의한 자신만의 용어 사전을 만들 수 있다고 밝혔지만, 그 경우에는 상세한 설명에서 명확하게 그 청구항의 용어들을 재정의하여, 합리적인 경쟁자나 당업자들에게 특허권자가 그 청구항의 용어를 그렇게 재정의한다고 의도하였다는 것이 알려져야 한다.);
Hormone Research Foundation Inc. v. Genentech Inc., 904 F.2d 1558, 15 USPQ2d 1039 (Fed. Cir. 1990)

762) *In re Barr*, 444 F.2d 588 (CCPA 1971)

2. 상대적 용어

청구항 용어에서 정도에 관한 용어를 포함한 상대적인 용어를 사용한다고 해서 자동적으로 그 청구항이 35 U.S.C. §112(b) or pre-AIA 35 U.S.C. §112 두 번째 단락에 의하여 불명확하게 되는 것은 아니다.[763] 명세서를 고려하여 무엇이 청구되었는지 이해할 수 있을 때, 그 청구항의 용어는 받아들여질 것이다.

1) 정도에 관한 용어(Terms of degree)

정도에 관한 용어가 반드시 불명확한 것은 아니다. "정도에 관한 용어들이 사용된 청구항들도, 발명의 흐름상 당업자들에게 충분한 확실성을 제공한다면, 명확하다고 오래전부터 판단되어 왔다."[764] 따라서, 정도에 관한 용어가 청구항에 사용되었을 때, 심사관은 명세서에서 그 정도를 측정할 수 있는 충분한 기준(Standard)을 제공하였는지 판단하여야 한다.[765] 만약, 명세서가 그 정도를 측정할 어떤 기준을 제공하지 못한다면, 그럼에도 불구하고 당업자가 청구항의 범위를 확인할 수 있는지(해당 기술 분야에서 정도에 관한 용어의 의미를 측정할 수 있는 기준을 인식하고 있는지)에 관한 판단을 하여야 한다. *Ex parte Oetiker*[766] 사례에서, "relatively shallow", "of the order of", "the order of about 5mm", "substantial portion" 등의 문구들은 불명확하다고 판단되었다. 왜냐하면, 명세서에서 그 의도한 정도를 측정하기 위한 기준을 제시하지 못하였다. 만약, 명세서에 정확히 숫자로 된 치수가 없더라도 정도를 측정할 수 있는 실시예나 가르

---

763) *Seattle Box Co., Inc. v. Industrial Crating & Packing, Inc.*, 731 F.2d 818 (Fed. Cir. 1984)

764) *Interval Licensing LLC v. AOL, Inc.*, 766 F.3d 1364, 1370 (Fed. Cir. 2014) (*Eibel Process Co. v. Minnesota & Ontario Paper Co.*, 261 U.S. 45, 65-66 (1923) (당업자들이 발명을 실행할 때 필요한 'substantial pitch'가 무엇인지 결정하는 데 아무런 어려움이 없기 때문에, 'substantial pitch'는 충분히 명확하다.)을 인용)

765) *Hearing Components, Inc. v. Shure Inc.*, 600 F.3d 1357, 1367 (Fed. Cir. 2010); *Enzo Biochem, Inc., v. Applera Corp.*, 599 F.3d 1325, 1332 (Fed. Cir. 2010); *Seattle Box Co., Inc. v. Indus. Crating & Packing, Inc.*, 731 F.2d 818, 826 (Fed. Cir. 1984).

766) *Ex parte Oetiker*, 23 USPQ2d 1641 (Bd. Pat. App. & Inter. 1992)

침이 있다면, 그 청구항은 불명확하지 않다.[767]

출원 도중, 출원인은 당업자들이 개시를 읽으면서 정도에 관한 용어의 의미를 확인할 수 있는 증거를 제시함으로써 불명확성으로 인한 거절을 극복할 수 있다. *Enzo Biochem*[768] 사례에서, 출원인은 청구항의 한정 요소를 만족하는 실시예와 그렇지 못한 실시예를 보여 주는 선서 진술서를 37 CFR 1.132에 따라 제출하였다. 명세서와 청구항에서 정도에 관한 용어를 동일하게 사용하였지만, 그 용어의 범위를 명세서에 따르더라도 이해할 수 없다면, 거절되는 것이 적절하다. 일반적으로, 침해 소송에서 균등론을 회피하기 위하여 광범위한 수식어를 사용하는 것이 청구항 작성시의 표준 수단(Standard tools)이지만, 청구항의 범위가 명백하지 않으면, 35 U.S.C. §112(b) 또는 pre-AIA 35 U.S.C. §112 두 번째 단락에 따라 거절된다. 선행 기술에 비하여 요소들을 결합하면서 요소들의 크기나 무게 등이 전적으로 향상된 청구항이 상대적 용어를 사용하는 경우, 적절한 기준(Standard)을 개시하였는지가 더욱 중요하게 된다.

2) 가변적인 대상의 인용은 청구항을 불명확하게 한다

변동될 수 있는 대상을 인용함으로써 청구항은 불명확해질 수 있다.[769] *Ex parte Miyazaki* 사례에서, 위원회는 대형 프린터에 대한 청구항이 충분히 명확하지 않다고 판단하였다. 왜냐하면, "청구항 1의 용어는 프린터에서 작업을 하고자 하는 사용자의 구체적인 높이와 관련된 용지 공급 부분의 높이를 청구하려고 하였지만, 사용자와 프린터 간의 위치적 관계를 구체화하는데 실패하였기" 때문이다. *Ex parte Brummer* 사례에서, "앞 바퀴와 뒷 바퀴 간의 간격을 두어 축간

767] *Interval Licensing LLC v. AOL, Inc.*, 766 F.3d 1364, 1371-72 (Fed. Cir. 2014) (절대적인 또는 수학적인 정확성이 요구되지 않더라도, 명세서나 출원경과에 따라 해석되는 청구항들은 당업자들에게 객관적인 경계를 제공하여야 한다.)

768] *Enzo Biochem*, 599 F.3d at 1335 (출원인은 'Not interfering substantially'라는 청구항 용어에 대한 불명확성으로 인한 거절을, 'Hybridization' 또는 그 'Detection'을 실질적으로 방해하지 않는 8개의 구체적인 연쇄군 목록을 선서 진술서에 제출함으로써 극복하였다.)

769] *Ex parte Miyazaki*, 89 USPQ2d 1207 (Bd. Pat. App. & Inter. 2008); *Ex parte Brummer*, 12 USPQ2d 1653 (Bd. Pat. App. & Inter. 1989)

거리가 자전거 탑승자 키의 58%에서 75% 사이가 되도록 설계한다."고 명시된 자전거에 관한 청구항의 한정 요소는, 부품 간의 관계가 자전거 탑승자의 키에 관하여 알려진 기준이 아닌 불특정하게 정해진 탑승자를 근거로 하고 있기 때문에 불명확하다.

반면에, *Orthokinetics*[770] 사례에서, 소아용 휠체어에 대한 청구항의 "자동차의 Doorframe과 시트 사이의 공간으로 집어넣을 수 있도록 치수가 정해지고"라는 한정 요소가 명확하다고 판단하였다. 법원은 특허법에서 수백여 개의 서로 다른 자동차에 상응하는 가능한 모든 폭이 특허에 기재될 것을 요구하지 않는다는 것을 밝히면서, "할 수 있도록 치수가 정해지고"라는 문구가 그 주제를 가능하게 하는 정확한 기재라고 밝혔다.

3) 근사치

(1) About

"about"이라는 용어가 포함된 범위를 결정할 때, 그 용어의 맥락은 출원서의 명세서와 청구항에서 사용된 대로 고려되어야 한다.[771] *W.L. Gore*[772] 사례에서, 법원은 "초당 약(about) 10%를 초과하는"이라고 정의된 플라스틱의 신장율(Stretch rate)이 명확하다고 판단하였다. 스톱워치를 사용하여 특허 침해가 분명하게 판단될 수 있다고 보았기 때문이다. 그러나, 또 다른 사례에서 법원은 "적어도 약(at least about)"이라고 언급한 청구항은 유사한 선행 기술이 있는 경우에도 불명확하여 무효라고 보았는데, "about"이라는 용어에 의하여 포섭된 구체적인 행동의 범위에 관하여 명세서나, 출원 경과 또는 선행 기술에서 어떠한 지시도 제공하지 않았기 때문이다.[773]

---

770) *Orthokinetics, Inc. v. Safety Travel Chairs, Inc.*, 806 F.2d 1565 (Fed. Cir. 1986)

771) *Ortho-McNeil Pharm., Inc. v. Caraco Pharm. Labs., Ltd.*, 476 F.3d 1321, 1326 (Fed. Cir. 2007)

772) *W.L. Gore & Associates, Inc. v. Garlock, Inc.*, 721 F.2d 1540 (Fed. Cir. 1983)

773) *Amgen, Inc. v. Chugai Pharmaceutical Co.*, 927 F.2d 1200 (Fed. Cir. 1991)

(2) Essentially

"알칼리 금속이 실질적으로(essentially) 없는 이산화 규소 원료"라는 문구는 명확하다. 그 명세서에 당업자들이 초기 물질에서 회피할 수 없는 불순물과 실질적인 요소를 구분할 수 있는 안내나 실시예가 포함되어 있다.[774] 더 나아가, 법원은 출원인이 그들의 발명과 선행 기술 사이의 단절을 구체적인 숫자로 특정하도록 요구하는 것은 실행 가능하지 않다고 판단하였다.

(3) Similar

"고압 세척 부분 또는 유사한(similar) 장치를 위한" 노즐에 관한 청구항의 전제부에 있는 "similar"라는 용어는, 출원인이 "유사한" 장치를 언급하면서 포함하려고 의도한 것이 명백하지 않기 때문에 불명확하다고 판단되었다.[775]

디자인 특허 출원서에 기재된 "제시되고 기술된 것과 같은 사료통 또는 유사한 구조를 위한 장식 디자인"이라는 청구항은, 출원인이 "유사한 구조"를 언급하면서 포섭하려는 것이 명세서에서 불분명하기 때문에 불명확하다고 판단되었다.[776]

(4) Substantially

"substantially"라는 용어는 청구된 발명의 특성을 묘사하기 위하여 때때로 다른 용어와 결합하여 사용된다.[777] 법원은 "구리 추출 용제로서 화합물의 효용을 상당히(substantially) 증가시키는"이라는 한정 요소가 명세서에 담긴 일반적인 안내에 따라 명확하다고 판단하였다. 법원은 또한 "상당히 같은 E면과 H면 조명패턴을 생성하는"이라는 한정 요소가 명확하다고 보았다. 당업자들은 "상당히 같은(substantially equal)"이 뜻하는 바를 알 수 있기 때문이다.[778]

---

774) *In re Marosi*, 710 F.2d 799 (CCPA 1983)
775) *Ex parte Kristensen*, 10 USPQ2d 1701 (Bd. Pat. App. & Inter. 1989)
776) *Ex parte Pappas*, 23 USPQ2d 1636 (Bd. Pat. App. & Inter. 1992)
777) *In re Nehrenberg*, 280 F.2d 161 (CCPA 1960)
778) *Andrew Corp. v. Gabriel Electronics*, 847 F.2d 819 (Fed. Cir. 1988)

(5) Type

"type"이라는 단어를 명확한 표현(예 Friedel-Crafts catalyst)에 추가하여 그 범위를 확장하는 경우 그 청구항은 불명확해진다.[779] 마찬가지로, "ZSM-5-type aluminosilicate zeolites"라는 문구도 불명확하다고 판단되었는데, 무슨 "type"이 전달되려고 의도되었는지 불명확하다고 판단되었기 때문이다. 종속 청구항에서 정의된 Zeolites가 독립 청구항에서 정의된 Zeolites "type"의 "속" 안에 있지 않다는 사실에 의하여 해석이 더욱 복잡해졌다.[780]

4) 주관적인 용어들

주관적인 용어들이 청구항에서 사용될 때, 심사관은 명세서에서 정도에 관한 용어를 분석하는 것과 유사하게 용어의 범위를 측정하는 어떤 기준을 제공하는지 판단하여야 한다. 일반 대중에게 청구항의 범위를 결정할 수 있도록 어떤 객관적인 기준이 제공되어야만 한다. 제한 없이 주관적인 판단의 실행을 요구하는 청구항은 불명확해지게 될 것이다.[781] 청구항의 범위는 발명을 실행하려고 의도하는 특정 개인의 무제한적으로 주관적인 의견에만 의존할 수 없다.[782]

Datamize 사례에서, "심미적으로 즐거움을 주는 외양과 느낌"이라는 문구와 함께, 발명은 컴퓨터 인터페이스 스크린에 관한 것이었다. "심미적으로 즐거움을 주는(aesthetically pleasing)"이란 용어의 의미는 전적으로 인터페이스 스크린에 포함된 특성을 선택하는 개인의 주관적인 의견에 달려있다. 내재적 증거(예 명세서)에서 어느 디자인을 선택하는 것이 "심미적으로 즐거움을 주는" 외양과 느낌이라는 결과가 나올 수 있다는 것에 관한 안내를 제시하지 못하였다. 그 청구항은

---

779) *Ex parte Copenhaver*, 109 USPQ 118 (Bd. Pat. App. & Inter. 1955)

780) *Ex parte Attig*, 7 USPQ2d 1092 (Bd. Pat. App. & Inter. 1986)

781) *In re Musgrave*, 431 F.2d 882, 893 (CCPA 1970)

782) *Datamize LLC v. Plumtree Software, Inc.*, 417 F.3d 1342, 1350 (Fed. Cir. 2005); *Interval Licensing LLC v. AOL, Inc.*, 766 F.3d 1364, 1373, 112 USPQ2d 1188 (Fed. Cir. 2014) ("unobtrusive manner"라는 청구항의 문구는 불명확하다 왜냐하면, 명세서는 "객관적인 경계 없이 문면상 주관적인 용어를 남겨둔 채, 합리적으로 명백하고 배타적인 정의를 제공"하지 않았다.)

불명확하다고 판단되었다. 왜냐하면, 인터페이스 스크린이 누군가에게는 "심미적으로 즐거움을 주고" 다른 누군가에게는 그렇지 않을 수 있기 때문이다.[783]

출원 심사 중에, 출원인은 그 주관적인 용어를 제거하여 청구항을 수정함으로써 또는 개시를 읽을 때 당업자들이 확신할 수 있는 용어의 의미를 제공함으로써 불명확성으로 인한 거절을 극복할 수 있다. 그러나, "문면상 주관적인 일부 용어는, 단순히 명세서 내의 용어를 충족하는 실시예를 제공한다고 명확성 요건이 충족될 수 없다."[784]

3. 수적 범위와 양적 한정

일반적으로, 청구항의 구체적인 수적 범위에 대한 언급은 청구항의 명확성에 관한 쟁점을 야기하지 않는다.

1) 동일한 청구항에서 광범위하면서 협소한 범위들

동일한 청구항의 광범위한 범위 안에서 협소한 수적 범위를 사용하는 것도 그 청구항의 경계를 식별할 수 없으면, 그 청구항은 불명확해진다. 실시예와 선호예의 설명은 단일 청구항 내보다는 명세서 내에 적절히 제시된다. 협소한 범위의 실시예 또는 선호예는 다른 독립청구항이나 종속 청구항에 제시될 수 있다. 만약, 하나의 청구항에서 진술되면, 실시예와 선호예들이 청구항의 의도된 범위에 관하여 혼란을 불러올 수 있다. 청구된 협소한 범위가 한정 요소인지 불분명한 경우에는, 35 U.S.C. §112(b) 또는 pre-AIA 35 U.S.C. §112 두 번째 단락에 따라 거절될 것이다. 심사관은 청구항의 경계가 명확하게 제시되었는지 분석하여야 한다. 불명확하다고 판단되었던 청구항 용어의 실시예들은 ① "섭씨 45도와 78도 사이의 온도, 우선적으로는(preferably) 섭씨 50도와 60도 사이의 온도"

783] *Ex parte Anderson*, 21 USPQ2d 1241 (Bd. Pat. App. & Inter. 1991) ("comparable"과 "superior"라는 용어는 다른 물질에 대한 청구된 물질의 특성과 관련된 한정 요소의 맥락에서 불명확하다고 판단되었다.)

784] *DDR Holdings, LLC v. Hotels.com, L.P.*, 773 F.3d 1245, 1260 (Fed. Cir. 2014)

와 ② “미리 결정된 양, 예를 들면, 최대 용량” 등이다.

광범위하고 협소한 범위를 함께 포함한 단일 청구항이 불명확할 수 있는 반면에, 인용되는 청구항에 제시된 범위보다 좁은 범위를 제시하는 종속항은 35 U.S.C. §112(b) 또는 pre-AIA 35 U.S.C. §112 두 번째 단락에 따라 부적절하지 않다. 예를 들면, 만약 청구항 1이 “저항이 70-150옴인 회로”이고, 청구항 2가 “제1항에 있어서, 저항이 70-100옴인 회로”라고 기재된 경우에, 청구항 2는 불명확하다고 거절되지 않는다.

2) 개방형(Open - ended) 수적 범위

개방형 수적 범위는 명확성에 관하여 조심스럽게 분석되어야 한다. 예를 들면, 독립 청구항이 “적어도 20%의 나트륨”으로 구성된 화합물을 언급하고, 종속항이 100%까지 추가될 수 있는 구체적인 양의 비나트륨 성분을 제시하여, 명백히 나트륨을 배제할 정도까지 이른 경우, (비나트륨 성분의 퍼센티지가 비나트륨 성분의 무게를 기준으로 하지 않는 한) “적어도(at least)”라는 한정구와 관련하여 모호성이 발생된다. 반면에, 이론적으로 100%를 초과하는 함량을 갖는 화합물에 대한 청구항(즉, A가 20-80%, B가 20-80%, C가 1-25%)은 사실상 형성할 수 없는 화합물을 이론적으로 포함하여 읽혀질 수 있다는 이유만으로 불명확해지는 것은 아니다. 사실상 존재할 수 없는 주제는 청구항을 예견할 수도, 침해할 수도 없다고 말해질 수 있다.[785] 화학 반응 프로세스에 관한 청구항에서, 한정 요소가 반응 혼합물 중의 한 성분의 양은 다른 성분의 양을 기준으로 “7mole% 미만으로 유지”되어야 한다고 요구하였다. 심사관은 위 한정 요소가 최대 용량만 제시하였고, 반응을 종결시키는 결과를 가져오는 실질적인 성분을 포함하지 않았기 때문에 불명확하다고 주장하였으나, 법원은 위 청구항이 명백히 반응 프로세스에 관한 것이라고 판단하면서, “반응물 중 하나의 양에 대하여 최소량을 특정하지 않고 최대 한도를 부과한 것이 청구된 프로세스를 수행하는 것을 배제하기 위하여 청구항의 전반적인 의미를 왜곡하였다는 것을 말하지는 않는다.”고 설명

785] *In re Kroekel*, 504 F.2d 1143 (CCPA 1974)

하였다.[786]

일부 용어들은 보고된 사례의 사실관계에서 다음과 같은 의미를 갖는다고 판단되었다. "up to"는 최저 한계로 "0"을 포함하는 용어이며,[787] "무게에서 70%를 초과하지 않는(no more than 70%) 습기 함량"에서는 최저 한도가 명시되지 않았기 때문에, 건조한 물질을 기준으로 읽혀지거나, 대기에서 일상적으로 취할 수 있는 습기 정도를 포함한 물질을 기준으로 읽혀진다.[788]

3) 유효량(Effective amount)

"유효량(Effective amount)"이라는 문구는 명확할 수도 있고, 그렇지 않을 수도 있다. 적절한 테스트는 당업자가 개시에 근거하여 특정값을 결정할 수 있는지 여부이다.[789] "성장 자극을 위한 … 유효량"이라는 문구에서 그 양은 중요하지 않고, 당업자들이 실시예를 포함한 상세한 개시로부터 유효량이 무엇인지를 결정할 수 있어서 명백하다고 판단하였다.[790] 청구항이 달성될 수 있는 기능을 진술하는데 실패하고, 하나 이상의 효과가 명세서나 관련 기술로부터 시사될 수 있는 경우에, "유효량"은 불명확하다고 판단되었다.[791] 최근의 사례들은 "유효량"과 같은 한정 요소들을 뒷받침하는 개시에 비추어 읽혀지고, 청구항의 범위에 관하여 불확실성을 불러 일으킬 수 있는 선행 기술이 없는 경우에, 이들 한정 요소들을 명확하다고 받아들이는 경향이 있다. *Ex parte Skuballa*[792] 사례에서, 위원회는 달성될 수 있는 기능에 관한 기재 없이 "청구항 1의 화합물의 유효량"이라고 언급한 약학상 구성요소에 관한 청구항에 대하여, 의도된 실용성에 관한 그리고, 그 사용이 어떻게 영향을 받을 수 있는지에 관한 가이드라인을 제공하는 개시를 뒷받침하는 관점에서 읽혀질 경우에는 명확하다고 판단하였다.

786] *In re Kirsch*, 498 F.2d 1389, 1394 (CCPA 1974)
787] *In re Mochel*, 470 F.2d 638, 176 USPQ 194 (CCPA 1974)
788] *Ex parte Khusid*, 174 USPQ 59 (Bd. App. 1971)
789] *In re Mattison*, 509 F.2d 563 (CCPA 1975)
790] *In re Halleck*, 422 F.2d 911 (CCPA 1970)
791] *In re Fredericksen*, 213 F.2d 547 (CCPA 1954)
792] *Ex parte Skuballa*, 12 USPQ2d 1570 (Bd. Pat. App. & Inter. 1989)

4. 예시적 용어("for example", "such as")

실시예와 선호예의 설명은 청구항보다 명세서에 적절히 제시된다. 만약 청구항에 기재된다면, 실시예나 선호예들은 청구항의 의도된 범위에 관하여 혼란을 야기할 수 있다. 청구된 협소한 범위가 한정 요소인지 불분명한 경우에, 35 U.S.C. §112(b) 또는 pre-AIA 35 U.S.C. §112의 두 번째 단락에 의하여 거절되어야 한다. 심사관은 청구항의 경계가 분명히 제시되었는지를 분석하여야 한다. 단지 "for example"이나 "such as" 같은 문구를 청구항에 사용하였다고 저절로 그 청구항을 불명확하게 만들지는 않는다.

아래 사례는 청구항의 의도된 범위가 불명하기 때문에 불명확하다고 판단된 사례들이다.

① "R is halogen, for example, chlorine"

② "Material such as rock wool or asbestos"[793]

③ "Lighter hydrocarbons, such, for example, as the vapors or gas produced"[794]

④ "Normal operating conditions such as while in the container of a proportioner"[795]

⑤ "Coke, brick, or like material"[796]

위의 불명확하다고 판단된 청구항 용어의 예시들은 구체적 사실관계에 따라 판단되어진 것이며, 그 자체를 법칙(per se rules)으로 다른 사례에 적용할 수 없다.

5. 선행 근거의 결여

청구항은 그 의미가 분명하지 않은 단어나 문구가 포함되었을 때 불명확해진

793) *Ex parte Hall*, 83 USPQ 38 (Bd. App. 1949)

794) *Ex parte Hasche*, 86 USPQ 481 (Bd. App. 1949)

795) *Ex parte Steigerwald*, 131 USPQ 74 (Bd. App. 1961)

796) *Ex parte Caldwell*, 1906 C.D. 58 (Comm'r Pat. 1906)

다.[797] 명확성의 결여는 청구항이 "said lever" 또는 "the lever"라고 언급하였으나 그 청구항이 그전에 Lever의 설명이나 한정을 하지 않은 경우와 한정 요소가 인용한 구성요소가 무엇인지 불분명한 경우에 일어날 수 있다. 마찬가지로, 만약 두 가지 다른 Levers가 청구항에서 이미 언급되었는데, 그 청구항이나 그 후의 청구항에서 "Said lever"라고 언급한 것이 두 Levers 중 어느 것인지 불분명한 경우에, 이들 청구항은 불명확할 것이다. 청구항이 "Said aluminum lever"라고 언급하였으나, 그 이전 청구항에서는 단지 "A lever"라고 언급한 경우 인용된 Lever가 불분명하여 그 청구항은 불명확하다. 그러나, 용어에 대한 명백한 선행 근거를 제공하지 않는 것이 청구항을 항상 불명확하게 만들지 않는다. 만약, 청구항의 범위가 당업자들에 의하여 합리적으로 확인될 수 있으면, 그 청구항은 불명확하지 않다.[798] 인용된 구성요소의 내재적 요소들은 그 내재적 요소의 열거만으로도 선행 근거를 갖게 된다. 예를 들면, "the outer surface of said sphere"라는 한정 요소는 구가 외부 표면을 갖는다는 선행 기재를 필요로 하지 않는다.[799]

1) 심사관은 선행사 문제에 대한 수정을 제시하여야 한다

청구항에서 선행사 문제는 전형적으로 문서 작성시 일어나는 실수로 출원인의 주의를 환기시킨다면 쉽게 수정될 수 있다. 청구항 용어가 법률상 요건에 부합하도록 하는 심사관들의 업무는 긍정적이고 건설적인 방법으로 수행되도록, 사소한 문제는 확인되어 쉽게 수정될 수 있어야 하며, 더 큰 노력은 보다 실질적인 쟁점에 쏟아부어야 한다. 그러나, 청구항 용어가 의미적으로 불명확하더라도, 단순히 쉽게 고쳐질 수 있기 때문에 거절될 수 없는 것은 아니다.[800]

797] *In re Packard*, 751 F.3d 1307, 1314 (Fed. Cir. 2014)

798] *Ex parte Porter*, 25 USPQ2d 1144, 1145 (Bd. Pat. App. & Inter. 1992) ("controlled stream of fluid"는 "the controlled fluid"에 대한 합리적인 선행사 근거를 제공한다.)

799] *Bose Corp. v. JBL, Inc.*, 274 F.3d 1354, 1359, 61 USPQ2d 1216, 1218-19 (Fed. Cir 2001) (수학적으로 타원의 내재적 특성이 긴 지름이라는 것은 다툼이 있을 수 없으므로, "an ellipse"는 "an ellipse having a major diameter"를 위하여 선행 근거를 제시한다.)

800] *In re Hammack*, 427 F.2d 1384, 1388 n.5 (CCPA 1970)

2) 개시에서 선행 근거가 없는 청구항 용어가 반드시 불명확한 것은 아니다

청구항에 사용된 용어나 문구가 명세서 개시에서 선행 근거가 없다는 단순한 사실이 반드시 그 용어나 문구가 불명확하다는 것을 의미하지 않는다. 청구항에 있는 단어들이 명세서 개시에 사용된 단어들과 일치하여야 할 필요는 없다. 출원인에게는 사용된 용어나 문구가 합리적인 정도의 명확성과 정확성을 갖고 발명을 정의하는 한, 자신의 발명을 정의할 방법을 선택하는 데 많은 재량이 주어진다.

3) 만약, 청구항의 본문에서 전제부에 나타나지 않은 추가적인 요소를 기재한다고 하여, 청구항이 그 자체로 불명확해지지는 않는다

청구항의 본문이 청구항의 전제부에 나타나지 않는 추가적인 요소를 인용한 사실만으로는 35 U.S.C. §112(b) 또는 pre-AIA 35 U.S.C. §112의 두 번째 단락에 따라 청구항을 불명확하게 만들지 않는다.[801]

6. 다른 청구항에 있는 한정 요소의 인용

한정 요소를 정의하기 위하여 선행 청구항을 인용한 청구항은 허용되는 청구항 해석이며, 35 U.S.C. §112(b) 또는 pre-AIA 35 U.S.C. §112의 두 번째 단락에 따라 부적절하거나 혼란을 주기 때문에 반드시 거절되어야 할 필요는 없다. 예를 들면, “The product produced by the method of claim 1.” 또는 “A method of producing ethanol comprising contacting amylose with the culture of claim 1 under the following conditions …” 등의 청구항은 단지 다른 청구항을 인용하였기 때문에 35 U.S.C. §112(b) 또는 pre-AIA 35 U.S.C. §112의 두 번

801) *In re Larsen*, 10 Fed. App’x 890 (Fed. Cir. 2001)

째 단락에 따라 불명확하다고 할 수 없다.[802] 그러나, 다른 청구항에 기재된 한정 요소를 인용하는 형식이 혼란을 야기하면, 35 U.S.C. §112(b) 또는 pre-AIA 35 U.S.C. §112의 두 번째 단락에 따른 거절이 적절하다. 종속 청구항을 심사할 때, 심사관은 그 청구항이 35 U.S.C. §112(d) 또는 pre-AIA 35 U.S.C. §112의 네 번째 단락에도 부합하는지 판단하여야 한다.

7. 선택적 한정 요소(Alternative limitations)

1) Markush groups

한정 요소를 정의하기 위하여 선택 목록을 기재한 청구항은 허용되는 청구항 해석이며, 35 U.S.C. §112(b) 또는 pre-AIA 35 U.S.C. §112의 두 번째 단락에 따라 혼란을 주기 때문에 반드시 거절되어야 할 필요는 없다.

대안들을 기재한 청구항의 취급은 사용된 특정 형식에 의하여 좌우되지 않는다(예 선택들은 "a material selected from the group consisting of A, B, and C" 또는 "wherein the material is A, B, or C"처럼 기재된다). 선택이 이루어질 목록을 기재한 청구항들은 *Ex parte Markush*[803]의 항소인 이름을 따라 Markush 청구항이라 불린다. Markush 청구항 내의 특정 대안들의 목록은 Markush group 또는 Markush grouping이라 불린다.[804]

Markush grouping은 대안들로 닫혀진 그룹이다. 즉, 대안인 구성원들로 구성된("comprising"이나 "including"이라기 보다는 "consisting of") 그룹 내에서 선택이 이루어진다.[805] 만약, Markush grouping이 개방형 대안 리스트로부터 선택된(예 열거된 대안들로 구성된("comprising"이나 "consisting essentially of") 그룹으로부터 선택된) 물질을 요구하면, 그 청구항은 35 U.S.C. §112(b)에 따라 불명확하기 때문

802) *Ex parte Porter*, 25 USPQ2d 1144 (Bd. Pat. App. & Inter. 1992) (방법 청구항에 있는 "the nozzle of claim 7"의 인용은 35 U.S.C. §112의 두 번째 단락에 부합한다고 판단되었다.)

803) *Ex parte Markush*, 1925 Dec. Comm'r Pat. 126, 127 (1924)

804) *Abbott Labs v. Baxter Pharmaceutical Products, Inc.*, 334 F.3d 1274, 1280-81 (Fed. Cir. 2003) (Markush groups를 설명하는 여러 자료들을 인용)

805) *Abbott Labs.*, 334 F.3d at 1280

에 거절되어야 한다. 왜냐하면, 청구항에 포함되리라고 의도된 다른 대안들이 무엇인지 불분명하기 때문이다. 만약, 청구항이 Markush grouping에서 제시된 대안들의 조합이나 혼합물을 포함하는 것을 의도한다면, 그 청구항은 인용된 대안을 선행하여(예 "at least one member" selected from the group) 또는 대안 목록 내에서(such as "or mixtures thereof") 한정하는 용어를 포함할 수 있다.

Markush grouping은 많은 수의 대안을 포함할 수 있으며, 그 결과 Markush 청구항은 많은 수의 대안이나 실시예들을 포함할 수 있지만, 청구항은 그러한 광범위함 때문에 35 U.S.C. §112(b)에 따라 반드시 불분명하다고 말할 수 있는 것은 아니다.[806] 그러나, 어떤 경우에 있어서는, Markush group이 너무 광범위하기 때문에 당업자들이 청구된 발명의 경계를 판단할 수 없다. 예를 들면, 청구항이 하나 또는 그 이상의 Markush group을 사용하여 화합물을 정의하고, 그 청구항이 많은 양의 고유한 대안들을 포함한 경우, 만약, Markush group에 의하여 정의된 모든 화합물을 형상화할 수 없기 때문에 당업자가 그 경계를 결정할 수 없다면, 그 청구항은 35 U.S.C. §112(b)에 의하여 불명확해질 수 있다.

범위를 축소한 Markush 청구항들의 사용은 그 자체로 청구항의 반대나 거절을 위한 충분한 근거는 아니다. 그러나, 만약 그러한 실행으로 그 청구항이 불명확해지거나 과도하게 많은 결과를 가져온다면, 그 청구항에 대한 거절은 적절하다.

마찬가지로, Markush group의 대안들에 의하여 구성요소가 두 번 포함되어도 그 자체로 청구항의 반대나 거절을 위한 충분한 이유는 아니다. 오히려, 각 사례의 사실관계를 통하여 청구항에 하나 또는 그 이상의 요소를 다수 포함시킨 것이 청구항을 불명확하게 하는지가 결정되어야 한다. 화합물이 청구항에 언급된 Markush group의 하나 이상의 대안에 의하여 포함될 수 있다는 사실만으로 그 청구항의 범위가 반드시 불명확해지는 것은 아니다. 예를 들어, "selected from the group consisting of amino, halogen, nitro, chloro and alkyl"라는 Markush group은 "Halogen"이 "Chloro"의 '속' 개념에 해당하더라도 받아들여질 수 있다.[807]

---

806) *In re Gardner*, 427 F.2d 786, 788 (CCPA 1970) ("광범위한 것이 불명확한 것은 아니다.")
807) *Eli Lilly & Co. v. Teva Parenteral Meds.*, 845 F.3d 1357, 1371 (Fed. Cir. 2017)

2) "Optionally"

용어가 불명확한지를 결론내기 전에 분석이 필요한 또 다른 선택적 형태는 "optionally"라는 단어의 사용을 포함하는 청구항이다. *Ex parte Cordova* 사례에서,[808] "containing A, B, and optionally C"라는 용어는, 청구항에 의하여 포섭된 대안들에 대하여 모호성이 없기 때문에 받아들여질 수 있는 선택적 용어로 간주되었다. 잠재적 대안들의 목록이 변동될 수 있고 모호성이 생길 수 있다면, 35 U.S.C. §112(b)에 따른 거절을 하는 것이 적절하며, 혼란이 있는 이유를 설명하여야 한다.

8. 부정적 한정 요소

부정적 한정 요소에 관하여 법원의 현재의 견해는 내재적으로 모호하거나 불확실한 것이 없다는 것이다. 특허로 보호되는 경계가 명확하게 제시되는 한, 부정적이라고 할지라도, 그 청구항은 35 U.S.C. §112(b) 또는 pre-AIA 35 U.S.C. §112의 두 번째 단락의 요건에 부합한다. 일부 오래된 사례들은 부정적 한정 요소에 비판적이었다. 왜냐하면, 부정적 청구항은 발명이 무엇인지를 알려주기보다는, 발명을 무엇이 아니라는 식으로 정의하려고 하기 때문이다. 따라서, 법원은 "R is an alkenyl radical other than 2-butenyl and 2,4-pentadienyl"의 한정요소가 부정적 한정 요소이며, 그 청구항을 불명확하게 만든다고 판단하였다. 왜냐하면, 분명하고 명확하게 발명하려는 것을 지적하기 보다는 발명자들이 발명하지 않은 것을 배제함으로써 발명을 청구하려고 시도하였기 때문이다.[809]

선행 기술 제품의 특성을 배제하기 위하여 한정 요소 "said homopolymer being free from the proteins, soaps, resins, and sugars present in natural

(Methylmalonic acid lowering agents의 Markush group 내에 있는 "Vitamin B12"와 "Cyanocobalamin"를 함께 포함하여(동일한 화합물을 인용하는 것처럼 기록상 인식됨) 중복되더라도 그 청구항을 불명확하게 하지 않는다.)

808) *Ex parte Cordova*, 10 USPQ2d 1949 (Bd. Pat. App. & Inter. 1989); *Ex parte Wu*, 10 USPQ2d 2031 (Bd. Pat. App. & Inter. 1989)

809) *In re Schechter*, 205 F.2d 185 (CCPA 1953)

Hevea rubber"를 언급한 청구항은, 각 언급된 한정 요소가 명확하기 때문에 그 청구항도 명확하다고 간주되었다.[810] 또한, 법원은 부정적 한정 요소인 "incapable of forming a dye with said oxidized developing agent"도 특허로 보호하려는 경계가 분명하기 때문에, 명확하다고 보았다.[811]

부정적 한정 요소나 배제 조건은 최초 개시에서 근거를 갖고 있어야 한다. 선택적 구성요소가 명세서에서 긍정적으로 언급되면, 그것들은 청구항에서 명시적으로 배제될 수 있다.[812] 선택적 특징을 설명할 때, 출원인은 후에 선택적 특징들을 배제하기 위해서 각 특징의 장점 또는 단점을 설명할 필요는 없다.[813] 긍정적인 인용의 단순한 부재가 배제의 근거가 되지는 않는다. 초기 개시에서 근거를 갖지 않은 부정적 한정 요소를 포함한 청구항은, 상세한 설명 요건에 부합하지 않았기 때문에 35 U.S.C. §112(a) 또는 pre-AIA 35 U.S.C. §112의 첫 번째 단락에 의하여 거절되어야 한다. 명세서에서 부정적 한정 요소를 위한 문언적 근거가 결여되었다는 것 자체만으로는 서술적 뒷받침이 결여된 사례로 인정되기에 충분하지 않다.

9. 종래의 조합

청구항은 종래의 조합이라는 이유로 거절되어서는 안 된다. 1952년 특허법의 통과와 함께, 법원과 위원회는 종래의 조합 이론에 근거하여 거절하는 것이 더 이상 타당하지 않다는 견해를 취하였다. 청구항들은 35 U.S.C. §112(b) 또는 pre-AIA 35 U.S.C. §112의 두 번째 단락에 부합하기만 하면 적절하다고 간주되어야 한다.

종래의 조합에 근거한 거절은 *Lincoln Engineering Co. v. Stewart-Warner Corp*[814]에서 적용된 원칙이다. 이 원칙에 따르면, 종래 조합의 한 요소를 향상시

810] *In re Wakefield*, 422 F.2d 897, 899 (CCPA 1970)

811] *In re Barr*, 444 F.2d 588 (CCPA 1971)

812] *In re Johnson*, 558 F.2d 1008, 1019 (CCPA 1977) ("전체를 묘사한 명세서는 필연적으로 남은 부분도 묘사하였다.");
Ex parte Grasselli, 231 USPQ 393 (Bd. App. 1983), *aff'd mem.*, 738 F.2d 453 (Fed. Cir. 1984)

813] *Inphi Corporation v. Netlist, Inc.*, 805 F.3d 1350, 1356-57 (Fed. Cir. 2015)

814] *Lincoln Engineering Co. v. Stewart-Warner Corp.*, 303 U.S. 545 (1938)

키거나 기여한 발명자에게는 그 새롭고 향상된 부분을 포함한 전체 조합에 대한 특허권을 부여하지 않는다. 이 거절에는 청구된 조합과 실질적으로 같은 결과를 생산할 수 있는 실질적으로 같은 방식에서 기능적으로 상호 협력하는 청구된 요소의 조합을 폭넓게 개시하는 자료의 인용을 필요로 하였다.[815]

법원은 구체적으로 지적하고 분명하게 청구하여야 한다는 35 U.S.C.S. §112의 규정만이 종래 조합을 거절할 수 있는 유일한 근거가 되며, 거절할 때에도 출원인의 권리와 의무가 무엇이지는 위 법령상 규정에 의하여 결정된다고 지적하였다.[816] PTAB의 다수 의견은 의회가 *Lincoln Engineering*의 기본 원칙을 1952년 특허법에서 제거하였고, 그 판결을 유효하게 폐기하였다고 판단하였다.[817] 연방항소 법원도 *Bernhart* 이후의 *Radio Steel* 사례에서 청구항이 35 U.S.C. §112의 두 번째 단락에 부합하기 때문에, *Lincoln Engineering*에 따른 무효가 아니라고 판단하였다.[818]

10. 집합(Aggregation)

청구항은 "집합"이라는 이유로 거절되어서는 안 된다.[819]

11. 장황함(Prolix)

심사관은 청구항이 긴 설명과 중요하지 않은 세부사항을 담아서 청구된 발명의 범위가 그로 인하여 불명확해지는 경우에만 장황함을 이유로 거절할 수 있다. 또한, 청구항이 긴 설명을 담아서 청구된 주제를 결정할 수 없을 때, 장황함을

815] *In re Hall*, 208 F.2d 370 (CCPA 1953)

816] *In re Bernhart*, 417 F.2d 1395 (CCPA 1969)

817] *Ex parte Barber*, 187 USPQ 244 (Bd. App. 1974)

818] *Radio Steel and Mfg. Co. v. MTD Products, Inc.*, 731 F.2d 840 (Fed. Cir. 1984)

819] *In re Gustafson*, 331 F.2d 905, 141 USPQ 585 (CCPA 1964) (출원인은 청구항이 35 U.S.C. §101, §102, §103 또는 §112에 따라 거절될지 알 자격이 있다.);
In re Collier, 397 F.2d 1003, 1006, 158 USPQ 266, 268 (CCPA 1968) ("'집합'에 근거한 거절은 법률에 규정되어 있지 않다.")

이유로 거절될 수 있다.

12. 중복(Multiplicity)

출원인의 발명의 본질과 범위의 관점에서, 출원인이 반복적이고 중복된 비합리적인 수의 청구항을 제기하여, 발명을 명확히 하기보다는 오히려 혼란스러운 결과를 가져오는 경우, 35 U.S.C. §112(b) 또는 pre-AIA 35 U.S.C. §112 두 번째 단락에 근거하여 과도한 중복으로 인한 거절은 적절할 수 있다. "출원인에게는 청구항을 서술함에 있어 사용된 숫자 및 표현에 관하여 합리적인 재량이 허용되어야 한다. 출원인이 자신의 발명을 지적하고 정의하는 표현을 선택할 때 자유로이 고를 수 있는 권리는 생략될 수 없다. 그러나, 그러한 재량이 혼돈의 미로에서 정의(Definition)를 흐리게 한 정도의 반복과 중복으로 제재를 받을 정도에까지 이르러서는 안 된다. 합리성 원칙은 각 개별 사례에 있어서 관련된 사실과 상황을 근거로 실행되고 적용되어야 한다."[820] 35 U.S.C. §112(b) 또는 pre- AIA 35 U.S.C. §112 두 번째 단락에 근거하여 과도한 중복으로 인한 거절은 신중하게 적용되어야 하고, 그 사례가 굉장히 드물다.

35 U.S.C. §112(b) 또는 pre-AIA 35 U.S.C. §112 두 번째 단락에 따라 과도한 중복으로 인한 거절이 적절하다면, 심사관은 전화로 출원인에게 연락하여 청구항이 과도하게 중복되었으며, 35 U.S.C. §112(b) 또는 pre-AIA 35 U.S.C. §112 두 번째 단락에 의거하여 거절될 것이라고 설명하여야 한다. 심사관은 또한 출원인에게 심사 목적을 위하여 특정한 수의 청구항을 선택할 것을 요청하여야 한다. 만약 출원인이 전화로 심사를 위한 청구항을 선택하려 한다면, 다음 번 OA(Office Action)에서 출원인이 선택한 청구항에 대한 실체적 심사 결과 통지와 함께 모든 청구항에 대하여 35 U.S.C. §112(b) 또는 pre-AIA 35 U.S.C. §112 두 번째 단락에 따른 과도한 중복을 이유로 거절되어야 한다. 만약, 출원인이 전화 요청에 부합하기를 거절한다면, 다음 번 OA에서 모든 청구항에 대하여 35

820) *In re Chandler*, 319 F.2d 211, 225 (CCPA 1963); *In re Flint*, 411 F.2d 1353, 1357 (CCPA 1969)

U.S.C. §112(b) 또는 pre-AIA 35 U.S.C. §112 두 번째 단락에 따른 과도한 중복을 이유로 거절되어야 한다. 출원인의 응답은 심사 목적을 위하여 심사관이 특정한 수보다 많은 청구항을 선택할 수 없다. 출원인의 응답에 대응하면서, 만약 심사관이 과도한 중복으로 인한 거절을 고수한다면, 그 거절을 반복하면서 선택된 청구항들에 대한 실체적 심사를 하여야 한다. 이 절차는 과도한 중복으로 인한 거절이 PTAB에 의하여 검토될 수 있는 출원인의 권리를 보호한다. 또한, 두 개의 청구항이 기술 분야의 주제만 다르고 새로운 기능을 수행하지 않는 경우, 허용된 청구항에 대하여 하나의 청구항은 거절될 수 있다.[821] 이 *Ex parte Whitelaw* 원칙은 청구항이 과도하게 중복되거나 실질적으로 동일한 경우에만 한정되어 적용된다.[822]

13. 이중 포함(Double inclusion)

청구항에 이중포함이 부적절하다는 그 자체의 원칙은 없다.[823] 오래된 사례[824]들은, 각 사례들의 사실관계를 고려하여 조심스럽게 적용되어야 한다.

각 사례들의 사실관계들은 청구항에 하나 이상의 요소들이 다중으로 포함되어 그 청구항에 불명확성을 야기하는지를 결정하는 데 평가되어야 한다. 청구항에서 언급된 Markush group의 하나 이상의 대안에 화합물이 포함될 수 있다는 사실만으로는 그 청구항의 범위가 심사나 침해 목적에서 불확실하다고 볼 수 없다. 반대로 같은 요소를 두 번 포함하는 것으로 읽힐 수 있는 장치에 대한 청구항은 불명확할 수 있다.[825]

---

821) *Ex parte Whitelaw*, 1915 C.D. 18, 219 O.G. 1237 (Comm'r Pat. 1914)

822) *Ex parte Kochan*, 131 USPQ 204, 206 (Bd. App. 1961)

823) *In re Kelly*, 305 F.2d 909, 916, 134 USPQ 397, 402 (CCPA 1962) ("'이중포함 금지 원칙'을 자동으로 적용하는 것은 '이중포함 허용 원칙'을 자동으로 적용할 때 만큼 많은 비합리적인 해석들을 이끌어 낼 것이다. 이중 포함이 있는지가 아니라, 청구항의 용어에 대한 합리적인 해석이 무엇인지를 고려하는 것이 실효적이다.")

824) *Ex parte White*, 759 O.G. 783 (Bd. App. 1958); *Ex parte Clark*, 174 USPQ 40 (Bd. App. 1971)

825) *Ex parte Kristensen*, 10 USPQ2d 1701 (Bd. Pat. App. & Inter. 1989)

14. 제법한정물건발명(Product-by-Process; PbP) 청구항 또는 물건과 프로세스 청구항

하나 이상의 법정 발명의 분류 자료를 포함하여 청구항을 작성하는 것이 허용되는 경우도 많이 존재한다.

1) 제법한정물건발명(PbP) 청구항

PbP 청구항은 물건이 제조되는 프로세스적인 면에서 청구된 물건을 정의하는 물건에 관한 청구항이다.[826] 장치, 기구, 제품 또는 물질의 구성에 관한 청구항은 프로세스가 아니라 물건에 대한 것이 분명하기만 하면, 35 U.S.C. §112(b) 또는 pre-AIA 35 U.S.C. §112 두 번째 단락에 반대되지 않으면서, 사용되기로 의도한 프로세스에 관한 자료를 포함할 수 있다. *Ex parte Pantzer* 사례에서,[827] 심사관들은 청구항들을 과도하게 중복된 PbP 청구항들이라는 이유로 거절하였다. 심사관은 출원인이 오직 하나의 PbP 청구항을 가져야 한다고 시사하였다. 위원회는 심사관의 거절을 받아들이지 않았다. 청구항들은 범위가 다양하며, 그들의 Coverage도 실질적으로 다르다. 출원인이 PbP 용어로 그의 물건을 설명할 필요가 있다는 사실은 그가 다양한 범위의 청구항들을 제공하는 것을 막지 못한다.

2) 같은 청구항 내의 물건과 프로세스

장치와 그 장치를 사용하는 프로세스를 함께 청구한 단일 청구항은 35 U.S.C. §112(b) or pre-AIA 35 U.S.C. §112 두 번째 단락에 의하여 불명확하다.[828] *In re Katz* 사례에서, "[a] system with an interface means for

---

826) *Purdue Pharma v. Epic Pharma*, 811 F.3d 1345, 1354 (Fed. Cir. 2016); *In re Luck*, 476 F.2d 650 (CCPA 1973); *In re Pilkington*, 411 F.2d 1345 (CCPA 1969); *In re Steppan*, 394 F.2d 1013 (CCPA 1967)

827) *Ex parte Pantzer*, 176 USPQ 141 (Bd. App. 1972)

828) *In re Katz Interactive Call Processing Patent Litigation*, 639 F.3d 1303, 1318 (Fed. Cir. 2011)

providing automated voice messages … to certain of said individual callers, wherein said certain of said individual callers digitally enter data"에 대한 청구항은 불명확하다고 판단되었다. 왜냐하면, 청구항의 한정 요소인 "wherein said certain of said individual callers digitally enter data"는 시스템에 대한 것이 아니라, individual callers의 행동에 관한 것이며, 이는 직접 침해가 발생하는 경우에 혼란을 야기한다.[829]

15. 용도(Use) 청구항

프로세스에 포함된 어느 단계에 대한 설명 없이 프로세스를 청구하려는 시도는 일반적으로 35 U.S.C. §112(b) 또는 pre-AIA 35 U.S.C. §112 두 번째 단락에 따른 불명확성 이슈를 야기한다. 예를 들면, "[a] process for using monoclonal antibodies of claim 4 to isolate and purify human fibroblast interferon"인 청구항은 이 용도가 실제로 실행되는 방법을 한정하는 적극적인 단계를 기재하지 않고 단지 용도만을 언급하였기 때문에 불명확하다[830]

다른 결정에서는 이런 형태의 거절에 보다 적절한 근거는 35 U.S.C. §101이라고 제안한다. *Ex parte Dunki*[831] 사례에서, 다음 청구항이 프로세스에 관하여 부적절하게 정의하였다고 판단하였다. "미끄럼 마찰에 의한 응력의 대상이 되는 자동차 브레이크 부품으로서 일정 부분 유리탄소를 포함한 high carbon austenitic iron alloy의 사용." 또한, 연방 지방 법원은 다음 청구항이 명확하지만, 35 U.S.C. §101에 따른 적절한 프로세스가 아니라고 판단하였다. "Polystyrene

---

829) *IPXL Holdings v. Amazon.com, Inc.*, 430 F.3d 1377, 1384, 77 USPQ2d 1140, 1145 (Fed. Cir. 2005) ("an input means"를 언급하고, 사용자가 the input means를 사용할 것을 요구한 시스템 청구항은 불명확하다고 판단되었다. 왜냐하면, 사용자가 the input means의 사용을 허용하는 시스템을 만들 때 특허 침해가 발생하는지, 또는 사용자가 the input means를 실제로 사용할 때 특허 침해가 발생하는지 불분명하기 때문이다.);
Ex parte Lyell, 17 USPQ2d 1548 (Bd. Pat. App. & Inter. 1990) (자동 Transmission workstand와 그 사용방법에 관한 청구항은 모호하여, 35 U.S.C. 112의 두 번째 단락에 의하여 거절된 것이 적절하다.)

830) *Ex parte Erlich*, 3 USPQ2d 1011 (Bd. Pat. App. & Inter. 1986)

831) Ex parte Dunki, 153 USPQ 678 (Bd. App. 1967)

sulfonic acid에 흡수된 Ephedrine 서방형제제의 사용."[832]

청구항이 명세서에서 개시된 점에 비추어 해석되어야 함에도 불구하고, 명세서에 포함된 한정 요소를 청구항들에 그대로 적용하는 것은 일반적으로 부적절하다고 여겨졌다. 법원은 청구항에서 언급되지 않은 한정 요소를 그 청구항에 부여하기 위하여 명세서에 의존할 수 없다고 밝혔다.[833]

1) "용도" 청구항은 35 U.S.C §101과 §112를 기반으로 한 선택적 이유에 따라 거절되어야 한다.

2) "Utilizing" 단계는 불명확하지 않다

Ex parte Porter 사례에서[834], 위원회는 "Utilizing" 단계를 분명하게 언급한 청구항이 35 U.S.C. §112 두 번째 단락에 따라 불명확하지 않다고 판단하였다.[835]

16. 일괄 청구항(Omnibus claim)

"A device substantially as shown and described"와 같이 읽히는 일괄 청구항은 35 U.S.C. §112(b) 또는 pre-AIA 35 U.S.C. §112 두 번째 단락에 따라 거절되어야 한다. 왜냐하면, 그 청구항 용어 속에 포함되는 것과 배제되는 것이 무엇인지를 지적하지 못하므로, 이 청구항은 불명확하다.[836]

---

832) *Clinical Products Ltd. v. Brenner*, 255 F.Supp. 131 (D.D.C. 1966)

833) *In re Prater*, 415 F.2d 1393 (CCPA 1969); *In re Winkhaus*, 527 F.2d 637 (CCPA 1975)

834) *Ex parte Porter*, 25 USPQ2d 1144 (Bd. Pat. App. & Inter. 1992)

835) 청구항은 "A method for unloading nonpacked, nonbridging and packed, bridging flowable particle catalyst and bead material from the opened end of a reactor tube which comprises utilizing the nozzle of claim 7"이다.

836) *Ex parte Fressola*, 27 USPQ2d 1608 (Bd. Pat. App. & Inter. 1993)

17. 도면이나 표의 인용

가능하다면, 청구항은 그 자체로 완전해야 한다. 특정 도면이나 표를 인용하여 청구항에 편입하는 것은 아주 예외적인 경우에만 허용된다. 발명을 글로 정의할 실용적인 방법이 없거나, 청구항에 도면이나 표를 중복하는 것보다 인용에 의하여 편입하는 것이 보다 간결한 경우 등이다. 인용에 의한 편입은 필요성 원칙이며, 출원인의 편의를 위한 것이 아니다.[837]

상세한 설명이나 도면에 기재된 요소들에 상응하는 인용부호들은 청구항의 동일한 요소나 요소 그룹들을 언급하면서 함께 사용될 수 있다.

18. 화학식

화합물이나 화합물을 포함한 합성물에 관한 청구항들은 때때로 화학구조를 나타내는 화학식을 사용한다. 이들 화학구조는 그 공식이 잘못되었다는 증거가 없는 한 불명확하거나 추측에 근거하였다고 보지 않는다. 분광기에 의한 또는 다른 데이터를 이용한 보강 증거의 부재가 그 화학구조를 불명확하다고 보는 근거가 될 수는 없다.[838]

화합물에 관한 청구항은 단지 구조가 제공되지 않았다는 이유만으로 또는 구조의 일부분만 제공되었다는 이유로 불명확해지지 않는다. *In re Fisher*[839] 사례에서, 쟁점이 된 청구항의 용어는 화합물을 "Polypeptide of at least 24 amino acids having the following sequence."라고 언급하였다. 전체 구조를 나타내지 못하였다고 보아 pre-AIA 35 U.S.C. §112 두 번째 단락에 따라 이루어진 거절은 법원에 의하여 뒤집어졌다. 법원은 "그러한 한정 요소의 부재가 명백히 청구항을 확장하고 개시의 충분성에 관한 의문을 불러일으키지만, 그렇다고 청구항을 불명확하게 만들지는 않는다."라고 판단하였다. 화합물은 당업자에게 그 물질을 충

837) *Id.*, at 1609

838) *Ex parte Morton*, 134 USPQ 407 (Bd. App. 1961); *Ex parte Sobin*, 139 USPQ 528 (Bd. App. 1962)

839) *In re Fisher*, 427 F.2d 833 (CCPA 1970)

분히 설명할 수 있는 이름에 의하여 청구될 수 있다.[840] 알려지지 않은 구조의 화합물은 물리적, 화학적 특성의 조합에 의하여 청구될 수 있다.[841] 화합물은 또한 불확실성 이슈를 야기함이 없이 화합물이 제조되는 프로세스의 관점에서 청구될 수 있다

19. 청구항에 있는 상표 또는 상호

청구항에 있는 상표나 상호의 존재는 그 자체로서 35 U.S.C. §112(b) 또는 pre-AIA 35 U.S.C. §112 두 번째 단락에 따라 부적절하지는 않지만, 그 청구항은 상표나 상호가 청구항에서 사용되는 방법을 판단하기 위하여 조심스럽게 분석되어야 한다. 상표나 상호가 상품 자체가 아니라 상품의 출처를 식별하기 위하여 사용되었다는 것을 인식하는 것이 중요하다. 따라서, 상품이나 상호는 상품이나 상호와 연관된 상품을 설명하거나 식별하지 않는다.

만약 상품이나 상호가 청구항에서 특정 물질이나 물건을 식별하거나 설명하는 한정 요소로 사용되었다면, 그 청구항은 35 U.S.C. §112(b) 또는 pre-AIA 35 U.S.C. §112 두 번째 단락의 요건에 부합하지 않는다.[842] 그 청구항의 범위는 상표나 상호가 특정 물질이나 물건을 식별하기 위하여 사용될 수 없기 때문에 불확실해진다. 사실, 상표가 물건 출처의 인식으로 사용되기보다 물건을 설명하게 되면 그 가치를 잃게 될 것이다. 따라서, 청구항에 있는 상표나 상호를 물질이나 물건을 설명하거나 식별하기 위해서 사용하면 청구항을 불명확하게 만들 뿐만 아니라, 상표나 상호의 부적절한 사용을 구성하게 된다.

만약, 상표나 상호가 청구항에 나타나면서 한정 요소로 의도되지 않는다면, 청구항에 왜 있는지에 관한 의문이 생길 수 있다. 청구항에서의 존재가 청구항의 범위에 혼란을 야기한다면, 그 청구항은 35 U.S.C. §112(b) 또는 pre-AIA 35 U.S.C. §112 두 번째 단락에 따라 거절되어야 한다.

---

840) *Martin v. Johnson*, 454 F.2d 746 (CCPA 1972)

841) *Ex parte Brian*, 118 USPQ 242 (Bd. App. 1958)

842) *Ex parte Simpson*, 218 USPQ 1020 (Bd. App. 1982)

20. 기계의 단순 기능

프로세스나 방법 청구항은, 단지 개시된 기계나 장치의 내재적 기능을 정의하였다는 이유만으로 미국 특허청의 심사관에 의하여 35 U.S.C. §112(b) 또는 pre-AIA 35 U.S.C. §112 두 번째 단락에 따라 거절되지 않는다. 법원은 언급된 단계를 내재적으로 수행할 장치를 명세서에서 개시하였다는 이유만으로 프로세스 청구항이 거절되어서는 안 된다고 보았다.

21. 간편한 특허 출원 절차(Compact prosecution)의 실행

1) 청구항 해석과 불명확한 용어가 어떻게 해석되었는지 설명

심사의 목적은 출원 절차 초기에 어떤 거절 사유가 있으면 이를 분명히 표현하여 출원인이 특허 적격성의 증거를 제시할 기회를 갖거나 초기에 완전하게 응답할 수 있도록 하는 것이다. Compact prosecution 원칙에 따르면, 심사관은 각 청구항이 명세서의 초기 검토시에 특허 적격에 관한 모든 법정 요건들에 부합하는지 검토하고, 명세서의 출원 중 불필요한 지연을 막기 위하여 처음 OA에서 적용될 수 있는 모든 거절 사유를 확인하여야 한다.

따라서, 심사관이 청구항의 용어나 문구가 청구항을 불명확하게 만든다고 결정한 경우, 심사관은 35 U.S.C. §112(b) 또는 pre-AIA 35 U.S.C. §112 두 번째 단락에 따른 불명확성에 근거하여 거절하여야 할 뿐만 아니라, 심사관의 청구항 해석에 근거하여 선행 기술이 적용되는 35 U.S.C. §102 또는 §103의 선행 기술의 관점에서 거절하여야 한다.[843] 이 경우에, 선행 기술에 의하여 거절할 때는 심사관이 거절에 적용되는 선행 기술에 관하여 청구항의 용어나 문구가 해석되는 방법을 기록에 기재하는 것이 중요하다. 가능한 모든 합리적인 근거에 기한 각 청구항의 거절에 의하여 심사관은 단편적인 심사를 피할 수 있다.

---

843) *In re Packard*, 751 F.3d 1307, 1312 (Fed. Cir. 2014)

2) 불명확성으로 거절된 청구항에 대한 선행 기술 거절

청구항의 모든 단어들은 선행 기술에 대하여 청구항의 특허 적격을 판단할 때에 고려되어야 한다.[844] 용어가 불명확할 수 있다는 사실에 의하여 그 청구항이 선행 기술에 자명해지는 것은 아니다. 청구항의 용어들이 불명확하다고 고려되는 경우, 선행 기술과 관련된 불명확한 청구항의 심사에 대한 적어도 두 가지 접근이 가능하다.

먼저, 불확실성의 정도가 크지 않고, 청구항이 하나 이상의 해석이 가능하고, 적어도 하나의 해석이 선행 기술에 의하여 그 청구항을 특허받을 수 없게 만든다면, 심사관은 두 가지 거절을 할 수 있을 것이다. 첫 번째는 35 U.S.C. §112(b) 또는 pre-AIA 35 U.S.C. §112 두 번째 단락에 따라 불명확성으로 인한 거절, 두 번째는 선행 기술이 적용될 수 있는 청구항의 해석에 근거하여 선행 기술에 의한 거절 등이다.[845] 선행 기술에 근거하여 거절하는 경우, 심사관이 청구항이 해석되는 방법을 지적하는 것이 중요하다. 두 번째로, 청구항의 한정 요소의 적절한 해석에 관하여 많은 혼란이나 불확실성이 있는 경우에, 선행 기술에 기반하여 그 청구항을 거절하는 것은 부적절하다.[846]

심사의 관점에서는 첫 번째 접근이 추천된다. 왜냐하면, 이 접근방법은 심사관의 35 U.S.C. §112 두 번째 단락에 따른 거절이 승인되지 않은 경우 단편적인 심사를 피하도록 하고, 만약 청구항이 35 U.S.C. §112(b) 또는 pre-AIA 35 U.S.C. §112 두 번째 단락에 따른 거절을 피하기 위하여 재작성될 경우, 출원인에게 관련 선행 기술에 관한 높은 인식을 줄 수 있기 때문이다.

---

844) *In re Wilson*, 424 F.2d 1382 (CCPA 1970)

845) *Ex parte Ionescu*, 222 USPQ 537 (Bd. App. 1984)

846) *In re Steele*, 305 F.2d 859 (CCPA 1962) (35 U.S.C. §103에 따른 거절은 청구항에 있는 용어의 의미에 관하여 상당한 정도의 추측이나 청구항의 범위에 관한 가정에 근거하여 이루어져서는 안 된다.)

CHAPTER 8

기능적 청구항의 경우[847]

I 기능적 청구항(Means-plus-Function claim)의 의의

연방 항소 법원은 기능적 청구항을 다음과 같이 해석하여야 한다고 밝혔다. "심사관은 기능적(Means-plus-function) 용어를 "합리적으로 가장 광범위하게 해석"하여야 한다고 여섯 번째 단락에 규정되어 있다. 따라서, PTO는 특허 적격을 결정할 때 기능적 청구항의 용어에 상응하는 명세서에 개시된 구조를 고려하여야 한다."[848]

따라서, 35 U.S.C. §112(f) 또는 pre-AIA 35 U.S.C. §112의 여섯 번째 단락을 적용하는 청구항 한정 요소의 합리적으로 가장 광범위한 해석은 명세서에 전체 기능을 수행할 수 있는 것처럼 서술된 구조, 물질 또는 동작과 개시된 구조, 물질 또는 동작의 균등물이다. 결과적으로, 어느 경우에는 35 U.S.C. §112(f) 또는 pre-AIA 35 U.S.C. §112의 여섯 번째 단락에 대하여 기능적 청구항 형식으로 작성되지 않은 한정 요소보다 협소한 해석이 적용될 수 있다.

847) MPEP. 2181 Identifying and Interpreting a 35 U.S.C. 112(f) or Pre-AIA 35 U.S.C. 112, Sixth Paragraph Limitation [R-08.2017]

848) *In re Donaldson Co.*, 16 F.3d 1189, 1194 (Fed. Cir. 1994)

Ⅱ 35 U.S.C. §112(f)를 적용하는지 결정

USPTO는 적당한 경우에 35 U.S.C. §112(f) 또는 pre-AIA 35 U.S.C. §112의 여섯 번째 단락을 적용하여, 명세서상 발명의 상세한 설명의 관점에서 그것과 일치하도록 청구항들을 합리적으로 가장 광범위하게 해석하여야 한다.[849] 연방 항소 법원은 출원인(그리고 재등록 특허권자)은 USPTO의 출원 절차 중에 정확하게 자신의 발명을 정의할 권리와 의무를 가지고 있다고 판단하였다.[850]

만약, 청구항의 한정 요소에서 언급된 용어가 기능적 언어와 연관지어지면, 심사관은 그 청구항의 한정 요소에 35 U.S.C. §112(f) 또는 pre-AIA 35 U.S.C. §112의 여섯 번째 단락을 적용할지를 검토하여야 한다. 만약, 청구항의 한정 요소가 명시적으로 "Means"라든가 "Step"이라는 용어를 사용하면서 기능적 언어를 포함한다면, 그 한정 요소에는 35 U.S.C. §112(f) 또는 pre-AIA 35 U.S.C. §112의 여섯 번째 단락이 적용된다고 추정된다. 그 한정 요소가 언급된 기능을 수행하기 위하여 필요한 구조를 포함하면, 이 추정은 극복된다.[851]

반면에, 청구항의 한정 요소가 "Means"나 "Step" 용어를 사용하지 않는 경우에는 35 U.S.C. §112(f) 또는 pre-AIA 35 U.S.C. §112의 여섯 번째 단락이 적용

---

849) *Id.*, at 1194, 29 USPQ2d at 1850 (35 U.S.C. §112은 "합리적 해석의 기준 아래 기능적 청구항을 PTO가 얼마나 넓게 해석할 수 있는지에 관한 한계를 설정할 뿐이다.")

850) *In re Morris*, 127 F.3d 1048, 1056-57 (Fed. Cir. 1997) (35 U.S.C. §112의 두 번째 단락은 정확한 청구항을 작성할 책임을 출원인에게 부담시킨다.);
In re Zletz, 893 F.2d 319, 322 (Fed. Cir. 1989) (소송 중에 법원에 의한 청구항 해석 방법은 USPTO에서 출원 도중 적용될 수 있는 방법과 다르다.);
Sage Prods., Inc. v. Devon Indus., Inc., 126 F.3d 1420, 1425 (Fed. Cir. 1997) (출원 도중 광범위한 청구항으로 협상할 수 있는 명백한 기회를 가진 특허권자가 그렇게 하지 않은 경우에, 균등론을 통하여 그 청구항을 확장시키려 할 수 없다. 왜냐하면, 청구된 구조의 예견 가능한 변형에 대한 보호를 구하지 않음으로써 발생한 비용은 일반 대중이 아닌, 특허권자가 부담하여야 한다.)

851) *TriMed, Inc. v. Stryker Corp.*, 514 F.3d 1256, 1259-60 (Fed. Cir. 2008) ("청구항이 명세서의 다른 부분이나 구조를 적절히 이해하기 위하여 외부 증거에 의존할 필요없이 문제가 된 기능을 수행하는 정확한 구조를 구체화할 때, 충분한 구조가 존재한다.");
Altiris, Inc. v. Symantec Corp., 318 F.3d 1363, 1376 (Fed. Cir. 2003)

되지 않는다는 반박 가능한 추정을 불러올 것이다.[852] 청구항 용어가 '충분히 분명한 구조를 서술'하지 않거나, '그 기능을 수행하는 충분한 구조를 서술함이 없이 기능만 서술'한 경우에는 그 추정은 성립되지 않는다.[853] 그러한 경우에 "Means"나 "Step"을 대신하여 대체어가 사용되지만, 당업자들에게 청구된 기능을 수행하기 위한 충분하고 분명한 구조로서 인식되지 않을 수 있다. "청구항의 용어가 구조(Structure)를 위한 이름으로서 충분하고 분명한 의미를 가지고 있다고 당업자들에게 이해될 수 있는지가 기준이 된다."[854]

따라서, 심사관은 다음의 3가지 분석을 충족하면, 청구항의 한정 요소에 35 U.S.C. §112(f) 또는 pre-AIA 35 U.S.C. §112의 여섯 번째 단락을 적용할 것이다.

① 청구항의 한정 요소가 "Means"나 "Step" 같은 용어 또는 "Means"의 대체어로 사용되는 용어를 사용하고

② "Means"나 "Step" 또는 그 대체어가 기능적 용어, 예를 들면, 연결어 "for(즉, Means for)" 또는 "configured to"나 "so that" 같은 다른 연결구 등에 의하여 수식되고

③ "Means"나 "Step" 또는 그 대체어가 그 청구된 기능을 수행하기에 충분한 구조, 물질, 동작 등에 의하여 수식되어서는 안 된다.

1. "Means"나 "Step" 또는 그 대체어를 사용하는 청구항의 한정 요소

이 분석의 첫 번째 요건과 관련되어, 청구항의 한정 요소가 "Means"나 "Step" 용어를 사용하지 않는 경우에는 35 U.S.C. §112(f) 또는 pre-AIA 35

---

852) *Phillips v. AWH Corp.*, 415 F.3d 1303, 1310 (Fed. Cir. 2005) (*en banc*); *CCS Fitness, Inc. v. Brunswick Corp.*, 288 F.3d 1359, 1369 (Fed. Cir. 2002); *Personalized Media Commc'ns, LLC v. ITC*, 161 F.3d 696, 703-04 (Fed. Cir. 1998)

853) *Williamson v. Citrix Online, LLC*, 792 F.3d 1339, 1348 (Fed. Cir. 2015) (*en banc*) (*Watts v. XL Systems, Inc.*, 232 F.3d 877, 880 (Fed. Cir. 2000)을 인용); *Personalized Media Communications, LLC v. International Trade Commission*, 161 F. 3d 696, 704 (Fed. Cir. 1998)

854) *Williamson*, 792 F.3d at 1349; *Greenberg v. Ethicon Endo-Surgery, Inc.*, 91 F.3d 1580, 1583 (Fed. Cir. 1996)

U.S.C. §112의 여섯 번째 단락이 적용되지 않는다는 반박 가능한 추정을 불러올 수 있다. 청구항의 한정 요소가 "Means"라는 용어를 사용하지 않는 경우, 심사관은 35 U.S.C. §112(f) 또는 pre-AIA 35 U.S.C. §112의 여섯 번째 단락이 적용되지 않는다는 추정이 극복되었는지를 판단하여야 한다. 만약 청구항의 한정 요소가 "Means"의 단순한 대체어를 사용한다면 위의 추정은 극복될 것이다. 다음과 같은 단어들이 35 U.S.C. §112(f) 또는 pre-AIA 35 U.S.C. §112의 여섯 번째 단락을 적용할 수 있는 대체어로 사용된다. "Mechanism for", "Module for", "Device for", "Unit for", "Clement for", Member for", "Apparatus for", "Machine for", "System for" 등이다.[855] 이 목록은 완전한 목록이 아니며, 이 외의 다른 대체어들이 사용되는 경우에도 35 U.S.C. §112(f) 또는 pre-AIA 35 U.S.C. §112의 여섯 번째 단락을 적용할 수 있다.

그러나, 만약 명세서를 읽은 당업자가 해당 기능을 수행하는 구조의 이름과 같은 의미를 가진 용어라고 이해한다면, 그 용어가 광범위한 부류의 구조를 포섭하거나 그들의 기능(예 "Filters", "Brakes", "Clamp", "Screwdriver", "Locks" 등)에 의하여 그 구조를 식별하더라도,[856] 35 U.S.C. §112(f) 또는 pre-AIA 35 U.S.C. §112의 여섯 번째 단락은 적용될 수 없다. 그 용어는 35 U.S.C. §112(f) 또는 pre-AIA 35 U.S.C. §112의 여섯 번째 단락의 적용을 피하기 위하여 정확한 물리적 구조 또는 특정한 구조를 나타낼 것을 필요로 하지 않는다.[857] 한편, 다음 용어들은 35 U.S.C. §112(f) 또는 pre-AIA 35 U.S.C. §112의 여섯 번째 단락이 적

---

855) *Welker Bearing Co., v. PHD, Inc.*, 550 F.3d 1090, 1096 (Fed. Cir. 2008); *Massachusetts Inst. of Tech. v. Abacus Software*, 462 F.3d 1344, 1354 (Fed. Cir. 2006); *Personalized Media*, 161 F.3d at 704; *Mas-Hamilton Group v. LaGard, Inc.*, 156 F.3d 1206, 1214-1215 (Fed. Cir. 1998)

856) *Apex Inc. v. Raritan Computer, Inc.*, 325 F.3d 1364, 1372-73 (Fed. Cir. 2003); *CCS Fitness*, 288 F.3d at 1369; *Watts v. XL Sys. Inc.*, 232 F.3d 877, 880-81 (Fed. Cir. 2000); *Personalized Media*, 161 F.3d at 704;
Greenberg v. Ethicon Endo-Surgery, Inc., 91 F.3d 1580, 1583 (Fed. Cir. 1996) ("많은 장치들(Devices)은 수행하는 기능에 따라 그들의 이름이 지어진다.)

857) *Watts*, 232 F.3d at 880; *Inventio AG v. Thyssenkrupp Elevator Americas Corp.*, 649 F.3d 1350 (Fed. Cir. 2011) (명세서의 관점에서 "modernizing device"와 "computing unit" 같은 청구항 용어는, 35 U.S.C. §112의 여섯 번째 단락의 적용을 배제할 수 있도록 당업자에게 충분하고 분명한 구조를 내포한다.)

용되지 않는다고 판단된 구조적 용어들의 예이다. "Circuit", "Detent mechanism", "Digital detector", "Reciprocating member", "Connector assembly", "Perforation", "Sealingly connected joints", "Eyeglass hanger member" 등이다.[858]

"Means"의 대체어로 간주된 용어와 그 기능을 수행하기에 불충분한 구조는 청구항의 범위를 청구된 기능을 수행하기 위한 구체적인 방법이나 구조로 한정하지 않는다. 위와 같이 "Means"의 대체어로서 사용되는 용어를 결정하는 데 어떤 절대적인 규칙이 있지 않다는 것이 중요하다. 심사관은 주의 깊게 기술 분야에서 일반적으로 받아들여진 의미와 명세서에 비추어 그 용어들을 고려하여야 한다. 모든 명세서는 또한 그 자체의 사실관계에 귀속된다.

만약 심사관이 청구항 한정 요소를 35 U.S.C. §112(f) 또는 pre-AIA 35 U.S.C. §112의 여섯 번째 단락이 적용되는 것으로 해석하고, 출원인도 청구항의 한정 요소에 35 U.S.C. §112(f) 또는 pre-AIA 35 U.S.C. §112의 여섯 번째 단락에 따라 해석되어지는 것을 원한다면, 출원인은 ① 그 청구항에 "Means"나 "Step"이 포함되도록 수정하거나, ② 청구항 한정 요소에 수행될 수 있는 기능이 기재되었으며, 그 기능을 수행하기에 충분한 구조, 물질 또는 동작 등이 기재되지 않았다는 것을 입증함으로써 35 U.S.C. §112(f) 또는 pre-AIA 35 U.S.C. §112의 여섯 번째 단락이 적용되지 않는다는 추정을 반박하여야 한다.[859]

---

858) *Mass. Inst. of Tech.*, 462 F.3d at 1355-1356 (법원은 "aesthetic correction circuitry"라고 기재하면, pre-AIA 35 U.S.C. §112의 여섯 번째 단락의 적용을 충분히 피할 수 있다고 판단하였다. 왜냐하면, circuit은 그 기능의 설명과 결합되어 당업자들에게 충분히 구조를 내포하였다.);
Linear Tech. Corp. v. Impala Linear Corp., 379 F.3d 1311, 1321 (Fed. Cir. 2004); *Apex*, 325 F.3d at 1373; *Greenberg*, 91 F.3d at 1583-84; *Personalized Media*, 161 F.3d at 704-05; *CCS Fitness*, 288 F.3d at 1369-70; *Cole v. Kimberly-Clark Corp.*, 102 F.3d 524, 531 (Fed. Cir. 1996); *Watts*, 232 F.3d at 881; *Al-Site Corp. v. VSI Int'l, Inc.*, 174 F.3d 1308, 1318-19 (Fed. Cir. 1999)

859) *Watts*, 232 F.3d at 881 (Fed. Cir. 2000) (청구항 한정 요소에서 "Means"의 부재로 그 한정 요소는 기능적 청구항이 아니라는 추정을 불러오며, 출원인도 그 추정을 반박하지 않았기 때문에, 그 청구항의 한정 요소에는 35 U.S.C. §112의 여섯 번째 단락이 적용되지 않는다);
Masco Corp. v. United States, 303 F.3d 1316, 1327 (Fed. Cir. 2002) (방법 청구항이 'step[s] for'를 포함하지 않는 경우에, 그 청구항의 한정 요소는 동작이 포함되지 않았다는 것을 증명함이 없이도 기능적 청구항으로 해석될 수 없다.)

다음 사례들은 "Means"나 "Step"이 사용되지 않았지만, 법원이나 위원회에 청구항 한정 요소가 35 U.S.C. §112(f) 또는 pre-AIA 35 U.S.C. §112의 여섯 번째 단락의 범위에 들어온다는 결정이 내려졌다. 그렇지만, 이들 사례들은 구체적인 사실관계에 의하여 판단되었을 뿐이며, 그 자체로 이런 결정을 내릴 수 있는 규칙은 존재하지 않는다. "Ink delivery means positioned on …"에는 35 U.S.C. §112의 여섯 번째 단락을 적용한다. 왜냐하면, "Ink delivery means"는 "Means for ink delivery"와 균등하다.[860] "기능적 용어의 표현이 없는 청구항의 구성요소라도 기본이 되는 기능을 수행하는 동작에 대한 설명 없이 그 기능만을 청구한 경우에는, 35 U.S.C. §112의 여섯 번째 단락 범위 내에 속할 수 있다. 일반적으로, 방법 청구항 요소의 '기본이 되는 기능'은 청구항의 다른 요소나 전체로서의 청구항이 이루려는 것과 관련되어 그 요소가 궁극적으로 이루려고 하는 것에 부합한다. 다른 한편, '동작'은 그 기능이 어떻게 달성되는지에 부합한다. 만약 그 청구항 한정 요소가 'Step for'를 사용하면, 35 U.S.C. §112의 여섯 번째 단락이 적용된다고 추정된다. 반면에, 용어 'Step'만 사용하거나 'Steps of' 구문은 35 U.S.C. §112의 여섯 번째 단락이 적용되지 않는다."[861] "Lever moving element for moving the lever"와 "Movable link member for holding the lever … and for releasing the lever"는 35 U.S.C. §112의 여섯 번째 단락이 적용되는 기능적 청구항으로 해석된다. 왜냐하면, 그 청구된 한정 요소들은 기계적 구조보다는 그 기능 면에서 기술되었기 때문이다.[862] "단어 'Means'의 사용은 발명자가 기능적 청구항에 관한 법적 규정을 적용하기 위하여 그 용어를 사용하였다는 추정을 불러온다."[863] 그러나, *Al-Site*[864] 사례에서, 법원은 청구항의 구성요소인 "Eyeglass hanger member"와 "Eyeglass contacting member"가 기능을 포함할지라도, 이 청구항 자체가 이들 기능을 수행하기에 충분한 구조적인 한정

---

860) *Signtech USA, Ltd. v. Vutek, Inc.*, 174 F.3d 1352, 1356 (Fed. Cir. 1999)
861) *Seal-Flex, Inc. v. Athletic Track and Court Construction*, 172 F.3d 836, 850 (Fed. Cir. 1999) (Rader, J., concurring)
862) *Mas-Hamilton*, 156 F.3d at 1213 (Fed. Cir. 1998)
863) *Ethicon, Inc. v. United States Surgical Corp.*, 135 F.3d 1456, 1463 (Fed. Cir. 1998)
864) *Al-Site Corp. v. VSI Int'l, Inc.*, 174 F.3d 1308, 1317-19 (Fed. Cir. 1999)

요소를 포함하고 있기 때문에 35 U.S.C. §112의 여섯 번째 단락이 적용되지 않는다고 보았다. *O.I. Corp*[865] 사례에서도, 장치에 관한 기능적 청구항과 병행되어 기술된 방법 청구항에 "Step for"라는 언어가 없기 때문에 35 U.S.C. §112의 여섯 번째 단락이 적용되지 않는다고 보았다.

출원인이 "Means"나 "Step"이라는 용어를 전제부에서 사용할 때, 그 전제부가 기능적 청구항을 언급한 것인지 또는 그 전제부가 청구된 발명의 의도된 사용만을 단순히 언급한 것인지 불분명한 경우에는 35 U.S.C. §112(b) 또는 pre-AIA 35 U.S.C. §112 두 번째 단락에 의한 거절이 적합할 것이다. 만약, 출원인이 전제부에서 "Means" 등의 대체어와 함께 "For" 또는 다른 연결어를 사용한 경우에는, 심사관은 그 문구를 기능적 한정 요소를 기술한 것으로 해석해서는 안 된다.

심사관이 청구항에 35 U.S.C. §112(f) 또는 pre-AIA 35 U.S.C. §112의 여섯 번째 단락을 적용한다는 결정을 하지 않는다면, 합리적으로 가장 광범위한 해석은 "상응하는 구조 … 그리고 그 등가물"이라는 문구로 한정되지 않는다.[866]

2. 기능적 언어에 의하여 수식되는 "Means"나 "Step" 또는 그 대체어

이 분석의 두 번째 요건과 관련하여, 청구항의 요소들은 적어도 부분적으로라도, 그 기능을 수행하는 구체적인 구조, 물질 또는 동작이 아니라, 수행하는 기능에 의하여 제시되어 있다.[867]

---

865) *O.I. Corp. v. Tekmar*, 115 F.3d 1576, 1583 (Fed. Cir. 1997)

866) *Morris*, 127 F.3d at 1055 ("특허법상에는 §112 ¶6이 아닌 청구항의 범위를 명세서에 있는 특정 사안과 결부시키려는 규정이 존재하지 않는다.")

867) *York Prod., Inc. v. Central Tractor Farm & Family Center*, 99 F.3d 1568, 1574 (Fed. Cir. 1996) (만약, 청구항의 한정 요소가 구체적 기능에 대한 "Means" 용어에 연결되어 있지 않다면, 그 "Means" 용어를 포함한 청구항 한정 요소에는 pre-AIA 35 U.S.C. §112의 여섯 번째 단락이 적용되지 않는다.);
Caterpillar Inc. v. Detroit Diesel Corp., 961 F.Supp. 1249, 1255, (N.D. Ind. 1996) (pre-AIA 35 U.S.C. §112의 여섯 번째 단락은, 쟁점인 요소가, 특정 결과를 얻기 위한 특정 기술이나 절차가 아니라, 그 결과에 도달하기 위한 단계를 제시하는 기능적 방법 청구항에 적용된다.);
O.I. Corp., 115 F.3d at 1582-83, (방법 청구항과 관련하여, "pre-AIA 35 U.S.C. §112의 여

그러나, "특정 메커니즘이 기능적 용어에서 정의된 사실은 그 용어가 포함된 청구항 요소를 35 U.S.C. §112의 여섯 번째 단락의 의미 속에 있는 "특정 기능을 위한 Means"로 전환하기에 충분하지 않다.[868] 또한, 청구항 전제부에만 있는 기능의 서술은 일반적으로 35 U.S.C. §112(f) 또는 pre-AIA 35 U.S.C. §112의 여섯 번째 단락을 적용하기에 불충분하다.[869]

기능과 결부되지 않은 "Means" 용어의 단순한 사용은 35 U.S.C. §112(f) 또는 pre-AIA 35 U.S.C. §112의 여섯 번째 단락이 적용된다는 추정을 반박할 수 있다. 기능은 청구항의 한정 요소에 서술되어야 하며, 특정 형식이 요구되지는 않는다. 전통적으로, 청구항 한정 요소는 "Means"나 그 대체어와 결부되어 연결어 "for"를 사용할 것이다. 그러나, 청구항 한정 요소가 기능을 서술한 것이 명백하다면, 다른 연결어인 "so that"이나 "configured to" 등도 사용될 수 있다. 특정한 경우에는, "Means"나 그 대체어와 함께 사용된 다른 단어들이 그 기능을 전달한다면, 연결어를 사용하는 것도 반드시 필요하지는 않다. 그러나, 그런 단어들은 기능을 수행하기 위한 특정 구조를 전달할 수 없으며, 35 U.S.C. §112(f) 혹은 pre-AIA 35 U.S.C. §112의 여섯 번째 단락이 적용되지 않을 것이다. 예를 들면, "Ink delivery means", "Module configured to deliver ink"와 "Means for ink delivery" 등은 35 U.S.C. §112(f) 또는 pre-AIA 35 U.S.C. §112의 여섯 번째 단락이 적용되는 청구항의 한정 요소로 모두 해석될 수 있다.[870]

섯 번째 단락은 동작이 없이 기능이 포함된 단계(Steps plus function)만 존재할 경우에 관련되어 있다. … 만약, 'ing'형의 동사, 예를 들면, Passing, Heating, Reacting, Transferring 등에 의하여 기술된 단계들을 포함하는 모든 절차를 기능적 청구항으로 해석하려 한다면, 의회가 전혀 의도하지 않은 방식으로 방법 청구항을 법원에서 제한하게 될 것이다.);

Baran v. Medical Device Techs., Inc., 616 F.3d 1309, 1317 (Fed. Cir. 2010) (청구된 기능은 "Means for" 문구에 선행하는 기능적 언어를 포함할 수 있다.)

868) *Greenberg v. Ethicon Endo-Surgery, Inc.*, 91 F.3d 1580, 1583 (Fed. Cir. 1996) (기능적 청구항에서 정의된 "Detent mechanism"은 35 U.S.C. §112의 여섯 번째 단락을 적용하려고 의도하지 않았다.);

Al-Site Corp., 174 F.3d at 1318, (Fed. Cir. 1999)

869) *O.I. Corp.*, 115 F.3d at 1583, 42 USPQ2d at 1782 ("연속된 단계를 수행하여 필연적으로 따라오는 결과를 전제부에 기술하였다고 그들 각 단계가 기능적 청구항으로 전환되지 않는다. 'Passing' 단계들은 청구항에서 Passing 단계들에 의하여 수행되는 기능과 개별적으로 관련되어 있지 않다.")

3. 특정 기능을 달성하기 위하여 충분한 구조, 물질, 동작 등에 의하여 수식되지 않는 "Means"나 "Step" 또는 그 대체어

이 분석의 세 번째 요건과 관련하여, 청구항에 언급된 "Means"나 "Step" 또는 그 대체어들은 특정 기능을 달성하는 데 확실한 구조, 물질, 동작 등에 의하여 수식되어서는 안 된다.[871] 그렇지 않은 경우에, 연방 항소 법원은 다른 결론에 도달하였다.[872]

심사관들은, 기능적 언어와 결부된 "Means"나 "Step" 또는 그 대체어들을 사용한 청구항의 한정 요소에, ① 구조에 관한 수식어가 선행하면서, 구조적 장치의 형태(예 Filters)를 의미하는 특정 구조로 명세서에서 정의되지 않거나 당업자에게 알려지지도 않았거나, ② 청구된 발명을 달성하기 위한 충분한 구조나 물질에 의하여 수식되지 않았다면, 35 U.S.C. §112(f) 또는 pre-AIA 35 U.S.C. §112의 여섯 번째 단락을 적용할 것이다.

구조에 관한 수식어가 "Means"나 "Step" 또는 그 대체어들을 수식한다면, 35 U.S.C. §112(f) 또는 pre-AIA 35 U.S.C. §112의 여섯 번째 단락이 한정 요소에 적용되지 않는다. 예를 들면, "Mechanism" 같은 대체어는 기능과 결합되어 35 U.S.C. §112(f) 또는 pre-AIA 35 U.S.C. §112의 여섯 번째 단락이 적용될 수 있

870] *Signtech USA*, 174 F.3d at 1356

871] *Seal-Flex*, 172 F.3d at 849 (Radar, J., concurring) ("청구항 한정 요소가 일반적으로 기능적 청구항 형식에 속하는 표현을 사용하더라도, 청구항의 한정 요소 그 자체가 특정 기능을 수행하기 위한 충분한 기능을 서술하였다면 35 U.S.C. §112 ¶6은 적용되지 않을 것이다.");
Envirco Corp. v. Clestra Cleanroom, Inc., 209 F.3d 1360 (Fed. Cir. 2000) ("Second baffle means"에는 35 U.S.C. §112 ¶6이 적용되지 않는다. 왜냐하면, "Baffle"이라는 단어 그 자체에서 구조를 알려 주며, 그 청구항 역시 baffle의 구조에 대하여 서술하였다.);
Rodime PLC v. Seagate Technology, Inc., 174 F.3d 1294, 1303-04 (Fed. Cir. 1999) ("Positioning means for moving"에는 35 U.S.C. §112 ¶6이 적용되지 않는다. 왜냐하면, 그 청구항이 그 Means들의 기반이 되는 구조의 목록을 제시하고 있고, moving 기능을 수행하기 위한 구조의 상세한 설명이 35 U.S.C. §112 ¶6로부터 이 요소를 제거하기 때문이다;
Cole v. Kimberly-Clark Corp., 102 F.3d 524, 531 (Fed. Cir. 1996) ("Perforation means … for tearing"에는 35 U.S.C. §112 ¶6이 적용되지 않는다. 왜냐하면, 그 청구항이 tearing 기능을 지원하는 구조(예를 들면, Perforation)를 설명하고 있기 때문이다.)

872] *Unidynamics Corp. v. Automatic Prod. Int'l*, 157 F.3d 1311, 1319 (Fed. Cir. 1998) ("spring means"에는 35 U.S.C. §112 ¶6이 적용된다.)

지만, 그 대체어가 구조에 관한 수식어를 앞세우면(예 Detent mechanism) 이 조항이 적용되지 않는다.[873] 반면에, 기능과 결합된 대체어(예 Mechanism, Element, Member 등)가, 기술 분야에서 구조에 관련된 의미를 갖지 않다고 이해되는 수식어(예 Colorant selection mechanism, Lever moving element, Movable link member 등)에 의해서 선행되면 35 U.S.C. §112(f) 또는 pre-AIA 35 U.S.C. §112의 여섯 번째 단락이 적용될 수 있다.[874]

기능과 결합된 단어, 용어, 문구가 구조를 의미하는지 판단하기 위하여 심사관들은 다음 사항들을 조사하여야 한다.

① 해당 용어가 구조를 의미한다는 것을 당업자에게 알리기에 충분히 명세서에 설명되었는지 여부
② 일반 및 주제별 사전에서 해당 용어가 구조를 의미하는 명사로 인식되는 것을 입증하는지 여부
③ 해당 용어에 청구된 기능을 수행하는 구조가 포함되었다는 업계의 인식이 선행 기술에 의하여 입증되었는지 여부[875]

"청구항의 용어들이 구조를 설명하기 위한 이름으로서 충분히 분명한 의미를 갖고 있다고 당업자들이 이해하였는지가 기준이 될 것이다."[876]

그러나, 심사 기간 동안에, 출원인들은 청구항의 한정 요소에 35 U.S.C. §112(f) 또는 pre-AIA 35 U.S.C. §112의 여섯 번째 단락이 적용되는지를 포함하여, 그들

---

873) *Greenberg*, 91 F.3d at 1583, 39 USPQ2d at 1786 ("Detent mechanism"에는 §112 ¶6이 적용되지 않는다. 왜냐하면 구조에 관한 수식어인 "detent"는 기계 기술 분야에서 일반적으로 이해되는 의미와 함께 장치의 구조에 관한 형태를 내포하였기 때문이다.)

874) *Massachusetts Inst. of Tech.*, 462 F.3d at 1354 (청구항은 a colorant selection mechanism의 사용에 관하여 기술하였고, 법원은 이에 대하여 pre-§112 ¶6에 따라 기능적 청구항 분석을 하였다. 법원은 일반적 용어인 "mechanism"을 수식하는 "colorant selection"이 명세서에 정의되지 않았고, 사전의 정의도 없으며, 해당 기술 분야에서 일반적으로 이해되는 의미도 없으므로, 당업자에게 pre-§112 ¶6의 적용을 피할 충분한 구조를 내포하지 않는다고 판단하였다); *Mas-Hamilton*, 156 F.3d at 1214-1215, 48 USPQ2d at 1017

875) *Ex parte Rodriguez*, 92 USPQ2d 1395, 1404 (Bd. Pat. App. & Int. 2009)

876) *Williamson v. Citrix Online, LLC*, 792 F.3d 1339, 1349, 115 USPQ2d 1105, 1111 (Fed. Cir. 2015)

의 발명을 정확히 정의할 권리와 의무를 갖는다. 따라서, 만약 "Means"나 "Step" 또는 그 대체어들이 특정 기능을 달성하기 위하여 충분한 구조, 물질 또는 동작에 의하여 수식되면, 그와 같은 수식어들이 청구항의 한정 요소에서 제거될 때까지, 그 추정이 반박될 것이며, 35 U.S.C. §112(f) 또는 pre-AIA 35 U.S.C. §112의 여섯 번째 단락이 적용되지 않는다고 특허청이 고려할 것이다.

35 U.S.C. §112(f) 또는 pre-AIA 35 U.S.C. §112의 여섯 번째 단락이 적용되는지 여부는 구성요소별로 판단할 필요가 있다. 35 U.S.C. §112(f) 또는 pre-AIA 35 U.S.C. §112의 여섯 번째 단락은 기재된 기능을 수행하는 "Means"나 "Step"을 해석하는 경우에만 적용되기 때문에, 기능적 청구항에 있는 모든 용어가 명세서에 상세한 설명으로 개시된 것이나 그 균등물에 의하여 제한되는 것은 아니다.[877] 출원서가 실질적으로 유사한 프로세스나 장치 청구항을 포함할지라도, 각 청구항은 35 U.S.C. §112(f) 또는 pre-AIA 35 U.S.C. §112의 여섯 번째 단락이 적용되는지를 결정하기 위하여 독립적으로 검토되어야 한다.[878]

청구항의 한정 요소가 3가지 분석 기준을 만족하여 35 U.S.C. §112(f) 또는 pre-AIA 35 U.S.C. §112의 여섯 번째 단락이 적용된다면, 심사관은 OA에 청구항의 한정 요소가 35 U.S.C. §112(f) 또는 pre-AIA 35 U.S.C. §112의 여섯 번째 단락에 따라 다루어진다는 진술을 포함시켜야 한다. 만약, 청구항의 한정 요소가 "Means"나 "Step"을 사용하였지만, 심사관이 위 3가지 분석 기준 중 두 번째와 세 번째 기준을 만족하지 못한다고 판단한 경우에는, 심사관은 "Means"나 "Step"을 사용하는 청구항의 한정 요소가 35 U.S.C. §112(f) 또는 pre-AIA 35 U.S.C. §112의 여섯 번째 단락에 따라 다루어 지지 않는 이유를 설명하는 진술을

877] *IMS Technology Inc. v. Haas Automation Inc.*, 206 F.3d 1422 (Fed. Cir. 2000) ("Means to sequentially display data block inquiries" 단락에 있는 용어 "data block"은 sequential display를 야기하는 "Means"가 아니며, 그 의미는 개시된 실시예나 그 균등물로 제한되지 않는다.)

878] *O.I. Corp.*, 115 F.3d at 1583-1584 ("방법 청구항에 있는 Steps는 장치 청구항에 있는 한정 요소들과, 비록 "Means for"의 자격을 갖추지는 못했지만, 실질적으로 같은 언어이다. §112 ¶6의 요건에 부합하는지의 결정을 위하여 독립적으로 검토되어야 한다. 만약, §112 ¶6이 적용되는 다른 청구항에 사용된 언어와 유사한 언어가 사용되었다는 사실만으로, 기능적 청구항이 아닌 청구항이 기능적 청구항인 것처럼 해석된다면, 실제 청구항의 해석을 혼란스럽게 할 것이다.")

OA에 포함시켜야 한다.

청구항의 한정 요소가 35 U.S.C. §112(f) 또는 pre-AIA 35 U.S.C. §112의 여섯 번째 단락 범위에 속하는지가 불분명한 경우에는 35 U.S.C. §112(b) 또는 pre-AIA 35 U.S.C. §112의 두 번째 단락에 의한 거절도 적절할 수 있다.

Ⅲ 35 U.S.C. §112(f)가 적용되는 청구항의 한정 요소를 지원하는 데 필요한 설명

35 U.S.C. §112(f) 또는 pre-AIA 35 U.S.C. §112의 여섯 번째 단락은 기능적 청구항은 명세서에 서술된 해당 구조…와 그 등가물을 포섭할 수 있도록 해석되어야 한다고 규정되어 있다. "만약, 출원인이 청구항에 기능적 용어를 사용한다면, 명세서에 그 언어가 의미하는 바가 무엇인지를 보여 주는 적절한 개시를 제시하여야 한다. 출원인이 적절한 제시를 하지 못한다면, 그 출원인은 결국 35 U.S.C. §112(b)에서 요구하는 것처럼 발명을 특정해서 지적하고 분명하게 청구하지 못하는 것이다."[879]

1. 당업자가 어떤 구조가 언급된 기능을 수행하는지를 이해할 수 있도록 명세서에 상응하는 구조를 개시하여야 한다

명확성 요건을 충족하였는지에 관한 적절한 테스트는 당업자가 어떤 구조(물질, 또는 동작)가 기능적 청구항에서 언급된 기능을 수행할 수 있는지를 이해할 수 있도록 기능적 청구항의 상응하는 구조(물질, 또는 동작)가 명세서상에 기재되어야 한다.[880] *Atmel* 사례에서, 특허권자는 "High voltage generating means"

879] *In re Donaldson Co.*, 16 F.3d 1189, 1195 (Fed. Cir. 1994) (*en banc*)

880] *Atmel Corp. v. Information Storage Devices, Inc.*, 198 F.3d 1374, 1381 (Fed. Cir. 1999)

한정 요소가 포함된 장치를 청구하여, 35 U.S.C. §112의 여섯 번째 단락이 적용되었다. 특정 고압 발생 회로를 설명한 학술 전문지의 비특허 문서가 인용에 의하여 명세서에 편입되었다. 연방 항소 법원은 명세서에 적힌 논문의 제목 자체만으로 당업자에게 그 언급된 기능을 수행하기 위한 정확한 수단(Means)의 구조를 충분히 시사한다고 결론내리고, "그 명세서가 고압 수단(Means)에 상응하는 구조를 충분히 개시하였다고 밝힌 당업자의 지식을, 다툼이 없는 증언에 근거하여, 고려하도록" 본 사건을 지방 법원으로 환송하였다.

어떤 구조(물질, 또는 동작)가 기능적 청구항에 상응하는지 당업자에게 명확할 수 있다면, 그 구조(물질 또는 동작)는 명세서에 묵시적, 내재적으로 개시될 수 있다.[881] 그 언급된 기능을 수행하는 구조, 물질, 동작의 개시가 없으면, 그 청구항은 35 U.S.C. §112(b) 또는 pre-AIA 35 U.S.C. §112 두 번째 단락을 만족시키지 못하게 된다. 공지의 기술이나 방법이 사용될 수 있다는 단순한 서술만으로는 기능적 청구항의 맥락에서 구조를 개시하지 못한다.[882]

기능적 표현상의 구성요소를 언급한 청구항이 언급된 기능을 수행하기 위한 적절한 구조(물질 또는 동작)가 명세서에 개시되지 않았기 때문에 35 U.S.C. §112(b) 또는 pre-AIA 35 U.S.C. §112 두 번째 단락에 부합하지 않는지는 명세서가 35 U.S.C. §112(a) 또는 pre-AIA 35 U.S.C. §112 첫 번째 단락의 상세한 설

---

881) *Id.* at 1380; *In re Dossel*, 115 F.3d 942, 946-47 (Fed. Cir. 1997)

882) *Biomedino, LLC v. Waters Technology Corp.*, 490 F.3d 946, 952 (Fed. Cir. 2007) ("공지의 상이한 압력, valving과 제어장치에 의하여 제어될 수 있는 발명에 관한 개시는 청구된 "Control means for operating [a] valving"에 상응하는 어떤 구조도 개시하지 못하였으므로, 그 청구항은 불명확하다고 판단되었다.);
Budde v. Harley-Davidson, Inc., 250 F.3d 1369, 1376, 58 USPQ2d 1801, 1806 (Fed. Cir. 2001);
Cardiac Pacemakers, Inc. v. St. Jude Med., Inc., 296 F.3d 1106, 1115-18 (Fed. Cir. 2002) (법원은 "Third monitoring means for monitoring the ECG signal … for activating …"은 두 가지 기능을 수행하는 하나의 수단을 필요로 한다고 해석하였고, 두 가지 기능을 수행할 수 있다고 명세서에서 언급된 유일한 존재는 의사라고 해석하였다. 법원은 의사를 제외하고는 어떤 구조도 청구된 두 가지 기능을 달성할 수 없다고 판단하였다. 청구된 두 가지 기능을 실제로 수행하는 발명의 실시예가 없기 때문에, 35 U.S.C. §112의 여섯 번째 단락에서 요구하는 상응하는 구조가 명세서에 결여되어, 35 U.S.C. §112 두 번째 단락에 부합하지 않게 된다.)

명 요건을 충족시키는지에 관한 질문과 밀접하게 관련되어 있다.[883] *Aristocrat Techs*[884] 사례에서 법원은 다음과 같이 설명하였다.

> 장치의 실시가능성은 당업자가 그 장치를 제조, 사용할 수 있기에 충분한 정보의 개시만을 요구한다. 그러나, §112 ¶6는 개시된 특정 구조와 그 균등물에 대한 청구항의 범위를 한정하는 매우 상이한 목적을 제공한다. … 예를 들면, *Atmel*[885] 사례에서, 법원은 '당업자가 이해하였다는 것을 감안하더라도, 특허권자가 명세서에서 충분한 구조를 적절히 개시할 의무는 사라지지 않는다.'라는 명제에 동의하였다. 특허권자가 당업자는 청구된 기능을 달성할 수 있도록 어떤 구조가 사용되는지 알 수 있었다고 단순히 기술하거나 후에 주장하는 것만으로는 충분하지 않다. *Biomedino*[886] 사례에서, 법원은 '당업자가 단순히 그 구조를 실행할 수 있는지를 조사할 것이 아니라, 구조가 개시된 명세서 자체를 이해할 수 있는지를 조사하여야 한다.'고 적시하였다.

35 U.S.C. §112(f) 또는 pre-AIA 35 U.S.C. §112의 여섯 번째 단락이 적용된다고 해서, 35 U.S.C. §112(a)와 35 U.S.C. §112(b) 또는 pre-AIA 35 U.S.C. §112의 첫 번째와 두 번째 단락에 부합하여야 한다는 출원인의 의무가 면해지는 것은 아니다.[887]

어떤 경우에는, 상세한 설명 요건이 35 U.S.C. §112(b) 또는 pre-AIA 35 U.S.C. §112 두 번째 단락에서 요구하는 것처럼 발명을 명확하게 청구하기 위하

---

883) *In re Noll*, 545 F.2d 141, 149 (CCPA 1976) (기능적 언어 자체가 불명확하지 않다면, 명세서가 35 U.S.C. §112 첫 번째 단락의 상세한 설명 요건을 만족시키는 한 기능적 언어로 씌여진 청구항의 한정 요소는 35 U.S.C. §112 두 번째 단락의 명확성 요건을 충족시킨다.)

884) *Aristocrat Techs. Australia PTY Ltd. v. Int'l Game Tech.*, 521 F.3d 1328, 1336-37 (Fed. Cir. 2008)

885) *Atmel*, 198 F.3d at 1380

886) Biomedino, 490 F.3d at 953

887) *Donaldson*, 16 F.3d at 1195, 29 USPQ2d at 1850; *In re Knowlton*, 481 F.2d 1357, 1366 (CCPA 1973) ("§112 ¶6은 §112 ¶1의 상세한 설명 요건이나, §112 ¶2에서 발견되는 명확성 요건을 면제한다고 해석되어서는 안 된다. 기능적 청구항은 청구항에서 사용될 수 있지만, 그 청구항도 발명을 정확하게 정의하여야 한다.")

여 기능적 청구항에 상응하는 구조(또는 물질, 또는 동작)를 명시적으로 기술할 것을 필요로 하지 않는다.[888] 적절하다면, 도면도 35 U.S.C. §112에서 요구하는 발명의 상세한 설명을 제공할 수도 있다.[889] 더 나아가, 기능적 청구항에 언급된 기능을 수행할 수 있는 구조가 당업자에게 명백하다면, 그 기능적 청구항에 상응하는 구조가 묵시적인 표현으로도 상세한 설명이 될 수 있다.[890]

2. 컴퓨터에서 실행되는 기능적 한정 요소

특허청이 특허 적격을 심사하는 데 있어서 명세서에 개시된 기능적 청구항에 상응하는 구조를 무시할 수 없다. "알고리즘을 수행할 수 있도록 프로그램된 컴퓨터의 구조를 개시할 때, '그 개시된 구조는 범용 컴퓨터가 아니라, 그 개시된 알고리즘을 수행할 수 있도록 프로그램된 특수한 목적의 컴퓨터이다.'"[891] 특수한 목적의 컴퓨터에서 실행되는 기능적 한정 요소가 포함된 경우, 연방 항소 법원은 그 구조가 단순한 범용 컴퓨터나 마이크로프로세서 이상의 것이어야 되고, 명세서는 그 청구된 기능을 수행하기 위한 알고리즘을 개시하여야만 한다고 일관되게 요구하였다.[892]

컴퓨터에서 실행되는 기능적 한정 요소에 35 U.S.C. §112(f) 또는 pre-AIA 35 U.S.C. §112의 여섯 번째 단락을 적용하기 위해서, 범용 컴퓨터는 일반적인

---

888) *Dossel*, 115 F.3d at 946

889) *Vas-Cath, Inc. v. Mahurkar*, 935 F.2d 1555, 1565 (Fed. Cir. 1991)

890) *Atmel*, 198 F.3d at 1379 (Fed. Cir. 1999) (기능적 한정 요소를 지원할 수 있는 충분한 구조가 개시되었는지를 결정하기 위해서는 "당업자" 분석을 적용하여야 한다.);
Dossel, 115 F.3d at 946-47 ("(단순히 '컴퓨터' 또는 그 균등물이라고 기재하면 상세한 설명이 되지 않는 이유가 분명하지 않더라도) 디지털 데이터를 받아, 복잡한 수학 계산을 처리하고 그 결과를 보여 주는 구성 단위는 일반적 또는 특수한 목적의 컴퓨터상에서 실행되어야 하는 것은 명백하다.").

891) *In re Aoyama*, 656 F.3d 1293, 1297 (Fed. Cir. 2011) (*WMS Gaming, Inc. v. Int'l Game Tech.*, 184 F.3d 1339, 1349 (Fed. Cir. 1999)를 인용); *In re Alappat*, 33 F.3d 1526, 1545 (Fed. Cir. 1994) (*en banc*)

892) *Noah Systems Inc. v. Intuit Inc.*,675 F.3d 1302, 1312 (Fed. Cir. 2012); *Aristocrat*, 521 F.3d at 1333

컴퓨터 기능(예 데이터 저장 수단)을 수행하는 데 상응하는 구조로서만 충분할 뿐이며, 특수 기능을 수행하는 데 상응하는 구조는 일반적인 목적의 컴퓨터나 마이크로프로세서 이상의 것이 요구된다.

그 사례들은, 범용 컴퓨터에 프로그래밍하여 이를 명시된 기능을 수행할 수 있는 특수 목적 컴퓨터로 전환하기 위한 특정 기능이 포함되었다. 반면에, Katz는 일곱개의 청구항들에서 특수 목적 컴퓨터에 실행되는 특정 기능을 청구하지 않고, 'Processing', 'Receiving', 'Storing'이라고 청구된 기능을 단순히 언급하였다. 'Processing', 'Receiving', 'Storing' 용어를 협의로 해석할 수 없다면, 이들 기능은 특별한 프로그래밍 없이 범용 프로세서에 의하여 달성될 수 있다. 그 경우, 이들 기능을 수행하기 위한 범용프로세서 이상의 구조를 개시할 필요는 없다. 'Processing', 'Receiving', 'Storing' 같은 기능들은 개시된 구조 즉, 범용 프로세서와 공존하기 때문에, 위 일곱 청구항들이 순수하게 기능에 관하여 청구하는 것에 관한 규칙을 위반한 것은 아니다.[893]

특수 컴퓨터에서 실행되는 기능을 수행하기 위한 수단을 청구하고, 그 기능을 수행하기 위하여 디자인된 구조로서 단순히 범용 컴퓨터를 개시하는 것은 순수하게 기능에 관하여 청구하는 것에 해당한다.[894] 이 경우, 컴퓨터에서 실행되는 기능을 위하여 35 U.S.C. §112(f) 또는 pre-AIA 35 U.S.C. §112의 여섯 번째 단락에 해당하는 구조는 명세서에서 개시된 범용 컴퓨터나 마이크로프로세서를 전환하는데 필요한 알고리즘을 포함하여야 한다.[895] 해당 구조는 그 자체로 범용 목적의 컴퓨터가 아니라, 개시된 알고리즘을 수행하도록 프로그래밍된 특수 목적의 컴퓨터이다.[896] 따라서, 범용 마이크로프로세서를 특수 목적의 컴퓨터로 전환시기키 위한 알고리즘이 명세서에 개시되어야 한다.[897] 예를 들면, 알고리즘은

893] *In re Katz Interactive Call Processing Patent Litigation*, 639 F.3d 1303, 1316 (Fed. Cir. 2011)

894] *Aristocrat*, 521 F.3d 1328 at 1333

895] *Aristocrat*, 521 F.3d at 1333; *Finisar Corp. v. DirecTV Group, Inc.*, 523 F.3d 1323, 1340 (Fed. Cir. 2008); *WMS Gaming, Inc. v. Int'l Game Tech.*, 184 F.3d 1339, 1349 (Fed. Cir. 1999)

896] *Aristocrat*, 521 F.3d at 1333

897] *Id.*, at 1338 (Aristocrat는 35 U.S.C. §112 ¶6을 만족시키기 위하여 청구된 기능을 얻는 데

"논리적 또는 수학적 문제를 해결하거나 작업을 수행하기 위한 일련의 단계"로 정의된다.[898] 출원인은 알고리즘을 수학 공식, 문장, 순서도 또는 "충분히 구조를 보여주는 다른 방식" 등을 포함하여 이해할 수 있는 용어로 표시할 수 있다.[899]

특수 목적 컴퓨터에서 실행되는 기능적 청구항에 관한 연방 항소 법원의 사례는 두 그룹으로 나뉜다. 첫 번째 그룹의 사례는 명세서에 알고리즘을 개시하지 않은 경우이고, 두 번째 그룹은 명세서에 알고리즘을 개시하였으나, 그 개시에 의하여 전체 청구된 기능을 충분히 수행할 수 있는지에 관한 쟁점이 남아 있는 경우이다. 알고리즘이 충분이 개시되었는지 여부는 당업자가 그 구조를 정의하기에 충분하다고 이해할 수 있고, 그 청구항의 경계를 인식할 수 있는지의 관점에서 결정된다.[900]

따라서, 명세서가 컴퓨터나 마이크로프로세서와 결부된 상응하는 알고리즘을 개시하지 않는다면, 35 U.S.C. §112(b) 또는 pre-AIA 35 U.S.C. §112 두 번째 단락에 의하여 거절될 것이다.[901] 예를 들면, 적절한 프로그래밍에 대한 설명 없이 그 프로그래밍과 범용 컴퓨터를 참조하라고 언급하거나 또는 특정한 소프트웨어의 기능을 달성하기 위한 수단에 관한 상세 설명 없이 단순히 "소프트웨어"라고 언급하는 것은, 35 U.S.C. §112(b) 또는 pre-AIA 35 U.S.C. §112 두 번째 단락의 요건을 충족시키기 위한 해당 구조의 적절한 개시가 될 수 없다.[902] 덧붙여서, 단순히 전문화된 컴퓨터(예 은행 컴퓨터), 컴퓨터 시스템의 정의되지 않은 구성요소(예 Access control manager), "Logic", "Code" 또는 언급된 기능을 수행하도록 디자인된 실질적으로 블랙 박스인 구성요소들은, 컴퓨터나 컴퓨터의 구성요소가 청구된 기능을 수행하는 방법에 대한 설명이 필요하기 때문에, 충분하지 않다.[903]

사용된 알고리즘에 대한 상세한 설명이나 소스코드 목록을 제출할 필요는 없다. 그러나, 범용 마이크로프로세서를, 개시된 알고리즘을 수행하도록 프로그래밍된 특수 목적 컴퓨터로 전환하는 알고리즘을 개시할 필요가 있다.)

898) Microsoft Computer Dictionary, Microsoft Press, 5th edition, 2002.

899) *Finisar*, 523 F.3d at 1340; *Intel Corp. v. VIA Techs., Inc.*, 319 F.3d 1357, 1366 (Fed. Cir. 2003); *In re Dossel*, 115 F.3d 942, 946-47 (Fed. Cir. 1997); *Typhoon Touch Inc. v. Dell Inc.*, 659 F.3d 1376, 1385 (Fed. Cir. 2011); *In re Aoyama*, 656 F.3d at 1306

900) *Noah*, 675 F.3d at 1313

901) *Aristocrat*, 521 F.3d at 1337-38

902) *Id.*, at 1334; *Finisar*, 523 F.3d at 1340-41

만약, 명세서가 명시적으로 알고리즘을 개시하면, 그 알고리즘 개시가 충분한지는 당업자의 수준에 비추어 결정된다.[904] 심사관은 명세서에 기재된 필요한 단계를 수행하기 위하여 컴퓨터를 프로그래밍하는 방법을 당업자가 알 수 있었는지(예 발명이 실시 가능한지) 그리고 발명자가 그 발명을 소유하고 있는지(예 발명이 상세한 설명 요건을 충족하는지)를 결정하여야 한다. 따라서, 명세서는 범용 마이크로 프로세서를 특수 목적의 컴퓨터로 전환할 수 있는 알고리즘을 충분히 개시하여서, 당업자들이 청구된 기능을 달성하기 위하여 개시된 알고리즘을 실행할 수 있어야 한다.[905]

명세서가 알고리즘을 개시하였으나, 그 알고리즘이 전체 청구된 기능을 수행하는 데 충분하지 못하다면, 35 U.S.C. §112(b) 또는 pre-AIA 35 U.S.C. §112 두 번째 단락에 따라 거절되어야 한다. 예를 들면, 하나의 기능에 두 가지 기능적 구성이 포함된 경우에, 그중 한 가지 기능만을 수행하는 데 충분한 알고리즘을 개시한 경우는 35 U.S.C. §112(b) 또는 pre-AIA 35 U.S.C. §112 두 번째 단락을 적절히 만족시킬 수 없다. 한 기능을 지원하는 구조의 개시로 다른 기능을 수행하는 데 필요한 구조에 대한 명세서상의 간격을 메울 수 없다. 개시된 알고리즘이 기능적 한정 요소와 결부된 일부 기능을 개시하는 경우, 그 명세서는 알고리즘이 전혀 개시되지 않은 것으로 여겨진다. 더욱이, 기성 소프트웨어로 명세서의 간격을 메우려고 시도하거나, 당업자가 기성 소프트웨어로 기재된 기능을 달성하는 방법을 이해할 수 있다고 주장하는 것은 불충분한 개시를 해결하지 못한다.[906]

서너 개의 연방 항소심 사례들에서, 만약 범용 컴퓨터를 청구된 기능을 수행할 수 있는 특수 목적 컴퓨터로 전환할 수 있는 소프트웨어를 당업자가 기술할 수 있다면, 알고리즘 개시의 요건을 회피할 수 있다고 특허권자들이 주장하였

---

903) *Blackboard, Inc. v. Desire2Learn, Inc.*, 574 F.3d 1371, 1383-85 (Fed. Cir. 2009); *Net MoneyIN, Inc. v. VeriSign, Inc.*, 545 F.3d 1359, 1366-67 (Fed. Cir. 2008); *Rodriguez*, 92 USPQ2d at 1405-06.

904) *Aristocrat*, 521 F.3d at 1337; *AllVoice Computing PLC v. Nuance Commc'ns, Inc.*, 504 F.3d 1236, 1245 (Fed Cir. 2007); *Intel Corp.*, 319 F.3d at 1366-67 (당업자의 지식은 개시된 알고리즘을 실행하는 방법을 명확하게 하기 위하여 사용될 수 있다.)

905) *Aristocrat*, 521 F.3d at 1338

906) *Noah*, 675 F.3d at 1318

다.[907] 그렇지만, 그런 주장은 설득력이 없다. 왜냐하면, 당업자의 이해가 기능적 청구항 용어를 지원하는 충분한 구조를 개시할 특허권자의 의무를 감경시키지는 않는다.[908] 명세서는 명시적으로 청구된 기능을 수행하는 알고리즘을 명시적으로 개시하여야 하고, 명세서에 청구된 기능을 단순히 언급하는 것은 정의상 일련의 단계들이 포함되는 알고리즘의 충분한 개시가 될 수 없다.[909]

때때로, 컴퓨터에서 실행되는 발명을 지원하는 개시에서 하드웨어, 소프트웨어 또는 그 둘의 조합을 통한 발명의 기능성 시행에 관하여 논의된다. 이 경우, 어느 시행 방법이 기능적 청구항을 지원하는지에 관한 의문이 생길 수 있다. 35 U.S.C. §112(f) 또는 pre-AIA 35 U.S.C. §112의 여섯 번째 단락은 조문상 특정 기능을 수행하기 위하여 언급된 "Means"가 명세서에서 설명된 해당 "구조 또는 물질"과 그 균등물을 포섭하도록 해석될 것을 요구한다. 그러므로, 기능적 청구항을 사용하고 35 U.S.C. §112(f) 또는 pre-AIA 35 U.S.C. §112의 여섯 번째 단락을 적용하는 것을 선택함으로써, 출원인은 그 청구항의 한정 요소를 개시된 구조 즉, 하드웨어 또는 하드웨어와 소프트웨어의 조합, 그리고 그 균등물의 실행으로 한정한다. 따라서, 심사관은 그 한정 요소를 순수한 소프트웨어의 실행만을 포섭하는 것으로 해석해서는 안 된다.

만약 명세서에 해당 구조가 개시되지 않았다면(즉, 한정 요소가 단지 소프트웨어에 의하여 지원되지만, 알고리즘과 그 알고리즘에 따라 프로그래밍된 컴퓨터나 마이크로프로세서와 일치하지 않는 경우), 그 한정 요소는 불명확하다고 판단되며, 그 청구항은 35 U.S.C. §112(b) 또는 pre-AIA 35 U.S.C. §112 두 번째 단락에 따라 거절되어야 한다. 청구항들은 전체로서 해석되어야 한다는 것을 명심하여야 한다.

---

907) *Blackboard*, 574 F.3d at 1385; *Biomedino*, 490 F.3d at 952; *Atmel Corp.*, 198 F.3d at 1380

908) *Blackboard*, 574 F.3d at 1385 ("당업자가 청구된 기능을 수행하는 수단을 고안할 수 있다는 이유만으로, 특허권자가 구조의 특수함을 제공할 의무를 면할 수없다.");
Atmel Corp., 198 F.3d at 1380

909) Microsoft Computer Dictionary, Microsoft Press, 5th edition, 2002;
Blackboard, 574 F.3d at 1384 (수행되어야 하는 기능을 단순히 설명한 언어는 결과를 설명한 것이지, 결과를 얻기 위한 수단을 설명한 것이 아니다.);
Encyclopaedia Britannica, Inc. v. Alpine Elecs., Inc., 355 Fed. App'x 389, 394-95 (Fed. Cir. 2009) (청구된 기능을 수행하는 알고리즘 부류를 묵시적 또는 내재적으로 개시하는 것은 충분하지 않고, "One-step" 알고리즘이라고 주장된 것은 전혀 알고리즘이 아니다.)

따라서, 소프트웨어 그 자체에 부합하는(그리고 명세서에서 구조를 뒷받침하지 않아서 불명확한) 기능적 청구항은, 그 청구항에 구조에 관한 다른 한정 요소가 결여되지 않았다면, 전체로서 소프트웨어 자체를 가르쳐질 필요는 없다.

3. 청구항을 뒷받침하는 개시는 청구된 기능과 개시된 구조, 물질 또는 동작을 명확하게 연결하여야 한다

명세서에서 상세한 설명으로 개시된 구조는 명세서의 그 설명이나 출원 경과에 의하여 그 구조가 35 U.S.C. §112(f) 또는 pre-AIA 35 U.S.C. §112의 여섯 번째 단락에 따라 기능적 청구항에서 언급된 기능에 명확하게 연결되거나 결부된 경우에만 상응하는 구조가 된다.[910] 특정 구조가 상응하는 구조로서의 자격을 갖추기 위하여 청구된 기능에 분명히 연결되기 위한 요건은 35 U.S.C. §112(f) 또는 pre-AIA 35 U.S.C. §112의 여섯 번째 단락을 적용하는 편의에 대한 대가이며, 35 U.S.C. §112(b) 또는 pre-AIA 35 U.S.C. §112 두 번째 단락의 명확성 요건에 의하여 뒷받침된다.[911] 만약, 당업자가 명세서의 상세한 설명에서 어떤 구조, 물질 또는 동작이 청구된 기능을 수행하는지 확인할 수 없다면 35 U.S.C. §112(b) 또는 pre-AIA 35 U.S.C. §112 두 번째 단락에 따라 거절되어야 한다.

Ⅳ 35 U.S.C. §112(f)가 적용될 때, 35 U.S.C. §112(b)에 부합하는지 결정

일단 심사관이 청구항의 한정 요소가 35 U.S.C. §112(f) 또는 pre-AIA 35 U.S.C. §112의 여섯 번째 단락이 적용되는 기능적 청구항이라고 결정하면, 심사

910] *B. Braun Medical Inc., v. Abbott Laboratories*, 124 F.3d 1419, 1424 (Fed. Cir. 1997)
911] *Medical Instrumentation & Diagnostics Corp. v. Elekta AB*, 344 F.3d 1205, 1211

관은 청구된 기능을 결정하고 청구된 기능을 수행하는 해당 구조, 물질 또는 동작이 개시되었는지를 결정하기 위해서 명세서의 상세한 설명을 검토하여야 한다. 도면 역시 35 U.S.C. §112에서 요구하는 발명의 상세한 설명을 제공할 수 있다는 것에 주의하여야 한다.[912] 상응하는 구조, 물질 또는 동작들이 최초의 도면, 도표 또는 서열 목록에 개시될 수 있다. 하지만, 상응하는 구조, 물질 또는 동작들은 선행자료나 인용에 의하여 편입된 자료에서만 개시된 구조, 물질 또는 동작을 포함할 수 없다.[913] 개시는 당업자의 관점에서 당업자가 상응하는 구조, 물질 또는 동작을 개시한 명세서의 상세한 설명을 이해할 수 있는지 검토되어야 한다.[914] 35 U.S.C. §112(b) 또는 pre-AIA 35 U.S.C. §112 두 번째 단락을 충족하기 위해서, 명세서의 상세한 설명은 청구된 기능에 상응하는 구조, 물질 또는 동작이 명확히 연결되거나 결부되어야 한다.[915] 만약, 상세한 설명이 개시된 구조, 물질 또는 동작을 청구된 기능에 연결시키거나 결부시키지 못한다면, 또는 그 청구된 기능을 수행하는 구조, 물질 또는 동작이 개시되지 않았다면,[916] 35 U.S.C. §112(b) 또는 pre-AIA 35 U.S.C. §112 두 번째 단락에 따라 거절되어야 한다.[917] 공지의 기술과 방법이 사용될 수 있다는 간단한 설명은 기능적 한정 요소를 지원할 개시로 충분하지 않을 수 있다.[918]

35 U.S.C. §112(f) 또는 pre-AIA 35 U.S.C. §112의 여섯 번째 단락에 따른 기능적 청구항을 조사하면서, 다음과 같은 상황에서는 35 U.S.C. §112(b) 또는 pre-AIA

---

912) *Vas-Cath Inc. v. Mahurkar*, 935 F.2d 1555, 1565 (Fed. Cir. 1991)

913) *Pressure Prods. Med. Supplies, Inc. v. Greatbatch Ltd.*, 599 F.3d 1308, 1317 (Fed. Cir. 2010) ("특허에 있는 선행 기술 자료를 단순히 언급하는 것만으로 특허권자에게 그들 자료에서 개시된 모든 구조를 청구할 수 있는 명세서의 설명으로 보기에 충분하지 않다."); *Atmel Corp. v. Info. Storage Devices, Inc.*, 198 F.3d 1374, 1381 (Fed. Cir. 1999)

914) *Tech. Licensing Corp. v. Videotek, Inc.*, 545 F.3d 1316, 1338 (Fed. Cir. 2008); *Med. Instrumentation & Diagnostics Corp. v. Elekta AB*, 344 F.3d 1205, 1211-12 (Fed. Cir. 2003)

915) *Telcordia Techs., Inc. v. Cisco Systems, Inc.*, 612 F.3d 1365, 1376 (Fed. Cir. 2010)

916) *Tech. Licensing Corp. v. Videotek, Inc.*, 545 F.3d 1316, 1338 (Fed. Cir. 2008); *Med. Instrumentation & Diagnostics Corp. v. Elekta AB*, 344 F.3d 1205, 1211-12 (Fed. Cir. 2003)

917) *Donaldson*, 16 F.3d at 1195

918) *Biomedino, LLC v. Waters Techs. Corp.*, 490 F.3d 946, 953 (Fed. Cir. 2007)

35 U.S.C. §112 두 번째 단락에 의한 거절을 할 수 있다.

① 청구항의 한정 요소에 35 U.S.C. §112(f) 또는 pre-AIA 35 U.S.C. §112의 여섯 번째 단락이 적용되는지 불분명할 때
② 35 U.S.C. §112(f) 또는 pre-AIA 35 U.S.C. §112의 여섯 번째 단락이 적용되고, 청구된 기능을 수행하기 위한 구조, 물질 또는 동작에 대한 불충분한 개시가 이루어지거나 개시되지 않았을 때
③ 35 U.S.C. §112(f) 또는 pre-AIA 35 U.S.C. §112의 여섯 번째 단락이 적용되고, 개시된 구조, 물질 또는 동작과 청구된 기능을 연결하거나 결부시키는 것을 뒷받침하는 개시가 이루어지지 않았을 때 등이다.

심사관이 상응하는 구조, 물질 또는 동작을 확인할 수 없을 때, 35 U.S.C. §112(b) 또는 pre-AIA 35 U.S.C. §112 두 번째 단락에 의하여 거절하여야 한다. 심사관은 일부 사례의 경우에, 상응하는 구조, 물질 또는 동작 등의 확인을 요구하기 위하여, 37 CFR 1.105에 따른 정보 제공을 요청할 수 있다. 37 CFR 1.105에 따른 정보 제공을 요청하였는데, 출원인이 그런 정보가 결여되었다고 진술하거나, 출원인의 응답으로도 상응하는 구조, 물질 또는 동작을 확인할 수 있는 정보를 확인할 수 없는 경우라면, 35 U.S.C. §112(b) 또는 pre-AIA 35 U.S.C. §112 두 번째 단락에 의하여 역시 거절되어야 한다.

35 U.S.C. §112(b) 또는 pre-AIA 35 U.S.C. §112 두 번째 단락에 부합하여, 상응하는 구조, 물질 또는 동작에 관한 상세한 설명이 제시되면, 청구항의 한정 요소는 "명세서의 해당 구조, 물질 또는 동작과 그 균등물을 포섭할 수 있도록 해석되어야" 한다. 그러나, 청구항에 언급되지 않은 기능에 대한 한정 요소 또는 청구된 기능을 수행하는 데 불필요한 명세서의 구조에 관한 한정 요소는 청구항 해석에 개입될 수 없다.[919]

다음 안내 사항은 35 U.S.C. §112(f) 또는 pre-AIA 35 U.S.C. §112의 여섯 번째 단락이 적용이 적용될 때, 출원인이 35 U.S.C. §112(b) 또는 pre-AIA 35

919) *Welker Bearing*, 550 F.3d at 1097; *Wenger Mfg., Inc. v. Coating Mach. Sys., Inc.*, 239 F.3d 1225, 1233, (Fed. Cir. 2001)

U.S.C. §112 두 번째 단락의 요건에 부합하였는지를 결정하기 위하여 제공된다.

A. 명세서에 상응하는 구조, 물질 또는 동작이 구체적인 용어로(예 An emitter-coupled voltage comparator) 기재되고, 청구된 기능과 연결되었으며, 당업자가 그 설명상의 구조, 물질, 동작이 청구된 기능을 수행하기에 적절하다고 확인할 수 있으면, 35 U.S.C. §112(b)와 (f) 또는 pre-AIA 35 U.S.C. §112의 두 번째와 여섯 번째 단락의 요건들은 충족되었다.

B. 만약, 명세서에 상응하는 구조, 물질 또는 동작이 광범위하고 일반적인 용어로 기재되고, 그 구체적인 설명은 다른 문서를 인용하여 편입시킨 경우(예 Attachment means disclosed in U.S. Patent No. X, which is hereby incorporated by reference, or a comparator as disclosed in the Y article, which is hereby incorporated by reference), 심사관은 편입된 문서 내의 자료에 의존하지 않고 명세서상의 설명을 검토하고, "당업자" 분석을 적용하여 35 U.S.C. §112(b) 또는 pre-AIA 35 U.S.C. §112 두 번째 단락의 명확성 요건을 충족시킬 수 있도록 당업자가 언급된 기능을 수행할 수 있는 상응하는 구조(또는 물질, 동작)를 확인할 수 있는지를 결정하여야 한다.[920]

① 당업자가 명세서의 기재로부터 언급된 기능을 수행할 수 있도록 구조, 물질, 또는 동작을 확인할 수 있다면, 35 U.S.C. §112(b) 또는 pre-AIA 35 U.S.C. §112 두 번째 단락의 요건은 충족된다.[921]

---

920) *Default Proof Credit Card System, Inc. v. Home Depot U.S.A., Inc.*, 412 F.3d 1291 (Fed. Cir. 2005) ("The inquiry under [35 U.S.C.] §112 ¶2에 따른 심사는 특허권자가 구조와 관련한 자료를 인용에 의하여 명세서에 편입시켰는지를 검토하는 것이 아니라, 먼저 "그 구조가 명세서에 기재되었는지, 그렇다면 당업자가 그 기재로부터 구조를 확인할 수 있는지"를 질문하여야 한다.")

921) *Dossel*, 115 F.3d at 946-47 (기능적 한정 요소에 언급된 기능은 "reconstructing" 데이터를 포함하고 있다. 이 "reconstructing" 기능을 지원하는 구조가 35 U.S.C. §112(b) 또는 pre-AIA 35 U.S.C. §112 두 번째 단락의 요건을 충족할 수 있도록 상세한 설명으로 적절히 기재되었는지가 본 사안의 쟁점이다. 법원은 "청구항이나 명세서에 'Computer'라는 용어가 사용되지 않았고, 발명에서 사용될 수 있는 컴퓨터 코드도 언급되지 않았다. 그럼에도 불구하고, 청구항 8, 9와 명세서가 결합된 개시가 §112 ¶2의 요건을 충족한다. "법원은 본 사례의 구체적 사실관계에 근거하여, "디지털 데이터를 받아, 복잡한 수학 계산을 처리하고 그 결과를 보여 주는 구성 단위는 일반적 또는 특수한 목적의 컴퓨터상에서 실행되어야 하는

② 당업자가 명세서의 기재로부터 언급된 기능을 수행할 수 있도록 구조, 물질 또는 동작을 확인할 수 없다면, 출원인은 청구항에 언급된 기능과 구조, 물질 또는 동작을 명확하게 연결시키는 것을 비롯하여 인용에 의하여 편입된 자료가 포함될 수 있도록 명세서를 보정하여야 한다. 출원인이 전체 인용 자료에서 설명된 모든 주제를 명세서에 담을 필요는 없다. 간결한 명세서를 유지하기 위해서, 출원인은 인용자료에서 기능적 청구항에 상응하는 관련 부분만 포함시켜야 한다.[922]

V 35 U.S.C. §112(a)의 지원이 있는지 결정

명세서에서 전체 청구된 기능을 수행할 해당 구조, 물질 또는 동작이 개시되지 않아 35 U.S.C. §112(b) 또는 pre-AIA 35 U.S.C. §112 두 번째 단락에 따라 불명확하다고 판명된 기능적 청구항은 그 청구항의 전체 범위를 뒷받침할 상세한 설명이 결여되거나 충분히 실시 가능하지 않을 수 있다. 청구항의 주요 기능은 발명의 경계를 정의하여 배제할 수 있는 권리의 범위를 공지하는 것이며, 기능적 청구항은 그 경계를 정의하는 명세서의 개시에 의존하는 것이다. 따라서, 부적절한 개시는 기능적 청구항에 대한 불명확성으로 인한 거절과 §112(a) 또는 pre-AIA §112 ¶1의 상세한 설명 요건과 실시가능성 요건을 만족시키지 못하는 문제를 야기할 수 있다. 연방 항소 법원은 특히 '속'에 관한 청구항 표현에서, 기

것이 명백하기" 때문에, 당업자가 "reconstructing" 기능을 수행하기 위한 구조를 이해할 수 있다고 결론지었다.);

Intel Corp. v. VIA Technologies, Inc, 319 F.3d 1357, 1366 (Fed. Cir. 2003) (특정 프로그램을 수행하도록 변형된 "Core logic" 구조는, 비록 명세서가 Core loginc이 어떻게 변형되어야 하는지를 보여주는 Core logic의 내부 회로도가 개시되지 않았더라도 청구된 기능을 수행하는 구조로 적절하다.)

922) *Atmel*, 198 F.3d at 1382, 53 USPQ2d at 1230 ("출원인이 하여야 할 것은, 사람들이 청구항이 무엇이고, ¶2의 요건에 부합하는 것이 무엇인지 확신할 수 있도록 명세서에 기능에 상응하는 구조를 서술하는 것이다.")

능적 청구항에 대하여 충분한 개시를 제공하지 못하는 문제를 인식하면서 다음과 같이 설명하였다. "청구된 '속'의 경계를 한정하기 위해서 기능적 표현을 사용하는 청구항의 경우에 특히 그 문제가 심각하다. 그런 경우에, 기능적 청구항은 단순히 원하는 결과를 청구한 것에 불과하고, 그 결과를 얻을 수 있는 '종'에 관한 설명 없이 그렇게 청구할 수 있다. 그러나, 명세서는 출원인이 청구된 결과를 얻을 수 있는 '속'에 관하여 청구하였음을 입증하여야 하고, 출원인이 기능적으로 정의된 '속'에 관한 청구항을 지원하기에 충분한 '종'을 발명하였다는 것을 보여줌으로써 그렇게 할 수 있다."[923]

따라서, 기능적 청구항은 35 U.S.C. §112(a) 또는 Pre-AIA 35 U.S.C. §112 첫 번째 단락에 따라 그와 같은 청구항을 적절히 지원할 수 있는지를 결정할 수 있도록 분석되어야 한다. 청구항의 한정 요소에 대하여 35 U.S.C. §112(a) 또는 Pre-AIA 35 U.S.C. §112 첫 번째 단락의 지원이 있는지를 검토하는 경우에, 심사관은 명세서상 발명의 설명 부분에 담긴 최초의 개시뿐만 아니라, 최초 청구항, 요약, 도면 등도 고려하여야 한다.[924]

기능적 청구항과 연결된 기능을 단순히 재언급하는 것은 명확성의 점에서 해당 구조를 제공하는 것으로는 불충분하다.[925] 기능을 달성하기 위한 수단에 대한 상세한 설명 없이 명세서에서 기능을 단순히 재언급하면 35 U.S.C. §112(a) 또는 Pre-AIA 35 U.S.C. §112 첫 번째 단락에 따른 상세한 설명의 적절한 제공도 이루어지지 않을 수 있다.

37 CFR 1.75(d)(1)에서는 "청구항에 사용된 용어와 문단은 설명 자료에 의하여 확실해질 수 있는 선행 근거나 분명한 뒷받침이 있어야 한다."라고 규정하였

---

923) *Ariad Pharmaceuticals Inc. v. Eli & Lilly Co.*, 598 F.3d 1336, 1349 (Fed. Cir. 2010) (*en banc*)

924) *In re Mott*, 539 F.2d 1291, 1299 (CCPA 1976) (청구항); *In re Anderson*, 471 F.2d 1237, 1240 (CCPA 1973) (청구항);
Hill-Rom Co. v. Kinetic Concepts, Inc., 209 F.3d 1337 (Fed. Cir. 2000) (unpublished) (요약); *In re Armbruster*, 512 F.2d 676, 678-79, 185 USPQ 152, 153-54 (CCPA 1975) (abstract); *Anderson*, 471 F.2d at 1240 (요약);
Vas-Cath Inc. v. Mahurkar, 935 F.2d 1555, 1564 (도면); *In re Wolfensperger*, 302 F.2d 950, 955-57 (CCPA 1962) (도면)

925) *Noah*, 675 F.3d at 1317; *Blackboard*, 574 F.3d at 1384; *Aristocrat*, 521 F.3d at 1334

다. 묵시적 또는 내재적으로 기능적 청구항에 상응하는 구조, 물질 또는 동작을 상세한 설명으로 제시하고, 심사관은 당업자가 어느 구조, 물질 또는 동작이 기능적 청구항에 언급된 기능을 수행하는지 인식하였다고 결론내린 경우에, 심사관은 (A) 출원인으로 하여금 명세서를 보정하여 기록을 명확하게 하도록 해서, 어느 구조, 물질 또는 동작이 청구항 요소에서 언급된 기능을 수행하는지 명시적으로 설명하도록 하거나, (B) 어느 구조, 물질 또는 동작이 기능적 청구항에서 언급된 기능을 수행하는지 기록상 진술하게 하여야 한다. 35 U.S.C. §112(a)와 (b) 또는 pre-AIA 35 U.S.C. §112의 첫 번째 또는 두 번째 단락에 부합하는 기능적 청구항 구성요소에 상응하는 구조, 물질, 동작이 개시에서 묵시적으로 제시되었을지라도, USPTO는 출원인에게 37 CFR 1.75(d)와 MPEP §608.01(o)에 따라 청구항의 구성요소 용어와 문구에 대하여 어느 구조, 물질, 동작이 청구항 구성요소에서 언급된 기능을 수행하는지 명세서에 금지된 신규사항을 추가하지 않는 방식으로 명시적으로 기재하는 보정을 하도록 요구할 수 있다.[926]

Ⅵ 단일 수단 청구항(Single means claim)

단일 수단 청구항은 청구항의 유일한 한정 요소로서 기능적 한정 요소를 언급한 청구항이다. 35 U.S.C. §112(f) 또는 pre-AIA 35 U.S.C. §112의 여섯 번째

---

926) *B. Braun Medical*, 124 F.3d at 1424 ("§112 ¶6의 규정에 따르면, 명세서나 출원 경과에 의하여 그 구조가 청구항에서 언급된 기능에 분명히 연결되거나 결부되는 경우에만, 명세서에 개시된 구조가 '상응하는' 구조가 된다. 구조를 기능에 연결시켜야 할 의무는 §112 ¶6을 적용하는 편리성에 대한 대가이다.");
Medical Instrumentation and Diagnostic Corp. v. Elekta AB, 344 F.3d 1205, 1218, (Fed. Cir. 2003) (비록 당업자가 디지털로의 변환을 위한 소프트웨어 프로그램을 작성할 수 있을 지라도, 그 소프트웨어는 청구된 것과 같은 이미지를 "변환하는 수단"의 범위에 들어오지 않는다. 왜냐하면, 명세서나 출원 경과의 어느 것도 이미지를 특정 포맷으로 변환하는 기능과 그 소프트웨어를 명확하게 연결시켜주지 않기 때문이다.);
Wolfensperger, 302 F.2d at 955 (개시가 청구항의 요소를 지원해 주는 것 때문에, 청구항에서 사용된 용어나 문구의 명확한 뒷받침이나 선행 근거를 명세서에서 확인할 수 있어야 한다고 USPTO가 요구할 수 있다.)

단락은 그 용어에 의하여 “조합에 대한 청구항의 하나의 구성요소(an element in a claim to a combination)”에 제한된다. 따라서, 조합을 언급하지 않은 단일 수단 청구항에는 35 U.S.C. §112(f) 또는 pre-AIA 35 U.S.C. §112의 여섯 번째 단락이 적용되지 않으며, 명세서에 개시된 청구된 기능을 수행하는 구조, 물질 또는 동작에 제한되지 않는다. 따라서, 적절히 해석되는 단일 수단 청구항은 청구항을 수행하는 모든 수단을 포섭할 것이다. 단일 수단 청구항에 오랫동안 알려진 문제는, 명세서가 기껏해야 발명자에게 알려진 수단들만 개시하는 데 반하여, 단일 수단 청구항은 기술된 결과를 얻기 위한 모든 가능한 수단을 포섭한다는 것이다.[927] 그와 같이 광범위한 청구항은 명세서상에서 실시 불가능한 주제로 해석되며, 35 U.S.C. §112(a) 또는 Pre-AIA 35 U.S.C. §112 첫 번째 단락에 따라 거절되어야 한다.

다수의 기능적 한정 요소를 언급한 청구항(특히 컴퓨터와 관련된 기술 분야에서 일반적인 관행으로 행하여 짐)과 기능적 청구항에서 단일 요소를 언급한 청구항(대부분의 기술 분야에서 드문 사례)을 구별하는 것은 중요하다. 컴퓨터에서 실행되는 발명에서, 마이크로프로세서는 개별적인 기능을 수행하는 각각의 알고리즘을 갖는 상이한 알고리즘으로 프로그래밍될 수 있다. 이들 개별적으로 프로그래밍 된 각각의 기능은 별개의 구성요소로 해석되어야 한다.

출원인은 컴퓨터와 관련된 기술 분야에서 청구항을 작성할 때, 종종 약칭을 사용한다. 가령 일련의 기능을 수행하는 것을 언급하기 위하여는 “System”을 사용한다. 약칭을 사용하여 청구항을 작성하더라도 35 U.S.C. §112(f) 또는 pre-AIA 35 U.S.C. §112의 여섯 번째 단락의 적용을 피할 수는 없다. 이런 식으로 언급된 각각의 기능에는 35 U.S.C. §112(f) 또는 pre-AIA 35 U.S.C. §112의 여섯 번째 단락이 개별적으로 적용되어야 한다.

예를 들어, 아래 청구항을 검토해 보기로 한다.

927] *In re Hyatt*, 708 F.2d 712 (Fed. Cir. 1983)

9. 아래 사항들을 포함하여 이루어지는(comprising) 픽셀값을 필터링하는 이미지 프로세싱 장치
다음 사항들로 구성된 시스템:
첫 번째 픽셀값을 추출; 그리고,
임계치를 초과하는 픽셀값을 필터링하기 위하여 첫 번째 픽셀값과 픽셀 임계값을 비교.

이 청구항을 지원하는 명세서에서는 시스템이 두 개의 별개 알고리즘으로 프로그래밍된 마이크로프로세서라고 개시되었다. 하나는 추출 작업을 수행하기 위한 알고리즘이고, 다른 하나는 픽셀값을 비교하기 위한 것이다. 본 청구항에서 "시스템"은 구조에 관한 의미를 갖는 것이 아니라, "Means"의 대체어로 사용되었기 때문에, 이 알고리즘들은 별개의 구성요소로서 각각 35 U.S.C. §112(f) 또는 pre-AIA 35 U.S.C. §112의 여섯 번째 단락이 적용되어 해석하는 것이 적절하다.

35 U.S.C. §112(f) 또는 pre-AIA 35 U.S.C. §112의 여섯 번째 단락에 따라 청구항의 요소들을 해석하면 다음과 같다.

픽셀값을 추출하도록 구성된 시스템; 그리고
임계치를 초과하는 픽셀값을 필터링하기 위하여 첫 번째 픽셀값과 픽셀 임계값을 비교하도록 구성된 시스템.

이 청구항은 "단일 수단" 청구항으로 생각될 수 없다. 위와 같은 형태의 청구항은, 기능적 형태로 보이지만 조합내에 있지 않은 단일 요소를 언급한 *Hyatt*[928] 사례와 비교될 수 있다.

35. 증가 입력 신호에 응답하여 푸리에 변환 증분 출력 신호를 생성하는 푸리에 변환 프로세서-상기 푸리에 변환 프로세서는 상기 증분 입력 신호에 응답하여 상기 푸리에 변환 증분 출력 신호를 증분하여 생성하는 증분 수단(means)을 포함하여 이루어진다.

---

928) *In re Hyatt*, 708 F.2d 712, 714-715 (Fed. Cir. 1983) (명세서는 기껏해야 발명자에게 알려진 수단만을 개시하였기 때문에, 기재된 목적을 달성할 수 있는 모든 가능한 수단들을 포섭하는 단일 수단 청구항은 그 청구항의 범위에 대하여 실시 가능하지 않다.)

PART

03

특허 침해 및 항변

Understanding US Patent Litigation

CHAPTER 01. 특허 침해

CHAPTER 02. 특허 침해에 대한 기타 항변

CHAPTER 1

특허 침해

1. 청구항의 해석

특허 소유자는 특허 등록된 자신의 발명을 다른 사람이 만들거나, 사용하거나 판매하는 것을 배제할 수 있는 권리가 있다. 특허권자의 위와 같은 배타적 권리는 특허 청구항에 의하여 한정된 발명에 주어진다는 것이 특허법의 기본 원칙이다.[1] 따라서, 특허 침해가 인정되기 위해서는 청구항의 한정 요소를 해석하고, 그와 같이 해석된 한정 요소를 특허 침해가 의심되는 제품과 비교하여야 한다.[2] 특허 청구항의 해석은 법률 문제이기 때문에, Summary judgment에서 판단할 수도 있다.[3]

특허권자는 특허 침해를 두 가지 방법으로 확립할 수 있는데, 청구항의 모든 요소들이 ① 문언적으로 침해되었거나, ② 균등론에 의하여 침해되었다는 것을 증명하는 것이다. 청구항의 모든 요소들이 실질적으로 중요하기 때문에, 특허권자는 특허 침해에 대한 입증 책임을 만족시키기 위해서, 특허 침해가 의심되는 제품에 청구항의 모든 요소가 포함되어 있거나, 실질적으로 균등하다는 것을 증명하여야 하는 것이다. 특허 침해가 의심되는 제품에서 청구항의 한 요소라도 결여되어 있다면, 법률적으로 특허 침해가 성립될 수 없다.[4]

---

1) *Phillips v. AWH Corp.*, 415 F.3d 1303, 1312 (Fed. Cir. 2005) (*en banc*)
2) *Key Mfg. Group, Inc. v. Microdot, Inc.*, 925 F.2d 1444, 1448 (Fed. Cir. 1991)
3) *Johnston v. IVAC Corp.*, 885 F.2d 1574, 1579-80 (Fed. Cir. 1989)
4) *London v. Carson Pirie Scott & Co.*, 946 F.2d 1534, 1538-39 (Fed. Cir. 1991)

2. 직접 침해

1) 구성요소 완비의 원칙(All elements rule)

(1) 개요

직접 침해는 소송 당사자가 청구된 발명이나 제품의 각각의 모든 단계 또는 구성요소를 수행하는 것을 필요로 한다.[5] 만약 청구항의 어느 요소가 침해 혐의 장치(Accused device)에서 결여되었다면, 법률상 문언 침해는 생기지 않는다.[6] 또한, 침해 혐의 제품이 독립 청구항을 침해하지 않는다면, 그 독립 청구항에 종속된 어느 청구항도 침해하지 않는다.[7] 그러나, 독립 청구항을 침해하더라도, 그에 종속된 청구항을 침해하지 않을 수는 있다.[8] 특허 청구항을 문언적으로 침해하지 않는 제품이라 하더라도 만약, 청구항의 개별적 한정 요소와 침해 혐의 제품의 요소 간의 차이가 실질적이지 않다면, 균등론(Doctrine of equivalents)에 의한 침해가 성립할 수 있다.[9] 특허권자는 특허 침해를 입증하여야 할 책임을 부담하며, 개연성 있는 증거(Preponderance of the evidence)에 의한 증명이면 족하다.[10]

(2) 고의 등 주관적 요소

특허의 직접 침해는, 후술하는 간접 침해와 달리, 침해자의 고의 등 주관적 요소를 필요로 하지 않는다. 특허 침해자는 침해 행위 당시에, 특허권자의 장치가 특허를 받았다는 사실 및 침해자의 행위가 특허를 침해하였다는 사실에 대한 인식이 없었더라도 특허권자에게 특허 침해로 인한 책임을 부담한다. 이와 같은 특허법상의 무과실 책임은, 현대의 경제활동에 많은 영향을 끼치게 되었다. 예를 들면, 특허를 받은 1차 제조물을 구입한 중간 제조업자가 특허권자로부터 라이

5] *BMC Res., Inc. v. Paymentech, L.P.*, 498 F.3d 1373, 1378 (Fed. Cir. 2007), overruled on other grounds by 692 F.3d 1301 (Fed. Cir. 2012).

6] *Bayer AG v. Elan Pharm. Research Corp.*, 212 F.3d 1241, 1247 (Fed. Cir. 2000)

7] *Wahpeton Canvas Co. v. Frontier, Inc.*, 870 F.2d 1546, 1553 (Fed. Cir. 1989)

8] *Monsanto Co. v. Syngenta Seeds, Inc.*, 503 F.3d 1352, 1359 (Fed. Cir. 2007)

9] *Warner-Jenkinson Co. v. Hilton Davis Chem. Co.*, 520 U.S. 17, 24 (1997)

10] *SmithKline Diagnostics, Inc. v. Helena Lab. Corp.*, 859 F.2d 878, 889 (Fed. Cir. 1988)

선스를 받지 않고 1차 제조물을 변형하여 2차 제조물을 제작한 뒤, 소비자에게 판매한 경우를 상정해 볼 수 있다. 요즘 같은 대량 소비 사회에서, 소비자는 2차 제조물 제작자가 특허 라이선스를 받지 않고 물건을 제작하였는지를 알 길이 전혀 없다. 그럼에도 불구하고, 2차 제조물을 구매한 소비자들은 특허법상의 무과실 책임에 근거하여 특허권자에 대하여 특허 침해로 인한 책임을 피할 수 없다.

(3) 분할 침해(Divided infringement)

구성요건 완비의 원칙은 물건 특허에 있어서는 큰 문제가 되지 않는다. 특허를 침해하는 물건을 만들거나 사용하거나 팔 경우, 그 물건 내에 있는 모든 구성요소들이 전체적으로 운용되기 때문에 물건 내의 구성요소별로 나누어서 실시하는 것이 물리적으로 어렵기 때문이다. 하지만, 방법 특허의 경우에는 전체적으로 특허를 침해한다고 할지라도 각각의 단계별로 다른 사람이나 다른 지역에서 침해가 가능하다. 그러나, 연방 항소 법원은 방법 특허의 경우에도 35 U.S.C. §271(a)에 의한 직접 침해 책임을 묻기 위해서는 동일인이 모든 단계를 수행할 것을 요구하고 있다.[11] 이는 35 U.S.C. §271(a) "A party shall infringe all elements claim"의 해석상 동일인을 요구하고 있으며, 이를 방법 특허라 하여 다르게 해석할 이유가 없기 때문이다. 또한, 의도치 않게 방법 특허의 일부 단계를 실시한 사람이 불의의 피해를 입는 것을 방지하기 위한 이유도 있다. 그러나, 의도적으로 방법 특허를 단계별로 분할하여 별개의 사람이 이를 실시하여, 전체적으로 특허를 침해한 경우까지 구성요건 완비의 원칙 아래 보호할 필요는 없을 것이다. 따라서, 분할 침해가 성립하는 경우와 그렇지 않은 경우를 구분할 필요가 있다. 이에 관한 연방 항소 법원의 *Akamai*[12] 사례에서 분할 침해의 기준을 밝힌 바 있다.

Akamai는 CDN(Contents Delivery Network) 서비스, 특허 번호 6,108,703의 독점 실시권을 허여받아 실시하고 있다. '703 특허는 방법 특허로, Akamai는 여러 곳에 서버를 설치하고, Akamai와 계약을 맺은 콘텐츠 공급업자들이 이들 서버에

11] *Muniauction, Inc. v. Thomson Corp.*, 532 F.3d 1318

12] *Akamai Technologies, Inc. v. Limelight Networks, Inc.*, 797 F.3d 1020 (Fed. Cir. 2015)

콘텐츠를 저장할 수 있게 하였다. 콘텐츠 공급업자들은 일반 사용자들이 지정한 콘텐츠를 Akamai의 서버에 저장해 놓은 뒤, 일반 사용자들이 접속할 수 있게 한다. 일반 사용자들은 콘텐츠 공급업자의 서버에 접속하는 것보다, 자신의 단말기와 가까운 지역에 있는 Akamai의 서버에 접속하므로 접속시간을 단축할 수 있게 된다. 여기서, 사용자들이 지정한 콘텐츠가 Akamai의 서버에 저장되는 과정을 tagging이라고 한다. Limelight는 Akamai와 동일한 CDN 서비스를 제공하였다. 다만, 고객들이 자신의 웹사이트에 있는 콘텐츠를 자사의 서버에 저장되도록 하는 tagging을, Limelight는 자신의 고객들이 직접 실행하도록 요구하였다. 즉, Limelight는 고객들에게 tagging 방법에 관한 안내와 각 단계별 기술적 지도를 제공하였지만, 고객들이 지정한 콘텐츠가 자사의 서버에 저장되도록 직접 tag하지는 않았다. 2006년도에, Akamai는 Limelight가 자신과 동일한 서비스를 하여 '703 특허를 침해하였음을 이유로 소송을 제기하였다.

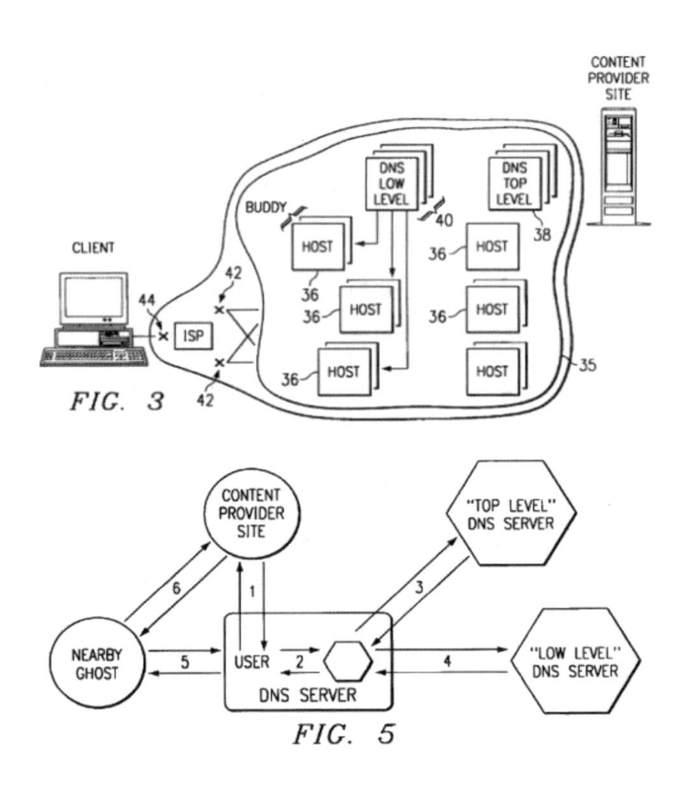

연방 지방 법원은 Limelight가 tagging 단계를 직접 수행할 수 없었기 때문에 본 특허를 직접 침해하지 않았다고 판단하였다. 그러나, 연방 항소 법원은 전원 합의체 판결에서 방법 특허의 일부를 수행하고 다른 사람에게 나머지 부분을 수행하도록 적극 장려한 사람은, 설령 직접 침해가 성립하지 않더라도 간접 침해가 성립된다고 보았다.[13] 연방 대법원은 이에 대하여, 35 U.S.C. §271(a)의 직접 책임이 성립하지 않으면, 35 U.S.C. §271(b)의 간접 책임이 성립하지 않는다고 판단하면서, 판결 이유에서 연방 항소 법원이 35 U.S.C. §271(a)의 범위를 너무 좁게 제한한 잘못이 있다고 밝혔다.[14] 이에 따라, 연방 항소 법원은 전원 합의체 판결로 기존에 35 U.S.C. §271(a)의 분할 침해에 관한 견해를[15] 바꾸게 된다.

방법 특허의 여러 단계가 하나 또는 그 이상의 행위자들에 의하여 나누어져 행해질 때, 한 행위자는 다른 행위자들의 행위에 대하여 제3자의 행위를 요구하는 청구항의 내용이 없더라도 사용자 책임(Vicarious liability)에 의하여 그 책임을 부담할 수 있다.[16] 연방 항소 법원은 행위자가 전통적인 대리인 법원칙에 따른 대리인에 의한 행위를 하거나, 방법 청구항의 하나 이상의 단계를 제3자와의 계약을 통해서 수행한다면, §271(a)에 의하여 특허 침해 행위에 대한 책임을 부담한다고 보았다.[17] *Akamai*에서, 항소 법원은 특허의 전 단계를 지배한 사람이 특허 침해 책임을 부담하는 경우를 확장하면서, 2단계 테스트를 도입하였다. 먼저, 특허 침해 혐의자는 다른 사람이 침해 행위에 참여할 것을 조건으로 하거나, 제3자의 단계별 수행 행위에서 이익을 얻는 것을 조건으로 하여야 한다. 두 번째로는 침해 혐의자가 제3자의 수행 단계의 방법과 시간을 설정하여야 한다.[18] 항소

---

13) *Akamai Technologies, Inc. v. Limelight Networks, Inc.*, 692 F.3d 1301 (Fed. Cir. 2012)

14) *Limelight Networkds, Inc. v. Akamai Tech., Inc.*, 134 S.Ct. 2111 (2014)

15) *Golden Hour Data Systems, Inc. v. emsCharts, Inc.*, 614 F.3d 1367 (Fed. Cir. 2010) (다수 견해는, 특허권자가 여러 사람이 조합하여 하나의 방법 특허를 침해한 경우에, 특허권자가 한 사람이 전체 프로세스를 조정하고 지시한 사실을 입증한 경우에만 특허 침해를 인정하고 있다. 이에 대하여 소수의견은, 특허 침해하는 시스템을 유닛별로 판매하는 전략적 동반자 관계처럼 다수가 협력하여 하나의 특허를 침해하는 경우를 (한 사람의 조정이나 지시가 없었음을 이유로) 면책시켜서는 안 된다고 주장하였다.)

16) *BMC Res., Inc. v. Paymentech, L.P.*, 498 F.3d 1373, 1379 (Fed. Cir. 2007)

17) *Id.*, at 1380-81

18) *Akamai Technologies, Inc. v. Limelight Networks, Inc.*, 797 F.3d 1020, 1023 (Fed. Cir. 2015)

법원은 이 새로운 테스트는 유연한 테스트 방법이며, 분할 침해는 각 사례의 개별적 사실 관계에 의하여 결정될 것이라고 강조하였다.[19] 본 사례에서 Limelight는 tagging과 serving 단계를 제외한 모든 단계를 수행하였고, 제외된 단계는 Limelight의 고객들에 의하여 수행하도록 되었다. 그러나, 표준 계약서에 서명함으로써, Limelight의 제품을 사용하려는 고객들은 반드시 tag와 serve를 하여야 되었다. 또한, Limelight는 사용자들이 tagging하는 시기와 방법도 통제할 수 있었다. 즉, 사용자들과 계약이 완료되면, Limelight는 사용자들에게 환영 메일을 보내는데, 이 메일에는 Limelight의 기술자들이 Limelight 서비스 시행을 이끌어준다고 기재되어 있으며, 실제로도 설치를 도와주고, 품질 인증 테스트를 실시하였다. 따라서, 법원은 Limelight에 의한 조정이나 지시에 의한 분할 침해가 이루어졌으며, '703 방법 특허의 모든 단계의 침해 행위가 Limelight에 의하여 이루어졌거나, Limelight에 귀속될 수 있다고 판단하였다.

2) 선행 기술 실행에 의한 방어

한편, 특허 침해 주장에 대한 방어로 "선행 기술의 실행(Practicing the prior art)"을 주장할 수 있는지 논의되었으나, 연방 항소 법원은 이를 인정하지 않고 있다.[20] "선행 기술의 실행" 주장은 특허를 침해했다고 소송을 제기당한 자가 특허 침해로 소 제기당한 행위와 특허의 선행 기술을 비교하여, 그 행위는 단순히 특허의 선행 기술을 실행한 것에 불과하므로, 그 행위가 특허를 침해하지 않았거나 또는 그 특허가 예견 가능하여(Anticipated) 무효라고 주장하는 것이다. 항소법원은 이에 대하여, 문언 침해는 청구항을 해석하고 이를 소 제기된 장치와 비교함으로써 결정되며, 소 제기된 장치를 특허의 선행 기술과 비교하여 결정하는 것은 아니라고 하였다.[21] 소송 당사자들은 원고가 "특허 침해로 소 제기당한 장치가 청구항의 모든 요소를 구현하였을 뿐만 아니라, 그 장치가 선행 기술의 결합된 가르침을 적용하지 않았다는 것을 입증하여야 한다."고 주장해서는 안 된

---

19) *Id.*

20) *Tate Access Floors, Inc. v. Interface Architectural Resources, Inc.*, 279 F.3d 1357 (Fed. Cir. 2002)

21) *Id.*

다.[22] 선행 기술은 모호한 청구항의 해석에 영향을 주는 범위까지만 문언 침해에 관련되며, 청구항의 의미가 명세서에 의하여 분명한 경우에는 그렇지 않다.

3) 문언 침해(Literal infringement)

문언침해가 되기 위해서는, 청구항에 제시된 각각의 모든 구성요소들이 특허 침해 의심 제품에 나타날 것을 필요로 한다.[23] 청구항의 각 요소들과 침해 혐의가 제기된 장치의 상응하는 요소들을 비교하여 한 요소라도 생략되거나 차이가 있는 경우에는 특허 침해가 성립되지 않는다.

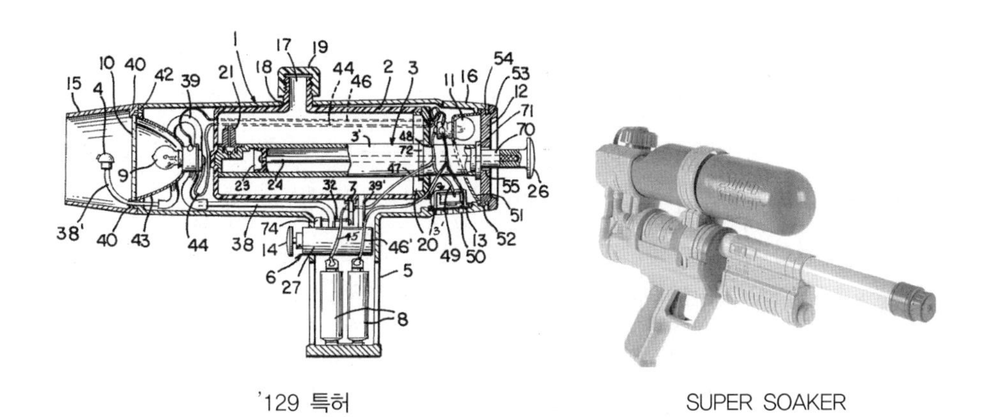

'129 특허 SUPER SOAKER

Larami v. Amron[24]에서 Larami는 "SUPER SOAKER"라고 불리는 장난감 물총을 제조하였다. 이 물총은 수동으로 작동되는 에어펌프가 물에 압력을 가하고, 압력을 받은 물의 분사를 조절하기 위하여 "Pinch trigger" 밸브 장치를 사용하며, 탈착이 가능한 물탱크가 총렬 바깥 위쪽에 위치하였다. 한편, Amron은 Larami의 SUPER SOAKER가 자신의 4,239,129 특허를 침해하였다고 주장하였다. '129 특허 역시 물총에 관한 특허이지만, '129 특허의 물총은 탈착이 불가능하며 본체 안에 덮개(Housing)에 감싸여 있다. 본 사례에서 특허 침해는 청구항 1항에 대한 해

---

22) *Baxter Healthcare Corp. v. Spectramed, Inc.*, 49 F.3d 1575, 1583 (Fed. Cir. 1995)

23) *Becton Dickinson & Co. v. C.R. Bard, Inc.*, 922 F.2d 792, 796 (Fed. Cir. 1990)

24) *Larami v. Amron*, 27 USPQ2d 1280 (ED. Pa. 1993)

석과 관련되어 논의되었다. 청구항 1항은 물총이 "액체가 담길 수 있는 공간을 가진 가늘고 긴 덮개(An elongated housing having a chamber therein for a liquid)를 가질 것을 요건으로 한다. 그에 반해, SUPERSOAK는 외부 물탱크를 갖고 있고, 이것은 총의 덮개로부터 탈착이 가능하며, 덮개 안에 있지도 않았다. 따라서, 법원은 SUPERSOAK가 법률상 '129 특허의 청구항 1항을 침해하지 않았다고 판단하였다.

4) 균등론(The doctrine of equivalents)

(1) 목적 및 적용

특허 침해 여부의 판단은, 먼저 청구항의 단어들을 검토하여 침해로 의심되는 장치들이 그 청구항의 문리적 범위 내에 들어오는 경우에, 특허를 침해하였다고 보았다. 그러나, 특허 발명을 대부분 모방하였으나, 모든 요소를 문자 그대로 모방하지 않으면 실질적으로 특허 발명과 동일한 것이라 할지라도 위에서 본 침해의 사례에 해당하지 않게 된다. 이와 같은 경우에 특허 침해가 되지 않는다고 하면, 특허에 의한 독점권을 부여하면서 신기술을 보호하자는 취지는 공허해지고 쓸모없게 된다. 청구항의 어떤 한정 요소들은 단어 자체가 많은 해석의 여지를 남기고 있다. 일부 몰염치한 사람들은 이를 악용하여, 중요하지 않고 실질적이지 않은 부분에 약간의 변경을 가함으로써, 특허 발명을 베꼈음에도 불구하고, 청구항의 범위를 벗어나 법의 적용 바깥으로 도피하려고 한다. 실생활에서 발명이나 저작권이 있는 책, 공연 등을 불법 복제하는 사람들이 단도직입적으로 완전히 이를 복사하는 경우는 아주 드문 경우에 해당할 것이다. 대부분의 모방자들은 원본에 일부 작은 변형을 가져옴으로써 복제 사실을 숨기려 하거나, 이로부터 도피하려고 시도할 것이다. 이러한 경우까지 언어 표현의 본질적 한계 때문에 막을 수 없다면, 발명가들은 자신의 발명을 특허를 통하여 공개하기보다는 이를 감추고 비밀리에 사용하려 할 것이고, 결국 특허 제도는 그 목적을 달성할 수 없게 될 것이다. 이와 같은 특허의 기망적인 모방 행위에 대응하기 위하여, 균등론이 전개되기 시작하였다.[25]

---

25) *Graver Tank & Mfg. Co. v. Linde Air Products Co.*, 339 U.S. 605, 608-09 (1950)

Graver Tank 사례에서, 원고인 Linde는 Unionmelt라는 용접 용제에 대한 특허를 보유하였다. 그 특허는 구성요소로 Alkaline earth metal silicate and calcium fluoride를 청구하였지만, Unionmelt는 실제로 Calcium과 Magnesium silicates로 구성되었다. Linde는 Graver Tank사의 용제인 Lincolnweld가 자신의 특허를 침해하였음을 이유로 소를 제기하였다. Lincolnweld는 Unionmelt의 Magnesium 대신에 (Alkaline earth metal이 아닌) Manganese를 사용한 것을 제외하면, 요소들의 구성, 사용 및 그 결과가 거의 동일하였다. 1심에서, 이 분야의 화학자도 Manganese와 Magnesium은 화학 반응이 유사하며, 특허 목적을 위해서 Manganese가 Alkaline earth metal로 고려될 수 있다고 증언하였다. 또, 선행 기술은 용접 용제로 Manganese silicate를 대체제로 가르쳤다. Graver는 독자적인 연구와 실험에 의하여 Lincolnweld가 개발되었다는 사실을 증명하지 못하였다.

연방 대법원은, 균등론을 적용하여 Lincolnweld가 Unionmelt의 침해라고 판단하였다. 대법원은 균등론이 100여 년 전 *Winas v. Denmed*[26] 사례에서 기원하여 계속해서 연방 대법원과 하급심에 적용되어 오고 있다고 설명하였다.[27]

한편, 균등론은 특허권자의 원천기술 특허나 개척발명에 유용하게 작용할 뿐만 아니라, 비록 균등한 범위가 상황에 따라 다르게 적용될지라도 기존의 구성요소들을 결합하여 새롭고 유용한 결과를 산출하는 이차 발명에도 유용하다. 이 원칙은 또한 특허권자에게만 늘 유리하게 적용되는 것은 아니며, 경우에 따라 불리하게 적용되기도 한다. 장치가 특허 문안으로부터 너무 많이 변경되어 실질적으로 다른 방법으로 같거나 유사한 기능을 수행하는 경우에, 그럼에도 청구항의 문언 범위 내에 들어오는 경우에 균등론은 청구항을 제한하기 위하여 사용되며, 특허권자는 침해소송에서 패소할 것이다(역 균등론; The reverse doctrine of equivalents).[28] 초기 단

---

26) *Winas v. Denmed*, 56 U.S. 330 (1854)

27) 균등론은 1870년 특허법에 따른 청구항 기술에 관한 중심한정주의(Central claiming system)의 산물이며, 1952년 특허법 개정에 의하여 주변한정주의(Peripheral claiming system)가 도입되었으므로, 이 원칙도 폐지되어야 한다는 주장이 있었으나, *Warner-Jenkinson Company, Inc. v. Hilton Davis Chemical Co.*, 520 U.S. 17, 25-28 (1997)은, 1952년 특허법 개정에서 §112(f)를 도입한 것이 균등원칙을 폐지한 것이 아니라고 판단하였다.

28) *Westinghouse v. Boyden Power Brake Co.*, 170 U.S. 537 (1898)

계에서, 균등론은 대체로 기계 부품들이 동등한 경우에 적용되었으나, 추후에는 화학적 구성요소의 동등성이 인정되는 경우로 확대되었다.

(2) 테스트

① 기능/방법/결과 테스트(Function/Way/Result Test; FWR): 연방 대법원은 *Sanitary Refrigerator Co. v. Winters*[29] 사건에서, 특허 침해 혐의 장치가 "동일한 결과를 얻기 위하여, 실질적으로 동일한 방법에 의하여 실질적으로 동일한 기능을 수행한다면"[30] 균등론에 의하여 특허를 침해하였다고 판단하였다. 이는 "두 장치가 실질적으로 같은 방법에 의하여 같은 일을 하고, 실질적으로 같은 결과를 얻는다면, 그 두 장치는 이름, 구성, 모양 등에서 다를지라도, 동일하다."[31]는 의미이며, 흔히 특허 변호사들 사이에서 "기능/방법/결과" 또는 "FWR" 테스트라고 불리는 균등론에 의한 침해에 관한 고전적인 테스트로 정착되었다.

연방 대법원은 *Graver Tank*에서 FWR 테스트를 적용하는 데 있어 다음과 같이 안내하고 있다. 무엇이 균등성을 구성하는지는 특허의 문맥이나, 선행기술, 해당 사안의 특정 상황에 따라 결정될 수밖에 없다. 특허법상의 균등성은 공식이라는 감옥이 아니며, 외부와 단절된 절대적인 것도 아니다. 이것은 또한 모든 목적이나 모든 면에서 완전한 동일성을 요구하는 것도 아니다. 균등성을 결정하는 데 있어서, 동일한 사물에 균등한 것들이 서로 같지 않을 수도 있으며, 같은 이유에서, 다른 목적을 위한 것들이 때때로 균등할 수도 있다. 특허 안에서 요소가 사용되는 목적, 다른 요소들과 결합할 때 특허의 품질, 특허가 수행하려는 기능 등이 검토되어야 한다. 중요한 요소는 당업자가 특허에 포함되지 않은 요소와 포함된 요소 간의 상호 교환성을 알고 있어야 한다는 것이다.[32]

---

29) *Sanitary Refrigerator Co. v. Winters*, 280 U.S. 30 (1929)
30) *Id.*, at 42
31) *Union Paper-Bag Machine Co. v. Murphy*, 97 U.S. 120, 125 (1877)
32) *Graver Tank*, at 609

② 비실질적 차이 테스트(Insubstantial differences test): 연방 항소 법원은 FWR 테스트는 균등성에 관한 사실 문제를 결정하는 하나의 방법에 불과하며, 또 하나의 방법으로 청구된 발명과 침해 제기된 장치 간의 차이가 실질적이지 않은지(insubstantial)를 확인해 보는 것이다. 만약, 차이가 실질적이지 않다면, 그 침해 제기된 장치는 균등론에 의하여 특허 침해한 것으로 보게 된다.[33] 균등론을 판단하는 데 고전적인 FWR 테스트와 비실질적 차이 테스트 중 어느 방법이 우위에 있느냐는 논쟁이 있을 수 있다. 고전적인 FWR 테스트는 기계 장치에 관한 발명의 특허 침해 심리에는 적합하지만, 다른 제품과 방법의 경우에는 적절한 분석 도구가 되기 어렵다. 반면에, 비실질적 차이 테스트는 어떠한 차이가 비실질적인 차이가 될 수 있는지에 관하여 추가적인 설명을 거의 하지 못하고 있는 단점이 있다.[34]

(3) 균등론을 위한 구성요소 완비의 원칙(All elements rule)

균등론은 폭넓게 적용될 경우, 청구항을 통한 한정 기능이나 공지 기능이 약화될 수 있다는 우려가 제기되어 왔다. *Warner-Jenkinson Company, Inc. v. Hilton Davis Chemical Co*[35]에서도 이런 문제점에 공감하면서, 균등론을 위한

33) *Voda v. Cordis Co.*, 536 F.3d 1311, 1326 (Fed. Cir. 2008) 청구항의 한정 요소와 이에 상응하는 침해 제기된 장치의 요소 간의 차이가 비실질적이며, 특허는 균등론에 의거하여 침해되었다.

34) *Warner-Jenkinson Company, Inc. v. Hilton Davis Chemical Co.*, 520 U.S. 17, 39-40 (1997)

35) *Warner-Jenkinson Company, Inc. v. Hilton Davis Chemical Co.*, 520 U.S. 17 (1997) 에서 원고인 Hilton Davis는 염색약을 제조하는 데 있어 불순물을 제거하는 방법에 관한 특허를 받았는데, 여기에는 pH 수준 약 6.0에서 9.0 사이에서(at a pH from approximately 6.0 to 9.0) 운용되는 염색약의 초미세여과 공정이 포함되어 있다. 출원인은 출원과정 중에 심사관으로부터 pH 9.0이상에서 운용되는 초미세여과 공정을 포함한 선행 기술 Booth 특허와 중첩된다고 거절당하자, pH 요소를 제한하는 내용을 청구항에 추가하였다. 출원인이 pH의 상한 규정을 추가한 이유는 선행 기술과 구별 짓기 위한 것이지만, 하한 규정을 추가한 이유는 명백히 드러나지 않았다. 한편, Warner-Jenkinson은 Hilton Davis보다 늦게 pH 5.0 수준에서 운용되는 초미세여과 공정을 독자적으로 개발하였다. Hilton Davis는 Warner-Jenkinson이 자신의 특허를 문언적으로 침해하지는 않았지만, 균등론에 의한 침해가 성립한다고 소를 제기하였다. 1심에서 배심원들은 균등론에 의한 특허 침해를 인정하였고, 연방 항소 법원에서도 이를 인용하였으나, 연방 대법원은 출원 과정 중에 하한 규정을 추가한 이유를 명백히 심

구성요소 완비의 원칙(All elements rule)을 제시하면서, 양자 간의 절충을 시도하였다. 즉, 청구항과 특허 침해로 소 제기된 장치의 각 요소 사이에 균등성이 확보될 것을 요구하게 되면, 균등론의 부정확성을 상당히 감소시킬 것으로 보았다.

특허 청구항에 포함된 각 요소는 특허 발명의 범위를 한정하는 자료가 되므로, 균등론은 청구항의 개별 요소들에 적용되어야 하며, 발명에 전체로서(as a whole) 적용되어서는 안 된다. 균등론을 각 요소에 적용할 때는, 폭넓게 적용하여 그 요소를 완전히 제거하는 것과 같은 결과가 나오지 않도록 주의하여야 한다. 균등론이 이런 한계를 넘지 않는다면, 특허 청구항의 중요한 기능을 손상시키지는 않을 것이다.[36]

균등론에서 균등성을 판단하는 적절한 시점에 대하여, 연방 대법원은 특허 등록 시점이 아닌 침해 시점으로 보았다. 즉, 침해 제기된 요소와 청구항의 요소가 균등한지를 판단하는 데 있어서, 이들 요소 간의 호환성을 알게 된 시점을 특허에 대한 침해 시점으로 판단한 것이다.[37]

한편, All element rule에서 "Element"란 정확히 무엇을 의미하는지가 논의될 수 있다. 연방 항소 법원은 "Element"란 청구항에서 발견되는 어떠한 "Limitation"과도 같은 의미를 갖는다고 보았다.[38]

(4) 균등성의 확립

연방 항소 법원은 어떤 증거가 균등론 아래서 특허 침해를 발견하는 것을 뒷받침하기 위하여 제시될 때, 기능/방법/결과 테스트에 관하여 또는 청구된 발명과 침해 혐의 장치 간의 차이가 비실질적이라는 것에 관하여 연결하는 주장과 자세한 증언을 특허권자가 제시하도록 요구하였다.[39] 또, 그런 증거들은 한정 요소별 기준(Limitation-by-limitation basis)으로 제시되어야 한다.[40]

리하여, 균등론이 출원 경과 금반언에 의하여 제한되었는지를 판단하여야 한다고 보았다.

36) *Id.*, at 29

37) *Id.*, at 37

38) *Corning Glass Works v. Sumitomo Electric U.S.A., Inc.*, 868 F.2d 1251, 1259 (Fed. Cir. 1989)

39) *American Calcar, Inc. v. American Honda Motor Co., Inc.* 651 F.3d 1318, 1338-39 (Fed. Cir. 2011)

American Calcar, Inc 사례에서, 특허 발명은 다수의 콘텐츠 Sources로부터 신호를 받는 라디오 시스템이고, 침해 혐의 장치는 하나의 Source(XM Programming Center)로부터 하나의 신호를 받는 라디오 시스템에 관한 것이다. 여기서, 균등론에 근거하여 특허 침해를 주장하는 원고에게 XM Programming Center와 복수의 방송 Sources가 균등하다는 것에 대한 주장과 자세한 증거를 제공할 것이 요구되었다. 그러나, 원고가 제시한 유일한 증거는 XM Programming Center가 청구된 복수의 Sources와 비실질적인 차이만 있다는 발명자의 진술서에 불과하였다. 이와 같이, 복수의 발명자 중 한 사람으로부터 청구항과 특허 침해 제기된 자의 제품 사이에 전체적인 동일성이 있다는 일반적인 증언으로는 실질적인 문제의 진정한 이슈를 생성하는 데 충분하지 못하다.[41]

(5) 균등론의 한계

① 선행 기술: 위와 같은 테스트에 의하여 균등론이 만족된다 하더라도, 청구항과 균등물로 주장되는 범위에 선행 기술이 포함된다면 특허 침해가 발생하지 않는다.[42] 균등론은, 정의에 따르면, 청구항의 허용 가능한 해석 범위를 넘어서, 장치가 청구항에 기술된 것과 "균등한"지를 결정하는 것을 포함하는 것이다. 그러나, 이 허용 가능한 균등물은 선행 기술을 그 경계로 하여, 선행 기술을 포함할 수 없다. 그것은 특허권자가 청구항 문언상 PTO로부터 합법적으로 획득할 수 없는 범위까지 균등론에 의하여 획득하는 것을 의미하기 때문이다. 균등론은 특허에 대한 기망적인 사용을 막기 위한 것이지, 특허권자가 PTO로부터 얻으려고 하였으나 얻을 수 없었던 것까지 주는 것은 아니기 때문이다.[43]

선행 기술이 청구항과 균등물의 범위에 있는지를 결정하는 것은 쉬운 문제가 아니기 때문에, 그 분석을 단순화하기 위한 방법 중의 하나로, "가상 청구

---

40) *Texas Instruments, Inc. v. Cypress Semiconductor Corp.*, 90 F.3d 1558, 1567 (Fed. Cir. 1996)

41) *Id.* 한편, 연방 특허 항소 법원은 복수의 Sources로부터 받는 하나의 신호가 하나의 Source로부터 받는 하나의 신호와 균등하다고 주장하는 것은 청구항을 의미 없게 만들게 하여 청구항의 기능을 해치는 결과를 초래한다는 피고의 주장도 인정하였다.

42) *Senmed, Inc. v. Richard-Allan Medical Indus.*, 888 F.2D 815, 821 (Fed. Cir. 1989)

43) *Wilson Sporting Goods Co. v. David Geoffrey & Associates*, 904 F.2d 677 (Fed. Cir. 1990)

항 분석(The hypothetical claim analysis)"방법을 도입하였다. 이 분석 방법은 두 단계를 거쳐 이루어진다. 먼저, 문언적으로 특허 침해 혐의 장치를 포함할 수 있는 가상의 청구항을 만든다. 다음 단계로 특허권자는 그 가상 청구항이 침해 혐의자가 소개한 선행 기술에도 불구하고 특허를 받을 수 있다고 법원을 설득하여야 한다. 다시 말하면, 법원은 선행 기술을 포함하지 않으면서 청구항의 문언적 범위와 특허 침해 혐의 장치를 포함할 수 있는 가상의 청구항을 만들 수 있는지를 묻는 것이다.

JANG v. BOSTON SCIENTIFIC CORP[44]는 관상 동맥 스텐트에 관한 특허 소송 사례이다.

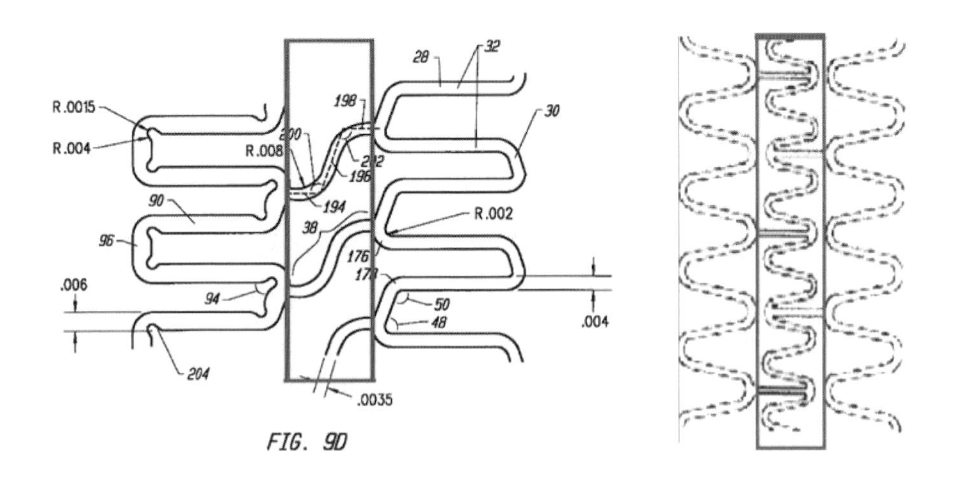

FIG. 9D

좌측의 도면은 특허 발명을 보여 주는 것으로, 양쪽의 늘려진 버팀 기둥들 사이의 굵은 실선 안은 양 쪽의 버팀 기둥들을 평행이 아닌 형태로 연결하였으며, 마루와 마루(Pick-to-pick configuration)로 연결되었다.[45] 우측 도면은

44] *JANG v. BOSTON SCIENTIFIC CORP.*, 872 F.3d 1275 (Fed. Cir. 2017)

45) U.S. Pat. No. 5,922,021 특허의 청구항 1은 다음과 같다.

1. A stent in a non-expanded state, comprising:
   a first expansion strut pair including a first expansion strut(90) positioned adjacent to a second expansion strut(28) and a joining strut(96) of the first expansion strut pair that couples the first and second expansion struts at a distal end of the first expansion strut pair, *a plurality of the first expansion strut pair forming a first*

특허 침해 혐의 장치를 보여 주는데, 여기서는 대형 버팀 기둥과 소형 버팀 기둥의 두 가지 버팀 기둥으로 구성되었으며, 각 기둥들은 수평하게 골에서 마루로 연결되는 구조(Peak-to- valley configuration)를 띠고 있다. 특허 침해 혐의 장치가 청구항의 균등물의 범위 내에 들어오는지, 그 범위가 선행 기술에 저촉되지 않는지를 판단하기 위하여, 법원은 가상 청구항 분석을 하였고, 원고는 두 가지 가상 청구항을 제시하였다.

첫 번째 가상 청구항은 다음과 같다.

> "the first connecting strut ~~intermediate section being nonparallel to the first connecting strut proximal and distal sections~~ *column configured to provide increased flexibility compared to the first and second expansion columns.*"

---

expansion column;

a second expansion strut pair(32) including a first expansion strut(90) positioned adjacent to a second expansion strut(28) and a joining strut(30) of the second expansion strut pair that couples the first and second expansion struts of the second expansion strut pair at a proximal end of the second expansion strut pair, *a plurality of the second expansion strut(32) pair forming a second expansion column;*

a first connecting strut(38) including a first connecting strut proximal section(194), a first connecting strut distal section(198) and a first connecting strut intermediate section(196), the first connecting strut proximal section being coupled to the distal end of the first expansion strut pair in the first expansion column and the first connecting strut distal section being coupled to the proximal end of the second expansion strut pair of the second expansion column, *a plurality of the first connecting strut forming a first connecting strut column that couples the first expansion column to the second expansion column, the first connecting strut intermediate section being nonparallel to the first connecting strut proximal and distal sections,* wherein the first expansion strut of the first expansion strut pair in the first expansion column has a longitudinal axis offset from a longitudinal axis of the first expansion strut of the second expansion strut pair in the second expansion column.

(강조하기 위하여 이탤릭체로 표시, 숫자는 이해를 돕기 위하여 저자 삽입. (90)의 정확한 명칭은 reinforcement strut이며, (96)의 정확한 명칭은 reinforcement expansion joining strut임.)

원고는 수평이 아니어야 한다는 한정 요소를 삭제함으로써 실제 청구항보다 그 범위를 확장하였으나, 그 다음 부분에 연결 부위(38)가 양쪽의 늘려진 버팀 기둥보다 증가된 유연성을 가져야 한다는 한정 요소를 추가함으로써, 실제 청구항의 범위보다 가상 청구항을 축소시켰다. 특허권자는 가상 청구항에 청구항을 축소하는 어떤 한정 요소도 추가할 수 없기 때문에,[46] 본 가상 청구항은 법원에 의하여 거절되었다.

두 번째 가상 청구항은 다음과 같다.

> "a first connecting strut including *at least* a first connecting strut proximal section, a first connecting strut distal section and a first connecting strut intermediate section."

원고는 실제 청구항 1항에 at least를 추가하였다. 청구항 1항은 연결 용어로 개방형 청구항을 이룰 수 있는 "comprising"을 사용하였다. 가상 청구항에 "at least"를 추가하였지만, 이는 "comprising"의 반복에 지나지 않고, 원고의 두 번째 가상 청구항은 결국 청구항 1항과 같은 청구 범위를 갖는 데 지나지 않았다.

② 개시되었으나 청구되지 않은 주제(Dedication rule): Dedication rule이란 명세서에는 개시되었으나, 청구항 문헌 범위 밖에 놓인 주제는 공공에 제공되었다(dedicated)고 보는 원칙이다. Dedication rule과 청구항 문언 밖의 균등물에까지 특허 보호 범위를 확장하려는 균등론과 일견 모순되어 보이므로, 이 둘의 관계 정립이 논의되어 왔다.

연방 대법원과 연방 항소 법원 둘 다 공히 청구항이 특허 보호 범위를 한정한다는 근본 원칙을 고수해 왔다.[47] 따라서, 청구항은 특허 보호 범위를 통

---

46) *Streamfeeder, LLC v. Sure-Feed, Inc.*, 175 F.3d 974, 983 (Fed. Cir. 1999) (실제 청구항의 문언과 실질적으로 균등한 주제를 포함하기 위하여 가상 청구항에 대한 사소한 확장은 허용되지만, 소송 중이나 PTO 바깥에서 특허 침해 혐의 장치를 포함하고 선행 기술을 피하기 위해서 여기저기를 덧붙이고 축소하면서 재단하는 행위는 허용되지 않는다. 어느 지점에서 가벼운 확장은 허용되지만, 축소는 허용되지 않는다.)

47) *Aro Mfg. v. Convertible Top Replacement Co.*, 365 U.S. 336, 339 (1961) ("특허 청구항이 특허를 부여하는 유일한 척도가 된다.");

지하는 기능을 수행하였으며, 이 통지 기능은 특허 출원 중의 특허청 심사관에 대한 통지뿐만이 아니라,[48] 특허 등록 이후 잠재적인 경쟁자를 포함한 공중 전체에 대한 통지 기능이 포함되었다. 이러한 청구항의 특허 범위 한정과 공지 기능은 일관되게 특허 출원자가 그의 발명을 명세서가 아닌 청구항에 정의할 것을 요구한다. 결국 명세서가 아닌, 청구항이 특허권자의 배타적 권리를 측정하는 척도가 되었다.[49] 더군다나, 특허 침해에 관한 법은 침해 혐의 장치를 법원에 의하여 해석된 특허 청구항과 비교하여 결정할 것을 요구한다. 특허 침해는 문언적으로든지 균등론에 의하여서든지 간에, 침해 혐의 장치를 명세서에 상세하게 기술된 실시예나 특허권자의 상업화된 제품과 비교하여 결정되지 않는다. 따라서, 청구항에 포함되지 않은 것은 공공의 소유로 인식된다. 공공 대중은 특허에서 특별하게 청구되지 않은 것은 자유롭게 사용할 권리를 갖게 된다.

균등론은 특허권자의 배타적인 권리를 청구항의 문언적인 범위를 넘어서까지 확장시켰다. 이를 다시 확인한, *Warner-Jenkinson*에서는 특허 침해로 소제기된 행위는 pH 5.0에서의 미세 여과 공정이었고, 이것이 특허 청구항에 기재된 하한 규정인 pH 6.0의 범위에 균등 원리로 포함될 수 있는지 논의되

Cont'l Paper Bag Co. v. E. Paper Bag Co., 210 U.S. 405, 419 (1908) ("발명은 특허 청구항에 의하여 판단될 수 있다.");
Atl. Thermoplastics Co. v. Faytex Corp., 974 F.2d 1299, 1300 (Fed. Cir. 1992) ("특허권은 오직 특허 청구항에 의하여 한정된다.");
SRI Int'l v. Matsushita Elec. Corp., 775 F.2d 1107, 1121 (Fed. Cir. 1985) ("발명을 판단하는 것은 특허 청구항에 의한다.")

48) *Mahn v. Harwood*, 112 U.S. 354, 361 (1884) ("특허 청구항을 통하여 특허권자의 발명이 어떠 어떠한 요소이며, 어떻게 조합되었고, 그 이외에 더 이상은 해당되지 않는다고 공공에게 알려지고 통지된다.")

49) *Milcor Steel Co. v. George A. Fuller Co.*, 315 U.S. 143, 146 (1942) ("명세서로부터 만들어질 수 있는 모든 요소들의 가능한 조합 중에서, 특허권자는 청구항에 담겨 있는 것만을 특허로 남겨 두었다.");
Cont'l Paper Bag, 210 U.S. at 419 ("물론, 발명이 기재되어야 하고 실제 사용 방법이 설명되어야 하지만, 그 발명은 청구항으로 판단된다.");
McClain v. Ortmayer, 141 U.S. 419, 424 (1891) ("청구항이 특허권자의 권리를 구제하는 척도가 된다. 명세서가 청구항을 제한하기 위하여 언급될지라도, 청구항을 확장하기 위하여 사용될 수는 없다.")

었다. 연방 대법원은 "하한 규정인 pH 6.0이 단순히 삽입되어 청구항의 중요한 요소가 되었다 할지라도, 이것만으로 균등론의 적용이 배제되는 것은 아니라"고 보았다. 그렇지만, *Warner-Jenkinson*의 특허권자는 명세서에서 pH 5.0의 미세 여과 공정을 제시하거나 개시하지는 않았다. 명세서상에서는 "It is preferred to adjust to *approximately* 6.0 to 8.0"으로 기술되었을 뿐이다.

만약, 특허 작성자가 어느 주제를 개시하였으나, 청구항에 기재하지 않았다면, 이는 청구되지 않은 주제를 공공에 헌정한 것이 될 것이다. 고의적으로 청구하지 않은 주제를 다시 포함시키기 위하여 균등 원리를 이용한다면 특허권자의 배타적인 권리 범위를 청구항에서 한정하려고 하는 특허법의 원칙과 충돌될 것이다.[50] 더군다나, 특허권자가 PTO에 의한 출원 심사를 회피하기 위해서 발명을 축소하여 청구하고, 특허 등록 이후에, 명세서에 균등물을 기술하였다는 이유로, 균등 원리에 의하여 특허 침해를 확장하게 할 수는 없다. 그럴 경우, 특허 출원자에게 명세서에는 폭넓은 개시를 하도록 하고, 같은 내용이 청구되면 특허 등록이 거절되기 때문에, 청구항은 축소하여 기술하도록 장려하는 결과를 초래할 것이다.[51]

Johnson & Johnston Associates Inc. v. R.e. Service Co., Inc[52]에서 Johnston의 특허는 청구항을 특별히 "a sheet of aluminum"과 "the aluminum sheet"으로 한정하였다. 그러나, 이 특허의 명세서는 다음과 같이 기재하였다.

> "While aluminum is currently the preferred material for the substrate, other metals, such as stainless steel or nickel alloys may be used."[53]

---

50) *Conopco, Inc. v. May Dep't Stores Co.*, 46 F.3d 1556, 1562, (Fed. Cir. 1994) ("공공에 의하여 특허 침해를 회피할 수 있도록 이용된 청구항의 의미 있는 구조적 기능적 한정 요소를 제거하기 위하여 균등론이 사용될 수 없다.")

51) *Maxwell v. J. Baker, Inc.*, 86 F.3d 1098, 1107 (Fed. Cir. 1996)

52) *Johnson & Johnston Associates Inc. v. R.e. Service Co., Inc.*, 285 F.3d 1046 (Fed. Cir. 2002)

53) U.S. Patent No. 5,153,050; Col. 5, ll. 5-10.

여기서, Steel substrates는 청구되지 않고 명세서에만 개시되었기 때문에, Johnson은 특허 등록 후에 한정 요소인 Aluminum에 Steel을 포함하기 위하여 균등론을 적용할 수 없다.

(6) 출원 경과 금반언(Prosecution history estoppel)

출원 경과 금반언의 원칙은, 출원인이 출원 과정 중에 PTO에 행한 행위에 따라 특허 청구항을 해석하여야 하며, 출원인의 행위와 모순되는 해석을 해서는 안 된다는 원칙이다. *Warner-Jenkinson*에서, 청구항 보정에 관한 설명이 없다면, 법원은, PTO가 청구항을 보정하여 제한 요소를 포함한 것은 특허 자격과 관련하여 상당한 이유를 가졌다고 추정한다. 그러한 경우에, 출원 경과 금반언은 그 요소에 대한 균등론의 적용을 방해한다고[54] 하여, 균등론이 출원 경과 금반언의 원칙에 의하여 제한을 받는다고 보았다. 한편, 연방 대법원은 이어진 *Festo Co. v. Shoketsu Kinzoku Kogyo Kabushiki Co., Ltd*[55] 판결을 통하여 *Warner-Jenkinson*에서 한 발 더 나아가 출원 경과 금반언과 균등론 간의 관계에 대하여 상설하였다.

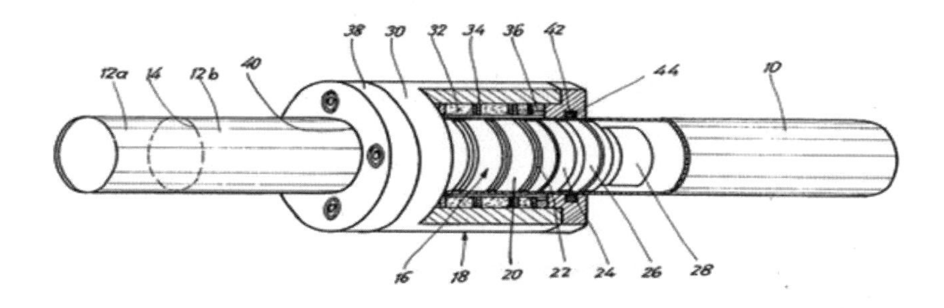

Festo(원고)는 자석에 의하여 피스톤을 움직이는 개량된 Rodless cylinder에 관한 2개의 특허(미국 특허 번호 4,354,125와 3,779,401)를 보유하였다. 그러나, 이들 특허는 심사관이 35 U.S.C. §112에 따른 작동방법이 불명확하다는 이유로 거절

54) *Warner-Jenkinson Company, Inc. v. Hilton Davis Chemical Co.*, 520 U.S. 17, 33 (1997)
55) *Festo Co. v. Shoketsu Kinzoku Kogyo Kabushiki Co., Ltd.*, 535 U.S. 722 (2002)

하였고, 출원인은 각 특허를 보정하여 등록을 마치게 되었다. 새로이 보정되어 추가된 내용은, 한 방향으로 움직이는 한 쌍의 "실링 링(26)"과 "자석 물질(32)"로 둘러싸인 슬리브(30) 등이다. 이에 반하여, 원고가 특허 침해를 주장하는 피고의 제품은 양 방향으로 움직이는 Single sealing ring과 비자성 물질인 알루미늄 합금으로 된 슬리브로 구성되었다. 원고는 피고의 물건이 특허 문언을 침해하지는 않지만, 균등론에 따라 원고 특허를 침해한다고 주장하였고, 피고는 원고가 보정을 통하여 출원 범위를 축소하였으며, 보정된 부분(여기서는 실링 링과 슬리브를 구성하는 자성 물질)을 균등론에 의하여 다시 확장 해석하는 것은 금반언의 원칙에 반한다고 주장하였다.[56]

이 사례에서, 연방 대법원은 다음과 같이 출원 경과 금반언의 원칙을 정립하였다. 먼저, 금반언의 원칙은 35 U.S.C. §102, §103상의 선행 기술을 회피하기 위한 보정뿐만 아니라, §112상의 요건을 갖추지 못하는 것과 같은 다른 이유로 보정한 경우에도 적용된다.[57] 두 번째로 특허 심사관의 요청이나 거절에 의하지 않은 출원인의 자발적인 보정에도 금반언의 원칙이 적용된다.[58] 세 번째로, *Warner-Jenkinson* 추정[59]을 다시 한번 확인하였다. 즉, 출원인이 보정에 대한 명확한 이유를 설명하지 않은 경우, 축소 보정은 특허 자격과 관련하여 상당한 이유가 있는 것처럼 다루어진다. 다만, *Festo*에서 연방 대법원은, 설명되지 않은 보정이 축소된 청구항의 한정 요소에 대한 균등론의 적용을 완전히 방해하는 것은 아니며, 출원인은 반증으로 이 추정을 깨뜨릴 수 있다고 보았다. 그러나, 출원

---

56) 연방 항소 법원 전원 합의체 판결(*Festo Co., v. Shoketzu Kinzoku Kogyo Kabushiki Co., Ltd.*, 234 F.3d 558 (Fed. Cir. 2000))에서 설명하지 않은 보정이 균등론의 적용을 완전히 방해한다는 결정은, 연방 대법원 판결(535 U.S. 722 (2002))에 의하여 파기 환송되었다. 연방 항소 법원은 파기 환송심(344 F.3d 1359 (Fed. Cir. 2003))에서 지방 법원에 Festo의 주장이 예측 불가능한 균등물의 예외에 해당될 수 있는지 재의를 요청하였고, 지방 법원은 single sealing ring과 비자성 sleeve가 출원 보정 당시 예견 가능하였다는 사실을 밝혀 내고, Festo가 출원 경과 금반언의 추정을 깨뜨리지 못하였기 때문에 균등론이 적용되지 않는다고 보았다(2005 U.S. Dist. LEXIS 11621,*28(D.Mass. June10, 2005)). 지방 법원의 이러한 결정은 항소 법원에서도 인용되었다. (493 F.3d 1368 (Fed. Cir.2007))

57) *Festo*, 535 U.S. at 736

58) *Festo*, 535 U.S. at 727-28

59) *Warner-Jenkinson Co., Inc., v. Hilton Davis Chemical Co.*, 520 U.S. 17, 33－34 (1997)

인이 Warner-Jenkinson 추정을 깨뜨리지 못한 경우, 법원은 출원인이 광의의 언어와 협의의 언어 사이의 모든 주제(All subject matter between the broader and the narrower language)를 포기하였다고 추정할 수 있다.[60] 이와 같이 Warner-Jenkinson 추정과는 다른 새로운 추정(Festo 추정)을 확립하면서, 연방 대법원은 특허권자가 축소 보정으로 특정 특가물을 포기하지 않았다는 사실에 대한 거증 책임을 부담하며, "당업자는 추후 주장된 균등물을 문언적으로 포함한 청구항의 작성이 보정 당시에 합리적으로 기대할 수 없었다."는 사실의 입증으로 포기 추정을 반증할 수 있다고 밝혔다. 덧붙여서, 대법원은 Festo 추정을 극복할 수 있는 세 가지 방법을 제시하였다. 특허권자가 ① 출원 당시 그 균등물을 예견할 수 없었다는 사실, ② 보정의 근간이 되는 이유가 균등물과는 지엽적인 관계(Tangential relation)에 불과하다는 사실, ③ 특허권자가 사소한 대체물을 기술했을 것이라고 합리적으로 기대할 수 없음을 보여 주는 다른 이유가 있었다는 사실 등을 증명한다면, 특허권자는 '출원 경과 금반언은 균등물의 발견을 방해한다.'는 추정을 극복할 수 있다.[61]

연방 항소 법원은 파기 환송된 본 사례를 재의하면서, 연방 대법원이 *Festo* 추정의 반증으로 제기한 세 가지 기준을 상설하였다.[62]

먼저, 첫 번째 기준은 특허권자가 주장된 균등물을 보정 당시에 예견할 수 없었기 때문에, 이를 포기하였다는 해석은 정당한 해석 범위를 넘는다는 입증을 요구한다. 이 기준은, 주장된 균등물이 보정 당시 당업자에게 예견 불가능하였는지를 질문하면서 객관적인 사실 심리를 제공한다. 일반적으로 주장된 균등물이 후에 개발된 기술(예 진공관과 관련된 트랜지스터, 접착제와 관련된 Velcro® 등)이나 관련 분야에서 알려지지 않은 기술을 대표한다면, 그 균등물은 예견할 수 없었을 것이다. 반대로 오래된 기술이라면, 늘 예견 가능하지는 않더라도, 예견 가능하다고 보기 쉬울 것이다. 사실, 주장된 균등물이 발명 분야의 선행 기술에서 알려졌다면, 그것은 보정 당시에 확실히 예견 가능하였을 것이다. 객관적인 예견 불

---

60) *Id.*

61) *Festo*, at 740-741

62) *Festo Co. v. Shoketsu Kinzoku Kogyo Kabushiki Co., Ltd.*, 344 F.3d 1359 (Fed. Cir. 2003)

가능성 기준은 기본이 되는 관련 사실관계, 예를 들면 기술 상태라든가 보정 당시 당업자의 이해 등의 발견에 좌우된다. 따라서, 본 기준을 판단함에 있어 지방법원은 전문가 증인의 증언을 듣거나, 관련 사실들의 심리에 연관된 다른 외부 증거들을 고려하여야 할 것이다.

연방 대법원의 두 번째 기준은, 특허권자가 "축소 보정의 이유가 의문이 제기된 균등물과 지엽적인 관계(Tangential relation)"라는 것을 입증할 것을 필요로 한다. 다시 말하면, 축소 보정을 한 이유가 주장된 균등물에 주변적이거나, 직접적으로 관련되지 않았다는 것을 의미한다. 실제로 우리가 단순한 Tangentialness만 일어나는 경우를 기대할 수는 없을지라도, 의문이 제기된 균등물이 포함된 선행기술을 회피하기 위하여 축소 보정하였다면, 이는 청구항의 허락에 지엽적이 아니라, 중심적 관계에 있다고 말할 수 있다. 또한, 특허권자가 특허를 받으려는 이유에서 축소 보정을 하였다는 *Warner-Jenkinson* 추정을 반박할 수 있는지에 관한 사실 심리와 거의 동일하게, 특허권자가 "Tangential" 기준에 관한 *Festo* 추정을 반박할 수 있는지에 관한 사실 심리도 특허권자가 축소 보정을 한 객관적으로 명백한 이유에 초점을 맞춘다. *Warner-Jenkinson*에서 본 바와 같이, 특허와 특허 출원 경과의 공지 기능이 중요한 의미를 갖는 경우에만, 보정 이유가 출원 경과의 기록에서 인식될 수 있다.[63] 특히, 보정이 단지 주장된 균등물에 지엽적인지는 보정된 문맥에 초점을 맞추는 것이 필요하다. 따라서, 특허권자가 축소 보정을 위하여 단지 지엽적인 이유를 설정하였는지는 법원이 추가적인 증거 없이 출원 경과 기록으로부터, 필요하다면 그 기록의 해석에 관한 전문가 증인의 도움을 받아 판단할 것이다.

세 번째 기준은, 특허권자가 "의문이 제기된 비실질적인 대체물을 기술할 것을 합리적으로 기대할 수 없었다는 것을 제시하는 다른 이유"를 밝혀야 한다. 이 기준은 모호한 반면에, 협의로 해석되어야 하며, 특허권자가 예측 불가능성과 지엽성 이외에 주장된 균등물을 포기하지 않았다는 것을 보여 주는 다른 이유에

63] *Pioneer Magnetics, Inc. v. Micro Linear Corp.*, 330 F.3d 1352, 1356 (Fed. Cir. 2003) ("오직 공지의 특허 출원 기록과 출원 경과 기록만이 청구항 보정 이유의 기본이 될 수 있다. 그렇지 않다면, 특허 기록의 공지 기능이 약화될 것이다.")

의존하는 것을 전적으로 배제하지 않기 위해서 이용될 수 있다. 따라서, 세 번째 기준은 특허권자가 청구항을 축소할 때 주장된 균등물을 기술하지 않은 이유가 언어의 단점이었다는 것과 같은 이유가 있을 때에만 충족될 수 있을 것이다. 가능하면, 세 번째 기준에 따른 반증도 출원 경과 기록에 한정되어야 할 것이다. 항소 법원은 *Pioneer Magnetics* 사례에서 주장된 균등물이 선행 기술에 있다면 특허권자는 세 번째 기준에 근거한 반증을 할 수 없다고 밝혔다. 이 경우에는 특허권자가 의문이 제기된 대체물을 기술하지 않았을 것이라는 다른 이유가 있을 수 없기 때문이다.[64] 법원이 특허권자가 세 번째 기준에 맞춘 반증의 책임을 다하였는지를 결정함에 있어서 출원 경과 기록 밖에 있는 어떤 증거가 고려되어야 하는지 지금 당장 결정할 필요는 없다.

(7) 균등론과 기능성 청구항

35 U.S.C. §112(f)는 다른 청구항의 해석과 달리, 청구항의 구성요소가 그 구조, 재료, 작용 등의 설명 없이 특정 기능을 수행하는 수단 또는 단계로 표현된 기능식 청구항(Means plus function claim)의 경우, 그 청구항은 명세서에 기재된 구조, 재료, 작용이나 그 균등물로 해석하도록 규정하고 있다.[65] 특허법에서 유일하게 균등물에 관한 규정이 이 조항에서 명시적으로 표시되었는 바, 균등론을 기능성 청구항의 균등물에도 적용할 수 있을지 논의된다.

기능성 청구항의 한정 요소는 명세서상에 기술된 상응하는 구조, 재료, 작용 등을 포함할 수 있도록 해석되어야 한다. 따라서, 한정 요소에 대한 문언 침해는 특허 침해 혐의 장치의 관련된 구조가 청구항에서 언급된 동일한 기능을 수행하거나, 명세서상의 상응하는 구조와 균등하여야 한다.[66] 즉, 기능상의 동일성과 구조적 동일성(또는 균등성)의 두 가지가 모두 필요하다. 균등론에서는 FWR 테스트

---

64) *Id.*, at 1357

65) "An element in a claim for a combination may be expressed as a means or step for performing a specified function without the recital of structure, material, or acts in support thereof, and such claim shall be construed to cover the corresponding structure, material, or acts described in the specification and equivalents thereof."

66) *Odetics, Inc. v. Storage Tech. Corp.*, 185 F.3d 1259, 1267 (Fed. Cir. 1999)

에 의하여 침해하였다는 제품의 구조가 기능, 방법 또는 결과에서 청구항과 실질적으로 다르다면 균등성은 성립되지 않는다고 본다. 그렇지만, FWR 테스트를 그대로 §112(f)의 동일성 분석에 적용하기는 어렵다. §112(f)의 동일성 분석은 균등론과 비실질적인 차이라는 유사한 개념에 뿌리를 두고 있지만, 그 범위가 좁을 수 밖에 없다.[67] §112(f)에서는 기능상 동일성이 요구되기 때문에, §112(f)의 균등성 분석에 이르기 위해서는 침해된 제품의 구조, 재료, 작용 등의 기능상 균등성(사실상, 동일성)이 먼저 확립된 바탕 위에 "방법", "결과" 등으로 좁혀서 분석해 들어간다. 즉, 특허를 침해하는 제품의 구조가 실질적으로 같은 방법에 의하여 청구된 기능을 수행하면서 명세서상에 기술된 상응하는 구조와 같은 결과를 실질적으로 얻은 경우에 §112(f)의 균등성이 성립할 수 있다.

한편, 항소 법원의 또 다른 사례는, §112(f)의 구조적 균등물과 균등론의 주요한 차이점을 타이밍 문제로 보았다.[68] 제시된 균등물이 특허 출원 전과 후의 제한된 시간 범위에서 발생한다고 보았다. 만약, 특허 출원 전에 발생하였다면, §112(f)의 구조적 균등물 분석이 적용되고, 균등론 아래서 균등한 구조의 분석은 §112(f) 분석 속으로 흡수될 것이다. 특허 청구항의 문언적 의미는 특허 등록시에 확정되어야 하기 때문에, §112(f)의 균등한 구조물과 행위는 특허 출원 후에 개발된 기술을 포함할 수 없기 때문이다.[69] 특허 정책은, 특허 침해 후에 기술개발이 이루어진 경우, 기능성 청구항에 표현된 청구항의 요소에 균등론을 적용하는 것을 지지하고 있다. 왜냐하면 특허 출원자는 후에 개발될 청구항의 대체물을 예견하거나 설명할 방법이 없기 때문이다.[70]

---

67) *Al-Site Corp. v. VSI Int'l, Inc.*, 174 F.3d 1308, 1320 n.2 (Fed. Cir. 1999)

68) *Frnak's Casing Crew & Rental Tools, Inc. v. Weatherford Intern., Inc.*, 389 F.3d 1370, 1379 (Fed. Cir. 2004)

69) *Al-Site Corp.*, at 1320

70) *Id.*, at n.2

3. 간접 침해

미국 특허법 §271(b)는 적극적으로 특허 침해를 유인하는 자에게, 또 §271(c)는 특허 침해에 기여하는 자에게 특허 침해 행위에 대한 책임을 지도록 하였다.[71] 이는 1952년 특허법 개정에 따라 입법화되었다. 입법 전에는 판례가 직접 침해의 상대적 개념으로서 기여 침해(Contributory infringement) 단일 개념만을 인정하였다. 비록 직접적으로 특허 침해 행위를 한 것은 아니지만, 불법 공동 행위 이론에 따라서, 제3자의 특허 침해 행위를 고의적으로 야기하거나, 돕거나 교사한 경우 특허 침해자와 함께 공동 불법 행위 책임을 부담한다는 것이었다. 단일 개념이었던 기여 침해는 기여 침해와 유인 침해로 나뉘어져 법조문화되었으며, 판례법상 기여침해 행위 중 일반적인 타입의 기여침해는 §271(c)에 그 이외의 침해 행위는 §271(b)로 나뉘게 되었다. 입법을 통하여 침해 행위에 고의(Intent) 대신에 인식(Knowledge)을 요구하는 것을 제외하고는, 기존 판례에서 인정되던 기여 침해와 크게 다르지 않다.[72]

1) 유인 침해(Induced infringement)

(1) 특허 침해의 인식(Knowledge)

§271(b)의 법 규정은 명시적으로 고의 등의 주관적 요건을 요구하지 않고 있다. 그러나, "유인(Induce)"이라는 단어는 "끌어 들이다; 영향 또는 설득으로 움직이다." 등으로 정의되므로, 주관적 요소가 필요함을 추론할 수 있다. 여기에 "적

71] 35 U.S.C. §271
 (b) Whoever actively induces infringement of a patent shall be liable as an infringer.
 (c) Whoever offers to sell or sells within the United States or imports into the United States a component of a patented machine, manufacture, combination or composition, or a material or apparatus for use in practicing a patented process, constituting a material part of the invention, knowing the same to be especially made or especially adapted for use in an infringement of such patent, and not a staple article or commodity of commerce suitable for substantial noninfringing use, shall be liable as a contributory infringer.

72] *Hewlett-Packard Co. v. Baush & Lomb*, 909 F.2d 1464, 1468-89 (Fed. Cir. 1990)

극적(Actively)"이라는 부사어가 추가되어 "유인"은 원하는 결과를 끌어내기 위하여 능동적 행위를 취하는 것을 포함한다고 할 것이다.

Global-Tech Appliances, Inc. v. SEB S.A.[73]에서는 어느 수준의 주관적 요건이 필요한지에 대한 검토가 이루어졌다. 주방기구 제조사인 프랑스의 SEB사는 튀김 요리 도중에도 겉면은 차갑게 유지되는 "Cool-touch" 프라이팬을 발명하였다. SEB는 미국 디자인을 획득한 뒤, "T-Fal" 브랜드로 미국에서 판매되었으며, 상업적 성공을 거두었다. 미국 경쟁사인 Sunbeam은 Global Tech사의 홍콩 자회사인 Pentalpha에 특별한 조건을 만족시키는 프라이팬의 제조 가능성을 타진하였다. Pentalpha는 홍콩에서 SEB의 프라이팬을 구입하여 이 디자인을 모방한 프라이팬을 제조하였다. Pentalpha가 구매한 프라이팬은 미국 밖에서 구매되었기 때문에 미국 특허가 표시되지 않았다. 그리고, 변호사에게는 이러한 사실관계를 알리지 않은 채 특허 위반 여부를 질의하였다. 이 변호사는 Pentalpha의 프라이팬이 그가 찾아본 어느 특허도 침해하지 않았다는 의견서를 보내왔다. 이후, Pentalpha는 이 프라이팬을 제조하여 Sunbeam에 납품하였고, 이는 SEB의 미국 시장을 잠식하였다. SEB는 곧 Sunbeam에 대하여 소송을 제기하였으며, Sunbeam은 이를 Pentalpha에 통지하였다. Pentalpha는 그럼에도 불구하고, 자신의 제품을 미국 회사인 Fingerhut사와 Montgomery사에도 각각 납품하기 시작하였다. SEB는 소송 도중 Sunbeam과는 화해를 하였으며, Pentalpha에 대하여서는 Pentalpha가 SEB의 특허를 침해한 프라이팬을 팔도록 Sunbeam, Fingerhut, Montgomery를 적극적으로 유인함으로써 §271(b)의 특허 침해 행위를 하였다고 주장하였다. Pentalpha는 그가 Sunbeam의 소송 통지를 받기 전까지 SEB의 특허를 실제로 알지 못하였다고 항변하였다.

먼저, 연방 대법원은 §271(b)와 (c)는 둘 다 간접 침해를 규정한 것으로 (c)에서 요구하는 관련 특허에 대한 인식 요건이 (b)에는 규정되어 있지 않더라도 이 둘을 다르게 취급해서는 안 된다고 하면서, §271(b)의 유인 침해도 유인된 행위가 특허 침해를 구성한다는 인식을 요구한다고 밝혔다. 또한, 그 인식 수준에 관하여는 연방 항소 법원이 밝힌 특허가 존재한다는 알려진 위험성에 대한 의도

73) *Global-Tech Appliances, Inc. v. SEB S.A.*, 131 S.Ct. 2060 (2011)

적 무관심(Deliberate indifference)이 아니라, Pentalpha가 주장하는 고의적 맹목(Willful blindness) 이론에 동의하였다. 그렇지만, 본 사례에서는 고의적 맹목 원칙 아래서도 Pentalpha의 인식(Knowledge)을 입증할 충분한 증거가 있다고 보았다.

고의적 맹목 이론에서는, 오직 고의적으로 맹목적인 피고들만이 특허에 관한 중요한 사실들을 실제로 알았다고 말해질 수 있다. 고의적 맹목에는 두 가지 요소가 필요하다. ① 피고는 어떤 사실이 존재할 높은 가능성이 있다는 것을 주관적으로 믿어야만 한다. ② 피고는 그 사실을 알게 되는 것을 피하기 위한 의도적인 행위를 취하여야 한다. 이들 요소는 고의적 맹목에 무모함(Recklessness)이나 과실(Negligence)을 초월하는 적절히 한정된 범위를 제공해 준다. 이에 따르면, 고의적으로 맹목적인 피고는 부정행위의 높은 가능성을 확인하는 것을 피하기 위하여 의도적으로 행위를 취하여, 중요한 사실들을 실제로 알았다고 거의 말하여질 수 있는 사람이 된다. 이에 반하여, 무모한 피고는 어떤 부정행위의 실질적이고 정당화되지 않는 위험을 단순히 알고 있는 사람에 지나지 않는다. 과실이 있는 피고는 유사한 위험을 알 수 있었으나 알지 못한 사람이 해당된다. 또한, 원심이 적용하였던 의도적 무관심 테스트는 고의적 맹목 기준과 두 가지 점에서 차이가 나타난다. 먼저, 원심의 기준은 유인된 행위가 특허를 침해할 것이라는 "알려진 위험"이 있을 경우에만 인식이 생겨날 수 있다. 두 번째로, 그 위험에 대한 "의도적 무관심"만을 요구하면서, 원심의 테스트는 유인 행위자가 특허를 침해하는 행위의 본질에 대하여 아는 것을 피하려고 하는 적극적인 노력을 요구하지 않는다.

Commil USA, LLC. v. Cisco Sys., Inc[74]에서도 연방 대법원은 *Global-Tech*의 결정을 되풀이하면서, 간접 침해에 대한 책임은 피고가 특허의 존재를 알고, "유인된 행위가 특허 침해를 구성한다."는 것도 알았을 경우에만 성립한다고 하였다. 이에 따르면, 특허 비침해에 대한 선의의 믿음(Good-faith belief)은 피고의 방어행위로 성공할 수 있게 된다. 그러나, *Commil* 법원은 여기서 더 나아가 피고의 특허 무효에 대한 선의의 믿음은 간접 침해나 직접 침해에 대한 방어 행위가 될 수 없다고 판단하였다. 대법원은 그 근거로 특허의 유효 추정 규정인 35

---

74) *Commil USA, LLC. v. Cisco Sys., Inc.*, 135 S.Ct. 1920 (2015)

U.S.C. §282(a)를 들었다. 등록된 특허는 일단 유효로 추정되므로, 특허 침해의 혐의자는 특허 무효의 항변을 하기 위해서는 명백하고 확실한 증거에 의하여 특허의 무효를 입증하여야 한다. 만약, 유인 침해에 대한 항변으로 특허 무효에 대한 선의의 믿음을 허용한다면, 의회에 의하여 설정된 특허 유효 추정의 높은 벽을 우회해서 통과하게 될 것으로 보았다.

(2) 유인 행위

유인 행위는 유인된 자가 유인 행위자의 대리인이거나 유인 행위자의 지시나 조종을 받음으로써, 유인된 자의 행위가 유인 행위자의 직접 침해로 귀속될 것을 필요로 하지 않는다. 단지 유인 행위자가 특허 침해 행위를 "야기하거나, 재촉하거나, 격려하거나 돕는 것"으로써 충분하며, 그 유인된 행위가 수행되면 족하다.[75]

(3) 직접 침해의 발생

특허의 유인 침해로 인한 책임은 직접 침해를 전제로 하여야만 성립한다. 연방 대법원도 "직접 침해가 일어난 경우에만 유인 침해의 책임이 발생"할 수 있다는 것은 의심의 여지없이 인정되어 왔다고 밝혔다.[76] 한편, 방법 특허의 경우, 청구항이 여러 단계로 구성되어 있으므로, 이 모든 단계들이 수행되지 않는 한 특허 침해가 발생하지 않는다.[77] 이와 같은 방법 특허에서 일부 단계만이 피고에 의하여 행하여진 경우에 유인 침해가 성립될 수 있는지 논의되었다.

Limelight Networks, Inc. v. Akamai Technologies, Inc[78]에서, Limelight는 앞서 설명한 바[79]와 같이 Akamai의 CDN 서비스 방법에 관한 '703 특허 중 tagging 단계를 자신이 직접 하지 않고, 자신의 고객이 수행하도록 요구하였다. 연방 항소 법원은 전원 합의체 판결에서,[80] Limeligt에 대하여 §271(b)의 유인

75] *Arris Grp., Inc. v. British Telecoms. PLC*, 639 F.3d 1368 (Fed. Cir. 2011)
76] *Aro Mfg. Co. v. Convertible Top Replacement Co.*, 365 U.S. 336, 341 (1961)
77] *Id.*, at 344
78] *Limelight Networks, Inc. v. Akamai Technologies, Inc.*, 134 S.Ct. 2111 (2014)
79] 본 Chapter의 "분할 침해" 참조
80] *Akamai Technologies, Inc. v. Limelight Networks, Inc.*, 692 F.3d 1301 (Fed. Cir. 2012)

침해 책임을 인정하면서, 방법 특허에서의 유인 침해 책임은 피고가 방법 특허를 구성하는 일부 단계를 수행하고, 나머지 단계는 다른 사람에게 수행하도록 장려한 경우에도 발생한다고 설명하였다. 이 경우, 나머지 단계를 수행하는 사람이 피고의 대리인의 지위도 아니고, 피고의 통제를 받지도 않기 때문에 직접 침해의 책임을 부담하는 사람이 아무도 없더라도, 피고는 유인 침해 책임을 부담한다고 보았다. 항소 법원은 "직접 침해 없이는 간접 침해가 발생할 수 없다."는 명제에는 다툼이 없지만, "직접 침해가 있었다는 증명을 요구하는 것과 직접 침해자로서 어느 한 사람이 책임지는 것을 증명하라고 요구하는 것은 다르다."고 설명하였다.[81] 연방 대법원은 이에 대하여 원심이 방법 특허를 침해한다는 것의 의미를 잘못 이해하고 있다고 설명하였다. 방법 특허는 청구항의 모든 단계가 수행되어야 하는데, 본 사례에서는 청구항의 모든 단계의 수행이 한 사람에게 귀속되지 않으므로 직접 침해가 발생하지 않았고, 따라서, Limelight에게 유인 침해 책임도 발생하지 않는다고 판단하였다.

2) 기여 침해

§271(c)는, 미국 내에서 특허 받은 기계, 제조물, 결합물, 구성물 등의 구성요소 또는 특허받은 방법을 실행할 때 사용되는 재료나 장치 등이 발명의 중요한 부분을 구성할 때, 이들이 특허의 실질적인 비침해 사용을 위한 주요 품목이나 상업용 물품이 아니면서, 그러한 특허의 침해에 사용되도록 특별히 만들어지거나 적용되었다는 것을 알면서, 이들의 수입, 판매 또는 판매를 제안한 자는 기여 침해자로서의 책임을 부담한다고 규정하였다. 다시 말하면, 기여 침해는 특별한 목적의 특허 장치 부품이나, 특허 방법을 실행하는 데 쓰이는 특별한 목적의 장치를 알면서 판매 등을 한 경우에 부과되는데, 이때 부품이나 장치 등은 "실질적인 특허 비침해 사용을 위한 주요 품목이나 상업용 물품이 아니어야 한다."는 것이다. 앞서 설명한 바와 같이, 유인 침해와 기여 침해는 동일한 기원에서 유래되었으며, 동일한 성립 요건(특허 침해의 인식, 유인 또는 기여 행위, 직접 침해 등)을 필

81] *Id.*, at 1308-09

요로 한다. 여기에 더하여, 기여 침해를 규정한 §271(c)는 기존 판례법에서 인정되어 오던, 특허 발명의 주요한 부분을 구성할 때 실질적으로 특허 비침해 사용을 위한 주요 품목이나 상업용 물품이 아니어야 한다는 주요한 상업용 물품 원칙(Staple article of commerce doctrine)을 조문화하였다. 연방 대법원은 기여 침해의 책임이 소비자들에 의하여 특허를 침해하도록 사용되어지는 상업용 물품의 판매에 전적으로 달려 있는 경우, 그 상업용 물품의 사용에 따르는 공공의 이익도 고려하여야 한다고 판단하였다. 물론, 기여 침해가 발견되었다고 시장에서 그 물품이 완전히 제거되는 것은 아니지만, 특허권자에게 해당 물품의 판매에 관한 실질적인 통제력을 부여하게 된다. 실제로 기여 침해의 발견은 논란이 된 품목을 특허권자에게 부여된 독점적 지배 안에 놓는다는 주장과 기능상 동일한 내용이 된다. 이런 이유로 특허법상 기여 침해에 대하여, 특허권자의 독점력을 그에게 주어진 특별한 한계를 넘어서 행사되지 않도록 하는 것이 중요하다고 연방 대법원은 늘 인식하고 있었다.[82] 연방 대법원은 특허 받지 않은 물품이 상업적 비침해 행위에 적합한 경우에까지 특허권자가 이들 물품의 배포를 통제할 수 있는 권리를 부인하면서, 다음과 같이 말하였다.[83] "특허된 방법의 실행을 통하지 않고서는 그 물품을 사용할 수 없는 것이 아니라면, 특허권자는 그 물품의 배포가 기여 침해를 구성한다고 주장할 권리가 없다."[84] "기여 침해의 기본을 이루는 것은 그 물품이 특허된 발명의 구성요소에 거의 고유하게 적합해야만 한다는 것이다." "특허 침해 사용에 적합한 물품이 다른 합법적인 사용에도 적합하다면, 그 물품의 판매만으로 판매자를 기여 침해자로 만들기에는 충분하지 않다. 그런 규정은 상업의 원활한 운행을 방해할 것이다."[85] 연방 대법원은 특허법상 이 원칙이 저작권의 기여 침해에도 동일하게 적용된다고 보아,[86] 특허법과 저작권법에 동일한 법원리를 적용한다.

Sony[87] 사례에서, 방송사에 프로그램을 제작하여 공급하는 회사들은, 소비자

82] *Sony Corp. v. Universal City Studios, 464 U.S.* 417, 440-41 (1984)

83] *Id.*, at 441, citing *Dawson Chemical Co. v. Rohm & Hass Co.*, 448 U.S. 176, 198 (1980)

84] *Id.*, citing *Dawson Chemical Co. v. Rohm & Hass Co.*, 448 U.S. 176, 199 (1980)

85] *Id.*, citing *Henry v. A. B. Dick Co.*, 224 U.S. 1, 48 (1912)

86] *Metro-Goldwyn-Mayer Studios Inc. v. Grokster, Ltd.*, 545 U.S. 913, 932 (2005)

들이 SONY의 Betamax video tape recorder(VTR)를 이용하여 자신들의 저작물을 녹화하여 방송 이외의 시간에 시청함(Time-shifting)으로써 자신들의 저작권을 침해하였고, SONY는 자신의 VTR를 소비자들에게 판매하기 위한 마케팅 활동을 하였으므로, 소비자들의 저작권 침해에 대한 기여 침해 책임을 부담한다고 주장하였다. 본 사례에서의 쟁점은 Betamax가 저작권을 비침해하면서 상업적으로 중요하게 사용될 수 있는지를 판단하는 것이다. 먼저, 법원은 저작권자가 녹화를 허용한 프로그램(예 스포츠, 교육, 종교 등의 방송 비중)이 전체 프로그램 중 58% 정도를 차지하며, 녹화를 허용하지 않는 프로그램의 20%를 훨씬 넘어선다고 보았다. 또한, 녹화가 허용되지 않는 프로그램이 모두 저작권을 침해하는 것이 아니며, 대부분의 가정에서 녹화하는 것처럼 비상업적인 목적으로 녹화된 경우에는 저작권법상의 "Fair use"에 의하여 보호받는다고 보았다. 따라서, Betamax가 실질적인 비침해 사용에 제공된다고 보아, Sony의 저작권 기여 침해 책임을 부인하였다.

MGM Studios[88] 사례에서, 음악 파일이나 비디오 파일의 저작권자들은 Peer-To-Peer(P2P) 서비스를 제공하는 Grokster 등을 상대로 저작권 침해에 대한 기여 침해 책임을 청구하였다. P2P 서비스는 컴퓨터 사용자들을 서로 직접 연결하여 각 컴퓨터에 저장된 파일 등을 서로 공유할 수 있게 하는 서비스로, Grokster 등은 이를 위한 소프트웨어를 컴퓨터 사용자들에게 제공하였고, 이를 설치한 일부 컴퓨터 사용자들은 다른 사용자의 컴퓨터에 저장된 저작물을 저작권자의 허락 없이 공유하였다. 연방 대법원은 주요한 상업용 품목의 원칙(Stape article of Commerce doctrine)은 상업용 물품의 배포로부터 배포자가 해당 물품이 다른 사람의 특허권을 침해하면서 사용되도록 의도하였고, 정당하게 그 침해에 대한 책임을 부담하여야 한다는 것이 추정되는 경우를 인식하기 위하여 고안되었다고 보았다. 이 추정은 오직 침해에 사용되는 품목의 판매에는 전적으로 정당화될 수 있지만, 실질적으로 합법적인 동시에 불법적인 사용을 포함한 품목을 판매하는 애매한 행동에는 동일한 침해의 고의 추정이 발생하지 않는다.[89] 또한, 이 원칙

87] *Sony Corp. v. Universal City Studios*, 464 U.S. 417 (1984)
88] *Metro-Goldwyn-Mayer Studios Inc. v. Grokster, Ltd.*, 545 U.S. 913 (2005)
89] *Id.*, at 932

은 배포된 제품의 특성이나 사용 등으로부터 법률상 고의의 혐의를 부과하는 것을 제한하지만, 법원이 고의의 증거가 있음에도 이를 무시할 것을 요구하거나, Common law상의 과실 책임 원칙을 배제하자는 것은 아니다. 따라서, 제품이 침해에 사용될 수도 있을지도 모른다는 특성이나 인식을 뛰어 넘는 증거가 있고, 침해를 부추기는 말이나 행동을 보여주는 증거가 있다면, *Sony*의 주요한 상업용 품목의 원칙이 그 책임을 배제하는 것은 아니다.[90] 이와 같은 이유에서, 연방 대법원은 본 사례에서 주요한 상업용 품목의 원칙 적용 여부까지 나아가지 않고, Grokster 등의 유인 침해 성립 여부를 판단하여 이를 인정하였다.

Ricoh Company, LTD. v. Quanta Computer Inc[91]에서 데이터를 광디스크 드라이브에 기록하는 것과 관련된 방법 특허를 보유한 Ricoh는, 자신이 특허받은 기록 방법을 수행하는 것으로 추정되는 광디스크 드라이브와 이를 장착한 컴퓨터를 판매하는 Quanta를 상대로 특허 침해 소송을 제기하였다. Quanta의 디스크 드라이브는 특허된 기록 방법을 수행하여 특허 침해에 사용되는 특별한 하드웨어와 소프트웨어 구성요소를 포함하고 있으며, 다른 기능을 수행하는 구성요소도 포함하고 있다. 따라서, Quanta의 디스크 드라이브는 특허받은 방법과 받지 않은 방법을 동시에 수행하며, 특허받은 기록 방법은 파트타임만 수행한다. Quanta는 자신의 디스크 드라이브가 여러가지 비침해 기능을 수행하므로, 주요한 상업용 물품에 해당되어 기여 침해 책임이 없다고 항변하였다. 이에 대하여, 연방 항소 법원은 단순히 특허된 방법을 수행하도록 만들어진 특별한 목적의 구성요소를 다른 기능을 수행하는 구성요소를 포함하는 대형 제품에 내장하였다고 하여, 기여 침해 책임을 회피할 수 있는 것은 아니라고 보았다. 이렇게 판단하지 않는다면, 실질적으로 특허를 침해하지 않는 기능을 추가한 제품은, 구성요소만 따로 판매될 경우 특허를 침해하는 구성요소가 존재함에도 불구하고, 기여 침해 책임을 부담하지 않는 부당한 결과가 나온다고 보았다.

---

90) *Id.*, at 934-35

91) *Ricoh Company, LTD. v. Quanta Computer Inc.*, 550 F.3d 1325 (Fed. Cir. 2008)

3) 수선(Repair)과 복구(Reconstruction)

보수나 수선을 의미하는 Repair와 복구, 재건을 의미하는 Reconstruction은 일반적으로는 그 차이를 구분하기가 쉽지 않다. 그렇지만, 특허권자에 의하여 특허 발명이 상업적으로 이용되고 난 이후에는 이들 두 단어의 의미는 완전히 구분된다. 즉, 미국 법원은 Repair에 대하여는 특허 장치에 대하여 허용되는 행위로 분류하고, Reconstruction은 금지되는 행위로 파악하고 있다. "특허받지 않은 요소들로 구성된 특허 제품의 Reconstruction은 사실상 새로운 제품을 만드는 것과 같은 경우로 제한된다. 특허받지 않은 부품의 단순한 교체는, 동일한 부품에 대하여 반복적으로 일어나는지 다른 부품이 연속적으로 일어나는지를 불문하고, 그 제품 소유자가 자신의 소유물을 Repair할 수 있는 적법한 권리에 지나지 않는다."[92]

*Aro I*에서 특허 발명은 "접이식 개폐형 차량 지붕(Convertible folding top)에 관한 것으로, 신축성 있는 직물로 된 차량 덮개, 이를 지탱할 수 있는 구조물, 비가 차량 옆으로 들이치는 것을 막기 위한 직물 봉합 장치 등의 조합을 포함한다. Convertible Top Replacement(CTR)사는 특허권자인 Automobile Body Research Corporation(AB)사로부터 이 특허에 관한 모든 권리를 취득하였다. 이 특허가 포함한 차량 덮개는 GM과 Ford 등 자동차 제조회사의 여러 모델에 구현되었다. 일반적으로 특허 발명은 탑재된 자동차와 동일한 기간 사용되어 질 수 있으나, 직물 덮개의 경우 마모가 발생하여 3년 주기로 교체를 해 주어야 한다. Aro사는 이와 같은 직물 덮개를 각 모델에 맞게 제작하여 설치해 주는 업체이다. CTR사는 Aro사의 행위가 자신의 특허를 침해하였다고 주장하며 본 소를 제기하였다.

---

92) *Aro Mfg. Co. v. Convertible Top Replacement Co. (Aro I)*, 365 U.S. 336 (1961)

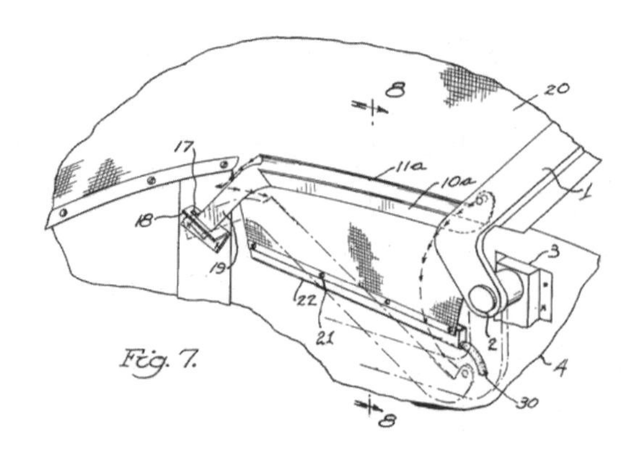

본 사안의 쟁점은, 특허를 받지 않은 요소로만 구성된 결합물에 대한 특허권자가 특허 발명의 특허 받지 않은 요소들의 제조, 판매, 사용 등에 대한 특허의 독점력을 행사할 수 있는지 여부이다. 즉, 본 사안에서는 자동차의 소유자가 직물 덮개를 교체함으로써 결합물에 대한 특허를 직접적으로 침해하고, 위 직물 덮개를 제공한 업체는 기여 침해 책임을 부담하는지 여부이다. 이 두 책임은 결국, 자동차 소유자가 낡은 직물 덮개를 교체하는 행위가 특허 침해인 Reconstruction에 해당하는지 또는 허용되는 행위인 Repair인지에 관한 판단 문제이다. 결합물의 특허에서 특허받지 않은 부품이 낡거나, 고장 나거나, 사용기간을 넘겨서 교체하는 행위가 Repair로서 허용되는지 또는 Reconstruction으로 특허 침해인지에 관하여, 연방 대법원은 특허 부여 당시의 표현을 넘어서 특허의 독점력을 확장하는 것에 대하여 단호히 거부해 왔었다.

항소 법원은 직물 요소가 발명을 구성하는 결합물에서 "본질적(Essentialness)"인지 여부에 따라 본 사안이 결정된다고 보았다. 직물 요소는, 전체 특허 장치와 동일한 기간만큼 사용되지 않는다 하더라도 상당한 기간 사용되며, 교체가 상당히 어렵고 그 비용도 비싸기 때문에 특허 받은 결합물에서 "본질적"이고 "특징적"인 부품이라 할 수 있다. 따라서, 소비 후 이를 교체하는 것은 특허 침해 행위인 Reconstruction을 구성하며, 특허권자에게 로열티를 지급하고 새로운 라이선스를 부여받아야 한다고 판단하였다.

이에 대하여, 연방 대법원은 결합물에 대한 특허는 청구항에 있는 구성요소들을 전체적으로만 다룰 뿐이지, 특허 범위 내의 구성요소들을 분리해서 봐서는 안

된다고 보았다. 결합물 특허를 구성하는 어느 요소도 분리되어 특허를 받은 것이 아니기 때문에, 그것이 아무리 구성물 내에서 본질적이라도, 또 그 교체가 아무리 어렵거나 비쌀지라도, 특허의 독점력이 부여되지 않는다고 판단하였다.

연방 대법원은, 특허 받은 결합물이 교체를 통하여 "전체적인 사용"을 유지한다면, 특허받지 않은 요소는 Reconstruction을 구성하지 않는다고 보아, 본 사안의 직물 덮개의 교체도 허용되는 Repair로 판단하였다.

*Aro I*에 이은 *Aro II*[93]에서도 연방 대법원은 Repair와 Reconstruction에 관한 기존의 견해를 확인하면서, 자동차 제조 업체가 정당한 라이선스 없이 차량용 덮개를 탑재하여 판매한 경우, 여기에 직물 덮개를 제공한 Aro사가 기여 침해 책임을 부담하는지에 관하여 판단하였다. 연방 대법원은 *Aro I*에서 밝힌 Reconstruction과 Repair의 구분은 특허권자의 정당한 라이선스를 받고 제조되어 판매된 제품 내에서 교체가 이루어진 경우에만 적용된다고 밝혔다. 자동차 제조사인 GM은 특허권자인 AB사로부터 라이선스를 부여받고 이 차량용 덮개를 자사의 자동차에 탑재하여 판매하였지만, 또 다른 자동차 제조사인 Ford사는 1952년부터 1954년까지 라이선스 없이 AB사의 특허가 적용된 차량용 덮개를 자사 제품에 설치하여 판매하였다. 여기서, 연방 대법원은 *Aro I*은 GM사의 경우에만 적용된다고 판단하였다. 정당한 라이선스 없이 차량용 덮개를 탑재한 자동차를 제조한 포드사는 차량용 덮개에 대한 특허를 침해한 것이 되며, 포드사로부터 차량을 구매한 사람들도 차량용 덮개를 사용하거나 수선함으로써 이에 대한 특허를 침해한 것이 된다. 이와 같이 특허 침해를 구성하는 수선에 사용하기 위하여 직물 덮개를 제공하는 자는 §271(c)에 따른 기여 침해가 성립하게 된다.

4. 침해의 지역적 제한

특허법 §271(a)에서는 미국 내에서 특허 발명을 만들거나, 사용하거나, 판매를 제안하거나, 판매한 경우 또는 미국 내로 특허 발명을 수입한 사람에게 특허 침해의 책임을 부여하고 있으며, §271(c)에서도 미국 내에서 특허 기계 등을 판

---

93) *Aro Mfg. Co. v. Convertible Top Replacement Co (Aro II)*, 377 U.S. 476 (1964)

매 제안하거나 판매한 사람 또는 미국 내로 수입한 사람에게 기여 책임을 부담시켰다. 이는 미국 특허 침해의 보호 범위가 미국 내에서의 판매 등 행위로 제한됨으로써, 특허법의 지역적 제한을 보여 주고 있다.

1) *NTP v. Research in Motion*[94]

본 사례에서, 피고인 Research in Motion(RIM)은 BlackBerry® 시스템을 제공하였다. BlackBerry® 시스템은 휴대용 수신기, 이메일 Redirector software, 캐나다에 위치한 BlackBerry® Relay 장치 그리고 무선망으로 구성되었다. Relay 장치는 메시지를 메일서버에서 무선망을 통하여 사용자의 BlackBerry® 수신기에 보내는 역할을 한다. 만약, 사용자가 이 시스템상에서 이메일을 보내려면, 휴대용 수신기가 메시지를 무선망을 통하여 캐나다에 있는 Relay 장치로 보내고, Relay 장치는 다시 메시지를 인터넷망을 통하여 Redirector software로 보낸다. Redirector software는 수신받은 메시지를 보내려고 하는 메일 서버에 전송하는데, 이때 사용자의 데스크탑이나 서버에 메시지의 복사본을 남겨 놓는다.

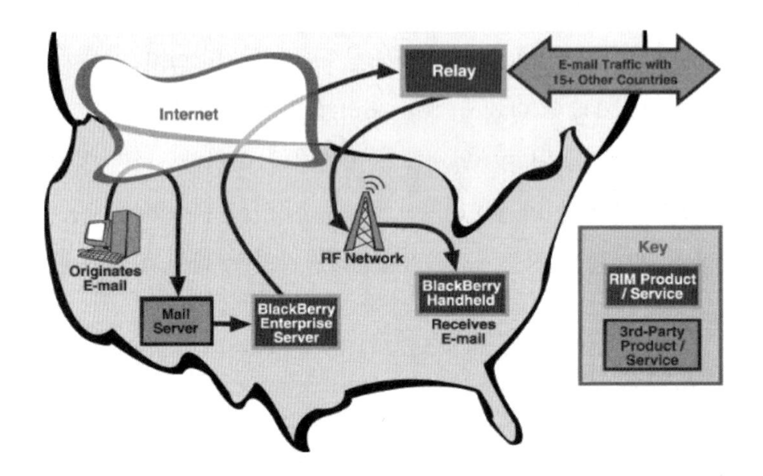

https://patentlyo.com/patent/2005/01/canada_challeng.html

94) *NTP v. Research in Motion*, 418 F.3d 1282 (Fed. Cir. 2005)

NTP는 RIM의 BlackBerry® 시스템을 미국 내의 고객들에게 판매하는 행위는 시스템 특허와 방법 특허를 침해하는 것이라고 주장하며, 소송을 제기하였다. RIM은 §271(a)는 전체 시스템과 방법이 미국 내에 있거나 미국 내에서 행하여질 것을 요구하기 때문에 특허 침해가 성립하지 않는다고 항변하였다. 특히, BlackBerry® Relay 장치가 캐나다에 있기 때문에, BlackBerry® 시스템과 프로세스가 미국 내에 있지 않다는 것이다.

연방 항소 법원은 본 사례를 *Decca Ltd. v. United States*[95] 사례와 유사하다고 보았다. *Decca*에서 청구된 발명은 Radio-navigation 시스템으로, 여러 개의 전송 스테이션에서 보낸 신호를 수신자가 받으면, 신호의 시간차에 의하여 그 위치를 계산한다. Decca가 U.S.를 상대로 본 소송을 제기할 당시, U.S.는 3개의 전송 스테이션을 운영하고 있었고, 그중 하나는 노르웨이에 위치하였다. Decca의 특허 청구항 중 청구항 11만이 세 개의 전송 스테이션을 필요로 하였으므로, 여기서는 청구항 11만의 침해가 논의되었다. 먼저, *Decca* 법원은 시스템이 미국에서 "만들어졌는지"를 분석하는 데 있어서, Deepsouth[96]에서 인식한 "전체로서 작동가능한 조립물(Operable assembly of the whole)"이라는 용어에 초점을 맞추었다. 여기서는, 청구항의 한정 요소 중 하나가 미국 밖에 있으므로, 작동 가능한 조립물로서의 결합이 쉽게 미국 내의 영역에 자리한다고 보기는 어려웠다. 그럼에도 불구하고, 법원은 미국에서의 제조 대신에 "사용"이라는 관점에서 분석하면 어느 정도 해답을 구할 수 있다고 말한다. 즉, 노르웨이 스테이션이 노르웨이에 위치한 것은 맞지만, 해당 스테이션에서 전송된 신호를 수신하는 네비게이터가 그 스테이션을 '사용'하는 것이며, 그러한 사용은 신호가 수신되는 지역과 청구항의 방식대로 신호가 사용되는 지역에서 발생한다고 결론지었다. 이와 같은 결론에 도달하면서, Decca 법원은 그 시스템이 미국에서 컨트롤되며, 시스템의 사용으로 얻는 실질적 혜택이 미국 내에서 발생하는 것을 주요한 근거로 들었다.

RIM 사례에서, 항소 법원은 시스템 특허에 관하여는 *Decca* 원칙을 적용하면

---

95) *Decca Ltd. v. US.*, 210 Ct.Cl. 546, 544 F.2d 1070 (1976)

96) *Deepsouth Packing Co., Inc. v. Laitram Corp.*, 406 U.S. 518 (1972)

서, §271(a)에서 청구된 시스템의 사용은 그 시스템이 전체적으로 서비스 작동을 위하여 놓여진 곳에서 이루어지며, 그곳은 예를 들면, 시스템의 컨트롤이 행하여지는 곳과 시스템의 사용으로 혜택을 받는 곳이다. 항소 법원은 캐나다에 있는 BlackBerry® Relay가 전체 시스템을 통제하지 못한다고 보았다. 또한, 미국 고객들이 자신의 휴대용 수신기를 작동하고 BlackBerry® 시스템의 사용으로부터 혜택을 받고 있으므로, 그 시스템이 전체적으로 미국에서 사용된다고 보았다. 따라서, RIM의 시스템이 미국에서 "사용"되었기 때문에 RIM은 §271(a)의 특허 침해로 인한 책임을 부담한다고 판단하였다.

그러나, 항소 법원은 방법 특허에 관하여는 방법 특허의 각 단계가 미국 내에서 수행되지 않는다면, 그 프로세스는 §271(a)에서 요구하는 것처럼 미국 내에서 사용된다고 볼 수 없다고 판단하였다. 법원은 §271(a)를 위한 방법 특허의 "사용"은 특허된 시스템이나 장치를 위한 것과 다르다고 보았다. 방법이나 프로세스는 하나 또는 그 이상의 작동 단계로 구성되었기 때문에, 청구된 프로세스의 모든 단계나 스텝이 활용되지 않는다면 방법 또는 프로세스 특허 침해가 일어나지 않는다. 프로세스는 구성된 작동들의 연속이기 때문에 나열된 각 단계들의 수행이 프로세스의 사용에 필연적으로 관련되어 있다. 이는, 시스템의 사용이 전체적으로, 구성요소들이 집합적으로 사용되는 것이며, 개별적으로 활용되지 않는 것과 구별된다. 따라서, 법원은 RIM의 Relay가 캐나다에 위치하고 있기 때문에, RIM의 BlackBerry® 프로세싱 단계들은 미국 내의 "사용"을 구성할 수 없다고 판단하였다.

2) §271(f)

(1) *Deepsouth Packing Co., Inc. v. Laitram Corp*[97]

Laitram은 새우 껍질을 벗기는 기계에 관한 특허를 보유하고 있었고, Deepsouth는 이 특허를 침해하는 기계를 제조하였다. Deepsouth는 위 특허 침해 기계의 부품을 미국에서 제조한 뒤 이를 해외 바이어들에게 판매하여, 해외에서 이 부품

97] *Id.*

들을 조립하여 특허 침해 기계를 판매하도록 하였다. 연방 대법원은 당시 특허법 규정을 해석하면서, Deepsouth의 해외 바이어들이 특허 침해 제품을 미국 외에서 제조, 사용하였으므로 Laitram의 특허를 침해하였다고 볼 수 없고, Deepsouth에게 특허의 유인 침해나 기여 침해 책임을 부과할 수 없다고 판단하였다.

(2) §271(f)[98]의 제정

1984년에, 미국 의회는 연방 대법원의 *Deepsouth* 판결에 대응하여 35 U.S.C. §271(f)를 제정하고, 특허 발명의 상당한 부분을 포장하고, 그들의 조립을 위하여 해외로 보내는 것을 특허 침해로 규정하였다. 해외에서 만들어지고 판매되는 특허 제품에 대하여는 특허 침해를 인정하지 않는 것이 미국 특허법의 일반법 원칙인데 비하여, 이 규정은 일반법 원칙의 예외가 된다.

(3) *Microsoft Corp. v. AT&T Corp*[99]

이 사례는 미국에서 마스터 디스크나 온라인 방식으로 컴퓨터 소프트웨어를 해외 제조업체로 전송한 뒤, 해외 업체가 이를 복제하여 컴퓨터에 설치한 경우에 §271(f)가 적용되는지에 관한 사례이다.

AT&T는 녹음된 음성을 디지털로 인코딩하고 압축하는 장치에 대한 특허를

98) (f) (1) Whoever without authority supplies or causes to be supplied in or from the United States all or a substantial portion of the components of a patented invention, where such components are uncombined in whole or in part, in such manner as to actively induce the combination of such components outside of the United States in a manner that would infringe the patent if such combination occurred within the United States, shall be liable as an infringer.
(2) Whoever without authority supplies or causes to be supplied in or from the United States any component of a patented invention that is especially made or especially adapted for use in the invention and not a staple article or commodity of commerce suitable for substantial noninfringing use, where such component is uncombined in whole or in part, knowing that such component is so made or adapted and intending that such component will be combined outside of the United States in a manner that would infringe the patent if such combination occurred within the United States, shall be liable as an infringer.

99) *Microsoft Corp. v. AT&T Corp.*, 550 U.S. 437 (2007)

보유하고 있으며, 마이크로소프트사의 윈도우 OS가 AT&T의 특허를 침해할 잠재성을 갖고 있다는 데 어느 정도 의견의 합치가 이루어졌다. 왜냐하면, 윈도우 설치시 해당 특허에서 청구된 방식대로 컴퓨터가 음성을 처리할 수 있도록 하는 소프트웨어 코드가 윈도우 OS에 속해 있기 때문이다. 그러나, 윈도우 소프트웨어가 탑재되지 않은 컴퓨터만으로는 AT&T의 특허를 침해하지 않으며, 진열장 안의 상자 속에 있는 윈도우 소프트웨어 역시 AT&T의 특허를 침해하지 않는다. AT&T의 특허는 윈도우가 컴퓨터에 탑재되어 특허받은 음성 프로세서로서 작동될 수 있을 때에만 침해될 수 있다. 본 사례의 쟁점은, 마이크로소프트사가 미국에서 해외로 마스터 디스크나 온라인으로 전송한 윈도우 소프트웨어를 해외에서 복제하여 컴퓨터에 탑재한 경우에까지, 마이크로소프트사의 특허 침해 책임이 확대되는지 여부이다. 이에 대한 법원의 답은 "아니오"이다.

마이크로소프트사가 미국에서 보낸 마스터 디스크나 전자 전송은 해외에서 제작된 컴퓨터에 직접 탑재되지 않았다. 그 대신에, 해외에서 이를 복제한 뒤에 복제한 소프트웨어를 컴퓨터에 탑재하였다. AT&T는, 마이크로소프트사가 해외 제조업체에 윈도우 소프트웨어를 보냄으로써, AT&T의 특허받은 음성 프로세서의 "구성요소"들을 해외에서 "조합"하기 위하여 "미국에서 공급"하였다고 주장하였다. 따라서, 마이크로소프트사는 §271(f)의 책임을 부담한다는 것이다.

마이크로소프트사는 컴퓨터에 탑재되지 않은 소프트웨어는 무형의 정보에 지나지 않기 때문에, §271(f)에 따른 발명의 "구성요소"가 될 수 없다고 반박하였다. 또한, 해외에서 탑재된 윈도우 소프트웨어 카피는 해외에서 생성되어 "미국에서 공급"된 것이 아니라고도 반박하였다. 마이크로소프트사는 컴퓨터에 탑재된 소프트웨어 카피들을 실제로 미국에서 수출한 것이 아니므로, 마이크로소프트사가 관련된 컴퓨터들의 "구성요소"들을 "미국에서 공급한" 것이 아니며, 따라서 현행 §271(f)의 책임을 부담하지 않는다는 것이다.

본 사례에서는 두 가지 쟁점이 있다. 먼저, 소프트웨어가 §271(f)에 따른 "구성요소"가 되기 위해서는 어떠한 형태를 갖추어야 하며, 시기는 언제인가이며, 두 번째로, 해외에서 제조된 컴퓨터의 "구성요소"들이 마이크로소프트사에 의하여 "미국에서 공급"되었는가이다. 추상적인 소프트웨어 코드는 물질적 형상을 갖추지 못한 아이디어에 불과하며, 이는 §271(f)의 범주인 "조합에 적합한 구성요소"에 들어오지 않는다. 유형의 카피에서 추출된 윈도우 소프트웨어는 의심의 여지없이 정보(세부적인 지침들의 집합)에 해당한다. 이 정보들은 청사진(또는 프로토타입 등 디자인 정보를 포함한 것들)에 비유될 수 있다. 청사진은 건축과 특허 장치 구성요소들의 조합에 관한 정확한 지침을 포함하고 있지만, 그 자체가 조합될 수 있는 장치의 구성요소는 아니다.

다음 질문인, 마이크로소프트사가 컴퓨터의 구성요소들을 미국에서 제공하였는지 여부이다. §271(f)의 문언에 따르면, 그 대답은 부정적이다. 왜냐하면, 실제로 컴퓨터에 탑재된 윈도우 소프트웨어의 카피는 해외에서 제조되었으며, 이는 미국 외의 장소에서 제공된 것이기 때문이다.

5. 침해의 예외 – 실험 목적 이용

지적 재산권의 한 분야인 저작권법에서는, "Fair use doctrine"[100] 규정을 두어 학술적 목적으로 저작물이 이용되었을 때 저작권 침해에 대한 책임이 면제될 수도 있도록 법적으로 보호하고 있다. 물론, 학술적 목적 등의 이용 행위가 침해 행위로부터 모두 면책되는 것은 아니지만, 법률의 규정에 의하여 비교적 폭넓은

---

100) 17 U.S. Code §107-[Limitations on exclusive rights: Fair use]

Notwithstanding the provisions of sections 106 and 106A, the fair use of a copyrighted work, including such use by reproduction in copies or phonorecords or by any other means specified by that section, for purposes such as criticism, comment, news reporting, teaching (including multiple copies for classroom use), scholarship, or research, is not an infringement of copyright. In determining whether the use made of a work in any particular case is a fair use the factors to be considered shall include-

(1) the purpose and character of the use, including whether such use is of a commercial nature or is for nonprofit educational purposes;
(2) the nature of the copyrighted work;
(3) the amount and substantiality of the portion used in relation to the copyrighted work as a whole; and
(4) the effect of the use upon the potential market for or value of the copyrighted work.

The fact that a work is unpublished shall not itself bar a finding of fair use if such finding is made upon consideration of all the above factors.

면책 행위가 보장되는 편이다. 이에 반하여, 특허법에서는 "Fair use doctrine"에 상응하는 특허권의 학술적 이용 등의 일반적 면책 규정을 두고 있지 않다. 다만, §271(e)에서 의약품에 관한 특별한 예외 규정과, 아주 제한적으로 실험 목적으로 사용하는 경우에 판례를 통하여 면책될 수 있도록 하고 있다.

1) §271(e)에 따른 예외

§271(e)(1)[101]은, "… 특허 발명을 약품과 수의학 제품의 제조, 사용, 판매를 규제하는 연방 법규에 따라 단순히 개발과 정보 제공에 관련된 사용 목적으로 미국 내에서 제조, 사용, 판매를 위한 제안, 판매를 하거나 미국 내로 수입하는 것은 특허 침해가 될 수 없다."고 규정하면서, 의약품의 사용이 특별한 연방법규에 따른 행위일 경우, 특허 침해의 예외 규정(Safe harbor provision)을 두고 있다.

Eli Lilly사는 이식심장 세동 제거기(Implantable Cardiac Dfibrillator; ICD-심장병 환자의 치료에 쓰이는 의료 기구)를 이용하여 테스트와 마케팅을 하고 있는 Medtronic사가 자신의 특허를 침해하였다고 소송을 제기하였다. [102] Medtronic사는 자신의 행위가 FDCA(the Federal Food, Drug, and Cosmetic Act)에 따른 개발과 정보 제공에 합리적으로 관련되어 있어서, 35 U.S.C. §271(e)(1)에 따른 비침해 사유라고 항변하였다.

---

101) 35 U.S.C. §271(e)

(1) "It shall not be an act of infringement to make, use, offer to sell, or sell within the United States or import into the United States a patented invention (other than a new animal drug or veterinary biological product (as those terms are used in the Federal Food, Drug, and Cosmetic Act and the Act of March 4, 1913) which is primarily manufactured using recombinant DNA, recombinant RNA, hybridoma technology, or other processes involving site specific genetic manipulation techniques) solely for uses reasonably related to the development and submission of information under a Federal law which regulates the manufacture, use, or sale of drugs or veterinary biological products."

102) *Eli Lilly & Co v. Medtronic, Inc.*, 496 U.S. 661 (1990)

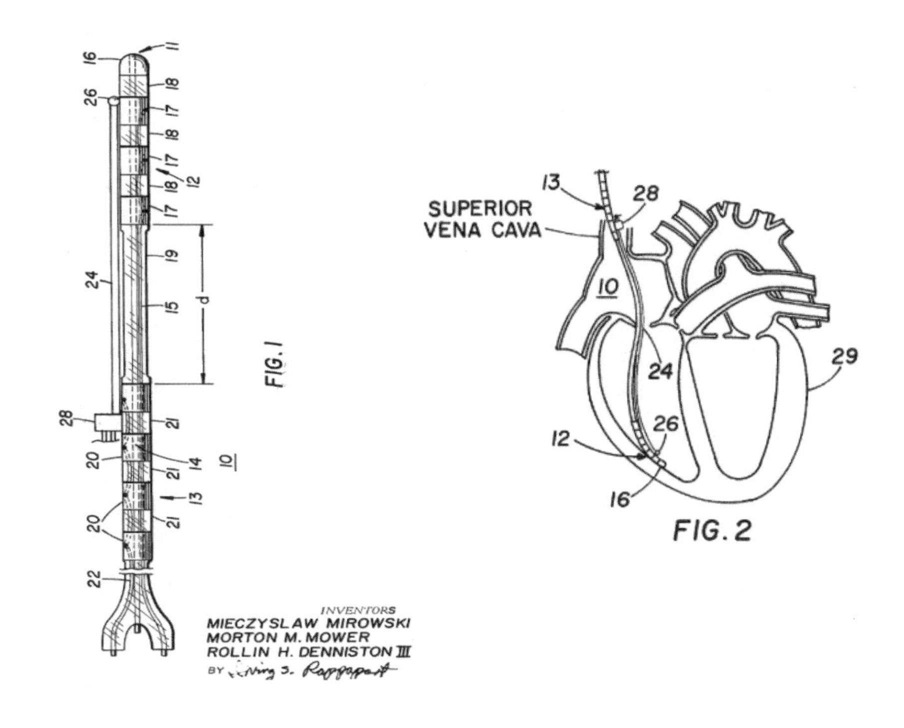

본 사안의 쟁점은 §271(e)가 FDCA 조항에 따른 의료 기구의 마케팅 승인을 위하여 개발하거나 정보 제공을 위하여 특허 발명을 사용한 것을 특허 침해로부터 면책시킬 수 있는지에 관한 것이다. Eli Lilly사는 "약품의 제조, 사용, 판매를 규제하는 연방 법규"를 약품을 규제하는 연방 법률의 개별적 조항으로 해석하는 반면에, Medtronic사는 약품을 규제하는 조항을 갖고 있는 법 전체로 해석하였다. Eli Lilly의 해석에 따르면, 약품의 시장 출시 전 승인을 규정한 FDCA §505, 52 Stat. 1052(뒤에 21 U.S.C. §355로 개정됨) 조문만이 §271(e)(1)에 해당되어, Medtronic사가 의료장치의 시장 출시 전 승인을 규정한 21 U.S.C. §360e에 따라 정보를 제출한 행위는 비침해 사용에 해당되지 않게 된다. 연방 대법원은 "under a Federal law"라는 문구의 해석상, 법의 일부 조문을 가리키기 보다는 법 전체를 의미한다고 해석하였다.

Merck v. Integra Lifescience[103]에서, Integra사는 $\alpha\nu\beta_3$([alpha][nu][beta]<3>)

103) *Merck v. Integra Lifescience*, 125 S.Ct. 2372 (2005)

Integrins에 부착되어 세포 접착을 촉진시키는 "RGD peptide"에 관한 특허를 갖고 있었다. 1988년에 Merck사는 Scripps 리서치 센터의 리서치에 자금을 지원하는 계약을 맺으면서, 암세포 증식을 억제하는 신약 후보들을 찾도록 요구하였고, Scripps는 잠재적인 신약 후보로 cyclic RGD peptide(EMD 66203)을 발견하였다. 1995년에, Merck사는 Scripps와 두 번째 계약을 체결하면서, cyclic RGD peptide(EMD 66203)와 그 파생물질에 대한 임상실험을 하기로 하였다. 계약에 따라 Scripps는 EMD 66203 및 두 개의 관련 물질에 대한 체내외실험을 하였다. 실험은 cyclic RGD peptide의 효능, 특이성, 독성 등을 측정하고, 동물에서의 작용 메커니즘과 약물동력학(Pharmacokinetics)을 평가하였다. Merck사는 RGD peptides에 관한 리서치 결과를 National Cancer Institute에 제공하였고, NCI는 리서치에서 찾아낸 일부 RGD peptides의 파생물에 대하여 IND(Investigational New Drug application)를 신청하였다. Integra사는 Scripps에 대하여는 특허의 직접 침해를 원인으로, Merck에 대하여는 기여 침해를 원인으로 한 소송을 제기하였다. Merck사는 §271(e) (1)을 들어 항변하였으나, 연방 항소 법원은 "Merck사가 후원한 Scripps의 업무는 FDA에 제공하기 위한 임상 실험이 아니라, 새로운 의약 물질을 발견하기 위한 일반적인 의학 리서치"라는 이유로, 본 사안에는 §271(e)(1)이 적용되지 않는다고 판단하였다.

제약회사는 신약 개발시 FDA에 두 단계에서 리서치 데이터를 제공하여야 한다. 먼저, 제약 회사는 an Investigational New Drug application(IND)를 제출하여 임상 실험을 수행할 수 있는 허가를 받아야 한다. IND에는 제안된 임상실험을 정당화할 수 있도록 동물실험을 포함한 사전 임상실험을 기재하여야 한다. 두 번째는 신약을 시판하기 위해서, 제약회사는 신약이 안전하고 효과가 있는지를 보여줄 수 있는 실험 결과가 포함된 a New Drug Application(NDA)을 제출하여 한다. FDA 규정에 따르면, NDA는 약의 효능, 독성, 약리학적 특성과 관련된 사전 임상 연구자료뿐만 아니라 임상 연구 자료가 포함되어야 한다.

연방 대법원은 사전 임상 연구에서 특허물질의 사용은, 그 실험이 IND나 NDA에 관련된 정보 타입을 생성할 것이라는 믿음에 합리적인 근거가 있는 한, §271(e)(1)에 의하여 보호된다고 보았다. 연방 대법원은 §271(e)(1)의 보호가 문언상 임상 실험에서 행하여진 리서치에 제한할 이유가 없으며, 사전 임상 연구도 포함한다고 보았다. 또한, §271(e)(1)에 의하여 면책되는 사전 임상 연구는 약의 인체 내에서의 안전에 관한 것뿐만 아니라, 약의 효능, 작용 메커니즘, 약리학, 약물 동력학 등에 관한 연구도 포함된다고 보았다.

2) 판례법상 실험 목적의 예외

Madey v. Duke University[104]는 실험 목적으로 특허권을 허락 없이 이용한 경우 특허 침해에 대한 방어를 주장할 수 있는지에 관한 사례다. Madey는 Duke 대학 한 실험실의 책임자로 근무하고 있었다. 그러나, Duke 대학과 Madey 간의 실험실 이용에 관한 갈등으로 Madey는 그 자리를 물러나게 되었다. Madey는 Duke 대학이 정부의 재정지원으로 할당받은 장비를 그 지원 목적 외의 프로젝트에 활용하려 하였다고 주장하였다. 한편, Madey는 실험실의 일부 장비들을 실행하는 데 필요한 두 개의 특허권을 개인적으로 소유하였다. Madey의 사직 이후에도, Duke 대학은 이들 장비를 계속 운용하였고, Madey는 이에 대하여 특허 침해 소송을 제기하였고, Duke 대학은 이들 장비를 실험 목적으로 사용하였다고 방어하였다.

지방 법원은 본 사례에서 실험 목적 이용의 방어는 연구, 학술 또는 실험 목적만으로 특허를 이용한 경우에 특허 침해 주장에 대한 방어 방법이며, 피고의 이용행위가 오직 실험 목적이나 다른 비영리 목적으로 사용되지 않았음을 원고가 입증하여야 한다고 판단하였다.

하지만, 연방 항소 법원은 다음과 같은 이유로 원심 판결을 뒤집었다. 먼저, 원심이 Madey가 특허 침해 사실을 주장하면서, Duke의 행위가 실험 목적이 아니라는 것을 입증하여야 한다는 것은 Madey에게 입증책임을 부당하게 전가시켰다고 보았다. 특허 침해에 대한 항변이 가능하다면 이는 피고에 의하여 입증되어야 한다고 판단하였다. 두 번째로, 원심이 매우 좁고 엄격하게 제한적인 실험 목적 이용의 방어에 대하여 매우 폭넓은 개념을 적용하는 잘못을 저질렀다고 보았다. 즉, 지금까지의 선례에 따르면 실험 목적 이용 행위에는 본질적으로 상업적

104) *Madey v. Duke University*, 307 F.3d 1351 (Fed. Cir. 2002)

인 이용 행위뿐만 아니라, 상업적 이용 행위가 아니더라도 특허 침해 혐의자의 적법한 비즈니스에 따른 행위도 포함될 수 없었다. 예를 들어, Duke 대학 같은 대형 연구 대학은, 상업적 이용에는 해당하지 않지만, 연구 프로젝트를 수행하도록 인가받았고 이로 인하여 재정 지원까지 받는다. 이들 프로젝트들은 모두 연구기관의 적법한 비즈니스 목적(이들 프로젝트에 참여한 학생과 교수들에 대한 교육을 포함한다)을 발전시킨다. 또, 이들 프로젝트들은 연구기관의 지위를 높이고 학생과 교수들의 연구 보조금도 받을 수 있게 한다. 따라서, 어느 기관이 상업적 이득을 얻기 위한 노력을 하였는지에 관계없이, 그 행위가 특허 침해혐의자(Alleged infringer)의 적법한 비즈니스상에 있고, 단순히 오락을 위하거나, 쓸데없는 호기심을 만족시키거나, 엄격한 철학적 탐구를 위한 행위가 아닌 한, 그 행위는 매우 좁고 엄격하며 제한적인 실험 목적 이용의 방어행위로 인정될 수 없다. 여기서, 이용자의 영리 또는 비영리 상태는 결정적이지 않다.

CHAPTER 2 특허 침해에 대한 기타 항변

1. 부정행위(Inequitable conduct)

1) '더러운 손' 이론(Unclean hands doctrine)

특허 출원은 특허 출원자가 특허청에 대하여 자신의 발명이 특허로서 적합한지에 대한 심사를 요청하는 절차이다. 특허청은 전적으로 특허 출원자가 제출한 자료에 의존하여 특허 여부를 심사하기 때문에, 특허청은 특허 출원자가 선의로 진실되게(Candor) 행동하리라는 기대를 갖고 특허 심사 절차를 진행할 수밖에 없다. 만약, 특허 출원자가 특허청의 이런 기대에 반하여 출원시에 부정한 행위를 하였다면, 이는 특허 침해 소송의 상대방에게 강력한 방어 방법이 될 수 있다. 특허 소송의 다른 항변 사유들이 청구항과 청구항 간의 비교 분석을 필요로 하는데 반하여, 부정행위는 특허 전체를 상대로 하며, 부정행위로 판단되는 경우에는 특허 전체를 실행할 수 없게 만든다. 이와 같은 이유로, 부정행위는 특허법의 원자폭탄이라고 불리운다.[105]

미국 특허법상의 부정행위 이론은 연방 대법원의 판례를 통해 확립된 '더러운 손' 이론에 근거를 두고 있다. *Keystone*[106] 사례는 증거를 조작하고 인멸한 사례이다. 특허 출원인은 특허 출원 당시 제3자에 의한 "선행 사용의 가능성"을 알았음에도 이를 특허청에 알리지 않았다. 특허 등록이 된 뒤에는 선행 사용자에게 돈을 지급하고, 선행 사용자로부터 자신의 사용은 포기된 실험이었다는 진술서

---

105) *Aventis Pharma S.A. v. Amphastar Pharmaceutical, Inc.*, 525 F.3d 1334, 1349 (Fed. Cir. 2008)

106) *Keystone Driller Co. v. General Excavator Co.*, 290 U.S. 240 (1933)

를 받아 낸 뒤, 선행 사용에 관한 세부 사항을 비밀로 하는 계약도 맺었다. 이후, 특허권자가 특허 침해자를 상대로 특허 소송을 제기하는 도중에, 이와 같은 부정한 거래 행위가 드러나게 되었으며, 법원은 '더러운 손'으로 법원에 왔다는 이유로 사건을 기각하였다.

Hazel-Atlas[107] 사례 역시 증거 조작과 인멸에 관한 사례이다. 특허권자는 특허 심사관의 강력한 거절에 직면하자, 자신의 발명이 앞선 신기술이라는 논문을 작성한 뒤, 당시 저명한 전문가였던 Clarke의 서명을 받아, Clarke 이름으로 학술지에 기재하였다. 특허권자가 Clarke 이름으로 된 논문을 제출하자, 특허청도 특허 등록을 승인하였다. 특허권자는 Hazel-Atlas를 상대로 특허 침해 소송을 제기하였으며, 항소 법원에서 특허가 유효하며 침해되었다는 판결을 받아 내었다. 이 소송을 전후하여 특허권자는 Clarke를 여러 번 접촉하여 위 논문의 허위 작성을 은폐하려고 시도하였으며, 특허권자는 Hazel-Atlas와 합의에 이른 뒤, Clarke에게 $8,000을 지급하였다. 이런 사실은 추후에 드러나게 되었으며, Hazel-Atlas는 이를 근거로 항소 법원의 판결을 무효로 하는 소송을 제기하였다. 연방대법원은, 지방 법원이나 항소 법원이 특허권자가 특허청을 기망한 사실을 알았더라면 '더러운 손' 이론에 의하여 사건을 기각하였을 것이라고 판단하면서 기존의 항소 법원의 판결을 무효로 하였다.

마지막으로, *Precision*[108] 사례에서 특허권자는 특허청에서 위증한 증거 인멸과 함께 위증으로 인증된 특허를 활용하려고 하였다. Automotive와 Larson이 출원한 2개의 출원서에 대한 저촉 심사 과정에서 Larson은 발명의 착상일이나 실행일 등을 위증하였다. Automotive는 이 위증 사실을 알고서 특허청에 알리는 대신에 Larson과 개별적으로 협상하여 Larson의 특허 출원에 대한 권리를 획득하고, Larson의 위증 증거를 인멸하였다. Automotive는 자신의 출원과 Larson의 출원으로부터 모두 특허를 획득하였다. Automotive는 Larson의 특허가 위증으로 인한 것임을 알면서도 이를 활용하려고 특허 소송을 제기하였다. 연방 대법원

107] *Hazel-Atlas Glass Co. v. Hartford-Empire Co.*, 322 U.S. 238 (1944)

108] *Precision Instruments Manufacturing Co. v. Automotive Maintenance Machinery Co.*, 324 U.S. 806 (1945)

은 특허권자가 특허청에 위증 사실을 알리지 않았을 뿐만 아니라, 위증에 관한 증거를 적극적으로 인멸하려고 하였고, 그 결과를 활용하려고 하였으므로, 그 소를 기각하여야 한다고 판단하였다.

2) 요건

부정행위 항변이 인정되기 위해서, 특허 침해 혐의자는 특허 출원인이 특허청을 기망하려는 의도를 갖고 있어야 하며, 중요한 정보의 생략 또는 기망 행위가 필요하다. 특허 침해 혐의자는 이 두 가지 요건, 기망의 고의와 중요성을 명백하고 확실한 증거에 의하여 입증하여야 한다. 특허 침해 혐의자가 이와 같은 입증 책임을 다하면, 연방 지방 법원은 출원인이 특허청을 상대로 한 행위가 특허 전체를 실행할 수 없게 만들었는지를 형평 원리에 입각하여 판단하여야 한다.

Therasense[109] 판결 이전에는 부정행위 요건에 낮은 기준을 요구하였다. 고의 요건과 관련하여서는 중과실(Gross negligence) 또는 과실만으로도 충족될 수 있다고 판단한 사례[110]들도 있다. 중요성과 관련하여서도 "합리적인 심사관" 기준을 적용하여, 합리적인 심사관이 해당 출원에 특허 등록을 인정하는지 결정하는데 중요하다고 고려할 실질적인 가능성이 있는 참고 자료의 경우에는 중요성을 인정하였다.[111] 또한, 중요성과 고의에 Sliding scale을 적용하여, 고의의 입증이 약하더라도 중요성이 강하게 입증된 경우, 또는 그 반대의 경우에도 부정행위의 요건이 충족되었다고 판단함으로써, 그 기준을 실질적으로 더 완화시키는 결과를 낳게 되었다. 기존의 판례들이 이처럼 낮은 기준의 고의와 중요성만으로 부정행위를 쉽게 인정한 것은, 이를 통하여 가급적 특허청에 모든 것을 공개하도록 장려하려는 이유에서였다.

그러나, 부정행위의 기준이 까다롭지 않기 때문에, 부정행위는 특허 소송에서 필수적인 전략으로 자리잡게 되었고, 이로 인한 사건의 복잡성, 기일의 연장, 비용 증가 등의 문제가 발생하였다. 여기에, 부정행위 인정으로 인한 효과는 단순

109) *Therasense, Inc. v. Becton, Dickinson & Co.*, 649 F.3d 1276 (Fed. Cir. 2011)
110) *Driscoll v. Cebalo*, 731 F.2d 878, 885 (Fed. Cir. 1984)
111) *Am. Hoist & Derrick Co. v. Sowa & Sons, Inc.*, 725 F.2d 1350, 1362 (Fed. Cir. 1984)

히 하나의 청구항을 무효로 만드는 것이 아니라 특허 전체를 실행할 수 없게 만든다. 또한, 하나의 특허에서 부정행위가 발견되면, 같은 기술 패밀리 내에 있는 관련 특허나 출원까지 실행할 수 없게 만들어 버렸다.[112] 이러한 부작용을 시정하기 위하여, *Therasense*에서는 좀 더 엄격한 기준을 요구하게 되었다.[113]

먼저, 부정행위의 고의를 입증하기 위하여, 특허 침해 혐의자는 특허권자가 특허청을 기망하기 위한 구체적인 의도를 갖고 행동하였다는 것을 입증하여야 한다. 즉, 특허 침해 혐의자는, 출원인이 참고 자료 및 그 자료의 중요성을 알고 있었으며, 의도적으로 그 자료를 개시하지 않았다는 것을 명백하고 확실한 증거에 의하여 증명하여야 한다. 또한, 고의와 중요성은 각 별개의 요건이므로, 여기에 "Sliding scale"을 적용하여서는 안 된다고 보았다.

중요성에 관한 기준도 "But for" 기준을 채택하였다.[114] 출원인이 선행 기술을 특허청에 공개하지 않았을 때, 만약 특허청이 그 선행 기술을 알았다면 청구항에 대한 특허를 승인하지 않았을 경우에, 그 선행 기술은 "But for" 자료가 되어 중요성이 인정된다. 한편, "But for" 기준의 예외로, 특허 출원자의 적극적인 위법 행위가 있는 경우, 예를 들면 고의로 거짓 진술서를 제출하는 것과 같은 경우에, 그 위법 행위는 그 자체로 중요성이 인정되다.

3) 사업상 위법행위(Business misconduct)

최근의 연방 항소 법원은 특허 출원 중에 특허청에 대하여 발생하지 않은 위법 행위에 대하여도 사업상 위법행위(business misconduct)로 부정행위 항변을 인정한 바 있다.

Gilead Sciences[115] 사례에서, Gilead의 '더러운 손' 항변은 Merck사의 특허 변호사가 쟁송 중인 특허를 출원하는 과정에서 범한 위법행위에 근거를 두고 있다. Merck사는 C형 간염 항바이러스제의 특허 출원을 시작하고 있었다. 이 과정

112] *Consol. Aluminum Corp. v. Foseco Int'l Ltd.*, 910 F.2d 804, 808-12 (Fed. Cir. 1990)

113] *Therasense, Inc. v. Becton, Dickinson & Co.*, 649 F.3d 1276, 1290 (Fed. Cir. 2011)

114] *Id.*, at 1291-92

115] *Gilead Sciences, Inc. v. Merck & Co.*, 888 F.3d 1231 (Fed. Cir 2018)

에 참여한 Merck사의 특허 변호사가 Pharmasset사(후에 Gilead에 인수됨)와의 사업상 미팅에도 참석하게 되었다. 이 미팅에서는 C형 간염 항바이러스제의 개발과 시장 확대를 위하여 Merck사와 Pharmasset사 간의 합작회사를 설립하는 문제를 논의하는 중이었다. Merck사의 특허 변호사가 이와 같은 사업상 미팅에 참석한 행위는, 다른 회사의 비밀 정보를 의도치 않게 노출하거나 남용하는 것을 막기 위해서 Merck사의 내부 규정으로도 금지하고 있는 행위였다. 더욱이, Merck사의 특허 변호사는, 실제로 C형 간염 항바이러스제와 관련된 특허 출원을 진행 중임에도, Merck사의 특허 출원 업무와는 분리되어 Firewall 내에 있다고 Pharmasset사를 기망하였다. 후에, 이 특허 변호사의 Merck사를 위한 특허 출원 업무로 인한 이해 충돌이 발생한 것이 드러나자, 이 변호사는 더 이상 Pharmasset사와의 회의에는 참석을 하지 않았다. 하지만, Merck사의 특허 출원 행위에는 계속 관여하면서, Merck사가 C형 간염 항바이러스제에 대한 특허 출원을 하는 도중에 Pharmasset사로부터 얻은 C형 간염 항바이러스제에 관한 정보를 활용하였다. Merck사의 특허 청구항을 축소하면서도 Pharmasset사의 화합물을 포함할 수 있도록 하였다. 연방 지방 법원은, Merck사의 특허 변호사가 Pharmasset사로부터 자사의 C형 간염 항바이러스제에 대한 정보를 획득하지 못하였다면, Merck사의 특허에 Pharmasset사의 화합물이 포함될 수 있도록 보정하지 못하였을 것이라고 판단하였다. Merck사의 특허 변호사는 Merck사의 C형 간염 항바이러스제에 대한 특허 출원서를 보정함으로써, 사업상 위법행위를 저지른 것이 된다. 따라서, Merck사가 이렇게 불법적인 행위를 바탕으로 얻게 된 특허를 불법행위의 상대방인 Gilead사에 주장하는 것은, '더러운 손'에 의한 행위로 보았다. 연방 항소 법원도 이와 같은 1심 판결을 인용하면서, Merck사의 특허 변호사의 위법행위가 Gilead사에 대한 형평법상 구제행위와 "즉각적이며 필수적으로(immediately and necessarily)" 연결되어 있다고 판단하였다.

2. 특허권의 남용(Patent misuse)

1) 의의

특허권자가 특허권에 의하여 부여받은 배타적 권리를 넘어 자신의 권리를 주장하는 것을 특허권의 남용이라고 한다. 특허권자가 특허권을 남용한다고 하여 기존의 법률을 위반하지는 않는다. 그렇지만, 특허권자가 특허권으로부터 독점적 지배력을 끌어내는 것으로서 공공 정책에 모순된다. 특허권자는 특허권을 사용함으로써 법률상 주어진 특허권에 내재된 권한을 넘어서는 시장 지배력을 행사할 수 없다.[116]

특허 소송 중에, 특허권 남용의 항변이 받아들여지게 되면, 부정행위 항변과 마찬가지로 특허 전체를 실행할 수 없게 된다. 그러나, 부정행위로 획득한 특허는 영원히 실행할 수 없는 데 반하여, 특허권을 남용한 경우에는 남용 행위를 중지하면 다시 특허권을 실행할 수 있게 된다.[117]

특허권 남용은 그 위반 행위의 성격상 독점금지법 위반 행위와 유사하다. 그러나, 특허권 남용이 법률에 규정되지 않고 법원의 판단 재량에 따른 것이라는 점에서, 법에 규정되어 민사상, 형사상 제재를 받는 독점금지법 위반행위와는 구별된다.

2) 분석

법원은 특허권 남용 여부를 판단하기 위해서, 특허권자의 행위가 특허권이 부여된 합리적 범위 내에 있는지, 즉 특허 청구항의 범위 내에 있는 주제와 관련되어 있는지에 대한 판단을 하여야 한다.[118] 만약 그렇다고 판단되면, 그와 같은 특허권의 실행 행위는 특허 청구항의 범위를 확대하는 결과를 가져오지 않으므로, 특허권 남용을 구성하지 않는다. 그와 반대로, 특허권자의 행위가 특허 청구항의

---

116) *Mallinckrodt, Inc. v. Medipart, Inc.*, 976 F.2d 700, 704 (Fed. Cir. 1992)

117) Horwitz, "Patent Litigation", pp.10-131.

118) *Mallinckrodt, Inc. v. Medipart, Inc.*, 976 F.2d 700, 708 (Fed. Cir. 1992)

범위 내에 있는 주제와 관련되어 있지 않다면, 특허권자의 법률상 권리를 확대하는 결과를 가져오고, 반경쟁적인 결과를 낳게 된다. 따라서 그와 같은 특허권의 실행이 허용될 수 있는지 "합리성 이론(Rule of reason)"에 따른 분석이 필요하게 된다.[119]

합리성 이론에 따르면, 문제가 된 행위가 공정 경쟁에 불합리한 제한을 가하는지를 관련 사업의 구체적인 정보, 제한 행위가 부여된 전후 맥락, 제한 행위의 역사, 본질, 결과 등을 고려하여 판단한 뒤, 사실 관계를 밝혀내야 한다고 보았다.[120]

특허권 남용이 논의될 수 있는 특허권자의 행위로는, 결합 계약, 포괄 라이선싱, 특허 기간 연장 등이 있으며, 다음에서 각 유형에 대하여 살펴본다.

3) 결합 계약(Tying arrangements)

특허 제품에 대한 판매 또는 라이선스를 비특허 제품의 판매 또는 라이선스를 조건으로 하는 경우, 이것이 특허권의 불법적인 확장 또는 특허권 남용에 해당하는지 문제가 된다. 결합 계약이 특허권 남용에 해당하는지에 관한 사례이다. *Illinois Tool Works*[121] 사례에서, Illinois Tool Work(ITW)사는 프린팅 시스템을 제조하여 시장에 판매하였다. 이 시스템에는 특허받은 제품인 프린트헤드와 잉크통 그리고 특허를 받지 않은 잉크가 포함되어 있었다. ITW사로부터 이들 제품을 구매하는 업체 및 고객은 위 잉크통에 다른 종류의 잉크를 재충전하지 않는데 동의하였다. Independent Ink사는 독자적으로 ITW사의 잉크와 동일한 화학요소로 구성된 잉크를 개발한 뒤, ITW사를 상대로 특허 무효 및 비침해 확인의 소를 제기하였다. "ITW사가 프린트헤드 시스템에 특허를 보유함으로써 이 시장에서 법률에 의한 시장 지배력을 필연적으로 갖게 되었고, 이로 인하여 특허 제품과 비특허 제품을 결합하는 계약은 일응 독점금지법의 위반을 추정하게 한다."고 주장하였다.

---

119) *Id.*

120) *State Oil Co. v. Kahn*, 118 S.Ct. 275, 279 (1997)

121) *Illinois Tool Works Inc. (petitioner) v. Independent Ink, Inc*, 547 U.S. 28 (2006)

초기 연방 대법원은 특허 제품과 비특허 제품의 결합 계약은 경쟁 억제 이외의 다른 목적을 제공하지 않는다고 가정[122]하였으나, 후에 *Fortner II*[123]나 *Jefferson Paish*[124]에서 이를 받아들이지 않았다. *Jefferson Paish*에서는 특허 제품이 포함된 결합계약에 시장 지배력을 추정할 수 있다고 제안하지도 않았다. 그러나, *International Salt*[125]에서, 특허 제품의 시장 지배력이 추정되므로, 비특허 제품과의 결합은 문면상 Sherman Act에 반한다는 판단을 하면서, 특허 제품의 시장 지배력을 추정하였다.

그렇지만, 연방 의회는 1988년 특허법 §271(d)를 수정하여, 특허권자에게 해당 특허 제품의 시장 지배력이 인정된다는 추정을 폐지하였다. 특허권자가 특허 제품과 비특허 제품의 판매나 라이선스를 결합한 경우에, 특허권자가 특허 제품에 대한 시장지배력을 갖고 있지 않다면, 특허권 남용이나 불법적인 특허권의 확장에 해당하지 않는다고 하였다.[126] 따라서, 수정된 특허법 규정에 의하면, "ITW사가 해당 시장에서 시장 지배력을 갖고 있다는 증거가 없다면, 본 소송에서 쟁점이 된 결합계약만으로는 특허권의 남용이나 특허권의 불법적인 확장에 해당되지 않게 된다." 물론, 본 조항에서 독점금지법에 대한 언급은 없지만, 이를 통하여 기존 *International Salt*에서 밝힌 일응의 추정 역시 재평가되어야 한다. 시장 지배력을 입증하지 못하여 특허권의 남용조차 구성하지 못하는 단순한 특허권의 사용을 독점금지법 위반이 되는 '중범죄'로 처벌할 수는 없기 때문이다.

---

122) *Standard Oil Co. of Cal. v. United States*, 337 U.S. 293, 305-306 (1949)

123) *United States Steel Corp. v. Fortner Enterprises, Inc.*, 429 U.S. 610, 622 (1977)

124) *Jefferson Parish Hospital Dist. No. 2 v. Hyde*, 466 U.S. 2 (1984)

125) *Int'l Salt Co. v. United States*, 332 U.S. 392, 395-96 (1947)

126) 35 U.S.C. §271 "(d) No patent owner otherwise entitled to relief for infringement or contributory infringement of a patent shall be denied relief or deemed guilty of misuse or illegal extension of the patent right by reason of his having done one or more of the following: … (5) conditioned the license of any rights to the patent or the sale of the patented product on the acquisition of a license to rights in another patent or purchase of a separate product, *unless, in view of the circumstances, the patent owner has market power in the relevant market for the patent or patented product on which the license or sale is conditioned.*"

4) 포괄 라이선싱(Package licensing)

특허권의 남용으로 특허 제품들에 대하여 일괄적으로 라이선스 계약을 맺도록 강요한 것이 허용되는지 논의된다. 위의 결합계약이 특허 제품과 비특허 제품의 결합이라면, 포괄 라이선싱은 특허 제품과 특허 제품 간의 결합이라고 할 수 있다.

U.S.Philips[127] 사례에서, Philips사는 Sony사와 함께 CD-R과 CD-RW를 제조하는 기술에 특허권을 보유하고 있으면서, 이들에 대한 포괄 라이선스 계약을 맺어 왔다. 잠재적인 라이선시들은 자신들이 사용하려는 특허 개수에 상관없이 동일한 실시료를 지급하여야 하며, 각 특허에 대한 개별적인 라이선스 계약은 허용되지 않았다. ITC는 포괄적인 라이선스 계약에는 CD-R과 CD-RW의 제조에 필요한 특허들과 비실질적인 특허들이 결합되어 있으면서, 라이선시들이 개별적인 라이선스 계약을 할 수 없기 때문에 일응 특허권 남용에 해당한다고 판단하였다. 설령, 일응의 특허권 남용이 아닐지라도, 합리성 원칙에 따른 특허권 남용을 구성한다고 판단하였다. 비실질적인 특허를 실질적인 특허와 함께 패키지에 포함시키면, 비실질적 특허의 경쟁자들을 배제하고, 해를 입힌다고 판단하였다.

연방 항소 법원은 특허 제품과 비특허 제품 간의 결합 계약(Patent-to-product tying)에서는 소비자들에게 다른 시장에 속한 제품을 구매하도록 강요하므로, 특허로 발생되는 시장 지배력이 비특허 제품 시장의 경쟁을 억제할 수 있다고 보았다. 그러나, 실질적이고 비실질적인 특허가 포함된 포괄 라이선스 계약(Patent-to-patent tying)은 라이선시들에게 특허권자의 경쟁자들로부터 대체 기술을 사용하는 것을 방해하지 않는다고 판단하였다. 일부 라이선시들이 비실질적인 특허를 제외하면 실시료를 낮출 수 있기를 희망하였지만, Philips는 특허 개수에 상관없이 동일한 실시료를 요구하고 있다. 따라서, 연방 항소 법원은 ITC가 포괄 라이선스 계약이 라시선시들이 원하는 특허권을 획득하기 위하여 원하지 않는 기술도 라이선스를 얻도록 강요하는 것으로 판단한 것은 잘못이라고 보았다.

127] *U.S.Philips Corp. v. ITC.*, 424 F.3d 1179 (Fed. Cir. 2005)

5) 특허 기간 연장

연방 대법원은 특허 기간 종료 후에까지 실시료를 지급하도록 하는 계약 조항은 "일응 불법(unlawful per se)"하다고 판단하였다.[128] 왜냐하면, 이와 같은 조항은 특허의 독점권을 특허 기간을 넘어서까지 인정해 줌으로써, 특허 기간 이후에 특허권을 공공에게 돌려주려는 특허법의 정책과 모순된다고 보았다.[129]

3. 독점금지법(Anti–trust Law) 위반

1) 의의

특허법은 기술 혁신을 장려하기 위하여 기술 혁신에 대한 인센티브로 일정 기간 경쟁을 제한하고, 독점권을 부여한다. 반대로 독점금지법은 소비자들을 보호하기 위하여 공정하고 자유로운 경쟁을 촉진하고 반경쟁적인 일정 행위들을 불법화하면서 독점을 막는다. 이처럼, 두 법의 입법취지나 지향점은 상충되기 때문에 이들의 조화로운 해석이 요구된다. 특허권자는 독점금지법상 책임이 면제될 수 있으며, 예외적으로 특허권자가 특허법에 의하여 보호받는 범위를 벗어나서 자신의 특허권을 확장하려는 행위를 하려는 경우에만 독점금지법에 의한 책임이 문제될 수 있을 것이다.[130]

연방 대법원은 특허 침해 소송을 제기하는 특허권자도 다음과 같은 경우에는 특허 소송의 반경쟁적인 결과로 인하여 독점금지법상의 책임을 부담한다고 보았다. 즉, ① 주장된 특허가 *Walker Process*에 해당하는 고의의 기망(Knowing and willful fraud)을 통하여 획득되거나, ② 특허 침해 소송이 실제로는 경쟁자의 사업관계에 직접적으로 간섭하려는 시도에 불과한 허위 소송(Sham litigation)인 경우[131] 등이 있다.

128] *Brulotte v. Thys Co.*, 379 U.S. 29, 30, 32 (1964)

129] *Id.*, at 33

130] Herbert Hovenkamp, "*The Rule of Reason and the Scope of the Patent*", Sand Diego L.Rev, (2015)

131] *Eastern R.R. Presidents Conference v. Noerr Motor Freight, Inc.*, 365 U.S. 127 (1961)

2) 법률

독점금지에 관한 법률로는 여러 주에서 주법으로 제정하고 있을 뿐만 아니라, 연방 차원에서도 Sherman Act나 Clayton Act로 제정하고 있다. Sherman Act(15 U.S.C. §1)에서는 국가 간이나 연방 주 사이의 무역이나 상업적 활동을 제한하는 계약, 조합 또는 모의 등을 불법이라고 규정하면서 중범죄(Felony)로 다루고 있다. §2에서는 국가 간이나 연방 주 사이의 무역이나 상업적 활동을 독점하거나 독점하려고 시도 또는 다른 사람과 모의하는 경우 이를 역시 중범죄로 다루고 있다. Clayton Act(15 U.S.C. §12 이하)에서는 결합, 배타적 거래처럼 실질적으로 경쟁을 제한하거나 독점을 창출하는 구체적인 행위들을 금지하고 있다.

3) 구체적 유형

(1) *Walker Process* 기망

Walker Process[132]의 쟁점은, 특허청을 기망하여 등록한 특허의 유지와 실행이 Sherman Act §2의 근거가 되어 Clayton Act §4에 따른 3배의 손해배상 청구를 할 수 있는지 여부이다. Food Machinery사는 자신의 특허를 침해하였음을 이유로 Walker Process사에 대하여 특허 침해 소송을 제기하였다. Walker Process사는 반소를 제기하면서, "Food Machinery사는 특허 사유가 되지 않는다는 것을 잘 알고 있으면서도, 악의로 특허를 취득하고 이를 유지함으로써, 기망에 의하여 불법적으로 연방 주 사이의 또는 국가 사이의 상거래를 독점하였다고 주장하면서, 손해액의 3배를 배상금으로 청구하였다. 연방 대법원은, 특허권자가 특허의 독점력을 행사함으로써 독점금지법상 책임으로부터 면제받지만, 특허권자가 고의적으로 특허청을 기망하여 특허를 획득하여 실행한 경우 Sherman Act §2의 다른 요건들을 충족하였다면 동조 위반이 될 수 있다고 판단하였다. 이 경우에 피해자에게는 Clayton Act §4에 따른 3배의 손해배상도 인정될 수 있다고 보았다.

132] *Walker Process Eqpt., Inc. v. Food Machinery Corp.*, 382 U.S. 172 (1965)

한편, 연방 항소 법원은[133] Walker Process 반소의 기망행위를 부정행위의 기망행위와 구별하면서, 후자가 보다 광범위하고 포괄적이라고 판단하였다. *Walker Process* 기망은 그 자체로 보통법상 기망행위로 인한 소송을 제기할 수 있는 정도를 요구하기 때문에, ① 중요한 사실에 대한 표현이 ② 거짓된 표현이어야 하며, ③ 기망의 고의를 갖고 있어야 하고, ④ 기망당한 사람이 기망행위에 기반한 행위를 하여 ⑤ 손해가 발생하여야 한다는 요건들을 모두 충족하여야 한다. 이에 반하여, 특허 침해 소송에 대하여 형평법상 항변 사유에 불과한 부정행위의 기망행위는 위 요건들을 모두 충족하지 못하는 경우에도 성립할 수 있다.

(2) 허위 소송(Sham litigation)

특허권자가 독점금지법상의 책임을 부담하지 않는 것의 예외 사례로는 *Walker Process* 기망 이외에도 허위 소송이 있을 수 있다. 연방 대법원은 *PRE*[134]에서 허위 소송 판단에 관하여, 2단계 테스트를 제시하였다. 먼저, 특허 소송이 객관적으로 근거 없는 소송이어서, 합리적인 소송 당사자라면 그 소송에서의 승소를 실제로 기대할 수 없어야 한다. 객관적으로 승소 가능성이 없다고 판단하면, 법원은 소 제기자의 주관적인 동기를 조사하여야 한다. 법원은 소 제기자가 "경쟁자의 사업 관계에 직접적으로 간섭하려는 시도"를 감추려는 목적으로 위와 같이 근거 없는 소송을 제기하였는지를 살펴보아야 한다. 물론, 이와 같이 허위 소송의 두 가지 요건을 입증한 독점금지 소송의 원고는 특허권자의 실질적인 독점금지 위반 사실을 입증하여야 할 것이다.

4) 역지불 합의(Reverse payment settlement)

(1) 의의

한편, 특허와 관련된 독점금지법 위반 문제가 논의되는 특수한 경우로 역지불

133] *Nobelpharma v. Implant Innovations*, 141 F.3d 1059, 1069-70 (1998)

134] *Prof'l Real Estate Investors, Inc. v. Columbia Pictures Indus.*, 508 U.S. 49, 60-61 (1993)-*PRE* 사례는 원래 독점금지법상의 책임을 회피하기 위한 목적으로 제기한 저작권 침해 소송이 허위 소송이 될 수 있는지에 관한 판단을 하였으나, 연방 항소 법원은 *PRE*의 기준이 특허권자에게도 적용된다고 판단하였다.; *Nobelpharma*, 141 F.3d, at 1071

합의가 있다. 특허 침해 소송이 제기되면, 특허 침해 혐의자가 특허권자에게 일정 금액을 지급하고 합의를 함으로써, 특허 소송의 위험성을 회피하는 것이 일반적이다. 이와 반대로 특허권자가 특허 침해자에게 일정 금액을 지급하고 합의를 함으로써 특허 소송을 회피하는 경우를 역지불 합의(Reverse payment settlement)라고 부른다. FDA에 의한 복제약 승인에 관한 법률(Hatch Waxman Act) 규정으로 인하여, 오리지널 약의 특허를 보유한 제약회사와 복제약의 제약 회사 간에 이와 같은 역지불 합의가 발생하게 된다.

(2) Hatch Waxman Act

새로운 처방약을 시장에 판매하려는 제약업자가 연방 식약청(Federal Food and Drug Administration)에 New Drug Administration(NDA)을 제출하면, 오랜 시간에 걸쳐 고가의 종합 테스트 과정을 거치게 된다. 이 과정을 통과한 약물에 한하여 FDA가 판매 승인을 해 준다.[135] Hatch-Waxman Act는 오리지널 약과 "동일한 활성 성분"과 "생물학적으로 동등한" 복제약의 경우, 오리지널 약품의 승인에 필요한 "고가의 장시간의 테스트"를 받을 필요 없이 간략한 절차만 통과하면 그 시판을 승인해 주고 있다. Hatch-Waxman 절차는 오리지널 약의 승인 노력에 편승하여, 저가의 복제약을 시장에 신속하게 유통시키려는 것을 목적으로 한다.

오리지널 약의 제조사는 NDA에 해당 특허의 번호와 존속 기간을 기재하여야 한다. 이를 바탕으로, 복제약 제조사는 FDA에 제출하는 Abbreviated New Drug Application(ANDA)에 오리지널 약의 특허를 침해하지 않는다는 것을 명확히 밝혀야 한다. 21 U.S.C. §355(j)(2)(A)(vii)에 따르면, 4가지 방법이 있다. 먼저, 오리지널 약의 제조사가 해당 특허를 기재하지 않았다는 것을 증명하거나, 둘째로 해당 특허의 존속기간이 만료되었다고 증명하거나 또는 해당 특허의 존속기간 만료일에 시판하도록 신청하는 방법이다. 마지막으로 "해당 특허가 무효"이거나, ANDA에 기재된 약의 "제조, 사용 또는 판매로 오리지널 약의 특허가 침해되지 않는다."는 것을 증명하여야 한다.[136] 복제약 제조사가 이 중 네 번째

135) 21 U.S.C. §355(b)(1)
136) §355(j)(2)(A)(vii)(IV)

방법을 택하면, 이를 "Paragraph IV" route라고 하는데, 자동적으로 특허 침해로 간주된다. 이 경우, 오리지널 약의 제조사가 45일 이내에 특허 침해 소송을 제기할 경우, 특허의 유효성이나 침해 여부를 다투는 동안, 일반적으로 30개월 동안, 법원은 복제약을 승인하는 것을 보류하여야 한다.

한편, Hatch-Waxman 법은 Paragraph IV 경로를 택하여 ANDA를 최초로 신청한 복제약 제조업자에 특별한 인센티브를 제공하고 있다. 최초 ANDA 신청자에게는 약을 최초로 시판한 날로부터 180일간의 독점기간이 제공된다.[137] 이 독점 기간 동안에 다른 복제약 제조업자의 시장 진입은 금지된다. 이처럼 최초 복제약 제조업자가 오리지널 약의 특허 장벽을 넘어 복제약을 시판하게 되면, 180일간의 독점 기간은 수백억 달러의 값어치를 갖게 된다.

(3) *Actavis*[138] 사례 분석

오리지널 약의 제조업체인 Solvay사는 특허 받은 약을 "Androgel"이라는 이름으로 시판하고 있었으며, 아직 특허 기간이 남아 있었다. Actavis사는 최초로 Paragraph IV 경로를 이용한 ANDA를 제출하였으며, Paddoc사가 뒤를 이어 ANDA를 제출하였다. Solvay사는 Actavis와 Paddock을 상대로 Paragraph IV 특허 소송을 시작하였고, 30개월이 지나자, FDA는 Actavis를 첫 번째 복제약 신청자로 승인하였다. 그러자, 특허 소송의 당사자들은 소송을 중단하고 합의를 하였다. 합의 내용은 향후 9년간 복제약 제조업체들이 복제약을 시판하지 않는 대신에, Solvay사는 Paddock사에 총 7천 2백만 달러를 지급하고, Actavis사에는 매년 1천 9백만 달러에서 3천만 달러를 9년간 지급하는 조건이었다.

FTC는 위와 같이 합의한 회사들을 상대로 FTC Act §5(15 U.S.C. §45) 위반을 이유로 소송을 제기하였다. 복제약 회사들은 복제약을 시판할 수 있는 기회를 포기하고 Solvay의 독점 이익을 공유하기로 하였으며, Solvay사는 9년간 Androgel과 경쟁할 수 있는 저가의 복제약 시판을 막는 데 불법적으로 합의하였다는 것이다.

137] §355(j)(5)(B)(iv)

138] *FTC v. Actavis*, 133 S.Ct. 2223 (2013)

1심 법원에 이어 연방 항소 법원도 FTC의 청구를 기각하면서, "특허 획득 과정의 기망이 존재하지 않았으며, 허위로 특허 소송을 제기한 것도 아니라면, 역지불 합의는 특허권의 독점 범위 내에 속하는 반경쟁적인 효과에 지나지 않으므로, 독점금지법상의 책임으로부터 면제"된다고 판단하였다. 항소 법원은 독점금지법상의 경쟁을 촉진하는 정책과 분쟁 발생시 합의로 해결할 것을 장려하는 공공 정책 중 후자의 손을 들어주었다.

연방 대법원도 역지불 합의가 특허권의 독점 범위 내에 속하는 반경쟁적인 효과라는 점에는 동의하였으나, 독점금지법상의 책임으로부터 면책된다는 점에는 항소 법원과 의견을 같이 하지 않았다.

먼저, 복제약 제조업체의 시장 진입을 막는 본 사례와 같은 합의는 실제로 경쟁에 부정적인 결과를 가져오는 잠재성이 있다고 본다. 특허 소송이 계속 진행되어 특허 무효 또는 특허 침해로 판단되면, 특허권자가 합의금으로 준 금액은 고스란히 소비자들의 몫이 될 수 있기 때문이다.

두 번째로, 이와 같은 반경쟁적인 결과를 정당하다고 입증하기가 어렵다. 역지불금을 지급하더라도, 이는 합의를 통하여 절약할 수 있는 소송 비용 정도가 적당할 것이다. 본 사례와 같이 특허권자가 특허 무효나 비침해로 입게 될 위험을 회피하기 위하여 특허의 독점적 이익을 합의금으로 사용하는 것은 고려의 대상이 될 수 없다. 독점금지 소송의 피고인들은 독점 소송 절차에서 쟁점이 된 계약 조항들을 설명하고, 합리성 원칙에 따라 그 조항들이 적법하다는 것을 입증함으로써, 자신의 행위가 합법적인 정당성을 띠고 있음을 입증하여야 한다.

세 번째로, 역지불 합의가 부정당한 반경쟁의 위험을 가져올 수 있는 경우에, 특허권자는 그러한 위험을 실행할 힘을 보유하고 있다. Solvay사가 지급한 합의금의 규모는 이와 같은 특허권자의 힘을 보여 준다.

네번재로, 항소 법원이 믿는 것보다 반경쟁 행위가 현실화될 가능성이 훨씬 더 높다. 설명이 불가능할 정도로 많은 합의금이 특허권자가 특허의 생존에 대하여 강한 의심을 갖고 있다는 것을 보여 준다. 따라서, 역지불 합의금은 특허 무효나 비침해 판결을 받게 되어 경쟁구도가 생기는 것을 방해하게 된다.

마지막으로, 부정당한 고액의 역지불합의금을 지불하면서 독점금지법의 책임을 부담하는 위험을 안아야만, 소송 당사자들이 합의할 수 있는 것은 아니다. 예를 들면, 특허권자는 역지불금에 대한 합의 없이도 복제약 제조업체가 특허 만료 전에 시장에 진입하는 것을 허용하면서 합의할 수도 있는 것이다. 역지불금을 포함한 합의의 주된 목적이 특허에서 유래한 독점적 이익을 나누고 이를 유지하는 것이며, 따로이 이를 정당화할 이유가 없다면, 독점금지법은 그와 같은 합의를 금지할 수 있다.

4. 최초 판매 원칙 또는 특허권의 소멸

1) 의의

특허 제품이 정당하게 판매된 이후에는 그 특허 제품에 잔존한 특허권은 제한되어, 제품 구매자는 특허 제품을 사용할 권리를 취득한다. 이와 같은 특허권 소멸(Patent exhaustion) 원칙은 연방 대법원이 저작권을 통하여 인정하여 온 최초 판매 원칙(First sale doctrine)이 특허권에도 적용된 결과이다.

특허 제품의 구매자가 특허 제품을 사용할 권리에는 해당 제품에 대한 수선(Repair)이 포함되지만, 사실상 새로운 제품을 만드는 것과 같은 복구(Reconstruction)는 포함되지 않는 것은 앞에서 살펴본 바 있다. 또한, 특허 제품의 구매자가 해당 제품을 제3자에게 양도하거나 라이선스를 부여할 경우에도, 제3자는 원칙적으로 특허권의 제한을 받지 않게 된다. 여기서는 이와 관련된 연방 대법원의 판례를 중심으로 살펴보기로 한다.

2) 특허 제품에 대한 사용, 재판매 권리

특허권 소멸 원칙은, 특허 제품을 정당하게 구매한 자 또는 그 이후의 소유자들에게 구매한 특허 제품을 사용하거나 재판매할 권리를 부여하는 것이며, 이를 이용하여 새로운 제품을 만들 권리를 부여하는 것은 아니다. 연방 대법원은 *Monsanto*[139] 사례에서, 특허권 소멸 원칙은 판매된 "특정 제품"에만 적용되는

---

139) *Bowman v. Monsanto Co.*, 133 S.Ct. 1761 (2013) (Monsanto는 제초제에 노출되어도 생존할 수 있는 콩 씨앗을 발명하여 특허를 받았다. Monsanto는 이 씨앗들을 한 번 심어서

것이며, Monsanto사의 특허받은 씨앗들을 재배하여 수확한 씨앗들을 다음 해에 다시 심은 Bowman사의 행위는, 새로이 특허받은 제품을 만드는 것으로 특허권 소멸 원칙으로 보호하려는 범위를 벗어난다고 판단하였다.

3) 범위

(1) 방법 특허에 적용

방법 특허는 유형의 제품과 관련된 것이 아니라, 프로세스와 연결되어 있으며, 방법 특허가 구현된 제품의 사용을 통하여 방법 특허가 실행된다. 연방 대법원은 *Quanta v. LG*[140]에서, 이러한 방법 특허에도 장치 특허와 마찬가지로 특허권 소멸 원칙이 적용된다고 판단하였다. 연방 대법원은 방법 특허도 제품에 "구현"되어 있으므로, 그 제품의 판매로 특허권은 소멸한다고 보았다. 만약, 방법 특허에 특허권 소멸 원칙이 적용되지 않는다면, 특허권자들은 장치에 대한 기재를 방법에 대한 기재로 전환하거나 장치 특허와 방법 특허를 함께 출원함으로써 특허권 소멸 원칙을 형해화할 수 있다고 보았다.

재배하는 것을 조건으로 하는 라이선스 계약을 맺고 판매 하였다. 그러나, Bowman사는 Monsanto사로부터 이러한 라이선스 계약하에 씨앗들을 구매하였음에도 불구하고, 구매한 씨앗들을 심어서 수확한 씨앗들을 일부 저장하여 다음년에 다시 심어서 재배하였다. 이 사실을 알게 된 Monsanto는 *Bowman*을 상대로 특허 침해 소송을 제기하였으며, *Bowman*은 특허권 소멸로 항변하였다.)

140) *Quanta Computer, Inc. v. LG Electronics, Inc.*, 553 U.S. 617, 628-30 (2008) (LG 전자는 메모리에서 최신 정보를 획득하는 방법, 메모리에 읽고 쓰는 요청을 조직화하는 방법, 그리고 데이터 트래픽을 관리하는 방법 등에 관한 특허를 보유하였다. LG 전자는 이들 특허에 대한 라이선스를 Intel에 부여하였고, Intel은 LG의 특허를 이용하여 마이크로프로세서와 칩셋을 제조, 판매할 수 있었다(라이선스 계약). 한편, 라이선스 계약과는 별개로 LG와 Intel은 Master Agreement를 맺었는데, 이에 따르면, LG의 Intel에 대한 라이선스는 Intel 제품과 타사 제품(Non-Intel products)을 결합한 제품에까지 그 효력이 미치지 않으며, Intel은 서면으로 이를 Intel 제품의 구매자에게 통지하도록 요구하고 있다. Quanta는 Intel로부터 LG의 특허가 구현된 제품을 구매한 뒤, 그 제품을 수정하지 않고 타사 제품과 결합하여 컴퓨터를 제조하여 판매하였다. LG는 이와 같은 결합이 LG의 특허를 침해하였다고 주장하며 소송을 제기한 사안이다.)

(2) 제품 재판매 조건 위반시

특허권 소멸 원칙의 적용 범위와 관련하여, 특허권자가 특허 제품 구매자의 제품 재판매 또는 사용 방법 등에 대한 명시적 조건을 붙였다면, 해당 판매 조건을 인지하고 특허 제품을 구매하고서도 이를 위반한 특허 제품 구매자에게 특허권자가 특허 침해의 주장을 할 수 있는지가 논의되었다.

Lexmark[141] 사례에서, 특허권자인 렉스마크사는 레이저 프린터의 토너 카트리지에 관한 다수의 특허를 보유한 채, 이들 특허가 구현된 제품을 소비자에게 직접 판매하였다. 토너를 다 사용하면 다시 재충전하여 사용할 수 있기 때문에, 렉스마크사는 두 가지 판매 정책을 채택하였다. 첫 번째 판매 정책은 정상가격으로 제품을 소비자에게 판매하고, 소비자는 사용한 카트리지에 토너를 재충전하여 계속 사용할 수 있게 하는 것이고, 두 번째 판매 정책은, 제품에 "1회 사용/재판매 금지" 조건을 부착하여 판매하는 방법이다. 렉스마크사는 해당 제품을 정상가보다 할인된 가격으로 판매하고, 사용자는 1회 사용 후 다 쓴 카트리지를 렉스마크사에게 반납하게 된다. 렉스마크사는 이 두 가지 판매 정책을 미국과 해외 판매 제품에 모두 적용하였다. 한편, 임프레션사는 소비자로부터 다 쓴 렉스마크사의 카트리지를 구매하여 재충전한 뒤, 이를 저렴한 가격으로 재판매하였다. 이에, 렉스마크사는 임프레션사가 미국에서 "1회 사용/재판매 금지" 조건이 있는 제품을 구매하여 재판매한 사실과, 해외에서 판매된 카트리지를 구매하여 재충전한 뒤 미국에서 재판매한 사실에 대하여 특허 침해를 이유로 소송을 제기하였다.

연방 항소 법원은 판매된 제품에 대하여 특허권을 주장할 수 없는 이유는, 특허권자가 구매자에게 특허 제품을 정당하게 사용하거나 재판매할 수 있는 권리를 제품의 판매와 동시에 부여하였다고 추정되기 때문이라고 보았다. 특허에 대한 정당한 권리를 보유한 구매자의 행위는 특허 침해 행위가 될 수 없다. 그러나, 본 사례와 같이 특허권자가 판매 조건 등을 부가하여 일부 권한의 양도를 제한하였다면, 특허권자는 구매자에게 특허법상의 배타적 권리를 주장할 수 있다고 주장한다.

141] *Impression Products v. Lexmark Intern.*, 137 S.Ct. 1523 (2017)

연방 대법원은 특허 법원의 위와 같은 견해를 비판하면서, 최초 판매 원칙은 제품 판매시 특허권자의 권한 양도를 추정하는 원칙이 아니라, 특허권자의 권리를 제한하는 원칙이라고 말한다. 즉, 최초 판매 원칙은 특허권자의 특허 제품 판매시에는 예외 없이 자동적으로 적용된다는 것이다.

한편, 연방 항소 법원은 최초 판매 원칙을 일률적으로 적용하게 되면, 라이선스권자가 라이선스 조건을 위반하여 판매한 경우에는 최초 판매 원칙이 적용되지 않는다고 본 기존의 연방 대법원 판결[142]과 양립하지 않는다고 보았다.

그러나, 연방 대법원은 라이선스의 부여는 제품의 소유권을 이전하는 판매와 다르므로 이 둘은 별개로 판단하였다. 즉, 특허권자가 특허 제품을 판매한 경우에는, 구매자들에게 일률적으로 최초 판매 원칙이 적용된다. 그렇지만, 특허권자가 제조업자에게 조건부 라이선스를 부여하여 라이선스권자가 특허 제품을 판매한 경우에는, 라이선스권자의 라이선스 조건 준수 여부에 따라 다른 결론이 도출되게 된다. 예를 들어, 특허권자가 제조업자에게 라이선스를 부여하면서 특허 제품을 비상업적 이용을 위한 판매로 제한한 경우에, 라이선스권자가 이 라이선스 조건을 위반하여 제품을 판매한 경우에는 특허권자가 라이선스권자를 상대로 특허 침해 소송을 제기할 수 있다. 라이선스권자의 라이선스 계약 위반을 알면서 특허 제품을 구매한 자에게도 최초 판매 원칙이 적용되지 않으므로 특허권자는 특허 침해 소송을 제기할 수 있다. 그러나, 라이선스권자가 라이선스 조건을 준수하면서 특허 제품을 판매한 경우, 예를 들면 구매자로부터 특허 제품을 비상업적으로 이용하지 않겠다는 서명을 받은 경우, 라이선스권자의 제품 판매는 특허권자의 제품 판매와 동일하게 취급된다. 따라서, 라이선스권자로부터 특허 제품을 구매한 자가 후에 라이선스 조건을 위반하여 특허 제품을 상업적으로 이용하더라도 특허권자는 라이선스권자나 구매자에 대하여 특허 침해 소송을 제기할 수 없다.[143]

(3) 해외 판매 제품

Lexmark 사례는 이 외에도 특허법이 적용되지 않는 해외 판매 제품에 대하

142] *General Talking Pictures Corp. v. Western Elec. Co.*, 304 U.S. 175 (1938)

143] *Motion Picture Patents Co. v. Universal Film Mfg. Co.*, 243 U.S. 502, 506-07, 516 (1917)

여도 특허권 소멸 원칙이 적용되는지에 대하여도 판단하였다. 연방 항소 법원은 특허권자가 자신의 특허권을 명시하거나 명시하지 않고 판매하였는지를 불문하고, 해외에서 판매한 제품에는 최초 판매 원칙이 적용되지 않는다고 보았다. 미국 특허법은 미국에서만 적용되므로, 해외 판매 제품에 대하여는 특허권자가 배타적인 특허권을 주장할 수 없게 된다. 특허 제품의 판매로 인하여 소멸될 배타적인 권리가 애초에 존재하지도 않았으므로, 그 소멸을 위한 최초 판매 원칙은 적용할 여지가 없다고 본 것이다.[144]

그러나, 연방 대법원은 저작물의 해외 판매에 대하여 최초 판매 원칙을 적용한 *Kirtsaeng* 판결을 원용하면서, 해외 판매된 저작물이나 특허 제품의 보호 범위를 달리 가져갈 이유가 없다고 판단하였다.[145]

5. 금반언(Estoppel)

자신의 행위나 약속을 믿고, 상대방이 어떠한 작위나 부작위를 일으킨 경우, 상대방의 신뢰를 보호하기 위하여, 자신이 먼저 한 행위와 반대되는 주장을 할 수 없도록 하는 영미 보통법(Common Law)상의 원칙이 Estoppel(이하 "금반언"이라 한다.)이다. 소송상의 금반언 원칙으로는 쟁점효(Collateral Estoppel; Issue preclusion), 기판력(Res Judicata; Claim preclusion)과 Judicial Estoppel(Estoppel by inconsistent position) 등이 있으며, 쟁점효와 기판력이 특히 자주 논의된다.

쟁점효는 법적 쟁점이나 사실관계에 관한 쟁점이 이전 소송에서 확정적으로 결정되었다면 이에 대한 재소송을 금하는 것이다. 기판력은 종국 판결을 받은 경우, 동일한 소인(Cause of action)에 근거하여 소송 당사자나 이해 관계인들에 의한 더 이상의 청구(Claim)를 금하는 것으로서, 소송 당사자들이 이용할 수 있었던 모든 주장, 방어 방법 또는 구제 방법들(실제로 주장되었거나 결정되었는지에 관계없이)에 관한 소송을 금하는 것이다. 따라서, 쟁점효가 청구항 해석(Claim Construction)과 같은 쟁점에 관한 재소송을 배제하는 반면에, 기판력은 특허 침해의 주장과

144) *Jazz Photo Corp. v. International Trade Commission*, 264 F.3d 1094 (Fed. Cir. 2001)
145) *Kirtsaeng v. John Wiley & Sons, Inc.*, 568 U.S. 519 (2013)

같은 청구(Claims)에 관한 재소송을 배제하는 것이다. 쟁점효와 기판력의 작용과 결과는 차이가 있지만, 이 둘은 유사한 정책적 기능을 수행한다. 소송 당사자들을 불필요한 재소송의 부담으로부터 보호하며, 재판에 대한 신뢰를 증진시켜, 불필요한 소송을 방지함으로써 소송 경제에 이바지한다.[146]

또한, 금반언은 성문으로 인정되는 것이 아닌, 보통법(Common law)상 원칙이므로, 미국에서는 각 주별로 그 성립 요건이 조금씩 다르다. 연방 항소 법원은 이 금반언에 관한 배타적인 관할권이 인정되지 않으므로, 이들 금반언의 성립요건, 예를 들면 종국 판결 여부 등에 관하여는 연방 지방 법원이 속한 Circuit의 법률에 따른다.[147]

쟁점효나 기판력은 항변 사유에 해당하므로, 이를 주장하는 사람이 주장, 입증 책임을 부담하게 되며, 이 항변이 받아들여지게 되면, 법원은 연방민사소송규칙 §12(b)(6)에 따른 소 각하 판결(Dismissal)을 하여야 한다.

1) 쟁점효(Collateral Estoppel)

Restatement에서는 쟁점효에 관하여, "사실관계나 법률에 관한 쟁점이 실질적으로 다투어지고, 유효한 종국 판결에 의하여 다툼이 결정되었고, 그 결정이 판결에 필수불가결한 경우에, 그 결정은 양 당사자간의 후속 소송에 있어서도, 청구항의 동일 여부를 불문하고, 최종적이다."라고 설명하였다.[148]

이와 같이 쟁점효가 유효하게 적용되기 위해서는, ① 전후 소송의 쟁점이 동일(identical)하여야 하며, ② 전 소송에서 그 쟁점이 실질적으로 다투어졌어야 하고, ③ 그 쟁점에 대한 해결이 전 소송의 판결에 필수 불가결하였어야 하며, 마지막으로 ④ 후 소송의 원고가 전 소송에서 쟁점을 다툴 수 있는 충분하고 공정한 기회를 가졌어야만 한다.[149] 이들 요건 중 어느 하나라도 만족되지 않는 경우

146] *Blonder-Tongue Laboratories, Inc. v. University of Illinois Foundation, 402 U.S.* 313, 328-29 (1971)

147] *Applied Med. Res. Corp. v. U.S. Surgical Corp.*, 435 F.3d 1356, 1359-60 (Fed. Cir. 2006)

148] Section 27 of the Restatement

149] *A.B. Dick Co. v. Burroughs Cop.*, 713 F.2d 700, 702 (Fed. Cir. 1983)

에 쟁점효는 적용되지 않는다.

한편, 동일한 쟁점에 관한 두 번째 소송에서 "판결에 필수불가결하거나, 결정적인" 새로운 사실들을 제출하는 경우, 쟁점효가 적용되지 않을 수 있다.[150] 연방법원 판결 중에는, 새로이 발견된 증인의 위증에 관한 증거가 첫 번째 소송에서의 사실관계에 대한 주장과 "질적으로 다르지" 않기 때문에 쟁점효를 차단할 만큼 충분히 결정정인 사실들을 변경시키지 않았다고 판단한 사례도 있다.[151]

2) 기판력(Res Judicata)

일단 소송이 종국 판결에 도달한 이상, 그 소송의 청구(Claims)는 다시 소 제기될 수 없으며,[152] 이를 기판력이라고 부른다. 전 소송의 종국 판결에 포함되지는 않았지만, 전 소송에서 주장될 수 있었던 청구들도 기판력의 적용을 받게 된다.[153] 기판력이 성립하기 위한 요건으로 5th Circuit에서는 다음과 같이 요구하고 있다. ① 전후 소송의 당사자가 동일하거나 견련성이 있어야 하며, ② 전 소송이 완전한 관할이 있는 법원에 의하여 판결을 받아야 하고, ③ 전 소송의 판결은 종국 판결이어야 하며, ④ 동일한 청구 또는 소인(Cause of action)이 전후 양 소송에 제기되어야 한다.[154]

한편, 특허 침해 소송에서는, 첫 번째 소송에서 제기된 특허 침해 혐의 제품과 두 번째 소송의 혐의 제품이 같거나 실질적으로 같은(essentially the same) 경우에도 기판력이 적용된다.[155] 두 제품이 단순히 겉모습만 차이가 있거나, 특허 청

---

150) *Raytech Corp. v. White*, 54 F.3d 187, 193 (3d Cir. 1995);
Commissioner of Internal Revenue v. Sunnen, 333 U.S. 591, 599-600 (1948) (쟁점효는 "두 번째 소송에서 제기된 문제가 첫 번째 소송 절차에서의 결정과 모든 점에서 동일하며, 판단에 결정적인 사실관계와 적용되는 법률의 변경이 없는 경우에" 적용된다.)

151) *Anspach v. City of Philadelphia*, 380 Fed.Appx. 180, 184 (3d Cir. 2010)

152) *Nystrom v. Trex Co.*, 580 F.3d 1281, 1284-85 (Fed. Cir. 2009)

153) *Mars Inc. v. Nippon Conlux Kabushiki-Kaisha*, 58 F.3d 616, 619 (Fed. Cir. 1995)

154) *Test Masters Educ. Servs., Inc. v. Singh*, 428 F.3d 559, 571 (5th Cir. 2005)

155) *Acumed LLC v. Stryker Corp.*, 525 F.3d 1319, 1324 (Fed. Cir. 2008) (법원은 두 번째 소송의 특허 침해 혐의 제품과 첫 번째 소송의 제품은 실질적으로 동일하지 않다고 판단하였다. 왜냐하면, 본 사례에서 못의 길이가 특허 침해 여부와 관련이 있는데, 두 번째 소송의

구항의 한정 요소와 관련이 없는 경우에도 "실질적으로 같다."고 볼 수 있다.[156]

6. (F)RAND 항변

1) 의의

우리가 각기 다른 회사의 핸드폰을 사용하더라도 전화통화를 주고받을 수 있고, WiFi 단자가 있는 곳에서는 어디서든지 접속하여 인터넷을 활용할 수 있게 된 것은 표준제정기구(Standard-Setting Organization, 이하 "SSO"라 한다.)들이 그간의 기술 표준화 노력을 기울여 온 결과이다.

SSO는 사전적으로 "표준 개발 기구 밖에 있는 다양한 사용자들에게까지 적용될 수 있도록 수많은 기술 표준들을 개발, 조정, 공표, 수정, 해석 등의 활동을 하는 단체"[157]라고 정의될 수 있으며, 대표적인 SSO로는 ETSI(European Telecommunications Standards Institute), IEEE(Institute of Electrical and Electronic Engineers), ITU(International Telecommunication Union) 등을 꼽을 수 있다. 이와 같은 SSO의 표준화 활동은 소비자뿐만 아니라, 상품 제조업체에게도 막대한 효용을 가져다주었다. 표준화를 통하여 제조업체들은 쉽게 제품을 생산할 수 있으며, 다른 업체의 제품과도 호환이 가능한 제품을 만들 수 있어 새로운 부가기능을 탑재하기가 용이해진다.[158] 한편, 표준으로 채택된 기술 중에는 특허 기술이 포함되는 경우가 많으며, 표준으로 채택된 특허 기술은 실질 표준 특허(Standard-Essential Patents, 이하 "SEP"라고 한다.)로 불리며, SEP를 사용하지 않으면 표준에 적합한 제품을 생산할 수 없게 된다. 따라서, 표준화된 제품을 만들기 위하여 SEP를 보유하지 않은 업체들은 SEP의 소유자로부터 특허 라이선스를 받아야만 한다. 이 경우, SEP 특허권자가 과도한 로열티를 받거나(Hold-up), SEP 특허권자

제품이 훨씬 길었기 때문이다.)

156) *Foster v. Hallco Mfg. Co., Inc.*, 947 F.2d 469, 480 (Fed. Cir. 1991)

157) *Standard Setting Organization [SSO] Law & Legal Definition*, U.S. LEGAL, http://definitions.uslegal.com/s/standard-setting-organization-sso/.

158) Mark A. Lemley, *Intellectual Property Rights and Standard-Setting Organizations*, 90 Calif. L. Rev., 1889, at 1896-97 (2002)

들이 받은 로열티 총액이 해당 표준 제품의 가치를 초과(Royalty stacking)하는 등의 부조리한 일이 발생할 여지가 있다. 이러한 부조리를 막기 위하여, 대부분의 SSO들은 회원들에게 공정하고, 합리적이며, 비차별적인 계약조건(Fair, Reasonable, And Non-Discriminatory terms, 이하 "프랜드(FRNAD)" 또는 "랜드(RAND)"라고 한다.)으로 SEP에 대한 라이선스를 부여할 것을 요구한다.

프랜드 조항과 관련되어 ① 특허권자가 표준 제정 과정에서 SSO에게 SEP를 알리지 않거나(은닉), ② 특허권자가 SSO에는 프랜드 조항을 약속하고서는, 뒤에 사용권자들과 라이선스 계약시에는 non-FRAND 조항으로 계약체결을 요청하는 경우(유인 후 변경, Bait-and-switch), 마지막으로 ③ SSO에게 프랜드 조항을 약속한 특허권자가 해당 특허를 프랜드 약속을 준수하지 않으려는 제3자에게 양도한 경우(양도, succession) 등의 법률상 다툼을 예상할 수 있으나,[159] 이하에서는 주로 ② 유인 후 변경의 경우를 주로 검토하기로 한다. 즉, 프랜드 약속을 한 특허권자가 특허 침해로 의심이 가는 자(이하 "특허 침해자"라고 한다.)에게 특허 침해 소송을 한 경우, 특허 침해자가 특허권자의 프랜드 약속을 소송에서 어떻게 활용하는지 여부이다.

2) 계약 위반

SEP 보유자가 프랜드 약속을 했음에도 불구하고, 특허 침해자에 대하여 프랜드를 초과하는 과도한 사용료를 청구한 경우에, 먼저 생각해 볼 수 있는 것이, 특허 침해자가 SEP 보유자에 대하여 프랜드 계약 위반을 주장하며 그 계약의 이행을 청구할 수 있는지다.

계약 위반을 주장하기 위해서는 먼저, SEP 보유자의 SSO에 대한 프랜드 약속이 계약으로 인정되어야 한다. 또, 프랜드 약속이 계약으로 인정되어도 계약 당사자가 아닌 특허 침해자로서는, SEP 보유자와 SSO의 계약의 수익자가 되어 SEP 보유자에 대하여 계약상 이익을 주장할 수 있어야 한다. 마지막으로, 특허

159) Jay P.Kesan & Carol M. Hayes, "FRAND's Forever: Standards, Patent Transfers, And Licensing Commitments", 89 Ind.L.J., 231, 257 (2014)

침해자가 SEP 보유자와 같은 SSO의 회원이 아닌 경우에까지 수익자의 지위를 누릴 수 있을지도 판단되어야 할 것이다.

워싱턴 연방 지방 법원은, 마이크로소프트와 모토롤라 간의 일련의 소송 중 일부에 대한 판결에서,[160] SEP 보유자가 SSO에 대하여 한 프랜드 약속을 유효한 계약으로 인정하였다. 즉, SSO의 하나인 IEEE는 특허권자들에게, 모든 특허 사용 신청자들에게 프랜드 조건으로 라이선스 계약을 체결할 것을 약속한 Letter of Assurance(이하 "LoA"라 한다.)를 요구하는데,[161] 이는 IEEE의 SEP에 관한 청약이 되며, 특허권자가 LoA를 제출함으로서 이를 승락한 것이 되고, 그 승락의 대가로 특허권자의 특허가 실질 표준 특허로 등록되었으므로, 영미법상 계약 성립 요소 중 하나인 Consideration도 갖추게 되어 계약이 성립되었다고 보았다.

한편, 미국법상 제3자를 위한 계약의 수익이 그 계약으로부터 직접적으로 발생하게 되면, 수익자는 계약 위반자를 상대로 계약 위반에 대한 소송을 청구할 수 있게 되는데, 위 연방 지방 법원은 마이크로소프트가[162] IEEE와 모토롤라 간의 계약으로부터 직접적인 수익을 얻었다고 판단하여, 모토롤라의 계약 위반에 대한 손해배상 청구를 인정하였다.[163] 그러나, 이와 같은 제3자의 계약상 지위는 전세계적으로 공통적으로 인정되지는 않는다. 독일에서는 특허 침해자에게 수익자의 지위를 인정하는 것은 프랜드 계약에 물권적 효력을 인정하는 것으로 보아 이를 허용하지 않는다.[164]

---

160) *Microsoft Corp. v. Motorola, Inc.*, 864 F.Supp.2d 1023, 1031-1032 (W.D. Wash. 2012)

161) IEEE Policy at 18

162) 우리 민법 제539조 제2항은 제3자의 수익자로서의 권리는 계약의 이익을 받을 의사를 표시한 때에 생긴다고 규정한다.

163) *Microsoft Corp. v. Motorola, Inc.*, 864 F.Supp.2d 1023, 1032 (W.D. Wash. 2012)

164) *E.g., Gen. Instrument Corp. v. Microsoft Deutschland GmbH*, Landgericht Mannheim [Regional Court of Mannheim] May 2, 2012 1 (Ger.), available at http://www.scribd.com/doc/94523005/Translation-of-Mannheim-2O240-Ruling-Motorola-v-Microsoft (stating that the ITU Patent Statement and Licensing Declaration is not "a contract to the benefit of third parties.")-"Based on the court's classification of a non-exclusive license as a right in rem, the Defendant would not have the right to use the patent unless, at the very least, a contract to the benefit of license-seeking third parties was already considered in the submission and acceptance of the Patent Statement and Licensing Declaration Form to the standard-setting ITU. However, such a license

마지막으로, SSO의 회원이 아닌 자도 제3자를 위한 계약의 수익자로서의 법률상 지위를 보유할 수 있는지 생각해 보기로 한다. 판례는 이를 정면으로 다루지 않고 있으나, SSO의 비회원이 SEP 보유자에게 프랜드 계약의 이행을 구한 사례[165]에서, 원고의 청구가 법적 근거가 있다고 보았다.

3) 금반언(Promissory estoppel)

프랜드 계약과 관련된 금반언 주장은 위스콘신주에서 논의되었다.[166] 애플은 모토롤라가 기존에 프랜드 약속을 하였음에도, 이를 위반하여 프랜드에 반하는 자신의 권리를 주장하는 것은 금반언상 허용되지 않는다고 주장하였다. 즉, 모토롤라는 프랜드 약속을 하였고, 애플 같은 핸드폰 제조사들이 그 약속을 믿게끔 하였다. 프랜드 약속을 믿은 핸드폰 제조사들이 모토롤라의 SEP에 부합하는 제품을 제조하리라는 것은 모토롤라도 충분히 알 수 있었으며, 실제로 애플은 모토롤라의 SEP에 따라 제품과 서비스를 디자인하여 제조, 판매하였다. 결국, 애플은 모토롤라의 프랜드 약속을 믿었으나, 모토롤라가 이를 위반하면서 이에 따른 손해를 입게 되었다. 위스콘신 연방 지방 법원은 애플이 제시한 이상의 사실들이 금반언 인정에 필요한 법적 요건들을 갖추었다고 보았다.

4) 공정거래법 위반

프랜드 약속 위반이 계약법 위반 이외에 따로 공정거래법을 위반하는지도 논의된다. 이에 대하여, *Broadcom Corp. v. Qualcomm Inc*의 제3 연방 항소 법원은, ① 민간기관이 자발적으로 조직한 SSO에서, ② 특허 보유자가 프랜드 조

---

could not have been granted by means of a contract to the benefit of third parties due to the fact that German law does not recognize contracts in rem to the benefit of third parties. Sections 328 et seq. of the German Civil Code (BGB) are neither directly nor analogously applicable to in rem contracts."

165) *ESS Tech., Inc. v. PC-TEL, Inc.*, No. C-99-20292 RMW, 1999 WL 33520483, at *3-4 (N.D. Cal. Nov.4, 1999)

166) *Apple, v. Motorola Mobility*, 2011WL7324582, at 15 (W.D. Wis. 2011)

건으로 특허 사용 허가를 주겠다고 고의로 거짓 약속을 하고, ③ 이를 믿은 SSO가 특허 보유자의 특허를 SEP에 포함시켰으며, ④ 이후에, 해당 SEP의 보유자가 이 프랜드 약속을 위반한 경우, 공정거래법 위반 청구 소송의 대상이 된다고 판단하였다.[167]

또한, *Research In Motion Ltd. v. Motorola, Inc*[168] 사례에서 법원은 모토롤라의 프랜드 약속 위반은 공정 경쟁을 해한다고 판단하였다. 법원은 Sherman 법 제2조[169]를 위반하기 위해서 ① 관련 시장에서 시장지배력을 보유한 자가, ② 반경쟁적인 방법을 행사하여 시장지배력을 유지하였다는 사실이 입증될 것을 요구한다. 본 사례에서는 특허의 가치가 표준화를 통하여 현저하게 증가하였다고 보면서, 단순히 특허를 보유하였다는 사실만으로 시장지배력을 확보하였다고 봐서는 안 된다는 모토롤라의 주장을 받아들이지 않았다. 또, 표준기구는 본질적으로 반경쟁적인 속성을 띠므로, 모토롤라의 프랜드 위반을 반경쟁적인 행위로 보았다. 마지막으로, 모토롤라의 시장지배력은 기술 개발이나 역사적 산물이 아닌 SSO에 대한 프랜드 약속을 위반하여 얻게 된 것으로 판단하였다.

미국 공정거래위원회도 구글이 모토롤라 휴대전화 사업부 인수에 따라 함께 인수하게 된 특허에 대한 공정거래 위반 조사를 하였다.[170] 모토롤라는 구글로 인수되기 전에도 자신의 SEP를 사용하는 업체들에 대하여 침해 금지 소송을 청구하겠다는 위협을 가하고 있었다. 이에 대하여, 미국 공정거래위원회는 2013년 1월에 구글이 모토롤라 인수 이후에도 모토롤라의 이와 같은 행위를 지속할 경우, 공정거래법 제5조[171]를 위반한다고 판단하였다.

---

167) *Broadcom Corp. v. Qualcomm Inc.*, 501 F.3d 297, 314 (2007)

168) *Research In Motion Ltd. v. Motorola, Inc.*, 644 F.Supp.2d 788 (N.D. Tex. 2008)

169) 15 U.S.C. §2 "Every person who shall monopolize, or attempt to monopolize, or combine or conspire with any other person or persons, to monopolize any part of the trade or commerce among the several States, or with foreign nations, shall be deemed guilty of a felony, and, on conviction thereof, shall be punished by fine …"

170) Motorola Mobility LLC and Google Inc.; Analysis of Proposed Consent Order to Aid Public Comment, 78 Fed. Reg. 2398, 2399 (Jan. 11, 2013)

171) 15 U.S.C. §45-Unfair methods of competition unlawful; prevention by Commission

5) 특허권 남용(Misuse)

법원이 형평의 원칙에 따른 특허권 남용의 항변을 인정하면 일부 청구항이 아닌 특허 전부의 효력을 중지[172]시키는 폭발력을 발휘하는데, 이처럼 강한 효력을 지닌 특허권 남용의 항변을 프랜드 약속 위반시에도 주장할 수 있을지에 대하여, 위스콘신 연방 지방 법원은 특허권자가 특허법에서 부여된 특허권의 범위를 넘어서는 반경쟁적인 행위를 한 경우에 특허권의 남용 주장이 가능하다고 보았다.[173] 본 사례에서, 애플은 모토롤라가 ETSI에게 프랜드 조건으로 라이선스 계약을 맺겠다고 거짓으로 약속하고, 일부 표준 제정 이후에까지 해당 SEP를 ETSI에 공개하지 않은 것은 특허권 남용이라고 주장하였으며, 법원은 애플의 주장이 특허권 남용 요건을 충족한다고 판단하였다.

한편, *Ultratec v. Sorenson Communications*[174]에서 피고들은, 원고의 특허가 통신위원회(FCC)에서 표준 기술로 채택되도록 원고가 통신위원회에 프랜드 약속을 하였음에도, 이를 지키지 않았기 때문에 특허권을 남용하였다고 주장하였으나, 연방 지방 법원은 피고들의 특허권 남용 항변을 받아들이지 않았다. 법원은 특허권자가 "모든 적법한 TRS 공급자"가 아닌 "적법한 TRS 공급자"들에게 합리적인 조건으로 라이선스 계약을 맺기로 한 사실만으로는, 라이선스를 요청한 누구에게나 비차별적인 조건으로 라이선스 계약을 맺기로 약속하였다고 볼 수 없다고 판단하였다.

6) 공정하고 합리적인 로열티의 산정

(1) 가상 협상

프랜드와 관련된 가장 실질적인 문제는 프랜드 약속에 따른 공정하고 합리적인 로열티를 산정하는 방법에 관한 것이다. 제9 연방 항소 법원은, 연방 지방 법

---

172) *C.R.Bard, Inc. v. M3 Systems, Inc.*, 157 F.3d 13401372 (Fed. Cir. 1998)

173) *Apple, v. Motorola Mobility*, 2011WL7324582 (W.D. Wis.)

174) *Ultratec, Inc. v. Sorenson Communications, Inc.*, 2014WL4294975 (W.D.Wis. Aug. 29, 2014)

원이 가상의 라이선스 협상을 가정하여, 로열티를 산정하는 방법을 적법하다고 보았다.[175] 연방 지방 법원은 특허권자와 특허 침해자간의 라이선스 협상이 이루어진다고 가정한 후, 프랜드 약속하의 특허권자가 라이선스 협상에서 고려하게 될 요소들을 검토하였다. 즉, SEP가 해당 기술 표준에서 차지하는 객관적 가치, 기술 수준, SEP의 대체기술 존재, SEP가 특허 침해자의 비즈니스에서 차지하는 비중 등이 법원의 고려 요소가 되었다. 마지막으로, 법원은 증인의 증언이나 전문가들의 증언을 면밀히 검토하여 공정한 로열티를 산정하는 데 믿을 만한 증거들을 선별하는 작업을 거쳤다.

하지만, 모토롤라는 연방 지방 법원이 위와 같이 로열티를 산정하는 도중에 잘못을 저질렀다고 반박하였다. 즉, 이 방법은 특허 침해에 대한 손해배상액 산정에 관한 *Georgia-Pacific* 요건[176] 중 15번째 요건이다. 이 방법을 사용함에 있어서 라이선스 협상은 특허 침해자의 침해가 시작되었을 때 일어난다고 가정하지만,[177] 본 사례에서 법원이 로열티 산정에 참고한 자료들은 현재 시점에서 특허권자의 특허가 특허 침해자에게 주는 가치를 반영하였다는 주장이다.

제9 연방 항소 법원은, 모토롤라의 주장을 반박하면서, 설령 *Geogria-Pacific* 요건을 적용하여 프랜드 조건에 맞는 로열티를 산정한다고 하더라도, *Geogria-Pacific* 요건을 그대로 적용해서는 안 되고, 수정하여 적용하는 것이 필요하다고 판단하였다. 따라서, 특허권자가 특허 침해자의 침해 행위가 지금까지 계속 되고 있다고 주장하고 있는 본 사례에서는, 연방 지방 법원이 현재 시점에서 특허권자의 특허 가치를 판단한 것은 적법하다고 보았다.

(2) SEP 비중에 따른 로열티의 배분

다른 특허와 마찬가지로, SEP의 로열티도 SEP가 특허 발명에서 차지하는 비

---

175) *Microsoft Corp. v. Motorola Inc.*, 795 F.3d 1024, 1040 (9th Cir. 2015)

176) *Georgia-Pacific Corp. v. U.S. Plywood Corp.*, 318 F.Supp. 1116, 1120 (S.D.N.Y. 1970) 사례에서, 법원은 특허 침해 소송에서 특허 침해에 따른 손해배상액을 산정할 때 고려하여야 할 15가지 요건을 제시하였으며, 이후 여러 법원에서 이를 인용하며 판례법으로 확립되었다. (Part 4, Chapter 1, 3. 합리적인 실시로 참조)

177) *Id.*, at 1120

율에 따라 산정되어야 한다.[178] 그러나, 여기에는 두 가지 고려하여야 할 점이 있다. 먼저, 비특허 기술을 포함한 모든 표준 기술 내에서 특허 기능이 차지하는 비율을 고려하고, 둘째 특허 기술이 표준기술에 포함됨으로써 증가된 가치가 아닌, 순수한 특허 기능의 가치에서 SEP가 차지하는 비율을 고려하여야 할 것이다.[179]

7) 특허권자의 침해 금지 명령(Injunction) 청구 가능 여부

특허권자는 자신의 특허가 침해된 경우에 손해배상의 청구 이외에 특허 침해자를 상대로 그 침해 행위의 금지를 청구할 수 있다. [180] 연방 대법원은 특허권자의 침해 금지 청구가 받아들여지기 위해서는, 특허권자가 다음과 같은 사항을 입증할 것을 요구하고 있다.[181] 먼저, 특허 침해자의 침해 행위로 인하여 특허권자가 회복할 수 없는 손해를 입었으며, 이를 보전하기 위하여 금전적 보상을 받는 것만으로는 적합하게 구제받았다고 볼 수 없다. 또한, 법원이 형평성에 기하여 금지 청구를 받아들일 경우, 이로 인하여 피고가 입게 될 불이익과 원고가 입은 손해를 미리 형량하여 피고에게 심각한 불이익이 발생하지 않아야 하며, 법원의 침해 금지 결정이 공중의 이익에 해가 되어서도 안 된다.

특허권자가 프랜드 약속을 하였다면, 특허권자의 특허가 침해되어 받는 손해는 합리적인 로열티 금액에 해당되어 이를 산정하기 어렵지 않으며, 특허권자가 회복할 수 없는 손해를 입었다고 보기 어렵게 된다.

일리노이 연방 북부 지방 법원은 SEP 보유자인 모토롤라가 애플을 상대로 침해 금지 청구를 한 데 대하여, 모토롤라가 FRNAD 조건으로 라이선스 계약을 맺기로 약속한 것은, 로열티와 같은 금전적 손해배상이 특허 침해에 대한 적절한 보전 방법이라는 것을 묵시적으로 인정한 것이므로, 프랜드 약속을 한 SEP 보유자의 특허 침해 금지 청구는 인정되지 않는다고 하였다.[182] 그러나, 연방 항소 법

---

178) *Garretson v. Clark*, 111 U.S. 120, 121 (1884)

179) *Ericson*, at 1232

180) 35 U.S.C. §283

181) *eBay Inc. v. MercExchange, L.L.C.*, 547 U.S. 388, 391, 126 S.Ct. 1837, 164 L.Ed.2d 641 (2006)

182) *Apple, Inc. v. Motorola Inc.*, 869 F.Supp.2d 901, 913-14 (N.D. Ill. 2012)

원은 이에 대한 항소심에서 프랜드 약속을 한 특허권자에게 일률적으로 침해 금지 청구를 부인하는 것은 잘못이며, 이 경우에도 연방 대법원의 *eBay* 사례에 따라 각각의 요건을 살펴서 침해 금지 청구를 인정할 수 있다고 보았다.[183] 다만, 프랜드 약속을 한 특허권자의 경우 회복할 수 없는 손해를 받았다는 것을 입증하기 어렵기 때문에, 특허 침해자가 일방적으로 프랜드 조건으로 라이선스 계약을 맺는 것을 거부하거나, 합리적 이유 없이 라이선스 협상을 지연하여 이를 거부하는 것과 동일한 결과를 초래한 경우에만 침해 금지 청구를 인정할 수 있을 것이라고 부연하였다.[184] 연방 항소 법원은 본 사례에 들어가서 모토롤라가 애플이 침해하였다고 주장하는 특허에 대하여 이미 다른 많은 업체들과 프랜드 조건으로 라이선스 계약을 맺은 사실이 있으며, 여기에 애플을 라이선스 사용자로 추가한다고 하여 회복할 수 없는 손해를 입게 되는 것은 아니므로, 모토롤라의 침해 금지 청구를 부인한 연방 지방 법원의 판결을 인용하였다.

제9 연방 항소 법원은 여기에서 한 발 더 나아가서, 프랜드 약속을 한 SEP 보유자가 특허 침해자에 대하여 특허의 사용금지 청구를 하는 것은 프랜드 계약상 내재된 선의를 갖고 공정한 거래를 하여야 할 의무를 위반하였다고 보았다. 따라서, 법원은 모토롤라가 마이크로소프트에게 특허의 사용 금지 청구 소송[185]을 제기함으로써 마이크로소프트가 지불한 응소 비용 및 변호사 비용 등을 마이크로소프트에게 배상하도록 하였다.[186]

---

183) *Apple, Inc. v. Motorola Inc.*, 757 F.3d 1286, 1331-1332 (Fed. Cir. 2014)

184) *Id.*

185) *Microsoft Corp. v. Motorola Inc.*, 696 F.3d 872 (9th Cir. 2012) (마이크로소프트는 모토롤라가 SEP에 대한 과도한 라이선스를 청구하자, 이에 대하여 프랜드 의무 위반을 확인하는 소송을 제기하였고, 모토롤라는 마이크로소프트에 대하여 SEP 사용 금지 청구 소송을 제기하였다. 이 소송은 마이크로소프트가 다시 모토롤라의 사용금지 청구소송의 제기를 금하는 반소를 제기하여 승소한 사례다.)

186) *Microsoft Corp. v. Motorola Inc.*, 795 F.3d 1024, 1052 (9th Cir. 2015)

PART

04

특허 침해에 대한 구제

Understanding US Patent Litigation

CHAPTER 01. 손해 배상
CHAPTER 02. 침해 금지 명령

CHAPTER 1

손해배상

1. 개요

미국 특허법상 손해배상에 관한 규정은 35 U.S.C. Chapter 29에 규정되어 있다. 이 중, §284는 손해배상에 관한 일반적인 원칙을 규정하고 있으며, §285는 고의로 인한 특허 침해시 상대방의 변호사 비용을 부담하는 경우를 규정하였다. §286와 §287에서는 손해배상 청구 범위가 제한되는 경우를 규정하였다. §286에서는 특허권자가 특허 침해 소송 제기 전 6년 이내의 손해에 대하여서만 손해배상을 청구할 수 있다고 시간적 제한을 두었고, §287에서는 특허권자에게 특허 표시 의무와 통지 의무를 부과하여 특허권자가 이들 의무를 이행하지 않았을 경우 역시 손해배상 청구 범위를 제한하고 있다. 디자인 특허의 경우에는 §289에서, 특허 침해자의 이익 범위 내에서 손해배상 청구를 할 수 있는 특별 규정을 두었다.

위의 조항들 중, 손해배상에 관한 일반 규정인 §284는 다음과 같다.[1]

---

1) 35 U.S.C. §284 Damages

Upon finding for the claimant the court shall award the claimant damages adequate to compensate for the infringement but in no event less than a reasonable royalty for the use made of the invention by the infringer, together with interest and costs as fixed by the court.

When the damages are not found by a jury, the court shall assess them. In either event the court may increase the damages up to three times the amount found or assessed. Increased damages under this paragraph shall not apply to provisional rights under section 154(d).

The court may receive expert testimony as an aid to the determination of damages or of what royalty would be reasonable under the circumstances.

"손해배상 청구권자에게 유리한 판결을 내릴 때, 법원은 청구권자의 특허가 침해되어 입은 손해를 보전할 수 있는 적절한 금액을 배상하도록 명령한다. 이 금액은 특허 침해인이 발명을 사용할 때 지불하여야 하는 합리적인 실시료, 이자와 소송 비용 등을 포함한 금액 이상이어야 한다. 배심원들이 손해배상액을 찾아내지 못한 경우에는, 법원이 이를 산정하도록 한다. 법원은 배심원이 찾아내거나 법원이 직접 결정한 금액의 3배까지 손해배상액을 증액할 수 있다. 본 단락에서 법원이 증액한 금액은 §154(d)의 임시 권리에 따른 배상 책임에는 적용하지 않는다. 법원은, 손해배상액 결정이나 정황상 실시료가 합리적이었는지에 관한 전문가 증인의 증언을 듣고 도움을 받을 수 있다."

본 조항에 따르면, 특허권자는 특허 침해자에 대하여 금전적 손해배상을 청구할 수 있는 두 가지 이론적 근거를 갖게 된다. 하나는 "일실 이익(Lost profits)"이며, 다른 하나는 "합리적 실시료(Reasonable royalty)"이다. 두 이론 모두 §284의 "The court shall award the claimant damages adequate to compensate for the infringement but in no event less than a reasonable royalty"라는 문구에서 유래한다. "일실 이익"은 "damages adequate to compensate"에 근거를 두며, "특허 침해로 특허권자가 입은 모든 손해에 대한 완전 보상"을 의미한다.[2] 이와 같은 완전 보상에는 특허권자가 증명할 수 있는 모든 예견 가능한 일실 이익이 포함되는 것으로 본다.[3] 하지만, 본 조항의 손해배상 청구 금액은 과거에 발생한 손해에 대한 배상액을 의미하며, 장래 발생할 것이 예상되는 손해는 포함되지 않는다. 법조문상에서도 "the court shall award the claimant damages adequate to compensate for the infringement"와 같이 규정하고 있을 뿐 아니라, 판례들도 §284에 의한 과거 침해에 대한 손해배상액과 계속 발생 중인 실시료(Ongoing liability)를 구분하고 있다. 계속 발생 중인 실시료는 변론 종결 후 법원이 피고에게 형평법상 구제책으로 실제 장래 판매분에 대하여서만 인정하고 있다.[4] 일실 이익은 실시료보다 배상액이 크며, 특허권자를 침해가 없었던 상황

2) *General Motors Corp. v. Devex Corp.*, 461 U.S. 648, 654 (1983)

3) *Rite-Hite v. Kelley*, 56 F.3d 1538, at 1545-47 (Fed. Cir. 1995) (*en banc*)

4) *Paice LLC v. Toyota Motor Corp.*, 504 F.3d 1293, 1314 (Fed. Cir. 2007) (특허법 §284가 아

으로 회복시킬 수 있기 때문에 이론적으로는 특허권자들이 실시료보다는 일실 이익을 청구할 가능성이 크다. 그렇지만, 대부분의 특허권자들이 제조업자가 아닌 실제 상황에서는 일실 이익의 청구보다는 합리적 실시료의 청구가 이루어지게 된다. 일실 이익을 청구하는 특허권자는 특허침해로 인하여 발생한 일실 이익을 입증하여야한다. 일실 이익 같은 실질적인 손해액을 증명할 수 없는 경우에, 특허권자는 합리적인 실시료(Reasonable royalty)를 근거로 손해배상액을 청구할 수 있다. 합리적인 실시료는 "특허를 이용하여 물건을 제조하여 판매하려는 사람이 시장에서 실시료를 내고도 합리적 이익을 얻을 수 있을 때의 실시료 금액을 의미한다."

2. 일실 이익(Lost profits)

일실 이익을 회복하기 위해서 특허권자는 인과관계를 입증하여야 한다. 인과관계는 특허 침해가 "없었더라면" 특허권자가 추가적인 이익을 얻었을 것이라는 개연성을 말한다.[5] 특허 침해로 판매량이 감소하여 발생한 일실 이익을 청구할 때, 특허권자가 일차적인 입증 책임을 부담한다. 즉, 특허권자는 특허 침해가 없었더라면 특허권자가 판매할 수 있었던 판매량에 대한 합리적 개연성을 입증하여야 한다. 특허권자가 직접적인 인과관계("But for" causation)에 대한 합리적 개연성을 확립하고 나면, 입증 책임의 전환이 이루어지게 되어, 특허 침해 소송의 피고는 특허권자가 입증한 특허 침해 사실과 판매량 감소 사이의 인과 관계가 불합리하다는 것을 반증하여야 한다.[6] 따라서, 특허권자는 소비자가 특허 침해 제품 대신에 특허 제품을 구매하지 않을지도 모른다거나, 그 모든 구매행위를 하지 않을지도 모른다는 모든 가능성에 대하여 일일이 반박할 필요는 없다.[7]

닌 §283에 근거해서 법원이 계속 발생 중인 실시료를 부과할 수 있다고 판시.);
Fresenius USA, Inc. v. Baxter International, Inc., 733 F.3d 1369, 1375 (Fed. Cir. 2013) (법원은 침해금지 명령이나 강제 실시권 또는 이들의 조합에 근거하여 장래에 발생할 손해를 구제하기 위하여 계속 발생 중인 실시료를 부과할 수 있는 형법법상 권한이 있다.)

5) *King Instruments Corp. v. Perego*, 65 F.3d 941, 952 (Fed. Cir. 1995)

6) *Rite-Hite*, 56 F.3d at 1544

7) *Del Mar Avionics Inc. v. Quinton Instrument Co.*, 836 F.2d 1320, 1326 (Fed. Cir. 1987)

1) 직접적 인과 관계("But for" 테스트)

손해배상을 결정하는 데 있어서 해결되어야 할 문제는 "특허권자나 특허실시권자가 특허 침해로 얼마나 많은 고통을 받았는가?"이며, 이를 달리 말하면, "특허 침해가 없었다면, 특허권자나 특허실시권자가 무엇을 할 수 있었는가?"에 대한 답을 하는 것이다.

이는 간단히 "But for" 테스트라고 한다. 연방 대법원의 지침에 따라 일반적으로 특허권자의 실질적인 손해액을 결정하기 위하여 특허권자가 특허 침해로 받은 판매량 감소분과 일실 이익을 계산한다. 일실 이익을 회복하기 위해서, 특허권자는 특허 침해가 없었더라면, 특허 침해자의 판매량을 특허권자가 판매하였으리라는 합리적 개연성을 증명하여야 한다.

(1) *Panduit* 테스트

연방 항소 법원은 특허 침해가 일실 이익을 야기하였는지를 결정하기 위한 테스트를 *Panduit* 사례[8]에서 도입하였다. *Panduit* 테스트는 특허권자가 일실 이익에 따른 손해배상을 받기 위해서 다음과 같은 4가지 요건을 입증할 것을 요구한다. ① 특허 받은 제품에 대한 구매 수요, ② 구매자들에게 받아들여질 수 있는 특허 비침해 대체재의 부존재, ③ 특허 제품에 대한 수요를 활용할 수 있는 특허권자의 특허 제품 제조 능력과 마케팅 능력, ④ 특허권자가 창출하였을 이익의 크기 등의 입증이 필요하다.

직접 인과관계가 필요하다고 하여, 특허 침해가 없었더라면 일반 구매자들이 특허 제품 대신에 다른 제품을 구매하지 않았으리라는 모든 가능성이 없음을 특허권자가 일일이 입증하는 것은 불가능하다. 대신, 특허권자는 특허침해가 "없었더라면" 특허권자의 판매가 이루어졌을 것이라는 합리적인 개연성을 보여주기만 하면 된다. *Panduit* 테스트의 4가지 요건이 충족되면, 특허 침해로 야기된 특허권자의 일실 이익이 있었다는 법원의 추론이 합리적이라는 추정이 성립되게 된다.[9] 이로써 특허 침해자의 제품 판매로 발생한 일실 이익을 입증할 책임은 달성

8] *Panduit Co. v. Stahlin Bros. Fibre Works, Inc.*, 575 F.2d 1152, at 1156 (Fed. Cir. 1978)
9] *Kaufman Co. v. Lantech, Inc.*, 926 F.2d 1136, 1141, 17 USPQ2d 1828, 1831 (Fed. Cir. 1991)

되었다고 할 수 있다. 이후에는 입증책임이 전환되어, 특허 침해자가 위의 추론이 일부 또는 전부의 일실 판매에 있어서 불합리하다는 사실을 입증하여야 한다.

① 특허받은 제품에 대한 구매 수요: *Panduit* 테스트의 첫 번째 요건인 특허 받은 제품에 대한 구매 수요는, 특허권자의 제품과 특허 침해자의 제품이 상호 교환할 수 있다는 점을 전제로 한다. 이 점이 전제되면, 특허 침해 제품의 판매량에 대한 증거는 *Panduit*의 첫 번째 요소를 충분히 입증할 수 있게 된다.[10] 특허권자와 특허 침해자가 실질적으로 동일한 제품을 판매한다고 보기 때문이다. 예를 들어, *Gyromat* 사례에서 특허권자와 특허 침해자의 가격과 제품 특성 등에서 유사한 점을 보여 주었다. 만약, 이들 제품들이 동일한 시장에서 동일한 고객들을 대상으로 경쟁할 만큼 충분히 유사하지 않다면, 특허 침해자의 고객들이 특허 침해자의 제품이 없었더라도 특허권자의 제품을 소비하기위해서 반드시 이동하지는 않을 것이다. 그런 경우라면, 첫 번째 *Panduit* 요소는 직접 인과관계 테스트("But for" test)를 만족시키는 역할을 수행하지 못할 것이다.[11] *Bic Leisure* 사례에서, 특허권자인 Windsurfing사의 Sailboard제품은 $571～$670에 팔리는 반면에, 특허 침해자인 Bic Leisure사의 Sailboard들은 $312～$407에 팔리면서 주로 Sailing에 입문하는 초급자들을 대상으로 판매되고 있었다. 또, Windsurfing사는 One-design class rule[12]에 적합한 제품을 만들려고 집중한 반면에, BIC사는 그러한 노력을 기울이지 않았다. 따라서, 항소 법원은 두 제품이 본질적으로 다르다고 보아, 직접 인과관계를 입증하기에 *Panduit* 테스트가 부적절하다고 보았다.

---

10) *Gyromat Corp. v. Champion Spark Plug Co.*, 735 F.2d 549, 552 (Fed. Cir. 1984)

11) *BIC Leisure Prods., Inc. v. Windsurfing Int'l, Inc.*, 1 F.3d 1214, 1218-19 (Fed. Cir. 1993)

12) Sailboarding 협회에서 정의한 레이싱 경쟁 그룹의 규정으로 레이싱에 참가하는 장비를 동질화하기 위하여 장비의 표준 사양 등을 규정. (https://en.wikipedia.org/wiki/One-Design 참조)

② 비침해 대체재: 아마도 일실 이익 사례에서 가장 많이 다투어지고, 특허권자가 일실 이익을 배상 받는 데 가장 장애가 되는 것이 바로 *Panduit* 테스트의 두 번째 요소-구매자들에게 받아들여질 수 있는 특허 비침해 대체재가 특허 침해 기간 동안에 존재하였는지 여부일 것이다.[13] 만약, 소비자들이 특허받은 속성을 갖고 있지 않은 특허 침해 제품을 구매하였거나, 특허받은 속성과 다른 또는 특허를 침해하지 않은 대체적 속성을 갖는 특허 침해 제품을 구매하였다면, 특허권자는 이 특허 제품의 판매로 인한 일실 이익을 배상받을 수 없을 것이다.[14]

Panduit 테스트의 첫 번째 요건이 전체로서의(as a whole) 특허 제품에 대한 수요를 의미하는 데 반하여, 두 번째 요건은 특허 청구된 발명의 속성에 대한 수요를 고려한다는 차이가 있다.[15] 그렇지만, 첫 번째 요건과 마찬가지로, *Panduit* 테스트의 두 번째 요건인, 구매자들에게 받아들여질 수 있는 특허 비침해 대체재 역시 특허권자와 특허 침해자가 실질적으로 유사한 제품을 동일한 시장에서 판매한다는 것을 전제로 한다. 탄력적인 시장에서 특허 침해자의 고객들에게 받아들여지기 위해서는, 대체재로 주장되는 제품이 특허받은 제품보다 확연히 비싸게 판매되거나 눈에 띄게 다른 특성을 보유해서는 안 된다.[16] *Panduit* 테스트의 두 번째 요건이 적용되기 위해서는, 제안된 대체재가 특허 침해자의 제품과 동일한 시장에서 동일한 고객을 대상으로 경쟁하여야 한다.[17]

또한, 경쟁제품이 단순히 존재한다고 해서, 그 경쟁제품이 반드시 받아들여질 수 있는 대체자가 되는 것은 아니다.[18] 특허받은 제품의 장점을 갖고 있지 않은 상품은 그 장점을 원하는 고객들에게 받아들여질 수 있는 대체재로 자리매김하기가 어렵다. 따라서, 구매자들의 구매 동기가 특허 제품에만 있는

---

13) *Mentor Graphics Corp. v. EVE-USA, Inc.*, 851 F.3d 1275, 1286 (Fed. Cir. 2017)

14) *Id.*

15) *Id.*, at 1285

16) *BIC Leisure Prods.*, at 1219

17) *Yarway Co. v. Eur-Control USA, Inc.*, 775 F.2d 268, 276 (Fed. Cir. 1985) (대체재로 주장된 제품이 특허권자의 제품이나 특허 침해자의 제품 특성을 보유하지 않았고, 동일한 틈새시장에서 경쟁하지도 않았다.)

18) *Cohesive Technologies, Inc. v. Waters Co.*, 543 F.3d 1351, 1372 (Fed. Cir. 2008)

특별한 특성 때문이라면, 그러한 특성이 없는 제품은 설령 동일한 시장에서 경쟁적으로 판매되고 있다 하더라도, 비침해 대체재로 받아들여질 수 없다.[19] 따라서, 구매자들에게 받아들여질 수 있는 특허 비침해 대체재의 부존재를 증명하기 위해서 특허권자는 ① 시장의 구매자들이 특허 제품이 갖고 있는 장점 때문에 특허 제품을 구매하기를 원한다는 것을 보여 주거나, ② 특허 침해 제품을 구매하는 특별한 구매자들도 그런 이유에서 구매하였다는 사실을 입증하여야 한다.[20]

한편, 특허 침해 기간 중 시장에서 상품으로 거래되지 않는 제품이 비침해 대체재가 될 수 있을지에 대한 논의가 있었다. 연방 항소 법원은, 특허 침해 기간 중에 대체재라고 주장되는 제품이 시장에 나오지 않았다면, 법원이 특허 침해 기간 중에 비침해 대체재가 이용 가능하지 않았다고 추정하는 것은 합리적이라고 보았다. 특허 침해 혐의자는 이 추정을 깨뜨리기 위한 입증 책임을 부담하지만, 단순한 추측이나 단정적인 결론만으로는 이 추정을 깨뜨릴 수 없다.[21]

Grain Processing[22]에서, 특별한 속성을 갖는 Maltodextrins(전분에서 만들어진 식품 첨가물)와 그 제조 공정에 관한 특허(특허 번호 3,849,194)를 갖고 있는 Grain Processing사는 1969년부터 "Maltrin"이란 브랜드로 Maltodextrins를 판매하기 시작하였다. American Maize는 1974년부터 Maltodextrins를 판매하기 시작하였고, 그중에는 "Lo-Dex10"이라는 제품도 포함되었다. American Maize는 Grain Processing이 '194 특허를 소유한 1979년부터 특허가 소멸한 1991년까지 Lo-Dex 10을 제조하여 판매하였다. 이 기간 동안 American Maize는 Leo-Dex 10을 제조하기 위하여 공정을 4번 바꾸면서 각 공정마다 약간의 화학적 차이를 가져왔는데, 본 소송의 일실 이익 결정에서 이 4번의 공정 변경이 중요 이슈를 차지하게 된다.

American Maize는 Process I을 이용하여 1974년부터 1982년까지 Maltodextrins를 생산 판매하였다. Grain Processing은 1981년 American Maize를 상대로

19) *Id.*

20) *Id.*

21) *Grain Processing Corp. v. American Maize*, 185 F.3d 1341, 1353 (Fed. Cir. 1999)

22) *Grain Processing Corp. v. American Maize*, 185 F.3d 1341 (Fed. Cir. 1999)

Lo-Dex 10이 '194 특허를 침해하였다는 소송을 제기하였다. American Maize는 1982년부터 1988년까지 Process II를 이용하여 Lo-Dex 10을 생산하였으며, Process I과 Process II에 의하여 생산된 Lo-Dex 10이 위 특허를 침해하지 않는다고 항변하였으나, 법원은 이를 받아들이지 않고 특허 침해 금지 명령을 내렸다. American Maize는 위 금지 명령에 대응하여, 다른 프로세스를 개발하여 Lo-Dex 10을 생산, 판매하였다(Process III). 하지만, 항소 법원은 1991년 이 Process III도 특허를 침해한다고 판단하여 침해 금지 명령을 내렸다. 이에 대하여, American Maize는 Process IV를 채택하고 Lo-Dex 10을 생산하여 판매하였다. American Maize는 2주간의 실험을 거친 뒤, 1991년 4월부터 Process III을 IV로 전환하여 '194 특허가 만료된 1991년 11월까지 Lo-Dex 10을 대량 생산하였다. '194 특허 기간이 만료되자, American Maize는 다시 저렴한 비용의 Process III으로 전환하였다. Process IV에 의하여 특허를 침해하지 않는 Lo-Dex 10이 생산되었고, 소비자들은 Process IV에 의하여 제조된 Lo-Dex 10과 Process I, II 또는 III에 의하여 제조된 Lo-Dex 10의 차이점이 없다고 인식한다는 사실에는 Grain Processing과 American Maize 간에 다툼이 없었다.

Grain Processing은 손해배상 청구 소송에서 일실 이익에 대한 배상을 청구하였으나, 지방 법원은 Grain Processing이 일실 이익 인정에 필요한 인과관계를 입증하지 못하였다고 판단하였다. American Maize는 Process IV를 이용하여 특정 Maltodextrins의 비침해 대체재(Lo-Dex 10)를 "생산할 수 있었다."고 보았다. "특허를 침해하는 Leo-Dex 10의 판매가 금지되었을 때, 소비자들의 대체재는 특허 비침해 Lo-Dex 10가 된다." American Maize는 실제로 1991년 4월까지 비침해 대체재를 생산하거나 판매하지 않았다. 그럼에도 지방 법원은 비침해 대체재의 생산 가능성만으로 Grain Processing의 일실 이익 청구를 인정하지 않았다.

지방 법원은, 특허 침해 기간동안 American Maize가 결정하면 언제라도 Process IV를 이용하여 Lo-Dex 10을 생산하는 데 필요한 재료나 장비, Know-how, 경험 등을 갖추고 있었다고 판단하였다. American Maize는 비용 문제 때문에 Process I, II, III 대신 Process IV를 선택하였고, ProcessI, II 또는 III이 특허를 침해하지 않는다고 믿은 데에도 합리적인 이유가 있었다고 판단하였다. 연방 항소 법원도 지방 법원의 결정을 인용하며, 특허 비침해 대체재가 특허 침해 기간 중 생산 가능하였고, 고객에게 받아들여질 수 있었으므로, 원고의 일실 이익 배상 주장을 배척한다고 결정하였다.

한편, *Grain Processing*과 유사한 사실관계를 보이지만, 반대의 결론을 내린 사례도 존재한다. *Micro Chemical, Inc. v. Lextron, Inc*[23]에서, Micro는 가축 사료에 미량의 첨가물(비타민, 항생제, 호르몬, 영양제 등)을 균일하게 섞어서 분배해 주는 장치에 관한 특허를 보유하였다. Micro는 이 장치를 이용하여 미량의 첨가물이 혼합된 사료를 농장주들에게 프리미엄 가격으로 판매하였다. Lextron도 Type2장치를 이용하여 Micro와 동일한 프리미엄 사료를 판매하였다. Micro가 Lextron을 상대로 특허 침해 소송을 제기한 1988년에, Lextron은 Type 3장치를 개발하였으나, 이를 상업용으로 이용하기에는 많은 문제가 있었기 때문에, 특허 침해 기간인 1988년부터 1997년까지 오직 한 대의 Type3만 이용되고 있었다. 1997년에 Lextron은 Type2를 개량한 Type5를 개발하였다.

지방 법원은 Lextron의 Type5 장치가 *Grain Processing*에 따른 특허 침해 당시 이미 이용 가능한 대체와 동일하다고 판단하여 Micro사가 *Panduit* 테스트의 두 번째 요건을 입증하지 못하였다고 보았다. 그러나, 항소 법원은, Lextron이 Type2 장치를 Type5 장치로 전환하는 데에만 4개월이 걸린 사실, 그 이후에도 Type5 장치의 영향과 효과를 검토하기 위하여 별도의 컨설팅 회사를 고용한 사실 등을 들면서, Type5 장치가 특허 침해 당시 이용 가능하지 않았다고 판단하였다. 또 Type2 장치의 특허 침해 금지 명령을 구하는 소송에서 Lextron이 120일간의 유예를 구하면서 직접 "장치 전환에 따라 필요한 부품들을 대량으로 구매하기 어렵고, 일부 장치는 별도의 주문 제작이 필요하다."고 답변한 사실도 Type5 장치가 이용 가능하지 않았다는 근거로 삼았다.

마지막으로, 비침해 대체재가 존재하더라도 일실 이익과의 인과관계를 추론하기에 어려움이 있다면 쉽게 일실 이익을 인정할 수 없을 것이다. 다만, 특허 비침해 대체재가 시장에서 아주 미미한 데 지나지 않으면 일실 이익이 인정될 수 있다. 또한, 특허 침해자가 특허 비침해 대체자가 아니라 특허권자로부터

23] *Micro Chemical, Inc. v. Lextron, Inc.*, 318 F.3d 1119 (Fed. Cir. 2003)

전환한 판매량을 결정하는 데 특허권자의 시장 점유율이 합리적인 근거가 될 수 있다고 판단하면, 시장 점유율에 근거하여 일실 이익을 산정할 수 있다.[24]

State Industries v. Mor-Flo Industries[25]에서 State사의 4,447,377 특허는 폴리우레탄 포말(44)을 사용하는 온수 히터 탱크의 단열 방법에 관한 특허이다. 이 방법은 플라스틱막으로 봉투 모양(18-내벽 20, 외벽 22, 바닥 24로 구성됨)을 만들어 탱크를 감싸고, 이를 둘러싸는 재킷(34)과 덮개(42)를 설치한 뒤, 덮개의 입구를 통하여 봉투 속으로 포말을 붓고 나서, 입구를 막는 방법 등을 포함한다. 이 방법 특허에 의하면 액체 포말이 올라오는 동안 이를 담아 두고, 액체 포말이 다른 부분(예 전기부품이나 연소실 같이 포말이 들어가서는 안 되는 부분)으로 침투하는 것을 막는다. Mor-Flo는 State의 특허를 침해하였으며, 본 사안에서는 손해배상이 문제가 되었다.

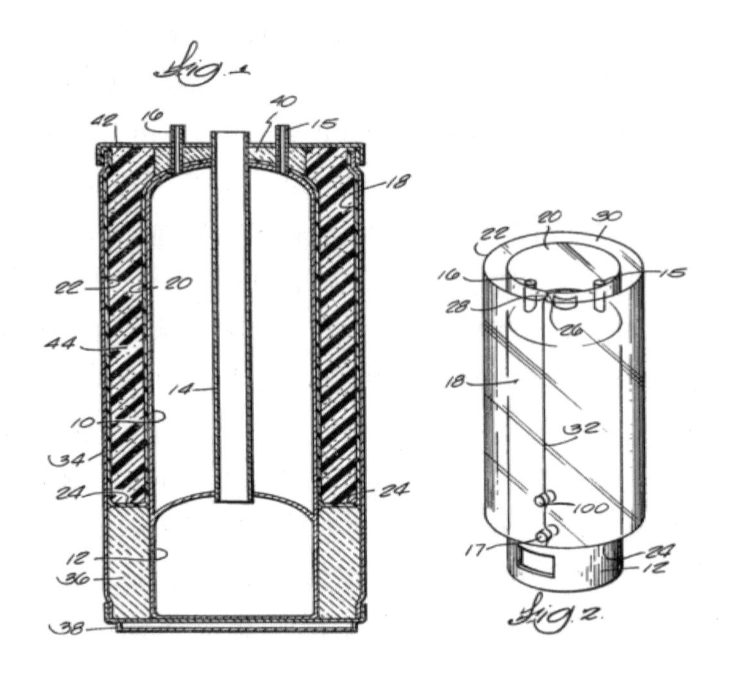

24) Gregory J. Werden, Luke M. Frob, James Langenfeld, "Lost Profits from Patent Infringement: The Simulation Approack", at 5-6.

25) *State Industries v. Mor-Flo Industries*, 883 F.2d 1573 (Fed. Cir. 1989)

온수 히터 산업은 경쟁이 매우 치열하여 다수의 업체가 난립하였으며, 폴리우레탄 포말을 단열재로 사용하는 제품이 유리섬유 단열재를 사용하는 제품보다 에너지 효율적이라는 평가를 받는다. 따라서, 포말 단열재를 사용한 제품에 대한 수요가 계속 증가하고 있었으며, '377 특허가 이를 만족하는 유일한 방법이었기 때문에, 특허 침해 기간 동안에 특허 침해를 하지 않거나 대체재로서 받아들여질 수 있는 제품들이 없다. 즉, 다수의 업체들이 '377 특허를 침해하였으며, 오직 한 업체만이 덜 선호되는 유리섬유를 이용한 제품을 팔고 있었을 뿐이다. 법원은 유리섬유는 폴리우레탄 포말의 대체재로 받아들여질 수 없다고 판단하였다. 폴리우레탄 포말 단열재는 정부의 에너지 규격을 맞출 수 있고, 잘 찌그러지지 않으며, 더 작게 만들 수 있기 때문이다. State사는 미국 전역에서 40%의 시장 점유율을 갖고 있기 때문에, Mor-Flo 특허 침해 제품 판매량의 40%에 대하여 일실 이익 판단의 근거로 삼았고, 나머지 60%의 Mor-Flo의 판매분에 대하여는 8-10%의 실시료를 청구하였다.

연방 항소 법원은, 본 사례에서 처음으로 일실 이익을 시장 점유율에 근거하여 산정할 수 있는지를 판단하였다. 일반적으로 특허권자와 침해자만이 시장에 존재하여 침해자의 모든 판매량에 대하여 일실 이익의 근거로 삼을 수 있었던 것과는 달리, 본 사례에서는 다수의 경쟁자들이 존재하고 있었고, 이들 중 대부분은 State사의 특허를 침해하거나, 특허 제품보다 덜 선호되는 유리섬유로 만든 대체재를 판매하고 있었다는 점에 주목하였다. 지방 법원은, State의 청구처럼 다른 경쟁자들을 그들의 시장 점유율에 따라 인정함으로써 *Panduit* 두 번째 요건(받아들여질 수 있는 대체재의 부재)을 중립적 요소로 만들었다. 따라서, 항소 법원은 본 사례에서 기존의 시장 점유율이 다른 *Panduit* 요소들과 함께 State사의 손실을 합리적인 개연성 있게 보여 줄 수 있는지를 검토하여야 한다고 보았다. 먼저, 항소 법원은 증거에 의하여 소비자들의 State사 특허에 대한 수요가 있다고 보았다(*Panduit* 첫 번째 요건). 제품 제조 능력과 관련하여, Mor-flo사는 전국적인 시장 점유율에 대하여 이의를 제기하지는 않았으나, 서부지역에서 Mor-flo사의 점유율이 70%이고, State사는 다른 회사들과 합쳐도 10%가 안 되므로 State사가 이 지역에서 40%의 점유율을 달성하는 것은 비현실적이라고 주장하였다. 그렇지만, 법원은 이를 부수적인 주장에 지나지 않는다고 보고, State사의 제조 능력은 그 정도의 시장 점유율은 충분히 커버할 수 있다고 보았다(*Panduit* 두 번째 요건). 마지막으로, State사의 증가될 이익을 산정함에 있어서, 고정 비용의 증가도 일부 예상되지만 그 증가폭이 미미하리라고 본 지방 법원의 판단에 문제가 없다고 보았다(*Panduit* 네 번째 요건). 결론적으로, State사의 시장 점유율에 근거하여 Mor-flo사의 특허 침해 행위에 대한 손해배상을 산정한 것은 적법하다고 보았다.

③ 특허 제품의 제조 능력: 만약, 특허권자가 특허 침해자의 특허 침해 당시, 특허 제품을 제조하거나 판매할 능력이 없었다면, 특허권자는 일실 이익에 의한 손해배상을 청구할 수 없다.[26] 그렇지만, 특허권자가 특허 제품을 특허 침해 당시 판매하지 않았다는 사실만으로는, 특허권자의 일실 이익에 따른 손해배상 청구를 완전히 막을 수는 없다. 특허권자는 자신이 제품을 시장에 출하하려고 하였으나, 특허 침해자의 제품이 시장을 대부분 점유하고 있어서, 제품 출하할 기회를 놓쳤다는 것을 입증하여 일실 이익에 따른 손해배상을 받는 것도 생각해 볼 수 있을 것이다. 이 경우, 특허 제품을 제조하지 않은 특허권자의 입증 책임은 상대적으로 무거워질 수밖에 없을 것이다.[27] 한편, 특허 침해 이후에, 특허 제품을 제조하고 마케팅에 성공하였다고 해서, 특허 침해 당시에 특허권자의 특허 제품 제조 능력과 마케팅 능력이 입증되었다고는 할 수 없다.[28]

④ 일실 이익의 크기: 특허권자와 특허 침해자의 손익 계산서와 판매 기록 등 쉽게 구할 수 있는 자료 등을 이용하면 일실 이익의 크기를 측정할 수 있다. 일실 이익의 크기는 단순한 추정만으로 판단되어서는 안 되지만, 한 치의 오차도 없이 정확할 필요도 없다.[29] 배상액수를 정확히 측정할 수 없을 때는, 배상액에 관한 의문은 특허 침해자에게 불리하게 작용될 것이다.[30] 일반적으로,

---

26] *Trell v. Marlee Electronics Corp.*, 912 F.2d 1443, 1445 (Fed. Cir. 1990)
27] *Hebert v. Lisle*, 99 F.3d 1109, 1119-20 (F.C. 1996)
28] *Wechsler v. Macke Inter. Trade, Inc.*, 486 F.3d 1286, 1293 (F.C. 2007)
29] *Bio-Rad Labs v. Nicolet Instrument Corp.*, 739 F.2d 604 (Fed. Cir. 1984), *cert. denied*, 469 U.S. 1038 (1984)
30] *Ryco, Inc. v. Ag-Bag Corp.*, 857 F.2d 1418, 1428 (Fed. Cir. 1988)

특허권자는 특허 침해로 인하여 발생한 손실을 배상받을 수 있는 총수익으로 계산한 뒤, 특허 침해자의 판매로 특허권자가 판매하지 못하여 발생하지 않은 비용을 공제하여 일실 이익을 측정한다. 특허권자는 여기서 아직 지급되지 않은 소득세를 다시 공제할 필요는 없다.

한편, 일실 이익을 산정함에 있어서, 특허받은 부분과 특허받지 않은 부분이 구분될 때 전체 제품 가격을 고려하여야 하는지, 또한 특허 침해 제품의 등장으로 특허 제품의 가격이 떨어졌을 때 이를 보정하여야 하는지에 관한 논의가 있다. 전자는 "전체 시장 가치 원칙(The Entire Market Value rule)"편에서, 후자는 "가격 잠식(Price Erosion)"편에서 각 후술하기로 한다.

(2) 복수 공급자 시장 테스트

특허권자와 침해자, 단 2명의 공급자만이 시장에 존재하는 경우가 많이 있다. 이 경우, 특허권자는 침해자가 판매한 제품으로 잃게 된 이익을 청구하면 된다. 이와 같이 시장에 오직 복수의 제품 공급자만 있고, 특허권자가 제조와 마케팅 능력이 있는 경우에는, 특허권자가 특허 침해자가 판매한 양의 제품을 만들 수 있다고 가정하는 것이 합리적이다. 이 경우, *Panduit* 테스트는 간단하게 적용되어 쉽게 문제를 해결할 수 있게 한다.[31]

복수 공급자 시장 테스트에서, 특허권자는 ① 관련 시장에서 오직 복수의 제품 공급자만 존재한 사실, ② 특허권자는 특허 침해자에 의하여 생산된 제품에 대한 제조 능력과 마케팅 능력을 보유한 사실, ③ 특허 침해자가 특허 침해 제품을 생산하여 얻은 이익 등을 입증하여야 한다. 다시 말하면, 복수 공급자 시장 테스트는 *Panduit* 테스트의 첫 번째, 두 번째 요소를 "관련 시장의 복수 공급자" 요소로 전환하였다고 보면 된다.

연방 항소 법원은 *Crystal Semiconductor*[32] 사건에서 복수 공급자 시장 테스트의 첫 번째 단계로 "관련 시장"을 획정하는 것이 필요하며, 그 분석은 특허된

31) *State Industries v. Mor-Flo Industries*, 883 F.2d 1573, 1578 (Fed. Cir. 1989)

32) *Crystal Semiconductor Corp. v. TriTech Microelecs. Int'l, Inc.*, 246 F.3d 1336, 1356 (Fed. Cir. 2001)

발명에서부터 출발한다고 보았다. 관련 시장에는 특허된 발명과 물리적, 기능적으로 유사한 특성을 가진 제품도 포함되지만, 본질적으로 다른 가격 체계의 제품이거나 중요한 특성이 다른 대체품의 경우에는 관련 시장에 포함되지 않는다고 보았다. 일단 시장이 확정되고 나면, 그 안에서 몇 명의 공급자들이 활동하고 있는지를 알아내는 것은 손쉬운 일이 될 것이다.

만약, 특허권자가 위의 3가지 복수 공급자 시장 테스트 요건을 입증한 경우에는, 직접 인과관계("But for"causation)가 성립되었다고 추정된다. 이 경우, 특허권자에게 설득책임(Burden of persuasion)은 남아 있지만, 증거제출책임(Burden of going forward)은 특허 침해자에게 이전한다. 특허 침해자는, 특허 침해가 없었더라도 특허 침해자가 판매한 제품의 전부 또는 일부를 특허권자가 제조하지 않으리라는 사실을 입증함으로써 위 추정을 깨뜨릴 수 있다. 예를 들면, 특허 침해자는 관련 시장에서 특허를 침해하지 않는 다른 대체품이 팔리고 있는 사실을 입증하여 위 추정을 반박할 수 있다. 이와 같은 상황은 복수 공급자가 있는 시장에서, 특허 침해자가 특허 침해 제품과 비침해 제품을 동시에 판매하고 있는 경우에 성립할 수 있다. 이런 상황이라면, 고객들은 특허 발명 대신에 특허 침해자의 특허 비침해 제품을 선택할 수 있기 때문이다.[33]

2) 예견가능성(Foreseeability)

특허법 §284의 손해에 대한 배상 여부는, 특허 침해자가 특허권자가 입은 모든 손해를 배상하여야 한다는 점에서 보면, 단순한 인과 관계("But for" test)로만 결정될 수 없다. 특허권자가 입은 특별한 손해는 침해 행위와 인과관계가 있다는 것이 입증되었더라도, 그 특별한 손해까지 특허권자에게 배상되어야 하는지에 관하여는 또다른 의문이 들기 때문이다. 원고 적격을 특정하거나 배상이 가능한 손해를 특정하기 위해서, "법률상 의미 있는 원인(Proximate cause)" 또는 "예견가능성(Foreseeability)"이라는 이름으로 손해배상에 관한 법률상 제한이 이루어져 왔다.[34] 이러한 사법적 장치들은 특허 침해 혐의자 행위가 특허 침해로 인한 손

---

33) *Micro Chemical, Inc. v. Lextron Inc.*, 318 F.3d 1119, 1125 (Fed. Cir. 2003)

34) *Consolidated Rail Corp. v. Gottshall*, 512 U.S. 532, ──, 114 S.Ct. 2396, 2406, 129

해배상과 인과관계가 인정되더라도 그 거리가 너무 먼 경우에 그 행위자의 법적 책임을 제한하기 위하여 이용되어 왔다.[35] 영미법의 보통법상 인정된 일반법 원칙에서는 법률상 손해배상의 문제를 각각의 경우에 논리, 상식, 법 정의, 정책과 선례 등을 고려하여 결정되어야 할 문제로 다루었다.[36]

(1) *Rite-Hite v. Kelley*[37]

본 소송에서 쟁점이 된 사안은 일실 이익 계산에 포함되는 제품의 범위에 관한 문제이다.

Rite-Hite사는 Kelley사의 "Truck Stop"이라는 제품이 1983년 2월 15일 등록된 Rite-Hite의 4,373,847 특허를 침해하였다고 소송을 제기하였다. '847 특허는 화물 차량을 하역장(Loading dock)에 고정시키는 장치에 관한 특허로, 하역 중에 차량이 하역장에서 이탈하는 것을 막는 기능을 한다. 화물 차량이 하역장에서 분리되면 화물 하역 장치(Folklift operator)를 파손시킬 우려가 있게 된다. Rite-Hite사는 기존에 만들어서 판매 중이던 2가지 모델의 화물 차량 고정 장치(Vehicle restraint)에 관한 일실 이익을 계산하여 손해배상을 청구하였다. 첫 모델인 "Manual Dok-Lok" model 55(MDL-55)는 '847의 특허 범위에 포함되지만, 두 번째 모델인 "Automatic Dok-Lok" model 100(ADL-100)는 소송 중인 특허의 보호 범위에 포함되지 않고, 다른 특허 범위에 포함되었다.

L.Ed.2d 427 (1994)

35] *Holmes v. Securities Investor Protection Corp.*, 503 U.S. 258, 112 S.Ct. 1311, 117 L.Ed.2d 532 (1992)

36] W. Page Keeton et al., Prosser & Keeton on the Law of Torts §42, at 279 (5th ed. 1984)

37] *Rite-Hite v. Kelley*, 56 F.3d 1538 (Fed. Cir. 1995) (*en banc*)

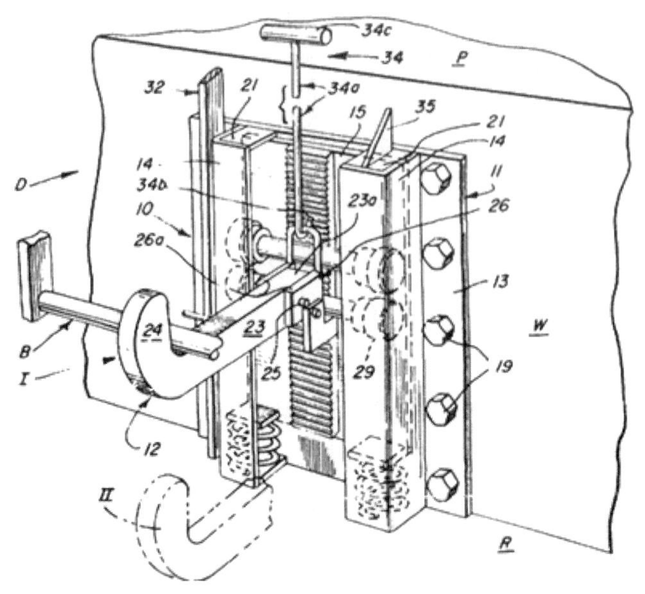

Rite Hite사의 4,373,847 특허와 MDL-55 제품: 발명된 제품은 하역장(D)의 벽(W)에 장착되어 있고, 회전 손잡이(34c)를 돌리면, 고리(24) 부분이 II위치에서 I위치로 이동하며, 트럭의 뒷 범퍼의 봉(B)에 걸리도록 고안되었다.

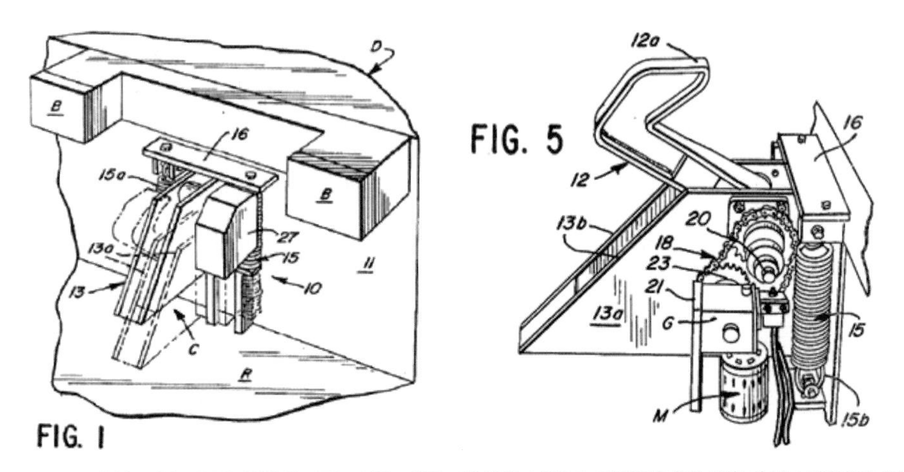

Rite-Hite사의 4,264,259 특허와 ADL-100 제품: 특허된 장치가 하역장(D)의 벽(11)에 부착되어 있으며, 모터(M)가 작동하면 고리(12a)가 회전하면서 트럭 뒷 범퍼 패드(B)에 걸리도록 고안되었다.

하지만, Kelley사의 "Truck Stop" 제품은 주로 Rite-Hite사의 ADL-100과의 경쟁을 목표로 제작되었다고 볼 수 있다. 이 두 제품들은 모두 전기 구동 모터를 갖고 자동으로 움직이며, 도매 가격으로 $1,000~$1,500의 범위 내에서 팔리고 있다. 이에 반하여, MDL-55는 위의 전기 구동 장치들에 비하여 1/3~1/2 가격에 판매되고 있었다.

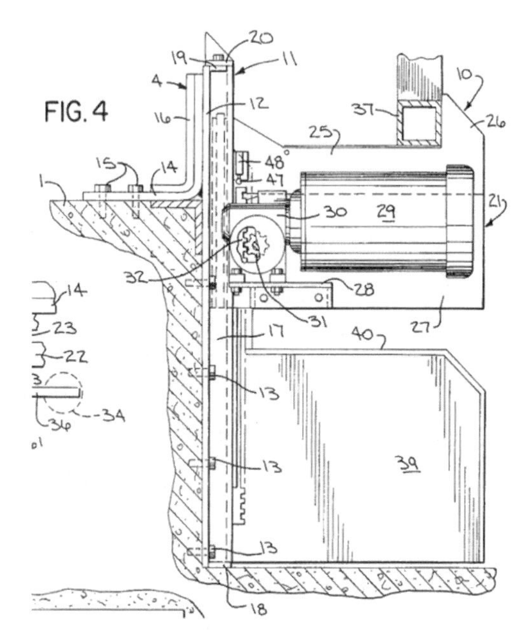

Kelley사의 Truck-Stop 제품(특허 번호 4,488,325): 연결 장치가 하역장(1)에 장착되어 있으며, 구동 모터 (29)의 작동으로 연결 고리 부분(10)이 위로 올라가 트럭 뒷 범퍼(37)에 걸리도록 되어 있다.

Rite-Hite사의 Dock leveler
(https://www.alibaba.com/product-detail/Loading-container-rite-hite-dock-leveler_60450714506.html)

Rite-Hite사는 소송 중에 Kelley사의 Truck Stop이 ADL-100과 관련된 특허를 침해하였다고 주장한 사실은 없었다. 연방 지방 법원은 Kelley사가 판매한 3,825개의 Truck Stop이 없었다면, Rite-Hite는 80개의 MDL-55 제품을 더 팔 수 있었고, 3,243개의 ADL-100 제품을 더 팔 수 있었으며, 1,692개의 Dock Leveler를 더 팔 수 있었다고 판단하였다. Dock Leveler는 화물 차량 고정장치와 함께 팔리고 사용되는 제품으로, 차량의 끝부분과 하역장의 간격을 연결하는 플랫폼 기능을 한다. 연방 지방 법원은 Rite-Hite사에게 제조업자로서 ADL-100 Restraints, MDL-55 Restraints 그리고 Restraint-Leveler 패키지의 판매 감소로 인한 일실 이익의 손해배상을 인정하였다. 또한, Rite-Hite사가 소매업자의 지위에서 Kelley사의 특허 침해로 ADL-100, MDL-55 그리고 Restraint-Leveler 패키지의 판매 감소분에 대한 합리적 실시료 배상도 인정되었다.

항소심에서 Kelley사는 연방지방 법원이 배상액을 결정하는 데 잘못을 저질렀다고 주장하였다. Kelley사는 MDL-55에 대한 일실 이익의 배상을 문제삼지는 않았다. 그렇지만, ① 소송 중인 특허의 보호 범위에 포함되지 않는 ADL-100에 대한 일실 이익의 배상은 현행 특허법이 허용하지 않으며, ② 특허와 관련이 없는 Dock levelers에 대한 일실 이익은 '847 특허에 기인하지 않으므로 손해배상 대상이 되지 않는다는 등의 항소 이유를 주장하였다.[38]

항소 법원은 소송 중인 특허의 보호 범위에 포함되지 않는 것으로 보이는 ADL-100에 대한 일실 이익의 배상을 인정하면서 다음과 같이 밝혔다.

"본 법원은, 연방 대법원이 특허법 §284의 의미로 인정한 완전보상의 개념과 일반법 원칙에서 인정되는 합리적인 책임 제한 개념 사이의 균형은 합리적이고 객관적인 예견가능성에 의하여 달성될 수 있다고 판단한다. 만약 경쟁자가 폭넓게 규정된 관련 시장에서 특허 침해를 하여 발생한 특별한 손해가 합리적으로 예견 가능하였다면, 상대방이 이를 예견할 수 없었다고 설득력 있게 반증하지 못하는 한, 그 특별한 손해에 대한 배상은 일반적으로 가능하다고 할 것이다. 본 사안에서, 법원은 Rite-Hite사의 ADL-100은 특허 침해 제품과 직접적으로 경쟁

---

38) 한편, 항소심의 이 부분 인용 여부에 대한 판단은 "전체 시장 가치 원칙(The entire market value rule)"에서 후술한다.

관계에 있으며 그 판매 감소량은 합리적으로 예견 가능하다고 판단하였다. 경쟁 상품의 판매 감소는 충분히 예견 가능하며, 그 손해에 대한 배상은 전통적인 의미의 "법률상 의미 있는 원인(Proximate cause)" 이론에 의하더라도, 법률과 연방 대법원이 인정한 완전 배상을 구성한다고 볼 수 있으므로, 이를 배상하여야 한다.

소송 중인 특허에 의하여 보호받지 못하는 장치의 판매 감소에 대한 배상 여부는 특허법에 명문으로 규정되어 있지 않다. 하지만, 특허법에서 명문으로 규정하지 않다고 해서 배상이 이루어지지 않는 것은 아니다. 법률은 특별히 세세한 부분에까지 규정하기보다는 일반적인 원칙을 규정하기 때문이다. 특허법에 따르면, 특허 침해로 특허권자가 입은 손해를 완전히 보전하는 데 필요하다면 손해배상이 이루어져야 한다[39]. 따라서, Rite-Hite사가 입은 손해를 완전히 배상할 수 있음에도 합리적으로 예견 가능한 손해에 대한 배상을 거절한다면, §284의 입장과 모순될 것이다."

3) 전체 시장 가치 원칙(The entire market value rule)

(1) 의의

특허권자가 특허 침해로 인한 손해배상 청구시, 특허 장치와 함께 판매된 비특허 부분에 대한 손해도 같이 청구할 수 있는지, 법원도 손해배상금 산정시 비특허 부분에 대한 손해액도 함께 산정하여야 하는지 논의가 되었다. 전체 시장 가치 원칙은, 여러 가지 특징을 보유한 장비에서 단지 하나의 특징에만 특허가 부여되었더라도 손해배상의 산정 시에는 장비 전체의 시장 가치를 고려하는 것을 허용한다는 원칙으로, 이는 합리적 실시료[40]와 일실 이익[41]의 산정 모두에서 인정되었다.

39] *General Motors*, 461 U.S. at 654, 103 S.Ct. at 2062

40] *Leesona Corp. v. United States*, 599 F.2d 958, 974 (Ct. Cl.), *cert. denied*, 444 U.S. 991 (1979)

41] *Paper Converting Machine Co. v. Magna-Graphics Corp.*, 745 F.2d 11, 23 (Fed. Cir. 1984)

특허 침해 배상에 포함되는지 여부에 관하여 다툼이 있는 비특허 장치들은 특허 장치와의 물리적인 결합 여부에 따라 포함 여부가 결정되지 않는다. 오히려, 그 장치들이 일반적인 마케팅 과정에서 재정적으로 또는 마케팅적으로 특허 장치에 종속되는지 여부에 따라 결정된다.[42]

처음에는, 장치의 성능을 향상시키는 특허를 소유한 특허권자가, 해당 특허가 편입된 거대 장치의 판매액으로부터 특허 침해 배상금을 산정하면서 전체 시장 가치 원칙이 비롯되었다. 이때, 특허권자는 기계 전체가 시장에서 판매되는 하나의 장치로써, 그 시장 가치는 특허받은 속성에서 합당하고 합법적으로 기인하였다는 것을 증명하여야 한다.[43] 뒤를 이어서 판례는, 전체 시장 가치 원칙을 여러 개의 특성을 가진 장치에서 하나의 특성에 대한 특허를 받은 경우에도 적용하였다. 소비자가 특허받은 특성 때문에 해당 장치를 구매한 경우에, 전체 시장 가치 원칙에 의하여 특허권자에게 장비 전체의 시장 가치로부터 손해배상을 산정하는 것을 허용하고 있다.[44]

기존에 특허받은 부품과 특허를 받지 않은 부품이 물리적으로 동일한 기계의 부품들인 경우 비특허 부분으로부터의 배상을 포함하는 데 전체 시장 가치 원칙이 전통적으로 적용되어 왔다.[45] 또한, 물리적으로 결합되어 있지는 않더라도 특허받은 부품과 특허를 받지 않은 부품이 보통 함께 팔리는 경우에 특허받지 않은 부품에서의 배상도 포함하는 것으로 확대되었다. 이와 같은 경우에는, 특허받은 부품과 비특허 부품이 전체 조립품 또는 완성된 기계의 구성요소로 다루어지거나, 그 부품들이 함께 하나의 기능을 수행하는 단위를 구성하여야 한다.[46] 더 나아가, 전체 시장 가치 원칙은 특허 부품에 비특허 부품이 재정적, 마케팅적으로 종속된 경우에까지 확장되어 나타난다. 그렇지만 이 경우에도 전체 시장 가

---

42) *Id.*

43) *Garretson v. Clark*, 111 U.S. 120, 121, 28 L.Ed. 371, 4 S.Ct. 291 (1884)

44) *State Indus.*, 883 F.2d at 1580; *TWM Mfg. Co. v. Dura Corp.*, 789 F.2d 895, 900-01 (Fed. Cir.), *cert. denied*, 479 U.S. 852 (1986)

45) *Western Elec. Co. v. Stewart-Warner Corp.*, 631 F.2d 333 (4th Cir. 1980), *cert. denied*, 450 U.S. 971 (1981)

46) *Velo-Bind, Inc. v. Minnesota Mining & Mfg. Co.*, 647 F.2d 965 (9th Cir.), *cert. denied*, 454 U.S. 1093 (1981)

치 원칙은, 모든 부품들이 함께 하나의 조립물의 부품으로 다루어지기 때문에 비특허 부품에서의 이익의 회복이 허락되는 경우에 적용되었다.

(2) *Rite-Hite* 사례

앞서 본 *Rite-Hite*[47] 사례에도 전체 시장 가치 원칙에 따른 판단이 포함되었다. 즉, 연방 지방 법원은 Rite-Hite사가 ADL-100이나 MDL-55와 같은 화물 차량 고정 장치와 Dock levelers를 함께 판매하였다는 사실을 들어, 전체 시장 가치 원칙에 따라 1,692대의 Dock levelers에 대한 일실 이익도 배상되어야 한다고 판단하였다.

그러나, 연방 항소 법원은 아래와 같이 전체 시장 가치 원칙에 따른 배상을 인정한 연방 지방 법원의 판결을 뒤집는 결정을 내리게 된다. 특허를 받은 화물 차량 고정 장치는 트럭의 뒷부분과 화물 하역장을 고정시켜서 화물 하역 작업을 수행하게 한다. 화물 차량 고정 장치가 Dock levelers와 함께 사용되기도 하지만, 이 두 가지 장치가 하나의 결과를 얻기 위하여 함께 기능을 수행하는 관계는 아니다. 오히려, 이 둘은 독립적으로 각각의 기능을 수행할 뿐이다. … Kelley사가 Dock levelers를 화물 차량 고정 장치와 함께 판매한 이유는 단순히 마케팅의 편리성 때문이지 이 두 장치가 실질적으로 함께 기능하기 때문은 아니다. 법원이 본 소송에서 계류 중인 특허에 의하여 보호받지 않는 ADL-100에 대한 일실 이익의 배상을 허용한 것은 Kelley사의 Truk Stops 제품이 ADL-100 제품과 경쟁관계에 있었기 때문인데, Dock levelers는 이런 경쟁 관계가 아니라 단지 사업상 편의와 이득을 위해서 화물 차량 고정 장치와 함께 판매한 것에 지나지 않으므로, 이 둘의 관계는 구별되어야 한다. 특허법의 목적은 독점권이 부여된 특허를 침해함으로써 야기된 경쟁 관계에서 발생한 손해를 배상하지만, 특허 발명과 함께 기능하지 않는 장치에 입힌 손해나, 특허 발명과 경쟁 관계에 있지도 않은 장치로 인하여 얻게 된 손해에 대한 배상까지 확대할 근거는 없다. 결국, 법원은 본 사례에서 전체 시장 가치 원칙이 적용되기 위한 기능적 관련성이 입증되지 못하였다고 판단한 것이다.

47] *Rite-Hite v. Kelley*, 56 F.3d 1538 (Fed. Cir. 1995)

(3) *Juicy Whip, Inc., v. Orange Bang, Inc*[48]

Rite-Hite 사례를 통하여 전체 시장 가치 원칙은, "물리적으로 특허 부품과 특허 받지 않은 부분이 분리되어 있더라도 전체로서 조립품의 부품을 이루거나 그 두 부분이 하나의 기능을 수행하는 단위를 구성하면서 함께 판매되는 경우"에까지 확대되어 적용되게 되었다. 연방 항소 법원은, 전체 시장 가치 원칙의 확대 적용을 *Juicy Whip* 사례에서 다시 한번 밝히게 된다.

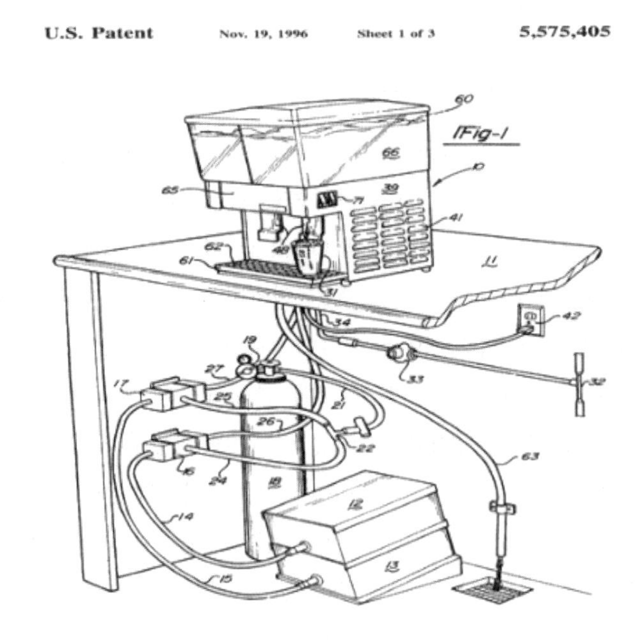

연방 지방 법원은 Juicy Whip이 특허를 받은 주스 분무기와 시럽은 기능적 관련성이 없다고 판단하였다. 이들 분무기와 시럽은 때때로 별개로 판매되고 있으며, Juicy Whip의 분무기에 다른 시럽을 사용할 수 있다는 것을 그 이유로 들었다. 따라서, 이들 두 제품은 단지 판매의 편리성과 사업상 이득을 이유로 함께 판매된다고 판단하였다. 그러나, 연방 항소 특허 법원은 연방 지방 법원의 결론과는 달리, 분무기와 시럽이 하나의 조립품이나 완전체인 기계의 부품들과 유사

48] *Juicy Whip, Inc., v. Orange Bang, Inc.* 382 F.3d 1367 (Fed. Cir. 2004)

하다고 판단하였다. Juicy Whip의 제품에서 시럽은 분무기와 더불어 '405 특허의 핵심인 시각적 효과를 보여주는 기능을 수행한다. 비록, Juicy Whip의 분무기에 다른 회사의 시럽이 사용될 수 있고, Juicy Whip의 시럽도 다른 회사의 분무기에서 사용될 수 있어서, 두 장치 간의 호환성이 일부 제한되는 사실이 인정된다고 하더라도, Juicy Whip의 분무기와 시럽은 *Rite-Hite*[49]에서 말하는 두 장치가 하나의 결과를 얻기 위하여 함께 기능을 수행하는 것으로 볼 수 있다. 분무기는 (분무를 위하여) 시럽을 필요로 하고, 시럽은 분무기에 결합되어 있다. 따라서, 이 둘 사이에는 기능적 관련성이 있다고 볼 수 있다. 이와 같이, 특허 장치와 여기에 사용되는 특허받지 않은 물질 간의 기능적 관련성은, 특허 장치가 다른 물질을 사용한다거나, 특허받지 않은 물질이 특허 장치가 아닌 다른 장치에서 사용된다고 하여 부정될 수는 없다. 따라서, 연방 항소 특허 법원은, Juicy Whip이 일실 이익을 손해배상액으로 청구하기 위하여 시럽의 일실 판매액을 배심원들에게 증거로 제출하는 것을 반대한 연방 지방 법원의 결정이 법률적으로 잘못된 결정이라고 판단하였다.

4) 가격 잠식

특허권자는 자신의 발명에 대한 특허를 획득함으로써 그 발명으로 인한 제품에 대하여 일정기간 시장에서 독점권을 누리게 된다. 독점권을 누리게 되는 특허 제품은 시장에서 독점 가격에 팔리게 되고, 이는 특허권자에게 시장에서 가격 경쟁을 통하여 얻게 되는 일반적인 정상 이윤보다 높은 독점 이윤을 제공하여 준다. 그러나, 특허 침해 제품이 시장에 등장하게 되면, 특허 제품과의 경쟁이 불가피하게 되며, 이는 두 제품 간의 가격 경쟁으로 확대되어 특허 제품의 가격이 내려가게 되는 상황도 발생할 수 있다. 이와 같은 특허 침해 제품의 등장으로 특허 제품의 가격이 잠식된 경우, 이에 대한 보상도 일실 이익으로 가능한지가 문제된다. 연방 항소 법원은, 특허권자가 특허 침해가 없었더라면 더 높은 가격에 제품을 판매할 수 있었다는 사실을 입증한다면, 특허권자에게 특허 침해로 인한 가격

---

49) *Rite-Hite*, at 1551

잠식에 대하여도 일실 이익으로써 배상받을 수 있다고 판단한다.[50]

연방 항소 법원은, 더 나아가, 특허권자가 해마다 특허 제품의 가격을 인상할 수 있었음에도 특허 침해 제품과의 가격 경쟁으로 인하여 가격 인상을 하지 못한 경우에도 가격 인상을 하지 못함으로써 특허권자가 받은 손해를 일실 이익으로 인정하여 특허 침해자에게 배상하도록 하고 있다.[51]

그러나, 특허권자가 특허 침해자와의 가격 경쟁으로 제품의 가격을 낮춘 사실이 있더라도, 가격 결정에 특허 침해 이외의 조건이 작용한 경우에는 특허 제품 가격의 하락으로 인한 손실을 일실 이익으로 인정하지 않고 있다.[52] Jenkins와 Richard는 보다 고품질의 용융 실리카(Fused silica)를 효과적으로 생산할 수 있는 회전로에 대한 특허를 출원하였으며, 1980년에 특허 등록(번호 4,217,462)을 마쳤다. 1977년, 위 발명자들은 Minco사를 설립하여 위 특허 출원된 회전로에서 생산된 고품질의 용융 실리카를 판매하기 시작하였으며, 이는 시장에서 성공을 거두었다. Minco사의 성공으로 시장 점유율이 떨어진 CE사는, 그 타개책으로 1986년 2월에 '462 특허를 모방한 RT 용광로를 제작하여 Minco사와 동일한 품질의 용융 실리카를 생산하여 시장에 판매하기 시작하였다. 연방 지방 법원은 1988년 5월부터 1990년 7월까지 Minco사가 판매감소로 잃게 된 이익에 대한 배상을 인정하였다. 이에 Minco사는 해당 기간 동안에 CE사와의 가격 경쟁으로 가격을 인하하였으므로, 이 부분도 일실 이익에 포함하여 배상되어야 한다고 주장하였다. 그러나, 법원은 Minco의 이 부분 주장은 추측에 근거한 것에 불과하다고 받아들이지 않았다. 법원이 인정한 사실에 따르면, 용융 실리카의 시장 가격은 특허 침해 기간 동안 심한 변동이 있었다. 예를 들면, 1987년에는 파운드당 $0.2530에서 1988년에는 파운드당 $0.269로 인상되었다가, 1989년에는 파운드당 $0.2555로 떨어지고, 1990년에는 파운드당 $0.220으로 하락하였다. CE사는 1988년 4월까지 RT 용광로에서만 생산한 용융 실리카를 판매하였는데, 1988년에는 오히려 용융 실리카의 가격이 인상되었다. 법원은, 또한 Minco사가 시장에

---

50) *BIC Leisure Prods., Inc. v. Windsurfing Int'l, Inc.*, 1 F.3d 1214, 1220 (Fed. Cir. 1993)

51) *Minnesota Mining & Mfg. Co. v. Johnson & Johnson Orthopaedics, Inc.*, 976 F.2d 1559 (Fed. Cir. 1992)

52) *Minco, Inc. v. Combustion Engineering*, 95 F.3d 1109, 1120 (Fed. Cir. 1996)

서 가격 선도자의 지위에 있었다는 사실도 고려하면, 비록 Minco사가 CE사의 특허 침해 제품에 대응하여 가격을 내린 사실을 인정한다 하더라도, 특허 침해에 대한 대응 이외의 다른 사유도 가격 인하에 영향을 미쳤다고 판단한 것이다.

3. 합리적인 실시료(Reasonable royalty)

1) 개요

일실 이익과 같은 실제 손해배상액을 입증할 수 없을 때에, 특허권자는 일실 이익 대신에 특허에 대한 합리적인 실시료를 손해액으로 배상받을 수 있다.[53] 일부분에 대하여만 일실 이익을 입증한 경우, 그 나머지 부분에 대하여는 합리적 특허 실시료로 배상받을 수도 있다. 특허에 대한 합리적인 실시료라 함은, 특허를 비지니스 목적으로 사용하고자 하는 사람이 특허를 이용하여 물건을 제조하고 시장에 판매할 때, 사용자의 합리적인 이윤을 제외하고, 특허권자에게 지불할 수 있는 금액이다.[54]

그렇지만, 합리적인 실시료에 따른 손해배상은 특허권자가 특허 침해로 인하여 잃게 된 판매 손해에 대한 배상 청구가 아니다. 특허 침해가 금지되었다면 특허 침해자가 지불하였어야 될 합리적 실시료를 얻게 될 기회를 잃게 된 데 대한 배상이 된다.[55]

손해액에 대한 입증 책임은 특허권자가 부담하게 된다.[56] 소송 중에 합리적 실시료를 산정하는 방식은 여러 가지가 있는데, 첫 번째로는 분석적인 방법으로 특허 침해자의 제품에 대한 미래 수익을 예측하는 방법이다. *TWM Mfg. Co. v. Dura Corp*[57]는 특허 침해자의 침해 장치로부터 실현되리라 기대되는 순수익에

---

53) *Panduit Corp. v. Stahlin Bor.Fiber Works, Inc.* 575 F.2d 1152, 1157 (6th Cir. 1978)

54) *Goodyear Tire and Rubber Co. v. Overman Cushion Tire Co.*, 95 F.2d 978 at 984 (6th Cir. 1937) (*Rockwood v. General Fire Extinguisher Co.*, 37 F.2d 62 at 66 (2d Cir. 1930)를 인용)

55) *Lucent Tech. Inc. v. Gateway, Inc.*, 580 F.3d 1301, 1325 (Fed. Cir. 2009)

56) *Dow Chem. Co. v. Mee Indus., Inc.*, 341 F.3d 1370, 1381 (Fed. Cir. 2003)

57) *TWM Mfg. Co. v. Dura Corp.*, 789 F.2d 895, 899 (Fed. Cir. 1986)

서 침해자의 일반적이고 허용되는 순수익을 공제하였다. 두 번째는 보다 보편적인 방법으로, 자발적 실시권 허여자(Willing licensor)와 자발적 실시권자(Willing licensee)간의 협상을 가정(Hypothetical negotiation)하는 방법이다.

여기서는 특허 침해가 시작되기 전에 양 당사자가 실시권 계약을 맺었더라면 이들이 동의하였을 실시료를 알아내려는 시도를 하는 것이다.[58] 가상 협상 방법은 가능한 한 사전 실시권 협상을 재창조하여 그 결과 얻게 되는 계약을 그려 내려고 시도하는 것이다. 즉, 특허 침해가 일어나지 않았더라면, 자발적 협상 당사자들은 특정한 실시료 지불을 구체화하는 실시권 계약을 체결하려 할 것이기 때문이다. 가상 협상 방법은 또한 주장된 특허 청구항들이 유효하고 침해되었다는 것을 전제로 한다.[59]

합리적인 실시료는 기존의 실시료가 존재한다면, 이를 기준으로 정해지고, 기존의 실시료가 따로 정해지지 않았다면, 특허권자와 사용자 간의 자발적이고 공정한 실시료 협상을 가정하여 이로부터 실시료를 도출해 낸다. “특허 발명에 대한 확립된 실시료 요율(Royalty rate)이 존재한다는 것이 증명되면, 일반적으로 그 요율은 합리적이고 완전한 배상을 위한 최상의 척도로 채택될 것이다.”[60]

그러나, 특허 침해에 따른 손해배상액 산정에 필요한 합리적인 실시료를 결정하기 위하여 가상의 실시료 협상을 상정하더라도, 이를 진실로 “자발적인” 특허권자와 사용자 간의 실시료 협상과 동일하게 다루어서는 안 된다. 그럴 경우, 특허 침해를 부당하게 옹호하며 오히려 특허 침해를 장려하게 되는 부작용이 생길

---

58) *Georgia-Pacific Corp. v. U.S. Plywood Corp.*, 318 F.Supp. 1116, 1120 (S.D.N.Y. 1970); see also *Rite-Hite Corp. v. Kelley Co.*, 56 F.3d 1538, 1554 n.13 (Fed. Cir. 1995) (*en banc*);
Radio Steel & Mfg. Co. v. MTD Prods., Inc., 788 F.2d 1554, 1557 (Fed. Cir. 1986) (“합리적 실시료는 특허 침해자의 수익에 기반하여 결정되는 것이 아니라, 특허 침해가 시작되었을 때 자발적 실시권 허여자와 자발적 실시권자가 동의할 수 있는 실시료에 의하여 결정된다.”);
Panduit, 575 F.2d at 1159 (“특허 침해 이후의 합리적 실시료는 각 사례별로 다음과 같은 관련 사실들에 의하여 결정된다: 원고의 권리가 무엇인지, 피고가 어느 정도 그것을 취득했는지, 다른 것들에 비하여 상대적 장점에서 드러나는 유용성과 상업적 가치, 그리고 상업적 환경 등이다.”)

59) *Lucent Tech.*, at 1324－1325

60) *Tektronix, Inc. v. United States*, 213 Ct.Cl. 257, 552 F.2d 343, 347 (1977), *cert. denied*, 439 U.S. 1048 (1978)

수 있다. 특허 침해자는, 특허권자가 수년간의 소송을 통하여 일실 이익을 배상받기 위한 4가지 입증 책임을 모두 만족시킴으로써 일실 이익을 배상하게 될 수도 있다는 위험성만 제외한다면, 더 이상 손해볼 것이 없게 된다. 따라서, 특허 침해자가 특허 비침해자인 일반 사용자가 지불하였어야 되는 정상 실시료를 지불하려고만 한다면, 특허 침해자는 모든 것을 얻게 되는 결과를 낳을 것이다. 이는 특허 침해자에게 "Heads-I-win, tails-you-lose"의 유리한 지위에 서게 한다.[61] 결국, 특허권자의 경쟁자는 특허 침해라는 손쉬운 선택을 하게 되고, 모든 특허권자에게 "강요된 실시료 계약"을 맺게 하는 결과를 초래할 것이다.[62] 따라서, 대부분의 경우에 손해배상 산정시의 특허 실시료 요율은 실제 협상을 통한 실시료 요율보다 훨씬 높게 정해지게 된다.

가상 협상은, 특허 침해로 인한 손해가 나중에 발생하더라도, 특허 침해가 시작된 날을 기준으로 하며, 가상 협상 일자 이후에 발생된 사실은 추가 고려사항이 될 수 있다.[63]

2) *Georgia Pacific* 요건

Georgia-Pacific[64] 사례를 담당한 연방 지방 법원은 아래와 같은 15가지 요건을 고려하여 합리적 특허 실시료를 산정하여야 한다고 판단하였다. 이들 요건들은 이후 연방 항소 법원을 비롯한 다른 법원들도 이용하여, 합리적 특허 실시료 산정에 관한 판례법으로 굳어지게 되었다.

Georgia-Pacific 요건을 적용하여 합리적 특허 실시료를 정하기 위해서는 먼저, 가상의 실시료 계약 형태를 결정하여야 한다. 즉, 일괄 지급(Lump sum) 방식으로 할지, 경상 기술료(Running royalty) 방식으로 할지 결정되어야 한다. 이에 대한 결정은 해당 산업의 상관습이라든가 당사자들의 과거 실시료 계약 형태에

---

61) *Troxel Mfg. Co. v. Schwinn Bicycle Co.*, 465 F.2d 1253 at 1257 (6th Cir. 1972); *cert. denied*, 416 U.S. 939 (1974)

62) *Panduit*, 575 F.2d at 1158

63) John Skenyon, Christopher Marchese, John Land: Patent Damages Law & Practice, 2015, p.326.

64) *Georgia-Pacific Corp. v. U.S. Plywood Corp.*, 318 F.Supp. 1116 (S.D.N.Y. 1970)

따라 결정될 수 있다. 경상 기술료 방식에 따른 가상의 실시료 계약에서는 이익이나 매출 등 실시료 산정의 기초가 되는 부분(Base)을 확정하고, 실시료 요율(Rate)을 결정하여 이 둘을 곱하는 방식으로 실시료를 산정한다. 특허를 침해하는 제품이 하나의 단위 제품인 경우, 특허 실시료를 산정하기 위한 특허 실시료의 기초는 해당 단위의 매출액 등이 될 것이다. 아래서 자세히 보게 되겠지만, 대부분의 *Georgia-Pacific* 요건들은 특허 실시료 요율을 결정하는 데 이용되며, 실시료의 기초를 구성하는 부분을 결정하는 데 이용되는 것은 아니다. 실시료의 기초는 주로 특허 침해 제품이 개별적으로 판매되지 않고 복합품의 일부분으로 판매되는 경우, 어느 정도까지 이를 실시료 산정에 포함시켜야 되는지에 대한 논의가 이루어지게 되며, "전체 시장 가치 원칙" 등이 실시료의 기초를 확정하기 위하여 적용되는 이론 중 하나이다.[65]

(1) 특허권자가 소송 중인 특허에 대하여 받은 기존의 특허 실시료

이를 위하여 특허권자는 특허 침해자도 수긍할 수 있는 기존의 실시료 계약들을 입증하여 법원을 설득하여야 한다. 이는 특허권자가 합리적 실시료를 경제적, 기술적 근거 없이 임의로 무한히 부풀리는 것을 방지하기 위한 것이다.[66]

물론, 실제 특허 사용 계약상의 실시료가 반드시 합리적인 실시료를 구성하는 것은 아니다.[67] 따라서, 실제 특허 사용 계약상의 실시료가 터무니없이 낮게 책정된 경우, 합리적인 실시료는 이보다 높게 산정될 수도 있다. *Tights*[68] 사례를 다룬 연방 지방 법원은, 기존의 특허 실시료보다 6배나 높은 가격으로 합리적인 특허 실시료를 산정하여 부과하였다. 법원은 당시 만연했던 특허 침해 제품들로 인하여 실제 특허 협상에서 특허 실시료가 낮게 책정되었던 사실과 기존의 특허 실시료가 특허 침해로 인하여 갑작스럽게 떨어졌던 사실들을 인정하면서, 기존의 특허 실시료를 무시하고 합리적 특허 실시료를 결정한 법원의 판단은 중요한

---

65) John Skenyon, Christopher Marchese, John Land; Patent Damages Law & Practice 2015, pp.329–330.

66) *ResQNet.com, Inc. v. Lansa, Inc.*, 594 F.3d 860, 872 (Fed. Cir. 2010)

67) *General Motors Corp. v. Blackmore*, 53 F.2d 725 (6th Cir. 1939)

68) *Tights, Inc. v. Kayser-Roth Corp.*, 442 F.Supp. 159 (M.D.N.C. 1977)

사실적 근거를 갖고 있다고 판단하였다.

그렇지만, 실제 특허 사용 계약상의 실시료가 기존의 실시료로 입증되거나 될 수 있다면, 이는 합리적인 실시료를 결정하는 데 강력한 요소가 될 수 있다.[69] *Trio* 사례에서 원심인 연방 지방 법원은 특허권자인 Trio사가 수령한 특허 실시료 금액을 합리적 특허 실시료 산정시에 고려하지 않았다. 원심은 피고의 계속된 특허 침해 행위로 특허 실시료가 인위적으로 낮게 책정되었고, 피고의 침해 행위가 없었더라면 특허 실시료가 특허권자가 실제로 받은 금액보다 서너 배 이상 오를 것으로 판단하여, 이를 기존에 확립된 특허 실시료로 볼 수 없다고 판단하였다. 그러나, 항소심에서 제3 연방 항소 법원은 원심의 결론을 뒷받침할 증거가 없다고 보아 원심을 파기하였다. 피고의 특허 침해 행위 이전에 이미 원, 피고 간에 특허 실시료에 관한 합의가 있었고, Trio사는 피고의 특허 침해 행위를 안 후에도 기존에 합의한 금액을 피고에게 실시료로 다시 제안하였다. 또한, *Tights* 사례와는 달리, 기존의 특허 실시료가 특허 침해로 인하여 갑작스럽게 떨어지거나, 특허 침해 제품이 해당 산업에서 만연했다는 사실도 증명되지 않았다.

한편, 특허권자와 침해자 간의 특허 침해에 대한 협상 후에 실시료 계약이 맺어졌다면, 그 계약상의 실시료는 "기존의" 실시료로서 적절한 손해배상액을 사용하는 근거로 사용될 수 없다. 특허 침해자는 거액의 특허 소송 비용 부담에 직면하게 되어 이를 회피하려는 강력한 바람에 의하여 실시료 계약을 체결하기 마련이므로, 정상적인 실시료 계약이 맺어지게 되었다고 볼 수 없기 때문이다.[70]

(2) 사용자가 다른 유사한 특허에 대하여 지불한 특허 실시료

특허 사용 계약을 맺기 위하여, 특정 요금의 실시료로 청약했다는 사실만으로는 본 요건을 만족시킬 수 없다. 본 요건을 만족시키기 위해서는 실제로 실시료 계약이 있어야 하며, 단순히 특허 사용 계약을 맺기 위한 청약만으로는 부족하다.[71]

---

69) *Trio Process Corp. v. Goldstein's Sons*, 612 F.2d 1353, 1358 (3rd Cir. 1980)

70) *Panduit*, 75 F.2d at 1164, n.11

71) *Hanson v. Alpine Valley Ski Area, Inc.*, 718 F.2d 1075, 1078-79 (Fed. Cir. 1983)

(3) 특허 사용 범위나 특허 계약의 특성. 예를 들면, 특허의 독점 사용 내지 비독점 사용, 또는 특허를 사용한 제품이 판매되는 지역이나 사용자에 따른 제한

특허에 대한 독점적 사용권을 부여한다면 비독점 사용권을 부여하는 것보다 높은 실시료를 책정하게 될 것이고, 특허를 사용한 제품이 일정 지역에 제한되어 판매되거나 일부 대리점에게만 판매하는 등으로 고객들을 제한할 경우에는 낮은 실시료가 책정되게 될 것이다.

(4) 특허권자의 특허 독점 유지 정책. 예를 들면, 특허 독점을 유지하기 위하여 고안된 특별한 조건하에서만 맺는 특허 사용 계약

특허권자가 이와 같은 정책을 갖고 있었다고 하면, 합리적 실시료는 증가할 수밖에 없을 것이다. *Georgia-Pacific*[72] 사례에서, 법원은 이에 대하여 다음과 같이 밝혔다. “가상 협상에서, 특허권자가 미국 내의 특허 제품을 판매하고자 하는 누구에게도 실시권을 허여하지 않는 정책을 갖고 있다면, 일실 이익보다 현저히 낮은 실시료를 받아들이지 않으리라고 보는 것이 합리적일 것이다.”

Panduuit 사례에서, 항소 법원은 이와 같은 입장을 견지하면서, 지방 법원은 특허권자인 Panduit사가 소송 중인 특허에 실시권을 부여하지 않는 확고한 정책을 갖고 있었는지를 고려하여야 한다면서 지방 법원의 판결을 파기 환송하였다.[73] *Rite-Hite* 사례에서도 Rite-Hite사의 합리적 실시료가 같은 산업 내에 표준 실시료를 초과하여 높을 수밖에 없는 이유 중의 하나로, Rite-Hite사가 자신의 특허에 대한 실시권을 경쟁자들에게 허여하기보다는 자신이 직접 특허에 따라 개발하여 제조하는 정책을 일관되게 추구한 사실을 들었다.[74]

---

72) *Georgia-Pacific Co.*, 318 F.Supp., at 1127

73) *Panduit*, 75 F.2d at 1163-64

74) *Rite-Hite*, 774 F.Supp. at 1535

(5) 특허권자와 침해자 간의 사업 관계. 예를 들면, 특허권자와 침해자가 동일한 지역 범위 내에서 동일한 사업의 연장선에서 경쟁 관계에 있었는지 또는 발명자와 사업 기획자의 관계인지 여부

연방 항소 법원은 특허권자와 침해자가 사업상 경쟁 관계에 있는 경우, 더 높은 금액의 손해배상을 인정해 준다. *TWM Manufacturing Co. v. Dura Corp*[75] 사례에서 법원은 합리적인 특허 실시료 중 일부는 특허권자가 고객들이 특허 침해자의 경쟁제품을 구매하지 않도록 가격을 낮춘 부분에 대한 보상을 반영한다고 하였다. 또한, *Rite-Hite*[76]에서는 특허권자가 경쟁자에게 특허 사용권을 수여하면서 잃게 되는 이익도 합리적 특허 실시료 산정에 반영하였다.

(6) 특허받지 않은 물건의 판매에 대한 영향: 즉, 특허 부분의 판매가 특허권자의 다른 상품 판매에 미치는 영향, 특허권자 발명이 특허받지 않은 제품 판매를 촉진시킴으로써 얻게 되는 가치 그리고 이와 같은 파생적 또는 집단적 판매량

만약, 특허 발명의 판매가 특허권자나 특허 침해자의 특허받지 않은 다른 제품의 판매를 만들어 내거나 증가시킨다면, 해당 특허의 사용 요율은 크게 증가하게 될 것이다.

Trans-World Mfg.Corp. v. Al Nyman &Sons, Inc[77] 사례는 특허 발명인 안경 진열대와 특허를 받지 않은 관련 제품인 안경에서 발생한 판매 수익을 다루고 있다. 연방 항소 법원은 연방 지방 법원이 특허 침해자인 Nyman사의 안경 판매 수익이 특허 발명인 안경 진열대로 인하여 얼마나 증가하였는지를 입증할 수 있는 증거를 부적절하게 배척하였다고 판단하였다. 본 사례에서 Nyman사는 (특허받지 않은) 안경의 판매를 촉진하기 위하여 (특허 발명인) 안경 진열대를 사용하였다. 이에, 법원은 특허권자인 Trans-World사가 Nyman사의 안경 진열대의 사용으로 인한 특허 침해가 Nyman사의 안경 판매 증가에 중요한 역할을 하였다

---

75) *TWM Manufacturing Co. v. Dura Corp.*, 789 F.2d 895, 898 (Fed. Cir. 1986)

76) *Rite-Hite*, 56 F.3d 1538, 1554-55 (Fed. Cir. 1995)

77) *Trans-World Mfg.Corp. v. Al Nyman &Sons, Inc.*, 750 F.2d 1552, 1568 (Fed. Cir. 1984)

는 사실을 증명하도록 허용하였다. 더 나아가, 그러한 판매 증가로 인하여 창출된 이익이 합리적인 특허 실시료 산정에 관련되어 있다는 사실도 인정하였다. 즉, 특허를 침해하는 진열대의 사용으로 안경 판매량이 증가하였다면, 잠재적인 특허 사용자들이 지불하게 될 실시료도 증가하게 될 것으로 보았다.

한편, *Rite-Hite* 사례에서도 합리적 특허 실시료와 관련된 판단을 하였다. 연방 지방 법원은 Kelley사의 하역장 고정 장치(Restraints)와 Dock levelers 502대의 판매분에 대하여는, Rite-Hite사가 Kelley사의 특허 침해 전에 Kelley사의 고객들을 접촉하였다는 사실을 입증하지 못하였기 때문에, 제조업체라 할지라도 Rite-Hite사에게 합리적 특허 실시료에 따른 손해배상을 받을 수 있을 뿐이라고 판단하였다.[78] 법원은 Rite-Hite사가 판단한 일실 이익의 50%를 특허 실시료로 인정하였다. 이에 대하여, 연방 항소 법원은, 항소심에서 1심 법원이 계산한 합리적 특허 실시료 요율은 적법하다고 판단하였으나, 1심 법원이 Dock levelers의 판매분을 특허 실시료 산정의 기초로 삼은 부분은 부적법하다고 판단하였다. 즉, 항소 법원은 특허를 침해하는 하역장 고정 장치의 판매량에 대하여만 특허 실시료 산정의 기초로 인정하였다.[79]

(7) 특허의 존속기간과 특허 사용 계약 기간

일반적으로 특허 존속기간이 많이 남아 있어서, 오랜 기간 특허 사용 계약을 맺을 수 있는 경우에 특허 실시료가 오르기 마련이다. 하지만, *Georgia-Pacific* 사례에서는 특허 침해가 시작된 때로부터 특허 존속 기간이 4년 밖에 남지 않았으므로 실시료를 최소한으로 줄여야 한다는 특허 침해자의 주장이 받아들여지지 않았다. 법원은 실제 사업상 고려하여야 할 여러 요건들로 인하여 특허 기간 단축이 실시료 산정에 미치는 효과가 사라졌다고 보았다. 즉, 특허 제품이 이미 상업적 성공을 거두었기 때문에 특허 침해자(Georgia-Pacific)가 이 점에서 떠안을 위험이 없고, 특허 실시료 산정을 실제 판매량에 일정 비율로 부과하였기 때문에, 고정 금액을 미리 부과하는 방식과 달리, Georgia-Pacific사가 일정액의 재정

78) *Rite-Hite*, 774 F.Supp. at 1534
79) *Rite-Hite v. Kelley*, 56 F.3d 1538, 1555 (Fed. Cir. 1995) (*en banc*)

적 부담을 질 필요도 없었다. 또, 특허 기간 종료 후에 특허 제품의 시장 진출을 계획하고 있던 Georgia-Pacific사가 특허 종료 수년 전에 해당 시장에 먼저 진입할 수 있다는 것은 Georgia-Pacific사에게 사업상 좋은 기회가 되었으며, Georgia-Pacific사는 적은 투자 금액으로 수익율 높은 제품의 생산에 참여할 수 있게 되었기 때문이었다.[80]

(8) 특허 제품의 그간의 수익성, 상업적 성공 그리고 현재의 제품 인기[81]

가상 협상 시점에 특허권자가 특허 제품으로부터 높은 수익을 올리고 있었던 사실은, 특허권자의 제품 판매가 없었다거나 있더라도 그 수익이 미미한 경우에 비하면 높은 실시료를 받을 수 있을 것이다.

Deere & Co. v. International Harvester Co[82]에서 연방 항소 법원은, 특허권자가 특허 제품으로부터 30%의 실제 수익을 내고 있는 것을 근거로 하여, 특허 침해자에게 15%의 실시료를 부과하였다.

SmithKline Diagnostics, Inc. v. Helena Laboratories Corp[83]에서 항소 법원은 특허 제품의 상업적 성공에 주목하며, 지방 법원이 부과한 25%의 실시료를 인정하였다. 항소 법원은 지방 법원이 부과한 25%의 실시료 요율은, 특허 발명이 시장에서 오랫동안 느껴 왔던 기술적 필요성을 만족시키면서 즉각적인 상업적 성공을 거두었고, 특허권자가 실시권을 부여하지 않고 독점적으로 그 기술을 유지해왔던 사실 등에 의하여 그 타당성이 입증되었다고 밝혔다.

Mitutoyo Corp. v. Central Purchasing, LLC[84]에서 인정된 29.2%의 실시료 요율은 특허 제품의 수익율에 기반을 두었다. 항소 법원은 특허권자가 그 이하로는 실시권을 부여하지 않으리라는 사실에 근거하여 이 실시료 요율을 인정하였다.

---

80) *Georgia-Pacific Corp. v. U.S.Plywood Corp.*, 318 F.Supp. 1116, 1126－27 (S.D.N.Y. 1970)

81) John Skenyon, Christopher Marchese, John Land: Patent Damages Law & Practice, 2015, pp.368－369.

82) *Deere & Co. v. International Harvester Co.*, 710 F.2d 1551 (Fed. Cir. 1983)

83) *SmithKline Diagnostics, Inc. v. Helena Laboratories Corp.*, 926 F.2d 1161 (Fed. Cir. 1991)

84) *Mitutoyo Corp. v. Central Purchasing, LLC.*, 499 F.3d 1284 (Fed. Cir. 2007)

Powell v. Home Depot U.S.A., Inc[85]에서는 개당 $7,736의 실시료를 부과하였는데, 이는 특허권자가 침해자와의 거래에서 받을 수 있으리라 기대되는 수익에 근거하였다.

(9) 특허 발명의 유용성과 이점

특허 자산이 유사한 용도에 쓰이는 기존 장치나 방법들에 비하여 우수한 성능과 사용상의 장점을 보인다면, 해당 특허의 실시료를 인상시킬 수 있을 것이다.

(10) 특허 발명의 특성, 특허권자가 상업화한 특허 제품의 특징 그리고 이를 이용하는 사람들에 대한 혜택

본 요건의 첫 번째 부분인 특허 발명의 특성은 *Georgia-Pacific* 요건 (9)와 중첩되지만, 나머지 부분은 좀 더 구체적인 요건을 명시하고 있다. 두 번째 부분은 특허권자가 특허를 이용하여 무엇을 만들고 판매하였는지 검토할 것을 요구하며, 마지막 부분에서는 특허 발명을 이용하는 고객이 누리게 되는 혜택을 묻고 있다.

(11) 특허 침해자가 특허 발명을 이용한 정도와 그 이용 가치를 증명하는 증거

요건 (10), (13)과 더불어 요건 (11)은 법원과 배심원들에게 가상의 특허 협상에서 양 당사자들이 특허에 어느 정도의 가치를 부여하였는지를 알 수 있게 해준다. 이를 위해서 요건 (11)에서는 특허 발명이 얼마나 많이 이용되었는지를 입증하는 증거를 주로 참조한다. 즉, 발명이 자주 이용되었다면, 덜 이용된 발명보다 더 가치가 있다고 일반적으로 믿어지기 때문이다.

일반적으로, 합리적 실시료를 산정하기 위하여 가상의 실시료 협상을 상정하는 시점은 특허 침해가 미처 발생되기 전의 시점이 된다. 하지만, 본 요건은 특허 침해 이후에 발생한 사실을 고려하므로,[86] *Georgia Pacific* 요건 중 본 요건이 유일하게 가상의 실시료 협상 이후에 발생한 사건을 다루게 된다. 본 요건을

---

85) *Powell v. Home Depot U.S.A., Inc.*, 663 F.3d 1221 (Fed. Cir. 2011)

86) *Lucent Technologies, Inc. v. Gateway, Inc.*, 580 F.3d 1301, 1333 (Fed. Cir. 2009), *cert. denied*, 2010 WL677637 (U.S. 2010)

글자 그대로 해석하면, 특허 침해자에 의한 발명의 실제 사용만 포함되게 되지만, 연방 항소 법원은 *Lucent Tech*[87] 사례에서 특허 침해자의 고객들이 발명을 이용한 경우에까지 확대하여 합리적 실시료 산정시 고려하여야 한다고 판단하였다.

(12) 특정 사업 영역 등에서 관습적으로 인정되는 특허 발명이 차지하는 이익이나 판매가격의 몫

특허 제품에 관련된 전반적인 이익은 앞서 요건 (8)에서 논의되었고, 본 요건은 좀 더 구체적으로, 특허 제품이나 특허 침해 제품의 이익(또는 판매 가격)에서 특허 발명이 차지하는 부분에 대한 검토를 요구하고 있다.

이와 관련하여, "25% 법칙"이나 "내쉬 교섭해(Nash Bargaining Solution)" 등이 손해배상액 산정에 적용되는지 논의되고 있다. "25% 법칙"은 특허 침해자가 특허 침해로 얻게 되는 이익 중 25%는 합리적인 특허 실시료로 특허권자에 귀속되고, 그 나머지인 75%가 특허 침해자의 몫이 된다는 법칙이다. 이 법칙은 특허 침해로 인한 손해배상 청구 소송에서 발명이나 발명이 속한 산업의 특성에 대한 고려 없이 일률적으로 적용되어 왔는데, *Georgia-pacific* 요건 (12)가 "25% 법칙"의 적용을 직, 간접적으로 정당화하는 데 이용된 것도 사실이다. 그러나, *Georgia-pacific* 요건 (12)를 이용하여, "25% 법칙"을 특허 침해로 인한 손해배상 청구 소송에서 일률적으로 적용할 것이 아니라, 발명이나 사실 관계에 대한 면밀한 검토 후에 선별적으로 적용하여야 할 것이다.

또 다른 이익 분배에 관한 이론으로 "내쉬 교섭해"는 게임 이론에 바탕을 두고, 교섭의 상대방은 각각 동일한 이익을 얻게 된다는 결론에 도달한다. 이에 따르면, 특허 침해로 인한 손해배상 청구 소송에서 특허권자와 특허 침해자간의 특허로 얻은 이익 분배의 시작점을 50/50으로 보게 된다.

Virnetx, Inc. v. Cisco Systems, Inc[88] 사례에서 Virnetx의 전문가 증인은 "내쉬 교섭해"를 근거로 "특허 기술의 사용으로 증가된 이익은 특허권자와 침해자

---

87) *Id.*, at 1334

88) *Virnetx, Inc. v. Cisco Systems, Inc.*, 767 F.3d 1308, 1331−32 (Fed. Cir. 2014)

간에 50/50으로 나뉘어야 한다."고 주장하였다. 이에 대하여, 연방 항소 법원은 "내쉬 교섭해"의 적용에도 "25% 법칙"의 적용과 동일한 논리가 적용된다고 판단하였다. "25% 법칙"에 대하여, 연방 항소 법원은 산업이나 기술의 다양성, 소송 당사자들의 특수한 여건 등을 고려하지 않고, 손해배상 산정에 이를 일률적으로 적용하게 되면, 다양하고 복잡한 현실 세계를 아무런 고민 없이 일반화하는 문제점이 있다고 밝힌 바 있다.[89] "내쉬 교섭해"도 50/50의 결론에 도달하기 위하여는 여러 전제 조건이 충족되어야 함에도, Virnetx의 전문가 증인은 본 사례의 어떠한 점이 이들 전제 조건을 충족하는지에 대한 아무런 설명 없이 단순히 50/50으로 이익을 분배하여야 한다고 주장하고 있다고 보아 원고측의 주장을 받아들이지 않았다.

(13) 발명에 따른 현실적인 이익

본 요건은 발명으로 실현된 이익에 대한 조사를 요구한다. 발명으로 인하여 얻은 이익이므로, 특허받지 않은 부분이나 제조 과정, 사업상 위험 또는 특허 침해자의 노력에 의하여 부가된 이익은 제외된다.

(14) 전문가 증인의 증언

손해배상액을 입증하여야 하는 특허권자의 입장에서 전문가 증인의 증언은 배심원을 설득하는 데 유용하게 사용될 수 있다. 이런 점에서, 전문가 증인의 증언이 반드시 필요한 것은 아니지만, 대부분의 손해배상 청구 소송에서 전문가 증인을 출석시키고 있으며, 이는 특허 소송 비용을 증가시키는 하나의 이유가 되기도 한다. 전문가 증인의 증언 채택과 관련하여서는 다우버트 신청(Motion)[90] 부분에서 자세히 다루었다.

(15) 실제 협상에서 예상되는 금액

특허 침해시에, 특허권자와 특허 침해자가 실제 협상을 통하여 합리적, 자발

89) *Uniloc USA, Inc. v. Microsoft Corp.*, 632 F.3d 1292 at 1315 (Fed. Cir. 2011)
90) Part 01, III.4.3)(3)③다우버트 신청 참조

적으로 합의에 이르게 될 금액도 합리적 특허 실시료 산정에 이용될 수 있다.

이와 같은 *Georgia-Pacific* 요건은 특허 실시료의 분석 도구라기보다는 특허 실시료를 산정해 가는 과정을 서술해 놓은 것에 가깝다고 볼 수 있다. *Georgia-Pacific* 요건에서는 자발적인 특허 사용자가 특허 사용을 위하여 지불하게 될 금액뿐만 아니라, 자발적인 특허권자가 받아들일 수 있는 특허 실시료의 금액도 고려하고 있다. 따라서, 자발적인 특허권자와 특허 사용자가 가상의 특허 협상에서 합리적인 특허 실시료에 동의하기 위해서는, *Georgia-Pacific* 요건들 중 해당 사건에 관련되는 모든 요건들을 고려하여야 할 것이다.[91] 실제 특허 소송에서는, 손해배상액에 대한 입증책임을 부담하는 특허권자가 관련된 *Georgia-Pacific* 요건들을 주장, 입증하고 특허 사용자가 이를 반박하는 절차를 밟게 된다. 손해배상액의 판단을 위하여 반드시 *Georgia-Pacific* 요건들 중 일부나 전부를 주장, 입증할 필요는 없지만, 일단 *Georgia-Pacific* 요건들을 사용하기로 결정하였다면, 단순히 결론적으로 이들 요건을 적시하는 데 그쳐서는 안 되고, 전문가 증인을 동원하여 충분히 *Georgia-Pacific* 요건들 중 관련된 요건을 분석한 자료를 제출하여야 한다. 수학적 방법이 반드시 동원될 필요는 없더라도, 관련된 요건이 어떻게, 어느 정도로 특허 실시료에 영향을 미쳤는지를 분석한 자료를 제출하여야 할 것이다.[92]

3) 특허 실시료의 기초

(1) 산정 방법

합리적 특허 실시료를 결정하기 위해서는, 위에서 본 바와 같이 특허 실시료 산정의 기초(Base)를 확정하고 여기에 요율(Rate)을 곱하여 산정한다. 즉, 특허를 받은 발명의 판매로 인한 수익이나 판매액 등을 특허 실시료 산정의 기초로 삼고 여기에 *Georgia-Pacific* 요건들을 활용하여 입증된 요율을 곱하여 특허 실시료를 구하게 된다. 여기서, 특허를 받은 발명이 제품의 일부 기능을 구성할 경우,

---

91) *Georgia-Pacific Corp. v. U.S.Plywood Corp.*, 318 F.Supp. 1116, 1121 (S.D.N.Y. 1970)

92) *Whiteserve, LLC. v. Computer Packages, Inc.*, 694 F.3d 10, 31 (Fed. Cir. 2012)

특허 실시료 산정의 기초를 제품의 총가치를 기준으로 하여야 하는지, 해당 특허 관련 기능의 가치를 기준으로 할 지가 논의되어 왔다. 전자는 "전체 시장 가치 원칙(Entire Market Value Rule)"이고, 후자는 "최소 판매 가능 특허 사용 단위 원칙(Smallest salable patent-practicing unit Rule)"이다. 연방 항소 법원은 손해배상액의 기초를 산정하는 데 있어서 최소 판매 가능 특허 사용 단위 원칙을 우선적으로 적용하고, 아주 예외적인 경우에 있어서 전체 시장 가치 원칙을 적용한다고 밝혔다.[93] 그러나, 실제 판례 이론은 전체 시장 가치 원칙이 먼저 발전되고 이를 보완하는 방법의 하나로 최소 판매 가능 특허 사용 단위 원칙이 나오게 된다.

전체 시장 가치 원칙은 앞에서 본 *Rite-Hite*[94] 사례에서 최초로 거론되었다. 연방 항소 법원은 특허권자가 만든 제품이 여러 기능을 포함하고 있음에도 소비자가 특허에 관련된 기능 때문에 그 제품을 선택하였다면, 전체 시장 가치 원칙에 의하여 특허권자의 제품 전체에서 손해배상을 받도록 하고 있다. 그러나, 전체 시장 가치 원칙을 엄격하게 적용하다 보면, 특허에 관련된 기능이 전체 제품에서 차지하는 비중이 아주 작은 경우에도 전체 제품을 기준으로 손해배상액을 산정하게 되고, 특허와 관련이 없는 부분으로부터 특허권자가 배상받는 불합리가 발생하게 된다.

이런 불합리를 교정하기 위해서, *Lucent* 사례에서는 특허 관련 기능이 전체 제품에서 차지하는 비율이 아주 작은 경우에 특허 실시료의 요율을 특허 기능이 제품에서 차지하는 비율에 따라 낮춘다면 전체 시장 가치 원칙을 적용하더라도 재판의 상대방이 반발하지 않을 것이라고 판단하였다.[95]

그러나, 이와 같은*Lucent* 견해는 뒤 이은 *Uniloc* 사례에서는 받아들여지지 않는다. *Uniloc*[96]에서 원고는 피고인 Microsoft에게 손해배상액을 청구하면서 전체 시장 가치 원칙을 적용하였다. 즉, 원고는 *Lucent* 견해를 인용하면서, 특허

---

93) *LaserDynamics, Inc. v. Quanta Computer, Inc.*, 694 F.3d 51, 67 (Fed. Cir. 2012)

94) In *Rite-Hite*, 56 F.3d 1538, 1549

95) *Lucent Tech.*, 580 F.3d 1301, 1338-39 (Fed. Cir. 2009) ("The base used in a running royalty calculation can always be the value of the entire commercial embodiment, as long as the magnitude of the rate is within an acceptable range(as determined by the evidence.)")

96) *Uniloc USA, Inc. v. Microsoft Corp.*, 632 F.3d 1292 (Fed. Cir. 2011)

실시료 요율을 충분히 낮게 가져간다면 전체 시장 가치 원칙을 적용할 수 있으므로, Microsoft의 Office와 Windows의 총매출액인 $19.28 Billion을 기준으로 산정한 손해배상액 $564,946,803이 적법하다고 주장하였다. 법원은 원고의 이와 같은 주장을 받아들이지 않고, 원고가 전체 시장 가치 원칙을 적용하기 위해서는 고객들이 특허 관련 기능 때문에 해당 제품을 구매하였다는 사실을 입증하여야 함에도 불구하고 그러지 못하였다고 판단하였다.

한편, *LaserDynamics*[97] 사례에서 원고는 광학 디스크 드라이브(Optical disc drive)와 관련된 특허에 대한 손해배상을 청구하면서, ODD는 노트북 컴퓨터에서 아주 중요한 기능을 하고, ODD가 없는 노트북은 판매될 수 없다고 하면서, 전체 시장 가치 원칙을 적용하여야 한다고 주장하였다. 이에 대하여, 법원은 원고가 주장하는 중요한 기능과 전체 시장 가치 원칙을 적용하는 데 필요한 구매자의 수요를 창출하는 기능을 구분하였다. 즉, 법원은 원고가 노트북 수요자들이 ODD 때문에 노트북을 구매한다는 사실을 입증하지 못하였고, 이에 대한 입증이 없다면, 노트북 컴퓨터에 대한 총가치를 기준으로 특허 발명에 대한 특허 실시료 산정에 사용할 수 없다고 판단하였다.

그러나, 제약 특허에서는 전체 시장 가치 원칙에 관한 특수한 문제가 발생한다. *AstraZeneca AB v. Apotex Corp*[98]에서 특허 발명은 위산분비를 치료하기 위한 캡슐의 부가코팅(Subcoating)에 관한 것이었고, 활성 성분에 관한 실질적인 특허는 기간이 만료되었다. 본 사례에서 지방 법원은 Astra의 특허에 대한 실시권 가상 협상에서 Apotex는 특허를 침해하는 Omeprazole 제품의 판매로 인한 수익의 50%를 Astra에 대한 특허 실시료 요율로 지급할 것을 합의할 것이라고 판단하였다.

Apotex는 지방 법원이 부적절하게 Omeprazole 제품 전체 가치에 근거하여 손해배상액을 산정하였다고 주장하였다. Apotex는 활성 성분 특허가 특허 침해

97] *LaserDynamics, Inc. v. Quanta Computer, Inc.*, 694 F.3d 51 (Fed. Cir. 2012)

98] *AstraZeneca AB v. Apotex Corp.*, 782 F.3d 1324, 1337-39 (Fed. Cir. 2015) (*In re Omeprazole Patent Litigation*, 536 F.3d 1361(Fed. Cir. 2008)에서 Apotex가 Astra의 특허를 침해하였다고 판단하였고(Part 02, Chapter 04, II.1. 사례3 참조), 본 사례에서는 Astra에 대한 합리적 실시료를 판단.)

시에 종료하여 "전통적인 요소(Conventional element)"가 되었기 때문에, 지방 법원이 활성 성분과 특허의 "발명 요소" 간에 관련된 가치의 기여도에 따라 손해액을 계산했어야 한다고 주장한다. Apotex는 지방 법원이 "전체 시장 가치 원칙"을 본 사례에 적용하였다고 단언하였다.

연방 법원은 지금까지 다요소 제품(Multi-component product)의 작은 요소에 대한 특허 침해의 소가 제기되면, 특허권자가 그 특허받은 속성이 소비자들의 수요를 창출하거나 구성요소 부품의 가치를 실질적으로 창출한 경우에만 제품의 전체 시장 가치에 근거한 손해액을 산정해 왔다.[99] 본 사안과 관련하여, 지방 법원은 "기계장치와 같은 다요소 제품에 적용되는 전체 시장 가치 원칙을 일반적인 제약 분야에까지 도입할 이유가 없다."고 밝혔다. 항소 법원도 전체 시장 가치 원칙이 일반적으로 제약 분야에 적용되지 않는다고는 할 수 없지만, 전체 시장 가치 원칙이 본 사안에 적용되지 않는 데에는 동의하였다.

전체 시장 가치 원칙은 특허권자가 모든 사례에서 침해자의 수익과 특허권자의 손해를 특허 부분과 비특허 부분으로 구분할 수 있는 증거를 제시할 수 있어야 한다는 연방 대법원의 판결에서 비롯되었다.[100] 연방 대법원은 제시된 증거가 믿을 수 있고 실재하여야 하며, 추측이나 가정에 그쳐서는 안 된다고 하였다. 연방 항소 법원도, 최소 판매 단위에 대하여 특허 침해 소송을 제기당한 경우, 다요소 제품이 특허 속성과 관련 없는 여러 개의 비침해 속성을 보유하고 있다면, 특허권자는 특허 기술이 전체 제품 가치의 어느 부분에 속하는지에 대한 평가를 하여야 한다고 밝혔다.[101] 따라서, 전체 시장 가치 원칙은 특허 침해 혐의를 받는 제품이 특허 속성과 비특허 속성으로 구성되었을 때 적용된다. 이 원칙은 특허 속성이 전체 제품에 기여하는 것을 설명하기 위하여 고안된 이론이다.

반면에, 본 사례는 전체 시장 가치 이론이 적용되기에는 적합하지 않다. Astra의 특허들은 3가지 요소로 구성된다. 약의 핵심, 장용피(Enteric coating), 부가 코팅이다. 이 3가지 요소들의 결합이 청구항들의 주제인 완전한 Omeprazole 제품

---

99) *Uniloc USA, Inc. v. Microsoft Corp.*, 632 F.3d 1292, 1318 (Fed. Cir. 2011); *LaserDynamics, Inc. v. Quanta Computer, Inc.*, 694 F.3d 51, 67 (Fed. Cir. 2012)

100) *LaserDynamics*, 694 F.3d at 67 (*Garretson v. Clark*, 111 U.S. 120, 121 (1884)를 인용).

101) *VirnetX, Inc. v. Cisco Sys., Inc.*, 767 F.3d 1308, 1327 (Fed. Cir. 2014)

을 구성한다. 따라서, Astra의 특허는 특허 침해 제품 전체를 다루고 있으며, 다요소 제품 중 어느 한 요소에 관한 것은 아니다. 해당 제품에는 비특허 또는 비침해 특성이 존재하지 않는다.

본 사례의 손해배상액 결정에 비록 전체 시장 가치 원칙이 적용되지는 않지만, 이와 유사한 방법을 필요로 한다. 특허가 특허 침해 제품을 전체로서 다루고 있고, 청구항들이 전통적인 요소와 비전통적인 요소를 나열하였을 때, 법원은 청구항에 독립적으로 나열된 전통적 요소의 가치와 비교하여 특허권자의 발명품과 관련된 가치를 어떻게 설명할 수 있는지를 결정하여야 한다.[102]

부가코팅이 Omeprazole 제품의 상업적 성공에 중요하므로, 제품 가치에도 실질적인 기여를 하였다는 지방 법원의 결정은 항소 법원에서도 인용되었다. 상업적으로 성공할 수 있는 Omeprazole 제품은 저장 안전성과 위산 저항을 필요로 한다. 저장 안정성은 약의 핵심에 ARCs(Alkaline Reacting Compounds)를 추가함으로써 달성되고, 위산 저항은 장용피에 의하여 달성된다. 그렇지만, ARCs를 추가하면, 장용제의 효력을 상쇄시키기 때문에, Astra는 부가코팅이 있는 구조를 발명하여 약의 핵심, 즉 ARCs와 장용제를 분리함으로써, 저장 안정성과 위산 저항을 달성할 수 있었다. 따라서, Astra의 Formulation은 새롭고 상업적으로 성공가능한 Omeprazole을 만들어 냈다. 이는 관련 분야에서 이전까지 알려지지 않았으며 본질적으로 새로운 제품이다. 따라서, 지방 법원이 본 사례에서 손해배상액을 산정함에 있어서 활성 성분을 배제할 아무런 이유를 발견하지 못했다는 것은 타당하다.

(2) *Lucent Tech. v. Gateway*[103]

① 배경 사실: AT&T사의 세 명의 기술자들은 1986년 12월에 터치 스크린을 통한 컴퓨터 자료 입력에 관한 발명을 특허 출원하였고, 이는 특허 번호 4,763,356로 등록되었다. 이 특허는 키보드를 사용하지 않고 컴퓨터 화면에 필요한 자료를 입력하는 일반적인 방법에 관한 특허이다. 컴퓨터 사용자는 컴퓨터 화

---

102) *Ericsson, Inc. v. D-Link Sys., Inc.*, 773 F.3d 1201, 1233 (Fed. Cir. 2014) (특허권자는 자신의 발명으로 파생된 이익 증가분에 대해서만 배상받을 수 있다.)

103) *Lucent Tech. v. Gateway*, 580 F.3d 1301, (Fed. Cir. 2009)

면에 보여지는 차트 내의 항목에 필요한 정보를 입력하기 위하여, 각 항목마다 키보드를 사용하여 정보를 입력하는 것이 아니라, 각 항목마다 필요한 별도의 창(예 메뉴 차트, 키보드 화면, 계산기 등)을 미리 만들어 놓고, 사용자가 각 항목에 필요한 정보를 이 창에서 선택하여 입력할 수 있도록 하고 있다. 시스템은 특별한 필드에 넣기 위한 정보 메뉴를 보여 주고, 그 필드에 입력될 정보를 얻기 위하여 호스트 컴퓨터와 소통할 수 있도록 적용되었다. 디스플레이된 필드 중에 하나는 비트맵 방식의(Bit-mapped) 그래픽 필드로서, 사용자가 컴퓨터용 펜(Stylus)을 사용하여 터치 스크린 위에 필기하여 정보를 입력할 수 있다. 2002년에 이 특허의 최종 양수인인 Lucent사는 Gateway사를 상대로 본 소송을 시작하였으며, 후에 Microsoft사도 피고로 추가되었다. Microsoft사는 Microsoft Outlook에서 Outlook 캘린더에 날짜를 입력하는 새로운 기술을 사용하면서 본 특허를 침해하였다는 것이다. Lucent사는 특허 침해로 인한 배상액으로 피고들의 판매액의 8%를 특허 실시료로 청구하였고, 이는 총 5억 6천 1백 90억불에 이르렀다. 피고인들은 Lucent사가 특허 침해로 입게 되는 손해는 6백 50억불에 불과하다고 주장하였다. 배심원들은 Lucent사의 주장을 대부분 받아들여, Microsoft사에게 특허 침해로 인한 배상액 $357,693,056.18를 일괄 지급하도록 평결하였다. 피고들은 배심원의 평결에 불복하여, 신기일과 법률 심리(Motion for new trial and judgment as a matter of law)를 신청하였으나, 연방 지방 법원은 배심원들이 실질적인 증거들에 기초하여 평결하였다고 보아 피고들의 이 두 신청을 받아들이지 않았다. 이에 피고들은 연방 항소 법원에 항소하였으며, 연방 항소 법원은 배심원들의 평결을 파기하고, 배상액에 관하여 새로이 판단하도록 1심 법원에 환송하였다.

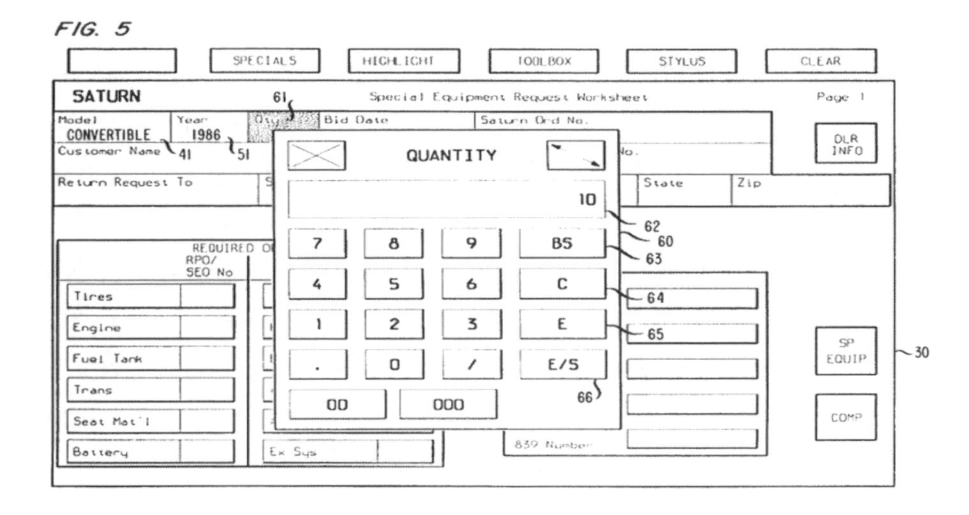

FIG. 5

② 연방 항소 법원의 *Georgia-Pacific* 요건 고려: 연방 항소 법원은 본 *Lucent* 판결 이전까지는 손해배상액 산정에 관한 지방 법원의 결정을 존중하여 왔었다. 그러나, 본 판결 이후에는 특허권자가 제출한 증거들을 *Georgia-Pacific* 요건에 비추어 면밀히 검토하고, 제출된 증거가 이를 충족하지 못할 경우 배심원의 평결을 파기하기 시작하였다.

본 사건에서 연방 항소 법원이 특히 주목한 *Geogia-Pacific* 요건은 두 번째인, 과거 유사한 특허 사용 계약에서 지불되었던 특허 실시료들이었다. Lucent사는 모두 8개의 과거 특허 사용 계약을 증거로 제시하였으나, 법원은 이 중 4개는 일괄 지급 방식이 아닌 경상 기술료 지급 방식이므로, *Geogia-Pacific* 두 번째 요건의 유사한 특허 사용 계약으로 볼 수 없다고 판단하였다. 즉, *Geogia-Pacific* 두 번째 요건은 특허권자와 특허 사용자가 특허 실시료 지급 방식 중 일괄 지급 방식과 경상 기술료 지급 방식 중 어느 것을 택할지 결정하는 문제도 포함되어 있다고 본 것이다. 한편, 남은 4개의 특허 사용 계약도 Lucent사의 설명에 따르면, "PC와 관련된 특허들"로 이루어져 있었다. 법원은 본 특허가 개인용 컴퓨터에서 사용될 수 있다는 사실만으로 본 특허와 나머지 4개 특허 사용 계약 간의 유사성을 인정하기 어렵다고 판단하였다. Lucent사의 전문가 증인 역시 "PC와 관련된 특허들"로 폭넓게 정의된 특허가 본 사안의 특허인 캘린더에 날짜를 입력하는 기능과 어떻게 관련되는지를 입증하지 못하였다. 또한, Lucent사의 전문가 증인은 "PC와 관련된 특허들"이 특허 사용 계약을 맺은 제품의 어느 구성 부분에 대한 특허인지, 다양한 특허 실시료 요율이 어떻게 계산되었는지에 대한 설명도 하지 못하였다. 더군다나, 나머지 4개의 일괄 지급 특허 실시료는 각각 8천만불, 9천 3백만불, 1억불과 2억 9천만불로 되어 있어서, 본 사건에서 배심원들이 평결한 3억 5천 8백만불의 배상액과는 큰 차이를 보인다. 즉, 배심원들이 과거 특허 실시료 평균의 서너 배에 해당하는 배상액을 지급하라고 평결한 것은 *Geogia-Pacific*의 두 번째 요건을 충족하는 증거에 기한 판단을 내렸다고 보기 어렵게 한다.

*Geogia-Pacific*의 요건 (10)과 (13)은 특허권자와 특허 침해자가 가상 특허 협상 중에 특허 기능에 대하여 얼마나 가치를 부여하였는지를 밝히는 것을 목적으로 한다. 본 사건에서 제시된 증거들은, 침해된 특허의 기능이 Microsoft Outlook의 수많은 기능 중 아주 작은 기능에 불과하다는 것을 보여준다. 연방 항소 법원은 캘린더에 날짜를 입력하는 기능이 Outlook 가치의 본질적인 부분을 구성하지 않는다고 판단하였다

③ 전체 시장 가치 원칙: Microsoft사는 배심원들이 손해배상액을 결정함에 있어서, 전체 시장 가치 원칙을 적용한 위법을 저질렀다고 항소하였다. 연방 항소 법원은 배심원들이 정한 손해배상액이, 특허를 침해한 Microsoft 소프트웨어 전체 판매액에 5.5%를 곱하여 나온 값에 가깝다고 보고, 만약 배심원들이 이와 같이 전체 시장 가치 원칙을 본 사건에 적용하였다면, 두 가지 법적 잘못을 저질렀다고 판단하였다.

전체 시장 가치 원칙을 적용하기 위해서는, 특허권자는 특허에 관련된 기능이 고객들이 제품을 선택하는 기준이 되어야 한다.[104] 본 사례에서 전체 시장 가치 원칙을 적용하는데 있어서 첫 번째 문제점은, 소비자들이 Outlook을 구매하는 이유가 특허에 관련된 캘린더에 날짜를 입력하는 기능에 있다는 사실을 입증할 증거가 없다는 점이다. 실제로 Outlook의 다른 중요한 기능, 예를 들면 이메일 등과 같은 것을 고려하면, 본 사건의 특허 기능인 캘린더

104] *Rite-Hite*, 56 F.3d at 1549

에 날짜를 입력하는 기능은 전체 Outlook에서 아주 소소한 부분에 지나지 않는다. 그럼에도 불구하고, Lucent사는 자신에게 입증 책임이 있는 이 부분에 대한 증거를 제출하지 못하였다.

본 사건에서 전체 시장 가치 원칙을 적용함에 있어서 두 번째 문제점은, Lucent사의 전문가 증인이 이를 적용한 방법에 있었다. 소송 초기에 Lucent사의 손해배상액에 관한 전문가 증인은 Outlook 등 본 특허를 침해하는 소프트웨어를 탑재한 전체 컴퓨터의 판매량을 특허 실시료 산정의 기초로 삼고 여기에 1%의 요율을 곱하여 특허 실시료를 산정하였다. 이에 Microsoft사는 증언 배제 신청(Motion in limine)을 하였고, 연방 지방 법원이 이를 받아들였다. Lucent사의 전문가 증인은 법원의 결정에 따라 본인의 증언을 바꾸긴 하였으나, 기존에 주장한 손해배상액을 맞추기 위하여, 특허 실시료 산정의 기초로 전체 컴퓨터 판매액 대신에 특허 침해가 된 소프트웨어의 판매액을 잡고, 특허 실시료 요율을 1%에서 8%로 올렸다. 이와 같은 Lucent사의 전문가 증인의 접근 방식은 가격 조정을 통하여 합의를 찾아갈 것을 가정하는 가상의 특허 실시료 협상 분석 방식에서는 받아들일 수 없는 태도이다. 또한, 이는 전체 컴퓨터의 판매량을 기초로 하여 일상적인 실시료 요율(1~5%)을 곱한 금액이 너무 과다하여 받아들일 수 없다는 연방 지방 법원의 의도를 무시한 접근 방식이 된다.

그러나, 이와 같은 연방 항소 법원의 결정이, 특허 기능이 전체 제품에서 아주 작은 부분을 차지하는 경우의 특허 실시료 산정 시에 전체 시장 가치 원칙을 적용하지 않는다는 결론에까지 이른 것은 아니다. 오히려, 연방 항소 법원은 본 사례에서 배심원들이 특허 실시료 산정 기초를(전체 시장 가치 원칙에 의하여) 특허 침해한 소프트웨어의 판매액으로 잡았어도, 실시료 요율을 8%가 아닌 0.1%로 하였다면, Microsoft사가 항소하지 않았을 것이라고 가정하면서, 특허 침해 기능이나 구성에 대한 시장 가치를 모를 경우에 전체 시장 가치 원칙을 적용하는 것이, 특허 침해 부분이 전체 제품의 시장 가치에서 차지하는 비율을 정확히 반영한 특허 실시료 요율을 적용한다면, 본질적으로 잘못된 것은 아니라고 판단하였다.

(3) *LaserDynamics, Inc. v. Quanta Computer, Inc*[105]

① 배경 사실: LaserDynamics사는 1996년에 등록된 5,587,981 특허의 소유권자이다. 이 특허는 광학 디스크 드라이브(Optical disc drive)에 입력된 광학디스크가 CD인지 DVD인지를 자동으로 구별하는 방법 특허이다. 이 특허로 인하여 컴퓨터 사용자는 디스크를 ODD에 넣기 전에 디스크가 CD인지 DVD인지 미리 구별하여 별개의 드라이브에 입력할 필요가 없어졌고, 이는 이동성과 경량화에 초점을 맞춘 노트북 컴퓨터에서 특히 유용하게 활용되었다. 적어도 2006년 초에 이르러서는 시중에 판매되는 모든 노트북은 이 특허 기능을 사용하게 되었다.

공동 피고인 Quanta Storage(QSI)사는 ODD가 내장된 노트북 컴퓨터를 2001년부터 미국에 판매하기 시작하였고, LaserDynamics사는 2002년에 QSI에 위 '981 특허에 대하여 특허 사용 계약을 맺자고 제안하였다. QSI는 자신의 ODD가 이 특허를 위반하는지 내부적으로 논의를 거친 후, LaserDynamics사의 제안을 거절하였다. Quanta Computer(QCI)사는 2003년부터 QSI사의 ODD를 장착한 컴퓨터를 미국에 판매하기 시작하였고, 2006년에 LaserDynamics사는 QCI가 자신의 특허를 간접적으로 침해(Inducement infringement)하였다고 손해배상 소송을 제기하는 것과 동시에 특허 사용 계약을 맺을 것을 제안하였다.

LaserDynamics사가 손해배상액을 산정함에 있어서 전체 시장 가치 원칙을 적용한 데에는 양 당사자 간에 이견이 없다. 즉, LaserDynamics사의 전문가 증인인 Murtha는 QCI의 미국 내 판매된 노트북 컴퓨터의 판매액이 총 $2.53 Billion에 달한다고 보고, 그 금액의 2%를 경상기술료로 청구하였고, 배심원들은 이와 비슷한 금액인 $52.1 Million을 합리적인 특허 실시료에 근거한 손해배상액으로 인정하였다. 이를 "제품 가치 배분"으로 표현하든 또는 다른 표현을 사용하든, 이는 특허 실시료가 특허와 관련된 ODD가 아닌 노트북 컴퓨터의 총가치의 몇 %에 해당한다고 계산되었으며, 이는 전체 시장 가치 원칙이 적용된 것이다. QCI는 배심원의 평결이 부적절하게 전체 시장

---

105) *LaserDynamics, Inc. v. Quanta Computer, Inc.*, 694 F.3d 51 (Fed. Cir. 2012)

가치 원칙을 적용하였다고 주장하였다. 즉, 실시료의 기초로 노트북 컴퓨터 전체의 판매량을 사용하였지만, 특허 속성으로 인하여 소비자들이 전체 노트북 컴퓨터를 구매하였다는 사실을 입증하지 못하였다는 것이다. 법원은 QCI의 주장을 받아들였고, 이에 대하여 Laser Dynamics사는 연방 항소 법원에 항소하게 되었다.

② 최소 판매 가능 특허 사용 단위 원칙("Smallest salable patent-practicing unit" Rule): 법규정에 따르면, 합리적인 특허 실시료에 따른 손해배상액은 특허 침해를 배상하기 위한 최소한의 손해배상액으로 간주된다.[106] 이러한 손해배상액은 특허 침해자가 스스로 만든 발명을 사용하여 특허를 침해한 데 대한 배상이 되어야 할 것이다. 다수의 구성요소로 이루어진 제품의 일부 작은 구성요소에 대한 특허를 침해하였다고 주장되는 경우, 전체 제품에 대한 특허 실시료를 산정한다면, 특허권자에게 해당 제품에서 특허를 침해하지 않는 부분으로부터도 배상받도록 하는 위험이 존재한다. 따라서, 특허 실시료는 제품의 전체 가치를 기준으로 산정할 것이 아니라, 특허를 사용하는 최소 판매 가능 특허 사용 단위를 기준으로 산정하여야 할 것이다. *Cornell Univ*[107] 사례에서 법원은 다음과 같이 판시하였다. "변호인들은 제품의 특허침해와 관련 없는 구성요소로부터 특허 실시료의 기초(Base)를 산정하는 것을 지양하여야 한다. 그 대신, 특허 청구된 발명과 밀접하게 관련된 특허 침해의 최소 판매 가능 단위로부터 그 기초를 삼아야 할 것이다." 전체 시장 가치 원칙은 손해배상에 관한 일반법 원칙의 아주 드문 예외로 인정되어야 할 것이다. 즉, 특허 기능이 전체 제품의 수요를 창출하였다는 것을 입증하고 나서야, 특허권자는 전체 제품에서 얻는 이익의 일정 비율에 대한 손해배상을 받을 수 있게 된다. … 따라서, 우리 법원은 다수의 구성요소로 이루어진 제품에 대한 특허 실시료의 기초는 특허 기능이 전체 제품에 대한 수요를 창출하였다는 것을 입증하지 않는 이상, 특허 사용의 최소 판매 단위 기준 원칙 대신에 전체 시장 가치 원칙을 적용하여서는 안 된다.

---

106) 35 U.S.C. §284

107) *Cornell Univ. v. Hewlett-Packard Co.*, 609 F.Supp.2d 279, 283, 287-88 (N.D.N.Y. 2009)

③ 전체 시장 가치 원칙의 부적용: 본 사례에서 LaserDynamics사는 특허된 광학 디스크 구별 방법이 전체 노트북 컴퓨터의 수요를 창출하였다는 것을 입증하지 못하였으므로, 손해배상액 산정에 있어서 전체 시장 가치 원칙을 적용할 수 없다. 광학 디스크 구별 방법이 노트북 컴퓨터에서 중요한 가치가 있으며, 노트북 컴퓨터 사용에 실질적인 역할을 한다는 사실의 단순한 입증만으로는 전체 시장 가치 원칙을 적용하기에는 미흡하다. 또 디스크를 구별하는 방법 특허를 사용하지 않는 ODD를 장착하지 않은 노트북 컴퓨터가 실제로 시중에서 판매되지 않는다는 사실만으로도 전체 시장 가치 원칙을 적용할 수는 없다. 이들 사실의 입증만으로 전체 시장 가치 원칙을 적용할 수 있다고 한다면, 노트북 컴퓨터의 다른 모든 기능들, 예를 들면 고해상도의 컴퓨터 화면, 빠른 입력이 가능한 키보드, 빠른 무선 네트워크 기능, 확장된 배터리 용량 등도 모두 노트북 컴퓨터에서 실질적이고 중요한 기능을 할 것이다. 만약, 이들 기능 중 어느 하나라도 빠졌다면, 소비자들은 해당 노트북 컴퓨터를 구매하지 않을지도 모른다. 그러나, 소비자들이 이들 기능 중 일부 기능이 빠진 노트북 컴퓨터를 구매하지 않는다는 사실이 바로 소비자들이 해당 기능 때문에 노트북 컴퓨터를 구매하였다는 사실로 직결되지는 않는다. 전체 시장 가치 원칙을 적용하기 위해서는 이와 같이 좀 더 높은 기준의 입증이 요구된다고 할 것이다.

④ 간접 침해에서 가상 협상 일자: 한편, 본 소송에서 또 하나의 이슈는 *Georgia-Pacific* 요건에 따라 합리적인 특허 실시료를 산정하기 위한 가상의 협상일자를 정하는 것이다. 특허 실시료를 정확히 산정하기 위해서는 어느 시점을 기준으로 협상이 이루어질 수 있었는지를 결정하는 것이 중요한 결정요인이 된다. 일반적으로, 연방 항소 법원은 가상의 협상일자를 특허 침해가 시작된 날로 보아 왔다. 그러나, 연방 지방 법원은 본 사건의 경우 가상의 협상일자를, QCI가 특허 침해로 주장되는 컴퓨터를 미국에서 판매하기 시작하여 사용자들이 이를 이용할 수 있게 된 2003년이 아니라, 특허 침해 소송이 제기된 2006년 8월로 보았다. QCI는 직접 침해가 아닌 간접(유도) 침해로 인한 소송이 제기되었으며, 유도 침해가 성립하기 위해서는 침해자가 특허의 존재를 알고 있어야 하는데, QCI는 2006년 8월이 되어서야 특허에 대한 통지를 받

았다. 따라서, 이때서야 비로소 QCI의 LaserDynamics사에 대한 특허 침해에 대한 책임이 발생하기 때문으로 보았다. 이런 법원의 결정에 따르게 되면, LaserDynamics사가 증거로 제출한 29건의 특허 사용 계약이 급격한 경제 전망의 변화로 모두 무용지물이 되고 말게 되었다.

이에 대하여, 연방 항소 법원은 가상 협상일자가 "특허 침해가 시작된 날"이라는 사실에 주목한 결정을 내리게 되었다. 미국 특허법 35 U.S.C. §271(b)는 "누구든지 적극적으로 특허의 침해를 유도한 자는 특허 침해자로서의 책임을 부담한다."고 규정하고 있다. 적극적으로 특허 침해 행위를 유도한다는 것의 의미는 특허 침해를 야기하거나 이를 장려하는 행위를 말한다. 한편 적극적 침해 유도 행위는 종국에는 직접적 특허 침해 행위로 이어지겠지만, 만약 직접적인 침해 행위가 발생하지 않는다면 (간접침해 행위를 한 자라도) 특허권자에게 손해배상할 책임을 부담하지 않게 된다. 따라서, 연방 항소 법원은 적극적 침해 유도 행위의 문언적 의미로부터, 가상의 협상일자를 QCI의 침해 유도 행위에 기인하여 첫 번째 직접 침해 행위가 발생한 날, 본 사례의 경우 2003년으로 판단하였다.

(4) 디자인 특허의 경우

1952년도에 개정된 특허법 §289[108]에서는, "특허받은 디자인, 또는 그 디자인의 모방이 적용된 제조품(Article of manufacture)을 제조하거나 판매에 이용한 사람들은 자기의 전체 이익(Total profit) 범위까지 특허권자에게 책임을 부담하여야 한다."고 규정하고 있다. 즉, 법조문은 디자인 특허 침해가 발생하면 전체 이익에

---

108) 35 U.S.C. §289. Additional remedy for infringement of design patent
Whoever during the term of a patent for a design, without license of the owner, (1) applies the patented design, or any colorable imitation thereof, to any article of manufacture for the purpose of sale, or (2) sells or exposes for sale any article of manufacture to which such design or colorable imitation has been applied shall be liable to the owner to the extent of his total profit, but not less than $250, recoverable in any United States district court having jurisdiction of the parties.
Nothing in this section shall prevent, lessen, or impeach any other remedy which an owner of an infringed patent has under the provisions of this title [35 USCS §§1 et seq.], but he shall not twice recover the profit made from the infringement.

서 그 손해를 배상 받을 수 있다고 규정하였다. 특허 침해자가 책임을 부담하는 전체 이익(Total profit)은 법률에서 금지된 행위로부터 얻게 되는 모든 이익, 다시 말하면 특허받은 디자인이나 그 모방이 적용된 제조품(Article of manufacture)의 제조, 판매로부터 얻게 되는 모든 이익이 된다. 여기서, "Article of manufacture"를 무엇으로 볼 것인지에 따라서 손해배상을 부담하는 책임 범위가 달라지게 된다. 단일 요소 제품(Single-component product), 예를 들면 식탁이나 접시의 디자인이 침해당하였다면 해당 제품이 특허받은 디자인이 적용된 "Article of manufacture"가 되기 때문에 아무 문제가 없다. 그러나, 공공에게 판매되는 다요소 제품(Multi-component product), 예를 들면 주방 오븐의 경우에는 그 디자인이 적용된 "Article of manufacture"를 최종 완제품으로 할지, 해당 디자인이 적용된 부품으로 할 수 있을지에 따라 책임 범위가 큰 차이를 보이게 된다.

Samsung v. Apple[109] 사례는 스마트폰의 디자인 침해에 관한 것이다. 애플은 삼성이 자사의 디자인 특허 중, 둥근 모서리를 갖고 있는 직사각형 모양의 검정색 앞면(USD 618,677), 둥근 모서리를 가진 직사각형 모양의 앞면과 튀어나온 테두리(USD 593,087) 그리고 검은색 스크린 위에 16개 아이콘을 격자무늬로 배열한(USD 604,305) 디자인 등을 침해하였다고 소송을 제기하였다.

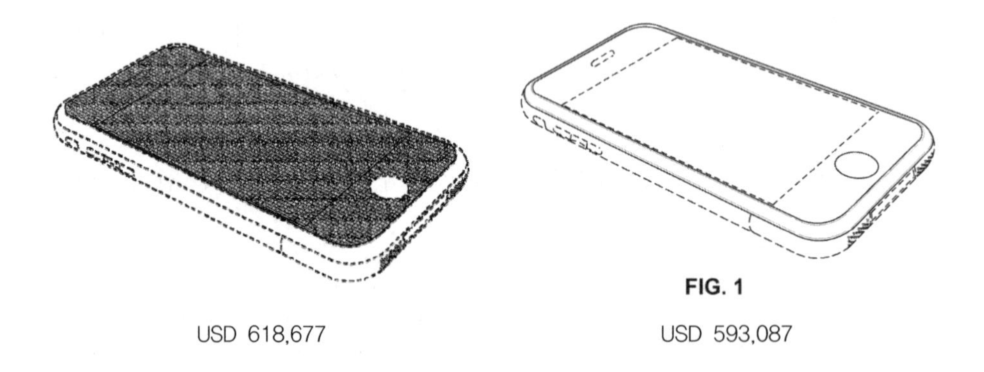

USD 618,677　　USD 593,087

109] *Samsung v. Apple*, 137 S.Ct. 429 (2016)

USD 604,305

연방 항소 법원은 §289의 손해배상을 산정하기 위해서 스마트폰 전체를 디자인 특허 침해 배상의 책임 산정의 기초가 되는 "Article of manufacture"로 인정하였다. 항소 법원은 그 근거로 소비자들이 스마트폰의 부품들을 별도로 구분할 수 없다는 이유를 들었다.

연방 대법원은 §289에 따른 손해배상은 두 단계의 조사를 거쳐 인정된다고 보았다. 먼저, 특허를 침해한 디자인이 적용된 "Article of manufacture"를 확정하고, 그 "Article of manufacture"에서 생성된 침해자의 전체 이익을 산정하는 것이다.[110] 본 사례는 다요소 제품의 경우에, 관련된 "Article of manufacture"가 소비자에게 판매된 최종 제품을 말하는지 또는 그 제품의 부품도 해당될 수 있는지에 관한 문제이다. 첫번째 견해에 따르면, 특허권자는 특허 침해자가 최종 판매 제품에서 얻은 모든 이익으로부터 손해 배상을 받을 수 있으며, 두번째 견해에 다르면 특허권자에 대한 배상액은 특허 침해자의 최종 제품의 부품에서 얻은 모든 이익을 근거로 산정되어야 할 것이다. 연방 대법원은 위 항소 법원의 견해를 받아들이지 않고, "Article of manufacture"라는 용어는 소비자에게 판매된 완제품과 그 완제품에 소속된 부품 둘 다를 포함할 수 있는 넓은 의미라고 해석하였다.[111]

---

110) *Id.*, at 434
111) *Id.*

4. 징벌적 손해배상[112]

1) 35 U.S.C. §284

미국 특허법은 특허 침해로 인한 손해배상액을 부과하는 경우, 산정된 손해액의 3배를 초과하지 않는 범위 내에서 가중된 배상액을 부과할 수 있도록 법원의 재량을 인정하고 있다.[113] 미국 특허법원은 특허법 §284의 규정에 근거하여, 악의 또는 고의로 특허를 침해한 특허 침해자에게 징벌의 목적으로 가중된 손해배상액을 부과하여 왔다.[114] 지방 법원이 실질적인 손해배상금이 부적절하다고 판단하여 이를 수정하기 위한 추가적인 보상으로 손해배상액을 가중할 수는 없다.[115]

한편, 디자인 특허의 경우에는 고의에 의한 손해를 배상하더라도 징벌적 손해배상 제도가 존재하지 않는다. 일반 특허 침해 배상 규정인 §284는 특허권자가 "특허 침해를 보상받기 위한 적절한 손해액을 회복할 수 있고", "법원은 발견되거나 평가된 금액의 3배까지 손해배상액을 증액할 수 있다."고 규정한 반면, 디자인 특허를 규정한 §289는 손해배상액의 증가에 관한 규정이 없으며, 특허권자가 "특허 침해로부터 만들어진 이익을 두 번 획득할 수 없다."고 규정하였기 때문이다.[116]

한편, 특허 침해자들은 특허권자로부터 특허 침해의 통지를 받게 되면, 변호사에게 자신의 제품이 해당 특허를 침해하였는지에 대한 자문을 구하는 것이 일반적이다. 만약, 변호사로부터 해당 특허에 대한 무효나, 비침해 의견을 받게 되면, 특허 침해자는 해당 변호인 의견서를 향후 특허 침해 소송에서 징벌적 손해배상의 부과를 방어하기 위한 수단으로 사용하려고 할 것이다. 이와 같은 경우에, 어느 정도까지 특허 침해자의 고의를 인정할 것인지가 징벌적 손해배상과 맞

---

112) "미국 특허법의 징벌적 손해배상과 변호인 의견서", 전자신문, 2017. 3. 16. (https://www.lawtimes.co.kr/Legal-Opinion/Legal-Opinion-View?serial=108721)

113) 35 U.S.C. §284

114) *Beatrice Foods Co. v. New England Printing & Lithographing Co.*, 923 F.2d 1576, 1578 (Fed. Cir. 1991)

115) *Id.*

116) *Braun Inc. v. Dynamics Corp.*, 975 F.2d 815, 824 (Fed. Cir. 1992)

물려 실제 소송에서 자주 발생하는 다툼이 된다.

2) 미국 특허법과 판례의 변경

(1) *Underwater Devices Inc. v. Morrison-Knudsen Co*[117]

미국 특허 법원은 과거 *Underwater* 사례에서, 변호인 의견서의 역할을 극단적으로 강조한 바 있다. 즉, 특허권자로부터 특허 침해 통지를 받은 특허 침해자는 자신의 제품이 해당 특허를 침해하였는지를 판단하기 위하여 적정한 주의를 기울일 의무가 있다고 보았다. 이 의무의 하나로 특허 침해자는 특허 침해 행위를 계속하기 전에 변호사로부터 적절한 법률 조언을 구하여야 한다. 따라서 특허권자는 특허 침해자가 특허 침해에 관한 변호인 의견을 구하지 않았거나, 변호인 의견을 구하였더라도 그 의견이 적절하지 않다는 것을 입증하면 특허 침해의 고의를 인정받게 된다.

(2) *In re Seagate Technology, LLC*[118]

Seagate 법원은 *Underwater* 결정에서와 같이 특허 침해의 고의로 침해자의 적절한 주의의무 위반을 요구하는 것은 고의의 요건에 과실이 들어가게 되어 불합리하다고 판단하였다. 대신에 *Seagate* 법원은 고의 특허 침해에 관한 2단계 방법론을 제시하였다. 먼저, 특허권자는 특허 침해자의 행위가 객관적으로 판단하여 유효한 특허를 침해할 가능성이 높은 행위(Objective recklessness)라는 것을 명백하고 확실한 증거에 의하여 입증하여야 한다. 이와 같은 객관적 요건이 충족되면, 특허권자는 특허 침해자가 특허 침해 사실을 알았거나 알 수 있었다는 것을 역시 명백하고 확실한 증거에 의하여 입증하도록 요구하였다.

이 경우에는 특허 침해자의 고의가 있었더라도, 침해 소송에서 소송 변호사의 능력에 따라 징벌적 손해배상이 부과되지 않을 수도 있게 된다. 따라서 특허 침해자는 특허권자로부터 특허 침해 통지를 받는 시점에서 비용을 투자하여 변호

---

117) *Underwater Devices Inc. v. Morrison-Knudsen Co.*, 717 F.2d 1380 (Fed. Cir. 1983)

118) *In re Seagate Technology, LLC.*, 497 F.3d 1360 (Fed. Cir. 2007)

인의 무효/비침해 의견을 받아두어야 할 필요성을 못 느끼게 된다.

(3) The America Invents Act of 2011 at 35 U.S.C. §298

한편, 2011년에 제정된 AIA는 "특허 침해자가 변호사의 의견을 구하지 못하거나, 변호인 의견서를 법원에 제출하지 않은 사실이 특허 침해에서 고의를 입증하는 데 사용될 수 없다."고 규정하였다. 이는 의회가 명문으로 *Underwater* 판결이 인정한 특허 침해자의 주의 의무를 부정한 것이기는 하지만, 특허 침해자가 변호인 의견서를 특허 침해의 고의에 대한 방어방법으로 사용하는 것까지 부정하고 있는 것은 아니라고 보여진다.

(4) *Halo Electronics, Inc. v. Pulse Electronics, Inc*[119]

Seagate 결정에 따르면, 특허 침해자는 침해 행위 당시에 침해의 고의가 있었더라도, 침해 소송 중에 자신의 행위가 객관적으로 특허 침해 가능성이 높은 행위가 아니라고 방어하면서 고의 책임을 벗어날 수 있다. 그러나 이는 특허 침해의 고의 여부를, 침해 행위 당시의 행위자의 인식이 아닌, 침해 소송 중에 사후적으로 판단하는 것이 되어 부당하다.

연방 대법원은 *Halo* 사례에서 징벌적 손해배상을 부과하기 위해서는 특허 침해자가 침해 행위를 알았거나 이를 의도하였다는 등의 주관적인 고의만이 요구되며, 침해 가능성에 대한 객관적 판단은 필요하지 않다고 보았다. 또한, 특허권자가 고의를 입증하는 데에도 민사 소송상의 일반 증거원칙에 따른 개연성 있는 증거(Preponderance of the evidence)에 의한 증명으로 충분하며, 명백하고 확실한 증거에 의한 증명까지 요구하지는 않는다고 보았다.

Halo 결정 이후에는 특허권자로부터 특허 침해의 통지를 받고나서도 특허 침해자가 계속해서 침해 행위를 한 경우에는 고의에 의한 특허 침해 행위가 성립된다. 특허 침해자로서는 특허 침해 통지를 받으면 즉시 변호사의 무효/비침해 의견을 받아둘 필요성이 높아지게 되었다.

119) *Halo Electronics, Inc. v. Pulse Electronics, Inc.*, 136 S.Ct. 1923 (2016)

3) 변호인 의견서의 요건

무효, 비침해 의견이 담긴 변호인 의견서가 특허 침해의 고의에 대한 방어 방법으로 쓰이기 위해서는 적절한 변호사의 선임과 의견서 내용의 충실성, 시의 적절성이 요구된다.

(1) 적절한 변호사의 선임

Underwater 사례에서, 특허 침해자는 특허 전문 변호사가 아닌 사내 변호사의 비침해 의견을 듣고 침해 행위를 계속하였다. 연방 항소 법원은 ① 사내 변호사의 의견이라는 사실, ② 특허 전문 변호사가 아니라는 사실 등으로는 침해자의 선의를 부인할 수 없다고 말하면서도 각각의 사실들이 침해자의 선의에 의문을 품게 만든다고 판단하였다. 따라서 특허 침해의 고의에 대한 방어 방법으로서 변호인 의견서를 받으려면, 객관성을 담보할 수 있도록 사내 변호사가 아닌 외부 변호사의, 그것도 특허를 전문으로 하는 변호사의 의견을 받아둘 필요가 있다.

(2) 내용의 충실성

의견서에 특허에 대한 분석이나, 침해자 제품과 비교 등도 없이 단순히 개략적으로 결론만 제시되어 있는 경우에는 침해자가 변호인 의견서를 따랐다고 하더라도 침해의 고의가 없다고 보기 어렵다. 변호인 의견서가 고의에 대한 방어 방법으로서 효력을 갖기 위해서는 의견서가 합리적 근거를 바탕으로 한 충실한 내용을 포함하고 있어야 할 것이다. 이를 위해서 특허 청구항의 각 구성요소들을 침해자의 제품과 비교하여 분석하고, 선행 기술이나 최신 판례 경향에 대한 분석까지도 반영되어 있어야 한다. *Underwater*[120] 사례에서는 일반적인 특허 분석에 필수적인 출원 기록(File history) 요청이 제때 이루어지지 않았음을 들어 의견서 내용의 충실성을 인정하지 않았다.

연방 항소 법원은, 변호인 의견서의 다른 내용이 충실하였다면, 단순히 균등성 원칙에 따른 특허 침해 여부를 분석하지 않은 사실만으로는 이를 반박하기에

120) *Underwater*, at 1389-90 (Fed. Cir. 1983)

부족하다고 보았다. *Westvaco Corp. v. International Paper Co*[121]에서 변호인 의견서는 특허 출원 기록 및 기록 내외의 선행 기술 등에 대한 분석들을 포함하고 있었다. 또한, 이들 분석이 단순히 결론만 기재한 것이 아니라, 특허의 무효와 침해 여부에 대하여 선행 기술, 특허 침해 혐의 제품, 청구항 등을 비교하면서 매우 자세하게 분석하였다. 청구항들에 대한 분석 역시 그룹별로 분석된 것이 아니라, 각 청구항을 분리하여 상세하게 분석하였다. 따라서, 본 사례에서 균등성 원칙에 대한 분석이 빠졌다는 것만으로는 변호인 의견서가 충실하지 못하다고 반박하기 어려우며, Westvaco가 이와 같은 변호인 의견서에 의존하였다면, 특허 침해의 고의를 인정하기 어렵다고 보았다.

(3) 시의 적절성

특허 침해의 고의는 침해 순간에 있었을 것을 요건으로 하므로, 이를 조각하기 위해서는 최소한 침해자가 침해 행위를 안 시점(예 특허권자로부터 특허 침해의 통지를 받은 때)에는 변호인 의견서를 받아 두는 것이 필요하다.[122] 또한, 무효/비침해의 변호인 의견서를 받았다 하더라도 특허 침해 행위를 안 시점부터 의견서를 받기 전까지는 고의가 인정되므로, 특허 침해 행위를 안 이후에는 변호인의 무효/비침해 의견을 받기까지 침해 행위를 중단할 필요가 있다.

5. 변호사 비용

미국에서 소송이 발생하는 경우에, 당사자들의 가장 큰 고민거리 중의 하나가 비싼 변호사 수임료에 있다. 특허 소송의 변호사 수임료는 일반 소송에 비하여 훨씬 많이 들기 때문에, 어지간한 규모의 기업들에게도 상당히 큰 부담으로 다가온다. 따라서, 미국에서 특허 소송을 제기하려는 사람이나 제기당하는 사람은 우

---

121) *Westvaco Corp. v. International Paper Co.*, 991 F.2d 735, 744 (Fed. Cir. 1993)

122) *Dickey-John Corp. v. International Tapetronics Corp.*, 710 F.2d 329, 348 (7th Cir. 1983) (특허 침해 제품을 제조한 후에, 특허권자로부터 특허 침해 통지를 받은 후에 개략적인 결론만 기재된 변호인 의견서를 받은 경우에, 선의가 있다고 보기 어렵다. 그 의견은 너무 부족하고, 너무 늦었다.)

선적으로 변호사 수임료에 대한 해결책을 갖고 임하여야 할 것이다.

일반적으로 변호사 수임료는 소송 결과에 상관없이 각 당사자가 자신의 비용을 부담하는 것이 원칙이다.[123] 미국 특허법도 변호사 수임료에 관한 규정을 두고 있지 않다가, 1946년의 법개정을 통하여, 법원의 결정에 의하여 합리적인 변호사 비용(Reasonable attorney fees)을 승소한 당사자가 보상받을 수 있도록 하였다.[124] 1951년도 법개정에서는, §285[125]에서 법원이 지극히 예외적인 경우에(in exceptional cases) 승소한 당사자에게 합리적인 변호사 비용(Reasonable attorney fees)을 지불할 수 있도록 바꾸어서 규정하였다. 따라서, 변호사 비용을 보상받을 수 있는지는 "지극히 예외적인 경우(Exceptional case)"에 대한 해석 범위에 달려 있다고 볼 수 있다.

1) *Brooks Funiture Mfg., Inc. v. Dutailier Int'l, Inc*[126]

연방 항소 법원은, "지극히 예외적인 경우"를 다음과 같은 두 가지 경우에만 인정해 왔다. 먼저 소송상 문제와 관련되어 중요한 부적절 행위가 있었던 경우이다. 예를 들면, 고의에 의한 침해, 특허 취득에 있어서 기망이나 불공정한 행위, 소송 중의 위법 행위(Misconduct), 남소(Vexatious or unjustified litigation), 연방 민사 소송법 §11의 위반 행위 등이다. 이와 같은 명백한 예외성을 발견할 수 없는 경우에는, 패소한 당사자가 객관적으로 근거 없고, 주관적으로 악의에 의하여 소송을 수행한 경우에만 예외성을 인정하고 있다. 또, 승소한 당사자는 명백하고 확실한 증거에 의하여 이들 예외성을 입증하여야 한다고 보았다.

123) *Marx v. General Revenue Corp.*, 568 U.S. 371, 382 (2013)

124) 35 U.S.C. §70 (1946ed.)

125) §285. Attorney fees
The court in exceptional cases may award reasonable attorney fees to the prevailing party.

126) *Brooks Funiture Mfg., Inc. v. Dutailier Int'l, Inc.*, 393 F.3d 1378 (Fed. Cir. 2005)

2) *Octane Fitness, LLC v. Icon Health & Fitness Inc*[127]

이에 대하여, 연방 대법원은 항소 법원이 "지극히 예외적인 경우"를 너무 엄격하게 해석하였다면서, 보다 유연한 접근법을 제시하였다. 연방 대법원은 §285의 예외적인 경우는(준거법과 사실 관계 등을 고려할 때) 당사자들 간 소송상 지위의 실질적인 우열(Strength)이나 소송이 이루어진 불합리한 방식 등에서 다른 사례들과 쉽게 구별되어지는 경우로 보았다. 또, 1심 법원은 사안이 "지극히 예외적인"지는 전체적인 상황(The totality of the circumstances)을 고려하여 사안별로 재량껏 결정하여야 한다고 판단하였다. 전체적인 상황에는 당사자의 경박, 동기, 객관적인 불합리, 승소한 당사자에 대한 배상과 장래에 동일한 행동의 제지 등이 포함된다고 보았다.

항소 법원이 변호사 수임료의 배상을 인정한 첫 번째 경우는, 이와 같은 소송상 위반 행위가 별도로 제재를 받을 정도에 이르러야만 한다. 그러나, *Octane Fitness*에 따르면, 소송 당사자의 불합리한 행위가 별도로 제재를 받을 정도에 이르지 않더라도 "지극히 예외적"이라면 변호사 수임료를 배상받을 수 있게 되었다.

또, 항소 법원이 인정한 두 번째 시나리오는 객관적으로 근거 없고, 주관적으로 악의라는 두 가지 요건이 구비되어 소송이 행하여질 것을 요구한다. 그러나, *Octane Fitness*에 따르면, 주관적으로 악의에 의한 소송이거나, 예외적으로 소송상 이익이 없는 청구라 할지라도 변호사 비용에 대한 배상이 가능할 수 있게 되었다.

마지막으로 연방 대법원은 증명의 정도에 관하여, 명백하고 확실한 증거에 의한 증명이 아니라, 일반 민사 소송상 증명의 정도인 개연성 있는 증거에 의한 증명이면 충분하다고 보았다.

---

127) *Octane Fitness, LLC v. Icon Health & Fitness Inc.*, 572 U.S. 545 (2014)

3) *Highmark Inc. v. Allcare Health Management System, Inc*[128]

연방 항소 법원은, 1심 법원이 "지극히 예외적"이라고 판단한 사례들은 처음부터 새롭게 심리(de novo)해 왔었다. 그러나, 연방 대법원은 *Octane Fitness*와 같은 날 *Highmark* 사례에서, 지극히 예외적"인지 여부에 대한 1심 법원의 판단은 1심 법원의 재량 범위 내에서 행하여진 것이기 때문에, 항소 법원은 1심 법원의 재량권 남용 여부만을 판단할 수 있다고 결정하였다. 연방 대법원의 이런 결정은 *Octane Fitness*와 함께, 변호사 수임료 배상에 관한 1심 법원의 재량을 확대하였으며, 1심 법원의 결정에 대한 항소심에서 1심 법원 결정의 인용 가능성을 높이는 역할을 하였다.

6. 특허 침해의 통지와 특허 표시(Marking)

1) 개요

손해배상의 제한과 관련하여, 35 U.S.C. §287(a)[129]는 특허권자의 특허 표시

---

128) *Highmark Inc. v. Allcare Health Management System, Inc.*, 572 U.S. 559 (2014)

129) §287. Limitation on damages and other remedies; marking and notice

(a) Patentees, and persons making, offering for sale, or selling within the United States any patented article for or under them, or importing any patented article into the United States, may give notice to the public that the same is patented, either by fixing thereon the word "patent" or the abbreviation "pat.", together with the number of the patent, or by fixing thereon the word "patent" or the abbreviation "pat." together with an address of a posting on the Internet, accessible to the public without charge for accessing the address, that associates the patented article with the number of the patent, or when, from the character of the article, this cannot be done, by fixing to it, or to the package wherein one or more of them is contained, a label containing a like notice. In the event of failure so to mark, no damages shall be recovered by the patentee in any action for infringement, except on proof that the infringer was notified of the infringement and continued to infringe thereafter, in which event damages may be recovered only for infringement occurring after such notice. Filing of an action

와 침해 통지 의무를 규정하고 있다. 만약, 특허권자가 본 조항에 따른 특허 표시나 통지 의무를 이행하지 않은 경우에는, 특허권자는 소 제기 후에 특허 침해자로부터 받은 손해에 대해서만 배상 청구를 할 수 있게 된다. 본 조항의 목적은, 특허권자에게는 특허를 표시하게 함으로써 세상에 특허의 존재를 공지하게 한 효과를 얻도록 하고, 특허의 공지로 무고한 특허 침해자가 발생하는 것을 피하도록 하며, 일반인들이 특허 받은 제품을 인식하도록 돕는 것이다.[130]

2) 실제 통지(Actual notice)

특허권자는 특허 침해자에게 특허 침해 사실을 통지한 것과 §287(a)에 따라 특허 제품에 특허권을 표시한 것 중 먼저 일어난 사실을 기준으로 그 이후에 발생한 손해에 대하여 배상 청구를 할 수 있다. §287(a)의 목적에 비추어 보면, 여기서의 통지는 "침해"의 통지이며, 단순이 특허권의 존재나 특허 소유권에 대한 통지는 아니다. 실제 통지에서는 구체적인 특허 침해 제품에 의하여 구체적인 특허 침해 책임이 발생하였다는 것을 적극적으로 전달하는 것을 필요로 한다.[131]

3) 의제 통지(Constructive notice)

실제로 특허 침해를 통지하지 않았지만, §287(a)에 따른 특허를 표시한 경우, 법조문은 이를 의제 통지로 보아 실제로 침해를 통지한 것과 동일한 법적 효과를 부여한다.

(1) 실질적으로 모든 제품에 표시

특허의 표시가 실제 침해 통지와 동일한 법적 효과를 갖기 위해서는 §287(a)에 기재된 요건을 충족하여야 한다. 즉, 특허받은 제품 또는 그 포장에 "Patent"

---

for infringement shall constitute such notice.

130) *Nike, Inc. v. Wal-Mart Stores, Inc.*, 138 F.3d 1437, 1446 (Fed. Cir. 1998)

131) *Amstead Industries Inc. v. Buckeye Steel Castings Co.*, 24 F.3d 178, 187 (Fed. Cir. 1994)

또는 "Pat"이라는 단어와 함께 특허 번호를 기재하거나, 특허번호와 특허 제품이 공지된 인터넷 사이트의 주소를 기재하여야 한다. §287(a)는 특허 표시나 침해 통지의 요건을 충족하기 전의 침해 행위에서 발생한 손해에 대한 배상을 인정하지 않고 있다. §287(a)의 목적은 특허권자에게 특허 제품에 특허를 표시하도록 하여 특허의 존재를 세상에 공지하도록 하는 것이다. 따라서, 특허권자가 특허받은 거의 모든 제품에 특허를 지속적으로 표시하지 않는 한 §287(a)에서 요구하는 특허 표시의 요건을 충족하였다고 볼 수 없다.[132] *AMS* 사례에서, AMS가 특허 제품에 표시를 시작한 날짜는 본 조항의 목적과는 아무런 관계가 없다고 보았다. 특허 표시가 되지 않은 제품들이 계속해서 선적되고 있는 상황에서, 선적되지 않은 제품들에 대한 특허 표시는 공중에 대한 고지 행위를 수행할 수 없기 때문이다.[133]

(2) 입증 책임

입증 책임과 관련하여서는, 특허권자가 소송 중에 법조문상의 요건을 준수하였다는 것을 주장하고 증명할 책임이 있다.[134] 이때, 특허권자의 입증의 정도는 개연성 있는 증거에 의한 증명이면 족하다.[135]

(3) (실시권자를 위한) 합리성 원칙(Rule of Reason)

특허 표시 조항은 특허권자 이외에 특허권자를 위하여 또는 특허권자의 지시 아래 특허 제품을 만들거나 파는 사람들에게도 적용된다. 따라서, 특허권자로부터 실시권을 허여받은 실시권자, 실시권자로부터 물건의 제조를 위탁받은 제조자들에게도 §287(a)가 적용된다.[136] 그렇지만, 특허권자와 관련이 없는 제3자에

---

132) *American Medical Systems, Inc. v. Medical Engineering Corp.*, 6 F.3d 1523, 1538 (Fed. Cir. 1993)

133) *Id.*

134) *Maxwell*, at 1111 (citing *Dunlap v. Schofield*, 152 U.S. 244, 248 (1894) ("실제 통지나 의제 통지를 주장할 의무와 그 입증 책임은 특허권자에게 있다.")

135) *Nike, Inc. v. Wal-Mart Stores, Inc.*, 138 F.3d 1437, 1446 (Fed. Cir. 1998)

136) *Amsted Indus., Inc. v. Buckeye Steel Castings Co.*, 24 F.3d 178, 185 (Fed. Cir. 1994) (§287(a)는 명시적, 묵시적 실시권자들에게도 적용된다.)

게까지 특허 표시 조항에서 요구하는 요건들을 충족시키도록 특허권자에게 요구하기는 어려워 보인다. 이와 같은 경우에 연방 항소 법원은, 특허권자가 합리성 원칙"에 따른 노력을 기울였다면, 법조항에서 요구하는 요건을 실질적으로 충족하였다고 본다.[137] 법원은 특허권자 이외의 제3자가 특허 표시를 하지 않은 경우에는, 특허권자가 법조문에서 요구한 특허 표시 요건을 만족시키기 위한 합리적인 노력을 기울였는지를 검토할 것이다.[138]

Maxwell 사례에서, 항소 법원은 특허권자인 Maxwell이 법조항의 요건을 충족하였다는 배심원들의 결정을 입증하는 증거가 충분하다고 판단하였다. 특허 등록 전에, 실시권자인 Target은 Maxwell의 신발 접착 시스템을 사용하는 모든 신발에 "Patent Pending"이라고 표시하기로 동의하였다. 특허 등록 후인 1986년 11월 26일에 Maxwell은 Target에 대하여 실시권 계약에서 합의한 대로 특허받은 시스템을 사용하는 모든 신발에 특허 번호를 표시할 것을 요구하였다. Target은 처음에는 "Patent Pending" 표시를 특허 번호로 바꾸기 위한 노력을 하지 않았다. 이에 대하여, Maxwell은 Target의 제조업체들에 대하여도 적절한 특허 표시를 할 것을 통지하였고, 결국 Target도 1987년 11월까지 특허받은 시스템을 사용하는 신발에 적절한 표시를 할 것을 동의하였다. 하지만, Maxwell은 1987년 11월 이후에도 Target이 특허받은 시스템을 사용하는 신발에 적절한 표시를 하지 않은 사례를 서너 차례 보고 받았다. Maxwell은 이 사실을 Target에 알리고, 그 시정을 촉구하였다. 또한, Maxwell은 이와 같은 자신들의 시정 촉구에 따라, Target이 제조업체들에게 적절한 특허 표시를 지도함으로써 특허 표시 누락을 시정하기 위한 최선의 노력을 하였음을 입증하는 증거들도 제출하였다.

Funai Elec. Co., Ltd. v. Daewoo Electronics Cop[139] 사례에서, 소송상 제출된 증거에 따르면, 2003년 말까지 Funai 판매량의 88%는 Funai 제품으로 판매되고 있었고, 이들 제품에는 모두 Funai의 특허 번호를 표시하였다. 나머지 12%는 OEM 고객들을 통하여 판매되었고, 여기에는 Funai의 특허 번호가 표시되지

137) *Maxwell v. J. Baker, Inc.*, 86 F.3d 1098, 1111 (Fed. Cir. 1996)

138) *Id.*, at 1112

139) *Funai Elec. Co., Ltd. v. Daewoo Electronics Cop.*, 616 F.3d 1357, 1374 (Fed. Cir. 2010)

않았다. 2004년도에는 거의 91%의 Funai 제품들이 Funai 브랜드로 판매되고 있었으며 모두 Funai의 특허 번호가 표시되었다. 이와 같은 사정 아래서, 1심 법원의 배심원들은 Funai의 특허가 포함된 제품에 대한 특허 표시가 '실질적으로 일관되고 지속적으로' 이루어졌다고 판단하였으며, 항소 법원도 이를 인용하였다.[140]

(4) 표시 방법: 물리적 표시(Physical marking)와 사실상 표시(Virtual marking)

AIA에 의하여 개정되기 전까지는, §287(a)에 의한 특허 표시 방법은 "Patent" 또는 "Pat"이라는 단어와 함께 특허 번호를 표기하는 방법(물리적 표시)이 유일하였다. AIA는 이에 더하여, 특허권자가 특허 제품들과 특허 번호들을 웹사이트에 게시한 후, 특허 제품에는 "Patent" 또는 "Pat"이라는 단어와 함께 해당 웹사이트의 인터넷 주소를 기재할 수 있도록 하였다(사실상 표시).

A to Z Machining Serv., LLC. v. National Storm Shelter, LLC[141]에서, 1심 법원은 특허 제품에 관한 웹페이지의 주소를 "Patented"또는 "Pat"의 표기 없이 기재한 것이 사실상 특허 표시로서의 효력을 가지는지에 대하여 검토하였다. 1심 법원은 피고들이 특허권자가 기재한 웹페이지에 들어가서 검토한 사실까지 인정된다 하더라도, 법조문에서 요구하는 "Patent" 또는 "pat"의 표기가 없었기 때문에, 사실상 표시의 요건을 충족하지 못하였다고 판단하였다.

(5) 적용 범위

§287(a)가 방법 특허나 프로세스 특허에는 적용되지 않는다는 것은 법조문상 명백하다.[142] 방법이나 프로세스 청구항에는 특허를 표시할 곳이 없기 때문이다. 그렇지만, 특허가 장치 및 방법 청구항을 둘 다 포함하는 경우, 방법 청구항이

---

140) *Id.*, at 1375

141) *A to Z Machining Serv., LLC. v. National Storm Shelter, LLC.*, 2011WL688543 (W.D. Okla. 2011)

142) *AMS.*, at 1538 (citing *Bandag, Inc. v. Gerrard Tire Co., Inc.*, 704 F.2d 1578, 1581 (Fed. Cir. 1983))

고지될 수 있는 표시할 수 있는 유형의 물품이 있는 범위 내에서 당사자가 §287(a)의 의제 통지 규정을 이용하려고 한다면, 법조문에 따라 특허를 표시하여야 할 것이다. *AMS* 사례에서도 장치 및 방법 청구항이 주장되었으며, 방법 청구항에 의하여 생산된 물리적 장치가 있었다. 이 장치에는 방법 청구항도 표시될 수 있었다. 따라서, AMS(특허권자)가 MEC(특허 침해자)에게 실질적 또는 사실상의 통지를 하기 전에 방법 청구항에 대한 손해를 배상받기 위해서는 §287(a)에 따라 그 제품에 특허 표시를 할 것이 요구되었다.[143]

---

143) *AMS.*, at 1539

CHAPTER **2**

침해 금지 명령

특허 침해에 대한 구제책으로 손해배상 같은 일반적인 구제 방법 이외에도, 침해 금지 명령(Permanent injunction)이 인정된다. 연방 대법원은 *eBay Inc. v. MercExchange, L.L.C.*[144] 판결을 통하여 특허 분쟁과 침해 금지 명령 간의 관계를 잘 설명해 주고 있다.

형평법상 확립된 원칙(Established principles of equity)에 따르면, 영구적인 침해 금지 명령을 청구한 원고는 법원이 이를 인용하도록 하기 위해서는 4가지 요건을 충족하여야 한다. 즉, 원고는 ① 원고가 회복될 수 없는 손해를 입었으며, ② 법률상 인정된 구제 방법, 예를 들면 손해배상 청구만으로는 그 손해를 배상하기에 부적절하며, ③ 원고와 피고가 받는 고통의 균형을 고려할 때, 형평법상 구제 방법이 필요하며, ④ 공공의 이익이 침해 금지 명령에 의하여 해를 입지 않아야 한다는 것 등을 입증하여야 한다. 이와 같이 형평법에 근거하여 인정되는 침해 금지 명령은 특허법상 발생한 분쟁에도 동일하게 적용되어야 한다. 특허법에서 특허는 개인적 재산권의 속성을 지니고 있으며(§261), 다른 사람들이 특허와 동일한 발명을 제조, 사용, 제조를 위한 제안 또는 판매를 금지하는 권리를 포함한다(§154(a)(1))고 규정하고 있기 때문이다.

144] *eBay Inc. v. MercExchange, L.L.C.*, 126 S.Ct. 1837 (2006) (eBay는 개인 판매업자가 경매를 통하거나 고정된 가격으로 물건을 팔 수 있는 플랫폼을 제공하는 업체이며, MerExchange사는 중앙 통제 기구가 전자 상거래의 참가자들에 대한 신뢰를 촉진시킴으로써 개인 간의 물건 판매에 이용하도록 설계된 전자상거래에 관한 다수의 방법 특허를 보유하였다. MerExchange는 eBay와 특허에 대한 라이선스 협상에 이르지 못하자, 침해 소송을 제기하였고, 1심 배심원들은 MerExchange의 특허는 유효하며, eBay가 MerExchange의 특허를 침해하였기 때문에 손해배상을 하여야 한다고 판단하였다.)

한편, 연방 지방 법원과 연방 항소 법원은 침해 금지 명령 신청을 판단하는 데 있어서, 위에서 본 형평법상의 원칙을 제대로 적용하지 못한 문제점이 있다. 연방 지방 법원은 위의 4-요소 테스트를 적용하긴 하였으나, 침해 금지 명령을 특허 소송에서 폭넓게 배제하는 원칙을 채택하였다. 즉, 연방 지밥 법원은, "특허권자가 자신의 특허에 라이선스를 부과하려는 의지"와 "특허 실행에 있어서 상업적 활동의 부존재"는 특허권자가 침해 금지 명령이 내려지지 않는 경우에 입게 되는 손해가 회복될 수 없는 손해가 아니라는 것을 입증하는 데 충분하다고 판단하였다. 그러나, 전통적인 형평법상의 원칙은 이와 같이 폭넓은 범주를 배제하는 것을 인정하지 않는다. 예를 들면, 대학 연구기관이나 영세한 발명자의 경우에는 자신의 발명을 상품화하기 위하여 대규모의 자본을 조달하는 것보다는 자신의 특허에 대한 라이선스로 수익을 올리려는 것이 합리적일 것이다. 이 경우에도 전통적인 4-요소 테스트를 충족할 수 있으며, 이들을 하나의 범주로 묶어 형평법상의 테스트를 받을 기회조차 박탈하는 것은 어떠한 근거도 찾을 수 없다.

연방 항소 법원은 이와 정반대의 입장에서 잘못된 결론을 내렸다. 특허 분쟁에서 침해 금지 명령은 특허가 유효하며 그 침해가 발생되었다고 판단되면 침해 금지 명령을 내리는 것이 일반적인 룰이라고 밝힌 것이다. 여기서 더 나아가, 지극히 예외적인 경우나 공공의 이익을 보호하기 위하여 아주 드문 경우에만 침해 금지 명령이 부인되어야 한다고 보았다. 이러한 연방 법원의 판단은 침해 금지 명령을 범주화해서 부인한 연방 지방 법원과 동일하게, 침해 금지 명령을 범주화해서 인정하는 오류를 범하였다.

연방 대법원은 이러한 범주화의 오류에서 벗어나 특허 분쟁이라 할지라도 다른 사례와 마찬가지로 전통적인 4-요소 테스트를 일괄적으로 적용하여야 한다고 판단하였다.

판례색인

A to Z Machining Serv., LLC. v. National Storm Shelter, LLC., 2011WL688543 (W.D. Okla. 2011) / 579

A.B. Dick Co. v. Burroughs Cop., 713 F.2d 700 (Fed. Cir. 1983) / 503

Abbott Laboratories v. Geneva Pharmaceuticals, Inc., 182 F.3d 1315 (Fed. Cir. 1999) / 198

Abbott Labs v. Baxter Pharmaceutical Products, Inc., 334 F.3d 1274 (Fed. Cir. 2003) / 393

Abbvie Deutschland GmbH & Co. v. Janssen Biotech, Inc., 759 F.3d 1285 (Fed. Cir. 2014) / 309, 311, 318

Accenture Global Services v. Guidewire Software, Inc., 728 F.3d 1336 (Fed. Cir. 2013) / 94

ACS Hosp. Systems, Inc. v. Montefiore Hosp., 732 F.2d 1572 (Fed. Cir. 1984) / 215

Acumed LLC v. Stryker Corp., 525 F.3d 1319 (Fed. Cir. 2008) / 504

Aetna Life Ins. v. Haworth, 300 U.S. 227 (1937) / 9

Affinity Labs of Texas v. DirecTV, LLC, 838 F.3d 1253 (Fed. Cir. 2016) / 85, 131, 135, 136, 152, 159

Agawam Woolen v. Jordan, 74 U.S. 583, (1868) / 168

Agrizap, Inc. v. Woodstream Corp., 520 F.3d 1337 (Fed. Cir. 2008) / 261

AK Steel Corp. v. Sollac, 344 F.3d 1234 (Fed. Cir. 2003) / 359

Akamai Technologies, Inc. v. Limelight Networks, Inc., 692 F.3d 1301 (Fed. Cir. 2012) / 441, 464

Akamai Technologies, Inc. v. Limelight Networks, Inc., 797 F.3d 1020 (Fed. Cir. 2015) / 439, 441

Alexam, Inc. v. IDT Corp., 715 F.3d 1336 (Fed. Cir. 2013) / 38

Alexander Milburn. v. Davis-Bournoville Co., 270 U.S. 390 (1926) / 176

Alice Corp. Pty. Ltd. v. CLS Bank Int'l, 134 S.Ct. 2347 (2014) / 68, 78, 93, 95, 109, 123, 136, 148, 154

Allied Erecting & Dismantling Co. v. Genesis Attachments, LLC, 825 F.3d 1373 (Fed. Cir. 2016) / 289

AllVoice Computing PLC v. Nuance Commc'ns, Inc., 504 F.3d 1236 (Fed Cir. 2007) / 424
Al-Site Corp. v. VSI Int'l, Inc., 174 F.3d 1308 (Fed. Cir. 1999) / 412, 460
Altiris, Inc. v. Symantec Corp., 318 F.3d 1363 (Fed. Cir. 2003) / 408
Alza Corp. v. Mylan Labs, Inc., 464 F.3d 1286 (Fed. Cir. 2006) / 275
Am. Hoist & Derrick Co. v. Sowa & Sons, Inc., 725 F.2d 1350 (Fed. Cir. 1984) / 485
Amazon.com, Inc. v. Barnesandnoble.com, Inc., 239 F.3d 1343 (Fed. Cir. 2001) / 28
Amdocs (Israel), Ltd. v. Openet Telecom, Inc., 841 F.3d 1288 (Fed. Cir. 2016) / 80, 86, 130, 132
American Calcar, Inc. v. American Honda Motor Co., Inc. 651 F.3d 1318 (Fed. Cir. 2011) / 448
American Medical Systems, Inc. v. Medical Engineering Corp., 6 F.3d 1523 (Fed. Cir. 1993) / 577, 579
Amgen, Inc. v. Chugai Pharm., 927 F.2d 1200 (Fed. Cir. 1991) / 296, 308, 314, 360, 384
Amstead Industries Inc. v. Buckeye Steel Castings Co., 24 F.3d 178 (Fed. Cir. 1994) / 576, 577
Anderson v. Liberty Lobby, Inc., 477 U.S. 242 (1986) / 51
Anderson's-Black Rock, Inc. v. Pavement Salvage Co., 396 U.S. 57 (1969) / 223, 237, 243
Andrew Corp. v. Gabriel Electronics, 847 F.2d 819 (Fed. Cir. 1988) / 385
Anspach v. City of Philadelphia, 380 Fed. Appx. 180, (3d Cir. 2010) / 504
Apex Inc. v. Raritan Computer, Inc., 325 F.3d 1364 (Fed. Cir. 2003) / 410, 411
Apple, Inc. v. Motorola Inc., 757 F.3d 1286 (Fed. Cir. 2014) / 513
Apple, Inc. v. Motorola Inc., 869 F.Supp.2d 901 (N.D. Ill. 2012) / 512
Apple, Inc. v. Motorola Mobility, 2011WL7324582 (W.D. Wis.) / 508, 510
Apple, Inc. v. Ameranth, Inc., 842 F.3d 1229 (Fed. Cir. 2016) / 94, 95, 97, 133, 147, 154, 157
Applied Med. Res. Corp. v. U.S. Surgical Corp., 435 F.3d 1356 (Fed. Cir. 2006) / 503
Applied Medical Resources Corp. v. U.S. Surgical Corp., 147 F.3d 1374 (Fed. Cir. 1998) / 178
Ariad Pharm., Inc. v. Eli Lilly & Co., 598 F.3d 1336 (Fed. Cir. 2010) (en banc) / 294, 316, 431

Ariosa Diagnostics, Inc. v. Sequenom, Inc., 788 F.3d 1371 (Fed. Cir. 2015) / 77, 112, 147
Aristocrat Techs. Australia PTY Ltd. v. Int'l Game Tech., 521 F.3d 1328 (Fed. Cir. 2008) / 420, 421, 422, 424
Aro Mfg. Co. v. Convertible Top Replacement Co. (Aro I), 365 U.S. 336 (1961) / 452, 464, 469
Aro Mfg. Co. v. Convertible Top Replacement Co. (Aro II), 377 U.S. 476 (1964) / 471
Arris Grp., Inc. v. British Telecoms. PLC, 639 F.3d 1368 (Fed. Cir. 2011) / 464
Ass'n for Molecular Pathology v. Myriad Genetics, Inc., 133 S.Ct. 2107 (2013) / 66, 112, 113
AstraZeneca AB v. Apotex Corp., 782 F.3d 1324 (Fed. Cir. 2015) / 555
Atl. Thermoplastics Co., v. Faytex Corp., 974 F.2d 1299 (Fed. Cir. 1992) / 453
Atlanta Pharma AG v. Teva Pharm USA, Inc., 566 F.3d 999 (Fed. Cir. 2009) / 270
Atlantic Thermoplastics Co., v. Faytex Corp., 5 F.3d 1477 (Fed. Cir. 1993) / 199
Atlas Powder Co. v. E.I. du Pont de Nemours & Co., 750 F.2d 1569 (Fed. Cir. 1984) / 328, 362, 363
Atlas Powder Co. v. IRECO, 190 F.3d 1342 (Fed. Cir. 1999) / 181
Atmel Corp. v. Information Storage Devices, Inc., 198 F.3d 1374 (Fed. Cir. 1999) / 418, 427
Auto. Techs. Int'l, Inc. v. BMW of N. Am., Inc., 501 F.3d 1274 (Fed. Cir. 2007) / 342
Aventis Pharma Deutschland v. Lupin Ltd., 499 F.3d 1293 (Fed. Cir. 2007) / 263
Aventis Pharma S.A. v. Amphastar Pharmaceutical, Inc., 525 F.3d 1334 (Fed. Cir. 2008) / 483
B. Braun Medical Inc., v. Abbott Laboratories, 124 F.3d 1419 (Fed. Cir. 1997) / 426
Bancorp Services v. Sun Life, 687 F.3d 1266 (Fed. Cir. 2012) / 145
Bancorp Services., L.L.C. v. Sun Life Assurance Co. of Canada (U.S.), 687 F.3d 1266 (Fed. Cir. 2012) / 94, 110, 158
Baran v. Medical Device Techs., Inc., 616 F.3d 1309 (Fed. Cir. 2010) / 414
BASCOM Global Internet Servs. v. AT&T Mobility LLC, 827 F.3d 1341 (Fed. Cir. 2016) / 98, 124, 125, 128, 132, 149, 165
Baxter Healthcare Corp. v. Spectramed, Inc., 49 F.3d 1575, 1583 (Fed. Cir. 1995) / 443
Bayer AG v. Elan Pharm. Research Corp., 212 F.3d 1241 (Fed. Cir. 2000) / 438
Bayer Schering Pharma A.G. v. Barr Labs., Inc., 575 F.3d 1341 (Fed. Cir. 2009) / 280

Beachcombers v. WildWood Creative Products, Inc., 31 F.3d 1154 (Fed. Cir. 1994) / 193
Beatrice Foods Co. v. New England Printing & Lithographing Co., 923 F.2d 1576 (Fed. Cir. 1991) / 568
Becton Dickinson & Co. v. C.R. Bard, Inc., 922 F.2d 792 (Fed. Cir. 1990) / 443
Bell Atlantic Corp. v. Twombly, 550 U.S. 544 (2007) / 19
Bell Communications Research, Inc., v. Vitalink Communications Corp., 55 F.3d 615 (Fed. Cir. 1995) / 302
Benitec Australia, Ltd. v. Nucleonics, Inc., 495 F.3d 1340 / 10
Bernhardt, L.L.C. v. Collezione Europa USA, Inc., 386 F.3d 1371 (Fed. Cir. 2004) / 186
BIC Leisure Prods., Inc. v. Windsurfing Int'l, Inc., 1 F.3d 1214 (Fed. Cir. 1993) / 521, 540
Bilski v. Kappos, 561 U.S. 593 (2010) / 64, 69, 76, 80, 81, 93, 94, 109, 126, 137, 139, 157
Biomedino, LLC v. Waters Technology Corp., 490 F.3d 946 (Fed. Cir. 2007) / 419, 427
Bio-Rad Labs v. Nicolet Instrument Corp., 739 F.2d 604 (Fed. Cir. 1984) / 528
Blackboard, Inc. v. Desire2Learn, Inc., 574 F.3d 1371 (Fed. Cir. 2009) / 424
Blonder-Tongue Laboratories, Inc. v. University of Illinois Foundation, 402 U.S. 313 (1971) / 503
BMC Res., Inc. v. Paymentech, L.P., 498 F.3d 1373 (Fed. Cir. 2007), / 438
BMC Res., Inc. v. Paymentech, L.P., 498 F.3d 1373 (Fed. Cir. 2007) / 441
Bose Corp. v. JBL, Inc., 274 F.3d 1354 (Fed. Cir 2001) / 391
Bowman v. Monsanto Co., 133 S.Ct. 1761 (2013) / 498
Braun Inc. v. Dynamics Corp., 975 F.2d 815 (Fed. Cir. 1992) / 568
Broadcom Corp. v. Qualcomm Inc., 501 F.3d 297 (2007) / 509
Brooks Funiture Mfg., Inc. v. Dutailier Int'l, Inc., 393 F.3d 1378 (Fed. Cir. 2005) / 573
Bruckelmyer v. Ground Heaters Inc., 445 F.3d 1374 (Fed. Cir. 2006) / 175
Brulotte v. Thys Co., 379 U.S. 29 (1964) / 492
Budde v. Harley-Davidson, Inc., 250 F.3d 1369 (Fed. Cir. 2001) / 419
Burlington Indus. Inc. v. Quigg, 822 F.2d 1581 (Fed. Cir. 1987) / 371

Burroughs Wellcome Co. v. Barr Laboratories, Inc., 40 F.3d 1223 (Fed. Cir. 1994) / 169, 309
buySAFE, Inc. v. Google, Inc., 765 F.3d. 1350 (Fed. Cir. 2014) / 92, 145, 162
C.R.Bard, Inc. v. M3 Systems, Inc., 157 F.3d 1340 (Fed. Cir. 1998) / 510
Callicrate v. Wadsworth Mfg., Inc., 427 F.3d 1361 (Fed. Cir. 2005) / 328
Campbell v. Spectrum Automation Co., 513 F.2d 932 (6th Cir. 1975) / 168
Capon v. Eshhar, 418 F.3d 1349 (Fed. Cir. 2005) / 295, 305
Cardiac Pacemakers, Inc. v. St. Jude Med., Inc., 296 F.3d 1106 (Fed. Cir. 2002) / 419
Caterpillar Inc. v. Detroit Diesel Corp., 961 F.Supp. 1249 (N.D. Ind. 1996) / 413
CCS Fitness, Inc. v. Brunswick Corp., 288 F.3d 1359 (Fed. Cir. 2002) / 409, 410, 411
Celotex Corp. v. Catrett, 477 U.S. 317 (1986) / 51
Centocor Ortho Biotech, Inc. v. Abbott Labs., 636 F.3d 1341 (Fed. Cir. 2011) / 305
Centricut, LLC. v. Esab Group, Inc., 390 F.3d 1361 (Fed. Cir. 2004) / 38
CFMT, Inc. v. Yieldup Int'l Corp., 349 F.3d 1333 (Fed. Cir. 2003) / 326
Checkpoint Systems v. U.S. International Trade Coomm'n, 54 F.3d 756 (Fed. Cir. 1995) / 171
Chiron Corp. v. Genentech Inc., 363 F.3d 1247 (Fed. Cir. 2004) / 334, 338
Chiron v. Abbot Lab., 156 F.R.D. 219 (N.D. Cal. 1994) / 26
City of Elizabeth v. American Nicholson Pavement Co., 97 U.S. 126 (1877) / 199
City of Milwaukee v. Activated Sludge, Inc., 21 USPQ (BNA) 69 (7th Cir. 1934) / 31
Classen Immunotherapies Inc. v. Biogen IDEC, 659 F.3d 1057 (Fed. Cir. 2011) / 102, 147, 149
Cleveland Clinic Foundation v. True Health Diagnostics, LLC, 859 F.3d 1352 (Fed. Cir. 2017) / 112, 136, 146
Clinical Products Ltd. v. Brenner, 255 F.Supp. 131 (D.D.C. 1966) / 402
Cohesive Technologies, Inc. v. Waters Co., 543 F.3d 1351 (Fed. Cir. 2008) / 522
Cole v. Kimberly-Clark Corp., 102 F.3d 524 (Fed. Cir. 1996) / 411, 415
Coleman v. Dines, 754 F.2d 353 (Fed. Cir. 1985) / 169
Commil USA, LLC. v. Cisco Sys., Inc., 135 S.Ct. 1920 (2015) / 463
Commissioner of Internal Revenue v. Sunnen, 333 U.S. 591 (1948) / 504
Computer Assocs. Int'l v. American Fundware, 831 F.Supp. 1516 (D. Col. 1993) / 11
Conopco, Inc. v. May Dep't Stores Co., 46 F.3d 1556 (Fed. Cir. 1994) / 454

Consol. Aluminum Corp. v. Foseco Int'l Ltd., 910 F.2d 804 (Fed. Cir. 1990) / 486
Consolidated Rail Corp. v. Gottshall, 512 U.S. 532 (1994) / 531
Constant v. Advanced Micro-Devices, Inc., 848 F.2d 1560 (Fed. Cir. 1988) / 174
Cont'l Paper Bag Co. v. E. Paper Bag Co., 210 U.S. 405 (1908) / 453
Content Extraction and Transmission LLC v. Wells Fargo Bank, N.A., 776 F.3d 1343 (Fed. Cir. 2014) / 81, 103, 146
Continental Can Co. USA, Inc. v. Monsanto Co., 948 F.2d 1264 (Fed. Cir. 1991) / 198
Cornell Univ. v. Hewlett-Packard Co., 609 F.Supp.2d 279 (N.D.N.Y. 2009) / 563
Corning Glass Works v. Sumitomo Elec. U.S.A., Inc., 868 F.2d 1251 (Fed. Cir. 1989) / 302, 448
Credit Acceptance Corp. v. Westlake Services, 859 F.3d 1044 (Fed. Cir. 2017) / 85, 93, 134
Crocs, Inc. v. U.S. Int'l Trade Comm'n, 598 F.3d 1294 (Fed. Cir. 2010) / 246
Cross v. Iizuka, 753 F.2d 1040 (Fed. Cir. 1985) / 333
Crystal Semiconductor Corp. v. TriTech Microelecs. Int'l, Inc., 246 F.3d 1336 (Fed. Cir. 2001) / 529
Cuno Corp v. Automatic Devices Corp., 314 U.S. 84 (1941) / 209
CyberSource Corp. v. Retail Decisions, Inc., 654 F.3d 1366 (Fed. Cir. 2011) / 99, 100, 126, 138, 140
Daiichi Sankyo v. Apotex, 501 F.3d 1254 (Fed. Cir. 2007) / 232
Dann v. Johnston, 425 U.S. 219 (1976) / 272, 285
Datamize LLC v. Plumtree Software, Inc., 417 F.3d 1342 (Fed. Cir. 2005) / 386
Daubert v. Merrell Dow Pharmaceuticals, Inc., 509 U.S. 579 (1993) / 39
Dawson Chemical Co. v. Rohm & Hass Co., 448 U.S. 176 (1980) / 466
DDR Holdings, LLC v. Hotels.com, L.P., 773 F.3d 1245 (Fed. Cir. 2014) / 87, 125, 130, 135, 137, 141, 387
Dealertrack v. Huber, 674 F.3d 1315 (Fed. Cir. 2012) / 93
Decca Ltd. v. US., 544 F.2d 1070 (1976) / 473
Deepsouth Packing Co., Inc. v. Laitram Corp., 406 U.S. 518 (1972) / 473, 474
Deere & Co. v. International Harvester Co., 710 F.2d 1551 (Fed. Cir. 1983) / 549
Default Proof Credit Card System, Inc. v. Home Depot U.S.A., Inc., 412 F.3d 1291 (Fed. Cir. 2005) / 429

Del Mar Avionics Inc. v. Quinton Instrument Co., 836 F.2d 1320 (Fed. Cir. 1987) / 519
DePuy Spine, Inc. v. Medtronic Sofamor Danek, Inc., 567 F.3d 1314 (Fed. Cir. 2009) / 253
Dewey & Amy Chem. Co. v. Mimex Co., 124 F.2d 986 (2d. Cir. 1942) / 182
Dey, L.P. v. Suovion Pharmaceuticals, Inc., 715 F.3d 1351 (Fed. Cir. 2013) / 189
Diamond v. Chakrabarty, 447 U.S. 303 (1980) / 64, 65, 111, 115, 119, 120,
Diamond v. Diehr, 450 U.S. 175 (1981) / 77, 109, 125, 135, 141, 143, 148, 149, 159
Dickey-John Corp. v. International Tapetronics Corp., 710 F.2d 329 (7th Cir. 1983) / 572
Digitech Image Techs., LLC v. Electronics for Imaging, Inc., 758 F.3d 1344 (Fed. Cir. 2014) / 73, 99, 104, 110
Disc Disease Sols. Inc. v. VGH Sols., Inc., 888 F.3d 1256 (Fed. Cir. 2018) / 20
Dow Chemical Co. v. Astro-Valcour, Inc., 267 F.3d 1334 (Fed. Cir. 2001) / 170, 541
Driscoll v. Cebalo, 731 F.2d 878 (Fed. Cir. 1984) / 485
Dunlap v. Schofield, 152 U.S. 244 (1894) / 577
Eastern R.R. Presidents Conference v. Noerr Motor Freight, Inc., 365 U.S. 127 (1961) / 492
eBay Inc. v. MercExchange, L.L.C., 547 U.S. 388 (2006) / 30,512, 581
Ecolab, Inc. v. FMC Corp., 569 F.3d 1335 (Fed. Cir. 2009) / 249
Egbert v. Lippmann, 104 U.S. 333 (1881) / 190
Eibel Process Co. v. Minn. & Ont. Paper Co., 261 U.S. 45 (1923) / 125, 138
Eisai Co., Ltd. v. Dr. Reddy's Labs., 533 F.3d 1353 (Fed. Cir. 2008) / 265
Elan Corp., PLC v. Andrx Pharm., Inc., 366 F.3d 1336 (Fed. Cir. 2004) / 198
Electric Power Group, LLC v. Alstom S.A., 830 F.3d 1350 (Fed. Cir. 2016) / 99, 100, 104, 135, 151, 158, 161,
Electromotive Division of General Motors Co. v. Transportation Systems Division of General Electric Co., 417 F.3d 1203 (Fed. Cir. 2005) / 200
Eli Lilly & Co v. Medtronic, Inc., 496 U.S. 661 (1990) / 478
Eli Lilly & Co. v. Teva Parenteral Meds., 845 F.3d 1357 (Fed. Cir. 2017) / 394
Encyclopaedia Britannica, Inc. v. Alpine Elecs., Inc., 355 Fed. App'x 389 (Fed. Cir. 2009) / 425
Enfish, LLC v. Microsoft Corp., 822 F.3d 1327 (Fed. Cir. 2016) / 79, 80, 82, 87, 130, 132, 153, 164

Envirco Corp. v. Clestra Cleanroom, Inc., 209 F.3d 1360 (Fed. Cir. 2000) ("Second baffle means) / 415
Enzo Biochem, Inc. v. Calgene, Inc., 188 F.3d 1362 (Fed. Cir. 1999) / 344
Enzo Biochem, Inc. v. Gen-Probe, Inc., 323 F.3d 956 (Fed. Cir. 2002) / 296, 316
Enzo Biochem, Inc., v. Applera Corp., 599 F.3d 1325 (Fed. Cir. 2010) / 382
Ericsson, Inc. v. D-Link Sys., Inc., 773 F.3d 1201 (Fed. Cir. 2014) / 557
ESS Tech., Inc. v. PC-TEL, Inc., 1999 WL 33520483 (N.D. Cal. Nov.4, 1999) / 508
Estee Lauder Inc. v. L'Oreal, S.A., 129 F.3d 588 (Fed. Cir. 1997) / 303
Ethicon Endo-Surgery, Inc. v. United States Surgical Corp., 93 F.3d 1572 (Fed. Cir. 1996) / 46
Ethicon, Inc. v. United States Surgical Corp., 135 F.3d 1456 (Fed. Cir. 1998) / 412
Evans Cooling Sys. v. GM, 125 F.3d 1448 (Fed. Cir. 1997) / 187
Evans v. Eaton, 20 U.S. 356 (1822) / 207
Ex parte Anderson, 21 USPQ2d 1241 (Bd. Pat. App. & Inter. 1991) / 387
Ex parte Attig, 7 USPQ2d 1092 (Bd. Pat. App. & Inter. 1986) / 386
Ex parte Barber, 187 USPQ 244 (Bd. App. 1974) / 397
Ex parte Bondiou, 132 USPQ 356 (Bd. Pat. App. & Int. 1961) / 323
Ex parte Brian, 118 USPQ 242 (Bd. App. 1958) / 404
Ex parte Brummer, 12 USPQ2d 1653 (Bd. Pat. App. & Inter. 1989) / 383
Ex parte Caldwell, 1906 C.D. 58 (Comm'r Pat. 1906) / 390
Ex parte Clark, 174 USPQ 40 (Bd. App. 1971) / 399
Ex parte Copenhaver, 109 USPQ 118 (Bd. Pat. App. & Inter. 1955) / 386
Ex parte Cordova, 10 USPQ2d 1949 (Bd. Pat. App. & Inter. 1989) / 395
Ex parte Dunki, 153 USPQ 678 (Bd. App. 1967) / 401
Ex parte Erlich, 3 USPQ2d 1011 (Bd. Pat. App. & Inter. 1986) / 401
Ex parte Ferguson, 117 USPQ 229, 231 (Bd. App. 1957) / 358
Ex parte Fressola, 27 USPQ2d 1608 (Bd. Pat. App. & Inter. 1993) / 402
Ex parte Grasselli, 231 USPQ 393 (Bd. App. 1983), aff'd mem., 738 F.2d 453 (Fed. Cir. 1984) / 292, 396
Ex parte Hall, 83 USPQ 38 (Bd. App. 1949) / 390
Ex parte Hasche, 86 USPQ 481 (Bd. App. 1949) / 390
Ex parte Ionescu, 222 USPQ 537 (Bd. App. 1984) / 406
Ex parte Jackson, 217 USPQ 804, 806 (Bd. Pat. App. & Int. 1982) / 344

Ex parte Khusid, 174 USPQ 59 (Bd. App. 1971) / 389
Ex parte Kochan, 131 USPQ 204, 206 (Bd. App. 1961) / 399
Ex parte Kristensen, 10 USPQ2d 1701 (Bd. Pat. App. & Inter. 1989) / 385, 399
Ex parte Lyell, 17 USPQ2d 1548 (Bd. Pat. App. & Inter. 1990) / 401
Ex parte Markush, 1925 Dec. Comm'r Pat. 126, 127 (1924) / 393
Ex parte Miyazaki, 89 USPQ2d 1207 (Bd. Pat. App. & Inter. 2008) / 383
Ex parte Morton, 134 USPQ 407 (Bd. App. 1961); Ex parte Sobin, 139 USPQ 528 (Bd. App. 1962) / 403
Ex parte Oetiker, 23 USPQ2d 1641 (Bd. Pat. App. & Inter. 1992) / 382
Ex parte Ohshiro, 14 USPQ2d 1750 (Bd. Pat. App. & Inter. 1989) / 319
Ex parte Pantzer, 176 USPQ 141 (Bd. App. 1972) / 400
Ex parte Pappas, 23 USPQ2d 1636 (Bd. Pat. App. & Inter. 1992) / 385
Ex parte Porter, 25 USPQ2d 1144 (Bd. Pat. App. & Inter. 1992) / 391, 393, 402
Ex parte Rodriguez, 92 USPQ2d 1395, 1404 (Bd. Pat. App. & Int. 2009) / 416, 424
Ex parte Simpson, 218 USPQ 1020 (Bd. App. 1982) / 404
Ex parte Skuballa, 12 USPQ2d 1570 (Bd. Pat. App. & Inter. 1989) / 389
Ex Parte Smith, 83 USPQ2d 1509 (Bd. Pat. App.&Int. 2007) / 257
Ex parte Sorenson, 3 USPQ2d 1462 (Bd. Pat. App. & Inter. 1987) / 320
Ex parte Steigerwald, 131 USPQ 74 (Bd. App. 1961) / 390
Ex parte White, 759 O.G. 783 (Bd. App. 1958) / 399
Ex parte Whitelaw, 1915 C.D. 18, 219 O.G. 1237 (Comm'r Pat. 1914) / 399
Ex parte Wu, 10 USPQ2d 2031 (Bd. Pat. App. & Inter. 1989) / 395
Ex parte Zechnall, 194 USPQ 461 (Bd. Pat. App. & Int. 1973) / 339
Exergen Corp. v. Wal-Mart Stores, Inc., 575 F.3d 1312 (Fed. Cir. 2009) / 26
EZ Dock, Inc. v. Schafer Sys., Inc., 276 F.3d 1347 (Fed. Cir. 2002) / 201
FairWarning IP, LLC v. Iatric Sys., Inc., 839 F.3d 1089 (Fed. Cir. 2016) / 85, 133, 103, 154, 161
Ferko v. National Ass'n for Stock Car Auto Racing, Inc., 219 F.R.D. 396 (E.D. Tex. 2003) / 42
Festo Co., v. Shoketzu Kinzoku Kogyo Kabushiki Co., Ltd., 234 F.3d 558 (Fed. Cir. 2000) / 456
Festo Co., v. Shoketsu Kinzoku Kogyo Kabushiki Co., Ltd., 535 U.S. 722 (2002) / 375, 455

Festo Co., v. Shoketsu Kinzoku Kogyo Kabushiki Co., Ltd., 344 F.3d 1359 (Fed. Cir. 2003) / 457
Fields v. Conover, 443 F.2d 1386 (CCPA 1971) / 316
Fiers v. Revel, 984 F.2d 1164 (Fed. Cir. 1993) / 308
Filterite Corp. v. Tate Engineering, Inc., 318 F.Supp. 584, 590 (D.C.Md. 1970) / 172
Finisar Corp. v. DirecTV Group, Inc., 523 F.3d 1323 (Fed. Cir. 2008) / 422, 423
Fonar Corp. v. Gen. Elec. Co., 107 F.3d 1543 (Fed. Cir. 1997) / 298
Fort Props., Inc. v. Am. Master Lease LLC, 671 F.3d 1317 (Fed. Cir. 2012) / 95, 158
Foster v. Hallco Mfg. Co., Inc., 947 F.2d 469 (Fed. Cir. 1991) / 505
Fourco Glass Co. v. Transmirra Products Corp., 353 U.S. 222 (1957) / 15
Fresenius USA, Inc. v. Baxter International, Inc. (Fresenius I), 582 F.3d 1288 (Fed. Cir. 2009) / 14
Fresenius USA, Inc. v. Baxter International, Inc. (Fresenius II), 721 F.3d 1330 (Fed. Cir. 2013) / 14
Fresenius USA, Inc. v. Baxter International, Inc., 733 F.3d 1369 (Fed. Cir. 2013) / 519
Frnak's Casing Crew & Rental Tools, Inc. v. Weatherford Intern., Inc., 389 F.3d 1370 (Fed. Cir. 2004) / 460
FTC v. Actavis, 133 S.Ct. 2223 (2013) / 496
Fujikawa v. Wattanasin, 93 F.3d 1559 (Fed. Cir. 1996) / 298
Funai Elec. Co., Ltd. v. Daewoo Electronics Cop., 616 F.3d 1357 (Fed. Cir. 2010) / 578
Funk Bros. Seed Co. v. Kalo Inoculant Co., 333 U.S. 127 (1948) / 65, 111, 113, 117
Garretson v. Clark, 111 U.S. 120 (1884) / 512, 536
Gayler v. Wilder, 51 U.S. 477 (1850) / 172
Gen. Instrument Corp. v. Microsoft Deutschland GmbH, Landgericht Mannheim [Regional Court of Mannheim] May 2, 2012 1 (Ger.) / 507
General Motors Corp. v. Blackmore, 53 F.2d 725 (6th Cir. 1939) / 544
General Motors Corp. v. Devex Corp., 461 U.S. 648 (1983) / 518
General Talking Pictures Corp. v. Western Elec. Co., 304 U.S. 175 (1938) / 501
Genetic Techs. Ltd. v. Merial LLC, 818 F.3d 1369 (Fed. Cir. 2016) / 112, 147, 161
Gentry Gallery, Inc. v. Berkline Corp., 134 F.3d 1473 (Fed. Cir. 1998) / 52, 299, 312
Georgia-Pacific Corp. v. U.S. Plywood Corp., 318 F.Supp. 1116 (S.D.N.Y. 1970) / 542, 543, 549, 553

Gilead Sciences, Inc. v. Merck & Co., 888 F.3d 1231 (Fed. Cir 2018) / 486
Global-Tech Appliances, Inc. v. SEB S.A., 131 S.Ct. 2060 (2011) / 462
Golden Hour Data Systems, Inc. v. emsCharts, Inc., 614 F.3d 1367 (Fed. Cir. 2010) / 441
Goodyear Tire and Rubber Co. v. Overman Cushion Tire Co., 95 F.2d 978 (6th Cir. 1937) / 541
Gottschalk v. Benson, 409 U.S. 63 (1972) / 65, 72, 108, 140, 150, 154
Gould v. Quigg, 822 F.2d 1074 (Fed. Cir. 1987) / 332, 339
Graham v. John Deere Co., 383 U.S. 1 (1966) / 208, 233
Grain Processing Corp. v. American Maize, 185 F.3d 1341 (Fed. Cir. 1999) / 523
Grant v. Raymond, 31 U.S. 218 (1832) / 293
Graver Tank & Mfg. Co. v. Linde Air Products Co., 339 U.S. 605 (1950) / 444
Great Atlantic& Pacific Tea Co., v. Supermarket Equipment Corp., 340 U.S. 147 (1950) / 222
Greenberg v. Ethicon Endo-Surgery, Inc., 91 F.3d 1580 (Fed. Cir. 1996) / 409, 410, 411, 414
Group One, Ltd. v. Hallmark Cards, Inc., 254 F.3d 1041 (Fed. Cir. 2001) / 198
Gyromat Corp. v. Champion Spark Plug Co., 735 F.2d 549 (Fed. Cir. 1984) / 521
Halliburton Energy Servs., Inc. v. M-I LLC, 514 F.3d 1244 (Fed. Cir. 2008) / 368, 374
Halo Electronics, Inc. v. Pulse Electronics, Inc., 136 S.Ct. 1923 (2016) / 570
Hanson v. Alpine Valley Ski Area, Inc., 718 F.2d 1075 (Fed. Cir. 1983) / 545
Hazel-Atlas Glass Co. v. Hartford-Empire Co., 322 U.S. 238 (1944) / 26, 484
Hazeltine Research, Inc. v. Brenner, 382 U.S. 252 (1965) / 239
Hearing Components, Inc. v. Shure Inc., 600 F.3d 1357 (Fed. Cir. 2010) / 382
Hebert v. Lisle, 99 F.3d 1109 (F.C. 1996) / 528
Henry v. A. B. Dick Co., 224 U.S. 1 (1912) / 466
Hewlett-Packard Co. v. Acceleron LLC, 587 F.3d 1358 / 10
Hewlett-Packard Co. v. Baush & Lomb, 909 F.2d 1464 (Fed. Cir. 1990) / 461
Highmark Inc. v. Allcare Health Management System, Inc., 572 U.S. 559 (2014) / 575
Hill-Rom Co. v. Kinetic Concepts, Inc., 209 F.3d 1337 (Fed. Cir. 2000) / 431
Hirschfield v. Banner, 462 F.Supp. 135 (D.D.C. 1978) / 350
Holmes v. Securities Investor Protection Corp., 503 U.S. 258 (1992) / 531

Hormone Research Foundation Inc. v. Genentech Inc., 904 F.2d 1558 (Fed. Cir. 1990) / 381
Hotchkiss v. Greenwood, 52 U.S. 248 (1851) / 207
Hyatt v. Dudas, 492 F.3d 1365 (Fed. Cir. 2007) / 300, 301
Hybritech, Inc. v. Abbott Lab., 4 USPQ2d (BNA) 1001 (C.D. Cal. 1987) / 31
Hybritech, Inc. v. Monoclonal Antibodies, Inc., 802 F.2d 1367 (Fed. Cir. 1986) / 303, 306, 328, 338
i4i Ltd. P'ship v. Microsoft Corp., 598 F.3d 831 (Fed. Cir. 2010) / 31
Illinois Tool Works Inc. (petitioner) v. Independent Ink, Inc, 547 U.S. 28 (2006) / 489
Impression Products v. Lexmark Intern., 137 S.Ct. 1523 (2017) / 500
IMS Technology Inc. v. Haas Automation Inc., 206 F.3d 1422 (Fed. Cir. 2000) / 417
In re Abele, 684 F.2d 902 (CCPA 1982) / 111
In re Alappat, 33 F.3d 1526 (Fed. Cir. 1994) (en banc) / 421
In re Alton, 76 F.3d 1168 (Fed. Cir. 1996) / 337
In re Am. Acad. of Sci. Tech. Ctr., 367 F.3d 1359 (Fed. Cir. 2004) / 366
In re Anderson, 1997 U.S. App. Lexis 167 (Fed. Cir. January 6, 1997) / 378
In re Anderson, 471 F.2d 1237 (CCPA 1973) / 323, 431
In re Angstadt, 537 F.2d 498 (CCPA 1976) / 363
In re Aoyama, 656 F.3d 1293 (Fed. Cir. 2011) / 421, 423
In re Argoudelis, 434 F.2d 1390 (CCPA 1970) / 344
In re Armbruster, 512 F.2d 676 (CCPA 1975) (abstract) / 431
In re Barker, 559 F.2d 588 (CCPA 1977) / 295
In re Barr, 444 F.2d 588 (CCPA 1971) / 381, 396
In re Bass, 474 F.2d 1276 (CCPA 1973) / 240
In re Baxter Int'l, Inc., 678 F.3d 1357 (Fed. Cir. 2012) / 14
In re Bell, 991 F.2d 781 (Fed. Cir. 1993) / 298
In re Benno, 768 F.2d 1340 (Fed. Cir. 1985) / 298
In re Bernhart, 417 F.2d 1395 (CCPA 1969) / 397
In re Bigio, 381 F.3d 1320 (Fed. Cir. 2004) / 366
In re Bill of Lading, 681 F.3d 1323 (Fed. Cir. 2012) / 19
In re Borkowski, 422 F.2d 904 (CCPA 1970) / 332
In re Brana, 51 F.3d 1560 (Fed. Cir. 1995) / 330, 333, 357

In re Brandstadter, 484 F.2d 1395 (CCPA 1973) / 336, 352
In re Breslow, 616 F.2d 516 (CCPA 1980) / 330
In re Brown, 477 F.2d 946 (CCPA 1973) / 348, 349, 353
In re Brown, 645 Fed. App'x 1014 (Fed. Cir. 2016) / 107, 155, 158
In re Buchner, 929 F.2d 660 (Fed. Cir. 1991) / 328, 337, 338, 359
In re Budnick, 537 F.2d 535 (CCPA 1976) / 338, 354
In re Bundy, 642 F.2d 430 (CCPA 1981) / 347
In re Buszard, 504 F.3d 1364 (Fed. Cir. 2007) / 365, 371, 374
In re Certain Limited-Charge Cell Culture Microcarriers, 221 USPQ 1165 (Int'l Trade Comm'n 1983) / 328
In re Chandler, 319 F.2d 211 (CCPA 1963) / 398
In re Chilowsky, 229 F.2d 457 (CCPA 1956) / 358
In re Chorna, 656 Fed. App'x 1016 (Fed. Cir. 2016) / 93
In re Cohn, 438 F.2d 989 (CCPA 1971) / 378
In re Colianni, 561 F.2d 220 (CCPA 1977) / 340, 346
In re Collier, 397 F.2d 1003 (CCPA 1968) / 318, 397
In re Comiskey, 554 F.3d 967 (Fed. Cir. 2009) / 51, 94
In re Comstock, 481 F.2d 905 (CCPA 1973) / 350
In re Cook, 439 F.2d 730 (CCPA 1971) / 363
In re Cray Inc., 871 F.3d 1355 (Fed. Cir. 2017) / 17
In re Cronyn, 890 F.2d 1158 (Fed. Cir. 1989) / 174
In re Curtis, 354 F.3d 1347 (Fed. Cir. 2004) / 310
In re Dance, 160 F.3d 1339 (Fed. Cir. 1998) / 289
In re Donaldson Co., 16 F.3d 1189 (Fed. Cir. 1994) (en banc) / 317, 367, 407, 418
In re Donohue, 550 F.2d 1269 (CCPA 1977) / 342
In re Dossel, 115 F.3d 942 (Fed. Cir. 1997) / 419, 423
In re Ferguson, 558 F.3d 1359 (Fed. Cir. 2009) / 75, 97
In re Fisher, 427 F.2d 833 (CCPA 1970) / 330, 334, 357, 359, 361, 380, 403
In re Flint, 411 F.2d 1353 (CCPA 1969) / 398
In re Forman, 463 F.2d 1125 (CCPA 1972) / 349, 354
In re Foster, 343 F.2d 980 (C.C.P.A. 1965) / 185
In re Fouche, 439 F.2d 1237 (CCPA 1971) / 356
In re Fout, 675 F.2d 297 (CCPA 1982) / 255

In re Fredericksen, 213 F.2d 547 (CCPA 1954) / 389
In re Fulton, 391 F.3d 1195 (Fed. Cir. 2004) / 286
In re Gabapentin Patent Litig., 503 F.3d 1254 (Fed. Cir. 2007) / 43
In re Gardner, 427 F.2d 786 (CCPA 1970) / 379, 394
In re Gazave, 379 F.2d 973 (CCPA 1967) / 358
In re Ghiron, 442 F.2d 985 (CCPA 1971) / 330, 341, 343, 349
In re Goffe, 542 F.2d 564, 567 (CCPA 1976) / 360, 363
In re Goodman, 11 F.3d 1046 (Fed. Cir. 1993) / 345, 361
In re Gordon, 733 F.2d 900 (Fed. Cir. 1984) / 288
In re Gosteli, 872 F.2d 1008 (Fed. Cir. 1989) / 313
In re Grams, 888 F.2d 835 (Fed. Cir. 1989) / 102, 108, 111, 157
In re Gunn, 537 F.2d 1123 (CCPA 1976) / 338, 342, 351, 354
In re Gustafson, 331 F.2d 905 (CCPA 1964) / 397
In re Hafner, 410 F.2d 1403 (C.C.P.A. 1969) / 183
In re Hall, 208 F.2d 370 (CCPA 1953) / 397
In re Hall, 781 F.2d 897 (Fed. Cir. 1986) / 175
In re Halleck, 422 F.2d 911 (CCPA 1970) / 389
In re Hammack, 427 F.2d 1384 (CCPA 1970) / 391
In re Herschler, 591 F.2d 693 (CCPA 1979) / 310
In re Hitchings, 342 F.2d 80 (CCPA 1965) / 350
In re Hogan, 559 F.2d 595 (CCPA 1977) / 339
In re Howarth, 654 F.2d 103 (CCPA 1981) / 330
In re Hyatt, 708 F.2d 712 (Fed. Cir. 1983) / 362, 433, 434
In re ICON Health & Fitness, Inc., 496 F.3d 1374 (Fed. Cir. 2007) / 259
In re Irons, 340 F.2d 974 (CCPA 1965) / 358
In re Johnson, 282 F.2d 370 (CCPA 1960) / 330, 360, 396
In re Kahn, 441 F.3d 977, 988 (C.A. Fed. 2006) / 224
In re Kaiser Aluminum and Chem. Co., 214 F.3d 586 (5th Cir. 2000) / 42
In re Katz Interactive Call Processing Patent Litigation, 639 F.3d 1303 (Fed. Cir. 2011) / 400, 422
In re Kelly, 305 F.2d 909 (CCPA 1962) / 399
In re King, 107 F.2d 618 (CCPA 1939) / 119
In re Kirsch, 498 F.2d 1389 (CCPA 1974) / 389

In re Klopfenstein, 380 F.3d 1345 (Fed. Cir. 2004) / 175
In re Knowlton, 481 F.2d 1357 (CCPA 1973) / 350, 420
In re Kollar, 286 F.3d 1326, 1332 (Fed. Cir. 2002) / 199
In re Koller, 613 F.2d 819 (CCPA 1980) / 296
In re Kroekel, 504 F.2d 1143 (CCPA 1974) / 388
In re Kubin, 561 F.3d 1351 (Fed. Cir. 2009) / 276
In re Larsen, 10 Fed. App'x 890 (Fed. Cir. 2001) / 373, 392
In re Luck, 476 F.2d 650 (CCPA 1973) / 400
In re Lukach, 442 F.2d 967 (CCPA 1971) / 298, 319
In re Lundak, 773 F.2d 1216 (Fed. Cir. 1985) / 297, 344
In re Marden, 47 F.2d 958, 959 (CCPA 1931) / 119, 122
In re Marosi, 710 F.2d 799 (CCPA 1983) / 385
In re Marshall, 578 F.2d 301 (CCPA 1978) / 180
In re Marzocchi, 439 F.2d 220 (CCPA 1971) / 334, 336, 360
In re Mattison, 509 F.2d 563 (CCPA 1975) / 389
In re Maucorps, 609 F.2d 481 (CCPA 1979) / 97, 111
In re Mayhew, 527 F.2d 1229 (CCPA 1976) / 318, 363
In re Merck & Co., Inc., 800 F.2d 1091 (Fed. Cir. 1986) / 290
In re Meyer, 688 F.2d 789 (CCPA 1982) / 98, 157
In re Miller, 441 F.2d 689 (CCPA 1971) / 379
In re Mochel, 470 F.2d 638 (CCPA 1974) / 389
In re Moore, 439 F.2d 1232 (CCPA 1971) / 359
In re Morehouse, 545 F.2d 162 (CCPA 1976) / 351
In re Morris, 127 F.3d 1048 (Fed. Cir. 1997) / 366, 380, 408
In re Mott, 539 F.2d 1291 (CCPA 1976) / 431
In re Musgrave, 431 F.2d 882 (CCPA 1970) / 386
In re Naquin, 398 F.2d 863 (CCPA 1968) / 348, 351
In re Nehrenberg, 280 F.2d 161 (CCPA 1960) / 385
In re Nilssen, 851 F.2d 1401 (Fed. Cir. 1988) / 271, 274
In re Noll, 545 F.2d 141 (CCPA 1976) / 306, 420
In re Nuijten, 500 F.3d 1346 (Fed. Cir. 2007) / 72
In re O'Farrell, 853 F.2d 894 (Fed. Cir. 1988) / 255, 291
In re Oda, 443 F.2d 1200 (CCPA 1971) / 299, 323

In re Omeprazole Patent Litigation, 536 F.3d 1361(Fed. Cir. 2008) / 246, 555
In re Packard, 751 F.3d 1307 (Fed. Cir. 2014) / 391, 405
In re Peters, 723 F.2d 891 (Fed. Cir. 1983) / 318
In re Pilkington, 411 F.2d 1345 (CCPA 1969) / 400
In re Prater, 415 F.2d 1393 (CCPA 1969) / 380, 402
In re Rasmussen, 650 F.2d 1212 (CCPA 1981) / 298, 310, 313, 321
In re Ratti, 270 F.2d 810 (CCPA 1959) / 289
In re Reynolds, 443 F.2d 384 (CCPA 1971) / 324
In re Rinehart, 531 F.2d 1048 (CCPA 1976) / 291
In re Robertson, 169 F.3d 743 (Fed. Cir. 1999) / 312, 324
In re Robins, 429 F.2d 452 (CCPA 1970) / 312
In re Roslin Institute (Edinburgh), 750 F.3d 1333 (Fed. Cir. 2014) / 112, 114, 115, 122
In re Ruschig, 379 F.2d 990 (CCPA 1967) / 319
In re Scarbrough, 500 F.2d 560 (CCPA 1974) / 343, 355, 349
In re Schechter, 205 F.2d 185 (CCPA 1953) / 395
In re Seagate Technology, LLC., 497 F.3d 1360 (Fed. Cir. 2007) / 569
In re Skrivan, 427 F.2d 801 (CCPA 1970) / 360
In re Smith, 458 F.2d 1389 (CCPA 1972) / 299, 312, 320
In re Smith, 714 F.2d 1127 (Fed. Cir. 1983) / 196, 201
In re Smith, 815 F.3d 816 (Fed. Cir. 2016) / 92, 93, 147
In re Smythe, 480 F.2d 1376 (CCPA 1973) / 310, 324
In re Steele, 305 F.2d 859 (CCPA 1962) / 406
In re Steppan, 394 F.2d 1013 (CCPA 1967) / 400
In re Suitco Surface, Inc., 603 F.3d 1255 (Fed. Cir. 2010) / 365
In re Sus, 306 F.2d 494 (CCPA 1962) / 318
In re Swartz, 232 F.3d 862 (Fed. Cir. 2000) / 358
In re Swinehart, 439 F.2d 210 (CCPA 1971) / 365
In re Urbanski, 809 F.3d 1237 (Fed. Cir. 2016) / 288
In re Vaeck, 947 F.2d 488 (Fed. Cir. 1991) / 328, 331, 335, 346, 361
In re Venezia, 530 F.2d 956 (CCPA 1976) / 379
In re Wakefield, 422 F.2d 897 (CCPA 1970) / 396
In re Wands, 858 F.2d 731 (Fed. Cir. 1988) / 327, 329, 340, 347

In re Wertheim, 541 F.2d 257 (CCPA 1976) / 297, 316, 320
In re Wilder, 736 F.2d 1516 (Fed. Cir. 1984) / 308, 320
In re Wilson, 424 F.2d 1382 (CCPA 1970) / 406
In re Winkhaus, 527 F.2d 637 (CCPA 1975) / 402
In re Wolfensperger, 302 F.2d 950 (CCPA 1962) / 431
In re Wright, 866 F.2d 422 (Fed. Cir. 1989) / 312, 315
In re Wright, 999 F.2d 1557 (Fed. Cir. 1993) / 329, 336, 339, 345, 359, 361
In re Wyer, 655 F.2d 221 (CCPA 1981) / 175
In re Yamamoto, 740 F.2d 1569 (Fed. Cir. 1984) / 365, 374
In re Young, 927 F.2d 588 (Fed. Cir. 1991) / 287
In re Ziegler, 992 F.2d 1197 (Fed. Cir. 1993) / 315
In re Zletz, 893 F.2d 319 (Fed. Cir. 1989) / 365, 371, 374, 380, 408
In re Benno, 768 F.2d 1340, 226 USPQ 683 (Fed. Cir. 1985) / 322
In re Cook, 439 F.2d 730, 734 (CCPA 1971) / 335
In re Fisher, 427 F.2d 833, 839 (CCPA 1970) / 335
In re Soll, 97 F.2d 623, 624 (CCPA 1938) / 335
In re Vickers, 141 F.2d 522 (CCPA 1944) / 335
In re Wright, 999 F.2d 1557 (Fed. Cir. 1993) / 335
IN/NIP, Inc. v. Platte Chem. Co., 304 F.3d 1235 (Fed. Cir. 2002) / 299
Inphi Corporation v. Netlist, Inc., 805 F.3d 1350 (Fed. Cir. 2015) / 396
Int'l Salt Co. v. United States, 332 U.S. 392 (1947) / 490
Intel Corp. v. VIA Technologies, Inc, 319 F.3d 1357 (Fed. Cir. 2003) / 423, 424, 430
Intellectual Ventures I LLC v. Capital One Bank (USA), 792 F.3d 1363 (Fed. Cir. 2015) / 98, 153, 155, 162
Intellectual Ventures I LLC v. Capital One Fin. Corp., 850 F.3d 1332 (Fed. Cir. 2017) / 104, 151, 157, 158
Intellectual Ventures I LLC v. Symantec Corp., 838 F.3d 1307 (Fed. Cir. 2016) / 99, 124, 131, 135, 144, 151, 152, 161
Intellectual Ventures v. Erie Indem. Co., 850 F.3d 1315 (Fed. Cir. 2017) / 152
Internet Patent Corp. v. Active Network, Inc., 790 F.3d 1343 (Fed. Cir. 2015) / 104, 146, 151, 155
Interval Licensing LLC v. AOL, Inc., 766 F.3d 1364 (Fed. Cir. 2014) / 382, 383, 386
Inventio AG v. Thyssenkrupp Elevator Americas Corp., 649 F.3d 1350 (Fed. Cir.

2011) / 410
Invitrogen Corp. v. Biocrest Mfg., L.P., 424 F.3d 1374 (Fed. Cir. 2005) / 186, 195, 198
IPXL Holdings v. Amazon.com, Inc., 430 F.3d 1377 (Fed. Cir. 2005) / 401
Iron Grip Barbell v. USA Sports, 392 F.3d 1317 (Fed. Cir. 2004) / 233
J.E.M. Ag Supply, Inc. v. Pioneer Hi-Bred Int'l, Inc., 534 U.S. 124 (2001) / 114, 294
JANG v. BOSTON SCIENTIFIC CORP., 872 F.3d 1275 (Fed. Cir. 2017) / 450
Jazz Photo Corp. v. International Trade Commission, 264 F.3d 1094 (Fed. Cir. 2001) / 502
Jefferson Parish Hospital Dist. No. 2 v. Hyde, 466 U.S. 2 (1984) / 490
Johnson & Johnston Assoc. Inc. v. R.E. Serv. Co., 285 F.3d 1046 (Fed. Cir. 2002) (en banc) / 367, 454
Johnson Worldwide Assoc. v. Zebco Corp., 175 F.3d 985 (Fed. Cir. 1999) / 299, 312
Johnston v. IVAC Corp., 885 F.2d 1574 (Fed. Cir. 1989) / 437
Kaufman Co. v. Lantech, Inc., 926 F.2d 1136 (Fed. Cir. 1991) / 520
Key Mfg. Group, Inc. v. Microdot, Inc., 925 F.2d 1444 (Fed. Cir. 1991) / 437
Key Pharms. v. Hereon Labs Corp., 161 F.3d 709 (Fed. Cir. 1998) / 178
Keystone Driller Co. v. General Excavator Co., 290 U.S. 240 (1933) / 26, 483
King Instruments Corp. v. Perego, 65 F.3d 941 (Fed. Cir. 1995) / 519
Kinzenbaw v. Deere & Co., 741 F.2d 383 (Fed. Cir. 1984) / 195
Kirtsaeng v. John Wiley & Sons, Inc., 568 U.S. 519 (2013) / 502
KSR v. Teleflex, 550 U.S. 398 (2007) / 215, 233
Larami v. Amron, 27 USPQ2d 1280 (ED. Pa. 1993) / 443
LaserDynamics, Inc. v. Quanta Computer, Inc., 694 F.3d 51 (Fed. Cir. 2012) / 554, 555, 556, 562
Le Roy v. Tatham, 55 U.S. 156 (1852) / 65
Leapfrog Enterprises, Inc. v. Fisher-Price, Inc., 485 F.3d 1157 (Fed. Cir. 2007) / 263, 285
Leesona Corp. v. United States, 599 F.2d 958, 974 (Fed. Cir. 1979) / 535
LendingTree, LLC v. Zillow, Inc., 656 Fed. App'x 991 (Fed. Cir. 2016) / 134
Limelight Networks, Inc. v. Akamai Technologies, Inc., 134 S.Ct. 2111 (2014) / 441, 464
Lincoln Engineering Co. v. Stewart-Warner Corp., 303 U.S. 545 (1938) / 396

Lindemann Maschinenfabrik GMBH v. American Hoist & Derrick Co., 730 F.2d 1452, 1463 / 328, 338
Linear Tech. Corp. v. Impala Linear Corp., 379 F.3d 1311 (Fed. Cir. 2004) / 411
Linear Technology Corp. v. Micrel, Inc., 275 F.3d 1040 (Fed. Cir. 2001) / 198
LizardTech v. Earth Resource Mapping, Inc., 424 F.3d 1336 (Fed. Cir. 2005) / 310
Lockwood v. Amer. Airlines, Inc., 107 F.3d 1565 (Fed. Cir. 1997) / 296, 302, 314
London v. Carson Pirie Scott & Co., 946 F.2d 1534 (Fed. Cir. 1991) / 437
Lorenz v. Colgate Palmolive, 167 F.2d 423 (3rd Cir. 1948) / 187
Lucent Technologies, Inc. v. Gateway, Inc., 580 F.3d 1301, 1333 (Fed. Cir. 2009) / 541, 550, 557
Lutzker v. Plet, 843 F.2d 1364 (Fed. Cir. 1988) / 171
Mackay Radio & Tel. Co. v. Radio Corp. of America, 306 U.S. 86 (1939) / 109, 137
Madey v. Duke University, 307 F.3d 1351 (Fed. Cir. 2002) / 481
MagSil Corp. v. Hitachi Global Storage Technologies, Inc., 687 F.3d 1377 (Fed. Cir. 2012) / 342
Mahn v. Harwood, 112 U.S. 354, 361 (1884) / 453
Mahurkar v. C.R Bard, Inc., 79 F.3d 1572 (Fed. Cir. 1996) / 169, 303
Mallinckrodt, Inc. v. Medipart, Inc., 976 F.2d 700 (Fed. Cir. 1992) / 488
Manville Sales Corp. v. Paramount Systems, Inc., 917 F.2d 544 (Fed. Cir. 1990) / 201
Markman v. Westview Instruments 517 U.S. 370 (1996) / 44
Mars Inc. v. Nippon Conlux Kabushiki-Kaisha, 58 F.3d 616 (Fed. Cir. 1995) / 504
Martin v. Johnson, 454 F.2d 746 (CCPA 1972) / 306, 404
Marx v. General Revenue Corp., 568 U.S. 371 (2013) / 573
Masco Corp. v. United States, 303 F.3d 1316 (Fed. Cir. 2002) / 411
Mas-Hamilton Group v. LaGard, Inc., 156 F.3d 1206 / 410
Massachusetts Inst. of Tech. v. Abacus Software, 462 F.3d 1344 (Fed. Cir. 2006)
Massachusetts Institute of Technology v. A.B. Fortia, 774 F.2d 1104 (Fed. Cir. 1985) / 328
Matsushita Elec. Indus. Co. v. Zenith Radio Corp., 475 U.S. 574 (1986) / 51
Maxwell v. J. Baker, Inc., 86 F.3d 1098 (Fed. Cir. 1996) / 454, 577, 578
Mayo Collaborative Servs. v. Prometheus Labs., Inc., 566 U.S. 66 (2012) / 67, 112, 123, 142, 146, 157

McClain v. Ortmayer, 141 U.S. 419 (1891) / 453
McRO, Inc. v. Bandai Namco Games Am. Inc., 837 F.3d 1299 (Fed. Cir. 2016) / 81, 83, 130, 137, 151, 153, 164
Medical Instrumentation and Diagnostic Corp. v. Elekta AB, 344 F.3d 1205 (Fed. Cir. 2003) / 426, 427, 432
MedImmune, Inc. v. Genentech, Inc., 549 U.S. 118 (2007) / 9
Mentor Graphics Corp. v. EVE-USA, Inc., 851 F.3d 1275 (Fed. Cir. 2017) / 75, 522
Merck v. Integra Lifescience, 125 S.Ct. 2372 (2005) / 479
Metro-Goldwyn-Mayer Studios Inc. v. Grokster, Ltd., 545 U.S. 913 (2005) / 466, 467
Micro Chemical, Inc. v. Great Plains Chemical Co., 103 F.3d 1538 (Fed. Cir. 1997) / 198
Micro Chemical, Inc. v. Lextron, Inc., 318 F.3d 1119 (Fed. Cir. 2003) / 525, 530
Microsoft Corp. v. AT&T Corp., 550 U.S. 437 (2007) / 100, 475
Microsoft Corp. v. Motorola Inc., 696 F.3d 872 (9th Cir. 2012) / 513
Microsoft Corp. v. Motorola Inc., 795 F.3d 1024 (9th Cir. 2015) / 511, 513
Microsoft Corp. v. Motorola, Inc., 864 F.Supp.2d 1023 (W.D. Wash. 2012) / 507
Milcor Steel Co. v. George A. Fuller Co., 315 U.S. 143 (1942) / 453
Minco, Inc. v. Combustion Engineering, 95 F.3d 1109 (Fed. Cir. 1996) / 540
Minerals Separation Ltd. v. Hyde, 242 U.S. 261 (1916) / 327
Minnesota Mining & Mfg. Co. v. Johnson & Johnson Orthopaedics, Inc., 976 F.2d 1559 (Fed. Cir. 1992) / 540
Mitutoyo Corp. v. Central Purchasing, LLC., 499 F.3d 1284 (Fed. Cir. 2007) / 549
Moba, B.V. v. Diamond Automation, Inc., 325 F.3d 1306 (Fed. Cir. 2003) / 296
Moleculon Research Corp. v. CBS, Inc., 793 F.2d 1261 (Fed. Cir. 1986) / 192
Monsanto Co. v. Syngenta Seeds, Inc., 503 F.3d 1352 (Fed. Cir. 2007) / 438
Mortgage Grader, Inc. v. First Choice Loan Servs., 811 F.3d. 1314 (Fed. Cir. 2015) / 102
Motion Picture Patents Co. v. Universal Film Mfg. Co., 243 U.S. 502 (1917) / 501
Motionless Keyboard v. Microsoft, 486 F.3d 1376 (Fed. Cir. 2007) / 194
Mowry v. Whitney, 81 U.S. 620 (1871) / 358
Muniauction, Inc. v. Thomson Corp., 532 F.3d 1318 (Fed. Cir. 2008) / 262, 439
Nautilus, Inc. v. Biosig Instruments, Inc., 572 U.S. 898 (2014) / 368, 371
Net MoneyIN, Inc. v. VeriSign, Inc., 545 F.3d 1359 (Fed. Cir. 2008) / 424

Netscape Communications Corp. v. Konrad, 295 F.3d 1315 (Fed. Cir. 2002) / 186, 193
Nike, Inc. v. Wal-Mart Stores, Inc., 138 F.3d 1437 (Fed. Cir. 1998) / 576, 577
Noah Systems Inc. v. Intuit Inc., 675 F.3d 1302 (Fed. Cir. 2012) / 421
Nobelpharma v. Implant Innovations, 141 F.3d 1059 (1998) / 494
Noelle v. Lederman, 355 F.3d 1343 (Fed. Cir. 2004) / 309
NTP v. Research in Motion, 418 F.3d 1282 (Fed. Cir. 2005) / 472
Nystrom v. TREX Co., 339 F.3d 1347 (Fed. Cir. 2003) / 49
Nystrom v. Trex Co., 580 F.3d 1281 (Fed. Cir. 2009) / 504
O.I. Corp. v. Tekmar, 115 F.3d 1576 (Fed. Cir. 1997) / 413
O'Reilly v. Morse, 56 U.S. 62 (1853) / 65, 111, 112, 155
Octane Fitness, LLC v. Icon Health & Fitness Inc., 572 U.S. 545 (2014) / 574
Oddzon Products, Inc. v. Just Toys, Inc., 122 F.3d 1396 (Fed. Cir. 1997) / 168
Odetics, Inc. v. Storage Tech. Corp., 185 F.3d 1259 (Fed. Cir. 1999) / 459
OIP Technologies, Inc. v. Amazon.com, Inc., 788 F.3d 1359 (Fed. Cir. 2015) / 92, 145, 146, 149, 157
Orthokinetics, Inc. v. Safety Travel Chairs, Inc., 806 F.2d 1565 (Fed. Cir. 1986) / 368, 384
Ortho-McNeil Pharm., Inc. v. Caraco Pharm. Labs., Ltd., 476 F.3d 1321 (Fed. Cir. 2007) / 384
Ortho-McNeil Pharm., Inc. v. Mylan Labs, Inc., 520 F.3d 1358 (Fed. Cir. 2008) / 280
Paice LLC v. Toyota Motor Corp., 504 F.3d 1293 (Fed. Cir. 2007) / 518
Panduit Co. v. Stahlin Bros. Fibre Works, Inc., 575 F.2d 1152 (Fed. Cir. 1978) / 520, 541
Paper Converting Machine Co. v. Magna-Graphics Corp., 745 F.2d 11 (Fed. Cir. 1984) / 535
Parke-Davis & Co. v. H.K. Mulford Co., 189 F. 95, 103-04 (S.D.N.Y. 1911) / 119
Parker v. Flook, 437 U.S. 584 (1978) / 65, 77, 108, 111, 126, 158
Pennock v. Dialogue, 27 U.S. 1 (1829) / 184, 202
Perfect Web Techs v. InfoUSA, Inc., 587 F.3d 1324 (Fed. Cir. 2010) / 229
Perrin v. United States, 444 U.S. 37 (1979) / 65
Personalized Media Commc'ns, LLC v. ITC, 161 F.3d 696 (Fed. Cir. 1998) / 409, 410, 411

Petrolite Corp. v. Baker Hughes Inc., 96 F.3d 1423 (Fed. Cir. 1996) / 186
Pfaff v. Wells Electronics, Inc., 525 U.S. 55 (1998) / 169, 184, 186, 196, 296, 303, 314
Pfizer, Inc. v. Apotex, Inc., 480 F.3d 1348 (Fed. Cir. 2007) / 275
Phillips v. AWH Corp., 415 F.3d 1303 (Fed. Cir. 2005) (*en banc*) / 409, 437
Pioneer Corp. v. Samsung SDI Co., Ltd., 2008 WL 11344761 / 11
Pioneer Magnetics, Inc. v. Micro Linear Corp., 330 F.3d 1352 (Fed. Cir. 2003) / 458
Pitney Bowes, Inc. v. Hewlett-Packard Co., 182 F.3d 1298 (Fed. Cir. 1999) / 52
Plant Genetic Sys., N.V. v. DeKalb Genetics Corp., 315 F.3d 1335 (Fed. Cir. 2003) / 359
Powell v. Home Depot U.S.A., Inc., 663 F.3d 1221 (Fed. Cir. 2011) / 550
Power-One, Inc. v. Artesyn Techs., Inc., 599 F.3d 1343 (Fed. Cir. 2010) / 368
PPG Indus. v. Guardian Indus., 156 F.3d 1351 (Fed. Cir. 1998) / 301
PPG Indus. v. Guardian Indus., 75 F.3d 1558 (Fed. Cir. 1996) / 346
Precision Instruments Manufacturing Co. v. Automotive Maintenance Machinery Co., 324 U.S. 806 (1945) / 26, 484
Pressure Prods. Med. Supplies, Inc. v. Greatbatch Ltd., 599 F.3d 1308 (Fed. Cir. 2010) / 427
Process Control Corp. v. HydReclaim Corp., 190 F.3d 1350 (Fed. Cir. 1999) / 381
Proctor & Gamble Co. v. Teva Pharm. USA, Inc., 566 F.3d 989 (Fed. Cir. 2009) / 267
Prof'l Real Estate Investors, Inc. v. Columbia Pictures Indus., 508 U.S. 49 (1993) / 494
Purdue Pharma L.P. v. Faulding Inc., 230 F.3d 1320 (Fed. Cir. 2000) / 320
Purdue Pharma v. Epic Pharma, 811 F.3d 1345 (Fed. Cir. 2016) / 400
Quanta Computer, Inc. v. LG Electronics, Inc., 553 U.S. 617 (2008) / 499
Radio Steel and Mfg. Co. v. MTD Products, Inc., 731 F.2d 840 (Fed. Cir. 1984) / 397
Radio Steel & Mfg. Co. v. MTD Prods., Inc., 788 F.2d 1554 (Fed. Cir. 1986) / 542
Ralston Purina Co. v. Far-Mar-Co., Inc., 772 F.2d 1570 (Fed. Cir. 1985) / 314
Rapid Litig. Mgmt. v. CellzDirect, Inc., 827 F.3d 1042 (Fed. Cir. 2016) / 77, 113, 117, 135, 144
Raytech Corp. v. White, 54 F.3d 187 (3d Cir. 1995) / 504
Recogni Corp, LLC v. Nintendo Co., 855 F.3d 1322 (Fed. Cir. 2017) / 80, 99, 104,

123, 133
Reeves Bros., Inc. v. U.S. Laminating Corp., 282 F.Supp. 118 (E.D.N.Y. 1966) / 176
Regents of the Univ. of Cal. v. DakoCytomation Cal., Inc., 517 F.3d 1364 (Fed. Cir. 2008) / 49
Regents of the Univ. of Cal. v. Eli Lilly, 119 F.3d 1559 (Fed. Cir. 1997) / 295, 296, 314
Research Corporation Technologies Inc. v. Microsoft Corp., 627 F.3d 859 (Fed. Cir. 2010) / 90, 132
Research In Motion Ltd. v. Motorola, Inc., 644 F.Supp.2d 788 (N.D. Tex. 2008) / 509
ResQNet.com, Inc. v. Lansa, Inc., 594 F.3d 860 (Fed. Cir. 2010) / 544
Return Mail, Inc. v. U.S. Postal Service, 868 F.3d 1350 (Fed. Cir. 2017) / 104, 134, 147
Ricoh Company, LTD. v. Quanta Computer Inc., 550 F.3d 1325 (Fed. Cir. 2008) / 468
Rite-Hite Corp. v. Kelley Co., 56 F.3d 1538 (Fed. Cir. 1995) / 31, 537, 518, 531, 542, 548
Rockwood v. General Fire Extinguisher Co., 37 F.2d 62 (2d Cir. 1930) / 541
Rodime PLC v. Seagate Technology, Inc., 174 F.3d 1294 (Fed. Cir. 1999) / 415
Rolls-Royce, PLC v. United Tech. Corp., 603 F.3d 1325 (Fed. Cir. 2010) / 283
Rosaire v. Bariod, 218 F.2d 72 (5th Cir. 1955) / 172
Rozbicki v. Chiang, 590 Fed.App'x 990 (Fed. Cir. 2014) / 319
Ruiz v. A.B. Chance Co., 357 F.3d 1270 (Fed. Cir. 2004) / 245, 256, 271, 286
Ryco, Inc. v. Ag-Bag Corp., 857 F.2d 1418 (Fed. Cir. 1988) / 528
Sage Prods., Inc. v. Devon Indus., Inc., 126 F.3d 1420 (Fed. Cir. 1997) / 408
Sakraida v. AgPro, Inc. 425 U.S. 273 (1976) / 223, 237
Samsung Electronics Co. v. Apple Inc., 137 S.Ct. 429 (2016) / 73, 566
SanDisk Corp. v. STMicroelectronics, Inc., 480 F.3d 1372 / 10
Sanitary Refrigerator Co. v. Winters, 280 U.S. 30 (1929) / 446
Sanofi-Synthelabo v. Apotex, Inc., 550 F.3d 1075 (Fed. Cir. 2008) / 282
Schering Corp. v. Amgen, Inc., 222 F.3d 1347 (Fed. Cir. 2000) / 323
Schering Corp. v. Geneva Pharmaceuticals, Inc., 339 F.3d 1372 (Fed. Cir. 2003) / 182
Schriber-Schroth Co. v. Cleveland Trust Co., 311 U.S. 211 (1940) / 47

Scott v. Finney, 34 F.3d 1058 (Fed. Cir. 1994) / 337
Scott v. Harris, 550 U.S. 372 (2007) / 51
Seal-Flex, Inc. v. Athletic Track & Court Construction, 98 F.3d 1318 (C.A. Fed. 1996) / 198
Seal-Flex, Inc. v. Athletic Track and Court Construction, 172 F.3d 836 (Fed. Cir. 1999) (Rader, J., concurring) / 412
Seattle Box Co., Inc. v. Industrial Crating & Packing, Inc., 731 F.2d 818 (Fed. Cir. 1984) / 382
Senmed, Inc. v. Richard-Allan Medical Indus., 888 F.2D 815 (Fed. Cir. 1989) / 449
Signtech USA, Ltd. v. Vutek, Inc., 174 F.3d 1352 (Fed. Cir. 1999) / 412
Slip Track Sys. v. Metal-Lite, Inc., 304 F.3d 1256 (Fed. Cir. 2002) / 33
SmithKline Diagnostics, Inc. v. Helena Lab. Corp., 859 F.2d 878 (Fed. Cir. 1988) / 438
SmithKline Diagnostics, Inc. v. Helena Laboratories Corp., 926 F.2d 1161 (Fed. Cir. 1991) / 549
Solomon v. Kimberly-Clark Corp., 216 F.3d 1372 (Fed. Cir. 2000) / 373
Sony Corp. v. Universal City Studios, 464 U.S. 417 (1984) / 466, 467
Spectra-Physics, Inc. v. Coherent, Inc., 827 F.2d 1524 (Fed. Cir. 1987) / 330
Spectrum Int'l, Inc. v. Sterilite Corp., 164 F.3d 1372 (Fed. Cir. 1998) / 52
Spreadsheet Automation Corp. v. Microsoft Corp., 587 F.Supp.2d 794 / 11
SRI Int'l v. Matsushita Elec. Corp., 775 F.2d 1107 (Fed. Cir. 1985) / 453
Standard Oil Co. of Cal. v. United States, 337 U.S. 293 (1949) / 490
State Industries v. Mor-Flo Industries, 883 F.2d 1573 (Fed. Cir. 1989) / 526, 529, 536
State Oil Co. v. Kahn, 118 S.Ct. 275 (1997) / 489
Streamfeeder, LLC v. Sure-Feed, Inc., 175 F.3d 974 (Fed. Cir. 1999) / 452
Structural Rubber Products Co. v. Park Rubber Co., 749 F.2d 707 (Fed. Cir. 1984) / 178, 180, 206
Sundance, Inc. v. DeMonte Fabricating Ltd., 550 F.3d 1356 (Fed. Cir. 2008) / 229, 248
Synopsys, Inc. v. Mentor Graphics Corp., 839 F.3d 1138 (Fed. Cir. 2016) / 77, 78, 84, 102, 124, 133
Takeda Chem. Indus, Ltd. v. Alphapharm Pty., Ltd., 492 F.3d 1350 (Fed. Cir. 2007) / 277
Tate Access Floors, Inc. v. Interface Architectural Resources, Inc., 279 F.3d 1357

(Fed. Cir. 2002) / 442
TC Heartland LLC v. Kraft Foods Grp. Brands LLC, 137 S.Ct. 1514 (2017) / 16
Tech. Licensing Corp. v. Videotek, Inc., 545 F.3d 1316 (Fed. Cir. 2008) / 427
Technicon Instruments Corp. v. Alpkem Corp., 664 F.Supp. 1558 (D. Ore. 1986) / 339
Tektronix, Inc. v. United States, 552 F.2d 343 (1977) / 542
Telcordia Techs., Inc. v. Cisco Systems, Inc., 612 F.3d 1365 (Fed. Cir. 2010) / 427
Terrel v. Poland, 744 F.2d 637 (8th Cir. 1984) / 57
Test Masters Educ. Servs., Inc. v. Singh, 428 F.3d 559 (5th Cir. 2005) / 504
Teva Pharms. USA, Inc. v. Sandoz, Inc., 135 S.Ct. 831 (2015) / 49
Texas Instruments, Inc. v. Cypress Semiconductor Corp., 90 F.3d 1558 (Fed. Cir. 1996) / 449
Thales Visionix Inc. v. United States, 850 F.3d. 1343 (Fed. Cir. 2017) / 81, 135, 151, 153
Therasense, Inc. v. Becton, Dickinson & Co., 649 F.3d 1276 (Fed. Cir. 2011) / 26, 485, 486
Tights, Inc. v. Kayser-Roth Corp., 442 F.Supp. 159 (M.D.N.C. 1977) / 544
Tilghman v. Proctor, 102 U.S. 707 (1881) / 112, 113, 140
Titan Tire Corp. v. Case New Holland, Inc., 566 F.3d 1372 (Fed. Cir. 2009) / 28
TLI Communications LLC v. AV Auto. LLC, 823 F.3d 607 (Fed. Cir. 2016) / 85, 99, 133, 135, 145, 153
Trading Techs. Int'l, Inc. v. CQG, Inc., 675 Fed. App'x 1001 (Fed. Cir. 2017) / 87, 135
Trans-World Mfg. Corp. v. Al Nyman&Sons, Inc., 750 F.2d 1552 (Fed. Cir. 1984) / 547
Trell v. Marlee Electronics Corp., 912 F.2d 1443 (Fed. Cir. 1990) / 528
TriMed, Inc. v. Stryker Corp., 514 F.3d 1256 (Fed. Cir. 2008) / 408
Trio Process Corp. v. Goldstein's Sons, 612 F.2d 1353 (3rd Cir. 1980) / 545
Tronzo v. Biomet, 156 F.3d at 1154 (Fed. Cir. 1998) / 300, 310, 312
Troxel Mfg. Co. v. Schwinn Bicycle Co., 465 F.2d 1253 (6th Cir. 1972) / 543
TWM Manufacturing Co. v. Dura Corp., 789 F.2d 895 (Fed. Cir. 1986) / 536, 541, 547
Typhoon Touch Inc. v. Dell Inc., 659 F.3d 1376 (Fed. Cir. 2011) / 423

U.S. v. Dubilier Condenser Corp., 289 U.S. 178 (1933) / 65
U.S. Philips Corp. v. ITC., 424 F.3d 1179 (Fed. Cir. 2005) / 491
Ultramercial, Inc. v. Hulu, LLC, 772 F.3d 709 (Fed. Cir. 2014) / 78, 97, 105, 138, 147, 151, 154, 157, 162
Ultratec, Inc. v. Sorenson Communications, Inc., 2014WL4294975 (W.D.Wis. Aug. 29, 2014) / 510
UMC Elecs. Co. v. United States, 816 F.2d 647 (Fed. Cir. 1987) / 303
Underwater Devices Inc. v. Morrison-Knudsen Co., 717 F.2d 1380 (Fed. Cir. 1983) / 569
Unidynamics Corp. v. Automatic Prod. Int'l, 157 F.3d 1311 (Fed. Cir. 1998) / 415
Uniloc USA, Inc. v. Microsoft Corp., 632 F.3d 1292 (Fed. Cir. 2011) / 552, 554, 556
Union Oil of Cal. v. Atl. Richfield Co., 208 F.3d 989 (Fed. Cir. 2000) / 320
Union Pac. Res. Co. v. Chesapeake Energy Corp., 236 F.3d 684 (Fed. Cir. 2001) / 342
Union Paper-Bag Machine Co. v. Murphy, 97 U.S. 120 (1877) / 446
United States Steel Corp. v. Fortner Enterprises, Inc., 429 U.S. 610 (1977) / 490
United States v. Telectronics Inc., 857 F.2d 778 (Fed. Cir. 1988) / 327, 340, 341
Univ. of Rochester v. G.D. Searle & Co., 358 F.3d 916 (Fed. Cir. 2004) / 305
University of Utah Research Foundation v. Ambry Genetics Corp., 774 F.3d 755 (Fed. Cir. 2014) / 101, 112, 113, 121, 147
Upsher-Smith Labs., Inc. v. Pamlab, L.L.C., 412 F.3d 1319 (Fed. Cir. 2005) / 52
U.S. v. Adams, 383 U.S. 39 (1966) / 212, 222, 228, 237
Vas-Cath, Inc. v. Mahurkar, 935 F.2d 1555 (Fed. Cir. 1991) / 304, 313, 421, 427, 431
Vas-Cath, Inc. v. Mahurkar, 935 F.2d 1555 (Fed. Cir. 1991) / 297, 326
VE Holding Corp. v. Johnson Gas Appliance Co., 917 F.2d 1574 (1990) / 15
Velo-Bind, Inc. v. Minnesota Mining & Mfg. Co., 647 F.2d 965 (9th Cir.) / 536
Versata Dev. Group v. SAP Am., Inc., 793 F.3d 1306 (Fed. Cir. 2015) / 100, 104, 105, 136, 138, 146, 148, 154
VirnetX, Inc. v. Cisco Sys., Inc., 767 F.3d 1308 (Fed. Cir. 2014) / 551, 556
Visual Memory LLC v. NVIDIA Corp., 867 F.3d 1253 (Fed. Cir. 2017) / 84, 130, 132
Voda v. Cordis Co., 536 F.3d 1311 (Fed. Cir. 2008) / 447
W.L. Gore & Assoc., Inc. v. Garlock, Inc., 721 F.2d 1540 (Fed. Cir. 1983) / 173, 188,

384, 360
Wahpeton Canvas Co. v. Frontier, Inc., 870 F.2d 1546 (Fed. Cir. 1989) / 438
Walker Process Eqpt., Inc. v. Food Machinery Corp., 382 U.S. 172 (1965) / 493
Warner-Jenkinson Company, Inc. v. Hilton Davis Chemical Co., 520 U.S. 17 (1997) / 438, 445, 447, 455, 456, 457
Watts v. XL Systems, Inc., 232 F.3d 877 (Fed. Cir. 2000) / 140, 410
Wechsler v. Macke Inter. Trade, Inc., 486 F.3d 1286 (F.C. 2007) / 528
Welker Bearing Co., v. PHD, Inc., 550 F.3d 1090 (Fed. Cir. 2008) / 410, 428
Wenger Mfg., Inc. v. Coating Mach. Sys., Inc., 239 F.3d 1225 (Fed. Cir. 2001) / 428
Western Elec. Co. v. Stewart-Warner Corp., 631 F.2d 333 (4th Cir. 1980) / 536
Westinghouse v. Boyden Power Brake Co., 170 U.S. 537 (1898) / 445
Westvaco Corp. v. International Paper Co., 991 F.2d 735 (Fed. Cir. 1993) / 572
White Consol. Indus. v. Vega Servo-Control, Inc., 214 USPQ 796 (S.D.Mich. 1982) / 348
Whiteserve, LLC. v. Computer Packages, Inc., 694 F.3d 10 (Fed. Cir. 2012) / 553
Williamson v. Citrix Online, LLC, 792 F.3d 1339 (Fed. Cir. 2015) (*en banc*) / 409, 416
Wilson Sporting Goods Co. v. David Geoffrey & Associates, 904 F.2d 677 (Fed. Cir. 1990) / 449
Winas v. Denmed, 56 U.S. 330 (1854) / 445
WMS Gaming, Inc. v. Int'l Game Tech., 184 F.3d 1339 (Fed. Cir. 1999) / 421, 422
Woodland Trust v. Flowertree Nursery, Inc., 148 F.3d 1368 (Fed. Cir. 1998) / 186
Wyers v. Master Lock Co., 616 F.3d 1231 (Fed. Cir. 2010) / 250
Yarway Co. v. Eur-Control USA, Inc., 775 F.2d 268 (Fed. Cir. 1985) / 522
Yeda Research and Dev. Co. v. Abbott GMBH & Co., 837 F.3d 1341 (Fed. Cir. 2016) / 312, 324
York Prod., Inc. v. Central Tractor Farm & Family Center, 99 F.3d 1568 (Fed. Cir. 1996) / 413

진욱재

(현) 법무법인 동인
BakerBotts, NY
삼성전자, 삼성네트웍스, 삼성 SDS 사내 변호사
Cardozo Lawschool(IP LL.M.), Indiana Lawschool(LL.M.)
KDI School(MFDI)
사법연수원 28기
성균관대 법학과

미국 특허소송의 이해

초판발행 2019년 12월 20일

지은이 진욱재
펴낸이 안종만·안상준

편 집 윤혜경
기획/마케팅 이승현
표지디자인 이병채
제 작 우인도·고철민

펴낸곳 (주) 박영사
서울특별시 종로구 새문안로3길 36, 1601
등록 1959. 3. 11. 제300-1959-1호(倫)
전 화 02)733-6771
f a x 02)736-4818
e-mail pys@pybook.co.kr
homepage www.pybook.co.kr
ISBN 979-11-303-3485-1 93360

정 가 35,000원